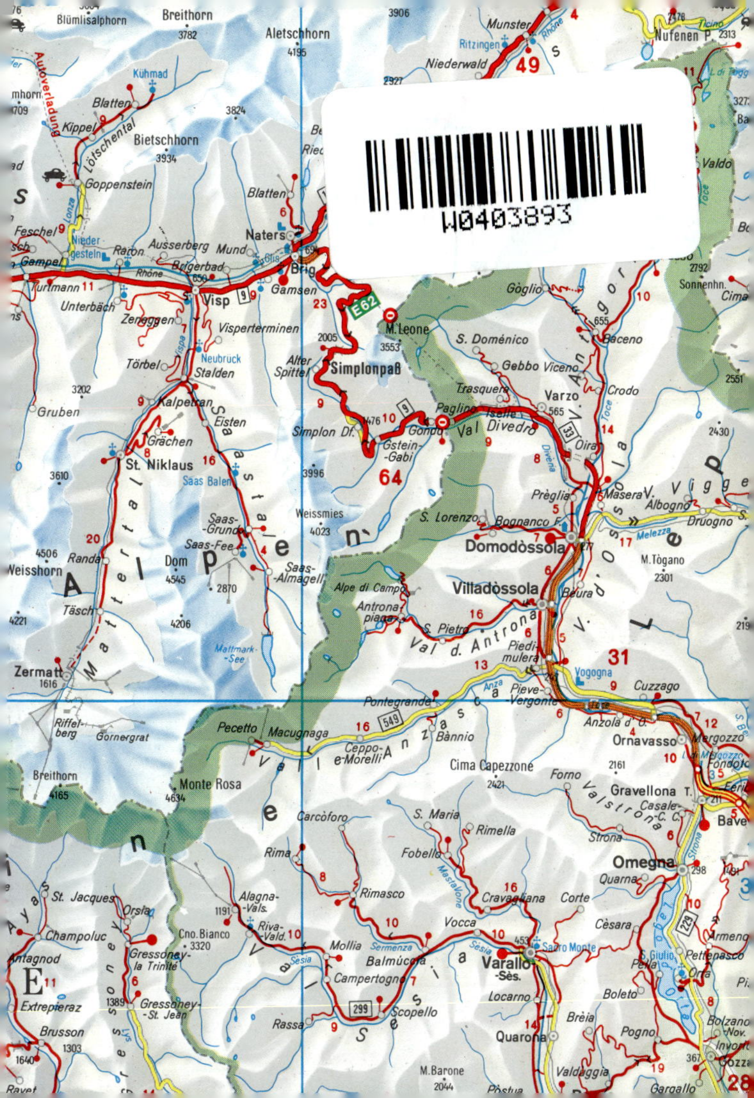

Blümlisalphorn
Breithorn
3782
Aletschhorn
4195
3906
Munster
Ritzingen
Rhône
Niederwald
49
Nufenen P.
2313
Ticino
Kühmad
Blatten
Kippel
Lötschental
Bietschhorn
3934
3824
Autoverladung
Goppenstein
Lonza
Blatten
Naters
Feschel
Nieder-gesteln
Raron
Ausserberg
Mund
Glis
Brig
Gampel
Rhône
Brigerbad
Turtmann
Visp
Gamsen
Unterbäch
Zeneggen
Visperterminen
E62
M. Leone
3553
2005
Alter Spittel
Simplonpaß
Törbel
Neubrück
Stalden
Vispa
3202
Kalpetran
Eisten
Gruben
Grächen
St. Niklaus
Saas Balen
Simplon Df.
Gondo
Gstein-Gabi
64
3996
Paglino
Iselle
Val Divedro
Varzo
Trasquera
S. Doménico
Gebbo Viceno
Crodo
Baceno
Gòglio
Oira
Diveria
Toce
Sonnenhn.
Cima
Valdo
2792
2551
2430
3610
Saas-Grund
Saas-Fee
Weissmies
4023
Saas-Almagell
Mattmark-See
Randa
4506
Weisshorn
Dom
4545
2870
Täsch
4221
4206
Zermatt
1616
Mattertal
Saastal
Alpen
Prèglia
Masera
V. Vigezzo
Albogno
Druogno
Melezza
S. Lorenzo
Bognanco F.
Domodòssola
Villadòssola
Beura
M. Tògano
2301
Alpe di Campo
Antrona-piana
S. Pietro
Val d. Antrona
Piedi-mulera
Vogogna
31
Cuzzago
Pieve-Vergonte
Pontegrande
Anza
549
Pecetto
Macugnaga
Ceppo-Morelli
Bànnio
Valle Anzasca
Anzola d'O.
Ornavasso
Mergozzo
Fondotoce
Riffelberg
Gornergrat
Breithorn
4165
Monte Rosa
4634
Cima Capezzone
2421
Forno
2161
Valstrona
Gravellona T.
Casale C. C.
Baveno
Strona
Carcòforo
S. Maria
Rimella
Fobello
Mastallone
Rima
Rimasco
Omegna
Quarna
298
Cravagliana
Corte
Alagna-Vals.
1191
Riva-Vald.
Cno. Bianco
3320
Vocca
Varallo-Sès.
Sacro Monte
Sèsia
Cèsara
St. Jacques
Orsia
Champoluc
Antagnod
Ayas
Gressoney-la Trinité
Mollia
Sermenza
Balmúccia
Campertogno
Valsesia
Pella
S. Giulio
Pettenasco
Orta
229
Lago d'Orta
Armeno
Extrepieraz
Gressoney-St. Jean
Valle di Gressoney
1389
Lys
Locarno
Boleto
Rassa
299
Scopello
Brusson
1303
1640
Quarona
Brèia
Pogno
Bolzano-Nov.
Invorio
Gozzano
367
M. Barone
2044
Valduggia
Gargallo
Pòstua
Rayet

GEBIETSFÜHRER WALLISER ALPEN

MICHAEL WAEBER

Walliser Alpen

Gebietsführer für Wanderer, Bergsteiger und Kletterer

Die beliebtesten Anstiege auf alle wichtigen Gipfel
mit Beschreibung aller empfehlenswerten Skitouren

Mit 31 Farb- und 48 Schwarz-Weiß-Abbildungen
sowie zwei Übersichtskarten im Maßstab 1: 600 000

BERGVERLAG RUDOLF ROTHER GMBH • MÜNCHEN

Umschlagbild:
Auf dem Zinalrothorn mit Blick zum Matterhorn.
Foto: Michael Waeber.

Abbildung gegenüber dem Titel (Seite 2):
Das 4505 m hohe Weisshorn mit dem gewaltigen Bisgletscher über dem Mattertal.
Foto: Johannes Führer.

Bildnachweis (Seitenzahlen):
S. Brandl 199; J. Führer 2; W. Hellberg 147, 152/153, 579;
U. Kleine-Kleffmann 220/221, 231; H. Kunstmann 195, 443, 468;
W. Rauschel 570/571; F. Schreiber 205;
H. Steinbichler 301, 459.
Alle übrigen Aufnahmen stammen von Michael Waeber.

Die Ausarbeitung aller in diesem Führer beschriebenen Routen erfolgte nach bestem Wissen und Gewissen des Autors. Die Benützung dieses Führers geschieht auf eigenes Risiko. Soweit gesetzlich zulässig, wird eine Haftung für etwaige Unfälle und Schäden jeder Art aus keinem Rechtsgrund übernommen.

11. Auflage 1996

ISBN 3-7633-2416-X
Gesamtherstellung Rother Druck GmbH, München
2475 / 61084

Vorwort

Diese 10. und völlig neu bearbeitete Auflage des Gebietsführers Walliser Alpen hat ganz erheblich an Umfang zugelegt – damit wurde nun der Übergang vom schmalen Auswahlführer zum umfassenden Gebietsführer vollzogen. Selbstverständlich liegt der Schwerpunkt auf den klassischen Routen zu all den berühmten Viertausendern; in großer Ausführlichkeit sind diese Wege , größtenteils auch mit Fotos illustriert, in ihrem aktuellen Verlauf beschrieben. So manches hat sich hier in den letzten Jahren verändert – neue Hütten wurden eröffnet, immer neue Straßen und Seilbahnen wurden gebaut, manche Route wurde neu angelegt, Gletscherveränderungen machen derzeit manche Route nahezu unbegehbar, andere hingegen sind dafür viel einfacher geworden.
Doch die Walliser Alpen bestehen nicht nur aus diesen »Vorzeige«-Viertausendern, in den Etagen darunter finden sich viele, kaum weniger anspruchsvolle, mit Sicherheit aber wesentlich ruhigere Ziele – da hier die Perspektive besser paßt, hat man oft auch die wesentlich interessanteren Panoramen! Dieses Buch soll Lust machen auf echte Alternativziele, auf Gipfel zum Akklimatisieren, auf unbeschwertes Genießen der Landschaft, auf das Erleben einer selten gewordenen Ruhe an hohen Bergen oder auf das Entdecken ganz neuer Regionen. Hier sind somit erstmals in deutscher Sprache die notwendigen Informationen auch über die sonst »vergessenen« Abschnitte der Walliser Alpen zusammengestellt: Über die unzähligen Gipfel zwischen Dent Blanche und Grand Combin, über die Berge zwischen Obergoms und Formazzatal, über die Bergketten auf der Ost- und Südseite zum Ossola- und Aostatal und natürlich auch nach Norden zum Rhônetal hin. Um den Umfang des Buches nicht ins Unerträgliche zu steigern, mußte hier jedoch eine Auswahl getroffen werden. Für alle »Allrounder« besonders erfreulich dürften die Hinweise auf Skirouten bei den Anstiegen sein.
Allen die zum Entstehen und Gelingen dieses Führers beigetragen haben, möchte ich an dieser Stelle ganz herzlich danken; da jedoch nichts perfekt ist, möchte ich alle Leser bitten, sich mit Kritik und Verbesserungsvorschlägen nicht zurückzuhalten, die dann in den nächsten Auflagen berücksichtigt werden können.

München, im Frühjahr 1996 — Michael Waeber

Inhaltsverzeichnis

Abbildungsverzeichnis

Seite

A) Allgemeiner Teil

1. Umgrenzung und Auswahl der Routen

Der Name Walliser Alpen gilt eigentlich nur für die Berge des Kanton Wallis vom Grenzkamm bis zum Rhônetal, wobei aber die West- und Ostgrenzen nicht fest definiert sind. In Italien spricht man von den Alpi Pennine (Combin – Matterhorn) und den Alpi Lepontine (Monte Leone – Blinnenhorn), dazwischen befinden sich die Monte-Rosa- und Andolla-Gruppe sowie die südlich vorgelagerten Valsesia- und Biellesia-Voralpen.

In diesem Führer werden die Berge zwischen Rhône- und Aostatal zwischen Grand Combin am Grand-St.-Bernard und Blinnenhorn am Nufenenpaß für den Bergsteiger und Skitourengeher behandelt. Das ganze Gebiet wurde aus Gründen der Übersichtlichkeit in neun Untergruppen unterteilt, und zwar:

1. Leonegruppe zwischen Simplon und Nufenenpaß mit dem Binntal im Norden und den Dèvero- und Veglia-Almen im Süden.

2. Weissmiesgruppe zwischen Saastal, Simplon und Anzascatal mit den südöstlichen Seitentälern von Antrona und Bognanco.

3. Mischabelkamm zwischen Saas- und Mattertal bis hin zum Weissgrat.

4. Monte-Rosa-Gruppe mit allen Südkämmen zwischen Valtournanche und Anzascatal, also einschließlich Ayas-, Gressoney- und Sesiatal mit ihren Nebentälern.

5. Matterhorngruppe mit den Südkämmen zwischen Valpelline und Valtournanche.

6. Weisshorngruppe mit den das Turtmanntal umschließenden Nordkämmen zwischen Zinal- und Mattertal.

7. Dent-Blanche-Gruppe zwischen Zinaltal und Val d'Hérens einschließlich des Moirybeckens und dem Val de Réchy.

8. Berge rund um Arolla mit den nach Norden mehrfach verzweigten Kämmen zwischen dem Val des Bagnes, Val d'Hérens und Valpelline, also die Gipfel um Arolla, das Dixtal, um Nendaz sowie um Otemma- und Brenaygletscher.

9. Combingruppe zwischen Val des Bagnes und Grand-St.-Bernard.

Es wurden neben den bekannten Hochtouren erstmalig im deutschen Sprachraum damit auch die gebräuchlichsten Routen an den nach Norden und Süden abstreichenden Seitenkämmen aufgenommen, zu

den 4000er-Anstiegen wurden also auch Alternativziele von Hütten und Tälern sowie die interessanten Routen auf die so oft »vergessenen« Berge unterhalb der 4000er-Grenze, die echte Bergerlebnisse auch ohne den sonst üblichen Massenauflauf wie an den berühmten Nachbarn bei zumeist viel interessanterer Aussicht ermöglichen.
Alle »klassischen« Routen sind natürlich in voller Ausführlichkeit behandelt (zumeist mit Übersichtsfoto); je weniger bekannt eine Route oder ein Gipfel ist, um so mehr Selbständigkeit wird von den Begehern verlangt, da hier z. B. Wegspuren oft schlecht oder gar nicht auszumachen sind. Nicht ohne Absicht gehen hier auch die Beschreibungen nicht mehr so tief ins Detail, der Führer will hier eher Anregungen und die grobe Anstiegslinie vorgeben, kann auch nicht jeden Schritt »vorbeten«. Hier müssen alpine Erfahrung, ein Blick fürs Gelände, der sichere Umgang mit Karten und den Bemerkungen im Text und den Fotos für die Routenfindung ausreichen.
Aspiranten für Extrem-Anstiege oder kaum je begangene Routen mögen sich ihre Informationen über darüber hinausgehende Quellen besorgen (z.B. SAC- oder CAI-Führer, Alpinzeitschriften), bei einigen wichtigen dieser Touren sind der grobe Verlauf in Wandfotos eingetragen und einige Daten zum Zeitbedarf und den Schwierigkeiten gegeben. Wirklich gefährliche Routen oder bedeutungslose Anstiege ohne erkennbares Wiederholer-Interesse wurden hier nicht beschrieben.
In den wirklich sehr ausführlichen SAC-und CAI-Führerwerken (aufgebaut entsprechend den AV-Führern) wird der Spezialist sämtliche durchstiegenen Routen auf alle Gipfel nachschlagen können; das gesamte Gebiet wird dabei allerdings in jeweils sechs Einzelbänden beim SAC (derzeit teilweise leider nur in französischer Sprache) und fünf Bänden beim CAI (nur in italienischer Sprache erhältlich) beschrieben.
Da sich die Skirouten zum größten Teil im Bereich der Sommerrouten befinden, lag es nahe, diese hier zu integrieren; allerdings sind nur die hiervon abweichenden Routenabschnitte oder nur im Winter gebräuchliche Varianten und Abfahrten ausführlicher beschrieben. Auf besondere Lawinengefahr wird möglichst hingewiesen, gerade hier sind aber nur sehr allgemeine Hinweise möglich, zu sehr verändern sich die Verhältnissen im Laufe der Saison und von Jahr zu Jahr! Diese absichtlich knapp gehaltenen Beschreibungen wenden sich ausdrücklich nur an den erfahrenen Skibergsteiger. Wer als blutiger Anfänger den Massen von der Britanniahütte zum Strahlhorn nach-

läuft, mag dies bei gutem Wetter als völlig einfach – nur eine Konditionsfrage – ansehen; wehe ihm jedoch, wenn Nebel aufzieht, rasch sind alle Spuren weg, plötzlich steht er zwischen riesigen Spalten; dann kann aus einer solchen, grundsätzlich kritischen Situation rasch eine Katastrophe werden!
Neben dem klassischen Bergsteigen und Bergwandern mußten andere »alpine Spielformen« kurz gehalten werden: Sportkletterer, Mountainbiker, Drachen- und Gleitschirmflieger werden sich der einschlägigen Führer bedienen müssen, hier wurden nur gelegenlich einige Hinweise in knappster Form aufgenommen, um eine erste Orientierung zu ermöglichen.
Noch ein paar Worte zur Geologie dieses Alpenteils: Seit der Kreidezeit schieben sich von Norden und Süden alpine Decken zusammen und übereinander, auch die Überreste (Sedimente) des Tethys-Meeres (Trias bis Kreide) wurden dabei umgewandelt, was in den Walliser Alpen zu einem hochinteressanten Nebeneinander unterschiedlichster Gesteinsarten geführt hat. Insbesondere um Zermatt und das Saastal finden sich auf engstem Raum sehr schöne Einblicke in den komplizierten Aufbau dieser Berge. Mineralogisch wird es dann weiter im Osten, in den Bergen der Leonegruppe, besonders interessant; das Binntal ist ja auch bei Laien weit über die Grenzen der Schweiz hinaus bekannt, aber auch die italienische Seite hat hier einiges zu bieten. In zahlreicher Literatur kann man sich näher informieren, zunehmend werden auch spezielle geologische Wanderwege eingerichtet, wo man an Ort und Stelle die Gesteine und ihre Eigenschaften kennen lernen kann.
Den Bergsteiger interessiert natürlich noch mehr die Klettertauglichkeit bzw. Brüchigkeit der Felsen an den Bergen. Hier muß ausdrücklich gesagt werden, daß im Wallis die großzügigen und kantigen Granitwände und -türme wie im Bergell, den Urner Alpen oder am Mont Blanc fehlen, große und wirklich lohnende Wandklettereien gibt es kaum, das alpinistische Schwergewicht liegt bei Gletschertouren und herrlichen Gratanstiegen, hier findet man nicht überall, aber doch in weiten Bereichen wirklich brillianten Fels vor. Kleine, einen Besuch lohnende Kletterhochburgen in hochalpiner Umgebung haben sich z. B. im Arollatal und in der Weissmiesgruppe entwickelt. Spezielle Sportkletterführer informieren über die Möglichkeiten in Tal-, Straßen- oder Seilbahnnähe; wer also ins Wallis zum Bergsteigen kommt, muß, beispielsweise an Tagen mit zweifelhaftem Wetter auf Sportkletterspaß nicht verzichten.

2. Zufahrt und Erschließung

Die Walliser Alpen sind ganz hervorragend von allen Seiten verkehrstechnisch erschlossen, Autobahnen führen ins Rhône- und Aostatal und gut ausgebaute Straßen von hier in die Seitentäler, meist bis in die obersten Talgründe. Besonders erfreulich ist die Tatsache, daß das Rhônetal mit der Bahn aus der Zentralschweiz, aber auch von Deutschland, Österreich, Italien und Frankreich leicht und schnell zu erreichen ist.
Das regionale Schienen- und Postbusnetz ist unglaublich dicht ausgebaut und die Kurse haben selbst zu entlegenen Zielen Taktzeiten, von denen mancher beim heimatlichen Großstadt-Nahverkehr nur träumen kann; im Sommer sind praktisch alle Talstraßen auch Bergpoststraßen (PTT-Bus).
Etwas weniger günstig sind die Verhältnisse auf der italienischen Seite, doch führen auch hier Buslinien in alle größeren Täler, Domodossola ist an das IC-, Aosta an das regionale Bahnnetz (Mailand/Turin) angeschlossen.
Die Walliser Alpen bieten also echte Voraussetzungen auch für eine umweltschonende Anreise mit der Bahn, ohne daß man wie sonst so oft auf Taxi oder Anhalter für die Weiterfahrt zum Zielort angewiesen ist. Daß man bei entsprechender Planung auch Zeit sparen kann (wenn man z. B. über Nacht anreist und bei interessanten Überschreitungen nicht das Problem der Fahrzeug-Rückholung hat), mit einigen Sparpreis-Billets auch nicht viel teurer als im Pkw fährt, sei hier nur am Rande erwähnt.
Daß im Wallis und auch auf der italienischen Seite immer noch das Heliskiing betrieben wird, ist jedoch kaum noch verständlich – und berechtigter Grund zum Ärger, wenn der Skibergsteiger an der Pigne d'Arolla, dem Alphubeljoch, am Monte Rosa oder anderen Orten mit dieser lauten, faulen und energiefressenden Art des Skilaufs konfrontiert wird; der Helikopter hat natürlich seine Berechtigung als Transportmittel im sonst unerschlossenen Gelände (für den Bergsteiger z. B. bei der Hüttenversorgung oder Bergrettung), doch nicht alles, was machbar ist sollte der Mensch auch tun!
Die Vereinigung Schweizer Wanderwege und die örtlichen Verkehrsvereine unterhalten und markieren in vorbildlicher Weise das alpine

Im Zinaltal bei Ayer: Dominierend ist das Zinalrothorn mit dem Grat zum Besso, rechts im Hintergrund spitzt das Obergabelhorn hervor.

Wegenetz; nach einheitlichen Richtlinien werden einfache Wanderwege mit gelben Schildern und Farbklecksen beschildert, Bergwege Rot-Weiß-Rot markiert. Darüber hinaus sind die Routen nur selten markiert, Wegspuren und Steinmänner helfen zwar bei der Orientierung, der SAC betrachtet Wegearbeiten aber nach wie vor nicht als sein angestammtes Arbeitsgebiet. Mancher Wirt greift hier zur Selbsthilfe und fördert den Tagestourismus mit mehr oder weniger bescheidenem Wegeausbau.

Auf der italienischen Seite werden die Wege und Steige von den CAI-Sektionen und den Verkehrsämtern unterhalten. Damit gibt es allgemein nur tälerweise abgestimmte Markierungsgrundlagen bezüglich Nummerierung und Farbgebung. Im Übrigen wird dies hier alles nicht so eng gesehen, immer noch werden gelegentlich die Farben verwendet, die man gerade greifbar hat; nicht selten können aufwendige Markierungen plötzlich in der Botanik völlig verschwinden, wird ein Alta Via ohne vernünftigen Anschluß an das vorhandene Wegenetz aus dem Boden gestampft (was nicht ganz ungefährlich ist!). Allgemein gilt, daß Zugangswege zu bewirtschafteten Berghäusern kaum zu verfehlen sind, viele anderen Bergwege jedoch weniger begangen sind und nicht selten zuwachsen – es kann dann passieren, daß bei deutlichem Wegverlauf auch reichlich Markierungen vorhanden sind, an den kritischen Stellen wird man aber vergeblich nach Wegzeichen suchen – das Abenteuer kann beginnen!

3. Massentourismus

Wer den Massenauflauf sucht, soll ins Wallis fahren! Wer die echte Einsamkeit sucht, soll ins Wallis fahren! Tatsächlich stimmt beides, keiner wird bezweifeln, daß man in Zermatt »gelegentlich ein paar Touristen« sehen kann, dies ist schließlich einer der wenigen Orte, die wirklich das ganze Jahr über Saison haben. Auch in Saas Fee, Zinal, Fiesch oder Martigny kann ganz schön was los sein, und auf der Südseite wird man in Macugnaga, Champoluc oder Breuil zu gewissen Zeiten bestimmt nicht allein auf den Straßen sein – was für uns etwas aufwendig zu erreichen ist, liegt eben einigen italienischen Großstädten vor der Tür!

Aber das Wallis besteht eben nicht nur aus diesen Zentren. Wer nur ein wenig Eigeninitiative zeigt, kann wirklich ruhig gebliebene Regionen mit interessanten Touren für viele Jahre noch finden – und das

brauchen dann wirklich keine unattraktiven Schutthügel ohne Aussicht zu sein. Natürlich ist der Bereich der 4000er besonders an den leichteren Routen sehr stark vom Alpintourismus eingenommen, nur bei wirklich schlechten Verhältnissen werden Allalin- und Breithorn einmal keinen Besuch haben. Wer sich jedoch von der magischen 4000er-Grenze trennen kann, wird großartige Hochtouren und eindrucksvolle Bergwanderungen abseits von Streß und Drängelei in vollen Zügen genießen können – fast wie vor 100 Jahren!
Wer zudem auch zeitlich größere Flexibilität mitbringt, kann manches Modeziel auch ohne überfüllte Hütten und Schlangestehen an Schlüsselstellen besteigen. Doch auch das hat seinen Preis: Unbewirtschaftete Unterkünfte bedeuten immer schwere Rucksäcke, Hochtouren im Winter haben gleich ein ganzes Regiment an möglichen Widerwärtigkeiten zu bieten (kurze Tage, schlechter Schnee, Vereisung, Kälte wie am Pol, zugeschneite Wege ohne Spuren, längere Zustiege, bei Notfällen schwierige Hilfe ...), Skitouren nach der Saison leiden gelegentlich unter langen Skitrage-Einlagen oder völlig durchgeweichtem Sulzschnee. Doch manch solchermaßen beschwerliches Bergerlebnis wird damit unvergleichlich eindrucksvoller!

4. Wanderungen und Höhenwege

Obwohl das vorliegende Buch sich in erster Linie an den Bergsteiger mit konkreten Gipfelwünschen wendet, soll hier auf die unglaublich vielfältigen Wandermöglichkeiten hingewiesen werden: In nur wenigen Alpengruppen wird so abwechslungsreiche Wanderkost geboten – von den mediteran anmutenden Steigen über dem Aosta- und Rhônetal, bequemen Aussichtspromenaden mit allerschönsten 4000er-Blicken, Wegen zu riesigen Gletschern und wilden Seracstufen bis hin zu einfach zu erwandernden Gipfeln mit allerfeinster Rundsicht. Auch der kuturell Interessierte kann die Landschaftshöhepunkte mit besonderen Leckerbissen garnieren: Walserdörfer, atemberaubend angelegte Wasserleitungen, Kirchen und Kapellen, Römerstraßen ...
Wer nur zum »Abhaken« von 4000ern ins Wallis kommt, wird sicher viel Interessantes erleben, doch er wird dabei auch viel übersehen. Auf den weniger bekannten und damit auch kaum überlaufenen Bergen und Wegen läßt sich diese Region ganz anders kennenlernen, oft kann man hier auch die Verhältnisse auf den hohen Bergen gut

studieren und sich so ganz nebenbei auch warmlaufen – damit dann der Höhepunkt, vielleicht ein 4000er, nicht zu einem Höhepunkt für Kopfschmerz und Kampf gegen mangelnde Kondition wird! In einem eigenen Abschnitt sind die bekanntesten und interessantesten Höhenwege in aller Kürze zusammengestellt. Da sie fast alle auf guten Wegen verlaufen, sollte diese Darstellung dem erfahrenen Bergsteiger genügen; ausführliche Wanderführer, z.B. von M. Waeber und H. Steinbichler im gleichen Verlag, sind für Gebietsneulinge hilfreich.

5. Hütten und Biwakschachteln

Einem wohlgeordneten Hüttenwesen auf Schweizer Seite steht auch in den Walliser Alpen ein völlig uneinheitliches Bild der italienischen Unterkunftsmöglichkeiten gegenüber.
Der Bergsteiger darf sich bei den Hütten des SAC, aber auch kommunaler Gruppierungen auf grundsätzlich offene Türen einstellen, nur rein private Häuser sind außerhalb der Saison verschlossen. Die meisten SAC-Hütten sind immer und komplett (bis auf private Räume des Wirtes) offen, bei einigen ist zur Zeit der Nichtbewirtschaftung ein Teil der Hütte mit der Küche zugänglich. Alle als Hütten bezeichneten SAC-Häuser haben Koch- und Heizmöglichkeiten und sind mit entsprechenden Utensilien ausgerüstet, auch Matrazen und Decken sind vorhanden. Bei Biwakhütten ist dieser Zustand zwar auch fast immer anzutreffen, da wegen ihrer extremen Lage diese aber nicht so sicher von der Sektion oder einem Wart betreut werden können, sollte man hier grundsätzlich eigenen Kocher, Isomatte und Schlafsack dabei haben. Soweit die Hütten in der Saison bewirtschaftet werden (Juli/August/September, alle Skihütten dazu im Frühjahr), haben sie mittlerweile den Standard der AV-Hütten erreicht, also reichhaltiges Angebot an Getränken und Speisen, oft wird Halbpension (Menü, Übernachtung und Frühstück) angeboten; die Zeiten, wo der Wart gegen geringes Entgelt selbstmitgebrachtes Essen zubereitetet hatte, sind leider fast vorbei, nur einige weniger stark frequentierte Hütten bieten auch heute noch diesen besonderen Service, obwohl dies in den Statuten des SAC steht. Grundsätzlich gibt es auf SAC-Hütten

Gegenüber der Schönbielhütte ragt das Matterhorn aus ungewöhnlicher Perspektive empor: Rechts der Liongrat, auf den Betrachter zu der Zmuttgrat.

nur Lager, bei Renovierungen versucht man große Schlafräume in kleinere Einheiten abzuteilen, die Übernachtungspreise liegen nur knapp über dem Niveau der AV-Hütten in den Ostalpen. In privaten Berghäusern sind Zimmer üblich, Matrazenlager werden gelegentlich angeboten; Übernachtungspreise richten sich hier nach dem gebotenen Komfort, Lager kosten etwa das gleiche wie auf SAC-Hütten.
Auf der italienischen Seite haben der CAI und kommunale Einrichtungen eine außergewöhnlich große Zahl an Unterkunftsmöglichkeiten errichtet. Leider ist es noch immer ein gewisses Problem, sichere Auskünfte über Bewirtschaftung und freier Zugänglichkeit eines Winterraumes zu erhalten. Im Hochsommer (Juli/August) sind praktisch alle Hütten bewirtschaftet; als Regel kann gelten, daß bei Hütten, die üblicherweise mit Lifthilfe erreicht werden, die Bewirtschaftungszeiten nicht länger als die Betriebszeiten der Bahnen sind, also im Herbst oft schon Mitte September Schluß ist. Die Situation ist auch im Winter bis auf wenige Ausnahmen nicht sehr verläßlich geregelt, man sollte unbedingt vorher aktuelle Informationen einholen! Die Art der Bewirtschaftung ist mit der von Ostalpenhütten vergleichbar, auch hier werden komplette Menüs und diverse Getränke, gerne auch Halbpension angeboten. Meist kann man zwischen Zimmer und Lager wählen. Der Zustand der Biwakunterkünfte ist äußerst unterschiedlich, einige haben weit bessere Einrichtung als viele AV-Winterräume, andere stellen praktisch nur einen zugigen Unterstand ohne weitere Einrichtung dar. Hier sollte man auf jeden Fall zur Sicherheit die entsprechende eigene Ausrüstung mitnehmen.
Wegen der großen Besucherzahlen hat es sich eingebürgert, sich auf den Hütten telefonisch vom Tal anzumelden; zwar wird kein Wirt einer hochgelegenen Hütte dem unangemeldeten Besucher selbst bei überfüllter Hütte die Übernachtung verweigern, aber der muß dann notfalls im Gastraum oder Flur schlafen und wird keine zweite Nacht mehr bleiben dürfen. Außerdem ist es wesentlich besser zu wirtschaften, wenn in etwa die Zahl der zu versorgenden Gäste bekannt ist.
Wegen des meist sehr frühen Aufbruchs (bei Gletscherbergen oft 3-4 Uhr) herrscht auf den entsprechenden Hütten früh Hüttenruhe.
Daß man bei nicht bewirtschafteten Hütten peinlichst darauf achtet, das Haus in einem sauberen Zustand zu verlassen, sollte eigentlich selbstverständlich sein; die Realität gerade auf extremen Standorten sieht leider ganz anders aus: Gerade die sogenannten »echten« Alpinisten scheinen hier oft ein gestörtes Verhältnis zu ihrem Umfeld zu haben – keine noch so schwierige Unternehmung rechtfertigt jedoch

das Zurücklassen halbvoller, soßenverschmierter Töpfe und verdreckten Geschirrs! Jeder sollte sich darüber im Klaren sein, daß eine Hütte ganz schnell mit dicken Schlössern versehen werden kann, wenn das dauernde Saubermachen der besitzenden Sektion irgendwann zu blöd wird (in den Ostalpen haben wir leider genug solcher Beispiele)! Auch das »Vergessen« des Bezahlens der Übernachtungstaxe trägt nicht dazu bei, das doch von allen so gerne angenommene System der offenen Häuser auch in Zukunft zu erhalten.
Daß man trotz Holztaxe sehr sparsam mit Brennmaterial umgeht, versteht sich von selbst, will man doch selbst auch nicht wegen der Heizorgien der Vorgänger irgendwann einmal eine eisige Nacht im Winterraum verbringen müssen! Immer wieder gehen wichtige Hütten durch Feuer verloren, zuletzt die schöne Vèlanhütte; daher unbedingt beim Verlassen das Feuer im Ofen sorgfältig löschen, auch keine noch glühenden Stücke in irgendwelche Eimer schütten! Achtung: 1996 Umstellung der Telefonnummern in der Schweiz.

6. Informationen und Bergführer

Die Verkehrsbüros und Stationen der Bergführer oder Bergsteigerschulen sind die besten Informationsquellen über den Zustand der Wege, die Hüttenbewirtschaftung und die Verhältnisse in den Hochregionen. Noch besser ist es aber ohne Zweifel, wenn man sich zuerst auf einfacheren Unternehmungen selbst ein Bild vom momentanen Zustand von Gletschern, Graten und Wänden macht. Dazu sollte man mit genug Zeit anreisen, dann bieten sich in Form interessanter Eingehtouren zwanglos auch diese Informationsmöglichkeiten an.
In allen größeren Orten stehen Bergführer zur Verfügung, die nicht nur bei klettertechnischen Hürden ihre Gäste sicher führen, sondern auch in unübersichtlichem Gelände eine nicht zu unterschätzende Hilfe auch für erfahrenere Bergsteiger geben. Übrigens: Wer sich als Geländeunkundiger blind an geführte Gruppen »anhängt«, wird sich damit nicht nur den berechtigten Unwillen des Bergführers zuziehen, sondern setzt sich auch dem erheblichen Risiko aus, bei Verlust des Anschlusses in größte Orientierungsprobleme zu geraten! Wer sich lautstark damit brüstet, nur »führerlos« unterwegs zu sein, sollte sich fragen, ob er auch im dicken Nebel die Rückkehr von der Capanna Margherita durch das Spaltenlabyrint des Grenzgletschers nach Zermatt angehen würde, wenn kein Bergführer vor ihm die Route spurte!

Daß umgekehrt einige der Bergführer nicht gerade ein Vorbild an Freundlichkeit gegenüber anderen Gruppen sind, ist leider gerade im Bereich von Zermatt eine weniger erfreuliche Erscheinung. Vielleicht kann dies durch beiderseitigen Abbau überkommener Vorurteile verbessert werden: Manch einer der jungen »Führerlosen« wird später doch noch zum geführten Kunde, sei es, weil die früheren Freunde nicht mehr so recht mitziehen, weil höhere Ziele locken, das eigene Training und Können velleicht nicht mehr mit den Wunschzielen mithalten kann oder einfach weil damit manche mühsame Vorbereitung in erfahrenere Hände gelegt wird – insofern sieht sich auch dieses Buch keineswegs als Konkurrenz zu den Führern; umgekehrt soll dem Führerlosen klar sein, daß die Führer kein leichtes Geld verdienen, man braucht nur mal dessen Taxe auf den Stundenlohn für andere Dienstleistungen umrechnen.

7. Wetter

Das Wetter im Wallis ist, verglichen mit dem der benachbarten Berggruppen, eher günstiger, sei es beim etwas verzögerten Zuziehen mit Regenwolken oder dem wieder schnelleren Aufklaren nach Schlechtwetterfronten. Dies hat seinen Grund als inneralpine Gruppe mit guter Abschirmung nach fast allen Himmelsrichtungen, was sich ganz deutlich im Bereich des Rhône- und Aostatals, aber auch noch in den Vispatälern und dem Zinaltal zeigt; nachgewiesenerweise sind die Schönwettertage in Zermatt oder Arolla wesentlich häufiger als z.B. in Grindelwald oder Chamonix, da eben in unseren Breiten das Schlechtwetter sehr oft von NW anrückt und dann an den ersten hohen Kämmen zunächst hängen bleibt. Daß es aber auch im Wallis heftigste Wetterstürze geben kann, dürfte klar sein, bei langen Hochtouren ist entsprechende Vorbereitung und Beobachtung von Wetterzeichen die beste Lebensversicherung. Die Wettervorhersage in der Schweiz ist für ihre verhältnismäßig hohe Trefferquote bekannt, außer bei den Radionachrichten und in der Tageszeitung ist sie in aktuellster Form in der Telefonansage (-162) zu erhalten. Das Wallis wird hier als Kanton verstanden und daher sehr oft mit dem Wetter der Nordschweiz behandelt, unter der Südschweiz wird allgemein mehr die Tessiner Richtung und mit Westschweiz der Bereich des Genfer Sees verstanden – bei stark polarisierten Wetterverhältnissen zwischen Nord und Süd hat jedoch der Grenzkamm eher das Südwetter.

8. Ausrüstung und Gefahren

Über die Ausrüstung soll hier nicht allzuviel gesagt werden, es wird davon ausgegegangen, daß der Benutzer diesbezügliche Erfahrung hat. Wer ohne ausreichenden Kälte- und Regenschutz und mit schlechtem Schuhwerk in den Bergen – hier wie anderswo – unterwegs ist, geht ein unverantwortbares Risiko ein!
Biwakieren kann ein tolles Erlebnis sein, aber nur wenn es eingeplant ist und nicht einer Notlage entspringt – Gründe für Letzteres sind überwiegend grenzenlose Selbstüberschätzung und Ignorieren einer sich abzeichnenden Wetterverschlechterung, sind also durchaus vermeidbar. Einige Male vielleicht zu früh umgekehrt zu sein, ist allemal besser als einmal zu spät die Umkehr einzuleiten – der Berg läuft schließlich nicht davon, mit erfrorenen Fingern oder Füßen aber läuft und klettert es sich nie mehr so gut wie früher!
Daß rasch einfallender Nebel auf den Gletscherflächen enorme Orientierungsprobleme hervorruft, ist Allgemeingut; daß man hier sicher mit Karte, Kompaß und Höhenmesser umgehen können muß, kann nicht genug betont werden.
Bei Skitouren stellt die Bedrohung durch Lawinen eindeutig die größte Gefahr dar. Trotz Verschüttetensuchgerät darf nie in lawinengefährliche Hänge gelaufen werden, und seien sie auch noch so kurz! Ein 15 m Schneebrett mit eben 20 cm Dicke hat schon einen ganzen Zug aus den Schienen gedrückt – jeder mag sich ausmalen, wieviel weniger nötig ist, um einen Mensch zu zerdrücken, einzubetonieren, auszukühlen oder zu ersticken! Wegen der kurzen Überlebenschance eines Verschütteten hat im Falle eines Falle nur die rasche Kameradenhilfe einige Erfolgsaussichten, bis der Helikopter oder eine Suchmannschaft aus dem Tal da ist, wird aus der Rettung leider nur zu oft eine Totenbergung! Bestehen auch nur geringe Zweifel über die Beschaffenheit eines Hanges, darf dort nie hineingelaufen werden!

9. Bergrettung

In Notfällen kann man von praktisch allen Hütten und auch bereits von vielen Biwaks per Funk oder Telefon die Rettung alarmieren. Alarmzentralen sind grundsätzlich die Kantonspolizei oder Gendarmerie, dazu die Bergführerbüros oder die Schweizer Rettungsflugwacht, die Air Zermatt und Air Glaciers.

INTERNATIONALE ALARMSIGNALE IM GEBIRGE
SEGNALI INTERNAZIONALI D'ALLARME IN MONTAGNA
SIGNAUX INTERNATIONAUX D'ALARME EN MONTAGNE
SENALES INTERNACIONALES DE ALARMA EN MONTANA

JA
OUI
SI

Rote Rakete oder Feuer
Razzo rosso o luce rossa
Fusée ou feu rouge
Cohete de luz roja

Rotes quadratisches Tuch
Quadrato di tessuto rosso
Carré de tissu rouge
Cuadro de tejido rojo

WIR BITTEN UM HILFE
OCCORRE SOCCORSO
NOUS DEMANDONS DE L'AIDE
PEDIMOS AYUDA

NEIN
NON
NO

WIR BRAUCHEN NICHTS
NON ABBIAMO BISOGNO DI NIENTE
NOUS N'AVONS BESOIN DE RIEN
NO NECESITAMOS NADA

Diese Zeichen dienen der Verständigung mit der Hubschrauberbesatzung. Sie ersetzen nicht das Alpine Notsignal.

Alpine Auskunft

Mündliche und schriftliche Auskunft in alpinen Angelegenheiten für Wanderer, Bergsteiger und Skitouristen

→ **Deutscher Alpenverein**

Montag bis Mittwoch von 9 bis 12 Uhr
und 13 bis 16 Uhr,
Donnerstag von 9 bis 12 Uhr
und 13 bis 18 Uhr
Freitag von 9 bis 12 Uhr
D-80538 München, Praterinsel 5
Telefon (089) 29 49 40
[aus Österreich 06/089/29 49 40]
[aus Südtirol 00 49/89/29 49 40]

→ **Österreichischer Alpenverein**

Donnerstag und Freitag von 8.30 bis 17 Uhr
Alpenvereinshaus
A-6020 Innsbruck, Wilhelm-Greil-Str. 15
Telefon (512) 5 95 47
Tirol Informationsdienst
A-6020 Innsbruck, Wilhelm-Greil-Str. 17
[aus der BR Deutschland 00 43/512/53 20-175]
[aus Südtirol 00 43/512/53 20-170 oder -171]

→ **Alpenverein Südtirol**
Sektion Bozen

Montag bis Freitag von 9 bis 12.30 Uhr
und von 15 bis 17.30 Uhr
im Landesverkehrsamt für Südtirol –
Auskunftsbüro
I-39 100 Bozen, Vintlerdurchgang 16
Telefon (04 71) 97 81 41
[aus der BR Deutschland 00 39/471/97 81 41]
[aus Österreich 04/04 71/97 81 41]

Zunehmend wird der Helikopter für Such- und Rettungsaktionen eingesetzt, allerdings ist dazu eine ausreichende Sicht notwendig.
Für eine Landung ist zu beachten:
- Keine Hindernisse im Umkreis von 100 m.
- Horizontale Fläche von 30 x 30 m nötig, keine Mulden.
- Entfernen von Gegenständen, die vom Hubschrauber aufgewirbelt werden können.
- Einweisen des Hubschraubers mit dem Rücken zum Wind, Arme in»Yes«-Stellung.
- Erst auf Zeichen des Piloten und nur von vorne zum Hubschrauber gehen.

Für Rettungseinsätze können sehr schnell gewaltige Kosten zusammenkommen (allein eine Helikopter-Stunde kostet leicht SFr 2000,- und mehr), die auch durch die AV-Mitgliedschaft nicht ausreichend abgedeckt werden; vergleichbar mit den Schutzbriefen der Auto-Clubs kann man durch Mitgliedschaft (»Gönnerbeitrag«) bei verschiedenen Rettungsflugwachten (Schweizerische Rettungsflugwacht (SRFW), Deutsche Rettungsflugwacht (DRV), Air Zermatt, Air Glaciers und weitere) das Kostenrisiko teilweise weltweit absichern.
Die moderne Rettungstechnik scheint jedoch auch manch einen zu verleiten, Touren zu unternehmen, die eigentlich weit über seine Fähigkeiten gehen – nach dem Motto: Wenns nicht mehr weitergeht, wird ja der Helikopter schnell da sein. Unnötig zu bemerken, wie leichtsinnig und auch rücksichtslos gegenüber den Rettern so ein Verhalten ist, jeder dieser Einsätze ist nicht nur mit hohen Kosten, sondern auch mit erheblichen Risiken für die Rettungsleute verbunden!

10. Naturschutz

Bergsteigen als Natursport spielt sich im freien Gelände ab und braucht logischerweise die natürliche Umgebung, um dem einzelnen das zu geben, was diesen »Sport« von anderen unterscheidet: In einer vom Menschen umgestalteten Umgebung wird dem Bergsteigen die Grundlage entzogen. Jeder einzelne ist also dazu aufgerufen, zur

Malerische Lärchen auf der Moosalp.

Erhaltung dieser einzigartigen Landschaftsform beizutragen. Diese letzten Reservate dürfen nicht weiter technisiert werden, nicht nur die Tiere und Pflanzen brauchen solche Rückzugsgebiete, genauso der Mensch. Hier kann jeder erfahren, wie winzig der Mensch auf der Erde ist und daß auch künftig keine Technik den Naturgewalten wirklich standhalten kann – Dinge, die man zu Hause nur allzu schnell vergessen könnte. Jeder einzelne kann und muß durch sein Verhalten dazu beitragen, daß der Alpenraum nicht zu einem Disneyland verkommt. Das Ziel kann ganz sicher nicht die vollständige Erschließung mit allen technischen Möglichkeiten sein, umgekehrt darf aber auch nicht der wieder modern gewordene Trend stehen, den nicht zahlungskräftigen Menschen weiträumig auszusperren! Die Alpen stellen schließlich einen Lebensraum für die hier lebenden Menschen dar, ihre Lebensgrundlage wäre ohne Tourismus in Frage gestellt; um die Schutzwürdigkeit erkennen und erhalten zu können, muß man die Region auch hautnah erleben können!
Bitte nehmen Sie gerade beim Bergsteiger-Urlaub besondere Rücksicht auf die Umwelt, ist dies doch die Grundlage dafür, daß Sie (und Ihre Kinder) auch in vielen Jahren hier noch Ihre Urlaubswünsche erfüllen können. Wo immer möglich, sollten öffentliche Verkehrsmittel statt dem eigenen PKW benutzt werden (viele Gebirgsorte ersticken bereits an den Blechlawinen, Staus wie in Großstädten sind leider auch hier schon eher die Regel als die Ausnahme). Ebenso muß man den Pistenskigebieten mit ihren leider immer noch kaum gebremsten Expandierungstendenzen sehr ablehnend gegenüberstehen: Es kann keine gesunde wirtschaftliche Grundlage sein, gigantische Summen bei unverhältnismäßig hohem Landschafts- und Energieverbrauch zu investieren, die während gerade drei Wintermonaten des Jahres wieder hereingeholt werden müssen; gleichzeitig geht der wesentlich problemlosere Sommertourismus zurück, da die durch gigantische Erdbewegungen umgestaltete Landschaft (Albertville 1992 !!) dann kaum noch attraktiv für Wanderer sein kann! Durch weitere, wieder kostenintensive Maßnahmen wie Erlebnisparks, Golfplätze, Tennisanlagen u.ä. versucht man dies für den Sommer zu kompensieren und dem Gast die Beschäftigung zu geben, die er in der Natur nicht mehr finden kann! In was für einer Welt werden unsere Enkel einmal leben müssen?
Es schadet nichts, wenn man die Betroffenen und Verantwortlichen vor Ort mit diesen Fragen konfrontiert: Schließlich resultiert diese Entwicklung genau aus unserem Verhalten: Es gäbe keine Seilbahn,

würde man sie nicht benutzen! Mit jeder Pistenski-Tageskarte fördert man diese Entwicklung! Dem Tourismus ist sicher auf Dauer viel eher geholfen, wenn über das ganze Jahr hinweg etwas gleichmäßig die Urlauber kämen.
Selbstverständlich sollte es sein, daß man sich als Bergsteiger streng an die örtlichen Verkehrsbeschränkungen hält, also gesperrte Wege nicht bis zu den obersten Almen hinauffährt! Genauso selbstredend beseitigt man seinen Abfall ordnungsgemäß, nimmt den eigenen Müll wieder mit ins Tal und benutzt die Sammelstellen für Glas, Papier, Metall und weitere Stoffe. Dies gilt ganz besonders auch für die nicht bewirtschafteten Hütten und Biwaks! Regelrechte Müllorgien, wie sie leider auf italienischer Seite bei der Bewirtschaftung einiger Hütten durch ausschließliche Verwendung von Wegwerfgedecken und winzigen Plastikflaschen für die Getränke veranstaltet werden, sollten raschestmöglich der Vergangenheit angehören.

11. Karten

Die Landeskarte der Schweiz ist die wohl weltbeste topografische Karte, sowohl in Bezug auf Genauigkeit, wie auch auf Übersichtlichkeit (Geländedarstellung); der Nachteil der offiziellen Kartenwerke, der rein geometrische Aufbau der Blattschnitte ohne Orientierung an touristischen Bedürfnissen, wird in der Schweiz zunehmend durch Sonderblätter abgebaut, die in Zusammenarbeit mit den regionalen Verkehrsämtern herausgegeben werden und auch die Wanderrouten eingetragen haben – mittlerweile ist fast der ganze Schweizer Anteil der Walliser Alpen in dieser Form benutzerfreundlich bearbeitet. Für den Skitourengeher ist das 1 : 50 000er-Werk auch mit eingetragenen Skirouten und Kurzbeschreibungen (Hrsg.: Schweizerischen Skiverband) erhältlich. Als Übersicht haben sich die Blätter im Maßstab 1: 100 000 bestens bewährt, für die Touren sind die 25 000er-Blätter eindeutig die Besten, im weglosen Gelände fast unverzichtbar – auch die Beschreibungen in diesem Führer basieren auf den Karten in diesem Maßstab. Alle Blätter werden etwa im 6 Jahres-Rythmus überarbeitet.
Erhältlich sind die Karten in den Verkehrsämtern, Buchhandlungen und fast allen Kiosken.
Für den italienischen Anteil sieht die Kartensituation deutlich schlechter aus: Die LK der Schweiz reicht zwar über die Grenzen

hinaus (für manche Gebiete sind damit sogar 25 000er Blätter erhältlich), was für die Topografie die gleiche Genauigkeit sicherstellt, der Nachführungsstand ist hier jedoch unbefriedigend. Hier wird man zusätzlich auf die Blätter der Kompass-Karte und des Instituto Geografico Centrale, Torino zurückgeifen müssen. Ihre Stärke liegt eindeutig in der kurzfristigeren Aktualisierung (Straßen, Wege, Hütten, Lifte und Seilbahnen...) und den Wegeintragungen, z.T. mit den Wegenummern, ihre große Schwäche in der unangemessen groben Geländedarstellung (100 m- bzw. 50 m-Abstand der Höhenschichtlinien) sowie leider immer noch gefährlichen Ungenauigkeiten in den Detaileintragungen. Abseits der Wege ist auf diese Karten kaum Verlaß und mancher hier dick eingetragene Weg hat in der Wirklichkeit noch nie existiert! Einige CAI-Sektionen und Verkehrsämter haben eigene Karten herausgegeben, die sicher nicht an den Schweizer Standard herankommen, allerdings die Wegesituation noch am besten darstellen. Die offizielle Carta d'Italia sowohl 1 : 25 000 als auch 1 : 50 000 ist zwar recht genau, aber sehr unübersichtlich gestaltet, sie ist ohnehin fast nirgends, und dann auch nur mit völlig unbefriedigendem Nachführungsstand zu erhalten.

Empfehlenswerter sind damit also die folgenden Blätter:

Landeskarte der Schweiz (1 : 50 000):
Nr. 293 Valpelline
Nr. 294 Gressoney
Nr. 275 Valle Antigorio
dazu einige 1 : 25 000-Grenzbätter.

Kompass (1 : 50 000):
Nr. 85 Mont Blanc,
Nr. 87 Breuil/Cervinia-Zermatt
Nr. 88 Monte Rosa
Nr. 89 Domodossola.

Instituto Geografico Centrale, Torino (1 : 25 000):
Nr. 108 Cervino, Breuil, Champoluc
Nr. 109 Monte Rosa

Instituto Geografico Centrale, Torino (1 : 50 000):
Nr. 5 Cervino/Matterhorn e Monte Rosa
Nr. 9 Ivrea – Biella
Nr. 10 Monte Rosa, Alagna e Macugnaga
Nr. 11 Domodossola e Val Formazza

Club Alpino Italiano, Varallo: Valsesia (1 : 25 000)

Verkehrsverein Gressoney: Gressoney, Monte Rosa (1 : 35 000)

12. Zum Gebrauch des Führers

Für jede der neun Untergruppen werden die Hütten, die wichtigsten Pässe und Übergänge sowie die Gipfelrouten in eigenen Abschnitten beschrieben. Die Namensgebung wurde soweit möglich aus der Landeskarte entnommen; durch die Übernahme der dialektorientierten Schreibweise in die Karte kann es gelegentlich zu Abweichungen gegenüber der Bezeichnung vor Ort kommen. Auch auf der Südseite gibt es ähnliche Differenzen durch den Gebrauch der italienischen, französischen, oder auch Walser-deutschen Bezeichnung.
Die genaue Lage der Hütte ist durch Angabe des Koordinatenschnittpunktes auf der LK gegeben, da hier nicht alle Hütten eingetragen oder beschriftet sind (besonders die zahlreichen Neubauten in Italien).
Im Beschreibungskopf der Routen ist eine Kurzcharakterisierung gegeben, also die Schwierigkeitsbewertung, der Zeitbedarf und der Höhenunterschied. Dazu kommen je nach Bedarf noch weitere Informationen und Empfehlungen. Bei den Schwierigkeitsbewertungen wurde zwischen den rein felstechnischen Schwierigkeiten (nach der UIAA-Skala) und der Gesamtbewertung unterschieden. Während sich die Klettergrade I, II, III, – ... ausschließlich auf die Felsabschnitte beziehen, kann der Gesamteindruck einer Route mit der zweiten (BW 1, .., G 1, G 2, ...) Bewertung umrissen werden. Dies ist bei den SAC-Führern schon lange mit Worten üblich, da hier aber die gleichen Ausdrücke wie im Fels verwendet wurden (leicht, wenig schwierig, ...), sind Verwechslungen vorprogrammiert. Die BW/G-Skala wurde von W. Munter im Rother-Gebietsführer Berner Alpen eingeführt und nun für die Walliser Alpen übernommen:
BW 1-3 steht für Wander-Anforderungen auf Wegen und Steigen,
G 1-20 für alpine Touren.
In diese G-Bewertung gehen neben den felstechnischen Schwierigkeiten auch der alpine Charakter, die übliche Beschaffenheit und Steilheit der Gletscher und Eiswände, die Sicherungsmöglichkeiten, die Wegfindung, die Länge und Höhe der Tour ein. Die Abstufung auf 20 Werte läßt eine sehr feine Bewertung zu und zeigt auch den Unterschied z.B. einer Route durch die Monte-Rosa-Ostwand zum Normalweg am Bishorn viel deutlicher auf.
Trotzdem sind auch diese Werte mit der üblichen Vorsicht zu genießen, da die Verhältnisse am Berg doch zu oft stark variieren. Zum Vergleich soll die Skala dem SAC-Wortlaut gegenübergestellt werden.

leichter Bergweg	BW 1	Täschhütte
mittelschwerer Bergweg	BW 2	Domhütte
anspruchsvoller Bergweg	BW 3	Mettelhorn
leicht	G 1	Tête-Blanche-NW-Seite
	G 2	Bishorn-NW-Flanke
wenig schwierig	G 3	Dom-N-Flanke
	G 4	Dufourspitze-W-Grat
	G 5	Matterhorn-Hörnligrat
ziemlich schwierig	G 6	Matterhorn-Liongrat
	G 7	Grand-Cornier-SW-Grat
	G 8	Weisshorn-S-Grat
schwierig	G 9	Matterhorn-Zmuttgrat
	G 10	Dufourspitze-O-Wand
	G 11	Nordend-NO-Grat
sehr schwierig	G 12	L'Evêque-O-Pfeiler
	G 13	Dent-d'Hérens-N-Wand
	G 14	Eiger-N-Wand
äußerst schwierig	G 15	Zinalrothorn-N-Pfeiler
	G 16	Matterhorn-Zmuttnase
	G 17	Petite-Dru-Bonattipfeiler
extrem schwierig	G 18	Aiguille-du-Fou-Südwand
	G 19	Dru-W-Wand (Harlin)
	G 20	

Bei kompliziertem Routenverlauf oder schwieriger Topografie wurde dem Routentext eine Geländeübersicht vorangestellt, zusammen mit Karte und den Abbildungen sollte dann die Orientierung vor Ort deutlich erleichtert sein.
Wichtig ist es aber immer, jede Route den vorhandenen Gegebenheiten anzupassen; gerade auf Gletschern verändern sich die Verhältnisse oft so schnell, daß schon nach wenigen Wochen eine völlig neue Trasse benutzt werden muß, mancher im Frühsommer einfache Anstieg kann im Herbst fast ungangbar werden – nicht nur aus Platzgründen kann hier nicht auf jede Alternativ-Möglichkeit eingegangen werden.
Bei den Routenbeschreibungen wurden Richtungsangaben möglichst mit den Himmelsrichtungen gemacht, rechts oder links in Laufrichtung bzw. orographisch (im Sinne der Fließrichtung von Wasser, also bergab) wurde zur Sicherheit jeweils extra angemerkt.
Die Zeitangaben gelten für die reinen Gehzeiten ohne Pausen, sie gelten für normal trainierte Bergsteiger; als Faustregel kann der Zeitbedarf auf ausgetretenem Pfad mit je 10 Minuten für 100 Hm und 10 Minuten für 1 km Wegstrecke abgeschätzt werden, für 400 Hm auf 2 km wird man also etwa eine Gehstunde einplanen. Auf Fels und Gletschergelände sowie mit Ski können natürlich erhebliche Abweichungen je nach Verhältnissen auftreten.

13. Abkürzungen

A.	Alpe
Abb.	Abbildung
Aig.	Aiguille
bez.	bezeichnet
Biw.	Biwak
BLS	Bern-Lötschberg-Simplon-Bahn
BVZ	Brig-Visp-Zermatt-Bahn
BW	Bergweg-Bewertung
C.	Col
CAI	Club Alpino Italiano
Cab.	Cabane
Dt.	Dent
FO	Furka-Oberalb-Bahn
G	Gesamtbewertung

Gde.	Grande
Gh.	Ghiacciaio (Gletscher)
Gl.	Glacier (Gletscher)
H	Haken
Hm	Höhenmeter
HW	Höhenweg
KS	Koordinatenschnittpunkt in der Landeskarte
LK	Landeskarte der Schweiz (Bundesamt für Landestopographie, CH-3084 Wabern)
mark.	markiert
Min.	Minute
MO	Martigny-Orsières-Bahn
Mt.	Mont
N, O, S, W	Nord, Ost, Süd, West
nördl., ..	nördlich, ...
o.N.LK	ohne Namen in der Landeskarte
orogr.	orographisch (in Fließrichtung des Wassers)
P.	Punkt (Vermessungspunkt auf der LK)
Pte.	Pointe
Pit.	Petit
Pso.	Passo
PTT	Schweizer Postbus
Pzo.	Pizzo
Ref.	Refuge
s.	siehe
S.	Seite
SAC	Schweizer Alpenclub (frz.: CAS)
SBB	Schweizer Bundesbahn
SL	Seillänge
Std.	Stunde
Tel.	Telefon
WW	Wegweiser

B) Touristischer Teil

I. Täler und Talorte

Oberes Rhônetal (Rotten):

● 1 Oberwald, 1368 m

Station der Furka-Oberalp-Bahn, Autoverladung nach Realp/Andermatt durch den Furkatunnel. Oberster ganzjährig bewohnter Ort im Rhônetal mit zahlreichen Wandermöglichkeiten; sehenswerte Barockkirche, schönes Dorfbild. Gruppenunterkunft, Campingplatz.

● 2 Ulrichen, 1346 m

Bei diesem Ort im Obergoms mit wunderschönen alten Häuserzeilen zweigt die Nufenenstraße ins Tessin ab (Wintersperre November bis Juni, PTT-Linie), erschließt damit die Touren um den Griesstausee mit Blinnenhorn, jenseits des Griespasses auch das Ofenhorn. Gruppenunterkünfte, Campingplatz. Station der Furka-Oberalb-Bahn.

● 3 Münster, 1388 m

Das größte Haufendorf im Wallis mit einer Kirche aus dem Jahre 1491 mit dem berühmten geschnitzten Hochaltar. Außerdem finden sich besonders schöne Häuser und Stadeln im Ort. Langlaufregion, Sitz der Gomser Verkehrsvereinigung. Station der Furka-Oberalb-Bahn.

● 4 Bellwald, 1559 m

Auf dem Rücken zwischen Fieschertal und Rhônetal gelegener Ferienort mit schönem Dorfkern und vielen Wandermöglichkeiten. Gruppenunterkunft. Sessellift über Fleschen nach Steibenkreuz am Risihorn-Ausläufer. Luftseilbahn und Straßenanschluß von Fürgangen oberhalb von Fiesch (Haltestelle der Furka-Oberalb-Bahn).

● 5 Fiesch, 1050 m

An der Einmündung des Fieschertals (Fieschergletscher) in das Rhônetal. Erst seit Anfang dieses Jahrhunderts (Eisenbahnbau) wirtschaftlicher Mittelpunkt des Goms, zuvor bewegte sich der Verkehr auf der anderen Talseite durch Ernen. Großes Sportzentrum (Hallenbad, Tennis, Squash, Minigolf, Sporthallen u.a.), dazu Eggishorn-

Seilbahn, ungezählte Wandermöglichkeiten, Drachen- und Gleitschirmflieger-Zentrum; Bergsteigerschule. Gruppenunterkünfte. Station der Furka-Oberalb-Bahn; PTT-Linie ins Binntal.

● 6 Bettmeralp, 1957 m und Riederalp, 1919 m

Diese alten Almsiedlungen auf der Sonnenseite des Kammes zwischen Rhônetal und Aletschgletscher sind zu komfortablen Sport- und Erholungsorten gewachsen; sie sind autofrei, aber von den Stationen der Furka-Oberalb-Bahn mit mehreren Seilbahnen schnell zu erreichen. Die Region wurde stark für den Skilauf erschlossen, bietet aber noch immer eine Fülle interessanter und aussichtsreicher Wanderungen, wie die im Aletschwald, dazu Ausgangspunkt für Hochtouren im Aletschgletschergebiet. Bergführerbüro, Sportzentrum, Fischen und Rudern auf dem Bettmersee. Touristenlager.

● 7 Ernen, 1195 m

Weit über die Grenzen bekannt durch sein historisches Dorfbild, das sich seit über 100 Jahren durch ein strenges Reglement für Neubauten praktisch nicht verändert hat. Sehenswerte Kirche (Anfang 16. Jhdt.). Ernen gilt als Musikdorf, jedes Jahr finden Orgelwochen und internationale Kammerorchester-Kurse neben vielen Konzerten statt. Abzweig der Binntal-Straße, der Straße nach Mühlebach und des Fahrwegs zur Alpe Frid. PTT-Linie von Fiesch. Gruppenunterkunft.

● 8 Binn (Schmidigehischere), 1400 m

Ruhiger Hauptort im Binntal, elegante Bogenbrücke (1564) über die Binna, daneben die barocke Antoniuskapelle. Kein Zweitwohnungsbau zugelassen, was der Naturerhaltung der Region sehr zugute kam und so dem Naturschutzgebiet eine gediegene Grundlage verschafft hat; Mineraliensammlung, Campingplatz. Das Binntal ist neben einem Blumenparadies ein »Mineralien-Schatzkästlein«, nirgendwo sonst in der Schweiz gibt es so reichhaltige und exklusive Kristallfundstellen wie hier, eine Reihe von Mineralien wurde bisher nur hier gefunden. Endpunkt der PTT-Linie von Fiesch; die Straße führt noch bis kurz vor Fäld, ein Fahrweg zweigt nach Heiligkreuz ab.

● 9 Blatten, 1322 m

In aussichts- und sonnenreicher Lage an der Aletschregion über Brig/Naters. Gut erhaltene alte Häuser und Speicher, eine der ältesten Siedlungen des Wallis (bereits 1079 erwähnt). Talort für die mit der

Seilbahn erreichbare Sonnenterrasse Belalp. Tennis, Squash, Kegelbahnen, Thermalbad Brigerbad. Gruppenunterkunft. PTT-Linie von Brig.

● 10 Brig, 684 m

Hauptstadt des Oberwallis am Knotenpunkt der Eisenbahnen (Bern-Lötschberg-Simplon-Domodossola (Autoverladung am Lötschberg), Furka-Oberalppaß (Andermatt/Disentis, Glacierexpress), Brig-Visp-Zermatt und Genfersee-Mailand), viele PTT-Linien (Simplon-Gondo, Saastal, Blatten, Mund, Rosswald), damit zentral gelegener Stützpunkt für alle Unternehmungen im Oberwallis. Sehenswerte Altstadt (Stockalperpalast) mit regem Leben, Geschäften und Straßencafés; Camping. Tennis, Squash, Schwimmbäder und Thermalbad in Brigerbad, Minigolf und Kino.

Simplon-Region:

● 11 Simplon-Dorf, 1476 m und Gabi, 1228 m

An der Simplon-Südrampe gelegen (PTT-Linie von Brig), noch sehr ruhig geblieben, mit schon recht südlichem Charakter; Landesgrenze (Italien) weiter talwärts in Gondo, 830 m, vor der berühmten Gondoschlucht. Herrliches, wenig bekanntes Wander- und Bergtourenrevier. Gruppenunterkünfte (der Simplonpaß ist ganzjährig offen).

● 12 Zwischbergen, 1356 m

Kleine Ansiedlung im gleichnamigen Tal, das bei Gondo von der Simplonpaß-Straße abzweigt. fast gänzlich unbekanntes und daher ein noch wirklich ruhiges Wandergelände im Osten der Weissmiesgruppe. Kurvenreiche und schmale Straße von Gondo. Leider ist der Bach, das »Grosse Wasser« wegen Energiegewinnung zu einem kleinen Rinnsal degradiert worden. Der obere Talbereich hat jedoch trotz eifrigem Wasserwirtschafts- und Almstraßenbaus noch kaum etwas von seiner Naturschönheit eingebüßt.

***Vispatäler*:**

● 13 Visp, 651 m

An der Einmündung des Vispatales (Matter- und Saasertal) ins Rhônetal. SBB- (Rhônetal) und BVZ-Station (nach Zermatt), PTT-Liniennetz (Brig, Saastal, Staldenried, Visperterminen, Zeneggen,

Bürchen, Moosalp, Eggerberg, Ausserberg, St. German, Brigerbad). Damit lassen sich von hier praktisch alle Ziele im Oberwallis sehr günstig erreichen. Sehenswerte Altstadt mit verwinkelten Gassen und historischen Gebäuden (ab dem 12. Jhdt.), mit durchaus südländischem Eindruck. In den Fußgängerzonen zunehmend auch abends munteres Treiben mit Straßencafés und Musikdarbietungen. Jugendherberge, Gruppenunterkunft; mehrere Campingplätze, mit Freibad, Tennis, Reiten und anderen Sportmöglichkeiten.

● 14 Visperterminen, 1340 m

Bergdorf in herrlich sonniger und aussichtsreicher Lage hoch über dem Vispertal. Interessanter alter Dorfkern mit engen und verwinkelten Gassen und Steigen zwischen den im typischen Walliser Stil erbauten Häusern. Visperterminen kann sich als die Gemeinde mit Europas höchstgelegenen Weinberg rühmen (bis auf 1100 Meter). Das Wasser wurde früher in langen Kanälen aus dem Nanztal um den Gebidum-Rücken herumgeleitet, heute besorgt dies ein Stollen durch den Berg, schöne Wandermöglichkeiten an den alten Leitungen. Kleines Skigebiet nach Gebidum. Gruppenunterkünfte.

● 15 Saas Grund,1559 m

Hauptort des Saastals, vor der touristischen Entdeckung von Saas Fee auch dessen wirtschaftliches Zentrum. Wunderschönes Wandergelände und zentraler Ausgangsort für hochalpine Unternehmungen. Gondelbahn über Kreuzboden nach Hohsaas am Weissmies. Bergsteigerschule, Sportzentrum mit Tennis, Hallenbad. Gruppenlager, mehrere Campingplätze. PTT-Linie von Visp, sehr dichter Fahrplan.

● 16 Saas Almagell, 1672 m

Von allen Saaser Gemeinden wohl noch der am ruhigsten gebliebene Urlaubsort. Bescheidene Liftanlagen nach Furggstalden. Gruppenunterkünfte. Großartiges Wandergelände und Ausgangspunkt für wenig bekannte Hochtouren im südlichen Weissmieskamm. Besichtigungen der Kraftwerksanlagen (Mattmark-Stausee, Straßenende an der Mauerkrone (nur im Sommer), PTT-Endstation von Saas Grund).

● 17 Saas Fee, 1790 m

Moderner Ferienort, umgeben von bekannten Viertausendern und gewaltigen Gletscherströmen, mit allem was dazugehört, trotz des Tourismus-Booms noch überschaubar geblieben; das Dorf ist autofrei, hat Bergbahnen nach Plattjen, Mittelallalin, Felskinn, Längflue und Hannig; Gruppenunterkünfte, Camping. Freizeitzentrum mit Tennis, Hallenbad, Sauna u.a., Bergsteigerschule mit großem Führungstourenprogramm. Gebührenpflichtige Parkplätze am Ortseingang, häufige Postbusverbindungen mit Visp.

● 18 Stalden, 800 m

Kleiner Ort auf einem Felshügel über dem Zusammenfluß der Saaser- und Matter-Vispa gelegen. Schönes altes Dorfzentrum mit neubarocker Pfarrkirche. Bekannt sind auch die alten Brücken über die Vispa-Schlucht. Bahnstation der Linie Visp-Zermatt, Straßen ins Saastal (PTT-Linie) und ins Mattertal bis Täsch, dazu über Törbel zur Moosalp und auf der gegenüberliegenden Seite nach Staldenried (PTT-Linien). Zu letzterem auch mit einer Seilbahn, die weiter in die autofreie ehemalige Alpsiedlung Gspon (Gsponer Höhenweg) führt.

● 19 Grächen, 1619 m

Bekannter Ferienort auf einer Sonnenterrasse hoch über dem Mattertal, mit großartigem Gebirgspanorama: Weisshorn und Bruneggborn präsentieren sich von ihrer Schauseite. Seetalhorn- und Hannigalp-Gondelbahnen, wunderschöne Aussichtspunkte; leider hat auch hier der Ausbau des Skigebietes einige Wunden am Berg und den großartigen Zirben- und Lärchenbeständen (Grächerwald) besonders im Bereich der Waldgrenze hinterlassen. Im benachbarten Gasenried Startpunkt für die Touren um den Riedgletscher (Bordierhütte). Tennis, Squash, Kegeln, Vita Parcours, Curling, Minigolf, Hallenbäder und ein Kinder-Erlebnisparadies an der Hannigalp. Gruppenunterkünfte. Brig-Visp-Zermatt-Bahn-Buslinie von St. Niklaus.

● 20 St. Niklaus, 1116 m

Im mittleren Mattertal gelegen, Station der BVZ-Bahn; Abzweig der Straße nach Grächen (BVZ-Bus), kleine Seilbahn nach Jungu mit schönem Wandergebiet. Tennis- und Sportplätze, Vita-Parcours.

● 21 Randa, 1409 m

Kleiner Ort zu Füßen von Weisshorn und Dom (Ausgangspunkt zu den beiden entsprechenden Hütten) mit alten, sonnenverbrannten Holzhäusern. Günstiger Stützpunkt für einen Urlaub im Mattertal, wenn es auch im Hochsommer nicht ganz so hektisch zugehen soll wie im renommierten Zermatt. Campingplatz. Station der BVZ-Bahn.

● 22 Täsch, 1449 m

Den meisten Wallis-Reisenden leider wohl nur als Umsteigestation vom Auto in die BVZ-Bahn nach Zermatt ein Begriff. Trotzdem ein sehenswertes Dorf, am Ende der Straße vor Zermatt (Parkplätze für die Zermattbesucher). Schöner Dorfkern mit alten Häuserzeilen. Fahrweg zur Täschalp (auch günstiger Taxi-Transport), neben den Hochtouren gibt es hier auch interessante Wanderungen mit instruktiven Blicken auf die zahlreiche Hochtouren. Campingplatz.

● 23 Zermatt, 1616 m

Weltbekannter Kurort und bergsteigerischer Mittelpunkt der Walliser Alpen. Zermatt ist autofrei, sehr gute Zugverbindung mit Täsch (ausschließlich gebührenpflichtige Parkmöglichkeiten), aber auch vom Rhônetal (Visp). Jugendherberge, Gruppenunterkünfte und Campingplatz. Tennisanlagen, Squash und Hallenbäder mit Sauna, Curling, Kegelbahnen, Minigolf und Vita Parcours. Bergführerbüro mit großem Angebot an geführten Bergtouren. In der zentral gelegenen Bahnhofstraße herrscht oft beängstigendes Gedränge, doch in einigen der Nebengassen finden sich noch schöne Häuser-Ensembles und erleichternd ruhigere Fleckchen. Bergbahnen zur Sunnegga/Unterrothorn, Zahnradbahn zum Gornergrat, Seilbahnen zum Theodulpaß/Klein-Matterhorn und Schwarzsee.

● 24 Törbel, 1497 m

Von Stalden erreichbarer Ort hoch über dem Mattertal, Verbindung über die Moosalp mit Zeneggen/Bürchen (PTT-Linie); im Winter kleines Skigebiet an der Moosalp. Interessantes Wanderrevier.

● 25 Zeneggen, 1374 m

Dieser Ort liegt westlich über dem Ende des Vispatales mit herrlicher Aussicht ins obere Rhônetal und zur Mischabelgruppe. Auf den Terrassen der Zenegger Felder wurde jahrhundertelang hervorragendes Korn als Saatgut für viele Gegenden in der Schweiz angebaut. PTT-Linie von Visp, weiter zur Moosalp und nach Bürchen/Törbel.

● 26 Bürchen, 1200-1650 m

Verstreut liegende Gemeinschaft kleiner Siedlungen (z. T. große Neubausiedlungen) mit den Nachbargemeinden Unterbäch und Eischoll über Visp-Turtmann. Ausgangspunkte für aussichtsreiche Wanderungen auf der blumenreichen Almterrasse hoch über dem

Rhônetal. Skiliftanlagen mit ihren Nebenfolgen reichen bereits bis weit ins Ginalstal und zur Moosalp. PTT-Linie von Visp, Seilbahn von Turtig/Raron nach Unterbäch und Eischoll.

Mittleres Rhônetal:

● 27 Mund, Eggerberg, Ausserberg, Baltschieder, Hohtenn, 645 – 1188 m

Sonnige Dörfer im Bereich der Lötschberg-Südrampe, der von Brig nach Goppenstein mit dem Lötschberg-Tunnel ansteigenden BLS-Bahnlinie mit großartigen Kunstbauten und prächtigen Ausblicken auf die Walliser Alpen. Die Trockenheit an diesen prallen Südhängen machte den Bau teilweise verwegenst geführter Wasserleitungen notwendig, nunmehr zugänglich als ideales Wandergelände. Ausgangspunkte für stille Hochtouren auf der S-Seite der Berner Alpen (z. B. Bietschhorn).

● 28 Raron, 638 m

Kleiner Ort an der Mündung des Bietschbaches ins Rhônetal; berühmte Felsenkirche (1972-74) im Hügel unter der alten Burgkirche, 1512 aus einer Burg zur Kirche umgebaut. Bekannt auch für das Grab von Rainer Maria Rilke. Campingplatz. SBB-Haltepunkt, Seilbahnen nach Unterbäch und Eischoll.

● 29 Turtmann, 628 m

Am Ausgang des Turtmanntales gelegener Ort im Rhônetal (SBB-Station), Seilbahn nach Unter-/Oberems. Fahrstraßen nach Bürchen und über Oberems ins Turtmanntal, eines der ganz wenigen stillen, nur im Sommer bewohnten Walliser Täler; im Frühjahr hochinteressantes Skitourenrevier um die Turtmannhütte.

● 30 Leuk, 731 m

Wenig oberhalb der Einmündung des Leukerbaches ins Rhônetal an großen Weinbergen gelegene Stadt mit historischem Zentrum. Campingplätze in der Umgebung. Wenig über dem Ort zweigt von der Straße nach Leukerbad die Zufahrt zu den herrlich gelegenen Weilern Guttet, Fechel, Bratsch und Erschmatt ab, mit großartigen Blicken über das Rhônetal ins Wallis. Schönes und abwechslungsreiches Wandergelände. Von Agarn/Susten Zugang in den wilden Illgraben unter dem Illhorn, ein vegetationsloser Felskessel ohne Beispiel!

● 31 **Sierre (Siders), 537 m**

Schönes Städtchen im Mittelwallis an der Sprachgrenze, IC-Bahnstation der SBB-Linie Lausanne – Simplon. Mehrere historische Gebäude, aber auch interessante Neubauten bestimmen das Ortsbild. Das sonnenreiche und trockene Klima verleiht der Region einen südländischen Flair mit regem Treiben auf den Gassen, in Straßencafés, Weinlokalen und vielen guten Restaurants; viele Sportmöglichkeiten wie Tennis, Hallen- und Seebad, Reiten oder Golf. Gruppenunterkunft, Camping. Das Umland wird geprägt von Obstplantagen und Weinbergen soweit das Auge reicht. Abzweig der Straßen ins Val d'Anniviers (Zinal/Grimentz/Moiry). PTT-Linien nach Sion, Montana/Crans, Zinal, Grimentz/Moiry, Varen.

Val d'Anniviers:

● 32 **Vissoie, 1202 m**

Hauptort des Val d'Anniviers (Eifischtal) vor dessen Verzweigung nach Zinal und Moiry. Schönes altes Dorfzentrum mit historischen Gebäuden. Günstiger und zentral gelegener Stützpunkt für alle Unternehmungen im Val d'Anniviers, Campingplatz. Gute PTT-Verbindungen mit Sierre und Vercorin, St. Luc/Chandolin sowie mit Zinal und Grimentz.

● 33 **Zinal, 1678 m**

Ehemaliges Maiensässdorf, heute Siedlung mit vielen Hotels, Ferienwohnungen und guter touristischer Infrastruktur. Seilbahn nach Sorebois. Wichtiger Ausgangspunkt für interessante Hochtouren im Weisshorn- und Dent-Blanche-Kamm, aber auch schöne Wanderungen. Gruppenlager, Campingplatz; Tennis, Hallenbad, Minigolf, Bergführerbüro. PTT-Linie von Sierre, Verbindung mit Grimentz.

● 34 **Grimentz, 1564 m**

Am Beginn des Moirytales oberhalb dessen Abzweigung vom Zinaltal gelegen. Bekannt für sein wunderschönes Dorfbild mit blumengeschmückten, sonnenverbrannten Holzhäusern, das Ortszentrum ist für den Autoverkehr gesperrt. Gondelbahn zur Alpe Bendolla, die weiten Mulden zwischen Roc d'Orzival und Becs de Bosson sind als Liftgebiet erschlossen. Gruppenunterkünfte, Campingplatz. Straße zum Moiry-Stausee (PTT-Linie), dem hochgelegenen Startpunkt für Unternehmungen im Moirykessel mit der gleichnamigen Hütte.

● 35 Vercorin, 1319 m

Hoch über dem Eingang ins Val d'Anniviers gelegen; der Ort hat einen schönen, alten Dorfkern. Weitläufiges Wandergelände. Seilbahn von Chalais (Rhônetal). Tennis, Minigolf, Reiten, Bergrad-Wege; Seilbahn zum Liftgebiet am Crêt du Midi. Val de Réchy mit herrlichen Wasserfällen, schönes Tourengelände, auch interessante Skitourenmöglichkeiten.

Val d'Hérens:

● 36 Nax, Vernamiège, Mase, Suen, St. Martin, 1263 – 1411 m

Kleine, ruhige Orte hoch über dem Val d'Hérens am Westhang unter dem Mont Noble mit seinem kleinen Skigebiet. Sehenswerte Dorfzentren, schöne Aussicht. Klettermöglichkeiten, Tennis, Bergrad-Wege, Alp-Führungen, Thermalquelle Combioula, Dolinen, Eremitage Longeborgne. Römerbrücke Praz-Jean. Campingplatz in Nax. PTT-Linie von Sion.

● 37 Vex, 939 m

Ort an der Val-d'Hérens-Straße von Sion, hoch über der Schlucht der Borgne. Guter Stützpunkt für alle Unternehmungen im Val d'Hérens, auch Sion ist sehr rasch zu erreichen. Schönes Wanderrevier an dem wilden Taleinschnitt der Borgne. Campingplatz. PTT-Linie von Sion und weiter ins Val d'Hérens/Hérémence.

● 38 Hérémence, 1237 m

Über der Einmündung des Val d'Hérémence (Dixtal) ins Val d'Hérens gelegener Ort, über Les Collons und Thyon an den Skizirkus der Vier Täler bis Verbier angeschlossen. Hochmoderne, interessante Kirche in der sonst sehr geschlossen wirkenden Siedlung. Schöne Wanderungen an dem meist nach traditioneller Art bewirtschafteten Hängen, viele alte Stadel, Bisses zur Bewässerung. PTT-Verbindung von Sion, im Sommer weiter bis zur Dix-Staumauer.

● 39 Pralong, 1606 m

Oberste Siedlung im Dixtal vor der Staumauer, Stützpunkt für schöne und ruhige Wandertouren, aber auch wilde Skitouren. Im Sommer Straße offen bis Le Chargeur an der Dix-Staumauer (PTT-Linie). Gasthaus, Campingplatz.

● 40 Evolène, 1371 m

Hauptort des Val d'Hérens mit sehr vielen noch im ursprünglichen Stil erhaltenen Häusern, charakteristisch die schmalen und vielstökkigen, aus dunklem Lärchenholz erbauten Häuser, aber auch Steinfassaden mit netten Malereien.
Das ganze Val d'Hérens bietet eine im Sommer noch erfreulich ruhig gebliebene Wander- und Hochtourenregion in großartiger Landschaft, dazu viele, im deutschen Sprachraum zu Unrecht völlig vernachlässigte Hochtourenmöglichkeiten. Gruppenlager, Campingplatz. PTT-Linie mit dichtem Fahrplan von Sion, weiter nach Arolla und Ferpècle.

● 41 Les Haudères, 1436 m

Wunderschön an der Verzweigung des Val d'Hérens (Arolla und Ferpécle) gelegener Ort ohne den großen Touristenrummel. Von kleinen Wanderungen bis zu großen Bergtouren wird hier alles geboten, eine ideale Ferienregion für den, der einmal etwas abseits der Moderouten in dennoch großartiger Landschaft unterwegs sein möchte. Neben Neubauten gut erhaltener Dorfkern, Campingplatz. PTT-Linie mit dichtem Fahrplan von Sion, weiter nach Arolla und Ferpècle.

● 42 Arolla, 1998 m

Oberste Siedlung im gleichnamigen obersten Seitental des Val d'Hérens, früher im Winter allenfalls zu Fuß erreichbar, nun ausgebaute Straße.
Liftbetrieb bis zum Pas de Chèvres, im Sommer Wanderparadies und interessanter Hochtourenstützpunkt (Gletscher- und große Klettertouren). Wie nahezu überall im Wallis, wird auch hier die Wasserkraft intensiv genutzt. Gruppenunterkünfte, Campingplatz. PTT-Linie von Sion.

● 43 Villa, La Sage, La Forclaz, Salay (Ferpècle), 1600 – 1800 m

Orte an der Straße zum Ferpècle-Talschluß mit den wilden Gletschern aus dem Bouquetins- und Dent-Blanche-Bereich. Schönes Wandergelände und Ausgangspunkte für anspruchsvolle Hochtouren im Dent-Blanche-Kamm. Kleines Liftangebot, darüber interessante Skitourenmöglichkeiten zu wenig bekannten Gipfeln.
PTT-Linie bis La Forclaz, im Sommer bis Ferpècle.

Unteres Rhônetal:

● 44 Sion (Sitten), 491 m

Hauptstadt des Kanton Wallis und seit 580 Bischofsstadt in einem von der Sonne verwöhnten, trockenen Klima. Umgeben von riesigen Weinbergen und Obstplantagen, dazu etwas Industrie, internationaler Flughafen und IC-Anschluß ans internationale Bahnnetz. Auffällig sind die beiden Hügel mitten in der Stadt: Valère (Wallfahrtskirche Notre Dame) und Tourbillon (Burgruinen aus dem 13. Jhdt.). Munteres Treiben zwischen moderner und alter Architektur mit Straßencafés. Gruppenunterkunft, Camping. PTT-Knotenpunkt: Val d'Hérens (Arolla/Ferpècle), Val d'Hérémence (Dix-Stausee), Nax-Mase, Crans/Montana, Anzère (Lac de Tseusier), Savièse (Sanetschpaß), Conthey (Derborence), Ovronnaz, Thyon, Nendaz).

● 45 Veysonnaz, Nendaz, Isérables, Mayens de Riddes, 1106 – 1450 m

Dörfer auf den Almterrassen südlich über dem Rhônetal, z. T. im Bereich des Vier-Täler-Skizirkus (Bahnen nach Thyon, Dent de Nendaz, Savoleyres, Mont Géle und Mont Fort). Wunderschöne alte Orte neben traurigen, 2/3 des Jahres leerstehenden Chalet-Siedlungen im »Einheit-Alpenstil«. Hochentwickelte Sport-Infrastruktur, schönes Wandergelände. Gruppenunterkünfte. Seilbahn von Riddes nach Isérables, PTT-Linie von Sion.

● 46 Conthey, Riddes, Leytron, Saxon, Fully, 491 – 533 m

Nette Orte zwischen Sion und Martigny, ganz im Zeichen von Obst- und Weinbau. Interessantes Biotop »Follatères« an den Trockenhängen bei Fully direkt über der Rhônebiegung. SBB-Stationen.

● 47 Martigny (Martinach), 476 m

Städtchen mit südländischem Charme am Rhôneknie, Abzweig der Straßenverbindungen nach Chamonix und Aosta. SBB-Station, Bahnen nach Chamonix (MC-Bahn) und Orsières (MO-Bahn; Val d'Entremont, Grand St. Bernard). Römisches Forum, interessante Ausgrabungen. Schöne Platanen-Allee mit schattigen Straßencafés. Gruppenunterkünfte, Camping. Ausgangspunkt für herrliche Wanderungen, große Rundtouren wie die »Tour du Combins« oder die »Tour du Mont Blanc« lassen sich von hier gut starten; wunderschönes Alm- und Waldgelände am Rücken zum Pas du Lin.

● 48 Salvan, Les Marécottes, Châtelard, Trient, 934 – 1279 m

Dörfer an der Verbindung Martigny – Chamonix (Bahnlinie, Postbus). Auch hier finden sich noch viele ruhige und aussichtsreiche Unternehmungen im Randbereich des Wallis. In Marécottes Alpenzoo, Schluchten von Trient, Durnand und Triège; Stausee Emosson.

Val des Bagnes:

● 49 Verbier, ca. 1500 m

Einer der bekanntesten Wintersportorte im Bereich der »Vier Täler«, zwischen Pierre Avoi und Mont Fort ist praktisch jeder Hang voll erschlossen. Von deren Spuren allerorten einmal abgesehen bietet sich diese Region für herrliche und aussichtsreiche Wanderferien geradezu an. Im Ort finden sich nahezu alle Einrichtungen, die sich ein »moderner« Urlauber wohl wünschen mag. Gruppenunterkünfte. Eldorado für Gleitschirm- und Drachenpiloten sowie für Bergradler.

● 50 Le Châble, 821 m, Bruson, 1042 m

An der Abzweigung nach Verbier im Val des Bagnes gelegene Orte, Endpunkt der MO-Bahn in Le Châble, Seilbahn nach Verbier/Les Ruinettes/Mont Gelé, von Bruson nach Les Forêts (Skigebiet Six Blanc – Mont Rogneux). Ruhiger als Verbier, gute Ausgangspunkte für die Unternehmungen im Val des Bagnes. Bergrad-Revier. Jugendherberge. PTT-Linie nach Mauvoisin.

● 51 Fionnay, 1489 m

Kleiner Ort in dem hier sehr schmalen Val des Bagnes, auffällig die Einrichtungen der E-Werke Grande Dixence. Weiter oben verbreitert sich das Tal wieder mit der Siedlung Bonnatschiese, bis die Straße an die Staumauerkrone des Lac de Mauvoisin hinaufführt (PTT-Station im Sommer). Die unten fast überhängende Mauvoisin-Staumauer zählt sicher zu den beeindruckendsten Bauwerken der E-Wirtschaft.

Val d' Entremont:

● 52 Sembrancher, Orsières, Bourg St. Pierre, 700 – 1650 m

Diese (für diesen Führerbereich am Rande liegenden) Orte an der Verbindung Mont Blanc – Wallis bieten in herrlicher Umgebung

Vom »Wein«-Berg Mont d'Orge hat man einen schönen Blick über Sion; hinten der Gorwetschgrat und das frisch verschneite Illhorn.

Urlaubsmöglichkeiten ohne den mittlerweile so häufigen Rummel. Bourg St. Pierre ist Ausgangspunkt für Hochtouren im Süden des Combin (Valsorey-Hütte) und am Vélan. Bahnverbindung mit Martigny bis Orsières (MO-Bahn), Buslinie über den Grand St. Bernard nach Aosta.

Valpelline:

● 53 Etroubles, St. Oyen, St. Rhémy, Gignod, 1000 – 1600 m

Feriendörfer an der Straße zum Grand St. Bernard in wanderbarer Umgebung und verkehrgünstiger Lage (Aosta 16-20 km, Grand St. Bernard 12-16 km). Während sich allerdings weniger schön der Verkehr durch Etroubles und St. Oyen quält, ist St. Rhémy durch den Tunnel deutlich entlastet, letzteres ist auch Etappenziel des Aostatal-Höhenweges. Etroubles liegt an der Mündung des Val di Menouve (Fahrstraße bis Eternon, 1635 m), Zustieg zur Vélan-SW-Seite und Talort einer schönen Varianten-Abfahrt vom Skigebiet am St. Bernard. Sehr gute Bergrad-Möglichkeiten, mehrere Campingplätze. Busverbindung mit Aosta und Martigny.

● 54 Aosta, 581 m

Hauptstadt der Autonomen Region Aostatal, gelegentlich auch als das Rom der Alpen bezeichnet. Tatsächlich findet man hier in konzentrierter Form meist sehr gut erhaltene Bauwerke aus römischer Zeit – die Pässe Großer und Kleiner St. Bernhard hatten damals große Bedeutung als Alpenübergänge nach Gallien – allerdings sind auch Spuren aus prähistorischer Zeit an mehreren Stellen zu finden. Dazu verfügt Aosta auch über sehr gute touristische Einrichtungen: Frei- und Hallenbäder, Tennis, Drachen- und Segelfliegen (die Region ist für außergewöhnliche Thermik bekannt), Seilbahnen zum Wander- und Wintersportort Pila, Reiten, Kanuclub, Campingplätze. Das Aostatal gehört zu den Trockengebieten der Alpen, da Mont Blanc, Grand Combin und Gran Paradiso die Regenwolken gut abschirmen. Bahnlinie von Turin, Busverbindungen zum Grand St. Bernard, ins Valpelline und in die Täler des Gran Paradiso.

● 55 Valpelline, 960 m

Hauptort des gleichnamigen Tales des Buthierbaches, der weiter unten bei Aosta in die Dora Báltea mündet, Abzweig von der St.-Bernard-Straße nahe Gignod. Günstiges Zentrum für alle Unternehmungen in diesem vom Fremdenverkehr noch kaum erfaßten SW-Teil der Walliser Alpen – im ganzen Gebiet gibt es bisher noch keine nennenswerten Aufstiegshilfen, die Fahrstraßen enden an der Mauer des Place-Moulin-Stausees, oberhalb Doùes bzw. in Glacier/Ollomont. Darüber hinaus gute Fahrrad-Möglichkeiten auch zur Anstiegsverkürzung. Campingplatz, Busverbindungen mit Aosta und Bionnaz.

● 56 Ollomont, 1358 m

Kleine Siedlung im gleichnamigen Seitental des Valpelline, am Südfuß von Combin/Vélan. Wunderschönes, ruhiges Wander- und Skitourengelände; Etappe des Aostatal-Höhenweges, die Tour des Combins geht ebenfalls hier vorbei. Die kleine Talstraße führt noch weiter talein bis Glacier, Ausgangspunkt für Touren im By-Kessel (Amiante-Hütte) oder im Bereich des Mont Gelé (Fenêtre Durand). Busverbindung mit Valpelline.

● 57 Doùes, 1176 m und Allein, 1251 m

Kleine Ansiedlungen über dem vordersten Valpelline/St.-Bernard-Tal am Südzipfel der Vélan-Gruppe; früher Alm- und Forstwirtschaft, heute auch Ausflugsziel vieler Aosta-Bewohner. Alp-Fahrweg zur Alpe Champillon und weiter zur Comba di By und Alpe Thoules (Fahrrad), Etappe der Tour des Combins.

● 58 Oyace, 1390 m

Mit mehreren Ortsteilen ersteckt sich diese Siedlung entlang der Steilstufe im mittleren Valpelline. Großartiges Wandergelände und Ausgangspunkt für einige ruhige, aber auch wilde Hochtouren im Grenzkamm (Mont Gelé) und im SW-Teil der Luseney-Gruppe. Der Aostatal-Höhenweg macht hier Etappenziel zwischen dem Barthelemy- und dem Ollomonttal. Wunderschönes Erholungsgebiet befindet sich in dem kuppierten Gelände mit kleinen Seen wenige Kilometer oberhalb bei den Siedlungen Chèntre und Dzovenno.

● 59 Bionnaz, 1606 m

Kleine, für das Valpelline typische Ansiedlung, der oberste ganzjährig bewohnte Ort des Tales. Die Straße führt noch weiter bis zur Staumauer des Place-Moulin-Sees, Ausgangspunkt für viele interessante und zumeist nur selten begangene Touren im obersten Valpelline. Busverbindung mit Aosta.

Valle di St. Barthélemy:

● 60 Nus, 529 m

An der Mündung des Barthélemy-Tales im Aostatal gelegener Ort mit Bahnhof und Autobahnausfahrt. Gleich gegenüber befindet sich Fenis mit dem sehenswerten Schloß (12.–15. Jhdt.). Straßen ins Barthélemy-Tal und nach Torgnon über dem Valtournanche. Camping.

● 61 Lignan, Issologne, Praz, 1600 – 1740 m

Kleine Orte im Barthélemy-Tal, ruhiges Wanderrevier und Ausgangspunkte für interessante Aussichtsberge wie den Monte Faroma. Der Alta Via della Valle d'Aosta quert den obersten Talbereich.

Valtournanche:

● 62 Châtillon, St. Vincent, ca. 550 m

Wenig östl. der Mündung des Valtournanche im Aostatal gelegene Kleinstädte mit historischen Bauten und Schätzen (Kastell, Pfarrkirche). Bahnstation der Linie Turin – Aosta, Autobahnausfahrt. Tennis, Reiten, Hallenbad; Campingplätze. Buslinie ins Valtournanche.

● 63 Antey St. André, 1009 m

Urlaubsort im unteren Valtournanche, Straßen nach Torgnon – Nus (Westseite) und La Magdeleine – Chamois (Ostseite), beide mit Skianlagen. Nette Wanderungen zu interessanten Aussichtsbergen, die weit hinaufführenden Straßen verkürzen einiges der Anstiegsmühen. Campingplatz in Buisson, Talstation der Seilbahn nach Chamois.

● 64 Paquier/Valtournanche, 1528 m

Hauptort im Valtournanche mit teilweise noch schönem Ortsbild. Straße zur Barmaz-Alm nahe Cheneil, einer Almsiedlung im Westen des Tournalin. Kabinenbahn nach Salette und Skipisten zur Cime Bianche, damit Verbindung mit den Anlagen von Breuil. Zwischenetappenziel des Alta Via della Valle d'Aosta, Campingplatz am Lago di Maen. Busverbindung mit Châtillon.

● 65 Breuil/Cervinia, 2006 m

Der südseitige Matterhorn-Talort hat ganz den Flair französischer Superskistationen. Intensive Pistenerschließung in Richtung Theodulpaß und Plateau Rosa (Sommerski), damit Anschluß an die Bahnen von Zermatt (es gibt auch gemeinsame Skipässe). Fahrweg mit Taxizubringer zur Abruzzen-Hütte (Matterhorn-SW-Grat), dazu eine ganze Reihe von Biwaks auf der Hérens-Seite, besonders schön als Aussichtspunkt ist die Bobba-Hütte. Tennis, Golf, Hallenbäder, Fahrradverleih, Bergführerbüro und Alpine Auskunft. Busverbindung mit Châtillon im Aostatal.

Valle d'Ayas:

● 66 Verres, Issogne, 360 m

In diesem Abschnitt des Aostatales an der Mündung des Ayastales finden sich besonders prachtvolle Schlösser aus romanischer und gotischer Zeit mit sehenswerten Kunstschätzen, zu viel, um sie hier aufzählen zu können. Bahnstation, Linienbus ins Ayastal.

● 67 Challant St. Victor, St. Anselme, 650 – 1050 m

Kleine Orte im unteren Ayastal, nach der ersten Stufe über dem Aostatal. Wandergelände, alte Pfarrkirche und Schloß. Tennis. Fahrstraßen über den Colle di Zuccone nach St. Vincent im Aostatal.

● 68 Brusson, 1338 m

Beliebter Ferienort in einer Talerweiterung, See, Campingplatz, Reiten, Tennis. Auf einer kleinen Straße können die Ruinen des berühmten Schloß Graines (vermutl. aus dem 12. Jhdt.) erreicht werden. Nach Westen führt eine Straße über den Colle di Joux ins Aostatal bei St. Vincent (auch Buslinie).

● 69 Lignod, Antagnod, Bizous, 1630 – 1720 m

Nette Orte auf aussichtsreicher Terrasse (Monte Rosa – Liskamm) westl. über dem Talboden mit herrlichen Wandermöglichkeiten. Kleines Liftgebiet. Pfarrkirche von Antagnod mit dem vielleicht kostbarsten Barokaltar der Aostaregion (Holzschnitzereien, vergoldet).

● 70 Champoluc, 1568 m

Touristisches Zentrum des Tales, Seilbahn nach Crest und Lifte in Richtung Bettaforca (Verbindung nach Gressoney). Schönes Wander- und Bergtourengelände in Richtung Testa Grigia und Col Bussola. Die Almsiedlung Cuneaz bei der Station Crest mit alten Walserhäusern wird als lebendiges Museum wiederhergerichtet. Tennis, Schwimmbad, Bergführerstation. Busverbindung mit Verres.

● 71 St. Jacques (S. Giacomo), 1689 m

Oberster Ort im Tal mit Liftanschluß an die Monte-Rosa-Skischaukel (Talstation Frachey), wichtiger Talort für die Südrouten an Breithorn, Pollux und Castor (Mezzalama-/Ayas-Hütte), auch schöne Wanderungen im Tournalinkamm mit interessanten Matterhorn-Blicken. Busverbindung mit Verres (Aostatal).

Val di Gressoney:

● 72 Pont St. Martin, 345 m

An der Einmündung des Listales (Gressoneytal) ins Aostatal gelegenes Städtchen. Viele Überreste römischer Kultur, eine große Bogenbrücke mit über 20 m Spannweite ist komplett erhalten geblieben, auch wenig weiter in Donnaz finden sich beeindruckende Reste römischer Straßenbaukunst. Landwirtschafts- und Industriezentrum, Bahnstation, Bus ins Gressoneytal.

● 73 Fontainemore, Issime, Gabi, 700 – 1100 m

Kleine Orte im unteren Gressoneytal. Immer noch sehr ruhig gebliebenes Wander- und Bergtourenrevier mit dem Mont Mars und Tre Vescovi im Osten sowie Mont Nery und Becca di Viou im Westen. Sehenswerte Kirche mit Fresken und tollen Holzschnitzereien in Issime, der untersten Walsersiedlung des Tales. Fahrstraße nach Niel (Tre Vescovi), Tennis und im Winter Langlauf in Gabi; Camping in Lillianes und Gabi.

● 74 Gressoney, 1375 – 1825 m

Hauptort des Tales mit den Ortsteilen St. Jean und la Trinité. Trotz großer Skierschließungen (mit allen bekannten negativen Begleiterscheinungen wie bei anderen großen Wintersportregionen auch) ist es hier vergleichsweise ruhig geblieben mit schönen, sehr aussichtsreichen Wandermöglichkeiten. Walser-Erinnerungen im Baustil und bei Ortsbezeichnungen, nur noch wenige ältere Leute sprechen den kaum verständlichen Dialekt. Seilbahn zur Bettaforca (Verbindung ins Ayastal) und über die Alpe Gabiet zum Colle di Salati (Olen, Verbindung nach Alagna). Die Bahnen verkürzen die Aufstiege zur Sella- bzw. zur Gnifetti- und Mantova-Hütte ganz beträchtlich. Berg- und Skischule, Tennis, Reiten, im Winter Langlauf. Camping in St. Jean und Tschaval (Staval). Busverbindung mit Pont St. Martin (Aostatal).

Valsesia:

● 75 Borgosesia, 359 m

Hauptort am Eingang des Valsesia, überragt vom Massiv des Monte Barone, eines interessanten Aussichtsberges; wirtschaftlicher Mittelpunkt der Region (Handel, Stoffherstellung und -verarbeitung, in der ganzen Umgebung findet man die typischen alten Fabriken, Metallverarbeitung). Viele historische Bauwerke. Tropfsteinhöhlen am Kalkberg Monte Fenera.

● 76 Varallo, 459 m

Kurz unterhalb dieses interessanten Städtchens kommt die Straße über den Colma-Sattel von Omegna, der Route, welche die meisten Besucher aus dem Norden (Simplon- oder Bernadino-/Gotthardpaß) benutzen dürften. Varallo hat ein sehr malerisches Zentrum, engste Gassen und eine schöne Brücke über die Sesia. Überragt wird alles vom Santuario del Sacro Monte, zwischen 1400 und 1800 als religiöses, politisches und soziales Zentrum auf einem Hügel im Osten des Städtchens errichtet, der Kunstliebhaber sollte einen Besuch nicht versäumen! Endstation der Bahnlinie von Novara, Buslinien nach Alagna und in die Seitentäler. Einmündung des Val Mastallone, einem interessanten Wanderrevier mit malerischen Siedlungen, vielerorts Spuren aus der Zeit der Walser-Besiedlung. Campingplatz.

● 77 Balmuccia, Scopa, Scopello, Pila, Campertogno, 544 – 850 m

Siedlungen im mittleren Teil des Valsesia. Von Scopello - Pila wurde ein kleines Liftgebiet zu den südlichen Bergen erschlossen, die hier weniger schroff sind und oberhalb der Waldgrenze meist begraste Kuppen haben. Vielfältige Sportmöglichkeiten: Tennis, Kanu- und Rafting-Touren, Sportkletterfelsen, Mountainbike-Verleih, Trial-Schule, Reiten; Campingplätze.

● 78 Rima, Carcoforo, 1411 m – 1304 m

In Balmuccia zweigt das Val Sermenza zu diesen alten Walser-Siedlungen mit ihren typischen Holzhäusern ab, wenige Kilometer weiter unten bei Rimasco, wo sich das Tal teilt (Liftgebiet), herrscht südländischer Baustil aus Stein vor. Großartiges Wanderrevier, mit dem GTA von Alagna über die beiden Orte nach Rimella (Variante colonie walser), aber auch schöne Hochtouren. In Rima Walsermuseum.

● 79 Riva Valdobbia, 1107 m

5 km vor Alagna an der Einmündung des Val Vogna gelegen, wo eine kleine Straße bis San Antonio (1381 m) abzweigt. Hier finden sich gut erhaltene Häusergruppen im Walser-Baustil, also fast vollständig aus Holz gebaut mit den typischen Holzrechen an den Balkonen.

● 80 Alagna, 1190 m

Alpines Zentrum des Valsesia am Talschluß im Südosten des Monte Rosa. Ausgangspunkt für nicht weniger als 13 Hütten und Biwaks im Umkreis. Seilbahn zur Punta Indren mit dem kleinen Sommerskigebiet; der Zustieg zur Gnifetti- und Mantova-Hütte wird hierdurch enorm verkürzt. Leider wird man auch hier mit Heliskiing konfrontiert, und dies selbst in Bereichen des Naturparks Alta Valsesia. Neben den Monte-Rosa-S-Zustiegen sollte man auch das großartige Tourenrevier um Tagliaferro und Corno Bianco entdecken. Berg- und Skischule, Verkehrsbüro; Walsermuseum im Ortsteil Pedemonte. Campingplatz. Busverbindung mit Varallo.

Val Anzasca:

● 81 Piedimulera, 248 m

An der Mündung des Anzascatales im Ossolatal gelegen, Bahnlinie nach Domodossola, Busverbindungen ins Anzascatal bis Macugnaga.

● 82 Castiglione, Bannio, Vanzone, Ceppo Morelli, 500 – 750 m

Diese Ortschaften im unteren und mittleren Anzascatal haben bisher nur wenig am touristischen Boom teilgenommen, hier wird man noch mit ursprünglichen Gegebenheiten konfrontiert, nur in Bannio kleines Skigebiet. Die Touren in den beiderseitigen Kämmen sind lang und einsam, aber durchaus interessant.

● 83 Macugnaga, 1307 m

Hauptort des Anzascatales unter der Monte-Rosa-O-Wand. Seilbahn zum Moropaß und Sessellift nach Belvedere, dazu einige Skilifte. Im direkten Umkreis befinden sich 10 Hütten und Biwaks, Stützpunkte überwiegend für anspruchsvolle Unternehmungen, doch auch der alpine »Normalverbraucher« kann hier voll auf seine Kosten kommen. Campingplatz, Walsermuseum, schöne alte Häuser, Bergführerstation. Busverbindung mit Piedimulera im Ossolatal.

Valle di Bognanco, Valle d'Antrona:

● 84 Bognanco (S. Lorenzo), 700 – 1100 m

Therme im kleinen Seitental westlich von Domodossola. Noble Häuser stehen hier im krassen Gegensatz zu Dörfern wie das auf winziger Straße erreichbare Pizzanco, wo sich auf kleinem Absatz die Steinhäuser auf engsten Raum drücken. Fahrstraße nach S. Bernardo, Ausflugsziel vieler Familien aus Domodossola und Umgebung. Von hier schöne Bergwanderungen zu den Gipfeln über dem Zwischbergental, im Winter auch interessante Skitouren. Die Touren im hinteren Bognancotal sind allesamt sehr einsam.

● 85 Villadossola, 252 m

Kleines Industriestädtchen an der Mündung des Antronatales, Bahnverbindung mit Domodossola sowie eine kleine Fahrstraße ins Antronatal.

● 86 Antronapiana, 908 m

Im Antronatal gelegene Siedlung an der Verzweigung des Tales zum Cavalli-Stausee (Cheggio, Andollahütte) und zum Campliccioli-Stausee (Antigine-Biwak am Ofenpaß zum obersten Saastal und Camposecco-Biwak); kleine, sehr kurvenreiche Sträßlein führen jeweils hier weiter. Wunderschön ruhig gebliebene Region, die dem Wanderer, Hochtourengeher und auch Kletterer gleichermaßen viel bietet; der S-Abschnitt des Weissmiesgruppe weist hier einige prächtige Kletterberge auf (Portjenhorn, Andolla). Der Wanderer wird hier auf vielen Steigen sein Pfadfinderkönnen benötigen, da außer an Hauptwegen kaum Markierungen zu finden sind. Campingplatz.

Val Divedro/Valle Formazza:

● 87 Varzo, 523 m

Größter Ort im Val Divedro (auf der italienischen Simplon-Seite), Einmündung des Tales von der Alpe Veglia (Fahrstraße bis S. Domenico/Tranquera). Talort für Malga Cistella (Crosta-Hütte).
Im ganzen Talbereich große Granit-Steinbrüche; das Gestein wird zu Platten zugeschnitten und ist als Baumaterial weit über die Grenzen bekannt und geschätzt. Bahnhof der Simplonlinie. Auch PTT-Kurse über den Simplonpaß (Brig-Domodossola). Schöne Ausflugsmöglichkeiten.

● 88 Domodossola, 270 m

Hauptort des Valle d'Ossola, als Endpunkt der Simplonlinie auch Verkehrsknotenpunkt (Autobahn und Eisenbahn nach Mailand, Centovalli-Bahnlinie und Straße nach Locarno). Zusammen mit Crevola- und Villadossola auch wirtschaftlicher und industrieller Mittelpunkt des Ossolatales. Geschäftiger, südländisch geprägter Betrieb in den engen Gassen und auf den Piazzi.

● 89 Crodo, Baceno, 530 – 650 m

Im Valle Antigorio gelegene Feriensiedlungen. In Crodo bekanntes Thermalbad und eine Mineralwasserabfüllung. Bei Baceno (hier besticht die wunderschöne Kirche San Gaudenzio aus dem 11. Jahrhundert) zweigt das Déverotal zur gleichnamigen Alpe ab.

● 90 Goglio, 1014 m

Talort zur Alpe Dévero, eine kleine Seilbahn führt (noch) dort hinauf; derzeit wird an einer Straße gebaut, die bisher etwa 2/3 weit hinaufreicht. Sehr interessantes, zumeist sehr ruhiges Wanderrevier. Eine Stichstraße führt zu der winzigen Siedlung Ausone, ab hier Stollenweg zum Agáro-Stausee.
Auf der Alpe Dévero (Naturreservat) befinden sich mehrere Unterkunftshäuser, dazu ein paar kleine Lifte, insbesondere aber eine ausgedehnte Wanderregion in wenig bekannter Umgebung, schöne Rundtouren über verschiedene Pässe ins Binntal (Schweiz). Auch Ausgangspunkt für Hochtouren im »vergessenen« Grenzkamm Helsenhorn – Scherbadung – Ofenhorn. Italienische Lokalmatadore haben auch einige Sportkletterfelsen erschlossen.

● 91 Formazza, 1220 – 1420 m

Mehrere kleine Siedlungen befinden sich in dem schmalen oberen Valle Antigorio, ab hier Valle Formazza genannt (Fondovalle, Chiesa, S. Michele, Valdo, Ponte, Canza). Weitläufiges Wandergebiet, Sessellift zum Sagersboden (Vannino-Tal). Alte Walsersiedlung Salecchio östl. der Punta Pojala, nur zu Fuß erreichbar. Überregional bekannt durch den Toce-Wasserfall, dem die ENEL aber nur im Sommer zu bestimmten Zeiten Wasser gönnt.
Camping in Fondovalle und Ponte. Die Straße führt bis zum Morasco-Stausee (1815 m), dem Ausgangspunkt für die Hütten zwischen Blinnen- und Ofenhorn. Gelegentlich Miniatur-Sommerski für Gäste der Schutzhäuser.

II. Höhenwege

Das Wallis ist sozusagen das klassische Höhenwege-Revier – die »Haute Route« ist schlichtweg der Prototyp dieser »Wege«. Nachdem in den letzten Jahren ein regelrechter Boom des Weitwanderns und in der Folge auch für die allgemeine Wanderbewegung entstanden ist, wurden an vielen Stellen (auf der Nord- wie auf der Südseite) die alten Wege wieder neu markiert und teilweise auch verbessert. Dem etwas erfahrenen Bergsteiger wird es kaum Mühe machen, mit Hilfe der Karte diese interessanten Pfade für sich zu entdecken, Wegfindungsprobleme wird es durch die fast lückenlosen Markierungen kaum geben.

Im Folgenden sollen in aller Kürze einige der wichtigsten dieser Routen vorgestellt werden. Wer mit dem Pkw anreist, sollte ihn bei den großen Durchquerungen in einer der größeren Städte (Martigny, Sion, Sierre, Visp, ...) abstellen und mit Bahn und Bus zum Ausgangsort fahren; nach der Tour ist man dann am schnellsten wieder am Auto, alle anderen Rückholaktionen sind enorm zeitaufwendig.

● 100 Haute Route (klassisch Chamonix – Saas Fee)

Chamonix – Argentière-Hütte – Cabane du Trient – Champex – (Bus: Orsières – Bourg St. Pierre) – Cabane de Valsorey (4½ Std., R 2241) – Col de Sonadon (2 Std., R 2247) – Cabane de Chanrion (3-4 Std., R 2249) – Otemmagletscher – Vignetteshütte (5 Std., R 1991) – Col de l'Evêque (2½ Std., R 1951) – Bouquetinshütte (1½ Std., R 1952) – Col du Mont Brulé (1¼ Std., R 1941) – Col de Valpelline (2 Std., R 1936) – Schönbielhütte (3 Std., R 1935) – Schwarzsee (2½ Std., R 1477) – Gandegghütte (2 Std., R 785) – Monte-Rosa-Hütte (3½ Std., R 782) – Stockhornpaß (3 Std., R 782) – Adlerpaß (3 Std., R 623) – Britanniahütte (2½ Std., R 622) – Saas Fee (Seilbahn, 3½ Std. zu Fuß, R 557).

Vielbegangene Route, insbesondere im Frühjahr mit Ski; günstig auch durch Gipfelabstecher am Weg erweiterbar (Grand Combin, Ruinette, Pigne d'Arolla, L'Evêque, Tête de Valpelline, Breithorn, Monte Rosa, Strahlhorn). Es soll Leute geben, die rennen die Strecke in 2-3 Tagen durch, normal wird man eine Woche einplanen, mit Gipfeltouren können es auch gut zwei Wochen werden.

Anreise: Martigny – Chamonix: MC-Bahn.

Anreise: Martigny – Bourg St-Pierre: MO-Bahn, PTT-Linie.

Rückreise: Saas Fee – Visp: PTT-Linie; Visp – Martigny: SBB.

● 101 Kleine Haute Route Verbier – Arolla:

Verbier – Les Ruinettes (Seilbahn, 1½ Std. zu Fuß) – Cabane Mont Fort (1¼ Std., R 1892) – Col de la Chaux – Col de Louvie (2¼ Std., R 2012) – Col de Prafleuri (1¼ Std., R 1997) – Prafleurihütte (45 Min., R 1996) – Col des Roux (30 Min., R 2000) – Dix-Stausee – Dixhütte (3 Std., R 1883) – Pas de Chèvres (45 Min., R 1882) – Arolla (1½ Std.).

Kontrastreiche Bergwanderung (Liftgebiet, Urlandschaft, Stausee, Gletscher, ...), bei guter Sicht unproblematische Gletscherüberquerung, durch Stangen markiert; mit Eisausrüstung kann auch die Rosablanche besucht werden.
Anreise: Martigny – Verbier: MO-Bahn und Seilbahn/Bus.
Rückreise: Arolla – Sion: PTT-Linie; Sion – Martigny: SBB.

● 102 Tour du Combins

Martigny – Col du Tronc – Pas du Lin (4 Std.,) – Pierre Avoi (2½ Std., R 2171) – Verbier (1½ Std., – Cabane Mont Fort (3 Std., R 1892) – Lac de Louvie (R 1896) – Fionnay (4½ Std., – Mauvoisin (1½ Std.) – Chanrionhütte (3½ Std., R 1921) – Fenêtre de Durand (3½ Std., R 1973) – Combe de By (2½ Std., R 1974) – Col Champillon (3 Std., R 2292) – Val de Menouve – St. Rhémy (4 Std.) – Großer St. Bernard (2½ Std.) – Col des Chevaux – Col du Néve de la Rousse – Combe de l'A – Orsières (8½ Std.) – Alpage de Catogne – Bovernier – Martigny (6 Std.)

Großzügige, länderübergreifende Umrundung der Combingruppe mit teilweise ungewohnten Einblicken in die Gruppe; meist Talquartiere. Streckenweise recht einsame Wege, kürzere Stücke aber auch im Talbereich; kein Gletscher.

● 103 Tour du Val de Bagnes

La Châble – Forêt de Marais – Six Blanc (3 Std., R 2300) – Ecuies de Mille – Brunethütte (2¾ Std.) – Col des Avouillons – Panossièrehütte (3 Std., R 2235) – Col des Otanes – Ecurie de la Lia – Tsesette – Chanrionhütte (6 Std., R 1922) – Mauvoisin – Ecurie de Vasevay (5 Std., R 2019) – Tête du Sarclau (R 2195) – Lac de Louvie – Cabane Mont Fort (5½ Std.) – Verbier (2 Std., R 1892).

Schöne Höhenwanderung, die aus lieblichem Almgelände auf den Gletscher (markierte unproblematische Traverse) und in das wilde Mauvoisin-Stauseebecken führt. Rückweg hoch über dem Val des Bagnes durch steile Flanken an der W-Seite der Rosablanche bis nach Verbier.
Anreise/Abreise: Martigny – Le Chable: MO-Bahn, Seilbahn/Bus nach Verbier.

● 104 Tour du Val d'Hérens

Hérémence – Thyon 2000 (Straße, Lift) – Alpe Orchèrea – Lac des Dix (5 Std., R 2166) – Pas du Chat – Col de Riedmatten – Arolla (5 Std., R 1880) – La Gouille – Les Haudères – Salay – Forclaz – Villa (4 Std.) – Montagne d'Eison – Pas de Lovégno – L'Ar du Tsan (Val de Rèchy) – Col de Cou – Nax (6 Std., R 1740/1742).
Große Umrundung des Val d'Hérens mit seinen Seitentälern Hérémence und Ferpècle und dem Rèchytal. Weite Strecken im Almgelände und an der Waldgrenze mit entsprechender Aussicht. Alpiner Höhepunkt am Cheilongletscher zum Col de Riedmatten.
Anreise: Sion – Hérémence – Thyon 2000: PTT-Linie.
Rückreise: Nax – Sion: PTT-Linie.

● 105 Tour du Val d'Anniviers

Sierre – Pfynwald – Gorwetschgrat (5 Std.) – Chandolin (1 Std., R 1600) – Tignousa – Hotel Weisshorn (2½ Std., R 1439) – Montagne de Nava – Zinal (4 Std., R 1529) – Petit-Mountet-Hütte (1½ Std., R 1460) – Singline-Höhenweg – Corne de Sorebois (3½ Std., R 1824, auch mit Seilbahnhilfe direkt von Zinal) – Moiry-Stausee (1 Std., R 1760) – Bendolla-Alp (2 Std., R 1746) – Crêt du Midi (2 Std., R 1784) – Vercorin (Gondelbahn) – Chippis – Sierre.
Einfache Wanderung meist auf Höhe der Waldgrenze mit den besten Ausblicken ins Zinaltal. Eine weitere Steigerung kann der berggewohnte Wanderer leicht durch »Mitnahme« einiger Aussichtsgipfel erreichen (zum Beispiel Illhorn, Bella Tola, Sex de Marinda, Roc d'Orzival).

● 106 Evolène – Mattertal

Evolène – Col de Torrent (4 Std., R 1749) – Moiry-Stausee (1½ Std., R 1750) – Corne de Sorebois (1½ Std., R 1760) – Singline-Höhenweg – Petit-Mountet-Hütte (3 Std., R 1824) – Zinal – Hotel Weisshorn (5 Std., R 1439) – Meidpaß (1¾ Std., R 1523) – Gruben-Meiden

(Turtmanntal, 2 Std., R 1524) – Augstbordpaß (3 Std., R 1493) – St. Niklaus (4 Std., R 1494).
Anstrengender Höhenweg, kann im W mit Teilen des vorgenannten Höhenweges verbunden werden und ergibt dann die Wander-Haute-Route Verbier – Zermatt (das Teilstück im Mattertal evtl. auch mit der BVZ).

● 107 Alta Via della Valle d'Aosta

Courmayeur – Col Malatra (Bus, 3 Std.) – St. Rhémy (4 Std.) – Val de Menouve – Col Champillon (5½ Std.) – Ollomont (1¼ Std., R 2291) – Col de Breuson – Oyace (7 Std., R 1970) – Colle de Vessona – Orat de Cuney (5 Std., R 1325) – Ollière – Fenêtre de Cian – Rif. Barmasse (6½ Std., R 1312) – Valtournanche (1½ Std., R 1256) – Cheneil – Col de Nana – St. Jacques (6½ Std., R 963) – Colle Pinter – Gressoney-St. Jean (6 Std., R 976).
Interessanter, aber sehr anstrengender Höhenweg, wobei hier der Name Höhenweg auch vom gewaltigen Höhenunterschied kommen könnte, fast immer steigt man vom Tal zu den Pässen und dann auf der anderen Seite bis ganz hinunter. Die meisten Übernachtungen kann man daher in den Talorten machen. Die Route bietet besonders schöne Ansichten der Südseite der Walliser Alpen.

● 108 Grande Traversata delle Alpi (GTA)

Piedocavalli – Rif. Rivetti (3 Std., R 899) – Passo del Macagno – Val Vogna – Riva (5 Std., R 1000) – Alagna – Colle Mud – Rima (5 Std., R 1004) – Colle del Thermo – Carcoforo (5 Std., R 1015) – Colle d'Egua – S. Maria (5 Std., R 1017) – Rimella – Bocchetta di Campello – Campello (4½ Std.) – Colle dell'Usciolo – Calasca-Castiglione (6 Std.).
Ein Teil dieses Abschnittes der Grande Traversata delle Alpi wird auch Walserweg genannt, da auf ihm die schönsten alten Walsersiedlungen besucht werden. Mit dem Aosta-Höhenweg über den Colle Valdobbia von Gressoney nach Riva zu kombinieren. Übernachtungen üblicherweise in den Talorten. Der Bereich östlich von Alagna ist eine ruhige Ecke geblieben, was den Reiz dieser Landschaft ausmacht.

● 109 Monte Rosa-Runde

Zermatt – Tufteren Höhenweg – Täschhütte (5 Std., R 542) – Allalinpaß – Britanniahütte (5½ Std., R 613) – Mattmark (R 562) –

Monte-Moro-Paß – Macugnaga (6 Std. zum Paß, Seilbahn ins Tal, R 867) – Colle del Turlo – Alagna (7½ Std., R 1011) – Colle d'Olen – Gressoney-La Trinité (z. T. Seilbahn, zu Fuß 6½ Std., R 826) – Colle di Bettaforca – St. Jacques (z.T. Seilbahn, zu Fuß 5½ Std., R 807) – Colle superiore di Cime Bianche – Breuil (z.T. Seilbahn, zu Fuß 6 Std., R 957) – Theodulpaß – Zermatt (Seilbahnen, zu Fuß 8 Std., R 750).
Recht berühmte Rundtour, leidet aber auch durch die Skianlagen an den südlichen Seitenkämmen; besonders interessant ist der Abschnitt zwischen Zermatt und Alagna, anfangs allerdings Gletscherausrüstung nötig (Allalinpaß).

● 110 Höhenweg Grächen – Seetalpaß – Balfrinalp – Saas Fee

Herrliche Höhenwanderung, bei Gondelbahnbenutzung zum Seetalpaß nicht sehr anstrengend (5 Std.). Am besten An- und Abreise mit dem Bus (Stalden – St. Niklaus – Grächen; Saas Fee – Stalden).

● 111 Gsponer Höhenweg

Visperterminen – Gspon – Heimischgarten – Kreuzboden (6 Std; Seilbahn Stalden – Gspon, dann 4 Std.). Rückkehr nach Saas Grund mit Gondelbahn oder in 1½ Std zu Fuß. Einer der schönsten Höhenwege im Oberwallis, beste Ausblicke auf Bietschhorn, Balfrin und Mischabelgruppe; über längere Abschnitte führt der Weg an alten Wasserleitungen entlang. Sehr gut kombinierbar mit R 112:

● 112 Höhenweg Kreuzboden-Almageller Alp

Neuer Höhensteig mit interessante Blicken auf die hoch am gegenüberliegenden Talhang aufragende Mischabelgruppe. Zum Kreuzboden auch mit Gondelbahn von Saas Grund, 2½ Std. ins Almagellertal, Abstieg nach Almagell 1¼ Std. (R 334).

● 112 Binntal-Runde

Binn – Heiligkreuz – Chriegalppaß – Alpe Dèvero (6 Std., R 168) – Albrunpaß – Binntalhütte (4 Std., R 171) – Fäld – Binn (1¾ Std., R 127).
Ruhiges Wandergelände in uriger Landschaft, für Leute, die auch mal abseits der großen Touristenstraßen unterwegs sein wollen. Von der Dèveroalp auch gut über Scatta Minoia, Vannino-, Morasco- und Gries-Stausee zum Nufenenpaß erweiterbar.

Herbstliche Farbenwunder: Lärchen im Lötschental.

Nur am Rande erwähnt sollen hier die Höhenwege auf der Berner Alpenseite des Rhônetal werden; sie zeichnen sich durch außergewöhnliche Aussicht auf das Wallis und oft sehr trockenes, sonnenreiches Klima aus:

- Gommer Höhenweg
- Riederalp/Bettmeralp – Aletschwege
- Lötschberg-S-Rampe
- Lötschentaler Höhenweg
- S-Seiten-Höhenwege unter Wildstrubel (Sierre-Montana), Wildhorn (Sion) und Grand Muveran (Leytron-Fully-Martigny).

III. Hütten, Pässe und Gipfel

1. Leonegruppe

In diesem Führer wird diese Untergruppe zwischen Simplon und Nufenen als die östlichste Gruppe der Walliser Alpen beschrieben – die Geographen sind sich über die Zugehörigkeit hierzu oder zu den Gotthard- bzw. Tessiner Alpen nicht ganz einig. Bis auf recht wenige Bereiche zählt diese Region jedoch zu den »vergessenen Alpen«; die fehlenden 4000er bescheren nicht nur dem Wanderer ein Ferienparadies in bestem Kontrast zu den großen Touristenstationen, auch der Bergsteiger wird, hat er sich erst einmal von der magischen Viertausendmeter-Grenze trennen können, voll auf seine Kosten kommen können. Nur auf eines muß er ganz sicher verzichten können: Überfüllte Hütten und Schlangestehen an Einstiegen. Korrekterweise sei aber auch zugegeben, daß sich hier auch manch ein Gipfel mit ordentlichen Schuttansammlungen zu wehren weiß – mit etwas Erfahrung im Kartenlesen und einem Blick fürs Gelände sollten sich mit den folgenden Beschreibungen jedoch genügend Touren ohne derartiges Ungemach finden lassen. Jeder Geröllhang hat aber auch etwas Positives: Im Frühjahr verlaufen hier oft die schönsten Skirouten; also: nicht nur Blinnenhorn und Monte Leone sind Skiberge.

Der Genießer und Wanderer wird sich mit Vorteil mehr die Gipfel an den Rändern der Gruppe suchen, die Aussicht von hier ist wirklich eindrucksvoll, und die Anstiegsmühen halten sich meist in erträglichen Grenzen. Der »Alpinist« kann sich am Grenzkamm Leone – Scherbadung – Ofenhorn – Blinnenhorn reichlich austoben; an einigen Stellen, vor allem auf der italienischen Südseite waren auch Sportkletterer in gutem Fels aktiv (Alpe Dévero).

Weit über alle Grenzen hinaus bekannt ist das Binntal durch seinen Mineralienreichtum. Im Sommer kann man an vielen Stellen das Klingen der Hämmer an den Felsen hören (Strahlen ist in der Schweiz aber nur mit entsprechender Bewilligung erlaubt!); die Veglia- und Dévero-Alpen auf der Südseite sind diesbezüglich kaum weniger ergiebig, sicher aber noch nicht so leergesucht. Wer hier seine Blicke zu Boden senkt, wird, wenn er sich nicht ausschließlich auf Geröllhalden bewegt, auch vom Blumenreichtum angetan sein, die Artenvielfalt ist überwältigend.

1.1 Hütten

Simplon-Region:

● 120 Monte-Leone-Hütte, 2848 m

SAC, Sektion Sommartel, Le Locle. Die Hütte steht 80 m über dem Chaltwasserpaß (Bocchetta d'Aurona) am Fuße der SW-Flanke des Wasenhorns, einem nördl. Nachbarn des Monte Leone; wenig entfernt, am Paß selbst, befindet sich das Farello-Biwak des CAI (R 124). Sehr praktisch eingerichteter Natursteinbau. KS 649.450 / 123.430. 34 Plätze, bewartet von Juli bis September durch Clubmitglieder, WR offen. Diese neue Hütte ist ein Stützpunkt für den Übergang vom Simplon zur Alpe Veglia bzw. über die Mäderlücke zur Wasenalp, dazu für das Wasenhorn und den Monte Leone über die N-Flanke.

● 121 Vom Simplonpaß

2½ - 3 Std., **BW 2** (850 Hm). Bez. Steig.

An der N-Seite des Simplon-Hospizes (PTT-Halt) steigt man auf bezeichnetem Weg in östl. Richtung etwa 100 Hm zur Wasserleitung auf; dieser folgt man bequem bis über die Wasserfassung an die mächtigen Moränenfelder (Chalti Wasser). Der Weg quert ansteigend einige Gletscherabflüsse in Richtung Mäderhorn, bis er im Chaltwassertälli hinter der Seitenmoräne wieder auf bewachsenem Gelände zur Hochfläche des Chaltwasserpasses mit seinem See zieht. Der Weg führt nördl. des Sees unter der Mäderlücke vorbei zur nahen Hütte.

● 122 Von der Alpe Veglia (San Domenico)

4 - 4½ Std., **G 2** (1460 Hm) von San Domenico, 3 Std. von der Alpe Veglia. Unter der Paßhöhe kurze Gletscherbegehung.

Von San Domenico folgt man dem Fahrweg (für Kfz gesperrt) leicht fallend zur Brücke des Cairasca-Baches, jenseits mit einigen Kehren den Hang hinauf und dann hoch über der Schlucht zur weiten Veglia-Almfläche (1¼ Std.). Nahe ihres nördl. Endes am Fuße des Bortelhorns zweigt der Weg nach W ab und führt über Rasenhänge und eine kurze felsige Unterbrechung hoch über dem Auronabach zur linken (nördl.) Seitenmoräne des Auronagletschers. Auf dem Gletscher gelangt man, zunehmend steiler (evtl. problematischer Bergschrund), zu den Schotterfeldern an der Paßhöhe und nach rechts zur Hütte.

● 123 Von Wase/Wintrigmatte über die Mäderlücke

2¾ Std., **BW3** (850 Hm).

Von Rothwald (PTT-Halt) über die Simplonstraße auf dem Fahrweg nach Wintrigmatte (2040 m, Parken; zu Fuß 1 Std.). Ein Weg führt über Bärufalle zur moorigen Hochfläche Moss (Skilifte) und durch das schöne Bodmertälli zur Mäderlücke, 2887 m (2¼ Std.). Jenseits quert der Pfad hoch über dem See nach O zur Hütte.

● 124 Bivacco B. Farello, 2770 m

CAI, Sektion Varzo. Das Biwak steht auf dem Chaltwasserpaß (Bocchetta d'Aurona). KS 649.880/123.270.
6 Plätze, immer offen; Gaskocher. Zustiege siehe R 121.

● 125 Bortelhütte, 2113 m

Skiclub Simplon, Brig. Auf der Bortelalp. KS 650.440 / 127.120.
24 Plätze, bewartet Ende Juni bis Mitte Oktober, WR 6 Plätze. Tel. 0 20/24 62 91.
Bester Bortelhorn-Stützpunkt. Aufstieg von Berisal an der Simplonstraße in gut 2 Std. auf markierten Wegen.

Binntal:

● 126 Binntalhütte, 2269 m

SAC, Sektion Delemont. Die Hütte steht westl. des Ofenhorns im obersten Binntal, 150 m unterhalb des Albrunpasses (Landesgrenze). Mehrstöckiger Natursteinbau. KS 665.620 / 136.280.
50 Plätze, einfach bewartet durch Sektionsmitglieder von Juli bis September sowie an Ostern und Himmelfahrt. Tel. Hütte: 028/714767. Bei größeren Gruppen Voranmeldung empfehlenswert.
Stützpunkt für die Besteigung des Ofenhorns, gelegentlich auch des Hohsand- oder des Albrunhorns; vor allem aber auch für die interessanten Übergänge nach Italien, schöne Rundtouren in ruhiger Landschaft lassen sich hier durchführen.

● 127 Von Fäld (Imfeld)

2¾ Std., **BW 1** (780 Hm). Fahr- und Wanderweg, bez.

Vom Parkplatz unterhalb Fäld geht man in dieses malerische Dorf und folgt dem Fahrweg, der in Kehren in das Binntal führt, die untersten Kehren können auf einem Fußweg steil abgekürzt werden. Bald läßt die Steigung nach und der Fahrweg führt über Freichi (hierher auch vom Parkplatz am linken (südl.) Ufer der Binna entlang, unter der Mineralienfundgrube Lengebach vorbei) nach Chiestafel (1958 m) am Zusammenfluß der Binna mit dem Turbewasser (Wyssbach, Wegweiser, 1½ Std.). Man überquert den Wyssbach auf einem Steg (auffallend weißer Dolomit), der gutmarkierte Steig führt dann über eine kurze Steilstufe zur Schwemmebene Blatt (2109 m) und weiter über Oxefeld in einem Bogen zur unauffällig gebauten Hütte.

● 128 Mittelbärghütte, ca. 2390 m

Ehemalige Militärhütte, betreut vom SAC, Sektion Delemont, südl. unter dem Mittelbärg gelegen. KS 664.540 / 137.498.
Die Hütte ist üblicherweise geschlossen, evtl. Auskünfte und Schlüssel wie bei der Binntalhütte (R126) einholen.

● 129 Von Fäld

2¾ Std., **BW 1** (890 Hm). Fahr- und Wanderweg.

Auf R 127 zur Binntalhütte nach Blatt (2109 m, Wegweiser, 2 Std.). Hier zweigt man nach links auf einen Steig ab und erreicht über den Südhang des Mittelbärg die Hütte.

Alpe Veglia:

● 130 Rifugio Cittá di Arona, 1740 m, und Locanda della Fonte, 1761 m

CAI, Sektion Arona bzw. privat (S. Orio, Varzo). Die Häuser stehen auf der Alpe Veglia (Parco Naturale), im Osten des Monte Leone.
70 bzw. 35 Plätze; bew. von Mitte Juni bis Mitte Sept., kein WR, evtl. Schlüssel bei der Sektion Arona, Tel. Fonte-Hütte 03 23/7 25 76.

● 131 Von San Domenico

1½ Std., **BW 1** (420 Hm).

Von San Domenico folgt man dem Fahrweg (für Kfz gesperrt) leicht fallend zur Brücke des Cairasca-Baches, jenseits mit einigen Kehren den Hang hinauf und dann hoch über der Schlucht zur weiten Veglia-Almfläche. Man quert die Alm nach N zur Siedlung Cornu, wo sich die Hütte befindet.

Monte Cistella:

● 135 Bivacco Leoni, 2803 m

CAI, Sektion Domodossola. Das Biwak steht etwas westl. des Gipfels des Monte Cistella, einem interessanten Aussichtsberg im O des Monte Leone (Piz-Diei-Gruppe). KS 662.650 / 123.220.
Etwa 8 Plätze, immer offen. Ohne besondere alpine Bedeutung, da der Berg über die Crosta-Hütte oder auch als Tagestour gut zu besteigen ist; über die Benutzbarkeit des Biwaks sollte man sich im Tal erkundigen. Zustieg unter R 242, Monte Cistella.

● 136 Rifugio Crosta, 1740 m

CAI, Sektion Gallerate. Die Hütte steht auf der Alpe Solcio, auf halbem Weg von Varzo zum Monte Cistella. KS 663.150 / 120.880.
50 Plätze, voll bewirtschaftet von Juli bis September, WR 6 Plätze, immer offen. Tel. 03 24/4 24 51. Stützpunkt für die Besteigung des Monte Cistella.

● 137 Von Varzo

3½ Std., **BW 2** (1200 Hm); 3 Std. von Coggio (950 Hm).

In Varzo geht man entlang der Ostseite des Varzo-Baches steil zum Waldrand, um dann abwechselnd durch Wald und Almgelände über Casagrande und Valera nach Argnai aufzusteigen. Hier mündet auch der etwa 30 Min. kürzere Weg von Coggio (Parken), nachdem letzterer den Graben des Sangioanni-Baches überquert hat. Nun gemeinsam auf dem Weg nach W um den steilen Rücken, dann schräg ansteigend an die Waldgrenze und in den Sangioanni-Talgrund mit der Solcio-Alm. Den Bach überschreiten und kurz nach W zur Hütte hinauf.

Alpe Dévero:

● 140 Bivacco Combi-Lanza, 2409 m

CAI, Sektion Omegna. Das Biwak befindet sich in der Conca Cornera, auf der italienischen Seite des Chriegalppasses (Passo di Cornera) im SO des Gischihornes. KS 660.170 / 129.120.
20 Plätze, immer offen; Gasherd. Stützpunkt für einsame Touren in der Helsenhorn- /Scherbadung-Gruppe, auch im Zuge der Rundtouren zwischen Binn- und Déverotal. Zustiege siehe R 168.

● 141 Alpe Dévero, 1640 m

Capanna Castiglioni, CAI, und private Häuser auf der Alpe Dévero. Im Allgemeinen voll bewirtschaftet von März bis Oktober, einige auch ganzjährig. Tel. Castiglioni-Hütte 03 24/61 91 26. Großartiges Tourengelände.

● 142 Von Goglio

1½ Std. **BW 1** (500 Hm), 20 Min. vom Straßenende, Werksseilbahn, Straße mit Naturbelag bis nahe der Alpe.

Von Goglio folgt man dem Weg auf der W-Seite der Dèvero-Schlucht, bei Forcola mit einigen kurzen Kehren über die Steilstufe und dann fast eben zum Almboden mit seinen Häusergruppen.
Die Straße führt auf der O-Seite der Schlucht bis in die Nähe der Alpe (1992: ca. 20 Min. vom Straßenende zur Alpe.

Vannino- / Sabbione-Stauseen:

● 145 Rifugio Margaroli, 2194 m

CAI, Sektion Domodossola. Die Hütte steht am NO-Ende des Lago Vannino auf der gleichnamigen Alpe im Osten des Ofenhorns. Mehrstöckiger Steinbau. KS 671.250 / 137.480.
50 Plätze, voll bewirtschaftet von Juni bis September, im Frühjahr an den Wochenenden, WR mit 12 Plätzen (Schlüssel beim Wirt im Formazza. Tel. 03 24/6 31 55. Stützpunkt für interessante Wanderungen sowie Touren auf das Ofenhorn von O; im Frühjahr großartige Skitourenmöglichkeiten in drei Himmelsrichtungen! Der GTA, der Ossola-Höhenweg und der Große Walserweg machen hier Station.

● 146 Von Valdo (Formazza)

2¾–3 Std., **BW 2** (900 Hm) von Valdo. Ein Sessellift überwindet die ersten steilen 500 Hm nach Sagersboden (1772 m, zu Fuß 1½ Std).

Von Valdo überquert man den Vanninobach und folgt dem Weg zur Liftstation; kurz darauf zweigt vom Talweg der steile Pfad nach W ab, der in der Nähe des Sesselliftes nach Sagersboden führt (Einmündung des Weges von Canza (1412 m, ca. 2 km oberhalb von Valdo im Val Formazza), 1 Std., 350 Hm). Nun weiter in westl. Richtung schräg aufwärts an den Fällen des Vannino-Baches vorbei und immer an der N-Seite des Baches zur Staumauer des Lago Vannino, an deren N-Seite sich die Hütte bei den Betriebsgebäuden befindet.

● 147 Rifugio Myriam, 2060 m

ACLI Milano. Die Hütte liegt im Vannino-Tal, auf etwa 2/3 des Aufstieges zur Margaroli-Hütte von Formazza (R 146). KS ca. 672.700 / 137.130.
50 Plätze, voll bewirtschaftet im Sommer von Juni bis September, Tel. 03 24/6 31 54.

● 148 Bivacco Ettore Conti, 2599 m

CAI, Sekt. Domodossola. Das Biwak steht auf der Scatta Minoia, dem Übergang von der Alpe Dévero zum Vannino-Stausee (Margaroli-Hütte, R 145), KS 669.580 / 135.420.
9 Plätze, immer offen. Erbaut 1989 als weiterer Stützpunkt am Ossola-Höhenweg und Walserweg. Anstiegsbeschreibung bei der Scatta Minoia (R 177).

● 149 Rifugio Cittá di Busto, 2482 m

CAI, Sektion Busto Arsizio. Die Hütte befindet sich nordöstl. des Sabbione-Stausees, am Fuße des Bättelmatthorns, Zwischenstation der Seilbahnen zum Skigebiet. KS 671.050 / 142.940.
45 Plätze, voll bewirtschaftet von Juli bis Mitte September; WR mit 4 Plätzen. Tel. 03 24/6 30 92. Stützpunkt für Wanderungen, Hochtouren sowie Skitouren im Ofenhorn- und Blinnenhorn-Gebiet.
Vom Griesstausee in 2 Std. zu erreichen (R 175).

● 150 Vom Morasco-Stausee

1½ Std., **BW 2** (660 Hm). Von Sotto Frua 5 Std. (Winterzustieg).

Vom Ende der Fahrstraße am nördl. Ende des Morasco-Stausees an der Talstation der Seilbahn folgt man dem Weg nach W direkt nördl. des Sabbione-Baches. Etwa auf 2200 m, in Fallinie der Hütte zweigt man nach rechts (NW) ab und ersteigt in vielen Serpentinen den Hang zur Hütte, die etwa 250 m westl. der Zwischenstation der Seilbahn gelegen ist.
Man kann von der Talstation aus auch dem Griestal aufwärts nach NW folgen (Fußweg im Tal bzw. Fahrweg am NO-Hang) bis zur Bättelmattalm (2112 m). Von hier auf einem Steig in Serpentinen nach SW über den Rücken zur Hütte. Dies ist auch der Winterzugang.

● 151 Rifugio Cesare Mores, 2505 m

CAI, Sektion Mailand. Die Hütte steht an der Ostseite der Sabbione-Staumauer, nicht weit von der Lombardo-Hütte entfernt; Liftgebiet. KS 670.230 / 141.800. Abb. S. 98/99.
36 Plätze, voll bewirtschaftet von Juli bis September, im Frühjahr z.T. nur an den Wochenenden; kein WR, Schlüssel beim Staudamm-Personal. Tel. 03 24/6 30 67. Das Haus bietet sich als Stützpunkt für Touren im Bereich des Sabbionekessels an, im Winter trotz der Lifte interessante Skitourenmöglichkeiten.
Vom Griesstausee in 2 Std. zu erreichen (R 175).

● 152 Vom Morasco-Stausee

1½ Std., **BW 2** (680 Hm). Material-Seilbahn, 5 Std. von Sotto Frua (Winterzugang).

Vom Ende der Fahrstraße am nördl. Ende des Morasco-Stausees an der Talstation der Seilbahn folgt man dem Weg nach W direkt nördl. des Sabbionebaches. Etwa auf 2200 m, fast in Fallinie der Bustohütte zweigt man nach links (SW) ab und steigt schräg über den Hang aufwärts zur Hütte, die etwa 300 m östl. vor der Staumauer liegt.
Dies ist auch der Winteranstieg.
Von der **Bustohütte** geht man nach W am Rand der Ebene Piano dei Camosci auf den gleichnamigen Gletscher zu; bevor das Gelände jedoch steiler wird, steigt man nach S etwa 60 Hm unter eine Felsbarriere ab, um darauf schräg zur nahen Staumauer wieder anzusteigen. Über diese und den Fahrweg zur Hütte (45 Min.). Abb. S. 98/99.

● 153 Rifugio Somma Lombardo, 2561 m

CAI, Sektion Somma Lombardo. Die Hütte steht an der Ostseite der Sabbione-Staumauer, nicht weit von der Moreshütte entfernt (R 151); Liftgebiet. KS 670.280 / 141.420. Abb. S. 98/99.
24 Plätze, voll bewirtschaftet im August, von Juli bis September an den Wochenenden; kein WR, Tel. 03 24/6 30 67.
Von der Moreshütte steigt man in etwa 10 Minuten nach Süden zur Hütte hinauf.

● 154 Rifugio Claudio e Bruno, 2713 m

OMG Operazione Mato Grosso (ENEL). Die Hütte steht im Westen oberhalb des Sabbione-Stausees am Südfuß des Blinnenhorns. KS 668.130 / 140.750.

40 Plätze, voll bewirtschaftet von Juli bis Mitte September, WR mit 30 Plätzen im Nebengebäude. Tel. 03 24/6 30 76. Die Hütte ist ein hochgelegener Stützpunkt für Touren auf Blinnenhorn, Hohsandhorn und Ofenhorn, allesamt auch lohnende Skirouten.

● 155 Von der Sabbione-Staumauer (Moreshütte)

1 Std., **BW 2** (250 Hm).

Man über quert die Staumauer (je 10 Min. von der Lombardo- bzw. Moreshütte, Seilbahnstation) an ihre Westseite (hierher in 30 Min. von der Bustohütte, R 152) und folgt dem Weg schräg über dem NW-Ufer des Stausees ansteigend zur Hütte.
Auch Winterzustieg.

● 156 Rifugio 3 A, 2902 m

OMG Operazione Mato Grosso (ENEL). Die Hütte steht östl. des Blinnenhorns am kleinen Camoscigletscher über dem Sabbione-Stausee; Liftgebiet. KS 668.890 / 141.750.
80 Plätze, bewirtschaftet Juli bis Mitte September. Tel. 03 24/6 30 07.
Die Hütte ist Stützpunkt für Touren in der Blinnenhorngruppe.

● 157 Von der Sabbione-Staumauer (Moreshütte)

1½ Std., **BW 2** (440 Hm).

Man überquert die Staumauer (je 10 Min. von der Lombardo- bzw. Moreshütte, Seilbahnstation) an ihre Westseite (hierher in 30 Min. von der Bustohütte, R 152) und folgt dem Weg schräg über dem NW-Ufer des Stausees ansteigend in Richtung der Claudio-e-Bruno-Hütte; noch vor deren Erreichen biegt man nach NO ab und erreicht die 3 A-Hütte mit einigen Kehren am Rand des Camoscigletschers (auch von der Claudio-e-Bruno-Hütte trifft man nach wenigen Metern auf diesen Weg in einem nach Norden ausholenden Bogen).

● 158 Von der Bustohütte über den Camoscigletscher

1¼ Std., **G 1** (410 Hm).

Von der Bustohütte geht man nach W am Rand der Ebene Piano dei Camosci auf den gleichnamigen Gletscher zu und über die Schotterhänge auf diesen; gerade aufwärts, etwas über der Schleppliftstation vorbei – nach Süden an den Gletscherrand haltend – zur Hütte.

1.2 Pässe

● 160 Breithornpaß, etwa 3350 m

Diese breite Gletschereinsattelung befindet sich im Breithornkamm zwischen dem Nord- und Mittelgipfel und verbindet den Homattugletscher auf der Simplonseite mit dem Alpjergletscher unter dem Monte Leone. Der Paß wird bei der üblichen Leone-Besteigung vom Simplon her überschritten.
Zustieg von Westen (Simplonpaß) in 3½ Std., **G 2** (1350 Hm), R 181, Monte Leone.
Von Osten (Alpje) benötigt man etwa 4 Std., **G 2** (1770 Hm), R 181, Monte Leone.

● 161 Chaltwasserpaß, 2770 m

Wichtiger Paß im Norden des Monte Leone, Verbindung vom Simplon zur Alpe Veglia.
Auf dem Paß steht das Farello-Biwak, etwas nördl. darüber die neue Leone-Hütte (R 120).

● 162 Homattujoch, 2867 m

Einsattelung zwischen Breithorn und Hübschhorn. Ohne touristische Bedeutung, allenfalls im Rahmen einer Spätfrühjahrs-Skiabfahrt vom Homattugletscher nach Egga an der Simplonstraße benutzt, sehr interessante Variante bei entsprechenden Verhältnissen, zurück mit PTT-Kurs.

● 163 Steinejoch, 2631 m

Im Norden des Hillehorns, beim Zustieg zu diesem betreten; Verbindung von Berisal (Simplonstraße) nach Heiligkreuz (Binntal), wenig begangen.
Von **Berisal** auf dem Ziehweg nach Steinumatte, wo man vom Bortelhütte-Zustieg nach links abzweigt; durch eine Schlucht ins Steinutal zur Alpe Steinuchäller (1917 m, hierher auch in 10 Min. von der Bortelhütte). Nun auf Wegspuren rechts oder links vom Talgrund aufsteigen zur rechten Seitenmoräne des Steinugletschers und über das Schuttkar nach O zum Joch (3½ Std., **BW 3**, 1110 Hm).
Von **Heiligkreuz** folgt man dem markierten Weg ins Lengtal über die Alpe Gibelmatte (1774 m) und weiter bis Bodi (1999 m) an der Einmündung des Mättitales (Ritterpaß-Anstieg, R 165). Hier verläßt man diesen Weg und steigt durch das Mättital zum gleichnamigen

Gletscher und über diesen zum Joch (3½ Std., **G 1**, 1160 Hm). Beide Routen auch als Skitouren, aber nur bei sehr sicheren Verhältnissen.

● 164 Saflischpaß, 2543 m

Alter Übergang vom Gantertal (Simplon-Straße, heute besser von Rosswald) nach Heiligkreuz im Binntal. Gute Wege in einsamer Landschaft.
Von **Rosswald** steigt man entlang der im Sommer bedrückend erscheinenden Pisten und der dazu nötigen Trassen für die Pistenfahrzeuge zum Whs. Saflischmatte. Ein guter Weg leitet nun nur leicht steigend über die Rasenhänge im S des Folluhorn, Fülhorn und Huwetz bis in den Paß (2½ Std., **BW 2**, 670 Hm).
Von **Heiligkreuz** führt eine Alpstraße nach W über die Alpe Rüfibort (1819 m) weiter in das Saflischtal (und bis zum Sattel Furggerchäller am Breithorn). Wo sie auf 1959 m aus dem Talgrund über die S-Hänge hinaufzieht, kann man einem Fußweg talein folgen und über Mässhitta und Mutzenarve über die Grashänge das Joch erreichen; auch weiter über die Alpstraße bis zur Alpe Bru und mit geringer Steigung über Tanzbede zum Paß (3 bzw. 3½ Std., **BW 2**, 1070 Hm). Zwar auf beiden Seiten mit Ski möglich, aber sehr lawinengefährdet; zudem wegen der S-Lage selten guter Schnee.

● 165 Ritterpaß (Passo di Boccareccio), 2764 m

Direktester Übergang von Heiligkreuz (Binntal) zur Alpe Veglia, hochalpine Wanderung.
Von **Heiligkreuz** folgt man dem bezeichneten Weg ins Lengtal zum Staubecken des Chummewasser (2097 m). Oberhalb des Stausees geht man auf die O-Seite des Baches und folgt ihm bis zum Talschluß (ca. 2150 m), wo Wegzeichen schräg nach O aufwärts an die Fels- und Schrofenzone des Ritter leiten. Der Pfad durchquert diese unter dem P. 2392 m zum Abfluß des Helsegletschers und folgt diesem bis etwa 2700 m; von hier nur noch schwach steigend in südl. Richtung zur Scharte (4 Std., **BW 3**, 1300 Hm).
Von der **Alpe Veglia** folgt man dem bezeichneten Weg über die Siedlung Cornù in NO-Richtung durch lichten Wald, dann Rasengelände zum Lago del Bianco (2157 m) und in gleicher Richtung weiter zur Ebene Pian d'Erbioi. Nun auf Wegspuren nach N, dann NW über Gras und Schotter, östl. oberhalb einer Felszone vorbei bis unter die Paßhöhe, die man über einen Steilhang etwas nach rechts haltend erreicht (3 Std., **BW 3**, 1000 Hm). Keine gebräuchlichen Skirouten.

● 166 Passo di Valtendra, 2431 m

Der Paß liegt zwischen dem Helsenhornmassiv und der Cima di Valtendra, Übergang von der Alpe Veglia ins Dèverotal, bzw. über die Scatta d'Orogna zur Alpe Dèvero.
Von der **Alpe Veglia** folgt man dem Weg über La Balma in NO-Richtung an dem Hügel Croppa d'Argnai vorbei zur Pian Sass Mor. Hier wendet sich der Weg mehr nach O und führt direkt zum Paß hinauf (2¼ Std., **BW 2**, 660 Hm).
Von **Goglio** im Dèvero-Tal folgt man dem Weg über der Schlucht des Freddobaches ins Bondolerotal, die Steilstufe unter der Bondoleroalp wird auf der S-Seite des Tales erstiegen (neben diesem Weg im Talgrund gibt es hier noch weitere Möglichkeiten höher oben in den Hängen). Die Abzweigung zum Colle di Ciamporino läßt man links liegen und steigt in mäßiger Steigung nach Westen zum Paß (4 Std., **BW 2**, 1300 Hm).
Von der **Dèveroalp** folgt man dem Weg durch das herrliche Buscagnatal in SW-Richtung an der Misancoalp vorbei bis zur **Scatta d'Orogna** (2461 m, 2½ Std., **BW** 2, 820 Hm; auch Variationen mit anderen Wegen möglich). Einige Meter nach W auf dem Rücken, dann führt der Weg in das Kar östl. des Piz Moro. Jenseits des Karbaches verläßt der Weg das Kar nach S, um unterhalb einiger Felsen wieder in westl. Richtung zum Joch aufzusteigen (40 Min.).
Der Skiaufstieg von W auf das Joch ist eine schöne Tour, die O-Seite wegen Lawinen oft heikel. Von der Dèveroalp zur Scatta schöne Skiwanderung, z. T. Lifthilfe in Richtung Monte Cazzola.

● 167 Colle di Ciamporino, 2283 m

Zwischen Cima di Valtendra und Piz Diei gelegen, wird im Aufstieg zu letzterem betreten (R 240 von San Domenico; Skilifte bis ins Joch).
Von Goglio durch das Bondolerotal zur gleichnamigen Alp (R 166) und nach SW über die Rasenhänge zum Paß (3½ Std.).

● 168 Chriegalppaß (Passo di Cornera), 2508 m

Grenzpaß zwischen dem Helsenhorn und der Scherbadung-Gruppe, Übergang von Heiligkreuz (Binntal) zur Alpe Dèvero. Großartige Landschaft; auf der italienischen Seite steht das Combi-Lanza-Biwak im SO des Gischihorns. Abb. S. 92/93.
Von **Heiligkreuz** geht man auf dem anfangs guten Weg nach SO in das Chriegalptal. Ab knapp 2000 m verlieren sich die Spuren etwas, über den zwischen 2200 und 2300 m sperrenden Felsriegel gelangt

man auf einem Pfad, der etwa in Fallinie der Vorderen Helse ansetzt und schräg zur oberen Schotterebene leitet. Weiter über die großen Schuttfelder leicht steigend gerade zum Paß (3 Std., **BW 2**, 1030 Hm).
Von der **Alpe Dèvero** steigt man nördl. des Buscagnabaches zu den Hütten Buscagna (1941 m) und weiter zu gleichnamigen Alpe (1967 m, Weiterweg zur Scatte d'Orogna, R 166) auf. In nahezu genauer W-Richtung in Kehren zum Felsriegel, durch den der Weg zum darüberliegenden Kar mit dem Biwak führt (2403 m, 2¼ Std., **BW 2**, 760 Hm). Zum Paß quert man nun leicht ansteigend in SW-Richtung auf die Schotterebene zu, über die man in wenigen Min. die Paßhöhe erreicht (20 Min.).

● 169 Geisspfad (Passo della Rossa), 2474 m

Altbekannter Übergang von Fäld (Binntal) zur Alpe Dèvero, zwischen dem Schinhorn und dem die Paßhöhe beherrschenden Rothorn. Die Gegend weist einige schöne Seen auf.
Von **Fäld** folgt man dem Fahrweg zur Mineraliengrube Lengebach (30 Min.). Der gut markierte Weg geht noch ein Stück am Lengebach hinauf, quert dann zum Mässerbach und erreicht darauf die verträumte Mässeralp. Nun entweder direkt über den Manibode oder den hübschen Mässersee in den Graben, der zum Geisspfadsee hinaufzieht. Der Weg erreicht den See an seinem N-Ende und führt um sein O-Ufer zum nahen Paß (3 Std., **BW 2**, ca. 1000 Hm). Vom See kann auch der Grampielpaß in wenigen Min. nach O erreicht werden.
Schöne Skitour im Frühjahr bei sicheren Verhältnissen, vom Geisspfadsee kann dann weiter zum Schinhorn aufgestiegen werden.
Von der **Alpe Dèvero** geht man nach N an der Siedlung Canton vorbei zum Rossa-Bach, auf dessen ostseitigen Hängen man zum Karkessel Pian della Rossa aufsteigt (bei P. 2051 m zweigt nach W eine Route zum Schwarzhorn/Scherbadung ab). Der Weg wendet sich auf eine kurze Strecke nach O, um eine Felswand zu umgehen; den darüberliegenden Felsriegel ersteigt man an einer Rinne an P. 2392 m, dann quert der Weg das blockerfüllte Hochtal unter der beeindruckenden O-Wand des Rothorns bis zum nahen Paß (2½ Std., **BW 3**, 870 Hm).

● 170 Passo di Valdeserta, 2664 m

Zwischen den Schinhörnern und dem Albrunhorn im Grenzkamm (Binntal – Alpe Dèvero). Beidseitig unschwierig, aber mühsam erreichbar (von der Binntalhütte nach nordseitiger Querung unter dem Albrunhorn und über die Geröllhänge zum Paß, 1½ Std.; von der

Alpe Dèvero auf der Albrunpaß-Route (R 171) bis zur Alpe Codelago am Dèvero-Stausee, wo man nach links auf einem Pfad in das Valdesertatal abbiegt und zuletzt weglos über Geröll zum Paß steigt, 4 Std.), als Übergang wegen dem benachbartem Albrunpaß bedeutungslos; von der Alpe Dèvero schöne Skiroute, wird meist zum Mittelbergpaß (Schinhorn) fortgesetzt, auch schnellster Schinhorn-Zustieg von der Binntalhütte (selten begangen).

● 171 Albrunpaß (Bocchetta d'Arbola), 2409 m

Wichtiger Übergang von der Binntalhütte zur Alpe Dèvero, zwischen Albrunhorn und Ofenhorn. Wunderschönes Wandergelände.
Von der **Binntalhütte** erreicht man in 30 Min. auf gut markiertem Weg in einigen Kehren das Joch (**BW 2**, 140 Hm).
Von der **Alpe Dèvero** folgt man der Fahrstraße oder den Fußwegen über Canton bzw. entlang des Dèverobaches zur Alpsiedlung Crampiolo (1767 m). Weiter auf dem Fahrweg an die NW-Ecke des Dèvero-Stausees, um auf dessen NW-Seite über die Alpe Codelago (Valdeserta-Einmündung) zu seinem oberen Ende zu gelangen. Entlang des Baches zum Talschluß mit einem weiteren See, auf dessen N-Seite über einen Grashang aufwärts zu einer mit Felsbuckeln durchsetzten Terrasse, auf der man nur noch leicht ansteigend, zuletzt einen Graben, die nahe Paßhöhe erreicht (3¼ Std, **BW 2**, 770 Hm).

● 172 Hohsandjoch (Passo del Sabbione), 2901 m

Im N des Ofenhorns gelegener Firnsattel, wird zumeist in Verbindung mit einer Besteigung des Ofenhorns betreten und ist dort beschieben (R 272), auch Übergang vom Binn- ins Sabbionetal.

● 173 Mittlebärgpaß, 3044 m

Unbenannt auf der Landeskarte, direkt im W des Hohsandhorns im Gratverlauf über Strahlgrät zum Turbhorn; gelegentlich benutzt, um vom Binntal das Blinnenhorn zu erreichen, auch Skitour.
Von **Fäld** gelangt man auf dem Fahrweg ins Binntal bis nach Chiestafel (1981 m), der Vereinigung mit dem Turbewasser. Nach N über die Grashänge (oder unter Benutzung des nach links ausholenden Almweges) zum Weg, der zur Turbealp führt. Wieder nach N über die Grashänge Turbewäng in Richtung des Turbhorn-S-Grates bis auf etwa 2650 m, um oberhalb der Felszonen nach O zum kleinen Turbegletscher und über diesen zum Joch anzusteigen (4½–5 Std., **G 1**, 1530 Hm).

Von der **Binntalhütte** folgt man der R 272 zum Hohsandjoch bis auf den Gletscher, auf dem man etwa bei 2800 m nach links (N) abzweigt und zum obersten Turbegletscher und damit zum Joch aufsteigt (2½–3 Std., **G 1**, 940 Hm nach 170 Hm Abstieg; auch Skiroute).
Von der **Claudio-e-Bruno-Hütte** ersteigt man in 1 Std. ohne Schwierigkeiten direkt den Hohsandgletscher zum Paß (auch Skiroute).

● 174 Rothornpaß (Gran Sella del Gries), ca. 3130 m

Breiter Schneesattel am obersten Griesgletscher zwischen Blinnenhorn und Rothorn. Er wird bei den Normalanstiegen des Blinnenhorns vom Griespaß oder der Claudio-Bruno-Hütte betreten (R 289/290).

● 175 Griespaß, 2479 m

Dieser Sattel liegt im S des Griesstausees am Fuß des Griesgletschers und trennt diesen vom obersten Val Formazza. Über den nahen Cornopaß (O-Seite des Griessees) wird die Verbindung mit der Corno-Gries-Hütte hergestellt.
Von der **Nufenenstraße**-N-Rampe geht man auf der Kraftwerksstraße, die bei der Kehre 2303 m abzweigt, nach Mändeli, 2499 m, etwas oberhalb des Sees mit prächtiger Aussicht auf den Gletscher gelegen (Abkürzung auf Fußweg möglich). Der Weg leitet etwa 100 m über dem See am O-Ufer mit etwas Auf und Ab zum Griespaß (1 Std., **BW 2**), vom Ostuferweg kann man in wenigen Schritten nach Osten den Cornopaß erreichen.
Von der Talstation der Sabbione-Dienstseilbahn am **Morasco-Stausee** geht man im Griestal nach NW zur Bättelmattalp (2112 m) und weiter nach N in vielen Kehren zum Paß (2½ Std., **BW 2**, 660 Hm).
Von der **Corno-Gries-Hütte** steigt man in 45 Min. durch das Tal, oben an den beiden Seen vorbei, zum Paß.
Von der **Bustohütte** auf der Camoscialp kann man auf einem Steig nach N zur O-Flanke des Bättelmatthorn aufsteigen (und diesen schönen Aussichtsgipfel in etwa 1 Std. »mitnehmen«), man quert die Flanke auf knapp 2700 m zum rechten Moränengelände des Griesgletschers, wo man zum Paß absteigt (1¼ Std., **BW 2**).

● 176 Passo del Vannino, 2732 m

Dieser Schneesattel im O des Ofenhornes wird allgemein nur bei den Anstiegen von der Margaroli-Hütte (Alpe Vannino) zu diesem Gipfel überschritten (R 272). Auch möglicher Übergang von der Margaroli-Hütte zu den Hütten am Sabbione-Stausee. Abb. S. 98/99.

● 177 Scatta Minoia, 2599 m

Übergang von der Alpe Dèvero zur Margarolihütte (Alpe Vannino). Am Paß steht das E.-Conti-Biwak. Auf der W-Seite ist auch die Verbindung zur Binntalhütte leicht möglich (über die Alpe Forno), was schöne Rundwanderungen ermöglicht (Ossola-Höhenweg, Walserweg).

Von der **Alpe Dèvero** folgt man der Fahrstraße oder den Fußwegen über Canton bzw. entlang des Dèverobaches zur Alpsiedlung Crampiolo (1767 m). Weiter auf dem Fahrweg an die NW-Ecke des Dèvero-Stausees, um auf dessen NW-Seite zu seinem oberen Ende zu gelangen. Entlang des Baches zum Talschluß mit einem weiteren See, wo nach rechts (O) der Steig zur Unteren Alpe Forno (2222 m) hinaufführt (von hier weglose Querung ohne große Höhendifferenzen über die Obere Alpe Forno zum Albrunpaß-Anstieg möglich, R 171). Weiter nach O in einem Graben und zuletzt über Schotterfelder zum Paß (3½ Std., **BW 2**, 960 Hm).

Von der **Margaroli-Hütte** geht man am O-Ufer des Vannino-Stausees zur Alpe Cortenova. Von hier steigt man in SW-Richtung schräg über die Rasen-, später Schotterhänge zur Scharte auf (1¼ Std., **BW 2**, 400 Hm).

Bei guten Verhältnissen sind beide Routen auch mit Ski möglich.

1.3 Gipfel

● 180 Monte Leone, 3553 m

Höchster Gipfel dieser Gruppe. Großartiger Aussichtspunkt, wegen der recht langen Zustiege nicht allzu häufig besucht. Für trainierte Bersteiger ist der Gipfel jedoch unbedingt lohnend, im Frühjahr bietet er eine interessante, aber eben anstrengende Skitour vom Simplon.

Der felsige Gipfel überragt den Alpjergletscher auf der SW-Seite nur um ca. 200 Hm, nach O bricht er mit einer gut 1000-m-Steilflanke zum Lago d'Avino ab und weist auf der N-Seite eine eindrucksvolle Eisflanke auf. Üblicherweise wird der Berg über den S- oder den nicht wesentlich schwierigeren W-Grat bestiegen. Alle anderen Routen sind unbedeutend, der Fels ist in den Flanken allgemein schlecht.

Das Felsdreieck des Monte Leone vom Lagginhorn, davor das Breithorn.

● 181 Südgrat (Sichelgrat)

II (wenige Stellen auf dem breiten Grat, die auch umgangen werden können), I und viel Gehgelände, 45 Min., **G 2** (230 Hm) von der Scharte 3320 m. Der Grat besteht aus großen Gneisplatten und -blöcken, er ist breit und bietet ungefährliche und anregende Kletterei. Vom Alpjergletscher wird der Grat bei der Scharte 3320 m oder einer Eisattelung wenig weiter oben betreten, der dazwischen stehende Gratturm stellt auch die schwierigste Kletterstelle (II) der Tour dar (ca. 5 Std. von Simplon). Abb. S. 79.

Zugang vom Simplonpaß:

4–4½ Std., **G 2** (ca. 1450 Hm). Der Anstieg ist nicht schwierig, aber die beste Wegfindung im untersten Teil in der Dunkelheit nicht ganz einfach, der mittlere Teil zeichnet sich durch etwas mühsame Geröllfelder aus und auf den obersten 400 Hm benutzt man den Randbereich eines Gletschers.

An der N-Seite des Simplon-Hospizes (PTT-Halt) steigt man auf dem bezeichneten Weg in O-Richtung etwa 100 Hm zur Wasserleitung auf; dieser folgt man bequem bis über den ersten Graben, der östl. des Hübschhorn-N-Grates vom Homattugletscher herabkommt (noch vor den betonierten Wasserfassungen). Anfangs kaum erkennbar, führt ein Pfad in Serpentinen den Moränenrücken hinauf, etwa auf 2600 m verschwinden die Spuren in den Schotterfeldern, man hält sich in der Nähe des Hübschhorns auf die block- und schottergefüllte Fortsetzung der Plattenschliffe zwischen Homattu- und Chaltwassergletscher zu. Oberhalb der Platten biegt man nach O ab und ersteigt die geschliffenen Felsen und Schotterpartien, z. T. auch Schneefelder zum Homattugletscher, auf dessen N-Rand man gerade bis zum Breithornpaß aufsteigt.
Vom Paß quert man auf dem obersten Alpjergletscher unter dem Leone-W-Grat und steigt dann etwas ab, um knapp unter dem Fuß des P. 3424 vorbeizugehen. Nahezu eben quert man nun den Gletscher bis unter die S-Grat-Scharte, 3320 m oder die etwas höher oben, nach dem Gratturm, gelegene Einsattelung. Auf Pfadspuren über erdige Felsen jeweils steil zum Grat, lediglich der Bergschrund kann zu Zeiten etwas heikel sein.

Der Monte Leone von Süden, links das Breithorn, unten die Alpsiedlung Alpje.

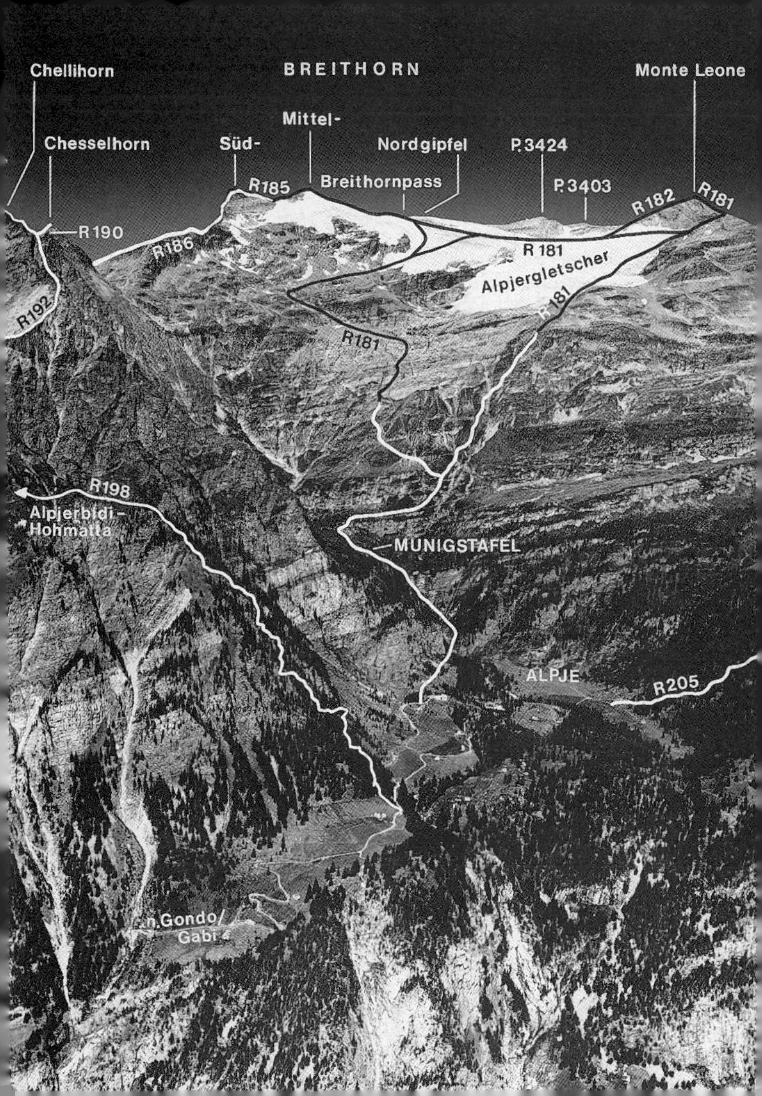
Chellihorn
BREITHORN
Monte Leone
Mittel-
Chesselhorn
Süd-
Nordgipfel
P.3424
R185
Breithornpass
P.3403
R182
R181
R190
R186
R 181
Alpjergletscher
R192
R 181
R181
R198
Alpjerbidi–
Hohmatta
MUNIGSTAFEL
ALPJE
R205
n.Gondo/
Gabi

Zugang von Süden (Alpje):

4 Std., **G 2** (1770 Hm). Langer, einsamer Anstieg, landschaftlich reizvoll. Abb. S. 81.

Vom Straßenende in Alpje (Egga, ca. 1580 m) führt ein schwach ausgeprägter Pfad über Munigstafel (1931 m) und Schwarzbede über die Waldgrenze; man steigt über Almen, Rasen, Fels- und Schrofenstufen an einen östl. unter dem Breithorn gelegenen See (2611 m). Die Felsstufen unter dem Gletscher werden nun auf der Breithornseite umgangen (etwa bei P. 2951 m) und der obere, flache Teil des Gletschers, vorbei an der Felsinsel 3184 m, in NO-Richtung zum Bergschrund oder in einem Linksbogen zum Breithornpaß begangen. Von Schwarzbede ist auch der direkte Aufstieg in NO-Richtung auf den O-Rand des Gletschers am Sichelgrat (Leone-S-Grat) über die schrofen- und felsdurchsetzten Rasenhänge möglich; der Gletscher bietet keine Hindernisse, auf ca. 3200 m schwenkt man zum Leone-S-Grat nach rechts (O).

Route: Der erwähnte Gratturm wird überklettert (II, stellenweise etwas ausgesetzt), sofern man nicht erst oberhalb davon den Grat erreicht; der breite Gratkamm besteht darauf aus großen Blöcken und Platten. Man hält sich entweder genau auf dem Kamm oder findet etwas leichteres Gelände im unteren Teil knapp auf der W-Seite, im oberen Teil auf der O-Seite; die beiden Flanken sind dort jeweils etwas weniger steil.

Diese Route wird auch gerne mit Ski begangen; (zumeist vom Simplonpaß, viele bleiben dann am Breithorn; gelegentlich von Alpje, von dort aber sehr lange Tour, da die Straße nach Alpja erst spät vom Schnee frei ist, man also von der Simplonstraße (Alte Kaserne, 1157 m) startet. Skidepot am Bergschrund.

● 182 Westgrat

II und leichter, 45 Min., **G 2** (150 Hm) von der Scharte 3403 m, 1½ Std. vom Breithornpaß. Die Felsen dieses Grates sind nicht schwierig, z. T. aber etwas locker und ausgesetzt. Landschaftlich schöner Aufstieg, der als Überschreitung gut mit dem Abstieg über den S-Grat verbunden werden kann (ca. 5 Std. von Simplon).

Zugang: Vom Breithornjoch (3280 m, siehe oben) hält man sich in O-Richtung unter dem Vorgipfel 3424 m vorbei am obersten Gletscherrand, überwindet darauf den Bergschrund nach links (N) und

steigt über Schnee und Schrofen zum Grat, etwas östl. von P. 3403 m (30 Min.).
Die Scharte am W-Grat kann auch vom Chaltwassergletscher über ein steiles Eisfeld (Bergschrund) erreicht werden (1½ Std., G 4 (630 Hm).
Route: In nicht schwieriger Kletterei, aber ausgesetzt, immer am Gratfirst über zwei etwas steilere Stufen, dann weniger steil zum Gipfel.

● 183 Weitere Anstiege

Ostgrat: Lange Tour, Kletterei mit Stellen **IV**, 7 Std. vom Lago d'Avino, **G 9** (1250 Hm). Die Schwierigkeiten beschränken sich auf den Bereich zwischen P. 2871 und 3277 m, jedoch nicht immer zuverlässiger Fels.
Nordflanke: Mehrere, schwierige Routen im Eis und Fels wurden begangen.

● 185 Breithorn, 3436 m

Die drei Gipfel (Nord: 3372 m, Mitte: 3436 m und Süd: 3366 m) dieses Berges sind durch kaum ausgeprägte Scharten getrennt, wobei der vielbegangene Breithornpaß zwischen N- und Mittelgipfel liegt und bei den üblichen Leone-Besteigungen überschritten wird. Der Alpjergletscher reicht von O flach bis an diese Gipfel hinauf, nur der S-Gipfel macht mit seiner Felspyramide einen etwas eigenständigeren Eindruck.
Über Schnee in 15 Min. vom Breithornpaß nach S zum höchsten Punkt, auch Skiroute. Abb. S. 79.

● 186 Südgrat vom Alpjenpaß, 2858 m (o.N.LK)

III (kurze Stellen), sonst II und leichter, ca. 2 Std., **G 4** (520 Hm); einige schöne Kletterstellen. Abb. S. 81.

Vom Alpjenpaß (Zustieg R 193, Chesselhorn-W-Seite) folgt man auf Wegspuren dem breiten Schuttrücken, der zum Grat emporführt. Der Blockgrat bietet über die P. 3054 und 3147 m keine Schwierigkeiten. Ab hier ist der Grat mit kleinen Türmen besetzt, die am besten alle überklettert (Stellen III) bzw. auch im Firn auf der O-Seite umgangen werden können. Schließlich auf der Gratschneide zum Gipfel – über festen Fels mit einer Stelle III, die ebenfalls östl. umgangen werden kann.

● 190 Chesselhorn, 2981 m, und Chellihorn, 2927

Aussichtsreiches Gipfelpaar, jedoch wegen großer Schotterfelder etwas mühsam zu besteigen.
Der Verbindungsgrat ist ausgesetzt und bietet Kletterei in wenig festem Gneis (Stellen IV, 2½ Std.).

● 191 Chellihorn-Südwestseite von Egga

4 Std., **G 1** (1350 Hm); 1¾ Std. vom Ende der Fahrstraße.

Von Egga folgt man der Fahrstaße nach Homatta (zu Fuß einige Kehren abkürzend) und unter dem Glatthorn hindurch zum Ende der Straße an den Lawinenverbauungen unter der Chesselchumma (2201 m, 2 Std.). Weglos über Schotter und Rasenflecken nach O, zuletzt in NO-Richtung über Blockwerk und eine kurze Schlucht zum Gipfel.

● 192 Chellihorn-Südostgrat, oberer Teil von Alpjerbidi

2½ Std., **G 1** (830 Hm).

Von Alpjerbidi zum Sattel 2486 m (R 198, Rothorn) und über den Blockgrat ohne große Schwierigkeiten – einige Hindernisse einschließlich des Aufschwungs bei P. 2825 m lassen sich auf der SW-Seite (links) umgehen.

● 193 Chesselhorn-Westseite

4¼ Std., **G 1** (1400 Hm); 3 Std. von Homattu.

Von Egga folgt man der Fahrstaße nach Homattu (zu Fuß einige Kehren abkürzend). Nun weiter in O-Richtung durch den lichten Wald und Rasen, weiter oben auch über Geröll des Spilboden, wo ein alter Pfad zu der Einsattellung nördl. des Gipfels (Alpjenpaß, 2858 m, ohne Namen in der Landeskarte) führt. Über den Geröllrücken, zuletzt einige Felsen zum höchsten Punkt.

● 195 Glatthorn, 2580 m

Gegen das Simplontal dem Chesselhorn vorgelagerter Gratabsatz mit hervorragender Aussicht (Weissmies); leicht von der Chesselchumma (2201 m, Ende der Fahrstraße von Egga über Homattu) in 1 Std. erreichbar. Wegen Bauarbeiten für Lawinenschutz ist der Weg derzeit stellenweise unterbrochen.

● 197 Rothorn, 2513 m

Das Rothorn ist der letzte Ausläufer des vom Breithorn nach Süden streichenden Grates, hoch über der Gondoschlucht mit großartiger Aussicht gelegen.

● 198 Von Simplon Dorf

3½ Std., **G 2** (1050 Hm).

Von Simplon Dorf überquert man auf der Fahrstraße den Talbach (Chummbach) und folgt dem Weg über die Hänge des Chastelbergs in vielen Kehren über Hobielestafel nach Alpjerbidi (auch von Alpje in 1½ Std.). Kurz bevor dieser aussichtsreiche Geländeabsatz erreicht ist, steigt man nach N in das Kar Roti Chumma, aus dessem Bereich man nach rechts über viel Schotter die Einsattelung 2486 m nördl. des Rothorns erreicht (3 Std.). Von hier folgt man dem Grat, eventuellen Schwierigkeiten westl. (rechts) ausweichend (ca. ¼ Std.).

● 200 Hübschhorn, 3192 m

Dem Leone-Stock nach W gegen den Simplonpaß vorgelagerter Gipfel. Seine SW-Seite wird von ungeheuren Geröllfeldern beherrscht, während die N- und NO-Seiten steile Felswände bilden. Charakteristisch ist die Plattenflucht auf der W-Flanke (Ofeflue). Der normale Anstieg von W ist unschwierig, aber mühsam und ziemlich langweilig. Interessanter sind die Möglichkeiten durch die Platten von Ofeflue, während der N-Grat eine schöne, aber nicht leichte Klettertour bietet. Sehr schöne Aussicht.

● 201 Westseite vom Simplon

3½–4 Std., **G 2** (1190 Hm). Sehr lange, ermüdende Geröllhänge, Schneereste können das Vorwärtskommen erleichtern, vor allem im Abstieg.

Auf Fahrweg am Rotelsee vorbei, dann auf einem Fußweg steigt man nach Holiecht am Fuß des Schotterrückens. Über diesen, ganz oben evtl. auch in der S-Flanke zum P. 3187,2 m und über den leichten Grat zum höchsten Punkt.
Statt bis nach Holiecht zum W-Rücken aufzusteigen, kann man auch bereits vom Rotelsee ein Stück direkt nach O hinaufsteigen, bis man auf einem Weg nach rechts ein Grasband erreichen kann, das über dem tiefsten Felsband der Ofeflue in die W-Flanke führt. Über Gras

Auffällige Erosionsformen am Wasenhorn. Links des Gipfelaufschwunges befindet sich die Mäderlücke, der Südwestgrat zeigt sich im Profil.

und Schotterfelder steigt man direkt am S-Rand der Plattenzone, vorbei an P. 2508 m aufwärts, und erreicht im obersten Bereich über große Blöcke kurz unterhalb von P. 3055 m den W-Grat, über den man wie oben leicht den höchsten Punkt betritt (interessanter als die vorbeschriebene Möglichkeit).
Die Skiroute folgt bis Holiecht der Sommerroute, darauf hält man sich auf einer schwachen Rampe, die parallel zum W-Gratrücken verläuft

bis unter den Gipfel, der über den obersten S-Grat erreicht wird; selten gute Verhältnisse.

● 202 Westseite (Platten von Ofeflue)

III (Stellen), sonst II und leichter, 4 Std., **G 4** (1190 Hm). Schöne Reibungskletterei in bestem Gneis. Nur bei trockenem Fels unternehmen.

Vom Simplon steigt man über die Rasenhänge von Rotels an den Fußpunkt der Plattenzone (ca. 2300 Hm), der Einstieg wird durch eine Höhle markiert (links darüber befindet sich eine überhängende, gelbe Wand; einige Haken zu Beginn). Im Allgemeinen steigt man gerade zum oberen Plattenrand etwas unter dem W-Grat auf, den man entweder direkt über einen kurzen Aufschwung erreicht, oder man quert wenig schwierig nach S, um den W-Grat bereits weiter unten zu betreten.

● 203 Weitere Anstiege

Nordwestgrat: Interessante Kletterroute (Albert-I-Grat). Einige Stellen **IV**, sonst III und leichter. 4 Std., **G 9** (1190 Hm) vom Simplonpaß, bei Nässe sehr unangenehm (Flechten). Der Grat wird vom Hübschgletscher bei ca. 2550 m betreten und bietet bis ca. 3000 m schöne Kletterei in festem Fels. Darüber wird der Fels unzuverlässig mit einigen heiklen Stellen.
Ostgrat: Ausgesetzte Kletterei II und **III**, unten fester Fels, im obersten Bereich brüchig. 1½ Std., **G 6** (320 Hm) vom Homattupaß.
Südwestflanke: Riesige Geröllflanke, kann beliebig begangen werden, jedoch mühsam und wenig empfehlenswert.

● 205 Punta Valgrande, 2856 m

Selten bestiegener Aussichtspunkt im SO des Leone, hoch über Gondo.
Unschwierigc Anstiege von Alpjen auf bezeichnetem Weg zur Alp Erblatte (ca. 1960 m) und weglos über Rasen und Geröll zum Passo Carnera, dann über den NW-Grat zum Gipfel (der Passo Carnera kann auch von der Alpe Veglia über den Avino-Stausee ohne Schwierigkeiten erreicht werden).
Ebenfalls möglich ist der Anstieg von Alpjen über Corwetsch (2044 m) und die mühsame SW-Flanke auf Rasenflecken und viel Schotter (je ca. 3–4 Std.).

Die Alpjen-Routen eignen sich auch recht gut für Skitouren in dieser einsamen, wilden Region; sehr lange Unternehmungen, da man im Winter von der Simplonstraße (Alte Kaserne) starten muß (6–7 Std., 1700 Hm).

● 207 Piz Valgrande, 2531 m

Der Piz Valgrande ist ein nördlicher Nachbargipfel der Punta Valgrande über der Alpe Veglia. Der Anstieg folgt dem Weg zum Avino-Stausee, dann pfadlos sanft ansteigend nach O gerade zum Gipfel, der auf der anderen Seite schroffe Felsabbrüche aufweist, ca. 2½ Std. (810 Hm).

● 209 Mäderhorn, 2852 m

Schöner Aussichtspunkt, in wenigen Minuten von der Mäderlücke (R 123) zu erreichen (20 Minuten von der Leone-Hütte). Siehe Abb. S. 86.

● 211 Wasenhorn (Punta Terrarossa), 3254 m

Ausgezeichneter Aussichtsberg, besonders der Monte Leone zeigt sich hier mit seiner beeindruckenden N-Flanke. Auffällig ist die kräftig rote Farbe der S-Flanke, woher wohl auch der italienische Name herrührt.

● 212 Südwestgrat von der Monte-Leone-Hütte

I (Stellen), 1½ Std., **G 2** (480 Hm). Abb. S. 86.

Auf dem Weg von der Hütte zur Mäderlücke steigt man noch unter dem Passo Terrarossa vorbei, um dann auf einem Band zu diesem schräg hinaufzugehen. Man folgt nun dem Grat auf seiner ganzen Länge, die wenigen Felsen sind leicht und können zudem in der S-Flanke umgangen werden (fast durchgehend Wegspuren, Steinmänner).

● 213 Nordgrat von Wase

I, 3½ Std., **G 2** (1380 Hm). Der aus grobem Blockwerk bestehende Grat wird erst oberhalb von dem plattigen Turm Isenweng, 2713 m, betreten.

Von Wase (Straßenende bei Wintrigmatte) folgt man dem nahezu ebenen Fahrweg um den N-Rücken von Hohture in die Almmulde von Alpji und steigt über das Geröllfeld der NW-Flanke auf, bis man auf gut 2800 m oberhalb von Isenweng auf den N-Grat quert. Über grobes Blockwerk und Schneefelder zum Vereinigungspunkt mit dem obersten NO-Grat, auf dem man über Schutt und Blöcke leicht zum höchsten Punkt gelangt.

● 215 Bortelhorn (Punta del Rebbio), 3194 m

Sehr schöner Aussichtsberg als auffällige Pyramide im Simplongebiet hoch über Brig; Normalzustieg von Berisal über die neue Bortelhütte (kürzester Weg), die Anstiege von der Alpe Veglia sind ebenfalls nicht schwierig, jedoch etwas mühsam.

● 216 Westflanke von Berisal/Simplonstraße

3½–4 Std., **BW 3** (1670 Hm). 2½ Std. von der Bortelhütte. Im obersten Teil kurze Firnstücke eingelagert.

Von der Straßenkehre bei Berisal folgt man dem Fahrweg in O-Richtung zur Bortelalp mit der Bortelhütte; über die Almfläche weiter auf dem Pfad in Richtung Bortellücke. Wo sich dieser Weg auf etwa 2540 m jedoch mehr nach SO wendet, steigt man in alter Richtung weiter über Gras und schrofige Geröllfelder zum Firnfeld des Bortelgletschers und erreicht schräg aufwärts steigend den SW-Grat oberhalb von P. 2986 m. Über grobes Blockwerk auf dem Grat zum höchsten Punkt.

● 217 Südflanke von der Alpe Veglia

4–4½ Std., **G 2** (1440 Hm). Nicht schwierig, aber anstrengend (südexponiert).

Von der Alpe Veglia nimmt man den Pfad, der vom Chaltwasserpaß-Anstieg wenig über der Alpe bei P. 1819 m nach N abzweigt und über den Hang am S-Fuß des Pizzo Taramona in vielen Kehren hinaufzieht. Auf ca. 2300 m quert der Weg nach W in eine kleine Karmulde, aus der man über Schotterfelder den im S des Bortelhorns gelegenen kleinen Rebbiogletscher erreicht – links von dem darunter befindlichen Felsband. Man quert nun wieder in O-Richtung auf den Bortelhorn-S-Grat zu, den man nördl. des Pizzo Taramona betritt. Der blockige und schuttbedeckte Grat wird bis zur Vereinigung mit dem O-Grat verfolgt, über dessen leichten Felskamm die Besteigung zum höchsten Punkt beendet wird.

● 220 Hillehorn, 3181 m, und Punta Mottiscia, 3158 m
Diese beiden Berge bilden einen Doppelgipfel über dem Steinejoch. Selten besucht; steile, teilweise steinschlaggefährliche Couloirs bieten mäßig schwierige Zugänge zu dem kleinen, östlich der Gipfel gelegenen Hillegletscher.

● 221 Nordwestcouloir vom Steinejoch

2 Std., **G 3** (560 Hm). Steiles, aber recht breites Couloir.

Vom Steinejoch (R 163) steigt man über den obersten Steinugletscher in das Couloir, das unten schneegefüllt ist (Bergschrund!), im Sommer im oberen Teil aus Geröll und Schrofen besteht, in die Scharte zwischen Hillehorn und der Punta Mottiscia. Über den Firn an die O-Seite der Gipfelfelsen, über die man leicht den nördl. Gipfelpunkt 3170,4 m und danach den Hauptgipfel erreicht.
Bei besten Verhältnissen auch als Skiroute geeignet (im Couloir jedoch zu Fuß), die Felsen apern aber zunehmend früher im Jahr wieder aus.

● 225 Folluhorn, 2656 m, und Fülhorn, 2738 m
Ausgezeichnete, darüber hinaus von Rosswald leicht erreichbare Aussichtsgipfel (Seilbahn von Ried nach Rosswald, daneben auch Fahrstraße, gebührenpflichtiger Parkplatz). Leider reicht das Pistengelände schon sehr weit von Südwesten bis in die Nähe des Gipfels (der Aufstieg über das Berghaus Saflischmatte ist damit wenig lohnenswert).
Von Rosswald führt jedoch ein netter, gut angelegter Weg schräg aufwärts durch die W-Flanke des Folluhorns (unten schöner Lärchenbestand) an die NW-Kante (abenteuerliche Felsabstürze auf der N-Seite) und dann in einigen Kehren zum Gipfel. Ein kurzer Verbindungsgrat leitet zum wenig höheren Fülhorn (2½ Std., **BW 2**, 930 Hm).

● 227 Bättlihorn, 2992 m (S), 2951 m (N)
Doppelgipfeliger Berg, wegen langer Zustiege trotz guter Aussicht selten bestiegen – Einsamkeit-Suchende werden hier auf ihre Kosten kommen.
Der gezackte Grat zwischen den beiden Gipfelpunkten erfordert durchwegs recht ausgesetzte Kletterei (Stellen III, nicht ganz verläßlicher Fels).

Der N-Gipfel kann aus dem Kar Öugstchumma über eine breite O-Rinne ohne größere Schwierigkeiten erstiegen werden (Wegspuren).
Der Südgipfel ist vom Saflischpaßweg recht mühsam, aber insgesamt unschwierig direkt ersteigbar; ebenfalls vom Sattel im Südwesten (2824 m, Pfad vom Saflischpaß) zwischen diesem und dem Grosse Huwetz und über den Verbindungsgrat zu erreichen (kurze Stelle II, brüchig).
Der Anstieg zum Nordgipfel kann bei besten Verhältnissen auch mit Ski ausgeführt werden, die Saflischpaß-Zustiege sind aber sehr lawinengefährdet.

● 229 Östliches Milihorn, 2837 m

Das Milihorn ist eine etwas schneller erreichbare Alternative zum Bättlihorn, vom Furggerchäller (R 231) über den breiten Wiesenrücken, dann am Gratrücken zum kleinen, aussichtreichen Felsgipfel (4 Std. von Grengiols).

● 231 Breithorn, 2599 m

Breiter, begraster Höhenrücken mit morschen Felsabstürzen ins Binntal, schöne Aussicht. Fahrwege (Lawinenschutz, Alpbewirtschaftung) führen von Grengiols bzw. von Heiligkreuz zur Furggerchäller (2444 m), einem Wiesensattel im SW (4 Std. von Grengiols, 3 Std. von Heiligkreuz, 1600 bzw. 1130 Hm).
Von Grengiols auch über Bächerhyschere auf einem Weg über Seng und Meiggere (1912 m) steil auf nettem, aber langem Waldanstieg erreichbar.
Darüber hinaus noch ein Tip für Konditionsbolzen: Mit dem Fahrrad von der Furka-Oberalp-Bahn-Station nach Grengiols und auf dem Fahrweg zum Furggerchäller, nach Abstecher zum Breit- oder Milihorn jenseits Abfahrt nach Heiligkreuz und Binn; talwärts nach Steinmattu und hinunter zur Binna, drüben kurz zur Kapelle hinauf und im gemütlichen Auslauf nach Grengiols und zum Bahnhof zurück (1660 Hm mit dem Rad).

● 233 Helsenhorn, 3272 m

Auffälliger Gipfel im Süden von Heiligkreuz. Lange Zustiege, die auch durch keinen Stützpunkt verkürzt werden. Die normalen, nicht schwierigen Routen führen zuletzt allesamt über die schottrige Südflanke.

Informative Aussicht von der Bettmeralp auf die Gipfel über Heiligkreuz im Binntal: Rothorn – Schwarzhorn – Scherbadung – Gischihorn – Helsenhorn.

● 234 Westseite von Heiligkreuz

I (Stellen), 5–6 Std., **G2** (1840 Hm), oben über den Helsegletscher.

Auf R 165 Richtung Ritterpaß steigt man bis ca. 150 m unter die Paßhöhe, wo man auf die untersten Ausläufer des Helsegletschers trifft. Auf diesem zur S-Flanke des Gipfels und über Geröll, Schrofen und leichte Felsen gerade aufwärts zum höchsten Punkt.
Vom Helsegletscher kann auch der oberste NW-Grat leicht über eine Schnee- und Geröllrinne südl. von P. 3145 m erreicht werden; über den Grat auf Fels und Schnee unter ostseitiger Umgehung eines Felskopfes zum Gipfel.

● 235 Von Südwesten (Alpe Veglia)

I, 5–5½ Std., **G 2** (1720 Hm).

Von R 165 zum Ritterpaß zweigt man bei Pian d'Erbioi (ca. 2300 m) in O-Richtung ab, um zum oberen Karboden Le Caldaie zu steigen.

Nun hält man sich nach N, um über Rasen, Geröll und einige Felsen zum S-Zipfel des Helsegletschers aufzusteigen. Auf diesem zur S-Flanke des Gipfels und über Geröll, Schrofen und leichte Felsen gerade aufwärts zum höchsten Punkt.

● 237 Cima di Valtendra, 2693 m

Vom Passo di Valtendra (R 166) in 45 Min. über Geröll problemlos zu erreichen.
Schöne Skitour, vor allem von der Alpe Veglia, aber auch von San Domenico über das obere Bondolerotal.

● 239 Piz Diei, 2906 m

Aussichtsberg mit charakteristischem Schotterfeld am Gipfel.

● 240 Von San Domenico (Val Nembro)

5 Std., **BW 2** (1500 Hm).

Zuerst auf dem Fahr-, dann einem Fußweg zur Alpe Ciamporino (1950 m, Liftstation, 1½ Std.). Den Wegen folgend über das Almgelände (Skilifte) zum Colle di Ciamporino und nördl. unter dem **Piz**

Dosso (kann leicht mitüberschritten werden) an den Gipfelaufbau des Piz Diei. Steinmänner und Wegspuren führen über viel Geröll und zwei ganz kurze felsige Stufen zum Gipfelplateau.
Dies ist auch die üblicherweise begangene Skiroute aus dem Liftgebiet Ciamporino.

● 242 Monte Cistella, 2880 m

Recht schöner Aussichtsberg, 80 m unter dem Gipfel steht das Leoni-Biwak.

● 243 Von der Crostahütte (Varzo, Simplonstraße)

3 Std., **BW 3** (1130 Hm).

Von der Hütte folgt man dem Weg im Solcio-Talgrund in NW-Richtung bis zu seinem Ursprung im kleinen Sattel an der Cima di Valle; hier nach O und über Schotterfelder bis zum Gipfel.

● 244 Südostseite von Viceno/Cravegna (Valle Antigorio)

6–7 Std., **BW 3** (2000 Hm).

Von den beiden kleinen Siedlungen, gut 300 m westlich über dem Tocetal bei Crodo führen gute Wege über Almgelände und etwas Wald nach Prepione (1419 m). In steilem Zickzack steigt man in Richtung Corno Cistella, unter dem Südostgratfuß nach Westen zur Testa dell Orso (Costella, 2535 m). Danach erreicht man weniger steil über die öde Hochfläche das Leoni-Biwak (2803 m) am W-Fuß des Gipfelkegels, über dessen Schotter und leichte Felsen man zum Gipfel gelangt.

● 245 Übergang zum Piz Diei

1 Std., **BW 3**.

Vom Gipfel zurück zum Leoni-Biwak und über die weiten Geröllfelder und einige schrofige Bänder zum Piz Diei.

● 250 Gischihorn (Piz Cornera), 3083 m

Dieser Gipfel über dem Chriegalppaß bildet mit seinem SW- und O-Grat eine türmereiche Mauer mit mehreren Scharten. Der höchste Punkt ist ein Turm und verlangt in jedem Falle kurze Kletterei (III, leichtester Anstieg über den N-Grat). Die Südseite bildet eine bis zu

400 m hohe Wand, hier wurden in den letzten Jahren einige Routen in allgemein recht festem Fels eröffnet.

● 251 Nordgrat vom Gischijoch

III (kurze Stellen am Gipfelturm), 45 Min., **G 2** (160 Hm); etwa 4½ Std. von Heiligkreuz bzw. von der Alpe Dèvero (1640 bzw. 1440 Hm). Abb. S. 92/93.

Zugang zum Gischijoch: Von **Heiligkreuz** steigt man auf dem Weg zum Chriegalppaß (R 168) bis auf ca. 2400 m, wo man sich nach Osten hält und über ein großes Schuttfeld, oben Schnee und zuletzt wieder lockeres Geröll zum Paß aufsteigt (2923 m, 3½ Std., **BW 3**; auch zu erreichen über Alte Stafel, 2166 m, und Flankenmarsch am Fuß der Felsen vom P. 2694 m vorbei in den Geröllkessel unter dem Joch).
Von der **Alpe Dèvero** auf dem Weg zum Chriegalppaß zu den Hütten Buscagna (1941 m), dann auf schwachen Pfadspuren in das Kar unter der S-Seite des Scherbadung und direkt nach W zum Joch (3¼ Std., **BW 3**).
Route: Über den blockigen N-Grat unschwierig bis zum Gipfelaufbau. Feste, aber abschüssige Felsen führen in eine kleine Scharte (III) und von hier nach rechts zum höchsten Punkt (III).

● 252 Kletterrouten auf der Südostseite

Diese Wandflucht weist im allgemeinen sehr guten Fels auf, mit dem Combi-e-Lanza-Biwak steht auch ein günstig gelegener Stützpunkt zur Verfügung. Die Wandhöhe beträgt ca. 400 m, es wurden mehrere Routen über die Sporne und Pfeiler in dieser breiten Wand begangen (vom Gipfel bis zum Eckpunkt des O-Grates, etwa 600 m östl. vom Gipfel). Detailbeschreibungen im SAC-Führer.
Ostpfeiler zum O-Grat Eckpunkt, **V+** (Stellen, sonst anhaltend IV–IV+), Zeiten zwischen 3 und 6 Std., **G 12**.
Südostkamm zum P. 2950 m im O-Grat, **VI** und V+ (mehrere Stellen), 5–8 Std., **G 13**.
Südostsporn in die Nähe des Gipfels, **V** (1 Stelle, sonst IV und III) 3–5 Std., **G 10**.

● 255 Scherbadung (Piz Cervandone), 3210 m

Massiger Bergstock im Grenzkamm zwischen Chriegalp- und Geisspfadpaß. Abb. S. 92/93.

Leichtester Zugang über den N-Grat: Von Heiligkreuz auf dem Weg nach Osten in Richtung Furggulti bis zur Oberen Stafel (2169 m), dann auf Pfadspuren nach S zum Fleschsee hinauf und weiter über Geröllhänge zum Paß 2756 m zwischen Wanni- und Fleschhorn (Halbelfjoch, 2¾ Std.). Weiter nach Osten zum Sattel 2817 m queren und auf die Schnee- und Geröllfelder, die in einem leichten Rechtsbogen zum Sattel 3022 m im N-Grat führen (auch vom Furggulti kann dieser Sattel durch Steilaufstieg über den Gletscher zwischen Flesch- und Schwarzhorn zu P. 3112 m und leichtes Abklettern in die Scharte erreicht werden, **G 6**).
Von hier über einen steilen Schneehang zum Vorgipfel 3155 m, dann über Geröll zu den kurzen Gipfelfelsen und über diese leicht hinauf (I, 1½ Std., 4½ Std. von Heiligkreuz**, G 2**).

● 257 Schwarzhorn (Punta Mariani), 3108 m

Dem Scherbadung nördl. vorgelagerter Gipfel mit interessanter Aussicht.
Vom Scherbadung kann der Berg über den Grenz-(S-)Grat unschwierig in etwa 1 Std. erreicht werden.
Auch der W-Grat kann ohne Schwierigkeiten vom Gletscherfeld am Fleschhorn erstiegen werden (dorthin vom Halbelfjoch, 2756 m (R 255) auf einer Rampe im S des Fleschhorns).
Im Frühjahr bietet das Schwarzhorn bei sicheren Verhältnissen eine interessante Skiroute von der Alpe Dévero: Von der Alpe folgt man nach N der Sommerroute des Geisspfadpasses (R 169) bis zum Pian della Rossa, wo man dem Tal nach W weiter folgt. Nahe der S-Abstürze des Rothorns steigt man in das obere Kar im O des Schwarzhorns, um schließlich ziemlich steil durch die Rinne zwischen dem Gipfel und der Punta Gerla zur Scharte 3051 m anzusteigen. Mit wenigen Metern leichter Blockkletterei erreicht man über den S-Grat den Gipfel (5 Std., 1470 Hm).

● 259 Fleschhorn, 3004 m

Kleiner Felsgipfel im W des Schwarzhorns. Abb. S. 92/93.
Am W-Grat vom Halbelfjoch (R 255, Scherbadung) findet man schöne Kletterei in gutem Fels (II, 45 Min.), auch die kurze S-Wand wird über plattigen Fels erstiegen (II, 30 Min.); der O-Grat ist nahezu waagerecht mit wenigen Kletterstellen (I; 15 Min.), während am NW-Grat interessante Kletterei mit einigen Stellen IV möglich ist (3–4 Std., **G 7**).

● 261 Rothorn (Punta della Rossa), 2888 m

Dieser markante Gipfel beherrscht mit seiner O-Wand die Gegend des Geisspfadpasses; durch diese Wand führen mehrere, sehr schwierige Kletterrouten in gutem Fels, auffallend rotem Gestein. Detailbeschreibungen im SAC-Führer.

● 262 Westgrat vom Passo dei Laghi

II (kurze Stellen), 1 Std., **G 2**; 4 Std. von Fäld bzw. der Alpe Dèvero.

Zugang: Auf der Geisspfadroute von **Fäld** (R 169) zweigt man oberhalb des Manibode auf ca. 2150 m nach Süden ab und folgt dem Ostufer des Baches (sehr schöner Wasserfall) zum See (P. 2367 m). Gerade über Geröll, leichte Felsschrofen und Schnee zum Paß (3 Std.).
Auch von der **Alpe Dèvero** folgt man der Geisspfadroute (R 169) bis Pian della Rossa (2051 m), wo man nach W in das Geröllkar unter dem Rothorn steigt und von dort nach rechts (N) über Gras und rötliche Felsen leicht den Paß erreicht (knapp 3 Std.).
Route: Auf der S-Seite des Grates steigt man über Geröll, später Platten um den P. 2813 m herum und gewinnt auf dem schmalen Grat die Scharte 2754 m (Einmündung eines großen Schuttcouloirs von S, ein leichter, aber etwas mühsamer S-Zustieg zum Grat). Über der Scharte wird ein Block nochmals südseitig umgangen, dann steigt man am Grat über wenig geneigte Platten und Blöcke leicht zum Gipfel.

● 265 Großes Schinhorn (Punta di Valdeserta), 2939 m

Hier weist der Grenzgrat ungemein kühne Gipfel auf, sie brechen nach N mit einer fast senkrechten Wandflucht ab.
Der Gipfel kann leicht vom Mittelbergpaß über seinen blockigen SO-Grat erstiegen werden (20 Min., **BW 3**). Den Mittelbärgpaß erreicht man vom Geisspfadsee (R 169) über Geröll- und Schneehänge nach NO haltend ohne Schwierigkeiten in gut 1 Std. (3½–4 Std. von Fäld).

Folgende Doppelseite:
Blick vom Bättelmatthorn auf das Ofenhorn und das Gebiet des Sabbione-Stausees.

Corno di Ban
Punta del Gh. di Ban
P. del Costone
R306
Rif. S.
Lombardo
Rif. S. Mores
R152

P. Lebendun
Ofenhorn
Passo del Vannino
R272
R272
R272
R272
R272
Hohsandgletscher
R272
o del Sabbione
R158
R 158

Auch von der Alpe Dèvero kann der Paß ohne Schwierigkeiten erreicht werden, indem man auf R 170 des Passo di Valdeserta bis knapp 2600 m ansteigt und dann nach links auf den Valdesertagletscher geht, über den man direkt zum Paß gelangt (4 Std.).
Dies sind auch die Skirouten (etwa 5–6 Std. von Fäld oder der Alpe Dèvero).

● 267 Albrunhorn (Monte Figascian), 2885 m

Netter Aussichtsberg mit allerdings etwas eintönigen Anstiegen.
Vom **Albrunpaß** (R 171) steigt man etwas Richtung Alpe Dèvero ab und quert die Grashänge in die O-Flanke bis an das große, begraste Couloir, das vom NO-Grat oberhalb von P. 2728 herabkommt. Durch dieses zum Grat empor und über den Blockgrat mit einer Umgehung eines Aufschwunges rechts zum Gipfel (1½ Std., **BW 3**).
Aufstieg von Norden: Von der Binntalhütte steigt man in das Kar, das zwischen dem N- und dem NO-Grat eingelagert ist, dabei überwindet man den Felsriegel unterhalb P. 2528 m am besten an seiner linken Seite. Über Geröll an den N-Grat oberhalb des Felskopfes 2760 m und über diesen (Stellen II) zum Verzweigungspunkt 2840 m im NW-Grat, über den die Besteigung mit einigen Türmchen und dem letzten Gipfelaufbau beendet wird (II, 2½ Std.).

● 269 Ofenhorn (Punta d'Arbola), 3235 m

Schöner Berg über dem hintersten Binntal, der von hier felsiger wirkt, als er mit seinen hoch hinaufreichenden Firn- und Gletscherfeldern tatsächlich ist: Nach NO zieht der Sabbionegletscher zum gleichnamigen Stausee hinab und ermöglicht schöne Skitouren von der Mores- bzw. Busto-Hütte, doch auch von der Binntalhütte gibt es zwei schöne Skianstiege.
Im Sommer wird der Gipfel über die obere S-Flanke, den interessanten W-Grat oder über das Hohsandjoch und die NO-Flanke erreicht.

● 270 Südflanke von der Binntalhütte

I (wenige Stellen), 3 Std., **G 1** (990 Hm).

Von der Hütte steigt man auf Wegspuren in O-Richtung über Matten in das Eggerofe-Tälchen. Steinmänner leiten über die Geröllfelder gerade zur Eggerscharte (2864 m, ohne Namen in der LK) im vom P. 3164 m nach S abstreichenden Grenzgrat. Jenseits wenige Meter abwärts auf die Schnee- bzw. Geröllfelder des kleinen Arbolaglet-

scher, auf denen man schräg aufwärts in Richtung der gegenüberliegenden Begrenzungsfelsen steigt. In deren Nähe zum obersten O-Grat, über dessen leichte Gipfelfelsen man zum Gipfel gelangt.
Dies ist auch eine Skiroute; an der Eggerscharte müssen die Ski meist getragen werden, Skidepot am O-Grat auf etwa 3160 m.

● 271 Westgrat von der Binntalhütte

II (einige Stellen, meist leichter), 3–4 Std., **G 3** (970 Hm). Empfehlenswerter Anstieg auf dem ausgeprägten Gratkamm, die schwierigsten Stellen befinden sich im Aufstieg zum massigen Gratturm P. 3031 m.

Von der Hütte steigt man auf Wegspuren in O-Richtung über Matten in das Eggerofe-Tälchen, wo man auf etwa 2500 m nach N von der Normalroute (R 270) abzweigt. Über ein Schotterfeld zum Grat; man erreicht ihn an einem Sattel wenig östl. von P. 2869 m. Zwei Gratköpfe werden unschwierig in die Scharte unmittelbar vor dem Aufschwung zu P. 3031 m überklettert. Der steile Grat wird nun von seiner N-Seite (links) angegangen und dann entlang der Kante zu P. 3031 m erklettert (II); weiter auf dem Grat in schöner Kletterei in festem Fels, unterbrochen von einigen Geröllstücken bis zum Vorgipfel (3164 m, II), worauf man in einen Sattel absteigt und über brüchige, leichte Felsen schließlich den nahen Gipfel erreicht.

● 272 Ostflanke

1 Std., **G 1** (340 Hm); 4 Std. (1140 Hm) von der Binntalhütte. 3 Std. von der Claudio-e-Bruno-Hütte, 4 Std. von der Moreshütte, 3½ Std von der Margarolihütte. Abb. S. 88/89.

Von der **Binntalhütte** steigt man auf dem Hüttenzugang bis nach Blatt ab. In anfangs nördl. Richtung, ab 2200 m mehr nach NO haltend folgt man einem schwachen Pfad über die S-Seite des Mittelbärg schräg aufwärts zum Tälligletscher, den man auf etwa 2700 m betritt. Gerade nach O zum **Hohsandjoch**. Vom Joch quert man das Firnfeld unter der N-Flanke um den felsigen Ausläufer des NO-Sporns herum und steigt über die zunehmend steiler werdenden Gletscherfelder entlang dieses Grates aufwärts, zuletzt steil auf ihn (evtl. Wächte) und unschwierig bis zum Gipfel.
Von der Moreshütte (und Lombardohütte) am Sabbione-Stausee geht man an dessen SO-Ufer bis zum Hohsandgletscher, an dessen

orogr. rechtem Ufer (SO-Seite) man direkt zur O-Gipfelflanke ansteigt.
Von der Margarolihütte (Alpe Vannino) steigt man nördl. des Vanninosees zum nächsthöheren Stausee, dem Lago Srùer (2330 m), geht um dessen N-Ufer herum und ersteigt über Schotter den Hang zu dem vom Vanninopaß (2732 m) herabziehenden Gletscherarm. Über diesen zum Paß und nach W über die Schneefelder an die O-Flanke, zuletzt wie oben zum Gipfel (3½ Std., **G 2**, 1040 Hm). Dies sind auch die schönen Skirouten von den o.g. Hütten; das letzte Steilstück zum Grat meist zu Fuß, Skidepot unter der Gratwächte.

● 275 Hohsandhorn (Punta del Sabbione), 3182 m

Wenig auffallender Gipfel im Kamm zwischen Ofen- und Blinnenhorn.
Einfachste Anstiege über den SO-Grat vom Hohsandjoch (1 Std., unschwieriger, aber etwas brüchiger Fels, bei Bedarf ostseitige Umgehung im Schnee, **G 1**) oder über den W-Grat vom Mittlebärgjoch (3044 m, 15 Min., unschwierig über Firn und Schneeflecken, **BW 3**). Letzteres ist auch die Skiroute von der Binntalhütte.
Interessanter ist der Anstieg über den NO-Lappen des Hohsandgletscher, zwischen den Spalten so direkt wie möglich aufwärts, ca. 2 Std. von der Claudio-e-Bruno-Hütte, **G 2** (470 Hm).
Skiroute: Von einer der Hütten im Bereich des Sabbione-Stausees zu dessen W-Ende und über den Hohsandgletscher und die obere O-Flanke zum Gipfel.

● 277 Turbhorn, 3244 m

Von S hübsche Schuttpyramide, nordseitig mit beeindruckender Eisflanke ins Blinnental abbrechend.
Über den S-Grat unschwierig erreichbar, indem man von der Mittlebärgpaß-Route (R 173) unter dem Turbegletscher nach N zum Schuttrücken abzweigt und den P. 3113 m über Geröll überschreitet.
Die N-Flanke bietet oben eine bis zu 50° steile Eiswand, der Zustieg erfolgt durch das Blinnental und den stark zerschrundeten W-Arm des Blinnengletschers, der am weitesten ins Tal hinabreicht (Steinschlag).

● 279 Ober Rappehorn, 3176 m

Durch seine vorgeschobene Lage schöner Aussichtsgipfel. Da die Felsen allgemein von schlechter Qualität sind, wird nur der Anstieg aus dem Fäldbachtal über den obersten Rappegletscher beschrieben;

der ins einsame Rappetal ziehende Rappegletscher ist weiter unten recht zerschrundet; unschwieriger, aber langer Anstieg (6–7 Std., **G 1**, 1930 Hm von Mühlebach).
Unschwieriger Übergang zum Mittaghorn (Rappehorn, 30 Min.).

● 280 Von Fäld

4½–5 Std., **G 1** (1650 Hm).

Von Fäld geht man über Chälmatta (1805 m) in das Fäldbachtal. Immer an der südl. Bachseite aufwärts auf dem Weg bis zur Fäldbachalm (2364 m). Weiter zum Talende und steil nach N über eine einförmige Geröllhalde zum kleinen Fäldbachgletscher. Auf diesem wendet man sich wieder nach O und gelangt über die wenig steilen Firnfelder (nicht spaltenfrei!) an den Gipfelaufbau, bis man über Geröll und Erde zum höchsten Punkt aufsteigt.
Der Skiaufstieg führt von Fäld über das Gandhorn (R 282) ins obere Fäldbachtal, dann weiter wie im Sommer (5–6 Std.).

● 282 Gandhorn, 2462 m

Hoch über Fäld gelegener Gipfelpunkt auf dem weitgehend begrasten Rücken zwischen Fäldbach- und oberen Binntal. Schöner Aussichtspunkt über das Binntal.
Vom Parkplatz geht man nach Fäld und durch den schönen Ort steil aufwärts, man quert die Fahrstraße ins obere Binntal und steigt auf schönem Wiesensteig auf (Abzweig nach Chälmatta, Höhenweg nach Binn). Bald quert der Weg nach links in den Grund des Fäldbaches, auf dessen S-Seite der weitere Anstieg erfolgt; bei den Chäla-Almen zweigt der Weg zum wunderschönen Aussichtspunkt **Galen** (2180,9 m, 1¾ Std. von Fäld) ab, der weitere Anstieg folgt dem begrasten Gratrücken bis zum Gandhorn (2¼ Std., **BW 2**, 890 Hm; weiter zum **Holzerspitz**, 2656,1 m, + 45 Min.).
Im Winter steigt man von Fäld, ohne Chälmatta zu berühren, auf der O-Seite des Lehmbaches direkt aufwärts, um über den Rücken der Binnergale das Gandhorn zu erreichen; dies ist auch der Weg ins obere Fäldbachtal, wo schöne, einsame Skiziele wie das Rappehorn locken.

● 284 Eggerhorn, 2503 m

Vielleicht der schönste Aussichtsberg im Binntal, da er freie Sicht sowohl auf die Berner Alpen, als auch den ganzen Bereich des Binntals gewährt.

Von **Binn** auf dem Forstweg Richtung Sattulti (bzw. auf dem einige der zahlreichen Kehren abschneidenden Fußweg bis zu diesem Wiesensattel, 2128 m). Weiter auf gutem Weg durch die grasige S-Flanke zum höchsten Punkt (3 Std., **BW 2** (1100 Hm).
Von **Ernen** auf dem Fahrweg zum Ausgleichsbecken über dem Ärnerwald (Uf en Egga, 1762 m; Parkplatz). An der Alpe Frid vorbei und über den mit schönen Bäumen bestandenen Rücken zum Stock (2126 m), dann weiter auf dem deutlichen Pfad teilweise recht steil direkt zum Vorgipfel 2491,5 m mit Kreuz und kurz zum höchsten Punkt hinüber (2¼ Std., **BW 2** (740 Hm) vom Parkplatz, knapp 4 Std. von Ernen).
Letzteres ist auch die Skiroute, oben nur bei guten Verhältnissen begehbar.

● 286 Ärnergale – Chummehorn, 2754 m

Breiter, begraster Höhenrücken über dem Goms, Lifte von Mühlebach, oben aussichtsreiches Wanderrevier (von der Bergstation Chäserstatt bis zum Chummehorn), auch gute Wege ins Rappetal.
Nette Skiwanderungen am Höhenrücken, im Rappetal nur bei sicheren Vehältnissen.

● 288 Blinnenhorn (Corno Cieco), 3373 m

Neben dem Monte Leone der wohl bekannteste Gipfel dieser Gruppe. Während er nach W mit einer gewaltigen, morschen Steilflanke in das Blinnental abbricht, reicht der Griesgletscher auf der O-Seite bis auf den Gipfel herauf und vermittelt damit die üblichen Anstiege. Diese Seite begründet auch den seit der Frühzeit des alpinen Skilaufs bekannten guten Ruf als der Skiberg schlechthin; im modernen Zeitalter der rassigen Steilabfahrten ist der Ruf etwas zurückgeschmolzen, dennoch bleibt der Berg noch immer ein beliebtes Ziel.

● 289 Vom Griespaß

3½–4 Std., **G 1** (900 Hm); 4½–5 Std. von der Corno-Gries-Hütte bzw. der Nufenenpaß-Straße. Leichtester und üblicher Zugang von der Schweizer Seite, am Rothornpaß mündet die italienische Normalroute ein. Abb. S. 106/107.

Vom Griespaß (R175) geht man erst in westl., dann südwestl. Richtung über Geröllfelder zum Griesgletscher, an dessen südl. Seite man unter dem Bättelmatt- und dem Rothorn vorbei auf das Blinnenhorn

zu aufsteigt (Spalten). Westl. des Rothorns betritt man die flache Zone mit der Einmündung des Rothornpasses von S, man hält sich weiter nach W und erreicht den SW-Grat des Blinnenhorns an der Stelle, wo der Firn am weitesten heraufreicht (ca. 3320 m). Ohne Schwierigkeiten über Schutt und Felsen zum höchsten Punkt.
Dies ist auch die Skiroute; das Eis des Griessees ist nicht sicher (Wasser-Entnahme!), daher wie im Sommer südl., evtl. auch nordseitig umgehen.

● 290 Von der Bruno-Hütte über den Rothornpaß

2 Std., **G 1** (650 Hm); Normalroute von der italienischen Seite.

Von der Hütte ersteigt man die gras- und geröllbedeckten Hänge in NW-Richtung unterhalb der Felszone P. 2967 m vorbei. Entlang der Felsen aufwärts, bis man leicht über Geröll nach rechts auf die darüber liegenden Firnfelder aufsteigen kann, über die man in nördl. Richtung zum Joch gelangt. Man hält sich nun nach W und erreicht den SW-Grat des Blinnenhorns an der Stelle, wo der Firn am weitesten heraufreicht (ca. 3320 m). Ohne Schwierigkeiten über Schutt und Felsen zum höchsten Punkt. Dies ist auch die Skiroute.

● 291 Weitere Anstiege

Südwestgrat: Ohne Schwierigkeiten über den aus Geröll und leichten Felspassagen bestehenden Grat, der auf der W-Seite steil ins Blinnental abbricht (1½ Std., **G 1** vom Blinnenjoch; 3½–4 Std. von der Binntalhütte über den Mittlebärgpaß (R 173).
Nordgrat: Vom Griesgletscherpaß unter Umgehung des Klein Blinnenhorns an die verfirnte N-Flanke, über die man ohne Schwierigkeiten zum Gipfel ansteigt (45 Min., **G 1**).

● 295 Rothorn, 3287 m

Der Gipfel aus ziemlich roten Felsen steht ganz im Schatten des Blinnenhorns und wird nur selten bestiegen. Abb. S. 106/107.
Vom Rothornpaß (R 174) ist der Gipfel in 30 Min. zuerst über Schnee, dann Schutt und leichte Felsen (I) zu erreichen (ca. 4 Std. von der Nufenenstraße).

***Folgende Doppelseite:** Blick vom Bättelmatthorn auf den obersten Griesgletscher mit Rothorn (links) und Blinnenhorn (Mitte).*

Rothorn
Blinnenhorn
R295
R289
Rothornpass
R290
P.3011
R 289

Klein-
Blinnenhorn
Merezebachschije
Griesgletscherpass
P 3140
R 291
R 300
riesgletscher

Auch der NO-Grat ist vom Griesgletscher bei P. 3011 gut zu erreichen, er führt über Schnee, später einige Felsen (II) und zuletzt recht ausgesetzt in 45 Min. zum höchsten Punkt.

● 297 Bättelmatthorn (Punta dei Camosci), 3043 m

Großartiger Aussichtspunkt, der ohne Gletscherberührung auch für erfahrene Bergwanderer gut zu erreichen ist.
Der Verbindungsgrat zum Rothorn ist klettertechnisch wenig schwierig, besteht jedoch allgemein aus sehr schlechtem Gestein.

● 298 Vom Griespaß

2 Std., **BW 2** (580 Hm); 2¾–3 Std. von der Nufenenstraße

Auf dem gut markierten Weg vom Paß (R 175; Mark: Rif. Citta di Busto) steigt man in südwestl. Richtung über die Moränenkegel zum flacheren Schuttgelände unter der NO-Flanke, wo der Weg mehr südl. Richtung einnimmt (ca. 2680 m). Zuerst weglos steigt man schräg links über diese Flanke an und erreicht kurz unter dem O-Grat eine Spur, auf der man bei ca. 2800 m zum O-Grat gelangt (Steinmann). Gute Wegspuren führen in der S-Flanke nahe der Kante zur NO-Seite steil zum Gipfel.

● 300 Merezebachschije, 3182 m

Kleine Gipfelreihe, die den Griesgletscher an seiner NW-Ecke begrenzt, mit großer Felsflanke nach W ins Merezebachtal. Die Felsen sind schlecht, die unschwierigen Anstiege erfolgen über die oft mühsamen Geröllhänge. Abb. S. 106/107.
S-Flanke vom **Griesgletscherpaß** (3140 m) in 15 Min., **G 1**.
W-Grat vom **Blinnental**: 5–6 Std., **G 1** (1870 Hm). Der Gratrücken wird vom Hostellibach (W-Seite des Griesgletscherpaß) an der begrasten Schwarzegge erreicht, dann über Geröll an den Gendarmen »Rote Schije« (2984 m) vorbei zum Gipfel.

● 302 Stockji, 2602 m

Netter Aussichtspunkt über Reckingen/Münster, weitgehend begraster Rücken.
Von **Reckingen** auf Fahrweg über Äbmete in das Löwwibachtal zur Alpe Chäller (2027 m) und weiter an den N-Rücken (P. 2275,7 m, Lawinenverbauungen); von dort über den Graskamm zum Gipfel (3½ Std., **BW 2**, 1280 Hm).

Von Chäller auch zum Seewe (2455 m) und über den SW-Rücken (Gras) zum Gipfel.
Dies ist auch eine interessante Skiroute, aber nur bei sichersten Verhältnissen zwischen Äbmete und Chäller im Löwwital; weiter über den Talgrund Hobach zu den Seen 2455 m und über den NO-Rücken zum Gipfel.
Von **Münster** durch das Merezebachtal (Fahrweg von Reckingen bis oberhalb Handegg, 1960 m; der Fußweg von Münster überquert bei Eiget den Rotten und führt über die Alpe Oberberbel, 1534 m, ins Merezebachtal, wo er bei Chäller, 1846 m, den Fahrweg erreicht) bis zur Alp Sädel (2232 m); nach SW aufwärts nach Teifschlüecht und zum Sattel 2498 m zwischen Stockji und Sädelhorn, wo man in wenigen Min. nach N zum Gipfel gelangt (3½ Std., **BW 2**, 1240 Hm).

● 304 Brudelhorn, 2790 m

Schöner Aussichtsgipfel über dem Goms, auf Wanderwegen von der Nufenenstraße gut erreichbar. Auch hochalpine Skirouten.
Ein markierter Wanderpfad führt von Ladstafel an der **Nufenenstraße** (PTT-Halt) in das Lengtal und über die Alpen Vorder- und Hinnerdistel (2480 m) zu dem Hochtälchen Distel. Nach W steigt man über Gras und Geröll oberhalb des Distelsees zum Distelgrat an und gelangt über den Gras/Geröllrücken zum Brudelhorn (3 Std., **BW 2**, 870 Hm). Skiroute nur bei sicheren Verhältnissen.
Vom Bahnhof **Geschinen** (am Rotten) auf dem Weg durch den Breite Wald über die Hütten Seng und Flesche in die nordöstl. des Brudelhorns gelegene Mulde von Bru (2238 m). Weiter über die Grashänge aufwärts, ab etwa 2450 m mehr nach rechts haltend zum SO-Grat und über diesen zum Gipfel (4 Std., **BW 2**, 1450 Hm).
Dies ist auch eine lange, interessante Skiroute.
Abfahrtsvariante bei sicheren Verhältnissen: nach SW in die Mulde Öuchumm und ins Merezebachtal, zuletzt über Oberberbel nach Münster.

● 306 Punta del Ghiacciaio di Ban, 2975 m, und Punta del Costone, 2950 m

Kleine Gipfelpunkte im Kamm, der vom Ofenhorn nach NO zum Morascotal zieht, zwischen dem Sabbione- und dem Vannino-Stausee. Nette Hüttengipfel der Moreshütte, lohnend auch mit Ski.
Zur **Punta di Ban**: Von der Mores-Hütte zum Stausee und am SO-Ufer bis zum Schuttdelta des Ban-Gletscherabflusses. Über viel

Schotter durch das Tal zum See 2618 m und gerade über den Gletscher (o.N.LK) aufwärts zur Scharte 2890 m im SW des Gipfels. Unschwierig über den Gratrücken zum höchsten Punkt (1¾ Std.).
Zur **Punta di Costone**: Von der Moreshütte zum Stausee und am SO-Ufer bis zum Sabbione-Gletscher und auf diesem bis ca. 2600 m, wo man nach O über eine Geröllrampe auf das kleine Gletscherfeld im W des Gipfels gelangt. Gerade über den Gletscher aufwärts zum Grat südl. des Gipfels ansteigen und unschwierig mit wenigen Schritten über den Gratrücken zum höchsten Punkt (2 Std., 500 Hm).
Dies sind auch empfehlenswerte Skirouten; bei gefrorenem See evtl. über das Eis (Vorsicht, falls der Wasserspiegel unter dem Eis abgesenkt ist). Abb. S. 98/99.

● 308 Monte Giove, 3009 m, und Punta Clogstafel, 2967 m

Mit steilen Felsfluchten zum Formazzatal abbrechendes Gipfelpaar, auf der gegenüberliegenden Seite aus großen Schuttfeldern bestehend; die Anstiege über diese Seite sind leicht, aber im Sommer etwas mühsam, dagegen schöne Skitouren von der Margarolihütte auf der Vanninoalpe.
Von der **Margarolihütte** am rechten oder linken Ufer an sein S-Ende zur Alpe Cortenova, hier Wegtrennung:
Zum **Monte Giove** in südl. Richtung auf dem Weg über die grasbewachsenen Hänge zum Passo Busin (2493 m), jenseits wieder leicht fallend auf der O-Seite des Busin-Stausees bis etwa 300 m vor dessen Staumauer. Hier biegt man nach links (O) ab und ersteigt die Hänge in die schottergefüllte SW-Flanke bis zum höchsten Punkt (4 Std., **G 1**, 900 Hm).
Zur **Punta Clogstafel** in SO-Richtung über die grasbewachsenen Hänge empor (z.T. Wegspuren) in die etwa 2530 m hohe Einsattelung zwischen der Punta und einem Hügel 2590 m. Weiter gerade nach O aufwärts, oben etwas nach links an den Gratrücken haltend und über diesen zum Gipfel (2¾ Std., **G 1**, 780 Hm).
Schöne Skirouten; Vorsicht am Stausee, der Wasserspiegel kann unter dem Eis abgesenkt sein.

● 310 Monte Minoia, 2800 m

Kleiner Gipfel über der Scatta Minoia.
Von der Scatta nach einer Querung in die O-Flanke des Berges, oben über einige leichte Felsen zu erreichen.

● 312 Pizzi del Busin, 2727 m, Piz Pojala, 2773 m, Monte Forno (Monte Gorio), 2593 m

Im Kamm zwischen dem Formazza- und dem Dèverotal gelegene Gipfel. Die langen Zustiege und das Fehlen von hochgelegenen Stützpunkten haben diese Gegend zu einem sehr einsamen, hochinteressanten Wanderrevier gemacht. Anhand von Karten lassen sich hier eigene Unternehmungen ohne »Rezeptbücher« durchführen. Alle Gipfel können unschwierig, meist pfadlos und nach langen Anstiegen von den Talorten oder der Alpe Dèvero erreicht werden.

● 314 Piz Nava, 2184 m, Monte del Sangiatto, 2387 m, Monte Corbernas, 2578 m, Punta della Valle, 2667 m

Diese Gipfel gehören zu dem breiten, überwiegend grasbewachsenen Rücken im O der Alpe Dèvero. Sie ermöglichen unschwierige Wanderungen in sehr ruhiger Landschaft, nur Wegspuren, die wenigen kleinen Felsrippen lassen sich überall problemlos umgehen.

Insbesondere bietet der Kamm wunderschöne Skitouren; in dem kuppierten Gelände ab der Crampiolo-Almsiedlung kann man leicht die günstigste Route legen (je nach Ziel 3–4 Std. von der Alpe Dèvero).

Erwähnenswert ist auch die aussichtsreiche Höhenwanderung vom Lago d'Agaro (Fahrweg von Goglio, zuletzt im Tunnel 1,5 km an der Wasserleitung, Lampe) über Corte Verde zur Alpe Dévero. Am schönsten etwa 100 Hm über Corte Verde nach rechts abbiegen zum Piz Nava (2184 m, kleiner Felszahn) und auf dem Grasrücken zum P. 2199 m mit bester Aussicht. Beliebig über den Höhenrücken bis zum Monte del Sangiatto oder schon früher zum normalen Höhenweg absteigen und zur Alpe Dévero.

Zeiten: Goglio – Lago d'Agaro 1½ Std. – Piz Nava 1¼ Std, – Monte del Sangiatto 45 Min. – Alpe Dévero 1¼ Std., **BW** 2.

2. Weissmiesgruppe

Für Viele ist mit dieser Gruppe zwischen Saastal und Simplon das Wallis im Osten zu Ende, hat dieses Gebirge hier schließlich auch seine östlichsten Viertausender. Größere touristische Erschließung gibt es lediglich bei Saas Grund, ansonsten ist dies eine erfreulich ruhige Gebirgsgruppe geblieben, in den südlichen Teilen teilweise richtig verlassen. Neben den bekannten Anstiegen auf Fletschhorn, Lagginhorn und Weissmies sollte sich der Bergsteiger mit Kletterambitionen auch mal die Portjengratgruppe und einige der Nebengrate ansehen: Hier findet sich der vielleicht der beste Fels der ganzen Walliser Alpen! Speziell um die Almageller- und Weissmieshütte gibt es da reichlich zu tun.
Wer nicht immer nur auf ausgetretenen Pfaden unterwegs sein will, sollte die Gruppe doch mal von Osten erkunden: Simplon, Zwischbergen, Bognanco- und Antronatal sind hier die weitgehend urtümlich gebliebenen Eingangspforten; doch auch das Nanztal im Norden (gleich über Visp und Brig) ist eine Oase der Ruhe.
Über dem Saastal finden sich einige der berühmtesten Höhenwege, z. B. der Gsponer Höhenweg und seine Fortsetzung ins Almagellertal – wer hier nicht wenigstens einmal einen schönen Tag verbracht hat, weiß wohl nicht, was er bisher versäumt hat.

2.1 Hütten

● 320 Fletschhorn- (Studenten-) biwak (Cabane des Peres au Simplon), 3040 m

Missionare vom Immensee, Schwyz. Am Beginn des Grates von dem unter der Senggchuppa liegenden Mattwaldgletscher zum Simeli-/Mattwaldhorn gelegen. Natursteinbau. KS 641.560 / 115.750.
6–8 Plätze, immer offen. Informationen beim Simplonhospiz. Ausgangspunkt für Senggchuppa, Fletschhorn (z.B. Nordwand) und die sehr ruhig gebliebenen Gipfel um das obere Nanztal.

Ansicht vom Glatthorn auf Simplon-Dorf mit der Weissmiesgruppe. Hinten links erhebt sich der Weissmies, davor das Fletschhorn mit der Nordwand.

● **321 Von Visperterminen**

5 Std., **G 2** (1100 Hm) von der Sesselbahnstation Giw.

Von Giw geht man auf dem wenig schönen Pisten- und Almfahrweg in östl. Richtung zum Gebidumpaß (45 Min.). Am dortigen Wegweiser verläßt man den Fahrweg und folgt der »Heida«-Wasserleitung in das obere Nanztal. Diese leitet aussichtsreich bis unter das Mattwaldhorn, Wegspuren gehen in den oberen Talgrund bis unter den Gletscher (Oberes Fulmoos, 2507,5 m). In SO-Richtung geht man auf den Gletscher zu, auf dessen orogr. linker (südwestl.) Seite man bis an den Beginn einer kleinen Rinne bei 2950 m ansteigt. Durch diese Rinne zum Kamm hinauf und auf der anderen Seite kurz nach W zum Biwak. Der obere Nanztal-Kessel ist auch vom Simplon über den Sirwoltepaß (R 364) zu erreichen. Die o.g. Route wird dann mit einer Querung zum Gletscher erreicht.

● **322 Von Heimischgarten**

2½ Std., **G 1** (940 Hm); 4½ Std. von Saas Balen bzw. Gspon.

Auf dem Gsponer-Höhenweg bis Siwibode. Nicht weiter auf dem Höhenweg, sondern unter den Felswänden des »Sattel« (Wasserleitung) ins Mattwaldtal queren, auf ca. 2450 m über den gleichnamigen Bach und jenseits über Rasen, weiter oben Schotterfelder nach O an die Moräne unter dem Mattwaldgletscher. Über diesen und einige Schneefelder aufwärts, zuletzt nach N zur Hütte.

● **324 Lagginbiwak, 2428 m**

SAC, Sektion Monte Rosa, Martigny. Die neue Biwakhütte steht über dem Laggintal in der S-Flanke des Lagginhorn-O-Grates, KS 646.860 /112.740 (auf älteren Karten ist die Hütte noch am alten Platz viel weiter oben eingetragen).
10 Plätze, immer offen, Kocher mitnehmen. Großartige Lage im Kessel unter Lagginhorn- und Weissmies-Ostseite. Ausgangspunkt für alle Gipfel in der Runde; keine leichten, aber sehr ruhige Touren.

● **325 Von Simplon-Dorf**

3 Std., **BW 2** (950 Hm). Abb. S. 144/145.

Vom Dorfzentrum geht man nach S zur Schlucht des Lauigraben hinauf, überquert diesen und steigt über die Wengalm in mehreren

Serpentinen zur Antonius-Kapelle (2059 m). Hoch über dem Lagginbach führt der Weg nur mehr wenig steigend in der mit Felszonen durchsetzten SO-Flanke von Weng- und Rothorn zum Biwakplatz am Ende der großen Moräne des Sibilufluegletschers.
Winteraufstieg auch über das Bodmertal und das »Blaus Seewji« zur Wenghornlücke (ca. 2500 m), dann Abfahrt zum Biwak.

● 327 Bergrestaurant Heimischgartu, 2100 m

Privat (Fam. Ph. Bumann-Burgener), in aussichtsreicher Lage am Gsponer Höhenweg gelegen, KS 638.580 / 112.220.
10 Betten in schönen Zimmern, keine Lager, normale Preise. Volle Bewirtschaftung von Mitte Juni bis Ende September, Anmeldung erwünscht; Tel. 0 28/57 29 20. Wunderschönes Wandergelände.

● 328 Von Saas Balen

2 Std., **BW 1** (620 Hm).

Man folgt dem Fahrweg, der am Bushalt von Saas Balen von der Hauptstraße abzweigt und in bequemen Kehren (einige Abkürzungen am Fußweg möglich) den Hang ostseitig bis zur Häusergruppe mit dem Restaurant und kleiner Kapelle hinaufführt (er endet auf ca. 2800 m im Bereich der Gletscherseen, deren Ausbrüche früher immer wieder zu schweren Verwüstungen im Tal geführt haben).

● 330 Weissmieshütte, 2726 m

SAC, Sektion Olten. Die Hütte steht aussichtsreich im wilden Kessel westl. unter dem Lagginhorn. Mehrstöckiger Natursteinbau, daneben steht die 1995 restaurierte, alte Hütte. KS 641.660 / 110.400.
128 Lager, voll bewirtschaftet von Anfang Juli bis Ende Sept., im Winter nach Voranmeldung für größere Gruppen, WR mit 14 Plätzen immer offen. Die 1989 völlig neu renovierte Hütte ist bekannter und gut besuchter Stützpunkt für das Dreigestirn Weissmies, Laggin- und Fletschhorn, aber auch für hervorragende Kletterrouten am Jegigrat. Überhaupt ermöglicht dieses Gebiet mit seinen zahlreichen Routen in bestem Fels (Gneis) dem guten Kletterer eine ungewöhnlich abwechlungsreiche Tourenwoche (Sportklettern am Jegigrat, Weissmies-Überschreitung N-/S-Grat zur Almageller Hütte, Portjengrat, Portjenhorn, Sportklettern am Dri Horlini).
Im Winter Pistengebiet, Tourenziele bleiben Weissmies und Fletschhorn.

● 331 Von Saas Grund

3 Std., **BW 1** (1170 Hm), 1 Std. von der Station Kreuzboden der Bergbahn Hohsaas. Abb. S. 138/139.

Vom Ortsteil »Unter dem Berg« führt ein hübscher Pfad durch den steilen, mit Lärchen bewachsenen Bergsteig zur Triftalm, 2072 m. Wenig oberhalb kreuzt der Weg die Fahrstraße an der Brücke über einen Seitenast des Triftbaches und führt zur weithin sichtbaren Station Kreuzboden, 2397 m. Der Weiterweg führt in NO-Richtung über einen bewachsenen Moränenrücken auf die Hütte zu, die man zuletzt über einige Serpentinen erreicht.
Von der Bergstation Hohsaas erreicht man in 30 Min. auf gutem Weg absteigend die Hütte, **BW 1** (380 Hm).

● 332 Hohsaashütte, 3098 m

Privat, an der Bergstation der gleichnamigen Gondelbahn von Saas Grund gelegen. Pächter: B. Werlen. KS 642.550 / 109.970.
36 Plätze,während der Bahnbetriebszeiten offen. Tel. 0 28/57 17 13.

● 333 Almagellerhütte, 2894 m

SAC, Sektion Niesen, Spiez. Die Hütte steht im Wysstal unter dem Felsriff der Dri Horlini am alten Zwischbergenpaß-Weg. Mehrstöckiger Natursteinbau. KS 643.920 / 106.320.
80 Plätze, voll bewirtschaftet von Anfang Juli bis Ende September, WR mit 6 Plätzen immer offen, im Frühjahr nach Vereinbarung für größere Gruppen, Tel. 0 28/57 11 79.
Die Hütte ist als einer der jüngsten SAC-Neubauten Stützpunkt für Weissmies und die Gipfelreihe des Portjengrates bis zum Sonnighorn, herrlicher, fester Fels an den Graten, Sportkletterrouten an den Dri Horlini direkt vor der Haustür mit allerbestem Fels. Zusammen mit der Weissmieshütte großartige Klettertouren-Kombinationen möglich (siehe R 330).
Im Spätwinter interessantes Tourengebiet, Zustieg im unteren Bereich lawinengefährdet.

● 334 Von Saas Almagell

3½ – 4 Std., **BW 1** (1240 Hm).

Vom Dorfplatz folgt man dem Weg, der in wenigen Kehren durch den steilen Berghang zum Chüelbrunnji hinaufzieht (schöner Lärchenwald mit Rückblicken zur Mischabelgruppe). Ohne größere Steigung geht man nun zum Hotel Almageller Alp (1½ Std.). Der Weiterweg führt weiter talein bis an die Abflüsse bei Roti Blatte, wo er in vielen Serpentinen über den Hang links hinaufzieht, unten über Rasen, oben Schottergelände ins Wysstal. Unterhalb der Dri Horlini gelangt man dann rasch zur Hütte.

● 336 Hotel Almageller Alp, 2194 m

Eigentum der Gemeinde Almagell, Pächter Familie Marietta Anthamatten, Almagell. Das Berghaus steht im mittleren Almageller Tal in sehr schönem Almgelände und bietet eine nette Aussicht auf die Mischabelgruppe. KS 642.230 / 105.650.
Etwa 45 Plätze (Lager und Zimmer) mit gutem Komfort und vernünftigen Preisen. Offen von Mitte Juni bis Mitte Oktober, kein WR, Tel. 0 28/57 17 36. Angenehmer Bergwanderstützpunkt (z. B. für den Höhenweg Kreuzboden – Gspon).
Zustieg von Saas Almagell 1½ Std., **BW 1** (520 Hm), siehe R 334, Almageller Hütte.

● 338 Rifugio Andolla, 2052 m

CAI, Sektion Villadossola. Auf den Andolla-Alpen im Val Loranco gelegen. KS 648.820 / 105.030.
60 Plätze, von Juli bis September voll bewirtschaftet, im Oktober an schönen Wochenenden, WR mit 17 Plätzen; Tel. 03 24/5 18 84. Information und Schlüssel bei der ENEL (Elektrizitätversorgung) am Damm des Cavalli-Stausees (Alpe Cheggio). Stützpunkt in einem ruhigen, recht wilden Gebiet unter den dominierenden O-Abstürzen des Portjengrates mit großen Kletterrouten; auch hochalpines Wanderrevier.

● 339 Von der Alpe Cheggio

2½ Std., **BW 2** (560 Hm). Markierter Weg; schmale, kurvenreiche Fahrstraße von Antronapiana zur Alpe Cheggio; zu Fuß auf nettem Weg in ca. 2 Std.

Man geht über die Dammkrone und am SW-Ufer des Sees entlang zu dessen N-Ende und folgt dem Tal nach SW bis ca. 300 m vor die Hütten von Campolamala, 1721 m. Nun auf dem Zickzack-Weg nach rechts zur oberen Alpe Andolla (2038 m) hinauf und kurz nach links zur Hütte queren.

● 341 Bivacco Città di Varese, 2650 m

CAI, Sektion Varese; auf dem untersten Teil des Ostsporns am Mittelrück (in der Portjengrat-Gruppe) gelegen. KS 646.500 / 103.770.

9 Plätze, immer offen. Stützpunkt für die großartigen Kletterrouten am Portjengrat und Mittelrück.

● 342 Von der Andollahütte

1¾ Std., **G 1** (600 Hm); 4 Std. von Cheggio.

Von der Hütte leicht steigend über die begraste Talflanke zum Fuß des Mittelrück-O-Grates. Über Geröllhänge wird das Biwak von rechts erreicht (rote Markierung).

Von der Schweizer Seite ist das Biwak über den Sonnigpaß (R 382) zu erreichen.

● 344 Rifugio Città di Novara, 1500 m

CAI, Sektion Novara; auf der Alpe Cheggio, mit Pkw erreichbar (zu Fuß von Antronapiana in 2 Std.). KS 652.460 / 104.000

26 Plätze, bewirtschaftet von Anfang Juli bis Ende August, zeitweise auch im Winter (Wochenenden), Tel. 03 24/5 18 10.

● 346 Bivacco Camposecco, 2335 m

CAI, Sektion Villadossola. An der Camposecco-Staumauer, östl. der Saashörner. KS ca. 647.320 / 101.000.

12 Plätze, immer offen. Stützpunkt für die stillen Hochtouren im Bereich des Saaser Grates.

● 347 Von Antronapiana

2½ Std., **G 1** (980 Hm) vom Camplicciolі-Stausee; schmale, kurvenreiche Fahrstraße (14 Haarnadelkurven in engster Folge), zu Fuß 1½ Std. von Antronapiana.

Vom N-Ende des Staudamms folgt man dem Fahrweg am N-Ufer zum ENEL-Gebäude und geht noch über die Brücke des Banellabaches (Abfluß des Camplicciolі-Stausees). Hier zweigt man nach rechts ab und steigt steil über die Alpe Corte sotto (1627 m) zur Alpe Banella (1807 m, 1½ Std.) auf. Wieder über den Bach und im Zickzack über die Alpe Scarone (2031 m), zuletzt links (westl.) haltend zur Staumauer mit den Häusern (ENEL, Biwak).

● 349 Bivacco Antigine, 2855 m

CAI, Sektion Villadossola. Knapp nördl. über dem Passo di Antigine (Ofentalpaß) gelegen. KS ca. 644.420 / 96.620.
12 Plätze. Stützpunkt auf dem Alta Via delle Alpi Ossolane und für sehr einsame Hochtouren in diesem südlichsten Teil der Weissmies-Gruppe, nahe dem Tal von Macugnaga.

● 350 Von Antronapiana/Camplicciolі-Stausee

Etwa 5 Std., **G 1** (1640 Hm) vom Stausee; schmale, kurvenreiche Fahrstraße (14 Haarnadelkurven in engster Folge) von Antronapiana, zu Fuß 1½ Std. von Antronapiana.

Am O-Ufer des Stausees führt ein guter Weg (alte Schienen) zu seinem S-Ende (Alpe Granarioli) und im malerischen Tälchen zur unteren Alpe Lombraoro (1670 m, 2½ Std.). Noch bevor der Abfluß des Cingino-Stausees überschritten wird, folgt man dem alten Saumweg in N-Richtung in Serpentinen durch lichten Lärchenwald zur Alpe Saler (1912 m).
Nun leicht fallend in den Bachgrund und jenseits zur Alpe Cingino (2042 m, 1 Std.). Wieder nordwestlich aufwärts in Richtung Stausee, bei den Hütten 2265 m (ENEL) verläßt man den Antronapaß-Anstieg und folgt der Wasserleitung nach S. Wo diese nach gut 600 m im Fels verschwindet, muß man etwa 50 Höhenmeter absteigen und unter dem Felsausläufer der südlichen Cinginospitze hindurch queren. Jenseits wieder zum Kanal, an ihm entlang zur Alpe Laugera und auf Wegspuren nach Westen in dem öden Kar, teilweise auf Rasenflecken hinauf zum Paß.

● 351 Vom Camposecco-Biwak

3 Std., **BW 3**; alpiner Steig mit großartiger Aussicht (Alta Via delle Alpi Ossolane). Tunnelbegehung, daher unbedingt eine Lampe mitnehmen.

Vom Biwak hält man sich auf Steigspuren nach Süden leicht abwärts in den Kessel unter Latelhorn und Punta della Rossa und zu den ENEL-Bauten am Nordostrücken der Punta (2154 m). Nach wenigen Metern gelangt man zum Tunnel, in dem man längs der Wasserleitung gut 2 km zum Cingino-Stausee geht, wenige Minuten vom Tunnelausgang in westl. Richtung zu erreichen (1¼ Std.). Weiter wie oben (R 350) zum Paß.

● **352 Von Mattmark**

3 Std., **BW 1** (990 Hm).

Von der O-Seite des Staudamms folgt man dem Uferweg, der nach knapp 1 km mit einigen kurzen Kehren am Hang ansteigt. Am Abzweig des Stausee-Rundwegs steigt man nach O aufwärts bis unter den Ofentalgletscher. Der Weg steigt auf der Seite des Stellihorns nach O an (Abzweig zur Jazzilücke nach links) und führt ziemlich gerade zur Einsattelung.

● **353 Vom Monte Moro-Paß (Via dei Camosci)**

3½ Std., **BW 3**. Teilweise schwach markierter Höhensteig über die Schnee- und Geröllfelder unter Joder- und Spechhorn.

Vom Monte Moro-Paß unter dem Joderhorn nach O auf den obersten Tällibodengletscher und über ihn zum Mondellipaß (2839 m). Kurz auf der O-Seite zur Scharte 2832 m und wieder auf der Schweizer Seite über die Geröllwüste mit geringen Höhenunterschieden nach NNW in die Scharte 2822 m am Galmenhorn, dem westl. Gratausläufer des Spechhorns (2 Std.). Den Markierungen folgend nach N über Blockwerk ins Ofental, wo man nach Überqueren des Baches bei P. 2533 m auf den Weg von Mattmark zum Paß trifft (R 352).

● **355 Bivacco Longa, 2036 m**

CAI, Sektion Macugnaga. Hoch über Ceppo Morelli auf der Alpe Cortenero am S-Hang des Kammes zwischen Antrona- und Anzascatal gelegen. KS ca. 648.280 / 93.200.
6 Plätze in umgebauter, alter Almhütte, immer offen. Wasser in der Nähe.

● **357 Von Ceppo Morelli**

3½ Std., **BW 2** (ca. 940 Hm) von Mondelli, Ende der Fahrstraße, Abzweig von der Anzasca-Talstraße bei Campioli.

Am oberen Ende von Mondelli geht man direkt nach N bergauf auf dem Weg zur Alpe Colla (2001 m, hierher auch auf einem Pfad von Prequartera bei Ceppo Morelli). In nunmehr östl. Richtung geht man erst leicht absteigend, dann mit Wiederanstieg durch zwei Gräben zur nur wenig höher gelegenen Alpe Cortenero, wo sich auch die Biwakhütte befindet.

2.2 Pässe

● 360 Bistinepaß, 2416 m

Altbekannter Übergang vom Simplon ins Nanztal und nach Visperterminen.

● 361 Von Osten (Simplonpaß)

1½ Std., **BW 2** (530 Hm).

Vom Simplon-Hospiz geht man westwärts bis über die Paßstraße und folgt dem jenseitigen Weg leicht abwärts nach Blatte (1893 m). Nun nicht zum Alten Spittel hinab, sondern weiter nach W, wo der Weg noch kurz gerade ansteigt und dann den Hang nach links zur oberen Almfäche Bistine quert. Hier wieder westl. nur mehr leicht ansteigend zum Paß. Dies ist auch die Skiroute.

● 362 Von Westen (Nanztal)

1½ Std., **BW 2** (600 Hm). 3 Std. von Visperterminen/Giw.

Von Mättwe an der Brücke über die Gamsa (1826 m) geht man auf dem guten Weg nach O bergauf zu Grosse Läger, dann über die Almfläche weit nach N ausholend gleichmäßig steigend zur Paßhöhe. Wenig unterhalb zweigt ein Steig nach S ab, der ziemlich eben in den oberen Talboden des Nanztales führt (Oberes Fulmoos), mit Abzweig zum Sirwoltesattel.

● 364 Sirwoltesattel, 2621 m

Selten benutzter Einschnitt südl. des Galehorn, ruhiges Wanderrevier; interessantes Skitourengebiet als Zugang zu den Gipfeln des oberen Nanztals von Simplon.

● 365 Von Osten (Engiloch)

2½ Std., **BW 3** (840 Hm).

Von Engiloch geht man auf dem Fahrweg über den Krummbach zur Almsiedlung Chlusmatte. Der Weg führt nun in SW-Richtung über den Wysse Bode zu einer Felszone unter den Sirwolteseen. Ein Schotterband führt von links nach rechts durch diese Zone, dann geht der Weg weiter in westlicher Richtung, oberhalb der Seen vorbei und nicht mehr so steil zum Sattel.

● 366 Von Westen (Nanztal)

20 Min. vom Verbindungsweg Bistinepaß – Nanztalschluß (Oberes Fulmoos), etwa 1 Std. von Paß zu Paß, **BW 2**.

● 368 Gebidumpaß, 2201 m

Beliebter Zugang von Visperterminen ins obere Nanztal, im Winter Liftgebiet zum Rothorn. Am breiten Sattel befindet sich auch ein See, aussichtsreiche Wanderung am Rasenrücken nach N bis zum Sendemasten (2317,1 m).
30–40 Min. von der Sesselbahnstation Giw auf dem Pisten- und Almweg nach O zum Sattel (2 Std. von Visperterminen).
Aus dem Nanztal (Brücke bei Mättwe über die Gamsa, 1826 m) in 1 Std. auf gleichmäßig schräg über den Hang zum Paß steigendem Weg.
Interessant ist auch der von der Paßhöhe nur ganz leicht ansteigende »Heida-Wasserweg«, der landschaftlich großartig ins hinterste Nanztal (Oberes Fulmoos, 2507,5 m unter dem Mattwaldhorn) führt, ca. 1½ Std; Fortsetzung als Höhenweg an der anderen Talseite zum Bistinepaß (+1 Std., insgesamt nur knapp 1 Std. länger als der direkte Weg von Paß zu Paß über Mättwe).

● 370 Rossbodepaß, 3148 m

Zwischen Böshorn und Senggchuppa, von der Studentenhütte in knapp 30 Min. über den Gamsagletscher – oberhalb seiner Bruchzone querend – leicht erreichbar.

● 371 Von Osten (Simplon)

4–5 Std., **G 2** (1570 Hm), sehr selten begangen.

Von Egga, 1,5 km oberhalb von Simplon-Dorf, geht man auf dem bewaldeten kleinen Rücken nördl. oberhalb des »Gletschersturz« nach Chatzustafel. Weiter aufwärts zur Rossbodestafel, wobei die Kehren der kleinen Fahrstraße abgekürzt werden können (45 Min.). In das Kar Grisserna westl. oberhalb der Alm gelangt man auf einem Pfad im Moränentälchen unter der Seitenmoräne des Rossbodegletschers (Gäli Egga). Nun weitgehend weglos über das karge Almgelände im W-Richtung aufwärts, bis man den unter dem Paß liegenden Grissernugletscher über seine nördliche Seitenmoräne bei ca. 2650 m, unterhalb des Böshorns betritt (1½ Std.). Gerade über den kaum spaltigen Gletscher unter das vom Paß herabziehende Schneecouloir;

auf dessen südl. Begrenzungsrippe über leichte Felsen und Schutt auf wenigen Wegspuren zum Paß.

● 373 Fletschhornjoch, 3694 m

Zwischen Fletsch- und Lagginhorn. Als Paßübergang noch nie von Bedeutung, wegen der zunehmenden Zerschrundung der Gletscher auch als Zugang zu den beiden Gipfeln heute nur noch selten begangen; dagegen wird das Joch bei der Überschreitung dieser Gipfel betreten.
Der Zugang von O (Laggin-Biwak) ist schwierig und dem Stein- und Eisschlag ausgesetzt. Er führt über den Holutriftgletscher und das von einem Hängegletscher ausgefüllte Couloir direkt ins Joch, in den Randfelsen Steinschlaggefahr.
Der früher mögliche Anstieg von W (Weissmies Hütte) führte über den Fletschhorngletscher in seiner ganzen Länge, die Bruchzone zwischen 3200 und 3400 m konnte an seinem südlichen Rand (an den Lagginhorn-Felsen) überwunden werden.
Heute wird man versuchen, vom Fletschhorn-SW-Grat mit einer Querung auf ca. 3500 m den oberen, unproblematischen Gletscherboden zu erreichen, jedoch Steinschlaggefahr. Abb. S. 138/139.

● 375 Lagginjoch, 3499 m

Zwischen Lagginhorn-S-Grat und Weissmies-N-Grat. Kein gebräuchlicher Übergang, jedoch oft benutzter Zugang von der Weissmieshütte zu beiden Graten.

● 376 Von Westen (Weissmieshütte)

2 Std., **G 3** (780 Hm); 1 Std. von Hohsaas. Abb. S. 138/139.

Von der Hütte auf dem guten, bez. Steig über den Moränenkamm des Hohlaubgletschers zur Bergstation Hohsaas. Man folgt dem Kamm in O-Richtung bis über den P. 3330 m, wo man schräg nach links auf den Gletscher in Richtung Joch quert. Zuletzt über Geröll und etwas brüchige Felsen zum Joch. Man kann den Gletscher auch bereits noch kurz vor Erreichen der Bergstation unterhalb von P. 3330 m betreten und direkt zum Joch ansteigen. Auch Skiroute.

● 378 Zwischbergenpaß, 3268 m

Südl. des Weissmies. Bis zum Bau der Almageller Hütte war dies eine fast vergessene Region, nun wird der Paß als Zugang zum Weissmies-

S-Grat von hier häufig begangen. Die O-Seite von Zwischbergen ist aber nach wie vor sehr ruhig geblieben.

● 379 Von Westen (Almagellerhütte)

1¼ Std., **G 1** (380 Hm); markiert, Pfadspuren. Abb. S. 148/149.

Von der Hütte folgt man den Markierungen in NO-Richtung durch die mit Blockwerk gefüllte Mulde auf den Paß; der tiefste Einschnitt ist jedoch nicht der richtige Übergang, der sich weiter nördlich befindet, aber über den Kamm in wenigen Min. leicht erreicht werden kann.
Besser hält man sich aber beim Schlußanstieg streng an die Markierungen, die von einer alten Moräne bald nach links leiten, und gewinnt den Übergang über einen schotterigen Zickzackpfad durch die steile Schuttflanke.

● 380 Von Osten (Zwischbergen)

Etwa 7 Std., **G 1** (1940 Hm).

Die Fahrstraße von Gondo ist bis ca. 1 km hinter dem kleinen Stausee offen, Brücke bei P. 1329 m. Nun folgt man dem Fahrweg auf der orogr. linken Seite des »Grossen Wasser«, unter den Hängen des Galihorn vorbei, mit zwei Kehren über der Schlucht von Engi bis zum kleinen oberen Stausee (Fah, 1761 m) auf der Almebene Bidemji mit den Hütten Cheller und der Gemeinalp (1851 m, 1¾ – 2 Std.). Das Tal nimmt nun eine mehr westl. Richtung ein, der gute Weg bleibt auf der nördl. Talseite und steigt schräg am Hang in den Zusammenflußbereich der Zwischbergen-Gletscherabflüsse an. Weiter geht man auf den hier ansetzenden Kamm der nördl. Seitenmoräne, kommt unter dem S-Grat des Tälihorns in eine schwach ausgeprägte Mulde, von deren Ende man nach links gut den hier wenig spaltigen Gletscher betritt. Gerade westwärts aufwärts auf die von einer Felswand gesperrte tiefste Paßeinsenkung zu, unterhalb der man nach rechts auf Schotter und Schneeresten ausholend in einem Linksbogen den etwas höher gelegenen Übergang erreicht.

● 382 Sonnigpaß (Bochetta del Bottarello), 3147 m

Zwischen Mittelrück (Portjengrat) und Sonnighorn. Gelegentlich im Zuge des O-Anstieges zum Mittelrück (Lago-Maggiore-Grat, schöne Kletterei vom Varese-Biwak) überschritten.

● 383 Von Westen (Almageller Alp)

2¾ Std., **G 2** (950 Hm).

Vom Haus folgt man dem Weg talein in Richtung Almagellerhütte, läßt den Abzweig dorthin aber links und betritt nach Überschreiten der Abflüsse der Gletscherwasser unter dem Portjengrat die rechte Seitenmoräne des Rotblattgletschers. Über diese gerade aufwärts zu ihrem oberen Ende (1¾ Std.). In etwa gleicher Richtung über Schotter und Schneefelder, zuletzt über den Gletscher zum Paß.

● 384 Von Westen (Almagellerhütte)

1½ Std., **G 2**, (ca. 250 Hm).

Man folgt den markierten Wegspuren zum Portjengrat (Port), die wenig steigend über große Schotterfelder die unteren W-Rippen des Portjenhorn (P. 2936,7 m) und des Pizzo d'Andolla (P. 3007 m) passieren. Man behält die Richtung bei (nach links Abzweigung zum Port, R 483) und unter der W-Rippe des Mittelrücks vorbei steigt man über den wenig steilen südl. Rotblattgletscher zum Paß an.

● 385 Von Osten

1½ Std., **G 1** (500 Hm) vom Varese-Biwak; steiles Schnee/Eiscouloir, bei Ausaperung II. Im Frühsommer oft Wächten am Paß.

Vom Biwak steigt man südseitig auf die großen Schotterfelder ab und ersteigt diese auf den Grenzkamm nach W zu. Wenig südl. des Jochs befindet sich ein Couloir, durch das man aufsteigt und darüber auf Schotter und Rasen den Grat erreicht, auf dem man kurz zum tiefsten Punkt absteigt. Bei guter Schneeauflage im Couloir kaum schwierig. **Abstieg:** Knapp nördl. des Passes Abseilpiste. 1 x Abseilen; nach links (nördl.) queren und 1 x Abseilen auf Grasband; links queren und entlang einer Wasserrinne 1 x Abseilen; leicht links zu einer Schulter, Abstieg und 1 x Abseilen zu den Schnee-/Schotterfeldern (40-m-Seil).

● 387 Antronapaß (Passo di Saas), 2838 m

Zwischen Latelhorn und Jazzihorn, schon im 13. Jhdt. benutzter Übergang, möglicherweise auch bereits von den Römern. Der Paß hat aber nie die Bedeutung vom Monte Moro oder Simplon erreicht.
Wenig begangen, sehr ruhiges Skitourenrevier von der Saaser Seite, aber ohne hochgelegenen Stützpunkt.

● 388 Von Westen (Saas Almagell)

4–5 Std., **G 1** (1170 Hm).

Von Zer Meiggern (15 Minuten südlich von Saas Almagell gelegen) geht man auf der Südseite des Furggbaches auf dem Saumweg in Kehren durch den Wald nach Stafel (2050 m, 1 Stunde). Hierher gelangt man auch über Furggstalden (Sessellift von Almagell) und Chapf. Man geht über die Brücke auf die nordöstliche Bachseite und folgt dem Weg bis auf die östliche Seitenmoräne des kleinen Furggengletschers.
Nun entweder weiter über die Geröllfelder mit wenigen Wegspuren zum Paß oder man vermeidet das Geröll weitgehend durch Benutzung des Gletschers (3 – 3½ Std.).

● 389 Von Osten (Antronapiana)

5 Std., **G 1** (1500 Hm) vom Stausee Camplicciolі, schmale, kurvenreiche Fahrstraße (14 Kehren in engster Folge) von Antronapiana, zu Fuß in 1¼ Std.

Am O-Ufer des Stausees entlang führt ein guter Weg (alte Schienen) zu seinem S-Ende (Alpe Granarioli) und im malerischen Tälchen weiter zur Alpe Lombraoro di sotto (1670 m, 2½ Std.). Noch bevor der Abfluß des Lago di Cingino überschritten wird, folgt man dem alten Saumweg in N-Richtung in Serpentinen durch den lichten Lärchenwald zur Alpe Saler (1912 m). Nun geht man leicht fallend in den Bachgrund und jenseits zur Alpe Cingino hinauf (2042 m, 1 Std.). Wieder nordwestl. aufwärts in Richtung Stausee, man passiert die Hütten 2265 m und gelangt in einem großen Bogen zur Alpe Corone (2463 m). Von hier in nordwestl., dann westl. Richtung in einigen Kehren zum nahen Paß.

● 391 Ofentalpaß (Passo di Antigine), 2835 m

Zwischen den Jazzihörnern und dem Spechhorn; knapp nördl. des Einschnittes steht das Antigine-Biwak (R 349). Weltabgeschiedenes Skitourengelände von der Saaser Seite.

● 393 Monte-Moro-Paß, 2868 m

Dieser uralte Übergang mit dem Rif. Città di Malnate wird bei der Monte-Rosa-Gruppe beschrieben (R 955), die hier an die Weissmiesgruppe anschließt.

Übergänge in den östlichen Seitenkämmen:

● 395 Furggu, 1872 m

Breite Einsattelung über der Gondoschlucht, mit der das Seehorn am Seitenkamm anschließt; Übergang von Gabi an der Simplonstraße nach Zwischbergen. Fahrstraße von Zwischbergen bis zu den Almen von Furggu, zu Fuß in 1¾ Std. auf markiertem Weg über Chatzhalte. Von Gabi über die Almen des Feerberg, 2 Std.

● 397 Passo d'Andolla, 2418 m

In dem vom Portjengrat (Pizzo d'Andolla) nach O abstreifenden Kamm, früher vielbenutzter Übergang zwischen dem oberen Zwischbergen- und Andollatal, heute kaum noch begangen.

● 398 Von Süden (Andollahütte)

Knapp 1 Std., **BW 3** (370 Hm).

Von der Hütte auf dem Weg nördl. über den Rasenhang zum Paß.

● 399 Von Norden (Zwischbergental)

Etwa 2 Std., **G 1** (650 Hm) von der Almebene Bidemji an der Brücke bei Cheller (4 Std. von Zwischbergen).

Man geht auf der S-Seite des Zwischbergenbaches taleinwärts und steigt dann über der kleinen Schlucht oberhalb der Gemeinalp in einigen Kehren zur Alpe Porcareggia auf. Auf deren SW-Seite führen Wegspuren auf einem Grasband über die kleine Felsstufe, darauf wendet man sich nach S zum nahen Paß.

● 401 Coronette di Camposecco, 2677 m

Langer felsiger Kamm, der vom Saaser Grat nach O abzweigt und das Lorancotal (Andollahütte) vom Camposeccotal (mit gleichnamigem Biwak) trennt. Ein alpiner Steig (Alta Via delle Alpi Ossolane) verbindet die beiden Stützpunkte über den Kamm.

● 402 Von Norden (Andollahütte)

3½ Std., **BW 3** (650 Hm).

Von der Hütte auf R 341 bis knapp unterhalb des Varese-Biwaks, um auf etwa 2520 m zum Bottarellogletscher zu queren. Über Moränengelände an die N-Seite der Coronette und diagonal über den schrofigen Hang (kleine Felsstufen, Schneereste) zum Paß.

● 403 Von Süden (Camposecco-Biwak)

I (kurze Stellen), 1¼ Std., **BW 2** (350 Hm).

Vom Camposecco-Biwak über die Staumauer und am N-Ufer des Sees ca. 300 m weit, bis nach N ein steiler Pfad über Gras und Geröll an die Felsmauer der Coronette führt. Durch eine mit unangenehmem Geröll gefüllte Rinne, die man aber auf halber Höhe nach links in die Felsen (I) verlassen kann, um erst kurz unter dem Grat wieder zur Rinne zu queren. In wenigen Metern nach Westen am Grat zur Scharte.

● 405 Passo del Fornalino, 2345 m

Von der Alpe Cheggio (Antronatal) nach San Lorenzo (Bognancotal).
Von Cheggio nach O im weit hinauf begrünten Kar auf einem Weg zum Sattel (2½ Std., **BW 2**).
Von San Lorenzo nach Pizzanco und weiter nach Westen, über die Bogna und zur A. Pezza Lunga, 1174 m. Hier nach S steil im Wald, dann über begraste Hänge aufwärts, ab etwa 1850 m nach Südwesten zur Alpe Fornalino (2114 m) und zum Col (4–5 Std., **BW 3**, 1300 Hm).

● 407 Passo di Monscera, 2103 m

Südl. des Camoscellahorns, Übergang von Zwischbergen nach San Lorenzo im Valle di Bognanco nach Domodossola.
Fahrstraße von San Lorenzo zur Kapelle San Bernardo, dann Wanderweg (markiert) zur Alpe di Monscera und zum Paß (1¾ Std.), von San Lorenzo zu Fuß 3½ Std. (1100 Hm).
Schönes Skitourengelände.

● 408 Von Westen (Zwischbergen)

3 Std., **BW 2** (770 Hm).

Etwa 400 m hinter dem kleinen Stausee Zwischbergen beginnt der Fußweg, der im Wald über Härd zur Almsiedlung Pussetta (1772 m) führt; hierher auch auf dem Fahrweg, Fahrverbot ab der Brücke P. 1329 m. Von hier ziemlich steil durch ein Waldstück direkt in O-Richtung zum Paß.

2.3 Gipfel

● 410 Glishorn, 2525 m

Herausragender Aussichtspunkt hoch über dem Rhônetal bei Brig, selten besucht.

● 411 Vom Simplonpaß

3 – 3½ Std., **BW 3** (700 Hm).

Von der Paßhöhe geht man auf R 416 des Spitzhorli in den Sattel zwischen diesem und dem Tochtuhorn mit dem Rossusee (2474 m); von hier Abstieg über Lengritz ins oberste Nesseltal bis auf ca. 2300 m, wo man auf Wegspuren nach links (N) über Bänder recht eben zum Schafpferch (Tangretz, 2228 m) gelangt. Nun über Schutt und Rasen direkt zum Glishorn empor.

● 412 Von Glis

2½ – 3 Std., **BW 3** (970 Hm) von Mattustafel, 1596 m, Fahrweg von Glis, zu Fuß 2½ Std. (Fahrrad).

Auf dem Pfad durch Wald und Lichtungen auf dem Rücken zur Hornalp, dann direkt über Rasen zum Gipfel.

● 415 Spitzhorli, 2737 m

Schöner Aussichtsgipfel in der Simplonpaß-Region; nordostseitig bricht er mit steiler Flanke zum Gantertal, dagegen reichen auf den anderen Seiten magere Schafweiden und Geröllpassagen bis zum Gipfel.
Sehr beliebtes Skiziel vom Simplon.

● 416 Vom Simplonpaß

2½ Std., **BW 3** (740 Hm).

Von Simplon-Kulm auf einem der zahlreichen Wege in westl. Richtung zum Hopschesee und in gleicher Richtung weiter auf dem guten Weg am Hang ansteigend zu dem zwischen Tochtuhorn, Spitzhorli und den Nanzlücken liegenden flachen Talboden mit dem Rossusee. In Nordwestrichtung hält man sich auf den Sattel der Äusseren Nanzlücke (2601 m), von wo man über den Südrücken direkt zum Spitzhorli aufsteigt.

Dies ist auch die Skiroute, wobei man auch vom Gipfel direkt zum Rossusee abfahren kann. Wegen einer zügigeren Abfahrt kann man den Aufstieg vom Alte Spittel über Bielti wählen (150 Hm Mehraufwand).

● 420 Tochuhorn, 2661 m, und Staldhorn 2462 m

Kleinere Gipfel im NO des Simplonpasses, recht rasch von der Paßhöhe erreichbar, schöne Aussicht auf Leone und Fletschhorn, aber auch in den Briger Talgrund.
Von der Paßhöhe führen mehrere Pfade nach W, zum schön gelegenen Hopschesee. Zum Staldhorn entweder weitgehend weglos direkt über die von problemlos zu überkletternden oder umgehbaren Granithöckern durchsetzte begraste Steilflanke oder auf Weglein in den Sattel zwischen Tochu- und Staldhorn (Gälmji) und von hier am breiten Rücken zum Staldhorn (1 Std., **BW 2**).
Das Tochuhorn kann über den O-Rücken (unten begrast) und einige leichte Felsen des obersten N-Grates von dem o.g. Sattel erstiegen werden (1¾ Std., **G 1**). Leichter, aber etwas länger auf dem Spitzhorli-Anstieg bis zum Rossusee, um über den W-Rücken (Rasen und Schutt) zum W-Gipfel und über leichte Felsen am Grat zum Hauptgipfel zu steigen (2¼ Std., **BW 3**)

● 422 Galehorn, 2797 m

Wenig bedeutende Graterhebung, insbesondere aber für Skitouren interessant. Der Aufstieg führt über den Sirwoltesattel und die SW-Flanke (im Sommer Schutt und Rasen), 30 Min., 3 Std. von Engiloch/Simplon.

● 424 Böshorn (Rauthorn), 3267 m

Interessanter Aussichtsberg (besonders auf Fletschhorn-N-Wand), exclusives Skiziel von Simplon über die Sirwolteseen.

● 425 Von Norden (Sirwolteseen)

2½ Std., **G 2** (850 Hm); gut 4 Std. (1470 Hm) von Engiloch an der Simplonstraße.

Vom See (R 365) steigt man in S-Richtung über Schotter zum untersten Abschnitt des Sirwoltegletscher (ohne Namen in der Landeskarte). Über diesen gerade empor auf die vom obersten Teil herabziehende Eiszunge zu. Unter dieser weicht man nach rechts (W) aus über ein Schneefeld am Fuß der Felswand, die den obersten Teil des Gletschers abtrennt. Nahe dem Sattel 2818 m (zwischen Sirwoltehorn und Rauthorn, hierher auch wenig schwierig auf Wegspuren vom Sirwoltepaß westseitig um das Sirwoltehorn herum) wendet man sich wieder nach S, ersteigt den Sporn P. 2984 m und quert das Gletscherfeld in SO-Richtung zum obersten O-Grat, über den man in schöner und leichter Kletterei auf festem Fels die Besteigung beendet. Dies ist auch die Skiroute (5 Stunden von Engiloch, recht anspruchsvoll).

● 427 Gebidum, 2317 m

Mit diesem breiten, begrasten Höhenrücken läuft der Weissmieskamm im N zum Rhônetal bei Visp aus; Sendeanlage. Von Visperterminen über Giw (Sesselbahn) zum Gebidumpaß (R 368) und auf guten Wegen nach N fast höhengleich zum Gebidum (30 Min., 2½ Std. von Visperterminen).

● 429 Ochsehorn, 2912 m

Schöner Aussichtspunkt, gut von Visperterminen zu erreichen. Von Gebidum folgt man fast immer dem aussichtsreichen Gratrücken (Lifte), überwiegend über Gras zum Signal 2601 m (45 Min.). Der Weiterweg folgt dem Grat mit einigen leichten Felspassagen zum höchsten Punkt (etwa 1 Std.).
Mit einem südseitigen Abstieg ins Gspontälli zum interessanten Blausee und hinab zur Heida-Wasserfuhre (R 368) läßt sich damit eine großartige Rundtour gestalten (2 Std. bis Gebidum).
Schöne Skitouren von Gspon über die Rosschumma bzw. den Rücken des Wyssgrates zum Ochsehorn.

● 431 Simelihorn, 3124 m, und Mattwaldhorn, 3245 m

Die Landeskarte hatte bis ca. 1987 das Simelihorn als Galehorn und das Mattwaldhorn als Simelihorn bezeichnet. Großartige Aussichtsgipfel (auf Mischabelgruppe, Berner Alpen und Fletschhorn). Das Simelihorn ist in gut 2 Std. vom Oberen Fulmoos (R 368) über den Simelipaß und den SO-Rücken erreichbar, der Gratübergang zwischen beiden Gipfeln dauert 30 Min. und ist leicht.
Das Galehorn kann weiterhin in einer schönen Gratwanderung vom Ochsehorn in gut 1 Std. erreicht werden. Schließlich kann man noch vom Heida-Wasserweg (R 368) über den Blausee und das Findeltälli, zuletzt über Schotter zum Simelihorn aufsteigen.

Die Skiroute führt von Simplon über den Sirwoltesattel (R 364) und den Simelipaß zum Gipfel.

● 433 Senggchuppa, 3606 m

Auf seiner NW-Seite überfirnter Gipfel im N des beherrschenden Fletschhorns. Im Sommer allenfalls in Verbindung mit dem Übergang zum Fletschhorn von Bedeutung (R 454), im Winter interessante, aber sehr lange Skitour aus dem Nanztal und von Simplon.

● 434 Von Norden (Rossbodepaß)

Man steigt in etwa 1¼ Std. direkt über den Firnrücken mit der unbedeutenden Kuppe des Gamserkopfes, 3391 m, nur zuletzt günstigerweise etwas nach W ausholend, ohne Schwierigkeiten zum Gipfel (**G 1**, 460 Hm). Von der Fletschhornhütte (Studentenbiwak) direkt über den Firnrücken in ca. 1½ Std.
Skiaufstieg von der Simplonstraße (Engiloch): Wie bei R 364 zum Sirwoltesattel, dann leicht fallende Querung zum obersten Boden des Nanztales (Oberes Fulmoos) und auf den Gamsagletscher. Dieser wird zuerst an seiner W-Seite, unterhalb der Fletschhornhütte (Studentenbiwak) dann in Richtung Rossbodepaß zwischen den beiden Bruchzonen begangen, zuletzt gerade nach S zum Gipfel hinauf (7–8 Std., ca. 2000 Hm).

● 435 Jegihorn, 3206 m

Sehr schöner Aussichtsgipfel am Endpunkt des Jegigrates. Von Westen ohne Schwierigkeiten zu ersteigen (Schotter mit Wegspuren).

● 436 Von Südosten (Weissmieshütte)

1½ Std., **G 2** (500 Hm); üblicher Anstieg, z.T. markiert.

Von der Hütte geht man auf dem Weg unter dem Tälligletscher ins Tälli, der Moränenmulde an dessen W-Seite unter dem Jegihorn. Ein Zickzack-Steiglein führt über die Schotter- und Grashänge in der O-Flanke des Jegihorns aufwärts, nach Passieren der S-Kante wendet man sich mehr nordwärts und gelangt etwa 50 m unterhalb des Gipfels auf den W-Grat, über den man leicht zum höchsten Punkt aufsteigt.

● 440 Jegigrat, bis 3368 m

Dies ist die Verlängerung des Fletschhorn-SW-Grates vom Rothorn bis zum Jegihorn. Letzteres ist der einzige ausgeprägte Gipfelpunkt, der Grat bildet dann einen breiten, schuttbedekten Rücken bis zum P. 3350 m; ab hier wird der Grat scharf mit schönem Fels, nach einer Scharte folgt der höchste Gratpunkt, der Jegiturm, 3368 m. Darauf kommt der doppelgipfelige Große Gendarm, bevor der Grat hinabzieht zu einer Einschartung (ca. 3300 m) vor dem SW-Grat zum Inneren Rothorn (3451 m, o.N. LK). Vom P. 3350 m bis zu dieser Scharte bietet der Grat die klassische Überschreitung in mittelschwerem Fels bei herrlichem Panorama. Auch in der SO-Wand finden sich einige interessante Kletterrouten. Abb. S. 134/135, 138/139.

● 441 Zugang zum P. 3350 m, Beginn des Klettergrates

Man umgeht das Jegihorn auf seiner Nordseite in die kleine Scharte 3098 m; dies geschieht günstigerweise vom Normalanstieg im oberen Teil unter dem Gipfelkopf vorbei. Ebenfalls unschwierig, aber mühsam ist der Direktzustieg durch das enge Couloir von SO oder über die Geröllhänge auf der NW-Seite der Scharte. Der Gratrücken wird von hier über Geröll ohne Schwierigkeiten zum P. 3350 m begangen. Schöner ist der Kletterzustieg über die **SO-Wand**:

> **III+** (Stellen, III und leichter), etwa 3 Std., **G 6** (620 Hm) von der Weissmieshütte, 350 Hm v. E., allgemein guter Fels. Interessantester Zustieg zum eigentlichen Jegigrat, da dann der mühsame »Umweg« über das Jegihorn entfällt. Abb. S. 134/135.

Übersicht: Am Ansatz des kurzen »Gipfel«-Aufschwungs, im SW des P. 3350 m, mündet von SO ein auch in der Landeskarte eingezeichnetes Couloir. Sein S-Ufer wird von einer Felsrippe gebildet, die ganz in der Nähe des Moränen-Endpunktes 2972 m in die Schotterfelder des Tälli taucht. Zwei parallel verlaufende Bänder im untersten Viertel der Rippe weisen den natürlichsten Zugang zur Kante vom oberen Ende des Schotterfeldes auf der SW-Seite der Rippe.
Route: Von der Hütte folgt man dem normalen Fletschhornanstieg R 450 bis zum oberen Tälligletscherbecken, das man in SW-Richtung auf den Fuß des o.g. Couloirs zu überquert. Über das die Rippe links begrenzende Schotterfeld bis fast zu dessen oberstem Rand aufwärts, dann nach rechts auf das untere der beiden Bänder und über dieses schräg aufwärts an die Kante der Rippe. In schöner Platten-

Folgende Doppelseite:
Jegihorn und Jegigrat von oberhalb der Weissmieshütte.

Jegigrat
P.3350
R443
R441
R441
P.2972

Jegiturm
Gendarm
R443
R442
R450

und Kaminkletterei empor (Begehungsspuren). Im letzten Abschnitt kurz vor Erreichen des Grates klettert man durch eine nach rechts in Gipfelrichtung abzweigende Nebenrinne, durch die man den Grat kurz unter dem P. 3350 m erreicht.

● 442 Südostsporn des Großen Gendarmen

IV+ (eine Stelle am Ausstieg, sonst überwiegend III und IV), ca. 2 Std. für den Sporn, **G 7** (300 Hm). Einige Haken. Empfehlenswerte Kletterroute in gutem Fels (Gneis). Der Sporn wird erst im Zustieg zum Jegigrat deutlich sichtbar, stellt dann aber eine logische Linie dar. Abb. S. 134/135.

Von der Normalroute zum Fletschhorn R 450 steigt man über Geröll zum Fuß des Sporns auf. Die Kletterei folgt im Wesentlichen der Kante (III) mit einigen kurzen Stufen (IV). Erst kurz unter dem Ausstieg quert man etwa 6 m nach rechts (IV, H), um dann in ausgesetzter Kletterei (Stelle IV+, H) den Gipfel des Gendarmen zu erreichen.

● 443 Überschreitung des eigentlichen Jegigrats

III+ (Stellen, III, II und leichter, einige Abseilstellen), 4–5 Std. vom P. 3350 über den Jegiturm (3368 m) und den Großen Gendarmen zur Scharte auf 3300 m, **G 5**. Einige Haken (Abseilen) vorhanden; sehr schöne, insgesamt recht abwechslungsreiche und luftige Klettertour in ziemlich gutem Fels mit durchaus alpinem Charakter. Abb. S. 134/135.

Die Kletterei folgt der teilweise scharfen Gratkante. Einige Details: Vom P. 3350 m 2 x Abseilen oder Abklettern und über den scharfen Grat in die Scharte (III+), dann schließlich leichter zum Jegiturm empor (1½–2 Std). 1 x Abseilen und Abklettern in die nächste Scharte. Luftig zum zweigipfeligen Großen Gendarm hinauf (III), der Übergang zur anderen Spitze des Gendarmen ist recht ausgesetzt (III, 1–1½ Std.). Abstieg und 2 x Abseilen führt in eine schwach ausgeprägte Scharte, wo der letzte Gratabschnitt beginnt. Immer auf der Kante haltend in recht schwieriger Kletterei (ein würfelförmiger Block auf dem Grat kann südl. umgangen (III+) oder überklettert werden, IV) in die Scharte vor dem Aufschwung des Rothorn-SW-Grates (ca. 3300 m, etwa 1½ Std.). Abstieg durch das wenig schwierige Couloir nach SO zum Fletschhorn-Anstieg (R 450).

● 445 Wenghorn, 2587 m

Hübscher Aussichtspunkt über der Simplonstraße.
Vom Anstieg zum Laggin-Biwak (R 324) kann man vom Kreuz 2195 m den Gipfel über Rasen, Schutt und einige Felsen ersteigen (3 Std. von Simplon-Dorf, **G 1**).
Vom Laggin-Biwak nach N aufsteigen auf den P. 2546 m zu, dessen S-Felsen man auf einem Schafsteig nach rechts zur Scharte im SW des Wenghorns ersteigt (1 Std.).
Ein steiler Aufstieg führt auch von Simplon-Dorf über die Almhütten Bodme an die Abflüsse des Bodmergletschers; entlang des nördlichsten Baches steil zu den oberen Geröllfeldern hinauf, auf ca. 2300 m quert man nach S zum Blaus Seewji (2320 m) und über viel Schotter in die Scharte (ca. 2500 m) und zum Gipfel (4 Std.).
Letzteres ist auch die großartige Skiroute, nur bei sichersten Verhältnissen (Steilhänge oberhalb von Bodme).

● 447 Rothorn, 3108 m

Am Fuß des Sibifluegrats zum Fletschhorn gelegener kleiner Gipfel; von der Wenghornroute (R 445) über den Bodmergletscher ohne Schwierigkeiten zu erreichen (5 Std.). Abb. S. 144/145.
Hochinteressantes, aber doch sehr langes Skiziel auf dieser Route (1650 Hm).

● 449 Fletschhorn, 3993 m

Als nördlichster der drei großen Gipfel der Weissmiesgruppe stellt dieser Berg eigentlich schon ein eigenes Massiv dar, besonders von der Simplonstraße bietet die vergletscherte N-Flanke eine großartige Schau. Das Fletschhorn wird gerne als einer der schönsten Schweizer 3000er bezeichnet – hoffentlich wird er nicht zum einzige »Kunst-4000er« der Schweiz durch die Versuche einer tourismusgläubigen Talgemeinde, diesen Berg zu erhöhen; es kann wohl wirklich nichts unsinnig genug sein, als daß sich nicht Menschen finden, die solches in die Tat umzusetzen versuchen.
Der wenig schwierige Normalanstieg benutzt von der Weissmieshütte die obere W-Flanke und den NW-Gipfelgrat, gelegentlich wird dann auch die schöne Überschreitung zum Lagginhorn angeschlossen. Alle

Folgende Doppelseite:
Fletschhorn (links) und Lagginhorn (rechts) vom Allalinhorn.

Jegihorn
R454
R450
R434
R442
Jegigrat
R441
R450
R436
Kreuzboden
Saas

Fletschhorn
Lagginhorn
Lagginjoch
R 451
R 457
R456
R376
R376
R461
Hohsaas
R456
R331
eissmies-
tte

anderen Routen sehen nur sehr selten Begeher, sie weisen entweder wenig guten Fels auf oder es fehlen höher gelegene Stützpunkte (dabei könnte die N-Flanke durchaus eine der klassischen Eiswandrouten sein).
Der früher gebräuchliche Anstieg von der Weissmieshütte über den Fletschhorngletscher und das gleichnamige Joch wird heute wegen der enormen Zerschrundung des Gletschers in der Regel kaum noch begangen.

● 450 Westflanke und oberster Nordwestgrat

4½ Std., **G 3** (1280 Hm). Normalanstieg, abwechslungsreich und empfehlenswert, im Spätsommer beim Zustieg zum Gletscher etwas mühsam im Geröll. Abb. S. 138/139.

Übersicht: Die vergletscherte obere W-Flanke wird vom verfirnten NW-Grat und dem felsigen SW-Grat begrenzt; der Grubengletscher ist hier oben nur mäßig zerschrundet. Vom P. 3914 m fällt der SW-Grat steil in das Becken des Tälligletschers und löst sich hier auf. Dieser Tälligletscher hat heute keine Verbindung mehr zu seinen oberen Nährgletschern (Gruben- und Fletschhorngletscher). Während der Zugang zum Fletschhorngletscher wegen der enorm zerschrundeten Zunge kaum noch begangen wird, kann im Frühjahr und im frühen Sommer über Schneefelder noch recht gut direkt zum Grubengletscher aufgestiegen werden (Scharte östl. von P. 3527,4 m, dem Beginn des zum Jegigrats führenden Kammes). Später im Jahr geht man über eine Schuttrampe (Wegspuren) unter dem Jegigrat in die Einschartung westlich des P. 3527,4 m, der dann mit kurzer Kletterei traversiert wird.
Route: Von der Weissmieshütte geht man auf gutem Weg auf die linke (östl.) Seitenmoräne des Tälligletschers und folgt dieser bis unter die Felsen des Lagginhorn-W-Grates. Hier kann man gut auf den üblicherweise aperen Gletscher übergehen, man überschreitet ihn in nördl. Richtung, dann gibt es zwei Möglichkeiten: Bei ausreichender Schneelage kann man von seiner NO-Ecke ziemlich steil zum Lappen des Grubengletschers aufsteigen und erreicht auf diesem die flache Einsattelung östl. von P. 3527,4 m (2½ Std.). Wenn später im

Der Balfrin bietet eine herrliche Aussicht auf das Dreigestirn Fletschhorn – Lagginhorn – Weissmies. Tief unten im Tal liegt Saas Grund.

Jahr die Firnfelder unter der Zunge des Grubengletschers nicht mehr weit genug herabreichen, wählt man günstigerweise den Anstieg unterhalb der Felsen des Jegigrates, wo Pfadspuren über eine Schuttrampe zur Einschartung im W des P. 3527,4 m hinaufführen (ca. 3420 m). Man folgt dem Grat nach O, eine kurze und leichte Kletterei führt zum Signal 3527,4 m und in den östl. Sattel, wo die vorgenannte Variante einmündet. Etwa 200 m steigt man noch auf den SW-Grat zu, dann wendet man sich nach NO und quert den oberen Grubengletscher ansteigend zum NW-Grat, den man oberhalb seines felsigen Teils auf etwa 3810 m erreicht. Nun über den teilweise nach O überwächteten Firngrat zum höchsten Punkt (das Signal steht wenig südwestl. am Felsende des SW-Grats).
Dies ist auch die Skiroute, hochalpin. Im Spätfrühling kann auch der ganze Grubengletscher begangen werden (6 Std. von Heimischgarten, 1900 Hm; 4 Std. vom Ende des Fahrwegs zum Gletscher). Zerissener Gletscher, im Sommer kaum zu begehen, aber großartige Abfahrt.

● 451 Abstieg zum Fletschjoch

Üblicherweise nur im Abstieg beim Übergang zum Lagginhorn begangen, da der direkte Zugang zum Joch heute sehr schwer geworden ist (s. o.). Vom Gipfel steigt man über die unschwierigen Felsen nach O zum Firnsattel 3904 m ab; von hier über das Firnbecken des oberen Fletschhorngletschers problemlos nach S zum Joch (20 Min., **G 2** (300 Hm), 45 Min. im Aufstieg). Abb. S. 138/139.
Ein kurzer Umweg über die Gratschulter 3919 m lohnt wegen der großartigen Tiefblicke nach Osten.

● 452 Nordostgrat (Breitlauigrat)

Etwa 8 Std. von der Simplonstraße (Egga), **G 4** (2400 Hm). Kein Zwischenstützpunkt, evtl. Biwak, z.B. bei P. 3014 m am Sporn zwischen Grissernu- und Rossbodegletscher. Einzig empfehlenswerter Anstieg der drei O-Grate des Fletschhorns. Die Felsen des eigentlichen Grates sind lose, aber leicht. Landschaftlich großartige, sehr einsame Route. Abb. S. 112, 144/145.

Man folgt R 371 des Rossbodepasses bis zum Grissernugletscher (2½ Std.), den man nach S ansteigend traversiert und zur Lücke 3014 m im O-Sporn der Senggchuppa aufsteigt (1 Std.). Jenseits leicht auf den Rossbodegletscher, der zuerst südl., dann zunehmend in östl. Richtung überschritten wird, sodaß man ohne Probleme zur breiten Einschartung im Breitlauigrat (ca. 3310 m) aufsteigen kann (1–1½ Std.). Nun über den überwiegend aus leichtem, aber losem Fels bestehenden Grat aufwärts, ab etwa 3700 m zunehmend auch im Schnee zum P. 3919 m, wo die beiden anderen O-Grate einmünden. Nun nach W über den Schneesattel 3904 m und die leichten Schlußfelsen zum höchsten Punkt (ca. 2½ Std.).

● 453 Nordwand (Wienerroute)

Reine Eisroute zum obersten NW-Grat. **50°**, kurze Stellen auch noch steiler im obersten Abschnitt vor dem Ausstieg, **G 10**, ca. 600 m Wandhöhe. Abb. S. 112, 144/145.

Zustieg zur Wand auf R 452 des Breitlauigrates (4 Std.), dann je nach Verhältnissen gerade aufwärts, im oberen Teil mehr nach rechts haltend mit Ausstieg auf den NW-Grat auf ca. 3800 m, die Schlüsselstelle liegt im Bereich einiger Séracs unter dem Ausstieg.

● 454 Nordwestgrat von der Senggchuppa

III– (Stellen), 2 Std., **G 5**. Abb. S. 138/139, 141, 144/145.

Von der Senggchuppa klettert man über den zunächst breiten, leichten Felsgrat abwärts, dann über die Gendarmen in schönem, festem Fels (einige Stellen III–) in das Senggjoch. Nach wenigen Metern im Firn erklettert man den steilen und mit losen Felsen besetzten Grat zum P. 3775 m (I und II), immer möglichst an der Kante bleibend. Ein wenig geneigtes Gratstück führt zum Firngrat, über den man ohne Schwierigkeiten zum höchsten Punkt aufsteigt, Vorsicht vor Wächten nach links (Osten).

● 455 Lagginhorn, 4010 m

Mittlerer der drei großen Gipfel der Weissmiesgruppe, er besteht fast ganz aus Fels, da die umgebenden Gletscher stark zurückgeschmolzen sind. Dadurch ist der Berg auf der Normalroute (Westgrat) nun fast ohne Gletscherberührung ersteigbar, von touristischer Bedeutung sind weiterhin der Nord- und der Südgrat, über die interessante Überschreitungen möglich sind. Die O-Flanke mit ihren zahlreichen Couloirs ist stark steinschlaggefährdet, allein der Ostsporn ermöglicht einen halbwegs sicheren Anstieg, jedoch in reichlich brüchigem Gestein.

Ausblick vom Monte Leone auf Weissmies, Lagginhorn und Fletschhorn.

● 456 Westgrat

4 Std., **G 4** (1280 Hm) von der Weissmieshütte. Üblicher, vielbegangener Anstieg, fast durchwegs im Fels und Blockwerk, im Gipfelbereich jedoch meist steiles Firnfeld, dann sind Pickel und Steigeisen nicht fehl am Platze! Die Traversierung des Lagginhorngletschers kann dagegen auch durch Begehung des gesamten Grates umgangen werden. Abb S. 138/139.

Übersicht: Vom höchsten Punkt führt der recht breite Grat in genau westl. Richtung hinab, beim P. 3539 m knickt er etwas in SW-Richtung und geht bei P. 3355 m in einen breiten Rücken über, der dann in den Schuttfeldern der Tälligletscher-Moränen fußt. Etwas unterhalb des P. 3539 m erlaubt eine Blockflanke den leichten südseitigen Zugang vom Lagginhorngletscher auf den Grat.

Rechts im Hintergrund ragt die Mischabelgruppe über den Kamm.

Route: Von der Hütte geht man auf dem breiten Pistenfahrweg nach Norden bis zur Kehre in der Nähe des Lagginhorngletscher-Abflusses. Auf der südl. Moräne steigt man auf Wegspuren, dann über Schutt und Platten aufwärts und betritt den meist aperen Gletscher an seinem SW-Zipfel. Man ersteigt ihn nordostwärts in Richtung seines am weitesten hinaufreichenden Lappens, bis man auf ca. 3300 m nach links über eine blockige Felsflanke ohne Schwierigkeiten den W-Grat auf etwa 3450 m erreicht (2½ Std.).
Hierher gelangt man auch über den im unteren Bereich breiten Gratrücken von der Moräne des Tälligletschers ohne den Gletscher zu betreten (I und II). Nun über den breiten Blockgrat in schöner Kletterei (wenige Stellen II) aufwärts, im Bereich des Gipfels trifft man oft auf Schneereste (Eis), evtl. kann man diese südl. in losem Fels umgehen (1½ Std.).

● 457 Südgrat (vom Lagginjoch)

III (Stellen, weite Strecken I und II), 3–4 Std., **G 5** (520 Hm). Interessanter Anstieg in allerdings teilweise nicht besonders festem Fels. Abb. S. 138/139.

Übersicht: Vom Joch steigt der Grat steil zu einem Gendarmen, P. 3906 m an (150 m vorher mündet der südl. W-Grat ein). Darauf bildet er einen fast 400 m langen »Kopf« (P. 3971 m), dem ein kleiner zweiter folgt, bevor er nach einer Scharte mit einem auffälligen Turm zum höchsten Punkt wieder steil ansteigt. Die Route folgt weitestgehend dem Gratkamm.
Route: Immerzu auf dem Gratkamm, nur den Aufschwung unter P. 3693 m auf seiner W-Seite umgehend, in wenig festem Fels zum Gendarm 3909 m, der überklettert oder auf der W-Seite umgangen wird. Die folgende Kletterei ist interessant, man bleibt immer auf dem Grat, nur der kleine Turm vor dem Gipfelaufschwung wird leichter auf seiner O-Seite umgangen.

● 458 Nordgrat (vom Fletschjoch)

II (Stellen und leichter), 1½ – 2 Std., **G 5** (320 Hm). Interessanter Anstieg, überwiegend im Fels, im Frühsommer muß jedoch mit unangenehmer Überwächtung nach O gerechnet werden; üblicherweise nur beim Übergang vom Fletschhorn begangen.

Man folgt dem Gratkamm über die nicht sehr schwierigen Felsen, zuletzt recht steil zum Gipfel.

● 460 Weissmies, 4023 m

Vielbesuchter Hauptgipfel dieser Untergruppe mit vorzüglicher Aussicht (auf Mischabelgruppe und Monte Rosa, aber auch nach O und N über die ganzen Schweizer Alpen bis hin zur Bernina, interessante Tiefblicke auf die Leone-Berge am Simplon). Während ost- und südseitig eher der felsige Anteil am Berg dominiert, überwiegt von der Saaser Seite doch noch der Gletschereindruck – aber auch hier sind die Gletscher in den letzten Jahrzehnten deutlich kleiner geworden. Der Gipfel hat drei öfter begangene Anstiege, dabei zwei Normalwege: Von der Weissmieshütte über den Triftgletscher und den obersten W-Grat als reiner Eisweg mit interessantem Gletscherbruch und den S-Grat von der Almagellerhütte überwiegend im leichten, aber recht festen Fels sowie die sehr schöne klassische Kletterroute

Blick vom Lagginhorn auf die Nordwestflanke des Weissmies.

über den langen N-Grat (IV). Wie so oft in den Walliser Alpen, wird man in den Flanken kaum auf festen Fels stoßen, auch die NW-Eisflanke ist durch zunehmend breitere Klüfte nicht leichter geworden. Hochalpines Skiziel von der Weissmies- und auch der Almagellerhütte, von letzterer ab etwa 3800 m zu Fuß.

Vom Allalinhorn sieht man über das Saastal hinweg auf den breiten Stock des

● 461 Nordwestflanke und Westgrat (Triftgrat) von der Weissmieshütte

4 Std., **G 3** (1300 Hm); 3¼ Std. (900 Hm) von Hohsaas. Übliche Route von Saas Grund, nahezu vollständig im Schnee; die Schründe auf dem Weg von Triftgletscherboden zum Triftgrat gestalten diese Tour besonders im späteren Sommer durchaus interessant. Am oberen Triftgrat Vorsicht vor den oft weit nach S hinausragenden Wächten. Von Hohsaas auch als Tagestour möglich, insbesondere bei Benutzung der Sonnenaufgangs-Fahrten; wer jedoch nicht ausreichend an die Höhe und Anstrengung gewohnt ist, wird nur wenig Chancen für eine genußvolle Gipfelrast haben; insofern empfiehlt sich eine Hüttenübernachtung. Abb. S. 147.

Von der Hütte auf dem guten, bezeichneten Steig über den Moränenkamm des Hohlaubgletschers zur Bergstation Hohsaas (45 Min.). Auf

Weissmies: Links der Genußkletterweg über den Nordgrat, rechts der Südgrat.

dem neuen Pistenfahrweg geht man eben zum Triftgletscher; auf dessen nördlicher Seite steigt man am Rand einer Bruchzone gut 100 Hm aufwärts, bis man das Gletscherplateau über weniger spaltenreiches Gelände nach S auf den vom Westgrat herabreichenden Gletscherarm überqueren kann (bei zu starker Zerschrundung umgeht man diesen Bruch, indem man von der Bergstation auf dem Kamm in O-Richtung bis zum P. 3330 m aufsteigt, um dann nach S auf das genannte Plateau kurz abzusteigen). Nun recht steil gerade aufwärts, bis die gewaltigen Querspalten auf gut 3500 m ein Ausweichen nach links auf den Gratrücken zwischen Trift- und Mälligagletscher notwendig machen. Über den Rücken wenig schwierig aufwärts, kurz unter P. 3820 schwenkt man nach links auf den Triftgrat zu, über den man mit noch einer kurzen Steilstufe am Gipfelkopf im Schnee den höchsten Punkt erreicht. Vorsicht vor Wächten nach S. Dies ist auch die Skiroute, Lawinengefahr im Steilhang zum W-Grat.

● 462 Südgrat vom Zwischbergenpaß

II (kurze Stellen, sonst I am Grat bis zum Vorgipfel, zum Hauptgipfel kurzer, aber scharfer Schneegrat) 2½ Std., **G 3** (760 Hm); ca. 4 Std. von der Almagellerhütte. Wunderschöne Route in nicht schwierigem und doch festem Fels, man hüte sich jedoch vor den Flanken! Sichere Bergsteiger dürfen bei normalen Verhältnissen auf das Seil verzichten (natürlich nicht beim Abstieg zur Weissmieshütte), am letzten Firngratstück sind oft Steigeisen und Pickel nötig. Abb. S. 148/149.

Vom Paß steigt man auf Pfadspuren östlich unterhalb des Gratkammes in Schotterfeldern auf den Gipfel des Weissmies zu. Es empfiehlt sich, schon unmittelbar oberhalb der auffallend hellen Kalkfelsnadeln auf den aus rotbraunem Gneis bestehenden Grat zu steigen. Auf seiner aus Blöcken und gutgriffigen Felsstufen bestehenden Kante klettert man zunehmend steiler zum südl. Vorgipfel (3961,5 m); der Grat ist nicht allzu scharf, man kann sich die eigene Route nach Lust und Laune aussuchen. Vom Vorgipfel führt ein scharfer Firngrat in kaum 15 Min. zum höchsten Punkt hinüber (Wächten nach Osten).
Man kann auch über das dreieckige Schneefeld zwischen S- und SO-Grat so hoch wie möglich aufsteigen, um dann über leichte Felsen und Wegspuren im steilen Schutt zum Vorgipfel zu klettern.
Letzteres ist auch die Skiroute; Skidepot unter den Gipfelfelsen.

● 463 Nordgrat vom Lagginjoch

IV (1 Stelle, sonst III und leichter, oben Schneegrat), 4 – 5 Std., **G 7** (ca. 540 Hm). Klassischer Kletteranstieg in allgemein gutem Fels, oben Schneegrat oft mit Wächten nach O. Für eine Route dieser Schwierigkeit wegen guter Erreichbarkeit und schönem Gesamteindruck recht häufig begangen; offensichtlich hat hier schon mancher kalte Finger bekommen, bei entsprechendem Wetter also nicht zu früh einsteigen! Abb. S. 144/145, 147, 149.

Übersicht: Vom Lagginjoch führt der Grat in S-Richtung zum Grathöcker 3722 m, in etwa der Mitte dieses Abschnittes befindet sich die Schlüsselstelle (IV). Ab hier biegt der Grat nach SO ab und ist wesentlich schmäler, gelegentlich mit kurzen Firneinlagen. Nach der Erhebung 3830 m folgt ein fast ebenes Gratstück, dann führen die letzten Felsen an den Firngrat, der wieder in genau südl. Richtung bis zum Gipfel leitet. Mit wenigen Ausnahmen längs der Gratkante.

Route: Die plattigen und nach O überhängenden Felsen oberhalb des Lagginjochs werden direkt an ihrer Kante westseitig erklettert (III), bevor der Grat steiler zum P. 3722 m aufsteigt, muß die Schlüsselstelle an einer griffarmen Platte westseitig erklettert werden (IV, 2 H). Darauf über weniger feste Felsen (von den vielen Begehungen aber weitgehend freigeräumt) zum Grathöcker 3722 m (ca. 1½ Std.). Jenseits auf dem sehr schmalen Grat mit vielen Türmen möglichst wieder direkt an der Kante (III) – dazwischen meist Schneegratpassagen – bis auf den nächsten Felskopf 3830 m, lediglich einer der Türme (überhängend) muß östl. umgangen werden. Nun leicht am Grat absteigend und ziemlich eben zu einer schwach ausgeprägten Scharte, dann leiten die letzten blockigen Felsen an den Schneegrat, über den man ohne Schwierigkeiten, aber mit dem nötigen Abstand zur Kante wegen der Wächten nach O bis zum Gipfel aufsteigt.

● 464 Nordostflanke und oberer Nordgrat (vom Laggin-Biwak)

II (Stellen), 6 Std., **G 6** (ca. 1700 Hm). Sehr selten begangen, schöne Route an der O-Seite des Weissmies. Abb. S. 144/145.

Übersicht: Ein im oberen Teil wenig ausgeprägter Sporn trennt in der O-Flanke des Weissmies den Laggingletscher von dem kleinen Gipfelhängegletscher. Zwischen dem Sporn und einer vom P. 3830 m parallel herabziehenden Rippe befindet sich eine Steilrampe, über die man den obersten N-Grat erreicht. Zugang zur Rampe über den Laggingletscher vom Laggin-Biwak aus.
Route: Vom Biwak quert man ziemlich eben unter dem Moränenkamm auf den Fußpunkt des Fletschhorn-Hohsaasgrates zu, übersteigt die Seitenmoräne und quert unter der Zunge des Holutriftgletschers an dessen südl. Seitenmoräne. Auf dieser empor und durch die Holutrift genannte Mulde an den Fußpunkt des Lagginhorn-O-Grates (P. 2776 m); im Frühsommer erleichtern Schneefelder die ansonsten mühsamen Geröllfeld-Traversierungen. Man gelangt hierher auch, indem man vom Biwak die Moräne zum alten Biwakplatz ansteigt, von dort über ein Couloir gut 100 Hm (Seile) zum Holutriftgletscher absteigt und diesen und seine südseitigen Geröllfelder zum O-Fuß des Lagginhorngrates quert. Nun steigt man in entsprechendem Abstand unter der SO-Wand des Lagginhorns auf dem zerschrundeten, gleichnamigen Gletscher an, unter dem Lagginjoch vorbei zu seinem südlichsten Zipfel. Man umrundet auch noch den

1a	*After eight*	*V–*	*6*	*Platte*	*V+*
2	*Memory*	*V+*	*7*	*Indianertanz*	*VI–*
2a	*F*	*V+*	*8*	*1.-August-Pfeiler*	*V*
3	*Double D*	*V*	*9*	*Chämirein*	*V*
4	*Edelweiss*	*IV/V*	*10*	*Müry*	*IV-V*
5	*Heimweh*	*VI–*	*10a*	*Hittu Liecht*	*IV+*

vom P. 3830 m herabziehenden Sporn und gelangt an das oberste O-Ufer des Laggingletschers. Über die leichten Felsen dieser Rippe steigt man in SW-Richtung zum N-Grat auf, den man etwa 250 m südl. von P. 3830 m betritt. Über blockige Felsen an den Schneegrat, über den man ohne Schwierigkeiten, aber mit dem nötigen Abstand zur Kante wegen der Wächten nach O bis zum Gipfel aufsteigt.

11	*Spiezer Weg*	*VI*	*13*	*Kante*	*V*
12	*Verschneidung*	*IV+*	*14*	*Zumutung*	*V+*
12a	*Biki*	*V*	*15*	*A message to you Ruedi*	*VI, VII*
12b	*Super Crack*	*V*	*16*	*Kili*	*VI+*
12c	*Eile mit Weile*	*VI-*			
12d	*Sasso*	*V+*			

Abseilpisten an Route 3, 6, 14

● 468 Dri Horlini, 3210 m

Hochalpiner Klettergarten bei der Almagellerhütte, 5-30 Min. zum Einstieg. Herrliche Kletterei in bestem Fels, alle Standplätze mit Bohrhaken eingerichtet; 2 x 40-m-Seil zum Abseilen erforderlich. Aktuelle Infos beim Hüttenwirt H. Anthamatten, Tel. in Saas Grund 0 28/57 35 14. Abb. S. 152/153.

● 470 Tällihorn, 3448 m

An dem vom Weissmies nach O abstreichenden Grat zwischen dem Laggin- und Zwischbergental. Steht ganz im Schatten des Weissmies und wird auch wegen der langen Zustiege selten besucht.
Vom Zwischbergenpaß quert man die Geröllfelder östl. zu dem Schneefeld, das zum P. 3442,2 m im SW-Grat emporführt. Über den schmalen Grat – kleine Gendarmen lassen sich südl. leicht umgehen – zum Gipfelturm, den man direkt erklettert (ca. 1¾ Std., **G 5**).

● 472 Tossenhorn, 3225 m

Kleiner Gipfel östl. des Tällihorns. Mangels Stützpunkten sehr lange Zustiege aus dem Tal. Insbesondere interessant als hochalpine Skitour aus dem allerdings recht lawinengefährdeten Laggintal.

● 473 Von der Simplonstraße (Gabi)

Etwa 6 Std., **G 2** (2000 Hm).

Von Gabi ca. 500 m auf der Simplonstraße, die große Kehre auf dem Fußweg abschneidend nach Bielti am Eingang des Laggintales. Auf dem Fahrweg taleinwärts nach Laggin und Alte Stafel (1566 m, 1¼ Std.). Über die Brücke, kurz darauf wird der Tällibach im hintersten Talgrund überschritten und man steigt in steilen Kehren zu den Hütten von Bidemji auf (1989 m, 1¼ Std.). Auf wenig deutlichem Pfad zwischen einigen Felsbänken gelangt man in südl. Richtung auf den Almboden Seewjini (1 Std.). Man umgeht den Fels P. 2610,2 m östl. und ersteigt in SW-Richtung anfangs noch über Rasen, dann Geröll den Hang zur NW-Ecke des Tälligletschers (1½ – 2 Std., ca. 2900 m). Man steigt über diesen zuerst in S-, dann in SO-Richtung zum Tällijoch an und erreicht von dort in wenigen Min. über den Firn den Gipfel (1 Std.). Dies ist auch die Skiroute, die Steilstufe am Ende des Laggintales ist schwierig, nur bei sicheren Verhältnissen.

● 475 Zibelenfluehorn, 2987 m, Schijenhorn2980 m, Balmahorn, 2870 m, Galihorn,2577 m, Guggelihorn, 2351 m

Graterhebungen ohne weitere touristische Bedeutung, der routinierte, vor allen aber Einsamkeit suchende Bergsteiger wird nach Karte und Augenschein ohne größere Probleme seine Routen finden.
Schöner Höhenrundweg im Ausläufer des Kammes: Von der Furggu leicht ansteigend westl. um das Tschuggmatthorn herum, dann fast

eben an der malerischen Waldgrenze entlang zur Alpe Oberstafel (2112 m, 1½ Std.). Ein Pfad leitet zur Galilücke hinauf (Abstecher zum P. 2472 m am Furmulegrat lohnend, 1 Std.), jenseits zur Gali Alp und leicht fallend in N-Richtung zur Furgge zurück (1 Std.).

● 477 Seehorn, 2438 m

Netter Aussichtgipfel; in 1½ Std. auf einem Pfad von der Furggu durch zuerst schönen Lärchenbestand mit dem Moorsee Seetole, oben Geröll und Rasen zum Gipfel mit Sendeanlage. Schöne Skitour von Gabi über den Feerberg, oben oft verblasen (4 Std).

● 480 Portjenhorn, 3567 m, Pizzo d'Andolla, 3653 m

«Portjengrat«, bekanntes Klettermassiv im Bereich der Almagellerhütte. Teilweise ausgezeichneter Fels, aber hochalpiner Charakter der Touren, kein Klettergarten. Am Portjenhorn ist ausschließlich der NW-Grat vom Zwischbergenpaß interessant, der Übergang zum Pizzo d'Andolla weist weniger guten Fels auf. An letzterem gibt es außer dem Normalanstieg über die NW-Seite die sehr zu empfehlende Route von Port (»Portjengrat«) sowie auf der italienischen Seite den SO-Sporn zum P. 3492 m, überwiegend herrlicher, fester Fels, aber lange Unternehmung.

● 481 Nordwestgrat zum Portjenhorn (vom Zwischbergenpaß)

III (Stellen, II und leichter), 3 Std., **G 5** (290 Hm). Abb. S. 158/159.

Vom Zwischbergenpaß über den anfangs breiten und schuttbedeckten Gratrücken, dann auf dem schmäleren Gratkamm über einige Zacken (Hahnenkamm) zur Scharte 3411 m, wo der Firn aus dem Wysstal an den Grat reicht. Nun in gutem Fels an der Gratkante über mehrere Aufschwüngen zum Portjenhorn-Gipfel.

● 482 Nordwestseite zum Pizzo d'Andolla

IV (1 Stelle ganz oben, auch umgehbar, dann II); 2½ – 3 Std., **G 4** (660 Hm) von der Almagellerhütte. Die Firnfelder sind in den letzten Sommern ziemlich abgeschmolzen, die dann freien Geröllhalden gestalten den Aufstieg nicht interessanter.

Von der Hütte quert man das Wysstal in östl. Richtung aufwärts, hält sich dann leicht rechts, um am Fuß des obersten Teiles des Portjenhorn-W-Grates (3300 m) vorbei in die Schnee- bzw. Schotterterrasse unter dem Verbindungsgrat von Portjenhorn und Pizzo d'Andolla zu gelangen. In SO-Richtung steigt man über diese zum Grat, etwa 150 m nördl. des höchsten Punktes (hier auch Skidepot). Die Felsen am Gipfelgrat sind nicht schwierig, bzw. schwierige Stellen können umgangen werden (II). Die 20 m-Platte am Gipfelkopf kann schwierig (IV) an ihrer O-Seite erklettert oder westl. leichter umgangen werden (Abseilhaken). Schöne Skitour bis zum Gipfelgrat.

● 483 Südwestgrat zum Pizzo d'Andolla (»Portjengrat«)

IV (kurze Stellen, sonst meist III und leichter; wenn man durchgehend der Gratkante folgt, findet man schöne Stellen bis V), etwa 2½ Std. von Port, **G 7** (380 Hm). Schönste Route am ganzen Portjengrat mit festem Fels. Seit dem Bau der Almagellerhütte oft begangen, was jedoch nicht darüber hinwegtäuschen sollte, daß dies eine durchaus alpine, anspruchsvolle Unternehmung darstellt.

Zugang: Von der Almagellerhütte folgt man den markierten Wegspuren wenig steigend unter den Fußpunkten der W-Rippen des Portjenhorn (2936 m) und des Pizzo d'Andolla (3007 m) vorbei. Nun auf dem kleinen Rotblattgletscher-Mittelteil nach O aufwärts in die Scharte (Port, 3295 m, 2 Std.)
Route: Von Port quert man etwa 20 m nach links (Pfeil) und klettert dann über Risse (III+) zum Grat. Weiter zu einem Gratturm, der westl. umgangen werden kann, dann folgt der steile Direktanstieg zum P. 3492 m, wo der SO-Sporn von Andolla einmündet. Nun weniger steil auf dem Grat zur Schneeschulter (ca. 3560 m, Einmündung des westl. Seitengrates). Ohne Schwierigkeiten in wenigen Min. auf dem breiten Schneegrat zum Gipfelaufschwung. Dieser weist viele Grattürme auf, die alle überklettert werden (IV) oder leichter auf der W-Seite zu umgehen sind (auf der Andolla-Seite sind die Felsen schlecht).

● 484 Südostsporn zum P. 3492 m

III+ (kurze Stellen, sonst leichter), 4 Std., **G 7** (knapp 700 Klettermeter). Schönste Route auf der italienischen Seite des Grenzkammes mit sehr gutem Fels.

Vom Varese-Biwak (R 341) gewinnt man über die Schotter- und Firnfelder in Nordwestrichtung den S-Arm des SO-Sporns auf ca. 2810 m. Man folgt der Kante bis zum Portjengrat. Die Kletterei in festem Fels ist anfangs noch recht leicht, wird ab einem Aufschwung steil und ausgesetzt, bleibt aber immer sehr schön. Erst auf dem letzten, leichteren Abschnitt zur Vereinigung mit dem Portjengrat am P. 3492 m sind die Felsen weniger zuverlässig.

● 490 Mittelrück (Pizzo di Loranco), 3363 m

Während auf der italienischen Seite eine imposante Felsszenerie diesem Gipfel ein beachtliches Aussehen gibt, zeigt er sich auf der westl. Seite nur als kleine Graterhebung. Er kann von S (Sonnigpaß) ohne Schwierigkeiten über leichte Felsen, nur oben kurze Kletterei (II), erstiegen werden (45 Min.), ebenfalls über den N-Grat in ca. 30 Min. (Stelle II, Blockwerk und Schnee). Kurze, aber lohnende Skitour von der Almagellerhütte über die im Sommer meist schuttbedeckte NW-Flanke (1½ – 2 Std.). Abb. S. 158/159.

● 491 Ostsporn (Lago-Maggiore-Grat)

IV+ (Schlüsselstelle an der Gipfelwand, sonst IV, III und leichter), 5–6 Std., **G 8** (670 Hm) vom Varese-Biwak bis zum Grenzgrat. Großartige Kletterroute in fast durchwegs bestem Fels (Gneis). Man kann auch von der Schweizer Seite über den Sonnigpaß abseilend an den Gratbeginn gelangen (R 382, ca. 2 Std. von der Almagellerhütte).

Vom Varese-Biwak (R 341) klettert man auf gutem Fels direkt über die zunächst nicht allzu schwere Gratkante aufwärts. Ein erster Aufschwung wird über einen Riß und eine Verschneidung überwunden (IV, H). Nun weiter auf der Gratschneide über einige weitere Absätze, (dazwischen einmal 25 m abseilen) bis an den leicht überhängenden Gipfelaufbau. Er wird in einer Verschneidung rechts erklettert (IV+, H, lose Felsen; direkt: VI+), dann steigt man über blockige Aufschwünge zum Grenzgrat und in wenigen Min. zum höchsten Punkt.

● 493 Sonnighorn (Pizzo Bottarello), 3487 m

Schöner Gipfel am S-Eck des Almageller Beckens mit gutem Fels an den Graten, umfassende Aussicht. Am interessantesten dürfte die Überschreitung (NW-/NO-Grat) sein.

Folgende Doppelseite:
Portjengrat und Sonnighorn vom Weissmies, im Hintergrund das Stellihorn.

Piz d'Andolla
Mittelrück
Portjenhorn
Port
Sonnigpass
R483
R482
R490
R481
Almagellertal
Zwischbergen-
pass

Sonnighorn
Stellihorn
Sattel
R504
R494
R495
Rotblatt-
Gl.
R383
R384
R483
R482

Ausblick vom Gipfel des Weissmies nach Süden: Über dem felsigen Almagellhorn ragt am linken Bildrand das Stellihorn mit dem Nollengletscher empor. Rechts die südöstlichen Ausläufer der Monte-Rosa-Gruppe.

● 494 Nordostgrat vom Sonnigpaß

II (Stellen), 1½ Std., **G 4** (340 Hm). Abb. S. 158/159.

Vom Paß folgt man dem Doppelgrat, neben dem italienischen Felsgrat verläuft parallel der Schweizer Grat, normalerweise als Firnkamm, dazwischen befindet sich eine Mulde. Im Gipfelbereich dann nur mehr der Felsgrat, man bleibt möglichst auf dem Kamm.

● 495 Nordwestgrat

IV (Stellen), 1–2 Std., **G 6**. Der Grat kann in seiner ganzen Länge vom Kanzeljoch über das Plattenhorn hinweg erklettert werden. Von der Almagellerhütte wird oft nur mehr der oberste Abschnitt ab dem Schneesattel begangen mit dem Vorteil des geringsten Höhenverlustes, Umgehung der weniger festen Zustiege und dennoch Mitnehmen der schönsten Kletterpassagen. Abb. S. 158/159.

Zustieg zum Schneesattel, ca. 3340 m: Man folgt R 382 des Sonnigpasses bis unter das Joch, quert dann den obersten Rotblattgletscher (Längsspalten), und steigt zuletzt steil in den Schneesattel (3 Std.).
Route: Möglichst direkt an der Gratkante, der erste Aufschwung über dem Sattel bietet mit Plattenkletterei und einer Verschneidung die Schlüsselstelle des Anstieges (IV). Auch der folgende Grat weist schöne, luftige Kletterei auf, er ist sehr schmal und mit mehreren Türmchen versehen. Eine südseitige Umgehung ist möglich und leichter, doch nicht so interessant.

● 496 Saaser Grat (Cresta di Saas), 3361 m

Bezeichnung des gut 5 km langen Grenzkammes zwischen Sonnighorn und dem Antronapaß, die östl. Begrenzung des Furggtales. Auf der Schweizer Seite reichen die Geröllfelder weit hinauf, die östl. Seite von Italien ist viel wilder. Kaum besucht, die Gesamtüberschreitung (Latelhorn – Sonnighorn) bietet eine nicht zu schwierige (bis III), aber lange Unternehmung in Urlandschaft, für gute Geher an einem Tag begehbar.
Interessante, doch ebenfalls lange Skitouren aus dem Furggtal nach Belieben auf die einzelnen Gratgipfel (6–8 Std. je nach Ziel).

● 500 Latelhorn (Punta di Saas), 3204 m

Südlichster Gipfel des Saaser Grates, über den SW-Grat in 1 Std. vom Antronapaß unschwierig ersteigbar.

● 501 Nordostseite vom Camposecco-Biwak

I (kurze Stelle), 2½ – 3 Std., **G 2** (870 Hm).

Vom Biwak steigt man nach SW über Rasenhänge zu den Moränenfeldern und über diese zu den Resten des Camposeccogletschers. Weiter auf den obersten NO-Grat, zu dem eine knapp 30 m lange Rinne emporführt. Über den Grat mit leichtem Blockwerk zum Gipfel. Auch großartige, anstrengende Skiroute, anhaltend steil.

● 503 Stellihorn, 3436 m

Schöner Aussichtsgipfel mit etwas mühsamen Zustiegen, durch sein Gipfeleisfeld von Saas Almagell auffallend. Großartige Skitour.

● 504 Von Westen (Mattmark) und über die oberste Nordflanke

4 – 4½ Std., **G 3** (1240 Hm). Abb. S. 158/159.

Man überquert die Staumauer an ihre O-Seite, geht am Seeufer zuerst eben, dann ansteigend zur Alpe Distel bis etwa zur Abzweigung des Ofentalweges vom Mattmark-Rundweg. Ab hier nahezu weglos nach O ins Wysstal zum Stellipaß (2½ Std., einzelne Steinmänner). Von hier östl. unter dem Stelli auf den oberen Nollengletscher bis zum Gipfel, bei ungünstigen Eisverhältnissen (im Spätsommer oft große Spalten) auch über den NW-Grat über das Stelli (Blockwerk, 3356 m, 1 Std.) und über den anfangs scharfen Verbindungsgrat (kurze Stellen II, zwei kleine Absätze können in der S-Flanke umgangen werden) zum höchsten Punkt (30 Min.).
Vom unteren Bereich des Wysstales kann man auch den W-Rücken des Stelli über große Blöcke erreichen und über diesen endlos erscheinenden, aber gut begehbaren Kamm mit Schutt und Platten das Stelli erreichen; weiter wie oben zum Gipfel (4 Std.).
Die Wysstal-Route kann auch mit Ski begangen werden.

● 506 Spechhorn (Pizzo di Antigine), 3189 m, Jazzihörner (Pizzo Cingino N und S, 3227 m bzw. 3104 m)

Wenig bedeutende Gipfel im Grenzkamm. Das Spechhorn ist über die Grate unschwierig ersteigbar (z. B. aus dem Ofental über das Galmenhorn, markierter Höhenweg Moro – Antigine (R 353), und die Schutthänge des W-Rückens), die Gratanstiege zu den Jazzihörnern weisen einige Klettereien auf. Lange, einsame Skirouten.

● 508 Joderhorn, 3035 m

Bekannter Aussichtsberg über dem Monte-Moro-Paß, hier hat man Idealblicke auf die Monte-Rosa-Ostwand.
Vom Monte Moro über den leichten Felsgrat zum Gipfel (45 Min.).
Auf seiner O- und S-Seite weist der Berg Wandfluchten mit sehr gutem Fels auf (ca. 200 Hm Wandhöhe) mit Routen zwischen IV und VII in Sportkletterqualität (Details im SAC- und CAI-Führer).
Zugang zur O-Wand von der Monte-Moro-Bergstation in ca. 1 Std. unter der S-Wand vorbei über den Paß 2801 m zwischen Joderhorn und Bättel.
Auch der SO-Grat weist bei einer Höhe von 240 m besten Fels in zahlreichen Stufen auf (V, kurze Stelle, mehrfach IV, sonst meist III, gute Sicherungspunkte; 2–3 Std.). Details im CAI-Führer.

● 510 Pizzo San Martino, 2733 m

Aussichtsgipfel im Kamm zwischen Antrona- und Anzascatal. Sehr langer Anstieg von Vanzone (über Ronchi di Dentro – Alpe Motta – Alpe Asinello – Lago Sfondale – oberster SO-Grat; 6 Std., 2000 Hm).
Etwas kürzer vom Longa-Biwak nach N zum Sattel 2575 m nördl. des Marigal, dann etwa 300 Hm Abstieg zum Lago Grande, Querung um den Pizzo Lane zum Lago Sfondale und den obersten SO-Grat (4½ Std; Wegspuren).

● 512 Pizzo del Ton, 2675 m

Letzter Hochgipfel im Kamm zwischen Antrona- und Anzascatal mit umfangreicher Aussicht.
Netter Anstieg von der Campliccio-Straße über die Alpe Crevaloscia (1320 m), Alpe Colmigia (1583 m) und die Laghi di Triviera (2144 m) zum Passo del Mottone (2284 m, 2½ Std.). Über den O-Grat in festem Fels (Stellen II), evtl. Umgehung schwieriger Stellen im S zum Gipfel (2 Std., gesamt 4½ Std.).

● 513 Berge südlich Zwischbergen- und Divedrotal

Dieser Kamm zweigt am Pizzo d'Andolla nach O ab und bietet ein sehr ruhig gebliebenes Wander- und Skitourenrevier. Die Gipfel sind fast alle ohne größere Schwierigkeiten ersteigbar, aufgrund des geringen touristischen Interesses und der notwendigen Umfangbegrenzung dieses Buches werden sie im Folgenden nur in Stichpunkten vorgestellt, hier ist man sowieso am Besten mit guten Karten und offenen Augen auf eigenen Routen unterwegs.

● 514 Pizzo Straciugo, 2712 m

Höchster Gipfel des Seitenkammes, von S unschwierig ersteigbar. Von S. Lorenzo (Bognanco; Pizzanco, 1142 m) in W-Richtung durch den Wald aufwärts zur Alm Vallaro (1823 m), durch obere Talbecken des Rio Vallaro in gleicher Richtung zu einer Scharte im S-Grat der Cima d'Azoglia (etwa 2180 m). Ohne größere Höhenunterschiede durch den Karboden mit den Laghi di Campo an den S-Rücken des Pizzo Straciugo und über diesen zum Gipfel (4 Std., **G 1**, 1570 Hm).

● 516 Cima d'Azoglio, 2611 m

Von Zwischbergen auf dem Weg zum Passo di Moncera (R 407) bis unter die Alpe Pusseta, dann weglos in S-Richtung am Tschawiner See und östl. unter dem Tschawinerhorn vorbei auf den NW-Gipfel und über den Grat zum höchsten Punkt (4 Std., **G 1**, 1300 Hm).
Interessante Skiroute: Von San Lorenzo (Bognanco) erreicht man diesen Anstieg vom Weg zum Passo di Monscera direkt über die Bocchetta di Gattascosa (1,2 km südl. von ersterem) aufsteigend und in den Talboden oberhalb des Tschawiner Sees (5 Std.).

● 518 Cima Verosso, 2444 m

Skitour von der Kapelle San Bernardo (oberhalb San Lorenzo) über den O-Rücken (2¾ Std. (900 Hm); 4½ Std., 1350Hm).

● 520 Camoscellahorn (Pizzo Pioltone), 2612 m

Auffallender Gipfel mit unschwierigem Anstieg vom Passo Monscera (R 407, 1¼ Std.). Skiroute von San Lorenzo (5 Std.).

● 522 Pizzo Giezza, 2658 m

Von San Bernardo auf dem Weg zur Alpe Arza und danach nach O abzweigend über die Alpe Pajoni in die schuttgefüllte SO-Flanke und zum Gipfel (3½ Std.). Auch Skiroute, 5½ Std. von San Lorenzo.

● 524 Pizzo Montalto, 2705 m

Zentralgipfel der kleinen Gruppe zwischen dem Bognanco- und dem Antronatal. Von San Lorenzo (Pizzanco) über den Talbach zur Alpe Pezza Lunga und Alpe Gianoli. Von hier durch die NO-Karmulde über die Alpe Mastino (2127 m) zum obersten S-Grat und über diesen zum Gipfel (5 Std., **G 2**, 1560 Hm). Sein südl. Vorgipfel, der **Pizzo del Fornalino (2562 m)** bietet eine schöne Skitour von der Alpe Cheggio über den Passo del Fornalino (3½ Std.).

3. Mischabelkamm

In dieser Gruppe zwischen dem Matter- und Saastal reihen sich bekannte 4000er wie eine Perlenkette aneinander – wer sich langsam an schwierige Hochgipfel hinarbeiten will, wird hier bei größtmöglicher Abwechslung mit allen Eigenheiten der klassischen Touren vertraut: Reine Schneeberge mit großen Gletschern wie Strahlhorn, Allalinhorn, Alphubel oder Dom, leichte bis mittelschwere kombinierte Routen wie zum Nadelhorn und Rimpfischhorn oder als »Oberstufe« die Täschhornanstiege oder den Nadelgrat, um hier nur die bekanntesten zu nennen. Dazu können auch die Anstiegsmühen von minimal (Allalinhorn) bis maximal (Dom) je nach Geschmack oder Können gewählt werden. Natürlich zählen die meisten der hier aufgezählten Gipfel nicht eben zu den einsamen Bergen; Zustände wie am Mont Blanc oder Großglockner wird man aber dennoch kaum zu fürchten haben. In der neuesten Ausgabe der LK wurden den Jöchern des Nadelgrates wieder ihre alten Namen zurückgegeben. Im Text sind entsprechende Hinweise gegeben, in den Abbildungen stehen noch die alten Bezeichnungen.
Der über weite Strecken enorm schroffe Aufbau dieser Gruppe läßt dem Bergwanderer nur recht beschränkte Möglichkeiten offen, wo er aber »zuschlagen« kann, werden ihm ganz besondere Schmankerln geboten: Sei es auf dem Tufteren-Höhenweg, dem Rundweg Seetalhorn–Hannig oberhalb von Grächen, dem Verbindungsweg von dort nach Saas Fee oder dem exzellenten Aussichtsgipfel Oberrothorn über Zermatt. Auch die Hüttenwege sind schöne, wenn auch anstrengende Wanderungen.
Der Pistenskifahrer findet in Grächen, am Unterrothorn und im Gletscherkessel von Saas Fee reiche Betätigungsfelder; leider wurde auch hier nicht besonders rücksichtsvoll mit dem Umfeld umgegangen: Im Winter kaum sichtbar werden die Wunden im Sommer dann deutlich – müssen denn wirklich die Berge weithin erkennbar mit Planierraupen und Baggern so umgestaltet werden, daß eine zahlungskräftige Masse bis in die hintersten Winkel der Berge gelockt wird?
Der Skitourengeher wird um die Britannia-, Täsch- und Bordierhütte reichlich auf seine Kosten kommen, eigentlich sind nur die Felsgipfel des Nadelgrates und des Täschhorns nicht skigeeignet. Die Britanniahütte ist zur Haupttourenzeit oft reichlich belegt; wer kann, sollte hier zeitlich ausweichen!

3.1 Hütten

● 530 Bordierhütte, 2886 m

SAC, Sekt. Genf. Westl. der Bigerhörner, oberhalb des Riedgletschers. Zweistöckiger Natursteinbau. KS 631.770 / 110.420.
43 Schlafplätze, immer offen, voll bewirtschaftet Juli – Mitte September. Tel. 0 28 / 56 19 09. Die Hütte dient als Ausgangspunkt für die lohnenden Gipfel der Balfringruppe, dazu für das Ulrichshorn und den gesamten Nadelgrat. Anmeldung vor allem an schönen Sommerwochenenden erwünscht. Im Winter sind einsame Skitouren zum Ulrichshorn (evtl. Nadelhorn) und in der Balfringruppe möglich.

● 531 Von Gasenried

4 Std., **BW 3** (1230 Hm); von St.Niklaus ca. 5 Std. (1740 Hm). Gletscherquerung im Sommer mit Stangen markiert. Abb. S. 195.

Von Gasenried auf dem Fahrweg zur Kapelle von Schalbettu, dann auf dem Pfad über den Riedbach und jenseits im Zickzack durch den Wald. Man gelangt in die Moränenmulde von Alpja (2099 m). Im Tälchen bzw. auf dem Moränenkamm steigt der Weg weiter bis ca. 2500 m, wo er an den Gletscher kommt. Nun nicht auf den Gletscher, sondern nach SW in Serpentinen den Hang aufwärts und in einer steigenden Querung bis auf ca. 2700 m, wo man schräg zum Gletscher absteigt (WW) und diesen nach O auf die ausgeprägte Moräne unter der sichtbaren Hütte zu aufwärts überschreitet. Am jenseitigen Ufer (Markierungen) über die Moräne zur Hütte. Im Abstieg ist der Beginn des Weges nach dem Gletscher deutlich markiert.
Winterzugang wie im Sommer oder bei sicheren Verhältnissen von der Bergstation Seetalhorn, anfangs entlang der Piste, dann nach SW über die Hänge des Riedberg zum Gletscher und über diesen (3 Std., die Bahn ist im späteren Frühjahr meist außer Betrieb).

● 532 Von der Bergstation Seetalhorn

2–3 Std., **G 2** . Klettersteigprojekt, z.Z. nur für Geübte begehbar.

● 535 Domhütte, 2940 m

SAC, Sektion Uto, Zürich. Auf Höhe der Gletscherzunge des Festigletschers, nördl. des unteren Endes der nördl. Seitenmoräne. Natursteinbau mit 8-eckigem Grundriss. KS 629.300 / 105.750.

75 Plätze, WR mit 20 Plätzen immer offen; volle Bewirtschaftung von Juli bis Mitte September. Tel. 0 28 / 67 26 34. Schöne Aussicht auf das Weisshorn, faszinierende Blicke bieten sich auch auf den nahen Sérakbruch des Festigletschers. Die Hütte dient als Stützpunkt für die üblichen Dom-Anstiege über die N-Flanke oder den Festigrat.

● 536 Von Randa

4 ¼ Std., **BW 2** (1540 Hm). Abb. S. 203.

Vom Parkhaus am Bahnhof Randa (im Dorf keine Park- möglichkeiten) geht man zur Kirche und in NO-Richtung auf dem guten Weg durch die Wiesen und über den Dorfbach (Abfluß des Festigletschers). Kurz darauf erreicht man eine Wegteilung: Man zweigt hier rechts ab und steigt in vielen Kehren steil durch den Lärchenwald, hoch nördl. über dem Bachbett (wegen Eisschlaggefahr von den Séraks der Gletscherzunge muß man reichlich Abstand zum Dorfbach halten, auch die vermeintliche Abkürzung auf der S-Seite des Baches gleich von Randa aus ist gefährdet!). Weiter, oberhalb der Baumgrenze, über die steilen Alphänge, dann schwenkt der Weg bei 2149 m etwas in NO-Richtung und führt bei ca. 2350 m nach SO an die Felswand. Über Grasbänder, Rinnen und Felsstufen führt der gut markierte Pfad mit einigen Sicherungen durch diesen Felsabsatz, Festiflüe genannt. Oberhalb, auf ca. 2800 m, im Zickzack über Geröll zu der erst im letzten Augenblick sichtbaren Hütte. Im Frühjahr ist der Aufstieg erst nach dem Ausapern der Felsenpassage ratsam, die Ski müssen dann bis fast zur Hütte getragen werden.

● 538 Mischabeljoch-Biwak, 3851 m

SAC, Sekt. Genf. Die 1995 komplett neu erstellte Biwakhütte steht nur wenige Meter oberhalb des Joches am Beginn des Täschhorn-SO-Grates. KS 633.000 / 102.640.
Platz für 24 Personen, immer offen. Einrichtung: Matratzenlager mit Decken; Küche mit Holzofen, Spülbecken, Notfunkanlage. Stützpunkt für das Täschhorn (SO-Grat) und den Alphubel (N-Grat).

● 539 Von der Täschhütte

4 Std., **G 4** (ca. 1200 Hm). Beste Route zum Biwak.

Von der Täschhütte folgt man dem Steiglein in NNW-Richtung nur leicht ansteigend zum Beginn des Tälli zwischen den beiden Ästen

des unteren Rotgrates. In Serpentinen aufwärts und in die Gratsenke westl. von P. 3195 m im nördl. Ast (Wissgrat, 1 ½ Std., große Steinplatten markieren diese Stelle). Jenseits steigt man auf Wegspuren auf den trümmerbedeckten Weingartengletscher (S-Arm). Man quert ihn zum Fußpunkt 3242 m des nördl. Westgrates vom Alphubel, geht unter diesem vorbei und hält daraufhin auf den Paß 3481 m zu, der auf der nördlichen, ebenfalls vom Alphubel in den Weingartengletscher absinkenden Felsrippe liegt. Man ersteigt diesen kleinen Paß zwischen den Felsen links und einem Eiswall rechts (1 ½ Std.). Damit kann man das obere Becken des nördl. Weingartengletschers betreten, über das man ohne Schwierigkeiten das Joch erreicht (1 Std.).
Von der Täschalp folgt man zuerst dem Täschhüttenweg bis zur obersten Kehre (P. 2456 m) am Beginn der langen Querung. Hier zweigt ein Weg ab zum Rotbach (2539 m), den man jedoch nicht überschreitet, sondern auf seiner S-Seite über Rasen und Schotterfelder bis zur südl. Seitenmoräne des nördl. Weingartengletschers aufsteigt. Man folgt dieser Moräne, vorbei an P. 3223 m, bis an die Felsrippe, wo man unterhalb des Passes 3481 m auf die o.g. Route trifft (5 Std. von der Täschalp zum Biwak).

● 540 Von der Längflue

II+, 4–5 Std., **G 5** (980 Hm). Abb S. 210/211.

Übersicht: Der Feegletscher ist in seinem unteren Teil enorm zerrissen. Die einzige leichtere Möglichkeit zur Überwindung dieser Zone (im Sommer) besteht in der Erkletterung des breiten Couloirs, das vom Fußpunkt 2989 m zum P. 3358.9 durch die große Felsrippe zieht, die vom Alphubel in NO-Richtung den Gletscher weit hinunter teilt.
Route: Von der Längflue steigt man in WSW-Richtung zum Beginn der o.g. Felsrippe (P. 2989 m). Auf deren S-Seite führt ein großes und teilweise schneegefülltes Couloir aufwärts, durch das man bis zu seinem oberen Ende (P. 3358,9 m) hinaufklettert (bei viel Schnee kann man das Couloir bereits nach ca. 12 m rechts auf einem breiten Band verlassen und ersteigt, an P. 3166 m vorbei, eine Felsrippe entlang des Gletscherrandes, bis man auf ca. 3200 m den Gletscher betreten kann und weiter oben mit der Couloir-Route zusammentrifft). Ein steiler Firnhang führt auf eine Verflachung bei ca. 3550 m, die man an den Fuß des Joches nach W überquert. Nach Überschreiten des Bergschrundes erreicht man über einen 150 m-Steilhang das Joch.

● 542 Täschhütte, 2701 m

SAC, Sektion Uto, Zürich. Die Hütte steht hoch über dem Talgrund der Täschalpen, dabei nur wenig südl. am Fuß des Alphubel-Rotgrates. Zweistöckiger Natursteinbau. KS 630.300 / 100.075.
60 Plätze, WR mit 30 Plätzen, Gastraum und Küche sind zugänglich; volle Bewirtschaftung Mitte Juni – September. Tel. 0 28 / 67 39 13. Eindrucksvoller Blick auf das Weisshorn. Beliebtes Ausflugsziel, guter Stützpunkt für alle Gipfel zwischen Täschhorn und Rimpfischhorn.

● 543 Von der Täschalp (Ottavan)

1 ¼ Std., **BW 1** (490 Hm). Abb. S. 227.

Guter, breiter Weg. Er führt zuerst wenige Meter am Rotbach entlang, gewinnt dann in weiten Kehren die Hänge westl. unter dem Rotgrat, um in einer langen Querung unterhalb der Hütte durchzuziehen, die schließlich von O erreicht wird.
Dies ist auch der Winteraufstieg, Lawinengefahr über der Täschalp.

● 545 Täschalp/Ottavan, 2214 m

Privat, zwischen dem Rot- und Mellichbach am unteren Ende der Täschalpe in einer kleinen Sommersiedlung gelegen. KS 628.750 / 100.900.
Im Sommer bewirtschaftet. Ausgangspunkt für die schöne Höhenwanderung nach Zermatt sowie alle Ziele der Täschhütte, bei denen dann allerdings ein größerer Höhenunterschied zu bewältigen ist.

● 546 Von Täsch

2 ¼ Std., **BW 1** (770 Hm). Eine schmale, geteerte Straße führt von Täsch über Täschberg bis zur Täschalp.

Der schöne Fußweg leitet bei den letzten Häusern von Täsch auf die S-Seite des Täschbaches und durch den Wald über Blasi zur Fahrstraße (ca. 1950 m), auf der man weiter über Stafelti zur Täschalp ansteigt.

● 548 Flue, 2618 m

Privat. Auf der Fluealp oberhalb der rechten Seitenmoräne des Findelngletschers im S des Oberrothorns gelegen. Mehrstöckiger Steinbau. KS 628.830 / 095.780.

60 Schlafplätze, voll bewirtschaftet, kein WR., Tel. 0 28 / 67 25 51. Großartiger Matterhornblick, Ausgangspunkt für die Aussichtsgipfel des Oberrothornkammes, sowie für die Besteigung des Rimpfischhorns und Strahlhorns.

● 549 Von Zermatt

3 Std., **BW 1** (1000 Hm). Breite und beschilderte Wege.

Von **Zermatt** nach Winkelmatten, unter der Gornergratbahn hindurch und im Wald über dem Findelbach nach Ze Gassen (2051 m). Weiter durch das Almgelände nach Eggen und in einer Querung ansteigend unter der Station Blauherd vorbei nach O und im Zickzack zum Stellisee. Nur mehr leicht ansteigend zur nahen Hütte.
Bei Benutzung der Bahnen nach **Sunnegga/Blauherd** in ca. ½ Std. bei nur geringer Steigung am Stellisee vorbei auf breitem Weg zur Hütte.
Winteraufstieg: Von der Station Blauherd nach O in 30 Min. am Stellisee vorbei zur Hütte.
Von der **Station Unterrothorn** auf den Pisten ins Furggji und nach S über Roter Bodmen bis auf etwa 2750 m, wo man nach links zur sichtbaren Hütte abzweigt (30 Min.).

● 551 Mischabelhütten, 3329 m

Akademischer Alpen Club Zürich (AACZ). In der Verlängerung des Lenzspitze-Nordostgrates auf der Felsrippe gelegen, die den Hohbalmgletscher vom kleinen Fallgletscher trennt. Seit 1975 steht eine neue, größere, mehrstöckige Hütte nur wenig oberhalb der alten, die nun als SV-Hütte dient. KS 634.810 / 106.540.
120 Plätze, voll bewirtschaftet von Juni bis Oktober, die alte Hütte mit 60 Plätzen steht in der übrigen Zeit offen. Tel. 0 28 / 57 13 17. Großartiger Hüttenplatz mit besonders schönem Blick auf Saas Fee und die Weissmiesgruppe. Die Hütte dient als Ausgangspunkt für die Besteigungen von Balfrin und Ulrichshorn sowie für alle Gipfel des Nadelgrates. Im Winter nicht zugänglich.

● 552 Von Saas Fee

4 Std., **BW 2** (1540 Hm).

Von Saas Fee (WW an der Kirche) hält man sich auf bezeichnetem Weg in westl. Richtung auf den Schluchtausgang des Torrentbaches

zu, eine Lawinenbarriere wird dabei durch ein Tunnel passiert. Über die Brücke und in vielen Serpentinen über Trift und Schönegge auf den Ausläufer des vom Distelhorn nach SW abstreichenden Gratrückens (P. 2448,6 m, 1 ¾ Std.). Der Weg steigt weiter an zu P. 2688 m und in der S-Flanke des Distelhorns über Schotterfelder an den Fuß des Fallgletschers, ca. 3000 m (1 ¼ Std.). Deutliche Markierungen zeigen den Weiterweg durch die Fels- und Schrofenwand, die nun nördl. über dem Fallgletscher erstiegen wird (Stufen, Drahtseile). Über eine Felsrippe erreicht man in weiteren Serpentinen nach 1 Std. die Hütten.
Die Benutzung der Bergbahn auf die Hannigalp verkürzt die Anstiegszeit um ca. ¾ Std. Nach einer fast ebenen Querung zum Torrentbach steigt man unter der Distelhorn O-Flanke nach Schönegge auf, wo man auf die o.g. Route trifft (3-3½ Std., 1030 Hm).

● 554 Längflue, 2870 m

Privat. In unmittelbarer Nähe der Seilbahnstation gelegen. KS 635.350 / 103.660.
220 Schlafplätze. Ganzjährig voll bewirtschaftet, kein WR. Tel. 0 28 / 57 21 32. Insbesondere zur Skitourenzeit günstiger Ausgangspunkt für die Gletschertouren auf den Alphubel und das Allalinhorn, dazu auch für das Mischabeljoch-Biwak in großartig wilder Gletscherlandschaft.

● 555 Von Saas Fee

3 Std., **BW 1** (1080 Hm). Abb. S. 205, 210/211.

Von Saas Fee auf dem breiten Weg nach SO, vorbei an der Talstation der Felskinn-Bahn und durch lichten Wald an die Mittelmoräne des Feegletschers. In vielen Serpentinen führt der Weg über Gletscheralp nach Spielboden (Zwischenstation der Seilbahn, 2447 m, Restaurant). Der gute Weg führt weiter aufwärts an die Felswand der Längflue, die man auf einem eingehauenen Steig von S nach N durchsteigt. Auf dem Felsrücken erreicht man in S-Richtung das Gasthaus. Seilbahnauffahrt bis ca. 5 Min. unter das Haus.

● 557 Britanniahütte, 3030 m

SAC, Sekt. Genf. Die Hütte steht in der flachen Einsenkung, die der vom Allalinhorn über Mittel- und Hinterallalin herabziehende Grat kurz vor dem Klein Allalin aufweist, wonach er dann als Steilflanke

nach Mattmark abfällt. Mehrstöckiger Natursteinbau. KS 638.420 / 101.070.
113 Schlafplätze. Die Hütte ist von März bis September voll bewirtschaftet, in der übrigen Zeit stehen im WR 14 Plätze zur Verfügung (Kochmöglichkeit). Die Wasserknappheit zwingt zum sparsamen Umgang hiermit. Tel. 0 28 / 57 22 88. Die aussichtsreich gelegene Hütte gehört wohl wegen ihrer sehr leichten Erreichbarkeit und den besonders vielseitigen Tourenmöglichkeiten zu den meistbesuchten SAC-Häusern in der Schweiz. 4 nicht sehr schwierige Viertausender lassen sich von hier aus im Sommer wie im Winter besteigen. Leider ist der Stützpunkt aus diesen Gründen in den Haupturlaubszeiten nicht selten überfüllt, eine Voranmeldung ist daher sehr zu empfehlen.

● 558 Von Saas Fee mit der Felskinnbahn

Von der Seilbahnstation Felskinn steigt man auf der breiten Ratrac-Spur etwas auf, quert dann zum Egginerjoch und gelangt fast eben in SO-Richtung zur Hütte (45 Min., **BW 2**).

● 559 Von Saas Fee über Plattjen

3 ¾ Std., **BW 1** (1250 Hm); 2 Std. von der Bergstation Plattjen (630 Hm).

Von der Talstation der Plattjen-Seilbahn führt ein guter Weg in vielen Kehren über die Galenalp (2054 m, wenig darüber Abzweigung zum Egginerjoch) am Berghaus Plattjen vorbei zur Bergstation (1 ¾ Std.). Ab hier leitet der Weg sehr aussichtsreich durch die gesamte O-Flanke des Mittagshorns und steigt dann im Meiggertal langsam an zum sog. Heidefriedhof (2764 m am O-Grat des Egginer). Hier quert er in den Kessel des Chessiengletscher (Einmündung des Direktaufstieges von Almagell), leitet auf den Moränenkamm und führt schließlich über den praktisch spaltenfreien Gletscher in südl. Richtung zur Hütte.

● 560 Von Saas Fee über das Egginerjoch

3 ½ Std., **BW 2** (1250 Hm). Im oberen Bereich durch die Pistenbaumaßnahmen nicht mehr interessant!

Von Saas Fee geht man an der Talstation der Plattjen-Seilbahn in Chalbermatten vorbei und entlang der Schneise in vielen Kehren zur Galenalp (2054 m). Die Abzweigung zum Berghaus Plattjen läßt man links liegen und hält sich rechts (südwärts), quert unter dem NW-Gratausläufer des Mittagshorns durch und steigt dann in etwa parallel zur Felskinnseilbahn gegen S unter der W-Flanke des Egginers über Moränenschotter auf, bis man über eine oft schneegefüllte Mulde in das Egginerjoch gelangt. Jenseits geht es fast eben auf der breiten Spur über den Chessiengletscher in 20 Min. zur Hütte.

● 561 Von Saas Almagell

4 Std.,**BW 1** (1360 Hm).

Knapp 1,5 km südl. von Saas Almagell zweigt bei Zer Meiggern (Staubecken) ein markierter Pfad nach W ab (WW) und führt durch die Hänge der Flue erst in SW-, dann in W-Richtung steil nach Mälliegge (2389 m). Weiter ein Stück am Blattbach, dann in Kehren unter dem Heidefridhof zum Weg über Plattjen hinauf (R 559).

● 562 Vom Mattmark-Stausee

3 ½ Std., **G 2** (850 Hm).

Von der Staudammkrone des Mattmarksees folgt man dem Fahrweg am W-Ufer, nach den Tunnels zweigt man rechts aufwärts ab und erreicht in SW-Richtung die Schwarzbergalp (2372 m). In nördl., dann in nordwestl. Richtung ersteigt man auf Wegspuren den Schwarzbergkopf bis nahe P. 2931,0 m (2 Std.). Hier quert man auf den Allalingletscher, den man in einem großen Bogen auf das gegenüberliegende Ufer (unterhalb P. 3143,3 m, Beginn der großen Moräne) zu überschreitet. Der Hohlaubgletscher wird in NO-Richtung gequert und dann zur Hütte kurz aufgestiegen.

● 565 Berghaus Plattjen, 2411 m

Privat. Das Haus liegt wenig unterhalb der Seilbahnstation von Plattjen am N-Rücken des Mittaghorn in wunderschöner aussichtsreicher Lage. Nur Tagesbewirtschaftung; geöffnet von Anfang Juli bis Anfang/Mitte Oktober, im Winter von Ende Dezember/Anfang Januar bis April (Skiliftbetrieb).
Zustieg unter R 559, Britanniahütte, 1 ½ Std. von Saas Fee.

3.2 Pässe

● 570 Küchenwang, 2620 m

Zwischen Wannehorn und Distelhorn; Übergang von der Balfrinalp (Färich, 2043 m) zur Hannigalp (Grächen, durch Skilifte bis ins Joch im Winter leicht erreichbar; umfangreiche Erdbewegungen haben leider am wunderschönen Grächerwald böse Wunden hinterlassen, 1 ¼ Std. von der Station Hannigalp). Ein breiter Pisten-Fahrweg verbindet das Joch mit der Bergstation der Seetalhorn-Bahn.
Auf seiner SO-Seite vermittelt das Joch den Zugang zu einem wilden Höhensteig, der sich auf einem teilweise sehr schmalen Band in den Felsen ziemlich waagerecht durch die Flanke des Distelhorns und weiter um den NO-Rücken des Seetalhorns in das urtümliche Seetal zieht (alpine Variante des HW Grächen – Saas Fee).

● 571 Von Südosten (vom Höhenweg Grächen – Saas Fee)

1 ¼ Std. von der Abzweigung bei Läckerna (**BW 3**, 340 Hm), 2 ¾ – 3 Std. von der Seetalhorn-Bergstation über das Seetaljoch und das Eister Seetal, 5 Std. von Saas Fee. Ausgesetzter Höhensteig, wenig begangene Alternative zum normalen Weg Saas Fee – Grächen, sehr aussichtsreich.

Von der Bergstation Seetalhorn führt ein Steig in einigen Kehren zum Seetaljoch (30 Min.). Jenseits steil in Serpentinen abwärts und auf der nördl. Flanke des Eister Seetales tiefer. Am Ausgang des Seetales auf ca. 2450 m quert der gute Weg auf Bändern um den Lägunde Grat herum zur steilen Alp Rote Biel (Abstieg zum HW nach Saas Fee möglich) und weiter nach Läckerna (in wenigen Kehren kann man hier erneut zum HW nach Grächen absteigen). Der Pfad steigt wieder an, leitet in den Kessel des Eisbaches und führt recht ausgesetzt über begraste Bänder in der Distelhorn O-Flanke leicht steigend zum Joch.

● 573 Seetalpass, 2980 m

Wenig oberhalb der Bergstation der gleichnamigen Seilbahn gelegen, von dort auf neuem Weg in knapp 30 Min. zu erreichen. Obwohl die Bahn an sich keine größeren Eingriffe in den herrlichen Grächerwald erfordert hat, führen die Ausbaubemühungen für das Pistengebiet zu häßlichen, schon von weitem sichtbaren Wunden am Bergwald.
Die Scharte ist Ausgangspunkt für die landschaftlich großartigen Höhenwege über dem Saastal nach Saas Fee oder zur Hannigalp nach

Grächen zurück, das Seetalhorn (3037 m) ist in wenigen Minuten nicht schwieriger Kletterei vom Paß erreichbar.

● 575 Färichlücke, 2885 m

Zwischen Platthorn und Färichhorn. Alter, aber mühsamer Übergang von Gasenried (Grächen) nach Huteggen (bei Eisten im Saastal). Von der Seetalhorn-Bergstation in 45 Min. durch westseitige Querung (Pistengelände, z.T. auch weglos) erreichbar.

● 576 Von Gasenried

3 Std., **G 2** (1220 Hm), im oberen Teil weglos.

Von Gasenried auf der Fahrstraße nach Schalbettu und östl. den Wegen folgen zu den Grächener Wasserleitungen. Weiter aufwärts bis in die Nähe der rechten Seitenmoräne, wo man den Weg zum Gletscher nach links verläßt und auf dem neuen Steig, oben am Pistengelände, über den Riedberg aufsteigt. Etwa bei Plattja nach SO abbiegen und über die Blockhänge des Platthorns schräg aufwärts zur Scharte.

● 577 Von Huteggen

5 Std., **G 2** (1630 Hm).

Von Huteggen führt ein guter Pfad in Kehren nach Schweibu (1679 m) und weiter über dem Schweibbach nach Färich (2043 m, früher Schafpferch, 2 Std.). Nun weglos, bald über Schotterfelder in die nördl. Moränenmulde des Färichgletschers und durch diese über Geröll bis in die Lücke. Schöne Skiabfahrt.

● 579 Riedpass, 3565 m

Zwischen Balfrin und Ulrichshorn, aber kein gebräuchlicher Übergang vom Riedgletscher ins Saastal.

● 580 Von der Bordierhütte

2 ½ Std., **G 2** (680 Hm). Bei guter Schneelage in der Bruchzone westl. unter dem Balfrin ist dies eine leichte Gletschertour, sonst muß man hier die steinschlaggefährlichen Randfelsen benutzen.

Von der Bordierhütte folgt man dem dem mit Steinmännern markierten Pfad leicht ansteigend in das Tälchen vor der Seitenmoräne, wo man nach wenigen Metern südl. zur Moräne aufsteigt. Auf ihr etwa 100 Hm aufwärts, bis eine Stange den Abstieg zum Gletscher markiert, und weiter am Gletscher unter der SW-Flanke des Bigerhorns vorbei in einem Bogen an den Fuß des SW-Grates vom Balfrin-NW-Gipfel (1 ¼ Std.). Wenn es die Schneeverhältnisse zulassen, steigt man zwischen der Bruchzone und den Felsen auf das obere flache Gletscherbecken, sonst muß man die leichten, aber brüchigen Felsen des Gratausläufers benutzen. Ohne weitere Schwierigkeiten über die darüberliegende Firnfläche leicht links haltend zum Joch (1 ¼ Std.).

● 582 Windjoch, 3850 m

Zwischen Ulrichshorn und Nadelhorn. Neben dem Normalzugang zu beiden Gipfeln wichtiger Übergang vom Hohlaubgletscher (Mischabelhütten) zum Riedgletscher (Bordierhütte).

● 583 Von der Bordierhütte

4 Std., **G 2** (960 Hm). Abb. S. 190/191.

Auf R 580 des Riedpasses bis oberhalb der erwähnten Bruchzone. In genau südl. Richtung steigt man über den wenig steilen Gletscher an den Fuß des Joches und nach Überwinden des Bergschrundes recht steil zu diesem hinauf. Falls dieser Steilhang sehr vereist ist oder der Bergschrund schwer zu überwinden ist, empfiehlt sich der Umweg über den Riedpaß und das Ulrichshorn (zeitl. Mehraufwand 1 Std.).

● 584 Von den Mischabelhütten

1 ½ Std., **G 2** (520 Hm).

Man steigt über den breiten und felsigen Rücken auf Wegspuren mit einigen Markierungen in W-Richtung auf, bis man auf ca. 3600 m den Hohlaubgletscher in kurzem Abstieg gut betreten kann. In einem Bogen quert man ihn an den Fuß des gegenüberliegenden Windjochs, das man steil über den Schneehang erreicht. Meist hält man sich dabei anfangs auf das Ulrichshorn zu (Bergschrund) und steigt im oberen Drittel wieder in W-Richtung in das Joch.

● 586 Galenjoch, 3303 m

Zwischen Gugla und Dürrenhorn. Von Randa ziemlich mühsam und kaum begangen; von der Bordierhütte eine durchaus schwierige Tour. Nur als Zugang zum Nadelgrat von Interesse.

● 587 Von der Bordierhütte

II (Stellen), 2 ½ Std., **G 3** (ca. 600 Hm), viel Schutt. Abb. S. 195.

Auf dem Hüttenweg abwärts, über den Riedgletscher und dem Steig noch bis auf ca. 2750 m entlang, wo nach links (W) der Anstieg über eine breite, z.T. schuttgefüllte Rinne zwischen den Felsen zu einer Terrasse über dieser Felsbarriere möglich ist. Auf Schotter, Felsen und Schneehängen quert man ansteigend die NO-Flanke der Gugla und erreicht das Joch über die untersten Meter des Gugla O-Grates. Das Joch ist auch vom Riedgletscher erreichbar, indem man unter der O-Wand des Dürrenhornes bei sehr guten Verhältnissen bis unter das Joch absteigt (Spalten) und dann direkt über Firn hinaufsteigt, sonst benutzt man ein Band, welches im untersten Teil des Dürrenhorn-NW-Grates unterhalb gelblicher Felsen schräg in NW-Richtung auf den Grat führt. Von hier steigt man in 15 Min. in das Joch ab.

● 588 Von Randa

6 – 6 ½ Std., **G 2** (ca. 1300 Hm). Kaum begangen.

Von Randa nach Chueboden, darüber längs der Wasserleitung in den Graben des Birchbaches, der (zu Zeiten schwierig) überschritten wird. Am N-Ufer bis zu einem vom Hohberg kommenden Wasserfall, links vorher auf einem Steig durch die Felsen und oben wieder an einer Wasserleitung (oberhalb von Bärgii) entlang. Wo diese in die Felsen führt, nach rechts (NO) aufwärts, durch die Flanke von Säldgalen und auf die Moränenfelder. Zwischen der Freiplatte am Chli Dürrenhorn (rechts) und Brutflüe (links) direkt in das Galenjoch.

● 590 Dürrenjoch, 3860 m (neu: ohne Namen)

Zwischen Chli Dürrenhorn und dem Dürrenhorn. Kein Übergang, aber je nach den Verhältnissen ein mäßig günstiger Zustieg zum Nadelgrat von der Bordierhütte.

● 591 Von der Bordierhütte

4 Std., **G 6** (980 Hm), nicht steinschlagsicher. Abb. S. 190/191.

Auf der Route zum Riedpaß (R 580) steigt man bis oberhalb der Bruchzone westl. unter dem Balfrin (ca. 3400 m) und quert den Riedgletscher in SW-Richtung auf die Rinne zu, die vom Joch ostseitig zum Gletscher herabzieht. Bei guten Verhältnissen kann man die

300 Hm im Schnee direkt aufsteigen, bei Blankeis muß man die wenig festen, aber leichten Felsen des Chli Dürrenhorns an der N-Seite des Couloirs benutzen.

● 593 Hohbergjoch, 3916 m (neu: Dürrenjoch)

Zwischen Dürrenhorn und Hohberghorn. Kein gebräuchlicher Übergang, das Joch dient aber als bester Zugang zum Nadelgrat von der Bordierhütte.

● 594 Von der Bordierhütte

4 Std., **G 6** (1040 Hm); steiles Couloir (bis 45°) bzw. brüchige, aber unschwierige Felsen, teilweise Wegspuren. Abb. S. 190/191.

Wie bei R 580 (Riedpass) bis oberhalb der Bruchzone auf ca. 3400 m und über den Riedgletscher in SW-Richtung an den Fuß des Couloirs (2 ¾ Std.). Bei guten Verhältnissen direkt durch das steile Couloir empor oder über die nicht festen Felsen des N-Randes (Dürrenhorn-Seite, teilweise Wegspuren). Von den Mischabelhütten erreicht man den Fuß des Couloirs im Abstieg über das Windjoch (R 582) unterhalb der Brüche des Hohberghorns vorbei in ca. 2 – 2 ½ Std.

● 595 Von der Domhütte

II, 5 Std.,**G 5**, (ca. 1230 Hm). Abb. S. 197.

Von der Hütte auf R 696 zum Festijoch, das man überschreitet. Jenseits überquert man absteigend den Hohberggletscher bis an den Fuß der vom Hohberghorn nach W abfallenden Wand (ca. 3500 m, 3 Std.). Wenig nördlich dieses Eckpunktes führt ein meist schneegefülltes Couloir aufwärts. Man folgt ihm, bis nach links (N) eine ebenfalls meist schneegefüllte Spalte durch die ganze W-Flanke bis zu dem Gletscher westl. unter dem Joch führt. Über diese Spalte ist der Gletscher leicht zu erreichen (1¼ Std.), dann über einen unschwierigen Firnhang in ¾ Std. zum Joch.

● 597 Stecknadeljoch, 4142 m (neu: Hohbergjoch)

Zwischen Hohberghorn und Stecknadelhorn (in der Landeskarte nicht benannt); es hat, wie die anderen Scharten des Nadelgrates, keinerlei Bedeutung als Übergang, vermittelt aber den besten Zugang von der Domhütte zum Grat. Die NO-Seite wird von einem Hängegletscher versperrt.

● 598 Von der Domhütte

II, 4 ½ Std., **G 4** (1250 Hm).

Man folgt dem Normalanstieg zum Dom bis jenseits vom Festijoch (R 696, 2 ½ Std., II). Der Hohberggletscher wird in Nordostrichtung gequert, um den Fuß des vom Joch herabziehenden, schmalen Couloirs zu erreichen (3800 m). Bei guten Verhältnissen kann man direkt über den steilen Schneehang bis ins Joch steigen, ansonsten muß man die losen, aber leichten Felsen und die Schutthalde an der Westseite des Couloirs benutzen.

● 600 Nadeljoch, 4213 m

Zwischen Nadelhorn und Lenzspitze, o. N. LK. Das Joch wird nur bei der Überschreitung des Nadelgrates betreten. Die W-Seite ist sehr steinschlaggefährdet und sollte, obwohl klettertechnisch nur mäßig schwierig, gemieden werden. Auf der O-Seite reicht die NO-Wand der Lenzspitze bis zum Joch, so daß auch das Nadeljoch den Endpunkt einer Durchstiegsvariante dieser Eiswand darstellt.

● 602 Lenzjoch, 4121 m

Zwischen Dom und Lenzspitze. Diese Scharte vermittelt den Zugang zum Dom-NO-Grat und dem Lenzspitze-S-Grat und damit dem Beginn/Ende des klassischen vollständigen Nadelgrates von der Domhütte. Anstiegsbeschreibung von W siehe R 699, Dom-NO-Grat.
Die Ostseite wird wegen Stein- und Eisschlaggefahr nicht begangen.

● 604 Mischabeljoch, 3851 m

Zwischen Täschhorn und Alphubel. Wenige Meter nordwestl. über dem Einschnitt befindet sich die Biwakschachtel. Das Joch vermittelt den Zugang zum sehr schönen Täschhorn-SO-Grat oder dem Alphubel-N-Grat. Es wird kaum für sich alleine überschritten, da die südl. gelegenen Pässe wesentlich leichter als Übergang vom Saastal nach Täsch oder Zermatt zu begehen sind. Zugänge siehe R 538, Mischabeljoch-Biwak.

● 606 Alphubeljoch, 3782 m

Zwischen Alphubel und Feekopf, verbindet dieses Joch den Feegletscher im NO (Längflue) mit dem Alphubelgletscher im W (Täschhütte). Das Joch wird bei der Besteigung des Alphubels auf der Normalroute von der Täschhütte überschritten.

● 607 Von Westen (Täschhütte)

3 Std., **G 3** (1080 Hm). Unschwierige Gletschertour.

Übersicht: Der nach W zwischen Alphubel und Feekopf abstreichende Alphubelgletscher wird in seinem unteren Teil von einer kleinen Felsrippe in zwei Arme geteilt. Der übliche Sommeranstieg führt über den nur mäßig verschrundeten südl. Gletscher, bei guten Verhältnissen und im Frühjahr ist auch die etwas direktere Route über den nördl. Teilarm möglich. Besonders im Spätsommer, wenn der Feegletscher kaum noch zu begehen ist, stellt diese Seite den leichtesten Zugang zum Joch und damit auch zum Alphubel (R 715) dar.
Route: Von der Täschhütte steigt man auf dem guten Steig anfangs nur leicht aufwärts über zwei Bäche und folgt dann dem dritten Bach in östl. Richtung über den Chummibodmen (2888 m) zu den Moränenfeldern, wo sich auf ca. 3040 m ein kleiner See befindet. Durch die schottergefüllte Mulde empor und zwischen dem Schutthügel 3257 m zur Rechten und der Verlängerung der Felsinsel des Alphubelgletschers zur Linken hindurch erreicht man den Gletscher bei ca. 3200 m. Nun gerade in O-Richtung unterhalb der Felsen dieser Insel aufsteigen, bis man an deren oberem Ende auf ca. 3650 m nach links (N) über ein steiles Firnfeld auf den nördl. Gletscherarm gelangen kann. Schließlich wieder in O-Richtung über leichte Firnfelder zum Joch. Für den direkten Anstieg über den nördl. Teil des Gletschers, der bei guten Verhältnissen um 20–30 Min. kürzer ist, hält man sich vom Chummiboden mehr nordöstl. unter die Wand des Rotgrates, wo man auf ca. 3200 m den Gletscher betritt und in O-Richtung bis zum Joch aufsteigt. Dies ist auch die Skiroute.

● 608 Von Osten (Längflue bzw. Britanniahütte)

3 Std., **G 3** (910 Hm) von der Längflue, 4 Std. von der Britanniahütte; Gletscherroute mit zu Zeiten mächtigen Spalten, im Spätsommer evtl. kaum zu begehen. Abb. S. 210/211.

Übersicht: Von Alphubel und Feekopf ziehen zwei Felsrippen weit nach O in den Feegletscher hinunter. Über das sich dazwischen ausbreitende, sehr spaltenreiche Gletscherbecken führt der Aufstieg; die großen Spaltensysteme zwischen ca. 3200 und 3550 m können zu erheblichen Umwegen zwingen. Diese Zone muß man in jedem Falle überwinden, da die Zustiege von der Längflue und der Britanniahütte ebenfalls noch unterhalb einmünden. Bei zu großer Zerschrundung empfiehlt sich besonders von der Britanniahütte ausgehend der Zugang über das Feejoch und den Feekopf (R 725) oder über den Allalinpaß und den Mellichgletscher (R 613). Der zusätzliche Höhenunterschied beträgt jeweils nur ca. 100 m. Vorsicht bei Schlechtwetter auf den weitläufigen Gletscherfeldern, eine Orientierung ohne vorhandene Spuren ist bei Nebel nahezu unmöglich!

Route: Von der Längflue betritt man in wenigen Minuten den Feegletscher und steigt direkt auf das Alphubeljoch zu, läßt also die in der Fortsetzung der kleinen Felsinsel P. 3173,7 m auftretende Spaltenzone links liegen. Nach einer leichten Gletscherverflachung hält man sich in SW-Richtung parallel und in ausreichendem Abstand zu der vom Alphubel herunterziehenden Felsrippe. In diesem Bereich mündet auch die Route von der Britanniahütte. In der nun folgenden Bruchzone muß man sich den Weg nach den gegebenen Verhältnissen suchen, oft sind zeitraubende Querungen nötig! Auf ca. 3600 m wird der Gletscher wieder flacher und führt dann mit leichten Firnfeldern in SSW-Richtung zum Joch. Dies ist auch die Skiroute.

● 610 Feejoch, 3826 m

Dieses Joch wird beim Normalweg zum Allalinhorn (NW-Flanke) berührt und bildet die Verbindung dieses Berges zum Feekopf und weiter zum Alphubel. Wegen der fast 250 m hohen Felswand auf der S-Seite wird es nicht als Übergang benützt. Durch die Nähe der Station Mittelallalin (Metro-Alpin) ist der Zugang sehr verkürzt, eine gut ausgetretene Spur führt fast immer bis ins Joch. Trotzdem ist eine vollständige Ausrüstung für Gletscherbegehungen unverzichtbar, da einige gefährliche Spaltenzonen überquert werden müssen! Großartige Skiroute, doch sollte man in diesem Bereich nicht die große »Bergeinsamkeit« erwarten.

● 611 Von Nordosten (Längflue bzw. Britanniahütte)

3 Std., **G 2** (950 Hm) von der Längflue und von Felskinn; 1 ¼ Std. (380 Hm) von der Station Mittelallain; ca. 3 Std. von der Britanniahütte. Das Gletschergelände unterhalb Mittelallalin ist zum Pistengebiet ausgebaut. Beschreibung R 731 (Allalinhorn).

● 613 Allalinpass, 3564 m

Wichtiger Übergang, der den Allalingletscher (Britanniahütte) mit dem Mellichgletscher (Täschhütte) verbindet, zwischen Allalinhorn und Rimpfischhorn. Die südwestseitige Querverbindung zum Alphubelgletscher unter dem Feekopf entlang bildet zudem eine sehr vorteilhafte Zustiegsalternative zum Alphubeljoch von der Britanniahütte, die nur geringfügig länger, aber über viel weniger zerschrundete Gletscher führt als die Route über Felskinn und den Feegletscher (R 608). Der Allalinpaß stellt den wichtigen Zugang zum Allalinhorn-SW-Grat und dem Normalanstieg zum Rimpfischhorn von der Britanniahütte dar. Hervorragendes Skitourengelände auf beiden Seiten des Passes.

● 614 Von Osten (Britanniahütte)

2 ½ – 2 ¾ Std., **G 3** (550 Hm). Abb. S. 220/221, 231.

Route: Von der Britanniahütte in W-Richtung auf den Hohlaubgletscher, den man wenig steigend in einem Bogen von W nach S überquert. Der unterste Ausläufer des Hohlaubgrates vom Allalinhorn wird auf ca. 3120 m nahezu eben überschritten, dann steigt man über den Schneesattel 3105 m kurz auf den Allalingletscher ab. Nahe dessen N-Rand, unter der SO- und S-Wand des Allalinhorns erreicht man ein oberes Gletscherplateau (ca. 3250 m), von wo aus über eine kurze steilere Stufe zum Paß direkt nach W angestiegen wird.
Dies ist auch die vielbegangene Skiroute.

● 615 Von Westen (Täschhütte)

3 – 3 ½ Std., **G 2** (940 Hm). Leichte Gletschertour. Abb. S. 227.

Route: Von der Täschhütte steigt man auf dem guten Steig anfangs nur leicht aufwärts über zwei Bäche und folgt dann dem dritten Bach in östl. Richtung über den Chummibodmen (2888 m) zu den Moränenfeldern, wo sich auf ca. 3040 m ein kleiner See befindet. Durch die schottergefüllte Mulde empor und zwischen dem Schutthügel 3257 m zur Rechten und der Verlängerung der Felsinsel des Alphubelgletschers zur Linken hindurch erreicht man den Gletscher bei ca. 3200 m. Nun gerade in O-Richtung unterhalb der Felsen dieser Insel bis auf ca. 3400 m aufsteigen. Hier biegt man schräg rechts in südöstl. Richtung von der Alphubeljochroute ab und steigt knapp unter dem Ausläufer der Feekopf-S-Wand auf die Moränenfelder des Mellichgletschers ab. Der Gletscher selbst wird erst auf ca. 3450 m, nahezu in Fallinie von P. 3846 (Feekopf-NW-Gipfel) betreten und in SO-Richtung über Firnfelder der Paß ereicht. Schöne Skiroute.

● 617 Egginerjoch, 2989 m

Übergang im unteren NO-Grat des Allalinhorns (Mittel- und Hinterallalin) vor dem Egginer und Mittaghorn. Die breite Verbindungs-»Straße« von Felskinn zur Britanniahütte führt etwas oberhalb vom Joch vorbei. Der Aufstieg von Saas Fee ist wegen der Nähe zum Skigebiet im oberen Bereich (Pistenbaustellen!) und endloser Schotterfelder kaum noch zu empfehlen.

● 619 Furggji, 2981 m

Zwischen Unter- und Oberrothorn, wird beim Aufstieg zu letzterem betreten; Pistengebiet. 10 Min. Abstieg vom Unterrothorn auf dem Schuttrücken. Von der Fluealp steigt man in knapp 1 Std. auf dem guten Weg über die Felsstufe Gerber und den Roten Bodmen zum Sattel auf, von der Station Blauherd in etwa 45 Min. nach einer Querung unter dem Unterrothorn und den Roten Bodmen (alles BW 1). Von Tufteren (2215 m) folgt man wenige Min. dem HW zur Täschalp, um dann in die Tufterchumme abzuzweigen, durch die man bis zur Furggji aufsteigt (1 ¾ Std.).

● 621 Adlerpass, 3789 m

Zwischen Rimpfischhorn und Strahlhorn, wird beim Normalanstieg zu letzterem betreten. Besonders zur Skitourenzeit vielbegangener Übergang zwischen Saas Fee (Britanniahütte) und Zermatt (Flue) und umgekehrt. Er verbindet den Allalingletscher mit dem Adlergletscher, einem Teilarm des Findelngletschers. Mit einer Traversierung des Stockhornpasses (Gornergrat) ist auch die Verbindung mit der Monte-Rosa-Hütte möglich (Erweiterung der sog. Haute Route). Die Gletscherfelder auf der NO-Seite sind im allgemeinen nicht schwierig zu begehen, im späteren Sommer ist dagegen auf der W-Seite die Bruchzone im Vereinigungsgebiet von Adler- und Findelngletscher oft problematisch zu überwinden, so daß dann nur noch selten Partien von dieser Seite aufsteigen.

● 622 Von Nordosten (Britanniahütte)

3 – 3 ½ Std., **G 3** (800 Hm), Gletschertour. Abb. S. 220/221, 231.

Übersicht: Der Allalingletscher zieht aus der Gipfelgruppe Strahlhorn – Rimpfischhorn – Allalinhorn in östl. Richtung nach Mattmark hinunter. Auf seiner N-Seite fließt in gleicher Richtung der Hohlaubgletscher hinab; oben sind sie vom Hohlaubgrat, im untersten Bereich nur durch Moränen voneinander getrennt. Der Anstieg von der Britanniahütte quert fast eben den unteren Teil des Hohlaubgletschers und folgt dem Allalingletscher in der Nähe seines nördl. Ufers, wobei auf ca. 3300 m die Route zum nahen Allalinpaß von der zum Adlerpaß nach W abzweigt.

Route: Von der Britanniahütte steigt man in W-Richtung auf den Hohlaubgletscher hinab, den man wenig steigend in einem Bogen von W nach S überquert. Der unterste Ausläufer des Hohlaubgrates vom Allalinhorn wird auf ca. 3120 m nahezu eben überschritten, dann steigt man über den Schneesattel 3105 m auf den Allalingletscher ab. Nahe dessen N-Rand, unter der SO- und S-Wand des Allalinhorns erreicht man ein oberes Gletscherplateau (ca. 3250 m), wo die Route zum Allalinpaß abzweigt. Man hält sich hier mehr südl. und steigt parallel unter den Wänden des Rimpfischhorns zum Paß hinauf. Sehr viel mit Ski begangen.

● 623 Von Westen (Flue)

4 Std., **G 3** (1180 Hm), bei guten Verhältnissen im Bruch am Strahlchnubel (Frühsommer) wenig schwierige Gletscherroute.

Übersicht: Vom Adlerpaß fällt ein steiler Schneehang auf den Adlergletscher hinab. Dieser Gletscher vereinigt sich mit dem vom nördl. Weissgrat nach Zermatt ziehenden Findelngletscher über einer Bruchzone, in welche die Felsinsel »Strahlchnubel«, 3222 m, eingelagert ist. Im Frühjahr kann man oft auf beiden Seiten dieser Insel durchkommen, zu späterer Jahreszeit muß man meist das nördl. Moränengelände des Findelngletschers für Umgehungen bis oberhalb des Bruches nutzen.

Route: Von der Flue steigt man auf dem guten Pfad in der Moränenmulde an dem Seelein vorbei und nach rechts auf den Moränenkamm. Über diesen weiter, bis man in der Nähe des von Pfulwe herabziehenden Felsgürtels auf den Findelngletscher leicht absteigen kann. Man folgt seinem N-Ufer und versucht, beim Zusammenfluß mit dem Adlergletscher weiter auf dieser Seite aufzusteigen. Bei zu großer Zerschrundung muß man die Geröllfelder am N-Rand des Adlergletschers benutzen, kehrt aber so rasch wie möglich auf den Gletscher zurück. Gerade auf den Paß zu, den man zuletzt über den häufig vereisten Steilhang in einer von links nach rechts ansteigenden Diagonale zwischen den untersten Felsen vom Rimpfischhorn und einer kleinen Felsinsel erreicht. Dies ist auch die Skiroute.

3.3 Gipfel

● 630 Wannehorn, 2669 m

Schöner, von Grächen leicht zu erreichender Aussichtspunkt.

● 631 Von der Hannigalp (über Küchenwang)

1 ½ Std., **BW 2** (550 Hm).

Von der Station auf breitem Weg in der Schneise der häßlichen Pistenbauten, mit denen der wunderschöne Grächerwald an der Waldgrenze zerstört wurde, zur Chleini Furgge (2273 m). Nun über den hübschen Weg auf dem Gratrücken bis unter die Gipfelfelsen, wo man über grobes Blockwerk westl. zur Küchenwang quert (hierher auch über den Pistenfahrweg); mit wenigen Schritten zum aus einigen Felsen bestehenden Gipfel.

● 633 Distelhorn, 2830 m

Ohne touristische Bedeutung. Der Gipfel kann von SW über öde Schuttfelder unschwierig erreicht werden. Am N-Grat von Küchenwang wenig fester Fels I–II.

● 635 Seetalhorn, 3037 m

Wenig bedeutende, aber auffällige Gipfelnadel über Blockfeldern, vom Seetalpaß mit kurzer Kletterei (II) in 15 Min. ersteigbar.

● 637 Gabelhorn, 3136 m

Wie seine Nachbargipfel stark verwittert, mühsame und wenig lohnende Zustiege. Der Gipfel besteht aus zwei Blöcken, die mit wenigen Metern schwieriger Kletterei ersteigbar sind.

● 639 Platthorn, 3246 m

Aussichtspunkt, der über endlose Schotterfelder der SW-Flanke bestiegen werden kann (I, 1 Std., G 2, 370 Hm von der Färichlücke). Bei guten Verhältnissen wenig anstrengende Skitour vom nahen Liftgebiet über die SW-Flanke, Abfahrt entweder nach W (Gasenried) oder über die Färichlücke nach O (Schweibbach und Huteggen).

● 641 Färichhorn, 3290 m

Zwar ein schöner Aussichtsgipfel, doch bietet die Umgebung der Bordierhütte interessantere Ziele. Gewaltige Schotterfelder bilden die

SW-Flanke, über die der mühsame und eintönige Anstieg verläuft (2 Std. von der Bordierhütte, G 2, 400 Hm). Auch mit Ski möglich. In die SW-Flanke kommt man auf der Route zur Bergstation Seetalhorn (R 532). Die anderen Flanken befinden sich im Zustand größter Verwitterung und bieten allenfalls Freunden extremen Bruchgeländes einen recht zweifelhaften Genuß (große Steinschlaggefahr).

● 643 Groß Bigerhorn, 3626 m

Ein sehr schöner Aussichtsgipfel, der von der Bordierhütte leicht erstiegen werden kann. Besonders lohnend ist die Überschreitung dieses Berges zum Balfrin. Das vorgelagerte Klein Bigerhorn kann dabei als Abstecher mitgenommen werden, wenn man nicht über den Blockrücken direkt von der Hütte dorthin aufsteigen will, um dann dem Verbindungsgrat weiter zu folgen (1 Std.).

● 644 Von der Bordierhütte (Westrücken)

2 ½ Std., **G 2** (740 Hm), teilweise viel Schutt.

Von der Bordierhütte folgt man dem mit Steinmännern markierten Pfad leicht ansteigend in das Tälchen vor der Seitenmoräne des Riedgletschers, wo man nach wenigen Metern nach S zur Moräne aufsteigt. Auf ihrem Kamm aufwärts (an einer Stange zweigt der Anstieg zum Riedpaß rechts ab), bis der Weg im Blockwerk verschwindet. Über dieses etwas mühsam zum Rücken und, nun wieder mit spärlichen Pfadspuren ohne Schwierigkeiten bis zum Gipfel.

● 645 Übergang zum Balfrin (Südostgrat)

I (wenige Stellen), 1 ¼ Std., **G 2**. Siehe R 651.

● 646 Weitere Anstiege:

Nordnordwestgrat: IV (Stellen), 6 – 7 Std. vom Gässi, **G 6**. Lange und schwierige Kletterei über den türmereichen Grat; man hält sich meist auf der Gratkante; bis zu P. 3345 m, dem Vereinigungspunkt mit dem NO-Seitengrat, werden einige Stellen südl., danach auf der O-Seite umgangen. Schöne Kletterei in festem Fels.

● 650 Balfrin, 3795 m

Sehr schöner und ohne größere Schwierigkeiten ersteigbarer doppelgipfeliger Aussichtsberg. Eignet sich zusammen mit dem Ulrichshorn im S und den Bigerhörnern im NW für eine sehr lohnende Gesamtüberschreitung von der Bordierhütte zu den Mischabelhütten.

● 651 Nordwestgrat vom Groß Bigerhorn

I (wenige Stellen), 1 Std., **G 2** (180 Hm); 3 – 3 ½ Std. von der Bordierhütte (920 Hm). Teilweise Schneerücken.

Vom Groß Bigerhorn steigt man über einige Felsen, Schotter und Schnee über den P. 3594 m in die Scharte ab. Nun über den Schneegrat zum Vorgipfel (evtl. auch in den leichten Felsen der W-Seite umgehbar) dann über Schutt und leichte Felsen in den flachen Sattel und jenseits wieder über Schnee, Schutt und leichte Felsen zum höchsten Punkt.

● 652 Südgrat vom Riedpass

Über den Schneegrat zu den leichten Felsen und über diese direkt ohne irgendwelche Schwierigkeiten zum Gipfel (1 Std., **G 2**, 240 Hm; 3 ½ Std. von der Bordierhütte).
Über den Riedpaß wird der Balfrin auch im Winter von der Bordierhütte erreicht (am Grat die Ski tragen).

● 653 Skiabfahrt ins Saastal

Großartige, hochalpine Unternehmung in sehr einsamer Region. Der Balfringletscher ist steil und stark zerrissen, das Durchkommen zwischen den Spaltenzonen sollte der Nicht-Gebietskundige von gegenüber, z.B. dem Gsponer Höhenweg, vorher erkunden. Die große Spaltenzone wird im oberen Bereich (3450 – 3000 m) am ehesten auf der Bigerhorn-Seite, dann nach rechts auf einer Art Gletscherrampe zu der unteren Felsinsel bei P. 3041 m überwunden (hierher evtl. auch über den schmalen Gletscherarm unter dem W-Felssockel des Schilthorns); dann in den Talgrund und über die Balfrinalp und Schweibu nach Huteggen im Saastal.

● 655 Ulrichshorn, 3925 m

Ausgezeichneter Aussichtsgipfel, besonders eindrucksvoll ist der Blick auf die Lenzspitze-NO-Wand und den Nadelgrat. Von den Mischabelhütten ist der Gipfel sehr leicht zu erreichen. Der Berg kann auch bei der Nadelhorn-Besteigung gut vom Windjoch aus mitgenommen werden und stellt auch den Beginn oder Endpunkt der sehr empfehlenswerten Gratüberschreitung der Balfrin-Gruppe dar.

● 656 Südwestgrat vom Windjoch

Man steigt vom Windjoch über den ziemlich schmalen Grat direkt zum Gipfel. Er ist selten verwächtet, dafür aber leicht vereist (30 Min., **G 2**, 80 Hm; 2 Std. von den Mischabelhütten).

● 657 Nordgrat vom Riedpass

Der Aufstieg erfolgt über den breiten Firnrücken (einige Spalten), nur auf den allerletzten Metern ist der Grat schmal und manchmal verwächtet (1 Std., **G 2**, 460 Hm; 3 ½ Std. von der Bordierhütte). Schönes Skiziel, das oberste Stück evtl. zu Fuß. Abb. S. 190/191.

● 660 Grathorn, 2273 m

Schöner und leicht erreichbarer Aussichtspunkt über dem Mattertal. Von Gasenried nach Schalbettu und auf dem Weg zur Bordierhütte steil bis in die Nähe der Möräne (WW). Der gute Steig zweigt hier nach W ab und leitet über die N-Flanke zum Grathorn.
Ein kleiner, stellenweise undeutlicher Steig führt auch von W zum Grathorn, er zweigt vom Weg an der Wasserleitung durch den Dorfwald nach Schalbettu an der Stelle ab, wo dieser die untersten Felsen des Grathorn-NW-Kammes unterquert. Er leitet dann steil im Wald zur Alm Grat (2224 m) und darauf in N-Richtung zum Signal.

● 662 Gugla, 3377 m

Wenig bedeutender Gipfel, allenfalls interessant für eine Begehung des gesamten Kammes vom Grathorn (2273 m) über den Mittelberg (2712 m) und das Breithorn (3178 m), eine einsame Tour mit großartiger Aussicht; möglich auch als Abstieg vom Galenjoch (nach einer Nadelgrat-Überschreitung) ins Tal für sehr ausdauernde Berggänger.

● 663 Ostsüdostgrat vom Galenjoch

Über den schuttbedeckten Rücken zum Gipfel (I, 20 Min., 70 Hm).

● 664 Nordgrat von Gasenried über den Mittelberg

II, 6–7 Std., **G 4** (ca. 1800 Hm).

Wie bei R 660 zum Grathorn und über rasendurchsetzte Hänge weiter aufwärts bis unter den Mittelberg (2712 m). Dieser bildet eine Reihe von Gratzacken, die alle überschritten werden können, bis auf den letzten, der östl. umgangen wird (1 ½ – 2 Std., dieser Abschnitt läßt sich auch östl. (Grasbänder) oder westl. (leichte Felsen) umgehen.

Schließlich kann man die Scharte südl. vom Mittelberg auch direkt von Alpja über Gras und Schotter in 1 ½ Std. erreichen). Man folgt nun dem breiten und grasbewachsenen Grat zu P. 2796,6 m und weiter über Schrofen, Schutt und leichte Felsen bis zum Gipfelaufbau des Breithorns (3178 m), der direkt erklettert (II) werden kann (oder man umgeht ihn auf der W-Seite und steigt zum Gipfel an, 1 ½ Std.). Es folgt ein kurzer Abstieg in eine flache Scharte, dann steigt man über den stellenweise scharfen Grat mit kurzen Plattenklettereien, bis man zuletzt über Schotter oder Schnee den Gipfel erreicht (1 ¼ Std.).

● 665 Dürrenhorn (Dirruhorn), 4034 m

Dieser Gipfel bildet zusammen mit dem durch das Dürrenjoch getrennten Chli Dürrenhorn den eigentlichen Endpunkt des klassischen Nadelgrates. Da das Hohbergjoch viel günstiger erreichbar ist, wird dieser Gipfel jedoch viel seltener als die anderen dieses Grates bestiegen.
Die Routen über die O-, S- und W-Flanke sind allesamt stark steinschlaggefährdet.

● 666 Südostgrat vom Hohbergjoch (neu: Dürrenjoch)

I, 45 Min., **G 4** (120 Hm). Abb. S. 190/191.

Man folgt dem Grat über die unschwierigen, aber auch etwas brüchigen Felsen bis zum Gipfel.

● 667 Nordgrat über das Chli Dürrenhorn

III (Stellen, sonst II), 3 ½ Std., **G 5** (680 Hm). Felsgrat, etwas brüchig, am Grat besser als in den Flanken. Abb. S. 190/191, 197.

Vom Galenjoch steigt man über die leichten Felsen des breiten Grates bis zum Gipfel des Chli Dürrenhorns (kaum als eigenständiger Gipfel zu erkennen), der P. 3816 m kann dabei auch westl. umgangen werden (2 Std.). In ca. 15 Min. klettert man in das Dürrenjoch (3860 m) ab und folgt von hier den Felsen des Grates möglichst auf der Gratkante. Auf halber Strecke wird ein auffallender Felszahn entweder überklettert oder auf der W-Seite umgangen (1 ½ Std.).

Folgende Doppelseite:
Nadelgrat vom Groß Bigerhorn.

Ulrichshorn
Lenzspitze
Nadelhorn
Windjoch
St
R677/
683
R681
R656
R657
R583
R I E D G
R594
Bordierhütte

Hohberghorn
Dürrenhorn
adel-
rn
Hohbergjoch
R672/676
R671
R666
R667
R673
R594
R591
R587
Galenjo
E T S C H E R

● 670 Hohberghorn, 4219 m

Recht oft besuchter Gipfel im Verlauf der Nadelgrat-Überschreitung. Vom Nadelhorn bis zum Hohberghorn verläuft der Nadelgrat etwa in NW-Richtung, ab hier in N-Richtung über das Dürrenhorn zum Galenjoch. Der Gipfel besteht aus Schnee, alle Gratanstiege sind jedoch kombiniert in Schnee und Fels.

● 671 Nordnordwestgrat vom Hohbergjoch (neu: Dürrenjoch)

II, 1 ½ Std., **G 5** (300 Hm). Abb. S. 190/191, 195, 197.

Vom Joch längs des nicht sehr steilen Felsgrates (I), dann über Firn zum Felsabsatz unter dem Gipfel. Dieser kann in schneefreiem Zustand gut direkt erklettert (II) oder muß im Schnee (Eis) links (östl.) umgangen werden. Über den obersten Schneegrat weiter zum Gipfel.

● 672 Ostsüdostgrat vom Stecknadelhorn

II (Stellen am Stecknadelhorn), 1¼ Std., **G 5**. Schnee- und Felsgrat, im untersten Abschnitt etwas brüchig. Abb. S. 190/191, 195.

Vom Stecknadelhorn steigt man anfangs über Bänder, dann über die Felsen immer auf der S-Seite des Grates bleibend zum Stecknadeljoch (4142 m) ab. Der nun folgende Firngrat führt zuerst fast eben, dann zunehmend steiler zum Gipfel.

● 673 Weiterer Anstieg:
Nordostflanke: Reine Eistour, bis **55°**, **G 8**. Abb S. 190/191.

● 675 Stecknadelhorn, 4241 m

Kleine Erhebung im Nadelgrat.

● 676 Westnordwestgrat vom Hohberghorn

II (Stellen am Stecknadelhorn), 1¼ Std., **G 5**. Schnee- und Felsgrat, im untersten Abschnitt etwas brüchig. Abb. S. 190/191, 195.

Vom Hohberghorn anfangs steiler, dann fast eben in die Einsenkung zwischen den Gipfeln (Stecknadeljoch, 4142 m, o. N. LK). Ab hier

Sonnenaufgang am Mischabelkamm (von links nach rechts: Täschhorn – Dom – Lenzspitze – Nadelgrat).

folgt man dem Grat, immer in den Felsen des S-Seite knapp unterhalb der Grathöhe bleibend, wo man Bänder findet, die nur mäßig schwierig emporführen.

● 677 Südostgrat vom Nadelhorn

II, 1 Std., **G 5**. Abb. S. 190/191, 199.

Vom Nadelhorn entweder am Normalweg (NO-Grat) absteigen, bis man unter dem Gendarmen am Nadelhorn NW-Grat im steilen Firn zum Firngrat queren kann, oder am NW-Grat direkt abklettern und den Gendarm traversieren (III). Der folgende Firngrat führt bis an die Gipfelfelsen, über die man kurz und unschwierig zum Gipfel aufsteigt

● 680 Nadelhorn, 4327 m

Dieser aus drei Graten geformte Gipfel besitzt eine feine Spitze, die besonders von N tatsächlich wie eine Nadel aus dem Gratverlauf ragt. Der höchste Punkt bietet nur wenigen Personen Platz, was an diesem nicht gerade einsamen Berg leider hin und wieder zu gewissen Spannungen führen kann. Die verhältnismäßig hohen Besucherzahlen begründen sich einmal auf die nicht allzu schwierige Erreichbarkeit, andererseits besticht der Gipfel auch durch seine ganz hervorragende Rundsicht und nicht zuletzt ist auch der Normalweg (NO-Grat) eine recht abwechslungsreiche Tour. Die drei Grate bieten die Möglichkeit besonders lohnender Überschreitungen in recht gutem Fels, dagegen sammeln sich in den Furchen und Rinnen der SO- und SW-Flanke alle eisigen und steinigen Grüße aus dem Gelände oberhalb.

● 681 Nordostgrat vom Windjoch

I (Schnee bis **40°**), 2 Std., **G 4** (480 Hm). Normalweg, Firn- und Felsgrat; im oberen Teil etwas ausgesetzt, manchmal vereist. Auch günstiger Abstiegsweg vom Nadelgrat. Abb. S. 190/191.

Vom Windjoch (R 582) steigt man auf dem anfangs breiten Firngrat aufwärts, in der oberen Hälfte wird er zunehmend schmal und ist z.T. mit unschwierigen, aber oft verschneiten und unten nicht ganz festen Felsen durchsetzt. Die letzten Meter zum Gipfel werden an guten und

Moosalp-Blick auf Nadelgrat und Riedgletscher.

Nadelhorn
Hohberghorn
Stecknadelhorn
Dürrenhorn
R666
R677/
R683
R672/676
R671
R681
Windjoch
R594
R587
R580
Bordierhütte
R531
Grathorn
R660
GASENRIED

griffigen Felsen überwunden. Bei günstigen Verhältnissen auch im Frühjahr mit Ski von der Bordierhütte, am NO-Grat jedoch zu Fuß; Skidepot am oder unter dem Windjoch (oder über das Ulrichshorn).

● 682 Südostgrat von der Lenzspitze

III, 2 – 3 Std., **G 6**. Besonders schöne Route in ausgezeichnetem Fels (Gneis), bei Vereisung heikel. Abb. S. 197.

Von der Lenzspitze folgt man der luftigen Gratkante zuerst im Schnee absteigend zum Nadeljoch (4213 m), der Grat wird mehr felsig, was durch die zunehmende Ausaperung der letzten Jahre verstärkt wird, schwierige Stellen werden im W umgangen (½ – 1 Std.).
Vom Nadeljoch folgt man dem Gratfirst über eine Reihe von Türmen und Gendarmen, die alle direkt überklettert werden oder notfalls in der O-Seite umgangen werden können (insbesondere die ersten zwei ausgeprägten Türme). Der steile Gipfelaufbau wird in jedem Falle direkt erklettert (1 ½ – 2 Std.).

● 683 Nordwestgrat vom Stecknadelhorn

II, 1 Std., **G 5**. Abb. S. 190/191, 199.

Vom Stecknadelhorn über die Felsen kurz zum Ober-Stecknadeljoch und längs des nicht schwierigen Firngrates bis zu dem Turm am Gipfelaufbau des Nadelhorns. Dieser wird überschritten (III) oder im steilen Firn nordseitig zum Normalweg über den NO-Grat umgangen.

● 684 Weiterer Anstieg:

Nordflanke: Vom Riedgletscher in 3–5 Std. über die Eisflanke zum Gipfel, zwei große Schründe bilden die Hauptschwierigkeiten; **G 7**.

● 685 Nadelgrat von der Bordierhütte
Hohberghorn – Stecknadelhorn – Nadelhorn

II (evtl. III am Nadelhorn-Gendarm), bis **45°** im Eis, gesamt etwa 12 Std. (1640 Hm). Abb. S. 190/191.

Bordierhütte – Hohbergjoch (neu:Dürrenjoch): Eis bis **45°**, 4 Std., **G 6** (1040 Hm Aufstieg), R 594.

Blick vom Brunegghorn auf den Nadelgrat.

Stecknadelhorn
Lenzspitze
Nadel-
horn
Dürrenhorn
Hohberghorn
R677/
683
R682
Dürrenjoch
Hohbergjoch
R671
R666
R667
R595
Stecknadeljoch
R589
R595
Hohberg-
gletscher

Hohbergjoch – Hohberghorn: II und Schnee/Eis, 1 ½ Std., **G 5** (300 Hm Aufstieg), R 671.
Hohberghorn – Stecknadelhorn: II (Stellen) und Schnee/Eis, 1 ¼ Std., **G 5** (70 Hm Abstieg, 100 Hm Aufstieg), R 675.
Stecknadelhorn – Nadelhorn: II (Stellen) und Schnee/Eis, 1 Std., **G 5** (120 Hm Abstieg, 200 Hm Aufstieg), R 683.
Nadelhorn – Windjoch: I und Schnee/Eis, 1 ¼ Std., **G 4** (480 Hm Abstieg), R 681.
Windjoch – Bordierhütte: 2 ½ Std., **G 2** (960 Hm Abstieg), R 583.

● 686 Nadelgrat von den Mischabelhütten: Lenzspitze – Nadelhorn – Stecknadelhorn – Hohberghorn

IV- (an Lenzspitze und Nadelhorn), bis **45°** im Eis (Abstieg), gesamt etwa 12 Std. (1580 Hm). Abb. S. 190/191.

Mischabelhütte – Lenzspitze (NO-Grat): **IV-** (Stellen) und Schnee/Eis, 4 ½ Std., **G 6** (970 Hm Aufstieg), R 691.
Lenzspitze – Nadelhorn: III und Schnee/Eis, 2–3 Std., **G 6** (80 Hm Abstieg, 110 Hm Aufstieg), R 682.
Nadelhorn – Stecknadelhorn: II (Stellen) und Schnee/Eis, ¾ Std., **G 5** (210 Hm Abstieg, 120 Hm Aufstieg), R 677.
Stecknadelhorn – Hohberghorn: II (Stellen) und Schnee/Eis, 1 Std., **G 5** (100 Hm Abstieg, 70 Hm Aufstieg), R 672.
Hohberghorn – Hohbergjoch: II und Schnee/Eis, 1 Std., **G 5** (300 Hm Abstieg), R 594.
Hohbergjoch (neu: Dürrenjoch) – Windjoch: Eis bis **45°**, 1 ½ Std., **G 6** (380 Hm Abstieg, 310 Hm Aufstieg), R 594.
Windjoch – Mischabelhütte: 1 Std., **G 2** (520 Hm Abstieg), R 584.

● 690 Lenzspitze, 4294 m

Anfangs- bzw. Endpunkt des vollständigen Nadelgrates, dessen interessantester Abschnitt derjenige zwischen der Lenzspitze und dem Nadelhorn ist. Der Gipfel wird von drei scharfen Graten gebildet, von den dazwischenliegenden Flanken stellt die NO-Wand das Schaustück schlechthin des ganzen Gebietes dar, diese Eiswand ist eines der ganz begehrten Ziele für die Eisgeher. Die anderen Flanken sind stark stein- und eisschlaggefährdet, daher folgen die üblichen

Auf dem Nadelgrat vom Nadelhorn zum Stecknadelhorn.

Anstiege den drei Graten oder der NO-Wand und drängen sich für hochalpine und kombinierte Überschreitungen geradezu auf.

● 691 Ostnordostgrat von den Mischabelhütten

IV- (Stellen III, sonst oft II), 5 Std., **G 6** (970 Hm). Schöne, hochalpine Route in kombiniertem Gelände, meist mit dem Übergang zum Nadelhorn verbunden. Im meist verschneiten Zustand anspruchsvoll, einige heikle Passagen! Abb. S. 190/191, 193.

Von den Mischabelhütten steigt man über den breiten und felsigen Rücken auf Wegspuren mit einigen Markierungen in W-Richtung auf, bei etwa 3600 m zweigt die Route zum Windjoch rechts ab. Weiter auf dem unschwierigen Felsrücken bis zum P. 3815 m, einige wenige Erhebungen werden auf der N-Seite in leichten und losen Felsen umgangen. Hinter P. 3815 m steigt der Grat steil an, man erklettert ihn so nahe wie möglich an seiner Kante bis zum ersten Absatz (unten plattiger Fels, darüber auf kleinem Band wenig nordseitig zu einem Riß und über diesen zum Grat zurück, III). Nach einer kleinen Einschartung mit leichterem Gelände kommt man an den Fuß des zweiten Felsaufschwungs, des Gendarmen (4091 m). Auch hier wieder nicht in den Flanken (südseitig hängt er stark über), sondern an der Kante, oben über eine große Platte (IV-, Eisenstift, bei Vereisung sehr schwierig). Jenseits in die kleine Scharte hinab (5 m, III, besser abseilen) und über den horizontalen Kamm zum letzten felsigen Aufschwung. Dieser ist wiederum steil, aber gut griffig an der Kante zu erklettern (II), im obersten, leichteren Teil sind die Felsen weniger fest; man gelangt an der Kante oder knapp darunter zum letzten Abschnitt, den Schneekamm, über den man leicht zum Gipfel aufsteigt.
Im Abstieg kann an den schwierigen Stellen gut abgeseilt werden, aber man sollte eventuell vorhandenen alten Schlingen an den Köpfeln nicht bedenkenlos sein Leben anvertrauen!

● 692 Südgrat vom Lenzjoch

II, 5–6 Std. von der Domhütte, **G 5** (1400 Hm). Die Felsen am Grat sind nicht besonders fest, jedoch viel besser als in den beiden Flanken. Abb. S. 193.

Zugang zum Lenzjoch: Von der Domhütte folgt man R 696 zum Dom über das Festijoch auf den obersten Hohberggletscher und steigt

direkt gegen den tiefsten Punkt an. Nach Überschreiten des Bergschrundes gelangt man über einen steilen Schneehang, zum Schluß einige Felsen in das Joch (4 Std.). Günstigerweise steigt man für diese Route jedoch nicht in das Joch selbst, sondern hält sich schon weiter unten auf den auffälligen, spitzen Gendarmen etwa in der Mitte des S-Grates zu. Ein Schneehang, Geröll und leichte, aber brüchige Felsen führen hier zum Grat, den man auf beiden Seiten des Gendarmen betreten kann.
Route: Vom Lenzjoch hält man sich möglichst auf der Gratkante, die teilweise überwächtet sein kann und deren Felsen nicht fest, aber besser als in den Flanken sind. Der spitze Gendarm kann auch überklettert werden, oder man umgeht ihn auf der Saaser Seite. Zuletzt führt eine Rinne aus der Westflanke auf den Gipfel.

● 693 Nordwestgrat vom Nadelhorn

III, 2–3 Std., **G 6**. Siehe R 682, Nadelhorn.

● 694 Nordostwand

Bis **55°** steil, 500 Hm Wandhöhe, **G 8**; reine Eiswand praktisch ohne objektive Gefahren. In ihrer Gleichmäßigkeit wie ein überdimensionaler Hohlspiegel sucht diese Wand in den Alpen ihresgleichen. Klassische Route, für Freunde großer Eisanstiege bei guten Verhältnissen eine sehr empfehlenswerte Tour. Abb. S. 193.

Beliebige Durchstiegsmöglichkeiten zwischen dem Bergschrund und dem Gipfel bzw. dem NW-Grat zum Nadelhorn. Meist wird der Schrund in Fallinie des Gipfels überschritten und dann gerade zum höchsten Punkt aufgestiegen.

● 695 Dom, 4545 m

Kulminationspunkt der Mischabelgruppe. Trotz seiner gewaltigen Höhe und auch des enormen Höhenunterschiedes zum Matter- und Saastal (gut 3100 m auf 6 km Horizontalentfernung bei Randa!) wirkt der Dom von Westen oder Osten gesehen nicht so sehr als markante Einzelspitze, sondern eher als gewaltige Mauer. Dagegen zeigt er sich z.B. aus der Gegend um Zermatt herum als schöner Felsgipfel, wenn auch im »Duett« mit dem Täschhorn, und ganz besonders von N, z.B. dem Nadelgrat oder den Berner Alpen jenseits des Rhônetals als alles beherrschender, ebenmäßig geformter Firndom. Entsprechend dieser

überragenden Lage ist an klaren Tagen auch die Fernsicht, die u.a. zu fast allen Viertausendern der Alpen reicht!
Auf dem Gipfel Vorsicht vor den oft enorm großen, auf die Saaser Seite hinausragenden Wächten, eine Reihe tragischer Unfälle haben sich hier bereits ereignet!
Da der Aufstieg auf dem Normalweg über die vollständig vergletscherte N-Flanke zwar sehr lang, aber ohne technische Schwierigkeiten ist, gibt der Dom ein begehrtes Ziel für konditionsstarke und an die Höhe akklimatisierte Bergsteiger ab. Eine durchaus empfehlenswerte Anstiegs-Alternative zur N-Flanke bietet der teilweise felsige Festi- (NW-) Grat (II), der bei guten Verhältnissen kaum mehr Zeit als der Normalweg beansprucht; mehrere schlimme Unfälle der letzten Jahre mahnen hier jedoch zur Vorsicht, der Anstieg wird offensichtlich gerne unterschätzt! Der S-Grat (III) wird praktisch nur bei der hochalpinen Überschreitung vom Täschhorn begangen, und zählt damit, wie auch der NO-Grat vom Lenzjoch (IV+) zu den großen Unternehmungen an diesem Massiv. Alle Routen über die sehr steinschlaggefährdete SW- und O-Wand sind nicht zu empfehlen, wogegen die W-Flanke eine rassige, bis 50° steile und objektiv sichere Eistour bietet, Abb. S. 203. Schließlich wird der Dom gelegentlich über die N-Flanke auch mit Ski bestiegen, sie gestattet auf 1700 Hm eine Idealabfahrt, üblicherweise kann sie jedoch erst unternommen werden, wenn der Anstieg zur Domhütte schneefrei ist, die Ski müssen dann aber über fast 1500 Hm getragen werden. 1. Ersteigung 1858 über den NW-Grat.

● 696 Nordflanke vom Festijoch

3 ½ Std., **G 3** (850 Hm); von der Domhütte eine Stelle **II**, 6 Std., G 3 (1650 Hm). Fast reiner Gletscheranstieg, z.T. viele verdeckte Spalten. Der Eisbruch im W-Teil der N-Flanke bedroht mit Eisschlag den Weg auf dem Hohberggletscher, wenn die Spur aus vermeintlichen Abkürzungsgedanken zu nahe am Fuße dieser Steilflanke gelegt wird! Abb. S. 203.

Zustieg zum Festijoch, 3723 m: Von der Domhütte folgt man der (orog. rechten) Seitenmoräne des Festigletschers auf einem Fußweg und betritt den Firn des rechten Gletscherufers auf ca. 3200 m

Dom und Täschhorn vom Schöllihorn.

Dom
Täschhorn
R698
R708
Domjoch
R709
R699
Lenzjoch
R696
R697
(R695)
R692
Hohgwächte
R706
595
Festi-
gletscher
R696
Domhütte
R536
Randa
Hohberggletscher

(30 Min.). Auf dieser Seite geht man weiter, bis eine Felswand von der Hohgwächte zum Ausweichen in den von großen Spalten zerrissenen Gletscherteil zwingt. Man überwindet dieses Stück möglichst nahe an den Felsen und folgt den Firnfeldern an der rechten Gletscherseite unter das Festijoch. Das Joch wird von S nach einem kurzem Anstieg (Wegspuren) über Firn, Geröll und leichte Felsen etwas westl. der Fallinie, zuletzt in einer waagerechten Querung auf einem schmalen Band nach O (wenige Meter I–II) erreicht; oder man steigt statt der Querung noch bis zum Grat auf und klettert kurz nach O zum Joch ab. 2 Std. von der Domhütte, 780 Hm, eine kurze Stelle II, G 3.
Route: Vom Joch steigt man wenige Meter steil auf den Hohberggletscher und hält sich anfangs in Richtung Nadelhorn, später auf das Lenzjoch zu in einem großen Bogen um den eisschlaggefährdeten Bereich unter dem Eisbruch der Dom-N-Flanke, so daß man auf ca. 3950 m den Fuß der Flanke, östl. des Eisbruchs erreicht. Ab hier in gerader südl. Richtung über den etwas eintönigen Steilhang direkt zum Gipfel hinauf oder etwas westl. davon haltend in den Sattel zwischen dem Gipfel und dem Gendarm (4479 m) und über die letzten Meter des NW-Grates im Firn zum höchsten Punkt.

● 697 Nordwestgrat (Festigrat) vom Festijoch

II, 3 – 3 ½ Std., **G 4** (850 Hm); von der Domhütte 5 ½ – 6 Std., (1650 Hm). Interessante und landschaftlich großartige Route; besonders auch nach Schlechtwetterperioden (viel Neuschnee) für geübte Bergsteiger dem Normalweg vorzuziehen. Abb. S. 203.

Übersicht: Der NW-Grat setzt direkt am Festijoch mit seinem felsigen Teil an. Er verliert sich auf ca. 3980 m im Schnee und verläuft ab hier bis zum Gendarm (4479 m) als Schnittlinie der N- und W-Flanke und ist weitestgehend überfirnt. Der Eisbruch der N-Flanke reicht bis nahe an die Kante heran. Ab dem Gendarm führt der Schneegrat in östl. Richtung zum Gipfel.
Route: Vom Festijoch (R 696) wird der anfangs meist felsige Grat direkt begangen (II), bei guten Firnverhältnissen kann man leichter auch links (nördl.) des Grates im Schnee ansteigen. Auf ca. 3980 m verliert sich der nunmehr schmale Grat im Schnee bzw. Eis (ca. ¾ Std). Zwischen den Felsen zur Rechten und dem Eisbruch links steigt man möglichst direkt hinauf und folgt dann der Firnkante bis unter den Gendarm, 4479 m. Man umgeht ihn im Schnee auf der N-Seite und erreicht damit den obersten Teil der Normalroute.

Alphubel, Täschhorn, Dom und Lenzspitze vom Höhenweg Kreuzboden – Almageller Alp, im Talgrund liegt Saas Fee.

● 698 Südgrat vom Täschhorn

III+, 4 – 5 Std., **G 6**; bei ca. 210 Hm im Abstieg und 270 Hm im Aufstieg auf 1,2 km Horizontalentfernung, 2 ½ – 3 Std. vom Domjoch, 4281 m. Teilweise etwas brüchige Felsen. Eine der großen Grattouren, die Verhältnisse sind jedoch oftmals nicht gut; bei verschneiten oder vereisten Felsen wird der Grat rasch heikel und dann sehr schwierig, womit auch der Zeitbedarf enorm steigen kann, das Mehrfache der angegebenen Zeitdauer ist dann nicht ungewöhnlich! Abb. S. 203, 210/211.

Vom Täschhorn folgt man dem mitunter schmalen Felsgrat über den Vorgipfel und weiter gleichmäßig abwärts zu einem Turm. Dieser wird gewöhnlich überklettert oder ostseitig auf einem Band umgangen; mit dessen N-Fuß erreicht man den verfirnten Gratteil. Auf der manchmal überwächteten Gratschneide wird zum Domjoch abgestiegen und jenseits weiter auf dem Schneegrat wieder aufwärts bis zum Beginn der Felsen am ersten Gendarm. Dieser Turm, wie auch die folgenden Zähne mit schlechtem Fels, werden entweder überschritten oder in der O-Flanke umgangen. Schließlich kommt man bei einer Art Schulter an den Gipfelaufbau, wo in nun besserem und leichtem Fels der höchste Punkt erreicht wird.

● 699 Nordostgrat vom Lenzjoch

IV+ (Stellen im unteren Teil, oben meist Firn), 3 – 6 Std., **G 10** (440 Hm). Schwierige und lange, sehr ausgesetzte Grattour. Wie schon am S-Grat, sind auch hier die Felsen im unteren Teil recht lose, werden aber mit zunehmender Höhe besser. Abb. S. 203.

Übersicht: Als Gegenstück zum Gendarm im NW-Grat weist auch der NO-Grat einen etwa gleich hohen Gendarm, 4468 m, auf, der dabei auch in etwa gleicher Distanz zum Gipfel steht. Vom Lenzjoch bis zu dem Gendarm ist der Grat felsig, oben ein Schneegrat. Der unterste, ziemlich brüchige Gratteil ist nicht allzu schwierig, kann bei gutem Firn mit Vorteil auf der NW-Seite umgangen werden. Die Schwierigkeiten dieses Anstiegs konzentrieren sich auf den mittleren, ausgesetzten und steilen Gratteil bis zu dem Gendarm.
Zustieg zum Lenzjoch: Wie beim Normalweg zum Dom über das Festijoch (R 696) auf den obersten Hohberggletscher. Man steigt nun aber direkt auf das Joch zu, das man über einen Bergschrund und einen kurzen, steilen Firnhang sowie wenige Felsen erreicht. Von der

Domhütte 4 Std., II, G 3 (1190 Hm). Für den Weiterweg am Dom-NO-Grat muß man jedoch nicht zum tiefsten Punkt im Lenzjoch steigen, sondern kann weiter rechts (südl.) beliebig über die steilen Firnhänge den Grat auch etwas weiter oben betreten.

Route: Im untersten, weniger steilen Gratstück trifft man auf sehr lose, aber leichte Felsen; statt der Gratkante zu folgen, kann man auch in der Firnflanke rechts (nordwestl.) darunter ansteigen. Weiter oben werden die Felsen besser, eine oft vereiste Platte wird direkt über die steile NW-Seite überwunden. Die Steilheit des Grates nimmt nun weiter zu, wobei der Beginn des großen Aufschwunges über die sehr ausgesetzte und aus wenig verläßlichen Fels bestehende SO-Seite erklettert wird. Nach einem kurzen und nahezu waagerechten Gratteil wird ein überhängender Turm ebenfalls im SO umgangen und nach einem sehr ausgesetzten Gratstück der Große Gendarm wieder von der Saaser Seite her über weniger schwierige Felsen betreten. Der Weiterweg folgt nun dem leichten Firngrat, dessen kurze felsige Unterbrechungen in der Firnflanke umgangen werden können.

● 700 Hohgwächte, 3740 m

Von der Domhütte leicht erreichbarer Aussichtsgipfel. Der Berg ist an sich nur eine Verbreiterung des untersten NW-Grates vom Dom und trennt den Festi- vom Hohberggletscher.

● 701 Südflanke

2 ½ Std., **G 3** (800 Hm) von der Domhütte.

Man folgt dem Dom-Normalanstieg (R 696) auf dem Festigletscher bis oberhalb der Spaltenzone auf ca. 3400 m. Über die Schnee- und Geröllflanke in nördl. Richtung aufwärts zur überfirnten Gipfelkuppe, an deren O-Ecke der höchste Punkt liegt.

● 705 Täschhorn, 4490,7 m

Nach dem Dom ist das Täschhorn der zweithöchste Gipfel der Mischabelkette, jedoch sind alle Anstiege lang und anspruchsvoll; daher wird dieser Berg nur von verhältnismäßig wenigen Bergsteigern versucht. Die NW-Flanke (früher von der nunmehr verfallenen Kinhütte angegangen) wird mit einem Höhenverlust von ca. 100 m von der Domhütte erreicht (II). Die Steilflanke zum Gipfel weist gewaltige Spaltensysteme auf, die die Besteigung zu Zeiten erheblich erschweren. Der SO-Grat war wegen der Länge der Zustiege früher eine ziemlich selten durchgeführte Tour, wird aber seit Erbauung der Biwakschachtel auf dem Mischabeljoch häufiger unternommen (III) und kann nun erfahrenen Bergsteigern als anspruchsvolle Normalroute empfohlen werden. Der NNO-Grat wird meist im Übergang zum Dom begangen, was eine schwierige (III) und vor allem sehr lange Fahrt ergibt, namentlich bei verschneiten und vereisten Felsen – und derlei Verhältnisse gibt es hier oben oft. Über den WSW-Grat (Teufelsgrat) führt eine schwere und besonders lange Route, die aber schlechten Fels aufweist. Die Anstiege durch die O- und SW-Seite sind wegen Stein- und Eisschlaggefahr nicht zu empfehlen.

● 706 Nordwestflanke von der Festi-Kin-Lücke

II+, 3 Std., **G 5** (850 Hm, von der Domhütte: 5 – 6 Std., 1650 Hm). Normalweg von der Domhütte. Im Gegensatz zum Anstieg auf den Dom gehen nur wenige Partien zum Täschhorn. Man wird daher nicht oft auf vorhandene Spuren treffen, was die Besteigung durchaus anspruchsvoll, aber auch sehr interessant gestalten kann. Nur kurze Stellen verlaufen im Fels (an der Festi-Kin-Lücke und den letzten Metern zum Gipfel), der überwiegende Teil der Route führt somit über Schnee bzw. Eis auf einer stark zerschrundeten Steilgletscherflanke. Abb. S. 203.

Übersicht: Eingelagert in die obersten Abschnitte des NNO- und WSW-Grates zieht sich der von großen Schründen unterbrochene Steilgletscher nach NW hinab. Er wird bei abnehmender Steilheit immer schmaler und fußt schließlich auf den Kinfelsen, die den Kingletscher in zwei Arme teilen. Aus dem obersten, nördl. Becken dieses Gletschers wird über die Flanke möglichst direkt aufgestiegen, doch zwingen die großen Spalten oft zu langen Querungen. Den Gipfel erreicht man über den obersten Teil des WSW-Grates. Der untere Kingletscher ist z. Zt. so stark zerklüftet, daß der frühere »Normalweg« über die jetzt verfallene Kinhütte kaum noch ausgeführt wird. Daher ist es üblich, von der Domhütte über die Festi-Kin-Lücke im W-Grat des Doms diesen Gletscher oberhalb der Schründe zu betreten, man hat damit jedoch einen Höhenverlust von 100 m.
Zugang zur Festi-Kin-Lücke: Von der Domhütte folgt man dem Normalanstieg zum Dom in Richtung Festijoch bis auf ca. 3400 m, wo man oberhalb der Spaltenzone den Festigletscher in SO-Richtung leicht ansteigend queren kann. In der Nähe des jenseitigen Ufers führt eine spaltige Rampe in östl. Richtung in das flachere Becken unter

der Festi-Kin-Lücke, in welcher der Dom-W-Grat fußt, der sich abwärts zum unbedeutenden Grabenhorn fortsetzt. Ein Bergschrund ist manchmal schwierig zu überschreiten, dann führt ein kurzer, aber steiler Schnee- bzw. Eishang ins Joch (2 ½ Std., G 4 (800 Hm).
Route: Von der Festi-Kin-Lücke folgt man dem Dom-W-Grat noch gut 100 Hm aufwärts und quert dann in südöstl. Richtung über ein Geröllband mit großen Blöcken auf den Kingletscher hinab (ca. 100 m Höhenverlust; II). Der Gletscher wird in S-Richtung gequert und die Steilflanke bei etwa 3800 m erreicht. der weitere Anstieg richtet sich sehr nach den Verhältnissen, oft findet man eher auf der südwestl.Hangseite die besseren Durchschlüpfe. Der Gipfel wird über die Felsen des obersten WSW-Grates betreten; dieser wird durch eine Schneerinne auf 4300 m nahe seines letzten Aufschwungs erreicht.

● 707 Südostgrat vom Mischabeljoch

III, 4 – 5 Std., **G 6** (640 Hm). Seit Erbauung der Biwakschachtel auf dem Mischabeljoch wird dieser schöne und ziemlich schwierige Anstieg nun öfters unternommen. Firnstrecken wechseln mit Felsabschnitten, wobei vornehmlich im unteren Teil etwas lose Felsen vorherrschen, im Gipfelbereich werden sie deutlich besser. Auf den Firnstrecken muß mit Wächten gegen die Saaser Seite gerechnet werden. Abb. S. 210/211.

Übersicht: Der SO-Grat fällt vom Gipfel anfangs steil mit festen Felsen ab, wird dann auf eine längere Strecke etwas flacher und zeitweise verwächtet, um schließlich mit brüchigen Felsen und einigen Türmen zum Mischabeljoch hinabzuziehen. Die Route folgt fast ausschließlich der Gratkante.
Route: Vom **Mischabeljoch** umgeht man den ersten Aufschwung des felsigen Gratabschnittes auf der Saaser Seite, folgt dann aber dem hier nur mäßig schwierigen Grat selbst bis zum P. 3980 m (Wegspuren). Ab hier ist der Grat meist verfirnt bis zur Vereinigung mit dem Seitengrat, der von W aus dem Weingartengletscher heraufzieht (P. 4175 m, Einmündung des direkten Anstiegs von der Täschhütte, s. unten). Über den hier nicht schwierigen, felsigen und recht breiten Grat steigt man weiter, nach einem von der O-Seite heraufziehenden

Folgende Doppelseite:
Alphubel und Täschhorn mit dem Feegletscher vom Weissmies.

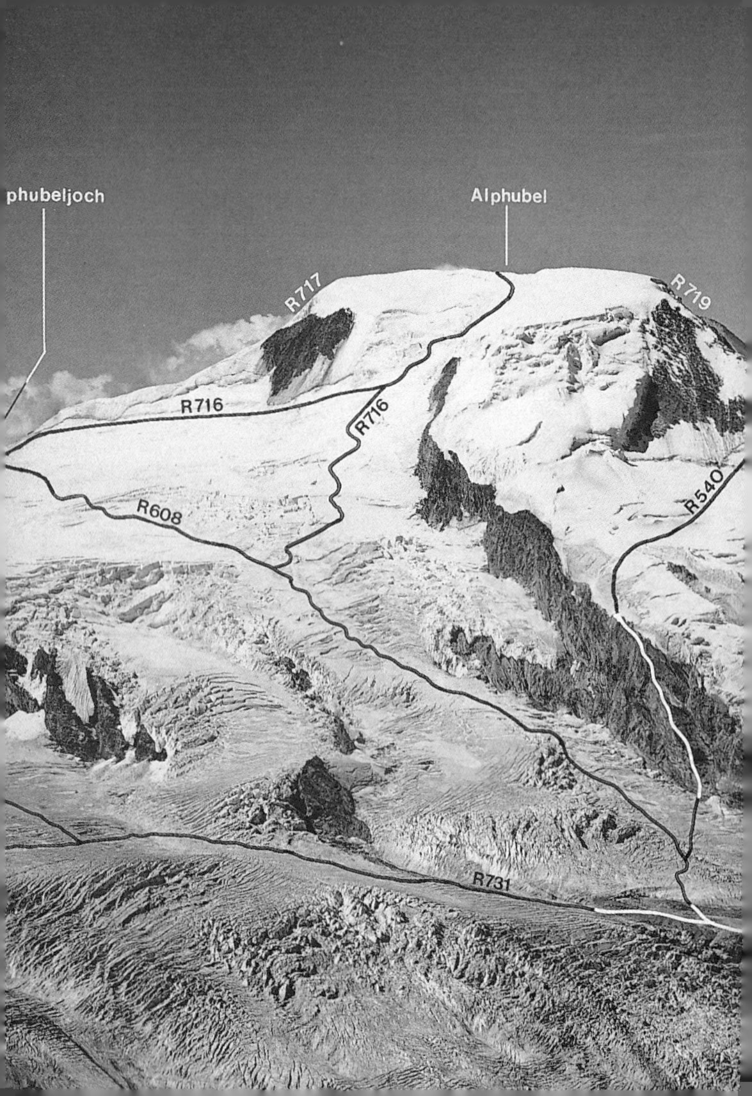
phubeljoch
Alphubel
R717
R719
R716
R716
R608
R540
R731

Täschhorn
Domjoch
R708
schabeljoch
R707
Mischabeljoch-
Biwak
Längflue
R555

großen Eiscouloir besteht der nun schärfer werdende Grat aus Schnee, kurz vor Erreichen des Gipfelaufbaus werden die großen, nach O hängenden Wächten über einen meist vereisten Steilhang in der W-Flanke umgangen. Das letzte Gratstück besteht am Kamm aus guten Felsen und führt, zuletzt durch eine kleine Schlucht zum Gipfel. Will man die Tour direkt von der **Täschhütte** aus unternehmen, kann man den SO-Grat über die vom P. 4175 m nach W zum Weingartengletscher abfallende Seitenrippe erreichen: Man folgt dazu der Route zum Mischabeljoch (R 538) bis auf eine Höhe von ca. 3600 m, wo man in NO-Richtung an den Fuß eines manchmal schneegefüllten Couloirs in der S-Wand dieser Seitenrippe quert. Durch das Couloir gelangt man zu einem kleinen Schneesattel auf ca. 3750 m. Über die breite Rippe steigt man in leichter Kletterei, großteils auch im Schnee zum SO-Grat auf, den man wenig südöstl. von P. 4175 m erreicht. II (Stellen), ca. 5 Std., G 5 (1540 Hm), 7–8 Std. von der Täschhütte zum Gipfel (1860 Hm).

● 708 Nordgrat vom Dom

III, 4 – 5 Std., **G 6**. Eine der ganz großen Grattouren im Wallis. Meist wird die Tour vom Täschhorn zum Dom ausgeführt und wird in dieser Richtung unter R 698 beim Dom beschrieben. Die Felsen, besonders im Täschhorn-NNO-Grat, sind oft verschneit oder vereist, wodurch die Tour wesentlich schwieriger wird und damit auch viel länger dauern kann. Stark zerborstene Felsen im unteren Teil des Dom-S-Grates. Die direkten Zu- oder Abstiege zum Domjoch von O oder W sind gefährlich. Abb. S. 203, 210/211.

Vom Dom steigt man über die nicht schwierigen und festen Felsen nach S ab zu einer Art Schulter, ab der eine Reihe von Zähnen bis zu einem Felsturm überschritten oder in der O-Flanke in allgemein schlechtem Fels umgangen wird. Ab dem Gendarm folgt man dem nun verfirnten Grat (Wächten nach W) in das Domjoch hinab und steigt, weiter im Schnee, in gleichmäßiger Steigung zu dem auf etwa halber Strecke im NNO-Grat stehenden Turm. Dieser wird überklettert und dem Grat folgend auf den bei guten Verhältnissen nicht schwierigen Felsen zum Vorgipfel und zum höchsten Punkt.

● 709 Weiterer Anstieg:

Westsüdwestgrat (Teufelsgrat): Sehr schwierige und lange Grattour in leider nicht gutem Fels, **IV**, 8 – 10 Std. von der Kinlücke, **G 9**.

● 710 Leiterspitzen, 3409 m

Mit diesem Gipfelkamm senkt sich der WSW-Grat des Täschhorns als letzte Erhebung zum Tal der Mattervispa hinab. Er bietet mit seinem W-Grat eine schöne Kletterroute, allerdings mit dem Nachteil eines etwas mühsamen Zustiegs. Der Grat weist hervorragenden Fels auf, wogegen in den Flanken die Felsqualität schlechter ist.

● 711 Westgrat

IV, 2 ½ Std. von der Scharte wenig östl. P. 3214,0 m, **G 5**.

Übersicht: Der türmereiche Grat senkt sich in genau westl. Richtung zu einer kleinen Scharte, die man im Aufstieg von der Täschalp betritt. Auf der anderen Seite der Scharte ragt der P. 3214,0 m auf, Daumen oder Horn genannt, der westlichste Gipfel der Leiterspitzen. Die Route hält sich mit Vorteil auf dem Gratfirst.
Zugang zur Gratscharte: Von Ottavan (Täschalp, 2214 m) quert man in NW-Richtung auf dem Weg oberhalb von Stafelti und direkt unter einer Felswand (Fad) bis kurz vor den Graben, der von der Leiterspitze-SW-Flanke herabkommt. Oberhalb dieses Grabens steigt man auf einem schrofendurchsetzten Rasenhang aufwärts und betritt den Kessel (Lauinen). Von der nun sichtbaren Scharte im W-Grat kommt eine lange Runse herab; man hält sich immer östl. oberhalb dieser Runse und steigt über leichte Felsen und Geröll, oben schließlich über steile Platten zur Scharte auf. II, 3 ½ Std., G 3 (ca. 1000 Hm) von der Täschalp.
Route: Der W-Grat wird in seiner ganzen Länge auf der Gratkante überklettert. Der plattige Grat steigt zu einem ersten Gendarm an, der von links (N) zu ersteigen ist. Jenseits der kleinen Scharte (Porte) wird der folgende Steilaufschwung direkt erklettert (IV, einige H). Weiter oben trifft man nach einigen kleineren Türmen und einer Scharte (III) auf einen Gendarm, der an dem linken seiner beiden Risse (IV) erstiegen werden kann. Schließlich folgt der »Hahnenkamm« (1 x Abseilen) zum Gipfel.

● 712 Abstiegsmöglichkeiten

Durch die SO-Flanke (zuerst am SSW-Grat 15 m über die Kante, nach weiteren 20 m etwas flacheren Abstiegs und einer 12 m-Abseilstelle kommt man auf ein leicht steigendes Band, das von W an eine Scharte im SSW-Grat führt): eine steile Rinne führt von hier in ein großes Couloir und durch dieses zum Abfluß des Weingartengletschers

(3 Std., G 5). Kürzer und leichter folgt man den SSW-Grat und steigt über P. 3051 m nach W zur Aufstiegsroute ab (I, 2 – 2 ½ Std., G 4).

● 715 Alphubel, 4206 m

Durch seine breite, trapezförmige Silhouette von O und W ist der Alphubel ein recht charakteristischer Berg im Wallis, dabei zeigen diese beiden Seiten völlig unterschiedlichen Charakter: Im O reichen die Gletscherfelder bis auf den Gipfel hinauf und bilden damit ein Gipfelplateau von fast 1 km S-N-Ausdehnung, im W stürzt eine ebenso breite Felswand 500 – 700 m steil zum Weingartengletscher hinab. Über die O-Flanke führt der leichteste Anstieg, wobei gewaltige Schründe in manchen Sommern Schwierigkeiten bereiten können. Der kürzeste Weg kommt dabei von der Längflue herauf, doch ist die ostseitige Gipfelzone auch von der Täschhütte über das Alphubeljoch leicht in einer Querung zu erreichen, wodurch man den größten Schründen ausgewichen ist. Von beiden Hütten aus ist dies eine großartige Skitour, doch sollte auch dann die Spaltengefahr nicht übersehen werden! Vom Alphubeljoch bietet sich auch der verfirnte SO-Grat als interessante Alternative zur O-Flanke an. Eine als klassisch zu bezeichnende, sehr schöne kombinierte Route führt über den südlichen W-Grat, den Rotgrat (II–III). Schließlich ist noch der N-Grat zu erwähnen, der die Verbindung zum Mischabeljoch mit der Biwakschachtel schafft (III–). Wenig ausgeprägt und sehr selten begangen ist der anspruchsvolle nördl. W-Grat. Die weiteren Routen durch die Flanken sind alle stein- bzw. eisschlaggefährdet.

● 716 Ostflanke von der Längflue

4 Std., **G 3–4** (je nach Zustand der Schründe im Feegletscher) 1340 Hm; 5 Std. von der Britanniahütte, **G 3–4** (1290 Hm); 4 ½ Std. von der Täschhütte, **G 3** (1500 Hm). Abb S. 210/211.

Reine Gletscherbegehung ohne jede Felsberührung, die nicht schwierig ist, wenn in den Spaltenzonen noch gute Brücken vorhanden sind. Auch von der Britanniahütte kann dieser Anstieg mit gut 1 Std. Mehraufwand erreicht werden. Der Weg von der Täschhütte über das Alphubeljoch vereinigt sich am Gipfelsteilhang mit dieser Route.
Übersicht: Aus der Mitte des Gipfeleisfelds löst sich ab ca. 4000 m eine Felsbarriere und zieht in NO-Richtung durch den Feegletscher hinab. Der Aufstieg folgt der teilweise arg zerschrundeten Gletscherrampe unter diesen Felsen in Richtung Alphubeljoch und schwenkt

auf den obersten 600 Hm direkt nach W auf den sehr steilen Gipfelaufbau zu, über den auch der Schlußanstieg führt.
Route: Von der **Längflue** betritt man in wenigen Min. den Feegletscher und steigt in südwestl. Richtung auf das Alphubeljoch zu, läßt also die in der Fortsetzung der kleinen Felsinsel P. 3173,7 m auftretende Spaltenzone links liegen. Nach einer Gletscherverflachung hält man sich parallel und in ausreichendem Abstand zu der vom Alphubel herunterziehenden Felsrippe (hier Einmündung der Route von Felskinn/Britanniahütte). In der folgenden Bruchzone sucht man sich den geeignetsten Durchschlupf durch die Spalten, oft sind zeitraubende Querungen nötig. Oberhalb etwa 3600 m biegt man nach rechts ab von der Alphubeljochroute auf den Gipfelaufbau zu, überwindet den oft recht großen Bergschrund und steigt durch die steile Gletschermulde zwischen einem Bruch links und der Spaltenzone oberhalb der Felsbarriere zur Rechten direkt auf das Gipfelplateau.
Vom **Alphubeljoch** (Täschhütte) selbst quert man die O-Flanke leicht ansteigend, unterhalb der kleinen Felsinsel vorbei, und trifft auf die obige Route am Fuß der steilen Gletschermulde auf ca. 3900 m (ca. 1 ½ Std. vom Alphubeljoch zum Gipfel.
Dies sind auch die viel begangenen Skirouten.

● 717 Südostgrat vom Alphubeljoch

Eis bis **45°**, 1 – 2 Std., **G 4** (420 Hm). Interessante Route.

Vom Alphubeljoch (R 606) folgt man dem wenig schwierigen Firnkamm, der bald als steiler Schneegrat in den darüber liegenden Gipfelhang mündet (manchmal schwierige Kluft). Dieser Steilhang zwischen ca. 4050 m und 4150 m wird oft vereist angetroffen, dafür ist der Grat nur selten verwächtet. Abb. S. 210/211.

● 718 Südl. Westgrat (Rotgrat) von der Täschhütte

III (Stellen, sonst meist II im oberen Felsabschnitt), 6 Std., **G 6** (1500 Hm). Interessante, kombinierte Hochtour. Die eigentliche Kletterei beschränkt sich auf die obersten 300 Hm. Der Felsteil ist sehr ausgesetzt. Abb. S. 217.

Übersicht: Die felsige Alphubel W-Wand wird von zwei in westl. Richtung abziehenden Graten eingefaßt. Der südl. W-Grat fällt ca. 300 Hm im steilen Fels vom P. 4164,7 m zu seiner weniger steilen und von N her verfirnten Fortsetzung ab. Die roten Felsen auf der

S-Seite dieses Firngrates gaben dem Grat seinen Namen. Bei P. 3637 m teilt er sich in zwei Äste, die das schuttgefüllte Tälli umschließen und sich nördl. der Täschhütte in der Flanke verlieren.
Route: Von der Täschhütte folgt man dem Steiglein in NNW-Richtung nur leicht ansteigend zum Beginn des Tälli. Im Zickzack aufwärts und in die Gratsenke westl. P. 3195 m im nördl. Teilgrat (Wissgrat), große Steinplatten markieren diese Stelle (1 ½ Std.). Auf dem breiten Gratrücken steigt man nun über Geröll und Felsen zum Vereinigungspunkt der beiden Grate (P. 3637 m, 1 ¼ – 1 ½ Std., I–II, eine Stelle III). Ab hier folgt man dem meist schneebedeckten Kamm zum Fuß des felsigen Gipfelaufbaus (ca. 3900 m, ¾ Std.). Man erklettert ein Band (5 m) und folgt diesem nach rechts bis zu seinem Ende an ein Couloir. Etwa 10 m senkrecht hinauf (Quarzband) und nach rechts über eine Kante (III, ausgesetzt). Nun nicht in das Couloir (Steinschlag), sondern an dessen linkem (nördl.) Ufer hinauf zur Gratkante (II, fester und griffiger Fels). Ab hier über den Felsgrat selbst, einen letzten Steilaufschwung rechts umgehend, zu P. 4164,7 m und in wenigen Min. über den Firn zum höchsten Punkt.

● 719 Nordgrat vom Mischabeljoch

II–III, 1 ½ Std., **G 5** (350 Hm). Abb. S. 210/211.

Route: Von der Gipfelkalotte, die sich nordwärts anfänglich nur leicht zu P. 4128 m senkt, zieht der nur auf den untersten 100 Hm felsige Grat zum Mischabeljoch. Die Felsen sind nicht allzu schwierig, jedoch sehr oft vereist und zudem etwas brüchig. Man folgt dem Felsgrat direkt, dann im Firn zum Vorgipfel, P. 4128 m, und über die Hochfläche zum Gipfel.

● 720 Weitere Anstiege:

Westnordwestgrat: Lange und kaum begangene Route, **IV**, **G 9**.
Nördlicher Westgrat: 8 – 9 Std. von der Täschhütte, selten begangen, doch über weite Strecken gute Felsen, **IV**, **G 8**. Abb. S. 217.
Westrippe: Schwierig, aber nicht so schön wie die nahe Route am Nördlichen Westgrat **IV–V**, **G 10**. Abb. S. 217.
Südflanke: 5 Std. vom Alphubelgletscher, im unteren Teil brüchig, oben schöne und schwere Kletterei, **IV**, **G 8**.

Alphubel-Westflanke von »Arigscheis« oberhalb Täsch.

Alphubel
R720
R720
R720
R718
P. 3637
Rotgrat
Wyssgrat
R711
R712
Täsch

● 725 Feekopf, 3888 m

Wenig bedeutender Gipfel im Kamm zwischen Allalinhorn und Alphubel. Als eigene Tour wird der Berg kaum bestiegen, jedoch bietet seine Überschreitung vom Feejoch zum Alphubeljoch eine schöne Verbindung zwischen Allalinhorn und Alphubel. Die Gletscherfelder führen auf der N-Seite bis auf die Gipfelkuppe, die den Schnittpunkt einer von der Längflue durch den Feegletscher hochziehenden Felsrippe mit der Fortsetzung des Allalinhorn-WNW-Grates bildet.

● 726 Nordwestrücken vom Alphubeljoch

Vom Alphubeljoch steigt man in SO-Richtung über die nur leicht geneigten Firnhänge, östl. unter der verfirnten Kuppe 3846 m vorbei, direkt auf den Gipfel (20 Min., **G 1**, 100 Hm). Auch Skitour.

● 727 Südostgrat vom Feejoch

Man folgt dem schmalen, unten manchmal verwächteten Grat bis zum Gipfel, die wenig schwierigen, aber z. T. losen Felsen werden direkt überklettert (**II** (kurze Stelle), 30 Min., **G 2**, 60 Hm).

● 730 Allalinhorn, 4027 m

Wegen seiner wesentlich massigeren Nachbarn wirkt dieser Gipfel vergleichsweise unbedeutend. Mit dem Bau der Seilbahnen zur Längflue und zum Felskinn, seit wenigen Jahren auch mit der »Metro-Alpin« bis hinauf nach Mittelallalin auf fast 3500 m hat sich dieser Berg nach dem Zermatter Breithorn im Sommer und Winter zum meistbestiegenen 4000er der Alpen entwickelt. Die Anstiege von den Seilbahnstationen führen im letzten Stück gemeinsam durch eine grandiose Gletscherlandschaft zum Feejoch und ohne irgendwelche technischen Schwierigkeiten auf den Gipfel. Nur kurze Kletterstellen gestalten die Route über den SW-Grat vom Allalinpaß abwechslungsreich und interessant (II), auch der nicht schwierige O-Grat (Hohlaubgrat) bietet einen schönen Anstieg (II). Der gesamte NO-Grat (Hinter- und Mittelallalin) ist im unteren Teil schwierig (IV), ab dem Mittelallalin eine steile Eistour mit z. T. gewaltigen Schründen.

● 731 Obere Westflanke (von der Station Mittelallalin)

2 Std., **G 2** (580 Hm). Üblicher und leichtester Anstieg.

Von der Station Mittelallalin quert man horizontal das Pistengebiet nach W, um dann auf der fast immer vorhandenen Spur unter den

Sèraks in der Allalinhorn N-Wand und zwischen einigen oft sehr großen Schründen zum Feejoch anzusteigen (1 ¼ Std.). Nun über den mäßig steilen Firnhang in östl. Richtung aufsteigen, um etwas südl. des höchsten Punktes auf den überfirnten Gipfelgratrücken zu gelangen. Das Signal steht wenige Meter höher auf dem aus einigen Felsen bestehenden Gipfel (45 Min.).
Diese Route wird von den Stationen Felskinn und Längflue vom mittleren Abschnitt der Verbindungs-Trasse am Feegletscher (im Winter Ratrac-Taxi) über spaltenreichen Direktaufstieg zum und durch das Pistengebiet erreicht (3 ½ – 4 Std. von Längflue zum Gipfel). Dies ist auch die vielbegangene Skiroute.

● 732 Südwestgrat vom Allalinpass

II (kurze Stellen), 1 ½ Std., **G 4** (470 Hm). Sehr empfehlenswerter Anstieg, Firn mit einigen Felspassagen.

Übersicht: Der SW-Grat senkt sich vom Gipfel anfänglich nur leicht, dann mit einigen Felsen steiler zum Sattel 3734 m; dann steigt er zu einer Schulter (3752,7 m) an und fällt schließlich wieder steiler zum Allalinpaß ab. Die ganze SO-Seite des Grates wird durch eine Felswand gebildet, während der Mellichgletscher im W teilweise bis an die untere Gratkante reicht.
Route: Anfänglich auf Firn, bald über die Felsen steigt man vom Allalinpaß (R 613) auf dem Grat an und umgeht die Felsnadel links zur Schulter, 3752,7 m. Auf dem Firngrat gelangt man an den Fuß des felsigen Gipfelaufschwungs (wenn man von der Täschhütte kommt, kann man über die unschwierigen Firnfelder des Mellichgletschers direkt in diesen Sattel von W her aufsteigen). Das folgende Gratstück ist schwierig, es wird über Bänder in der SO-Flanke umgangen, wonach man zum Grat zurückkehrt (II) und z.T. auf Firn weiter ansteigt. Ein zweiter Felsaufschwung wird entweder direkt erstiegen (II) oder im Firn der SO-Seite umgangen. Schließlich kommt man auf den Gipfelfirn und zum höchsten Punkt.

● 733 Ostnordostgrat (Hohlaubgrat) von der Britanniahütte

II (kurze Stelle), 4 Std., **G 4** (1030 Hm). Landschaftlich großartige Tour, direkteste Route von der Britanniahütte. Abb. S. 220/221.

Übersicht: Der Hohlaubgrat bildet die Schnittkante der Gletscherfelder des Hohlaubgletschers und der S-Wand des Allalinhorns. Mit

Strahl-, Rimpfisch- und Allalinhorn von der Britanniahütte.

Ausnahme einer ca. 20 m hohen Felsstufe knapp unter dem Gipfel besteht der Grat überwiegend aus Firn, er ist oben recht scharf geschnitten und wird im unteren Bereich etwas breiter. Schließlich verliert er sich auf ca. 3000 m in den Moränenfeldern zwischen Hohlaub- und Allalingletscher.

Route: Von der Britanniahütte steigt man auf den Hohlaubgletscher ab und quert ihn ansteigend an den Ausläufer des Hohlaubgrates, den man auf einer Höhe von ca. 3100 m betritt. Nun über Blockwerk oder im Schnee rechts daneben aufwärts, bald auf dem Schneerücken bis zu P. 3837 m, dabei wird eine Schneekuppe (ca. 3550 m) überschritten. Der weiter schneebedekte Grat führt nun zunehmend schärfer zum Felsriegel auf ca. 3960 m, der direkt überklettert wird (ca. 20 m, II, 3 Eisenstangen). Über Firn in wenigen Min zum Gipfel.

Von der Station Mittelallalin kann man durch einen Stollen (Eispavillon, nur während der Betriebszeiten der Bahn geöffnet) zum

Hohlaubgletscher auf ca. 3200 m absteigen und erreicht dann die o.g. Route über die Firnfelder dieses Gletschers oberhalb der Schneekuppe auf ca. 3550 m; 3 ½ – 4 Std., 800 Hm nach 200 Hm Abstieg).

● 734 Nordostgrat

Von der Station Mittelallalin steile Eisroute (bis 50°) mit großen Schründen; 2 Std., G 5. Der untere Grat von Britannia ist felsig mit einigen schwierigen Kletterstellen; **IV**, 2 ½ Std., **G 6**.

● 735 Egginer, 3366 m

Recht unnahbar erscheinender Gipfel, er wirkt durch das weitgehende Fehlen von Gletschern im Gipfelbereich als starker Kontrast zu den Firngipfeln in der Umgebung des Feegletschers. Er ist über das Egginerjoch an das Hauptmassiv angeschlossen. Die Felsen sind vor allem in den Flanken schlecht, an den Graten jedoch gut, so daß die Überschreitung vom oder zum Mittaghorn als anspruchsvolle Kletterei empfohlen werden kann. Mehrere Sportkletterrouten (III – VIII) über dem Egginerjoch, Infos beim Wirt der Britanniahütte.

● 736 Südostflanke

II (Stellen), 3 ½ Std., **G 3** (ca. 800 Hm) von Plattjen, 2½ Std. von der Britanniahütte. Leichteste Route und guter Abstieg.

Übersicht: Vom Gipfel des Egginer fällt die Felsflanke ca. 250 Hm auf ein großes Geröllfeld hinab. Dieses zieht schräg durch die Flanke und wird unten von einigen Felsrippen und -absätzen begrenzt. Der Anstieg führt vom »Heidefridhof« am Fuß des O-Grates auf Wegspuren zwischen Felsen auf das Geröllfeld und über Felsen zum Gipfel.
Route: Auf dem Weg von Plattjen zur Britanniahütte (R 559) geht man bis zum »Heidefridhof«, 2764 m (1 ¼ Std.). Nun nach rechts auf Wegspuren in SW-Richtung ansteigen, zwischen den Felsschichten zu einer Rippe; über diese und anschließend nach rechts auf das große Geröllfeld, über das auf Wegspuren steil zum Fuß der Gipfelwand angestiegen wird. Ohne größere Schwierigkeiten ersteigt man nun über die verwitterten Felsen den Gipfel. Von der Britanniahütte steigt man 500 m auf dem Weg nach Plattjen ab und quert dann links auf das nördl. Ufer des Chessjengletschers zu. Bei ca. 2900 m auf einem Schuttband in die SO-Flanke und trifft bei der Rippe auf die Route.

● 737 Südgrat vom Egginerjoch

II, 2 ¼ Std., **G 3** (370 Hm). Schöne Route, wenn man sich an den Grat hält, in den Flanken noch reichlich Bruch. Abb. S. 223.

Vom Egginerjoch wird der Grat selbst erklettert, an einer senkrechten Stelle hält man sich östl., an der darauffolgenden Stufe auf der W-Seite; die abschließenden Felsen des dabei betretenen Geröllfeldes werden ebenfalls westl. umgangen und so die Schulter, 3242 m, erreicht. Über den breiten Rücken zu einem kleinen Sattel hinab und jenseits an den Fuß des Zackens, 3300 m. Dieser wird am besten über die Gratkante (unten etwas östl., oben wieder westl. des Grates) erklettert; die westl. Umgehung ist wegen der brüchigen Felsen nicht anzuraten. Weiter über den nun leichten Grat zum Gipfel.

● 738 Nordnordostgrat vom Mittagshorn

III+, 3 Std., **G 5**. Sehr empfehlenswerte Klettertour in gutem Fels.

Am schönsten ist die Kletterei direkt auf dem türmereichen Grat, Umgehungen sind auf der O-Seite möglich. Der steile Gipfelaufbau wird über die O-Seite durch einen schwierigen Kamin (III+) erklettert.

Egginer-Südgrat vom Feegletscher.

● 739 Weitere Anstiege
Ostgrat: III, 2 Std., **G 5**; direkt über den Grat in schöner Kletterei.
Westgrat: II–III, 3 ½ Std., **G 5**.

● 740 Mittagshorn, 3143 m

Letzter Gipfel in dem vom Egginerjoch nordwestl. abstreichenden Felskamm. Auch an diesem Berg finden sich einige schöne Klettereien, namentlich bei der Überschreitung zum Egginer.

● 741 Ostflanke

I, 2 ½ Std., **G 2** (580 Hm) von der Station Plattjen. Leichtester Anstieg.

Auf dem guten Weg zur Britanniahütte geht man bis etwa in die Mitte der Mittagshorn-O-Flanke bei P. 2624 m, in Fallinie des Gipfels. Hier

zweigt nach rechts ein Steiglein ab, das über Schotter, Gras und wenige leichte Felsen zum Gipfel führt.

● 742 Nordostgrat von der Station Plattjen

I–II, 2 ½ Std., **G 3** (580 Hm). Schöner Zustieg zum Mittagshorn.

Von der Station Plattjen erreicht man den Grat nach wenigen Min., bevor der Weg zur Britanniahütte in die O-Flanke quert. Über Schutt und leichte Felsen gerade am sich verschärfenden Grat zum Gipfel; eine Umgehung der Felsen in der O-Flanke ist jederzeit möglich.

● 743 Südsüdwestgrat vom Egginer

III+, 3 Std., **G 5**. Sehr schöne Kletterei; da sie meist in Aufstiegsrichtung zum Egginer durchgeführt wird, ist die Route am Egginer-NNO-Grat beschrieben (R 738).

● 744 Nordwestgrat

III (Stellen), 4 – 4 ½ Std., **G 3** (1100 Hm) von Saas Fee. Schöne Kletterei, am interessantesten ist der oberste Teil.

Man folgt dem Egginerjoch-Weg zur Britanniahütte bis zum P. 2332 m, kurz bevor dieser die Moränenbereiche erreicht und wo nach links ein Pfad ins »Ritz« unter dem fast nicht mehr vorhandenen Ritzgletscher abzweigt (R 560); in Kehren zum Beginn des Grates auf ca. 2600 m. Man begeht den Grat, der oben einige schöne Kletterstellen (II und III) aufweist, in seiner ganzen Länge.

● 750 Rimpfischhorn, 4198 m

Als nahezu 1 km lange, in S-N-Richtung verlaufende Felsschneide zeigt dieser Berg von jeder Himmelsrichtung ein völlig anderes Aussehen: Von O zeigt er sich als eine breite, rinnendurchzogene Felsmauer, von S erscheint er als feine Felsspitze, nach W fällt von dem langen Gipfelgrat eine steile, felsdurchsetzte Firn- und Eisflanke ab, während schließlich von N, von den Gipfeln der Mischabel-Gruppe ein gleichmäßiges Firndreieck zum türmebesetzten Felsgrat hinaufzieht.

Blick vom Rimpfischhorn zu Monte Rosa und Liskamm.

Der Normalanstieg führt über den Rimpfischsattel und den obersten SW-Grat auf den felsigen Gipfel, wobei der erwähnte Sattel sowohl von der Flue als auch der Täschhütte und der Britanniahütte in etwa gleichen Zeiten erreicht werden kann. Infolge der insbesondere bei trockenen Felsen nur mäßig schweren und kurzen Kletterei am Gipfelgrat wird das Rimpfischhorn sehr häufig besucht, auch im Winter kann der Gipfel bei guten Verhältnissen über diese Routen erreicht werden (mit Ski bis in den Rimpfischsattel). Für erfahrene Alpinisten bietet der N-Grat auf der ausgesetzten Felsschneide eine sehr interessante Route, wogegen die weiteren Anstiegsmöglichkeiten an diesem Berg keine Bedeutung haben.

● 751 Südwestgrat vom Rimpfischsattel

II (eine Stelle) und I, 1 Std., **G 4** (210 Hm); 5 – 6 Std. von der Flue, Täschhütte oder Britanniahütte. Normalanstieg. Abb. S. 227.

Lange Skitour von der Täsch- oder Britanniahütte bis in den Rimpfischsattel (von der Flue müssen die Ski das letzte Stück zum Sattel getragen werden), Gipfelaufstieg immer zu Fuß, bei verschneiten Felsen schwierig.
Übersicht: Vom Vorgipfel, der sich ca. 50 m südlich des höchsten Punktes befindet und nur wenig niedriger als dieser ist, zieht eine schwach ausgeprägte Felsrippe in Richtung Rimpfischsattel hinab. Eine breite Schneerinne zieht parallel südl. von dieser Rippe zum Rimpfischsattel hinab; sie nimmt ihren oberen Anfang in einer Scharte im S-Grat des Rimpfischhorns, dessen oberster Teil sehr schwierig zu erklettern ist. Die Route folgt der Felsrippe in derem oberen Teil.
Zustieg zum Rimpfischsattel, ca. 3990 m:
Von der Flue: In östl. Richtung folgt man dem Weglein im Moränentälchen, dann schräg nach links ansteigend über Breitboden und schließlich über ein Blockfeld (Steinmänner) zum Sattel Pfulwe (3155 m, 1 ¼ Std.). Der Pfulwe-Gipfel wird nördl. umgangen und dann über den breiten Rücken bis an die Felsen westl. von P. 4009 m aufgestiegen. Die Durchsteigung dieser etwa 100 m hohen Felsflanke ist leicht (I, Steigspuren); darauf folgt ein Schneehang zum P. 4009 m, nur minimal höher als der Rimpfischsattel gleich dahinter (I, 3 ½ – 4 Std., G 2, 1400 Hm).

Ausblick vom Bishorn zum Rimpfischhorn mit dem Täschtal.

Fluchthorn
Rimpfischhorn
Neue Weisstorspitze
lalinpass
Strahlhorn
Adlerhorn
R752
R751
R751
Mellichgletscher
R615
Täschhütte
R543
R755
R546

Von der Täschhütte: Man steigt auf dem guten Weg anfangs nur leicht aufwärts über zwei Bäche und folgt dann dem dritten Bach in östl. Richtung über den Chummiboden (2888 m) zu den Moränenfeldern, wo sich auf ca. 3040 m ein kleiner See befindet. Durch die schottergefüllte Mulde empor und zwischen dem Schuttkopf 3257 m zur Rechten und der Verlängerung der Felsinsel des Alphubelgletschers zur Linken hindurch erreicht man den Gletscher auf etwa 3200 m. Auf diesem bis ca. 3400 m aufsteigen, dann verläßt man ihn schräg rechts in südöstl. Richtung, um knapp unter dem Ausläufer der Feekopf S-Wand die Moränenfelder des Mellichgletschers zu erreichen. Auf 3450 m wird dieser Gletscher betreten, man quert in etwa südlicher Richtung unter den beiden Felsrippen des Rimpfischhorns vorbei (die zweite fußt mit dem P. 3662 m im Gletscher), dann ersteigt man die Gletschermulde zum Rimpfischsattel (4 – 4 ½ Std., G 3).
Von der Britanniahütte: Vom Allalinpaß (R 614) quert man auf der W-Seite des Rimpfischhorns unter den beiden Felsrippen in dieser Flanke vorbei zur o.g. Route (4 – 4 ½ Std., G 3 von Britannia, 1¾ Std. vom Paß).
Route: Vom Rimpfischsattel steigt man in gerader Richtung ca. 80 Hm in der Schneerinne nahe der die Rinne nordwestl. begrenzenden Felsrippe aufwärts, bis auf einem Band eine Querung nach links in eine kleine Scharte in dieser Rippe ohne Schwierigkeiten möglich ist (auf etwa 1/3 ihrer Höhe; weiter oben würden die Felsen zum Gipfel durchwegs sehr schwierige Kletterei erfordern). Der Fels auf der Rippe ist fest, man folgt ihr bis zum Vorgipfel, nur einmal, auf etwa halber Höhe ist ein kurzes Ausweichen nach rechts in die S-Seite auf ca. 15 m über eine ausgesetzte Platte (II) günstig. Fast eben steigt man über den schmalen, oft verschneiten Verbindungsgrat, mit großen Blöcken und schließlich leichten Felsen zum höchsten Punkt. Bei sehr guten Schneeverhätnissen ist auch ein direkter Anstieg nördl. der o.g. Rippe zum Verbindungsgrat zwischen Vor- und Hauptgipfel möglich.

● 752 Nordgrat vom Allalinpass

III, 4–5 Std., **G 6** (660 Hm). Interessante kombinierte Route, nicht allzu oft begangen. Abb. S. 227, 231.

Übersicht: Auf dem steil kegelförmig sich nach oben verjüngenden Schneerücken sitzt der Felsgrat auf, der dann bei einer Horizontallänge von 600 m nur mehr wenig bis zum Gipfel ansteigt; dafür ist er

aber türmereich, anfangs üblicherweise felsig; im oberen Teil werden die Türme von scharfen, oft überwächteten Firngratstücken getrennt. Die schwierigste Stelle (III) ist die nordseitige Erkletterung des Gipfelturms, sie ist zudem häufig vereist.
Route: Vom Allalinpaß (R 613) über den steilen Gletscherhang in gerader, südl. Richtung hinauf und über den kurzen Schneegrat an den N-Fuß des Großen Gendarm (4108 m, 1 ½ Std.). Üblicherweise wird dieser auf der O-Seite umgangen, er kann aber auch sehr ausgesetzt überklettert werden, dann zweimaliges Abseilen über seinen S-Grat (eine westl. Umgehung des Gendarmen ist wegen der brüchigen Felsen nicht ratsam). Die folgenden drei größeren Türme werden ohne größere Schwierigkeiten überklettert, zwei weitere, die ebenfalls überschritten werden, sind jeweils von scharfen Schneegratstücken (Wächten!) getrennt. Der Grat zieht nun zum höchsten Punkt steil und mit hohen, gespaltenen Platten hinauf. Ein enger, nahezu senkrechter Kamin wird mit sehr guten Griffen erklettert, die letzten ca. 12 Meter werden etwas östlich der Gratkante erstiegen (oft vereist).

● 755 Pfulwe, 3314 m, Spitze Flue, 3260 m, Fluehorn, 3317 m

Grathöcker des vom Rimpfischhorn in westl. Richtung zum Oberrothorn ziehenden Kammes. Die westl. davon gelegene Scharte heißt ebenfalls Pfulwe (3155 m) und wird beim Anstieg zum Rimpfischhorn von der Flue betreten (R 751, 2 Std., Steinmänner).
Im Frühjahr bietet die nordseitige Skiabfahrt über den Längfluegletscher zu den Täschalpen und weiter nach Täsch eine beliebte Rundtour mit langer Abfahrtsstrecke bei nur bescheidenen Aufstiegsmühen (Benutzung der Unterrothornbahn).
Von der Täschalpe 2 ½ – 3 Std. (weglos, Schotter und Schnee).
Der Nachbargipfelpunkt, die Spitze Fluh, kann von der Pfulwe in 30 Min. über zerborstenen Felsen erstiegen werden (II); etwas leichter umgeht man von der Pfulwe im Firn nordwestwärts den Berg, und betritt den Gipfel über die leichten Felsen der NW-Seite in 45 Min. Schließlich kann auch das Fluehorn vom Furggji-Aufstieg über die Hänge von Gerber und Chessi und seinen obersten W-Grat erstiegen werden (2 ½ Std.). Abb. S. 227.

● 757 Oberrothorn, 3415 m

Alles überragender und zu Recht berühmter Ausichtsgipfel mit kurzem, aber leider etwas eintönigem Anstieg.

● 758 Von der Station Unterrothorn

1 ¾ Std., **G 1** (440 Hm).

Auf dem breiten Pistenweg zur Furggji, 2981 m, absteigen. Man quert nun in östl. Richtung ansteigend die ganze S-Flanke des Oberrothorns zum SO-Grat und steigt auf gutem Pfad in Kehren über die SO-Flanke zum Gipfel.
Von Furggji kann man sich auch direkt über die Geröllfelder auf den Gipfel hinaufplagen (Wegspuren, 1 ½ Std.).

● 760 Unterrothorn, 3103 m

Bergstation der Seilbahnen von Zermatt über Sunnegga und Blauherd. Wie alle Gipfel dieses Kammes hervorragender Aussichtspunkt. Wandermöglichkeiten auf guten Wegen zur Flue über das Furggji, durch das Tälchen Tufterchumme nach Zermatt bzw. Täsch sowie zur Findelnalp.
Der Bergstock ist für den Pistenskibetrieb erschlossen.

● 762 Strahlhorn, 4190 m

Sehr beliebter, auf der Normalroute vom Adlerpaß leicht erreichbarer 4000er. Im Frühjahr mit Ski viel besucht von der Britanniahütte oder im Zuge der »verlängerten« Haute Route von Zermatt nach Saas Fee. Von N reichen die Gletscher bis auf den Gipfel hinauf, während die O- und S-Seite allgemein felsig ist, eine Gelände-Struktur, die am Weissgrat im S ebenso zu finden ist wie an den nördl. Nachbarn, dem Rimpfischhorn und Allalinhorn. Flankiert wird das Strahlhorn vom Adlerhorn auf der Zermatter- und dem Fluchthorn auf der Saaser-Seite, beide erhalten nur wenig Besuch, sie würden sich jedoch gut zu einer Überschreitung am Strahlhorn kombinieren lassen.

● 763 Nordwestgrat vom Adlerpass

1 ¼ Std., **G 2** (400 Hm). Firnanstieg, im Gipfelbereich wenige leichte Felsen. Normalroute. Abb. S. 231.

Vom Adlerpaß in SO-Richtung über den breiten Schneegrat zum Absatz P. 3954 m (Spalten!). Ab hier in gerader Richtung auf den Gipfel, zuletzt über einige leichte Felsen.

Strahlhorn und Rimpfischhorn vom Allalinhorn, hinten Monte Rosa.

Strahlhorn
MONTE ROSA
Rimpfischhorn
Adlerhorn
Adlerpass
R763
R772
R622
R614

Auch Skiroute; meist Skidepot am Adlerpass, nur bei sehr guten Verhältnissen kann man über die NW-Flanke mit Ski bis zum Gipfel ansteigen.

● 764 Nordostgrat vom Fluchtpass

II (Stellen), 2 Std., **G 5** (470 Hm). Abb. S. 231.

Übersicht: Der NO-Grat bildet die Schnittkante der Gletscherfelder der Strahlhorn-N-Seite mit der felsigen O-Wand. Teilweise steile Firnpassagen, am Gipfelkopf selbst kurze Felsen. Interessante Route, die wenig begangen wird; das nahe Fluchthorn läßt sich vom Fluchtpaß leicht »mitnehmen« (R 775).
Zugang zum Fluchtpass: Von der Britanniahütte folgt man der Route zum Adlerpaß (R 621) über den Allalingletscher bis auf ca. 3300 m, wo man nach S abbiegt und über die mäßig steilen Firnhänge zum Paß ansteigt; 3 – 3 ¼ Std., G 2, (730 Hm).
Auch Skiroute.
Route: Vom Fluchtpaß steigt man recht steil über den Schneerücken und zur Verflachung bei P. 3898 m empor. Die folgende Spaltenzone wird rechts, in der steilen Nordostfanke umgangen, womit man den Grat an einer Schneeschulter westlich P. 4143 m wieder erreicht. Über den unproblematischen Schneegrat und einige Felsen der SO-Flanke zum Gipfel.

● 765 Südsüdostgrat vom Schwarzberg-Weisstor

II–III, ca. 3 Std., **G 6** (620 Hm); 5 Std. von der Eugenio-Sella-Hütte.

Übersicht: Kombinierte Route. Direkter und vor Eis- und Steinschlag sicherer Anstieg auf dieser Seite.
Route: Vom Schwarzberg-Weisstor hält man sich in nördl. Richtung auf die untere Felsbarriere zu, die das in der Strahlhorn-S-Flanke befindliche Gletscherplateau trägt. In der Nähe der Kante zur O-Seite steigt man durch eine schneegefüllte Rinne und eine steilen Schneehang auf das Gletscherplateau.
In einem leichten Bogen überschreitet man diese Terrasse zum P. 3883 m am Fuß der SO-Kante der oberen Wand, dort, wo ein breites Schneeband in die O-Flanke quert. Über die SO-Kante in schöner Kletterei zur O-Schulter, P. 4143 m, und über den Schneegrat und einige Felsen der SO-Flanke zum Gipfel.

● 766 Südwestgrat vom Sattel zwischen Adler- und Strahlhorn

1 Std., **G 3** (275 Hm).

Zustiege zum Sattel: Von Flue folgt man der Route zum Adlerpaß (R 623) bis zum oberen Plateau des Adlergletschers in die Nähe des Fußes des Felssporns, P. 3531 m (ca. 2 ½ – 3 Std.). Hier zweigt man von der Route rechts ab und steigt in die Gletscherbucht zwischen Adler- und Strahlhorn. Über einen steilen Firn- und Eishang mit oft schwierig zu überwindendem Bergschrund erreicht man den Sattel 3915 m (ca. 4 – 4 ½ Std. von der Flue, 1300 Hm, G 4).
Dies ist auch eine anspruchsvolle Skiroute.
Um von S auf den Sattel zu gelangen, folgt man der R 765 (Strahlhorn-SSO-Grat) bis auf die Gletscherterrasse in der S-Flanke (ca. 3830 m). Man quert in WNW-Richtung an den Wandfuß, ca. 200 m rechts (nordöstl.) der Fallinie des Sattels. Eine Felsrippe führt direkt auf den SW-Grat des Strahlhorns (3 ½ – 4 Std. vom Rif. E. Sella, 890 Hm, II, G 5).
Route: Vom Sattel, steigt man den mäßig steilen, zu Beginn noch ziemlich breiten, nach oben aber schmaler werdenden Schneegrat bis zum P. 4128 m. Ab hier quert man fast eben zum Normalweg auf den nahen Gipfel.

● 770 Adlerhorn, 3988 m

Kleine Erhebung im SW-Grat des Strahlhorns, bildet aber besonders beim Anblick von Zermatt einen auffälligen Gipfel mit einer gleichmäßig dreieckigen Gletscherbedeckung auf der N-Seite und der steilen Felswand im S. Durch die Nähe des Strahlhorns nur sehr wenig besucht, kann jedoch gut mit einer Besteigung des Strahlhorns über dessen SW-Grat verbunden werden.

● 771 Westnordwestrücken vom Adlergletscher

1 ½ Std., **G 3** (450 Hm), 4-5 Std. von Flue.

Zustieg: Von der Flue auf der Route des Adlerpasses (R 623) in das obere Gletscherbecken des Adlergletschers. Etwa auf 3420 m zweigt man schräg rechts ab und erreicht den WNW-Rücken direkt oberhalb von den Felsen P. 3536 m.
Route: Über den breiten Firnkamm bei guten Schneeverhältnissen ohne Schwierigkeiten bis zum Gipfel. Bei Vereisung kann man auch

die Felsen rechts (südl.) benutzen und über den oberen WSW-Grat zum Gipfel gelangen.

● 772 Übergang zum Strahlhorn

1 ¼ Std., **G 2** (275 Hm).

In wenigen Min. in den Sattel zwischen den beiden Gipfeln (Direktaufstieg vom Adlergletscher siehe R 766) und über den unschwierigen, nach oben schmäler werdenden Schneegrat zum Strahlhorngipfel.

● 775 Fluchthorn, 3790 m

Wie das Adlerhorn im SW, steht auch das Fluchthorn im NO des Strahlhorns ganz in dessen Schatten, die nur mäßig geneigten Gletscherfelder auf seiner N-Seite ergeben allerdings von der Britanniahütte aus ein schönes Skiziel.
Vom Fluchtpaß (R 764) in 10 Min. auf dem unschwierigen Schneerücken zu erreichen.

● 776 Nordnordostflanke vom »Hangendgletscherjoch«, 3306 m

1 ¼ Std., **G 2** (280 Hm). Unschwierige und nicht steile Firnhänge.

Zugänge zum »Hangendgletscherjoch«: Von der Britanniahütte auf der Route des Adlerpasses (R 622) auf den Allalingletscher unterhalb P. 3143,3 m und über die unschwierigen Gletscherfelder in ziemlich genau südl. Richtung zum Joch (ca. 2 Std., 310 Hm, G 2).
Vom Staudamm Mattmark auf dem Fahrweg zur Schwarzbergalp, 2372 m. Ab hier führen Wegspuren in NW-Richtung auf den Schwarzbergchopf, 2868 m. Über das rechte Ufer des Allalingletschers umgeht man den Felskopf Üssere Turre (3031 m) und steigt auf dem breiten Schneekamm zum Joch (3 ½ Std., 1100 Hm, G 2).
Man kann auch R 947 zum Schwarzberg-Weisstor folgen und über die Moränenfelder zum Hangende Gletscher und über dessen Firn zum Joch ansteigen (3 ½ Std., 1100 Hm, G 2).
Route: Über die leichten Firnhänge auf den Gipfel.

4. Monte-Rosa-Gruppe

Nach dem Matterhorn ist dieses eisüberwallte Massiv die wohl bekannteste Gruppe der Walliser Alpen. Hier kann man mit ungewöhnlich wenig Aufwand mehrere Viertausender an einem Tag sammeln. Wirklich einmalig ist die auch für den alpinen Normalverbraucher gut zu schaffende höchste »Haute Route« der Alpen vom Breithorn über die Zwillinge und den Liskamm bis zum Monte Rosa – durch die Klein-Matterhorn-Bahn dazu ohne große Zustiege. Damit kann eine Breithornbesteigung auch als Tagestour unternommen werden; den meisten Bergsteigern, die solches auch am Castor versuchen, fährt dann aber doch die letzte Gondel talwärts vor der Nase weg!
Die N-Anstiege sind lange Touren über zerrissene Gletscher, auf der italienischen Seite gibt es mehrere hochgelegene Hütten, die die Gipfelanstiege enorm verkürzen. Einige dieser Hütten sind durch Seilbahnen leichter erreichbar, die Bewirtschaftung richtet sich meist nach den Betriebszeiten der Bahnen; ab September kehrt Ruhe ein!
Die gewaltige Gletscherbedeckung bedingt eine besondere Skieignung des Hauptkammes. Dem Skitourengeher stehen praktisch alle Gipfel offen, felsige Passagen gibt es meist nur im Gipfelanstieg. Auch in den südlichen Seitenkämmen finden sich besondere »Skitourenschmankerln«, namentlich im Testa-Grigia- und Tournalinkamm.
Wandergelände bietet auf der N-Seite nur der Rücken des Gornergrates, dieser zählt aber zum Feinsten in den Alpen überhaupt! Im Gegensatz dazu finden sich an den S-Kämmen fast überall hervorragende Wander- und Bergtourenmöglichkeiten, die meisten Gipfel sind ohne Gletscherbegehung und schwierige Klettereien erreichbar.
In den letzten Jahren sind die Walsersiedlungen in den obersten Talgründen der italienischen Seite wieder etwas stärker ins touristische Interesse gerückt; die Not in ihrer Heimat hat die Walliser im späten Mittelalter hierher getrieben, ein Teil zog noch weiter nach O, u.a. bis zum Großen Walsertal. In Gressoney und Alagna kann man noch ältere (kaum noch zu verstehende) deutschsprechende Leute treffen; viele Ortsnamen und auch der Hausbaustil zeugen noch heute von ihrem Ursprung jenseits des Hauptkammes. Fast schon in Mode gekommen sind die Wanderungen auf den Walserwegen – so bleiben diese historischen Pfade vor dem Verfall verschont. Teilweise sind diese Wege mit dem Alta Via della Valle d'Aosta identisch, einem durchgehend bezeichneten Weg vom Mont Blanc bis ins Vercelli.

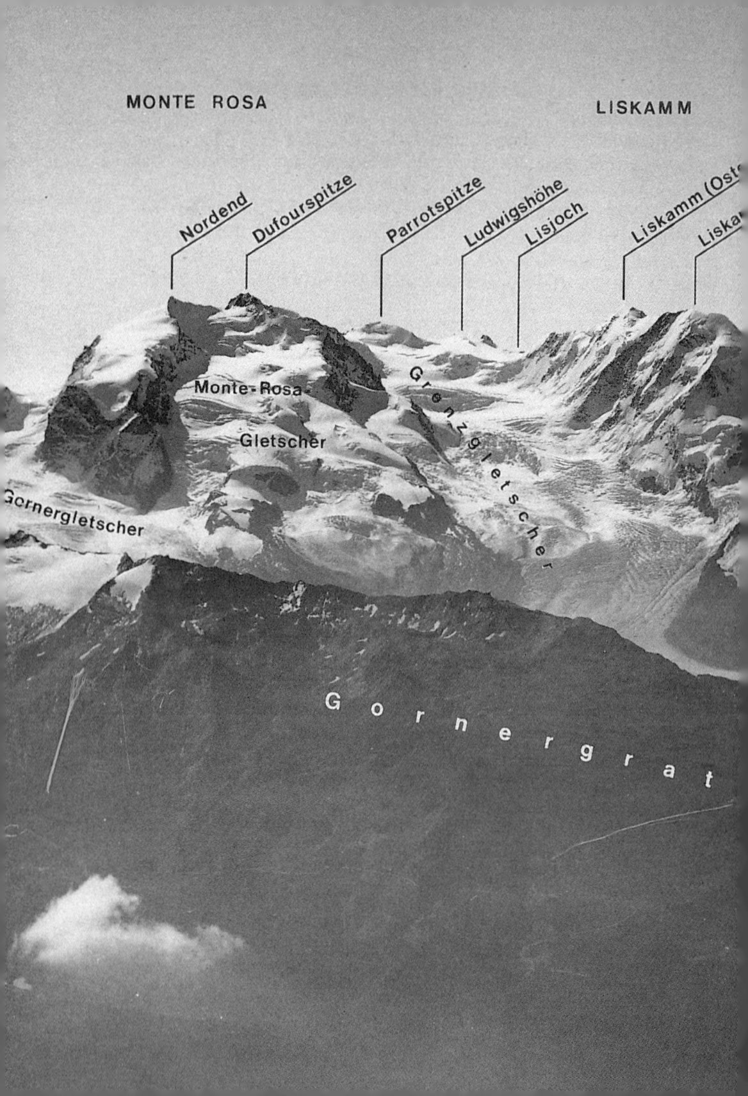
MONTE ROSA
LISKAMM
Nordend
Dufourspitze
Parrotspitze
Ludwigshöhe
Lisjoch
Monte-Rosa-Gletscher
Grenzgletscher
Gornergletscher
Gornergrat

BREITHORN
stgipfel)
Riffelhorn
Felikjoch
Castor
Pollux
Schwarztor
Breithorn-Zwilling
Breithorn-Mittelgipfel
Breithorn
Hauptgipfel
ingsgl.

4.1 Hütten

● 780 Hotel Riffelalp, 2222 m, Hotel Riffelberg, 2566 m, Kulmhotel Gornergrat, 3110 m

Diese Häuser liegen im Bereich der Gornergratbahn und bieten fast ganzjährig Unterkunft und Verpflegung.
Auskünfte: Riffelalp: Seiler Hotels Tel. 0 28/67 53 33. Riffelberg/Gornergrat: Burgergem., Tel. 0 28/67 22 16 oder 67 22 19.

● 781 Monte-Rosa-Hütte, 2795 m

SAC, Sektion Monte Rosa, Martigny. Auf dem Unteren Plattje, einer Geröll- und Felsinsel zwischen dem Monte-Rosa- und Grenzgletscher. Mehrfach erweiterter Natursteinbau. KS 628.980 / 89.660. 150 Plätze, voll bewirtschaftet von Mitte März bis Mitte Sept.; ein separater WR mit 12 Plätzen steht immer offen. Tel. 0 28/67 21 15. Die Hütte dient vor allem als Stützpunkt für die Monte-Rosa- und Liskamm-Besteigungen, dazu auch für Touren über den stark zerissenen Zwillingsgletscher zum Castor und Pollux oder zu den Erhebungen des Weissgrats. Alle umgebenden Gipfel bieten großartige Skitouren. Ihrer leichten Erreichbarkeit und einem Tourengebiet, das in den ganzen Alpen seinesgleichen sucht, ist es zu verdanken, daß diese Hütte sehr oft völlig überbelegt ist.

● 782 Von der Station Rotenboden (Gornergrat)

2 Std., **G 1**, (ca. 200 Hm Ab- und Aufstieg). Die Route ist auf dem Gletscher mit einigen Stangen markiert.

Von der Station Rotenboden wählt man den Weg, der in S-Richtung in die Grateinsenkung östl. des Riffelhorns führt (WW). Nach wenigen 100 Metern wendet sich der Weg hoch über dem Gornergletscher nach O und führt leicht fallend in der S-Flanke des Gornergrats zum Gletscher hinab, den er gerade oberhalb der Vereinigung mit dem Grenzgletscher erreicht. Man traversiert nun den Gornergletscher nach S an das O-Ufer des Grenzgletschers, auf dem man bis unter die Hütte aufsteigt. Über die Moräne gelangt man in kurzem Zickzack zur etwa 100 m höher liegenden Hütte.

Vorherige Doppelseite:
Panoramablick vom Zinalrothorn auf das Monte-Rosa-Massiv.

Schöner, aber nur bei guter Sicht überschreitet man von der **Station Stockhorn** in ca. 30 Min. das Stockhorn nach O zum Stockhornpaß (Abstecher zu einem der Weissgrat-Erhebungen leicht möglich) und quert in einem weiten Bogen den Gornergletscher an den Fuß des Nordend-NW-Bollwerks. Dann am linken Ufer abwärts, unter dem Monte-Rosa-Gletscherbruch vorbei und unter dem P. 3263,9 m noch knapp an den Felsen entlang, bis man – im Schnee leicht aufwärts – auf ca. 3120 m an die Kante gelangt (Stange). Man steigt zu Fuß wenige Meter auf der S-Seite ab und quert leicht fallend die mittlere Zunge des Monte-Rosa-Gletschers zum Unteren Plattje und zur nahen Hütte (2–3 Std., G 2).
Schließlich bleibt auch noch der lange Aufstieg über den ganzen Gornergletscher (ca. 9 km von Furi, ca. 4 Std., G 1 ,940 Hm), meist nur bei der Hüttenabfahrt befahren. Etwa 1 km nordwestl. der gelegentlich vereisten Gletscherzunge endet der Fahrweg von Furi.

● 784 Gandegghütte, 3029 m

Privat (G. Perren, Zermatt). Die Hütte liegt knapp einen Kilometer südl. oberhalb der Station Trockener Steg auf dem Wängje, einer Felsbarriere, die den Oberen von Unteren Theodulgletscher trennt, am Rande des Skigebietes. Natursteinbau. KS 620.230 / 90.300.
30 Plätze, etwa die Hälfte Betten, bewirtschaftet im Frühjahr und Sommer. Die Hütte ist vielbesuchtes Ausflugsziel mit Klettergarten und dient als Stützpunkt für Übergänge zwischen Breuil und Zermatt über den Theodulpaß und für die N-Anstiege auf das Breithorn.
Von der Station Trockener Steg (2939 m) auf gutem Weg in S-Richtung in ca 20 Min. zu erreichen.

● 785 Von Zermatt

4 Std., **BW 2** (1430 Hm), 2 ¾ Std. von der Station Furi.

Von Zermatt nimmt man entweder das asphaltierte Sträßchen nach Furi (1864 m, 1¼ Std.) und zur Alp Hermettji (2053 m) oder man bleibt anfangs am Zmuttbach und erreicht diese Alpe über das Dörflein Zum See (1766 m, 1½ Std. von Zermatt). Zum Schwarzseehotel geht der Weg weiter auf dem Rücken geradeaus, während man nun nach SW zum Furggbach quert, diesen überschreitet und über die Rasenhänge Furgg-Garten (Station Furgg) zum Schotter- und Schrofengelände der Lichenbretter, über die man auf dem guten, markierten Weg die Hütte in 2½ Std. erreicht.

● 786 Vom Riffelberg (Station Rotenboden)

2 ½ – 3 Std., **G 1** (580 Hm nach ca. 350 Hm Abstieg). Gletscher.

Von der Station nimmt man den Weg nach S bis zum P. 2775 m, wo der Monte-Rosa-Hüttenzustieg (R 782) links abzweigt, steigt in Serpentinen steil zum Gornergletscher ab und überquert ihn zum N-Fuß des Triftji (ca. 2450 m), der begrünten Moräneninsel zwischen dem Triftji- und dem Breithorngletscher. Man steigt nun in diesem Gelände gut 150 m auf, quert dann über einige Moränen zum Triftjigletscher und diesen zu seinem N-Ufer, auf dem man dann bis unter die Hütte ansteigt. Hier, auf ca. 2860 m, führt ein Steig durch die Felsbarriere direkt zur Hütte.

● 787 Vom Rif. Theodulo (Theodulpaß)

In einem 1-stündigen Gletscherabstieg unter dem Theodulhorn vorbei gelangt man auf fast immer guter Spur zur Hütte (Gletscherskigebiet).

● 790 Rifugio Theodulo, 3317 m

CAI, Sektion Torino. Wenige Meter nördl. des Theodulpasses mitten im Gletscherskigebiet. 4-stöckiger Steinbau. KS 620.930 / 88.080. 86 Plätze, bewirtschaftet von Anfang April bis Mitte September, WR 6 Plätze, offen. Tel. 01 66/94 94 00. Möglicher Ausgangspunkt für Breithorn, Zwillinge und die südseitige Haute Route des Monte Rosa. Zustieg von der **Gandegghütte** in SW-Richtung am Gletscherrand, dann über den Gletscher auf nahezu immer guter Spur entlang der Lifte östl. unter dem Theodulhorn vorbei in ca. 1¼ Std., G 1.

● 792 Fußweg von Breuil

3½ Std., **G 1** (1480 Hm). Am Gletscher meist gute Trasse.

Von Breuil folgt man dem Fahrweg zum Albergo Monte Cervino (2095 m) und weiter nach Plan Torette (2470 m). Der Fußweg führt nun in östl. Richtung über das Alm-, später Schottergelände zum Ghiacciaio di Valtournanche und über diesen zur Theodulhütte.

● 793 Rifugio Guide del Cervino (Albergo Testa Grigia), 3479 m

Societa Guide del Cervino. Nahe der Bergstation auf der Testa Grigia gelegen. Holzbau auf Mauersockel. KS 620.870 / 87.060. 40 Plätze, ganzjährig bewirtschaftet. Tel. 01 66/94 83 69. Tourengebiet wie Rif.

Theodulo (R 790). Von der Theodulhütte in ca. 30 Min. über den wenig geneigten Gletscherrücken längs der Lifte zu erreichen.

● 795 Bivacco Cittá di Mariano Comense, 2800 m

CAI, Sektion Mariano Comense. Südl. unter der Gobba di Rollin über dem hintersten Ayas-Tal am Palon de Tzère gelegen. Halbtonne mit Blechverkleidung. KS ca. 621.400 / 83.300. 9 Plätze, immer offen. 4 Std., **G 1** (ca. 1100 Hm) von St. Jacques auf bez. Weg (6 c) in NW-Richtung über Fiery und die Alpe Varda (2336 m).

● 797 Rifugio Mezzalama, 3004 m

CAI, Sektion Torino. Auf dem Moränenkamm zwischen dem Piccolo und Grande Ghiacciaio di Verra. KS 624.880 / 84.740. 38 Plätze, voll bew. im Frühjahr und Juli – September (Tel. 01 25/30 72 26), sonst nach Absprache mit dem Hüttenwart (G. Colli, St. Jacques, Tel. 01 25/30 71 04). Ausgangspunkt für Breithorn und Zwillinge.

● 798 Von St. Jacques (Ayastal)

3½ – 4 Std., BW 2 (1300 Hm). Markierter Weg Nr. 7.

Auf dem Fahrweg, der sich nördl. in Kehren zur Alpe Pian di Verra Inferiore (2050 m) und Superiore (2382 m) durch das Verra-Tal hinaufzieht. Von der oberen Alm führt ein Weg über Rasen und Geröll auf die Moräne, über den man schließlich direkt zur Hütte ansteigt.

● 800 Rifugio Guide della Val d'Ayas, 3394 m (Rif. Lambronecca)

Società delle Guide di Champoluc-Ayas. Am oberen Teil der Felsinsel zwischen kleinem und großem Verragletscher gelegen, 1½ Std. oberhalb der Mezzalamahütte. KS ca. 624.580 / 85.550. 80 Plätze, bewirtschaftet im Frühjahr und Juli bis September; WR mit 12 Plätzen immer offen. Tel. 02 15/30 76 08. Wart siehe Mezzalamahütte. Mit diesem neuen Stützpunkt (1989 eröffnet) verkürzen sich alle Touren der Mezzalamahütte um 1½ Std. (Breithorn, Castor und Pollux).

● 801 Von der Mezzalamahütte

1½ Std., **G 1** (400 Hm). Abb. S. 286/287.

Von der Hütte auf dem Weg nach N auf den Gletscher, die Bruchzone im W umgehen und rechts aufwärts zu den Felsen mit der Hütte.

● 803 Bivacco Giorgio Rossi – Cesare Volante, 3750 m
Sektion Uget Torino, CAI. Die Biwakhütte steht ca. 500 m westl. vom Schwarztor auf einer Felsinsel am unteren SW-Rücken der Roccia Nera. Halbtonne mit Blechverkleidung. KS 625.760 / 86.530. 6 Plätze, immer offen.

● 804 Von der Station Klein Matterhorn

2 Std., **G 2**. Abb. S. 286/287.

Vom Klein Matterhorn geht man längs des Liftes zur Gobba di Rollin nach S und biegt an der tiefsten Stelle nach O zum Breithornpaß ab. In allgemein östl. Richtung steigt man noch knapp 200 Hm abwärts, um unterhalb des kleinen Felssporns und einer Spaltenzone auf ca. 3650 m durchzuqueren. Man geht noch unter der Felsinsel, auf der das Biwak steht, hindurch in das Becken südwestl. des Schwarztors und gewinnt dahinter über den Bergschrund die Felsen. In leichter Kletterei zu einem Drahtseil und über gutgriffige Platten zum Biwak. Mann kann auch das Biwak von oben erreichen, indem man die Route unter den Felsen des Breithorn-Mittelgipfels nach links aufwärts über Gletscherhänge verläßt, um oberhalb kleiner Felssporne und des Gletscherbruches von oben auf die Felsinsel zu gelangen (Steinmann). Mit wenigen Metern Abstieg zum Biwak.

● 805 Von der Guide-Ayas-Hütte

1½ Std., **G 2** (430 Hm).

Von der Hütte geht man auf den Verragletscher und auf ihm in östl. Richtung bis unterhalb der S-Flanke des Pollux, wo man ohne Schwierigkeiten fast höhengleich um den SW-Sporn des Pollux herum bis nahe des Schwarztors steigt. Nun in einem leichten Bogen an den Felssporn, auf dem das Biwak steht, und wie oben beschrieben zu diesem hinauf.

● 807 Rifugio Quintino Sella, 3585 m
CAI, Sektion Biella. Die Hütte steht auf dem vom Castor nach S abstreichenden Kamm, wo dieser mit Firn auf den Felsen aufsitzt. Mehrstöckiger moderner Schrägdachbau. KS 627.450 / 83.250.
150 Plätze, voll bewirtschaftet im Frühjahr und von Juli bis Mitte September. In der übrigen Zeit steht die benachbarte alte Hütte mit ca. 35 Plätzen zur Verfügung, die mit Koch- und Heizmöglichkeit

immer offen ist. Tel. 01 25/36 61 13. Die gutbesuchte und aussichtsreiche Hütte dient als Ausgangspunkt für Breithorn, Zwillinge und Liskamm-Besteigungen. Schönes Skitourengebiet. Abb. S. 290/291.

● 808 Von St. Jacques (Val d'Ayas) über Bettaforca

5½ Std., **BW 2** (1910 Hm). Markierter Steig Nr.9 und 6, oben einige Seile.

Von der kleinen Siedlung geht man auf dem Zickzackweg nach Resy (2072 m) und steigt dann weniger steil durch das Vallone della Forca zum Colle Bettaforca (2672 m, 2 ½ Std., Bergstation der Seilbahn aus dem Gressoneytal). Von der Scharte folgt man dem Kamm in N-Richtung, die Erhebungen meist etwas rechts umgehend auf dem guten Weg (Nr.6) über den Passo Bettolina (2905 m) zu einer Gerätehütte (ca. 3120 m). Kurz weiter am Kamm hinauf, dann über den rechten Schutt- bzw. Schneehang zum obersten felsigen Grat, über den der Steig mit einigen Drahtseilen zur Hütte führt (3 Std., 900 Hm).

● 809 Von St. Jacques (Val d'Ayas) über das Vallone di Verra

5 Std., **BW 2** (1900 Hm); Weg Nr.8, oben einige Seile.

Von St-Jacques auf dem Fahrweg ins Vallone di Verra und zur Alpe Pian di Verra superiore (2382 m). Auf steilem Weg in O-Richtung zum Gratkamm, wo man auf den Weg Nr.6 von Bettaforca trifft.

● 810 Von Gressoney

6 Std., **BW 2** (1950 Hm). Bei Benutzung der Bettaforca-Seilbahn von Staval 3 Std. (920 Hm). Markierter Steig (Nr.9), oben einige Seile.

Von Betta (1785 m) oder von der Talstation in Staval (1820 m) führen jeweils gute Wege westl. hinauf zur kleinen Siedlung S. Anna (2172 m), um von dort durch das Tälchen nach NW über die Alpe Bettaforca zum gleichnamigen Col mit der Seilbahnstation anzusteigen (3 Std.). Weiter wie oben zur Hütte (R 808, 3 Std.).

● 812 Capanna Margherita, 4554 m

CAI, Sektion Varallo. Höchstgelegenes Unterkunftshaus Europas, auf dem Gipfel der Signalkuppe (Punta Gnifetti). Neben Wirtschafts-

und Schlafräumen sind auch einige wissenschaftliche Labors (z.B. für Höhenmedizin und meteorologische Beobachtungen) im mehrstöckigen Haus untergebracht. KS 634.000 / 86.250. 77 Plätze, bewirtschaftet von Juli bis Mitte September; in der restlichen Zeit ist ein WR mit 19 Plätzen immer offen. Tel. 01 63/9 10 39 (51530, Sektion; tel. Voranmeldung obligatorisch). Die extreme Lage führt zu hohen Versorgungskosten und entsprechenden Preisen. Zustiege: S. R 1070.

● 814 Bivacco Giordano (Balmenhorn), 4167 m

CAI, Sektion Varallo. Die kleine Unterstandshütte befindet sich auf dem Balmenhorn, einem untergeordneten Gipfel der Monte-Rosa-Gruppe. KS 632.550 / 84.730. 6 Plätze, immer offen. Das Biwak liegt nur wenig oberhalb der normalen Route von der Gnifettihütte zum Lisjoch (Monte-Rosa-S-Anstieg); ein dickes Tau hilft über die 15 m hohen Felsen auf der O-Seite hinauf. 1½ Std., **G 1** (550 Hm).

● 816 Capanna Gnifetti, 3611 m

CAI, Sektion Varallo. Diese große Hütte auf der Monte-Rosa-S-Seite befindet sich südwestl. unter der Pyramide Vincent, am obersten Ende der Felsinsel, die in den östl. Teil des Lisgletschers hineinreicht. Mehrfach erweiterter Bau über drei Stockwerke, Holzverkleidung auf Mauersockel. KS 631.920 / 83.200.
Etwa 280 Plätze, davon die Hälfte Lager. Voll bewirtschaftet von etwa Ostern bis Mitte September (Betriebszeit der Alagna-Seilbahn!), sonst steht ein WR mit 14 Plätzen offen. Tel. 01 63/7 80 15. Nur im Juli und an September-Wochenenden gelegentlich sehr voll, sonst findet man immer Platz; Reservierung bei der Sektion obligatorisch: Tel. 01 63/5 15 30. Durch die leichte Erreichbarkeit und die große Höhe ist die Hütte ein besonders günstiger und beliebter Ausgangspunkt für die Besteigungen des Monte Rosa und Liskamm.

● 817 Von Alagna Valsesia/Station Punta Indren

> 1½ Std., **G 1** (350 Hm) von der Ptunta Indren; 45 Min. vom Rif. Mantova. 7 Std. (2420 Hm) von Alagna. Unten bez. Wege (Nr.5); Gletschertraversierung nicht markiert, im späteren Sommer rasch ändernde Spaltensituation. Im Frühjahr quer durch das Liftgebiet auf meist deutlicher Trasse. Abb. S. 290/291.

Von der Punta Indren quert man durch das Pistengelände nur leicht ansteigend den Indrengletscher bis unterhalb des auffallenden Fels-

bandes, über dem die Mantova-Hütte steht (gelb-rote Markierung). Auf einem Steig (Seile) direkt über die Felsstufen oder auf Steigspuren diese westl. umgehend gelangt man in einem Bogen zur Mantova-Hütte und steigt daraufhin über den östl. Lappen des Lisgletschers nach N, zuletzt über einige Felsen zur nahen Gnifettihütte auf.
Fußweg zur Ptunta Indren (Nr. 5): Von Alagna über den Weiler Dosso (1357 m) zur Alpe Oltu (1847 m, Seilbahnstation, 1½ Std.) und weiter im Valle d'Olen aufwärts, am Sasso del Diavolo vorbei bis in die Nähe des Colle d'Olen, wo man nach rechts zur ganz nahen Vigevano-Hütte abbiegt (3 Std., R 826). Der Weiterweg führt am Passo Salati (2936 m, o.N. LK) an den Gratkamm, der Stolemberg wird überschritten und nach einem kleinen Aufschwung wird der Rand des Indrengletschers betreten, wo man nach wenigen Metern die Station erreicht (1¼ Std., gesamt etwa 6 Std.).

● 818 Von Gressoney

6 – 7 Std., **G 1** (1800 Hm).

Oben Gletscherbegehung, unten markierte Wege (Nr.6). Sessellift zur Alpe Gabiet, (1270 Hm, 4½ Std.), siehe R 821.

● 820 Rifugio Città di Mantova, 3498 m

Societá Guide di Gressoney (Tel. 0125/366143). Diese 1984 neuerbaute Hütte steht ca. 45 Min. unterhalb der Gnifettihütte und bietet sich damit als praktischer Alternativ-Stützpunkt für die Monte-Rosa-Südanstiege an. Natursteinbau. KS 631.850 / 82.750.
80 Plätze, voll bewirtschaftet April bis Mitte Juni (Wochenenden) und Mitte Juli bis Mitte September. In der übrigen Zeit stehen im offenen WR ca. 15 Plätze zur Verfügung. Tel. 01 63/7 81 50.

● 821 Von Gressoney-Stafal

5 – 6 Std., **G 1** (1650 Hm). Bez. Wege. Sessellift zur Alpe Gabiet, dann ca. 1340 Hm (3½ – 4 Std.). Abb. S. 290/291.

Von Gressoney-Stafal (Ende der Fahrstraße, Seilbahn-Talstation) steigt man durch das Vallone di Moos nach rechts über die Almwiesen und kurze Waldstücke in etwa 1½ Std. zur Alpe Gabiet (2345 m, Seilbahn, vgl. auch R 824, Lys-/Gabiet-Hütte, Mark.7a) auf. Nun auf dem guten Weg in N-Richtung vorbei an der Alpe Lavetz (2453 m), wo man den Moosbach überschreitet und in Kehren zum kleinen Lac

Vert ansteigt. Weiter in nördl. Richtung über kurze Felsstufen und Geröll an der verfallenen Lintyhütte vorbei zur Hütte (Mark. 6a). Von der Alpe Gabiet auch mit dem Sessellift oder auf gutem Weg in 1½ Std. zum Passo di Salati (2960 m, o.N. LK nördl. des Colle d'Olen, Mark. 6), dann entlang des Kammes über den Stolemberg zur Punta Indren (1 Std., Mark. 5).

● 822 Von Alagna Valsesia/StationPunta Indren

45 Min. (190 Hm) von der Station; 6 Std., **G 1** (2260 Hm) von Alagna.

Gletschertraversierung, nicht markiert, im späteren Sommer rasch ändernde Spaltensituation. Im Frühjahr quer durch das Liftgebiet auf meist deutlicher Trasse (siehe Gnifetti-Hütte, R 817).

● 824 Rifugio del Lys, 2342 m

CAI Sektion Gallarate, auf der Alpe Gabiet gelegen, dem Zentrum des Liftgebietes von Gressoney-Stafal. KS ca. 631.450 / 78.500. 17 Plätze, voll bewirtschaftet im Juli/August und in der Pistenskizeit. Mehrstöckiges Haus aus Stein. Tel. 01 25/36 62 46 oder 36 60 57. Das Rif. del Lys wird voraussichtlich 1996 geschlossen. Dafür Neubau des Rifugio Morbonohaupt, voraussichtlich 20 Plätze. Die Alpe Gabiet bildet ein an sich schönes Hochalmgebiet mit schöner Aussicht, das allerdings von Wasserwirtschafts- und Pistenbauten in nicht besonders naturschonender Weise erschlossen wurde. Zustiege:
– Von Stafal mit der Seilbahn bis zu den Hütten.
– Von Stafal durch das Moostal mit Waldstücken und Almwiesen in 1½ Std. zu den Hütten (Abfahrtpisten, Mark.7a).
– Von Gressoney la Trinité mit dem Sessellift zur Punta Jolanda (zu Fuß auf Zickzackweg in der Nähe der Trasse in 1½ Std., Mark. 5) und entweder direkt auf dem Höhenweg 5b, westl. der Punta Jolanda zur Alpe Gabiet (1 Std.) oder auf Nr. 5 über den Gabiet-Stausee (1¼ Std., 2 Std. 45 Min. von Gressoney).
– Von Gressoney la Trinité auf Weg Nr. 4 durch das Tal des Gabiet-Stausee-Abflusses (Netscio-Alm) zum See und an seinem W-Ufer wie oben zur Alpe Gabiet (2¼ Std.).

● 826 Rifugio Città di Vigevano, 2864 m

CAI, Sektion Vigevano. 400 m östl. des Colle d'Olen gelegen. KS 633.780 / 80.050. 102 Plätze, bewirtschaftet von Juli bis Mitte September, WR mit 6 Lagern immer offen. Tel. 01 63/9 11 05. Von der Sation Punta Indren in 1 Std. über den Gratkamm des Stolemberg und den Passo Salati zu erreichen (R 817 zur Gnifettihütte (Mark. 5).

● 827 Von Alagna Valsesia

4½ Std., **BW 2** (1640 Hm); 3 Std. von der Alpe Oltu (Zwischenstation der Indren-Seilbahn), Mark. Nr. 5.

Der Weg führt von Alagna über den Weiler Dosso (1357 m) zur Alpe Oltu (1847 m, Seilbahnstation, 1½ Std.). Nun nicht nach rechts zum Rif. Mortara, sondern weiter im Talgrund westlich aufwärts, zuletzt über Schotter bis nahe an den Colle d'Olen, von wo man in wenigen Min. nach O (rechts) die Hütte erreicht.

● 828 Von Gressoney-Stafal

3 Std., **BW 2** (1660 Hm), Mark. Nr. 6.

Wie bei R 824 zur Alpe Gabiet (auch Seilbahn) und auf dem guten Weg längs des Skiliftes aufwärts; erst auf etwa 2800 m biegt der Weg kurz nach rechts zum Colle d'Olen (2881 m); auf der anderen Seite in wenigen Schritten nach O zur Hütte.

● 830 Rifugio Mortara, 1945 m

CAI, Sektion Mortara. Auf der Alpe Seewy im Liftgebiet westl. oberhalb Alagna Valsesia gelegen.
60 Plätze, bewirtschaftet im Juli und August, Juni und September an Wochenenden (Tel. 0163/91104). Von der ersten Umsteigestation (Alpe Oltu) der Seilbahn zur Punta Indren in ca. 20 Min. zu erreichen. Von Alagna über den Weiler Dosso (1357 m) auf gutem Weg zur Alpe Oltu (1847 m, Seilbahnstation, 1½ Std.). Nach etwa 500 m auf dem Weg zum Colle d'Olen nach rechts (N) zur nahen Hütte (Mark. 5).

● 832 Rifugio Francesco Pastore, 1575 m

CAI, Sektion Varallo; diese Hütte wurde in alten Almgebäuden (Steinbauten) errichtet, sie steht 15 Min. oberhalb des Straßenendes Acqua Bianca auf der Alpe Pile, 30 Min. von der Kapelle S. Antonio, 1¼ Std. von Alagna. KS ca. 638.000 / 81.450.
60 Plätze, WR 2 Plätze; voll bewirtschaftet von Mitte Mai bis Ende September, im Oktober an den Wochenenden. Tel. 01 63/9 12 20. Steiler, kurzer Anstieg, markiert, Nr.6.

● 834 Rifugio Alpe Crespi Calderini, 1836 m
CAI, Sektion Ghemme; umgebaute alte Alphütte auf der Alpe Bors, 45 Min. oberhalb der Pastore-Hütte gelegen. Steinbau. KS ca.636.600 / 82.000. 4 Plätze, im Sommer bewirschaftet, kein WR. Markierter, Weg von der Pastore-Hütte auf der S-Seite des Baches (Nr. 6+10).

● 836 Rifugio Valsesia (Gugliermina), 3312 m
Biwakhütte auf dem von der Parrotspitze nach SO abfallenden Felssporn. KS 634.450 / 84.620. 12 Plätze, immer offen; Kochmöglichkeit (Gas). Ausgangspunkt für die durchwegs anspruchsvollen kombinierten Fahrten in den SO-Abstürzen der Monte-Rosa-Gruppe.

● 837 Von Alagna Valsesia

Ca. 6 Std., **G 2** (1820 Hm) vom Ende der Fahrstraße (Acqua Bianca, etwa 1500 m), Mark. Nr. 6.

Von Acqua Bianca auf dem Weg zur Alpe Blatte (1603 m, das Rif.Pastore bleibt wenige Meter links auf der anderen Bachseite) und in den Talhintergrund. Über die Rasenhänge links einer Felszone, über der die Barba-Ferrero-Hütte (Alpe Vigne superiore) steht, gelangt man an die Moräne zwischen Sesia- und Piode-Gletscher. Etwas mühsam über den Moränenkamm, ab ca. 2500 m am Ufer des Piode-Gletschers bis etwa 3050 m aufwärts, wo man sich südl. unter dem Felsabbruch befindet, auf dem die Hütte steht (Wasserfall vom oberen Schneefeld). Über leichte Felsen zu dem Schneefeld und auf einem Band nach rechts zu einer Rippe, über die man dann die Hütte erreicht.

● 839 Rifugio Barba-Ferrero, 2230 m
CAI, Sektion Vercelli. Auf der oberen Alpe Vigne, oberhalb des charakteristischen Felsabbruches gelegen (umgebaute Alphütte). KS 636.540 / 83.610. 26 Plätze, bewirtschaftet im Juli und August, ab Mitte Juni bis Ende September nur an den Wochenenden. WR, 2 Plätze, im Nebengebäude, immer offen. Tel. 0163/922996.

● 840 Von AlagnaValsesia

2 Std., **BW 2** (800 Hm) vom Rif. Pastore; 2¼ Std. vom Ende der Fahrstraße (Acqua Bianca, etwa 1500 m), Mark. Nr. 7.

Vom Straßenende Acqua Bianca auf steilem Weg in 15 Min. zur Alpe Blatte (wo es über den Bach mit wenigen Schritten zur Pastore-Hütte geht) und auf der NO-Seite des Tales durch lichten Wald und Weiden in den Talhintergrund. Über die Rasenhänge links einer Felszone unter der oberen Vigne-Alpe mit der Hütte steigt man auf, um dann oberhalb der Felsen nur mehr leicht ansteigend nach rechts (O) zur Hütte zu queren.

● 842 Rifugio Luigina Resegotti, 3624 m

CAI, Sektion Varallo. Weltabgeschiedener Biwakhüttenplatz am Beginn des Ostgrates der Signalkuppe; lange und anspruchsvolle Zustiege. KS 635.680 / 86.160. Ca. 16 Plätze, unbewartet, immer offen. Ausgangspunkt für den Signalgrat oder die nahe Punta Grober. Skiübergang von Macugnaga nach Alagna.

● 843 Von Süden (AlagnaValsesia)

6–7 Std. von Acqua Bianca (Straßenende), **G 3** (1820 Hm); 3½ – 4 Std. von der B.-Ferrero-Hütte (R 839).

Von der Barba-Ferrero-Hütte erreicht man auf Wegspuren nach Norden den Moränenkamm östl. des Sesiagletschers. Über diesen aufwärts, um auf ca. 2900 m nach rechts auf den südl. Locciegletscher zu steigen. Auf diesem Gletscher hält man auf den Colle delle Loccie zu, um dann wenig unterhalb entlang der Felsen in NW-Richtung zum Kamm der Punta Tre Amici anzusteigen und über diesen die Hütte zu erreichen.

● 844 Von Norden (Macugnaga-Pecetto)

7–8 Std., **G 4** (2050 Hm), 5–6 Std. vom Rif. Zamboni-Zappa. Der Aufstieg verläuft über den in seinem mittleren Bereich enorm zerissenen Locciegletscher zum Colle delle Loccie mit der anschließenden Überschreitung der Punta Tre Amici.

Vom Rif. Zamboni-Zappa (R 846, 2 Std. von Macugnaga-Pecetto) folgt man den Wegspuren zum Rif. Paradiso am Lago delle Loccie und erreicht den Locciegletscher über den Moränenkamm bei P. 2343 m. Durch die Spaltenzone ab 2450 m muß man sich jeweils den günstigsten Weg suchen, meist wird man die O-Seite des Gletschers benutzen, unter der W-Flanke des P. Bianco; der Hauptbruch kann dann über das kleine Canalino Pisati (2700 m, am unteren Ende der Felsrippe, die die große Rinne aus der NW-Flanke der Punta Grober südseitig begrenzt) umgangen werden (nicht stein- und eisschlagsicher). Dann schräg rechts über den Gletscher aufwärts, oben in einem leichten Linksbogen zum Col (5 Std.). Der folgende Fels- und Firngrat zur Punta Tre Amici ist mit einigen Gendarmen bis zum Gipfelaufschwung nicht sonderlich schwierig. Der Aufschwung kann nördl. im Eis umgangen werden, besser ist jedoch ein Ausweichen nach ca. 10 Klettermetern auf ein Band in der S-Seite, auf dem man dann zum Grat und über diesen zur Hütte ansteigt (1½ Std.).

● 846 Rifugio Zamboni-Zappa, 2065 m

CAI, Sektion Milano. Die Hütte steht im Moränentälchen östl. des Belvederegletschers, dem wilden Kessel unter der Monte-Rosa-Ostwand. KS 637.180 / 89.170. Etwa 50 Plätze, bewirtschaftet Juli bis September, sonst offener WR mit 20 Plätzen. Tel. 03 24/6 53 13. Ausflugsziel ersten Ranges und Ausgangspunkt für Monte-Rosa-O-Wand, Signalgrat, sowie P. Bianco und Punta Grober.

● 847 Von Macugnaga-Pecetto

2 Std., **BW 1** (690 Hm); bei Benutzung des Sesselliftes nach Belvedere ca. 45 Min.

Auf breitem, markierten Pistenfahrweg an der Zwischenstation des Liftes vorbei, dann in Serpentinen steil zur Saronno-Hütte und weiter zur Bergstation (2 Std.). Der Pfad quert in südl. Richtung zum Gletscher und überschreitet seinen schuttbedeckten rechten Arm zur Seitenmoräne. Auf dieser aufwärts, dann fast eben ins Moränentälchen und zur Hütte (45 Min.). In der Nähe der Hütte hat der Gletscher die Moräne durchbrochen, so daß der ältere, höhere Weg nicht mehr benutzt werden kann. Auch Winterzugang, Pisten an Belvedere.

● 849 Rifugio Saronno, 1827 m

CAI, Sektion Saronno, 70 Hm unterhalb der Bergstation des Belvedere-Liftes von Macugnaga. KS ca. 637.700 / 90.650. 24 Plätze, von Juli bis September an den Wochenenden und Feiertagen offen, nur Getränke, kein WR. Tel. 03 24/6 53 22. Von Belvedere (R 847) in 10 Min. Abstieg zu erreichen, 1¾ Std. von Macugnaga-Pecetto.

● 851 Rifugio Marinelli, 3036 m

CAI, Sektion Milano. Diese berühmte Unterkunft steht auf der Crestone Marinelli, der größten Felsrippe neben dem gleichnamigen Couloir in der gewaltigen Ostwand des Monte Rosa. KS 634.930 /

88.210. Die unbewartete, immer offene Biwakhütte bietet Platz für ca. 12 Personen; Kochmöglichkeit vorhanden. Ausgangspunkt für die beiden wichtigsten Anstiege durch die Monte-Rosa-Ostwand.

● 852 Von Macugnaga-Pecetto

I (Stellen), 5 Std., **G 2** (1670 Hm); 3 Std. vom Rif. Zamboni.

Vom Rif. Zamboni-Zappa (R 846) steigt man nach W auf den Moränenkamm und überquert den schuttbedeckten Belvederegletscher auf die Cresta Marinelli zu (30 Min.). Wegspuren führen auf dem rechten der beiden Moränenkämme unter der Cresta, also der orogr. rechten Seitenmoräne des Nordendgletscher zu den Felsen empor. Der erste Aufschwung des Marinellirückens wird auf der N-Seite über Geröll und Schnee umgangen, so daß man erst etwa bei P. 2621 m auf den Grat bei einer Art Terrasse gelangt. Die Wegspuren führen nun auf dem felsigen Rücken aufwärts, der hier kurzfristig etwas schmaler wird; nach einem leicht zu erkletternden Felsaufschwung hält man sich etwas südl. unterhalb der Kante, ersteigt noch ein Schneefeld ebenfalls in der S-Flanke und quert schließlich zur Hütte.
Der Beginn des Marinellirückens kann auch in 2 – 2 ½ Std. von Macugnaga-Pecetto über die linke Seitenmoräne des Belvederegletschers erreicht werden: R 860 zur Alpe Roffelstafel, dann weiter zur Alpe Fillar (1974 m, auch in 30 Min. über den Gletscher von der Station Belvedere) und auf der Seitenmoräne zur Cresta Marinelli.

● 854 Bivacco Valentino Belloni, 2509 m

CAI, Sektion Gallarate. Biwakhütte am O-Fuß des Großen Fillarhorns. KS 635.570 / 90.200. Platz für 9 Personen, immer offen. Ausgangspunkt für die selten begangenen O-Anstiege auf Fillar- und Jägerhorn, teilweise große Kletterrouten in recht gutem Fels.

● 855 Von Macugnaga-Pecetto

3½ Std., **BW 3** (1130 Hm).

Man folgt der R 860 (Rif. E. Sella) zur Alpe Roffelstafel und geht in SW-Richtung weiter zur Alpe Fillar (1974 m), am Abfluß des Kleinen Fillargletschers (2 Std., hierher auch von Belvedere in 30 Min. über den Belvederegletscher. Nördl. dieses Baches steigt man weiter aufwärts, um auf ca. 2350 m nach rechts (nördl.) auszuholen und über einen steilen Hang zum Biwak aufzusteigen.

● **857** **Bivacco Città di Gallarate, 3969 m**

CAI, Sektion Gallarate. Biwakschachtel auf dem Gipfel des Jägerhorn, immer offen, Platz für 9 Personen. Zustiege: R 1100.

● **859** **Rifugio Eugenio Sella, 3029 m**

CAI, Sektion Domodossola. Die eng an Felsen geschmiegte Hütte steht unter dem Neuen Weisstor, dem am wenigsten schwierigen Übergang zwischen Zermatt und Macugnaga. KS 636.700 / 93.000. 30 Plätze, bewirtschaftet von Juli bis August, im Juni und September nur an Wochenenden, sonst offen. Tel. 03 24/6 54 91. Die Hütte dient als Stützpunkt für Weissgratbesteigungen, für Roffelhörner und Strahlhorn von S, allgemein anspruchsvolle Anstiege.

● **860** **Von Macugnaga-Pecetto**

Ca. 4 Std., **BW 3** (1650 Hm). Bis zu den oberen Firnfeldern gut ausgetretener, markierter Weg.

Von Pecetto auf dem Pistenfahrweg taleinwärts, am zweiten Wildwasser-Schutzwall läßt man den Belvedere-Anstieg links liegen und geht auf dem Weg im nördl. Talbecken bis an die Schotterfelder der Gletscherzunge. Auf z.T. in den Fels gehauenem Steig zur Alpe Roffelstafel (1905 m, hierher auch von Belvedere, 45 Min. Zeitersparnis). Die Hütten läßt man links liegen und steigt über den gleichmäßig steilen Hang in vielen Serpentinen in NW-Richtung auf den Felssporn zu, auf dem die Hütte steht. Die Felsen über das Firnfeld links umgehen und auf einem Firnband nach rechts zur Hütte queren.

● **862** **Rifugio Alpe Hinderbalmo, 1910 m**

CAI, Sektion Macugnaga. Immer offen, alte Almhütte auf der gleichnamigen Alm, Platz für 4 Personen. Großartige Aussicht auf die Monte-Rosa-O-Wand. KS 638.820 / 91.740. Herrliches Wandergebiet, alpinistisch jedoch nur von untergeordneter Bedeutung, da die S-Anstiege auf den Grenzkamm Roffelhörner – Seewjinenhorn wegen der unzuverlässigen Felsen kaum interessante Routen bieten.

● **863** **Von Macugnaga-Pecetto**

1¾ Std., **BW 1** (620 Hm), direkte Variante 1¼ Std., BW 3.

Man folgt R 860 zur E.-Sella-Hütte bis vor die Alpe Roffelstafel (WW), wo man auf einem guten Pfad die Mulde der Alpe Roffel in nunmehr geringer Steigung zum Biwak quert. Eine direkte Anstiegsvariante führt vom Talgrund auf ca. 1500 m (WW, etwa 10 Min. bevor der Normalweg die Felsstufe mit dem Wasserfall erreicht) sehr steil und an kurzen Stellen etwas ausgesetzt zwischen einigen Felsbänken hindurch zur Biwakhütte.

● 865 Bivacco Città di Luino, 3563 m

CAI, Sektion Luino. Auf dem Gipfel des Westl. Roffelhorns gelegen. 10 Lager, immer offen. Zustiege siehe unter R 1113, Roffelhörner.

● 867 Rifugio Gaspare Oberto (Città di Malnate), 2786 m

Commune di Macugnaga, verwaltet vom CAI, Sektion Malnate. 100 Hm südl. unter dem Monte-Moro-Paß, wenige Min. von der Bergstation der Seilbahn gelegen. KS 641.170 / 94.030. 35 Plätze, bewirtschaftet Dezember bis April und Juli bis September, Kein WR. Tel. 03 24/6 55 44. Großartige Aussicht auf die Monte-Rosa-O-Wand.

● 868 Von Mattmark

2½ Std. von der Staumauer, **BW 1** (850 Hm). Guter Weg.

Von der Staumauerkrone folgt man der Fahrstraße an der westl. Stauseeseite (einige Tunnels) zum Südende des Sees (45 Min.), wo auch der etwas längere Weg auf der O-Seite über die Distelalp mit ca. 130 Hm Zwischenabstieg einmündet. Der Weg führt dann ins Tälli und steigt parallel zu den Felsbändern schräg zum Paß an.
Auch mit Ski, wobei man dann besser direkt über den kleinen Tälligletscher ansteigt.

● 869 Von Macugnaga-Staffa

4½ Std., **BW 1** (1490 Hm); von der Bergstation 5 Min. Abstieg.

Vom Ortszentrum nimmt man den nach NO führenden Weg und steigt auf ihm durch den steilen Waldgürtel zur Alp Sonobierg (1926 m, 1½ Std.) auf. Nun führt der Weg in nordwestl. Richtung über das Almgelände aufwärts, quert die Seilbahntrasse (der Abzweig auf 2200 m zur Galkerne-Alp bleibt links) und steigt durch Rasen und Geröll, zuletzt wieder in NO-Richtung zum Verbindungsweg von der Bergstation zur Paßhöhe. Links (W) kommt man zum Rif. G. Oberto und der Bergstation, rechts erreicht man in wenigen Min. den Paß.

Etwa auf halbem Weg zwischen Macugnaga-Staffa und -Pecetto kann man auch auf einem Steig (östl. des vom Rothorn herunterkommenden Baches) über die Alpe Bil (1700 m, Mittelstation) zur Alpe Sonobierg und dem beschriebenen Anstiegsweg gelangen.

Tournalin-Kamm:

● 871 Albergo Panorama al Bich, 2105 m
Privat, auf Cheneil oberhalb Valtournanche. KS 615.920 / 79.200. 30 Plätze in Zimmern, bew. Dezember – Mai und Ende Juni – Mitte September. Tel. 01 66/9 20 19. Herrliche Aussichtslage in einer Alpsiedlung, Wander- und leichte Bergtouren (Roisetta, Tournalin, Trecare, z.T. auch mit Ski. Stützpunkt auf dem Alta Via Valle d'Aosta. In 15 Min. vom Ende der Straße von Valtournanche zu erreichen. Von Valtournanche direkt über Promindo in 1¾ Std., Weg Nr. 25.

Testa Grigia-Kamm:

● 873 Rifugio Città di Casale, 1701 m
In St. Jacques, Frachey, in der Skisaison und im Hochsommer geöffnet.

● 875 Rifugio Giovanni Battista Ferraro (Rifugio Guide Frachey), 2072 m
Privat, auf der Alpe Resy oberhalb St. Jacques gelegen. KS ca. 623.400 / 450.
40 Plätze, im Sommer bewirtschaftet, kein WR. Tel. 01 25/30 76 12. Von St. Jacques auf gutem, bez. Weg von der Kirche nach O und in Kehren über die Alpe Rascard (1887 m) zur Alpsiedlung Resy mit den Hütten (45 Min., **BW 1** (380 Hm).

● 877 Bivacco Ulrich Latelin (am Monte Pinter/Testa Grigia), 3120 m
Privat, unter Verwaltung der Sektion Gressoney, CAI. Die große und gut eingerichtete Biwakhütte steht nur wenige Meter südwestl. unter dem Monte Pinter, einem Vorgipfel südl. der Testa Grigia. Halbtonne mit Blechverkleidung. KS ca. 627.350 / 74.650.
20 Plätze, Kochmöglichkeit (Gas); immer offen. Großartiges, recht ruhiges Wandergebiet mit schönen Blicken besonders auf die S-Abstürze der Monte-Rosa-Liskamm-Gruppe.

● 878 Von Champoluc

4 Std., **BW 2** (1550 Hm), 2¾ Std. von der Seilbahn. Wanderweg.

Vom Ort steigt man auf dem steilen Weg durch den Wald nach Crest (1935 m; 1¼ Std., wenig höher ist die Bergstation der Gondelbahn von Champoluc). Ein Fahrweg führt in geringer Steigung weiter zur alten Walser-Siedlung Cuneaz (2032 m) und zur Alpe Lavassey (2313 m). Der Weg überwindet die folgende Steilstufe und führt dann zum Colle di Pinter (2777 m). Nun nach N auf einem Pfad über das steile Geröll und zwischen Schrofen der W-Flanke zum Monte Pinter.

● 879 Von Gressoney, Ortsteil Castel

4½ – 5 Std., **BW 2** (1580 Hm). Bez. Weg Nr. 6.

Der Weg führt in gleichbleibend großer Steilheit von Castel auf der S-Seite des Vallone di Pinter über die Alpi Loage zum Colle di Pinter. Nun nach N auf einem Pfad über das steile Geröll und zwischen Schrofen der W-Flanke zum Monte Pinter.

● 880 Rifugio Arp, 2400 m

Privat (ARP), dreigeschossiger Natursteinbau auf der Alpe Palasino (seit 1992).
100 Plätze, vorraussichtlich von Juli bis Oktober geöffnet, WR mit 6 Plätzen offen. Tel. 06 15/36 30 97.
Zustieg in 1¾ Std. von Estoul (R 979, Passo di Valnera).

Corno Bianco-Kamm:

● 882 Bivacco Don Ravelli, 2504 m

CAI, Sektion Varallo Sesia. Die Hütte steht nördl. unter dem Corno Bianco (Weisshorn) im westl. von Alagna gelegenen obersten Valle d'Otro. KS ca. 634.200 / 76.200.
12 Plätze, immer offen. Hochalpines, weitläufiges Wandergebiet, der Corno Bianco wird jedoch besser von Rissuolo (R 889) erstiegen.

● 883 Von Alagna-Valsesia

4 Std., **BW 2** (1300 Hm). Markiert (Weg Nr. 3), schöner Anstieg.

Man folgt von Alagna dem Saumweg nördl. oberhalb des Otra-Baches zu den alten Walser-Siedlungen Follu, Scarpia (1720 m) und

Pianmisura (1782 m). Weiter taleinwärts zur Alpe Cuttiri (2113 m), die unter dem Fuß des Felssporns liegt, auf dem das Biwak steht. Man steigt über Rasen und Geröll nördl. unter diesem Sporn bis in Fallinie des Biwaks an, um dieses dann über einen kurzen steilen Hang zu erreichen.

● 885 Bivacco Gastaldi, 2630 m

CAI, Sektion Gressoney. Die Biwakunterkunft steht 90 Hm nördl. des kleinen Sees (Laghetti di Netscio) am Corno-Bianco-Stock, östl. über Gressoney-La Trinité. Halbtonne mit Blechverkleidung. KS ca. 632.050 / 75.000. 4 Plätze, immer offen; gute Einrichtung, Gaskocher.

● 886 Von Gressoney-La Trinité

3 Std., **BW 2** (920 Hm). Markiert Nr. 3.

Von Gressoney steigt man östl. durch den steilen Wald zur Alpe Spilmannberg (2098 m). Der Weg führt zum Bach, der vom Laghetto herunterkommt und auf dessen N-Seite weiter zum Biwak.

● 887 Vom Lago Gabiet

2 Std., **BW 3**. Schöner Höhenweg Nr. 3a.

Von den Hütten am Lago Gabiet an der W-Seite des Sees zur Staumauer, über diese hinweg, und auf aussichtsreichem Höhenweg über die Alpe Guolle und Skeärpie zum Netscio-Bach oberhalb Spilmannberg; weiter zum Biwak wie oben beschrieben.

● 889 Rifugio Abate Carestia, 2201 m

CAI, Sektion Varallo, auf der Alpe Pile unter dem Lago Bianco, südl. des Corno Bianco. 30 Plätze, bewirtschaftet von Juni bis September, WR 4 Plätze offen.

● 890 Von Riva-Valdobbia

3 Std. von San Antonio (Fahrstraße), **BW 1** (880 Hm), Mark. 2.

Man folgt dem Saumweg über der Schlucht des Torrente Vogna talein, um unterhalb der Walsersiedlung Le Piane (1511 m) vom Talweg abzuzweigen und an den Häusern vorbei zur aussichtsreichen Alpe Spinale (1904 m) aufzusteigen. Weiter über den begrasten Rücken zur Pila-Alp (2201 m), dann fast ebene Querung zum Biwak.

● 892 Rifugio Ospizio Sottile (am Colle Valdobbia), 2480 m

Pfarrbesitz von Riva-Valdobbia. Die Hütte steht auf dem Colle Valdobbia. KS 633.250 / 70.850. 30 Plätze, bewirtschaftet Mitte Juli bis Ende August, im Juni und September an den Wochenenden; kein WR.

● 893 Von Gressoney-St. Jean

3½ Std., **BW 1** (1100 Hm). Markiert Nr. 11.

Vom Ortsteil Valdobbia führt der gute, aber steile Weg anfangs durch Wald, dann über Almen und schließlich Geröllfelder zum Paß.

● 894 Von Riva-Valdobbia

4 Std. von S. Antonio, **BW 1** (1100 Hm). Guter Saumpfad, Nr. 1.

Man folgt dem Saumweg über dem Torrente Vogna talein, um wenig hinter den Hütten von Peccia (1529 m), nach Überqueren des Torrente Sulino, von rechts über dessen S-Ufer zur Alpe Larecchio (1846 m) und schließlich am Torrente Valdobbia zum Paß aufzusteigen.

● 896 Rifugio Delfo – Agostino Coda, 2280 m

CAI, Sektion Biella. In aussichtsreicher Lage am Kamm südl. des Mont Mars gelegen. 52 Plätze, WR 8 Plätze immer offen. Im Juli und August voll bewirtschaftet, an den Wochenenden von Mitte Mai bis Mitte Oktober. Tel. 0 15/2 56 24 05. Von Pillaz (1250 m, Straße von Fontainemore) in 3 Std. auf gutem Weg zu erreichen, von Lillianes (Santa Margherita) in 2½ Std., von der Station »Lago Mucrone« der Bahnen von Oropa über die Bocchetta del Lago in 2½ Std.

● 898 Rifugio Rivetti, 2201 m

CAI, Sektion Biella. Südl. unter der Punta Tre Vescovi gelegen. KS 638.680 / 63.230. Ca. 60 Plätze, ab Juni bis Mitte Oktober an den Wochenenden, im August durchgehend bewirtschaftet. WR mit 8 Plätzen immer offen. Tel. 015/473201.

● 899 Von Piedocavallo

3 Std., **BW 1** (ca. 700 Hm).

Der markierte Weg führt nordöstl. über dem Bach in das Tal auf die Vescovi zu und in dem Talkessel steil zur Hütte.

Punta Grober/Tagliaferro-Kamm:

● 901 Rifugio Santino Ferioli, 2264 m

CAI, Sektion Olgiate Olona (VA). Auf der oberen Alpe Mud, wenig westl. des Colle Mud gelegen, alter Walser-Übergang von Alagna nach Rima (gta). KS ca. 640.420/80780. 24 Plätze, von Sektionsmitgliedern bewartet an Wochenenden im Sommer, sonst offener WR, 12 Plätze. 10 Min. Abstieg vom Paß, 3 Std. von Rima über den Paß.

● 902 Von Alagna-Pedemonte

2½ – 3 Std., **BW 2** (1000 Hm). Markierter Weg, Nr. 8.

Der gute Weg führt über dem Mud-Bach talein, steigt in Kehren zu den unteren Mud-Alpen und quert dann die Hänge aufwärts zur Hütte unter dem Paß.

● 904 Bivacco Emiliano Lanti, 2150 m

CAI, Sektion Macugnaga. Im obersten Val Quarazza unter dem Colle del Turlo. KS ca. 640.800 / 84.530. 9 Plätze, immer offen. Stützpunkt am beliebten Übergang von Macugnaga nach Alagna (Monte Rosa-Umrundung). Beschreibung unter R 1013, Colle del Turlo.

● 906 Rifugio Alpe Massero, 2082 m

Im O des Pizzo Montevecchio im Carcoforo-Talkessel. KS 644.820 / 84.880. 25 Plätze, bewirtschaftet im August, Juli u. Sept. an Wochenenden, kein WR. Interessantes, kaum bekanntes Tourenrevier.

● 907 Von Carcoforo

2¼ Std., **BW 2**, 780 Hm; bez. Weg.

Man verläßt Carcoforo in W-Richtung, ein Stückchen auf der gta, die bald auf die südl. Bachseite abzweigt , und hält sich direkt auf den Pizzo Montevecchio zu; etwas oberhalb der Waldgrenze liegt die Hütte.

● 909 Rifugio Boffalora, 1637 m

Am GTA zwischen Carcoforo und dem Colle d'Egua gelegen, KS 648.340 / 85.400. 40 Plätze, voll bewirtschaftet im August, Juli an Wochenenden; Tel. 01 63/9 56 45. Auf dem breiten Weg von Carcoforo ins oberste Eguatal in etwa 45 Min. zu erreichen.

4.2 Pässe

● 911 Theodulpaß, 3301 m

Altbekannter Übergang von Zermatt nach Breuil, er war im Mittelalter eisfrei zu begehen, heute befindet sich auf dem nicht allzu steilen Theodulgletscher ein Sommerskigebiet, der Paß ist von der Schweiz und von Italien mit Seilbahnen erschlossen.
Auf dem Paß befindet sich das Rif. del Theodulo, auf der wenig höheren Testa Grigia neben der Seilbahnstation eine weitere Unterkunft (Albergo Testa Grigia). Anstiege siehe dort (R 792).

● 913 Breithornpaß, 3824 m

Breiter Gletschersattel am Breithornplateau zwischen dem Breithorn und der Gobba di Rollin, er wird bei den normalen Breithorn-Anstiegen betreten. Vom **Klein Matterhorn** steigt man an der Lifttrasse zum Breithornplateau ab und biegt nach O zum Paß ab (30 Min.).

● 914 Von Westen (Theodulpaß)

1¼ Std., **G 1** (Pistengebiet).

Vom Theodulpaß in südl. Richtung zum Plateau Rosa, östl. der Testa Grigia. Hier durch die Mulde nach SO, dann O auf den Rücken des Breithornplateaus, wo man den Verbindungslift Klein Matterhorn – Gobba di Rollin trifft (1 Std.). Weiter nach O zum Paß (15 Min.).

● 915 Von Osten (Schwarztor)

2 Std., **G 1** (ca. 130 Hm); 2½ Std. zum Klein Matterhorn.

Vom Schwarztor geht man auf dem Verragletscher in westl. Richtung fast eben unter der Felsnase mit dem Rossi-Volante-Biwak vorbei und quert nun horizontal unter einer weiteren Felsinsel hindurch (in Fallinie der Breithornzwillinge). Zwischen einigen Spalten steigt man nun schräg aufwärts, unter einer dritten Felsinsel (3824 m) durch, zum Paß. Beliebte Skiroute, meist in umgekehrter Richtung mit Abfahrt über das Schwarztor nach Zermatt (R 918).

● 917 Schwarztor (Porta Nera), 3731 m

Zwischen Breithorn (Roccia Nera) und Pollux. Der nordseitige Schwärzegletscher ist in seinem mittleren Bereich stark zerrissen und wird im Sommer selten begangen; im Frühjahr eine prächtige Skitour.

● 918 Von Norden über den Schwärzegletscher

5 Std. von der Station Rotenboden (Gornergratbahn), **G 3** (1230 Hm nach 310 Hm Abstieg zum Gornergletscher). Abb. S. 236/237.

Von der StationRotenboden folgt man etwa 300 m dem Weg zur Monte-Rosa-Hütte nach S und steigt dann steil auf einem Pfad zum Gornergletscher ab. Der Gletscher wird in SO-Richtung zur Schwärze, der Insel zwischen Schwärze- und Gornergletscher gequert (hierher auch in ca. 40 Min. Abstieg von der Monte-Rosa-Hütte).
Man steigt auf Rasen, Geröll und Firn aufwärts, am P. 3306 m vorbei zum breiten Sattel 3282 m an der Schalbetterflue. Der folgende steile Schneehang ist gelegentlich vereist und weist reichlich Spalten auf, man ersteigt ihn zum P. 3639,7 und quert dann nur mehr leicht steigend zum Schwarztor.
Im Frühjahr wird über die Gletschermitte (große Spaltenzone zwischen 3100 und 3500 m, Seil!) aufgestiegen. Die meisten Tourenfahrer queren aber vom Klein Matterhorn südl. unter dem Breithorn zum Schwarztor und fahren über den Schwärzegletscher nach Zermatt ab.

● 919 Von Südwesten (Breithornpaß)

2 Std., **G 1**. Abb. S. 286/287.

Vom Breithornpaß steigt man in einem leichten Bogen unterhalb der Felsinsel 3831 m vorbei auf den oberen Verra-Gletscher hinab und in O-Richtung zu einer weiteren Felsinsel (in Fallinie der Breithornzwillinge) ab. Von dessen Fußpunkt quert man unterhalb der Felsnase mit dem Rossi-Volante-Biwak vorbei zum Schwarztor.
Diese Route wird auch häufig mit Ski begangen.

● 920 Von Südwesten (Guide-Ayas-Hütte)

1½ Std., **G 2** (370 Hm); 3 Std. (730 Hm) von der Mezzalamahütte.

Von der neuen Guide-Ayas-Hütte zum Gletscher; man quert ihn unter den Spalten zu seiner Mitte und wendet sich hier nach O und ersteigt ihn in Richtung Zwillingsjoch; noch bevor man dieses erreicht, unter dem SW-Gratansatz des Pollux, biegt man scharf nach W ab, um sodann unter dessen W-Flanke zum Schwarztor zu queren.
Bei guten Verhältnissen kann man auch direkter entweder links oder rechts der Felsinsel auf ca. 3500 m über eine spaltenreiche Zone zum oberen flachen Firnfeld unter dem Schwarztor aufsteigen.

● 922 Zwillingsjoch (Passo di Verra), 3845 m

Zwischen Pollux und Castor. Während die obersten Firnfelder auf der S-Seite nur wenig steil in das Joch reichen, ist der nordseitige Zwillingsgletscher stark zerrissen und bildet am steilen Schlußhang große Schründe. Damit bedeutet der Anstieg über diese Seite immer eine schwierige Unternehmung, auch als Skitour ist sie nur am Ende schneereicher Winter ratsam, auch bei der Abfahrt wird man hier normalerweise das Seil benutzen müssen!

● 923 Von der Monte-Rosa-Hütte (Zwillingsgletscher)

5 Std., **G 4** (1080 Hm). Abb. S. 280/281.

Von der Monte-Rosa-Hütte steigt man wenige Meter schräg zum Grenzgletscher ab und überquert ihn auf den gegenüber einmündenden Zwillingsgletscher zu. Die Überwindung der Séraczone zwischen ca. 2950 m und 3100 m kann sich schwierig gestalten und viel Zeit benötigen; man wird normalerweise versuchen, in der Mitte durchzukommen (die beste Route kann schon von der Hütte ausgekundschaftet werden). Es folgt nun eine kurze Verflachung, worauf der Zwillingsgletscher durch eine Felsstufe in zwei Teile getrennt wird und nach links die Route zum Felikjoch abzweigt. Die rechts (SW) befindliche Spaltenzone überwindet man üblicherweise am besten in der Nähe dieser Felsstufe (also links im Sinne des Aufstiegs), hält daraufhin auf die Felswand der Schalbetterflue zu, unter der man bis unter das Joch ansteigt. Der ca. 250 m hohe Steilhang ins Joch ist von einigen gewaltigen Schründen durchzogen.
Hochalpine Skitour, der letzte Teil ins Joch üblicherweise zu Fuß.

● 924 Von Südwesten (Klein Matterhorn)

2½ – 3 Std., **G 1** (ca. 150 Hm, gut 5 km). Auch beim Rückweg benötigt man mindestens diese Zeit, was bei Seilbahnbenutzung für die letzte Talfahrt einzuplanen ist! Abb. S. 286/287.

Vom Breithornpaß steigt man in einem leichten Bogen unterhalb der Felsinsel 3831 m vorbei auf den oberen Verra-Gletscher hinab und in O-Richtung zu einer weiteren Felsinsel (in Fallinie der Breithornzwillinge) ab. Von dessen Fußpunkt quert man unterhalb der Felsnase mit dem Rossi-Volante-Biwak vorbei in das Firnbecken unter dem Schwarztor; weiter am SW-Grat und unter der S-Flanke des Pollux vorbei direkt ins Joch. Häufig mit Ski begangen.

● 925 Von Südwesten (Guide-Ayas-Hütte)

1½ Std., **G 1** (420 Hm); 3–4 Std. (850 Hm) ab Mezzalamahütte.

Von der Guide-Ayas-Hütte zum Gletscher; man quert ihn unter den Spalten zu seiner Mitte, wendet sich dann nach O und ersteigt ihn direkt zum Zwillingsjoch. Auch Skiroute.

● 927 Felikjoch, 4063 m

Zwischen Castor und Liskamm gelegenes Joch, es verbindet den stark zerschrundenen Zwillingsgletscher mit dem Felikgletscher auf der S-Seite und wird bei den Normalanstiegen zum Castor und Liskamm-W-Gipfel von der Q. Sella- und Monte-Rosa-Hütte betreten.

● 928 Von der Monte-Rosa-Hütte (Zwillingsgletscher)

5–6 Std., **G 4** (1300 Hm). Abb. S. 236/237.

Von der Hütte steigt man wenige Meter schräg zum Grenzgletscher ab und überquert ihn auf den gegenüber einmündenden Zwillingsgletscher zu. Die Überwindung der Séraczone zwischen ca. 2950 und 3100 m kann sich schwierig gestalten und viel Zeit benötigen; man wird normalerweise versuchen, ziemlich in der Mitte durchzukommen (der mögliche Routenverlauf kann großenteils schon von der Hütte ausgekundschaftet werden). Es folgt nun eine kurze Verflachung, über welcher der Zwillingsgletscher durch eine Felsstufe in zwei Teile getrennt wird, und nach rechts die Route zum Zwillingsjoch abzweigt. Man steigt hier über den Gletscher in S-Richtung unterhalb der Felsstufe an, die zwischen 3400 und 3500 m befindlichen gewaltigen Querspalten müssen entweder am Fuß der Liskamm-W-Flanke (Lawinen!) oder unterhalb der Felsstufe überwunden werden. Hiernach folgt eine kleine Gletscherstufe; danach über einen weiteren Steilhang zum Gletscherplateau unter dem Joch; im Schlußanstieg zum Sattel sind große Schründe zu überwinden. Skiroute.

● 929 Von der Quintino-Sella Hütte

1½ Std., **G 1** (480 Hm). Abb. S. 290/291.

Von der Hütte steigt man auf dem nicht allzu steilen Felikgletscher nach NNO (auch hier hat es einige Spalten, Seil!), zuletzt direkt zum P. 4093 m an, wo es nach W zum Castor geht. Über den Schneerücken steigt man wenige Meter nach N zum Joch ab. Skiroute.

● 931 Passso del Naso, etwa 4100 m

Kein Paß, sondern die Stelle in dem vom Liskamm-Hauptgipfel nach S abstreichenden Kamm, die den leichtesten Übergang zwischen Sella- und Gnifettihütte erlaubt. Er befindet sich zwischen dem unteren Felskamm »Il Naso« und der Schneekuppe 4272 m (Naso del Liskamm) vor dem obersten S-Grat. Zerschrundete Gletscher.

● 932 Westseite von der Quintino-Sella-Hütte

2½ – 3 Std., **G 3** (ca. 530 Hm). Abb. S. 290/291.

Von der Hütte folgt man kurz dem Felikjochanstieg und verläßt diesen dort, wo er steiler wird, nach rechts (NO) auf den Fußpunkt des vom Felikjoch nach S herabziehenden Felssporns zu, oberhalb von P. 3744 m. Nach kurzem Abstieg quert man in einem großen Bogen das Becken des westl. Lisgletschers auf den Fuß des Naso zu (Spalten!). Etwa 100 Hm steil gerade hinauf und dann schräg nach S zur Kante, die man nur wenig über dem Felsen Il Naso erreicht.

● 933 Ostseite von der Gnifettihütte

2 – 2½ Std., **G 3** (550 Hm). Abb. S. 290/291.

Von der Hütte Richtung Lisjoch (R 937) bis unter das Balmenhorn auf ca. 4050 m. Hier nach W leicht absteigen in das spaltenreiche Becken des östl. Lisgletschers und an den Fuß des Naso. Über den oft problematischen Bergschrund und schräg nach SW zur Schneekante.

● 935 Lisjoch, 4151 m

Dieses Joch verbindet den Lis- mit dem Grenzgletscher, zwischen Liskamm und dem Monte-Rosa-Massiv. Der Normalanstieg von S auf die Monte-Rosa-Gipfel führt über dieses Joch; von N nur beim Hüttenübergang oder am Weg zum Liskamm benutzt.

● 936 Von der Monte-Rosa-Hütte

Ca. 5½ Std., **G 3** (1360 Hm). Der Grenzgletscher ist besonders in seinem mittleren Bereich stark zerschrundet (wechselnde Routenführung), bei schlechter Sicht und nach Neuschnee schwierige Routenfindung, im Frühjahr meist einfacher. Abb. S. 236/237.

Auf der R 1071 der Signalkuppe ersteigt man den Grenzgletscher bis in die obere Mulde (ca. 3950 m), nördl. unter dem Lisjoch. Der direkte

Anstieg von hier zum Grat ist wegen der großen Schründe im obersten Steilhang nur selten günstig; daher weicht man mit nicht allzu großem Umweg über das Becken unterhalb der Parrotspitze aus, wo man über das Joch 4246 m nördl. der Ludwishöhe und den im NW anschliessenden Schneerücken (P. 4252 m) in das Joch absteigt. Vielbegangene Skiroute: Im unteren Bereich meist weiter in der Gletschermitte, jedoch Gefahr durch große Eislawinen aus der Liskamm-NO-Wand.

● 937 Von der Gnifetti-Hütte

2 Std., **G 1** (540 Hm). Vielbegangene Route, fast immer gute Spur vorhanden, jedoch Vorsicht bei Nebel; bei Wind sind die Spuren rasch verschwunden, gefährliche Spalten! Abb. S. 290/291.

Von der Hütte steigt man auf dem nur mäßig spaltigen Gletscherbereich unter dem Fuß der Pyramide Vincent vorbei (links große Brüche) in ziemlich genau nördl. Richtung gerade zum Joch auf. Skiroute.

● 939 Seserjoch, 4296 m, Colle Gnifetti, 4452 m, Grenzsattel, 4453 m, Silbersattel, 4515 m

Diese Schneesättel liegen zwischen Parrotspitze, Signalkuppe, Zumsteinspitze, Dufourspitze und Nordend; allgemein nach O stark überwächtet. Da sie als Übergänge keine Bedeutung haben, sondern nur im Zusammenhang mit den einzelnen Gipfelanstiegen betreten werden, finden sich die Beschreibungen dort (R 1051 bis 1080).

● 941 Jägerjoch, 3913 m, Fillarjoch, 3586 m, Altes Weisstor, 3560 m

Diese Firnsättel im Weisskamm zwischen Monte Rosa und Cima di Jazzi haben als Übergang keine Bedeutung. Der Gornergletscher reicht von W im gesamten Bereich bis an den Grenzkamm, so daß die Anstiege von dieser Seite allesamt unschwierig in die Jöcher und zu allen, nur wenig höherliegenden Gipfelpunkten verlaufen.
Zugang von der **Monte-Rosa-Hütte** zum oberen Gornergletscher: Von der Hütte quert man die Untere Plattje nach O ansteigend zum Monte-Rosa-Gletscher, den man auf etwa 2900 m betritt. Leicht ansteigend wird dieser an sein nördl. Ufer gequert und über Geröll zu einer Markierung (Stange) am darüberliegenden Kamm aufgestiegen (ca. 3120 m). Jenseits steigt man schräg zum Gornergletscher ab. Je nach Ziel ersteigt man den Gletscher zwischen seinen Spaltenbereichen. 3½ – 5 Std. Anstieg auf die Jöcher. Abb. S. 236/237.

Von der Station Stockhorn der Gornergratbahn steigt man in ca. 1½ – 2 Std. über das Stockhorn zum Alten Weisstor gerade auf oder in ca. 3 Std. in einem Bogen unter den Weisskamm-Gipfeln zum Jägerjoch (hier gelegentlich schwierig passierbare Schründe).

● 943 Neues Weisstor, 3499 m

Am wenigsten schwieriger Übergang von Macugnaga nach Zermatt, nördl. der Cima di Jazzi gelegen. Von der nahen E.-Sella-Hütte auf italienischer Seite ermöglicht dieser Übergang den Zugang zum Weissgrat und Strahlhorn.

● 944 Von Osten (E.-Sella-Hütte)

1½ Std., **G 2** (520 Hm).

Von der Hütte über leichte Felsen auf dem S-Grat der Neu-Weisstorspitze zum Gratrücken; weiter auf ihm oder im Firn rechts daneben, dann auf dem steilen Firnhang, der fast an den Grenzkamm südl. der Neu-Weisstorspitze führt) ansteigen, bis Bänder nach links die Querung an den Grenzkamm wenig oberhalb des Passes erlauben.

● 945 Von Westen (Stockhorn, Flue, Monte-Rosa-Hütte)

Von der Station Stockhorn der Gornergratbahn in etwa 2 Std. über das Stockhorn und die Firnfelder unter der Cima di Jazzi zum Sattel. Das Felsdreieck der Neu-Weisstorspitze ist ein guter Richtpunkt.
Von der Flue-Hütte folgt man dem Weg in dem Moränentälchen der Fluealp bis zur Moräne, auf deren Kamm man aufsteigt, bis man etwa in Höhe der von der Pfulwe herabziehenden Felsen günstig auf den Findelngletscher queren kann. Man steigt an seinem rechten Ufer weiter, am Zusammenfluß mit dem Adlergletscher und unter der Felsinsel Strahlchnubel vorbei bis unter das Adlerhorn. Die Spaltenzone läßt man links und steigt dann gerade über die flachen Firnhänge in SO-Richtung in das Joch, das bei guter Sicht leicht an den Felsen der Neu-Weisstorspitze im N zu erkennen ist (5 Std., **G 2**, 1100 Hm).
Von der Monte-Rosa-Hütte wie in R 782 zum Stockhornpaß und in allgemeiner NO-Richtung unter der Cima di Jazzi vorbei zum Sattel, 4–5 Std., **G 2** (700 Hm). Unschwierige Skitouren.

● 947 Schwarzberg-Weisstor, 3577 m

Die tiefste Stelle im Grat zwischen Schwarzberghorn und Strahlhorn ist ca. 20 m niedriger als der eigentliche Übergang, die gut 200 m hohe

Felswand erschwert dort aber den Anstieg von O sehr; so reichen die Gletscher auf beiden Seiten bis an den Paß. Er wurde schon sehr früh begangen, heutzutage ist es hier sehr ruhig geworden, da die Gletscher ziemlich zerschrundet sind, fehlende Hütten die Anstiege sehr lange machen und nicht zuletzt das Strahlhorn als »4000er zum Mitnehmen« von dieser Seite anspruchsvoller ist als vom Adlerpaß. Diese Ecke kann jedoch jedem sehr empfohlen werden, der dem Massenbetrieb ein wenig entkommen will.
Von der Flue 4½ Std., **G 2** (1000 Hm), recht spaltenreiche Gletschertour.
Von der Station Stockhorn der Gornergratbahn über das Stockhorn, 2½ Std. Problemlos von R 945 (Neu-Weisstor) über die Firnfelder zu erreichen, jedoch Vorsicht bei Nebel!

● 948 Von Osten (Mattmark)

4½ Std., **G 2** (1400 Hm) von der Staudammkrone, Spalten.

Vom Staudamm Mattmark steigt man auf dem guten Weg über dem W-Ufer des Sees in ca. 30 Min. zur Schwarzbergalp (2372 m). Auf der linken Seitenmoräne des Schwarzberggletschers führen die Pfadspuren aufwärts zum Signal 2692,9 m und weiter auf dem Moränenkamm, bis man auf ca. 2800 m auf den Gletscher überwechseln kann. Man bleibt auch weiter noch auf der orographisch linken Gletscherseite und quert erst im obersten Bereich in südl. Richtung auf den Grenzkamm zu, den man etwa 300 m östl. vom Schwarzberghorn auf einem Sattel (ca. 3550 m) erreicht und wenig schwierig zum Gipfel verfolgt.

● 951 Steinchalchlücke, 3345 m, Galkerne-Lücke, 2906 m

Im Kamm zwischen Monte Moro und Roffelhörnern gelegene Scharten, über welche die »Traversata dei Camosci« (Gemspfad) zwischen Malnate- und E.-Sella-Hütte führt.

● 952 Von der Malnatehütte zur Steinchalchlücke

2½ – 3 Std., **G 2** (550 Hm); Gletscherbegehung.

Von der Hütte kurz zur Seilbahnstation und weiter leicht ansteigend unter der S-Flanke des Monte Moro auf einem Pfad in westl. Richtung fast eben in die Galkerne-Lücke. Auf Schweizer Seite ersteigt man

die vom Seewjinenhorn nach N abstreichende felsige Rippe (Wegspuren) zum Seewjinengletscher.
Nun am oberen Rand dieses Gletschers unter den Gipfeln des Grenzkammes entlang bis zur Steinchalchlücke, direkt im O der Felsen des Roffelhorns.

● 953 Von der E.-Sella-Hütte zur Steinchalchlücke

1¾ Std., **G 3** (350 Hm); einige Fixseile, nicht ganz steinschlagsicher.

Von der Hütte auf den Roffelgletscher und nach N, dann NO unter den Roffelhörnern bis an sein östl. Ende. Wegspuren und einige Fixseile leiten in der Flanke schräg aufwärts zu einer kleinen Einsattelung (Sella Bettineschi) über einem charakteristischen Pfeiler. Jenseits etwa 30 m in einer Rinne mit Fixseil absteigen und weiter durch die Flanke nach O queren, zuletzt meist im Schnee zur Steinchalchlücke.

● 955 Monte-Moro-Paß

Alter, vielbegangener Übergang zwischen dem Saastal und Macugnaga. Berühmt wegen seiner grandiosen Monte-Rosa-Sicht. Alter Walserweg von N, Seilbahn von S. Wenige Meter südl. der Paßhöhe befindet sich die Malnatehütte, in der Nähe der Seilbahnstation von Macugnaga-Staffa. Anstiege siehe R 867, Malnatehütte.

Tournalinkamm (Valtournanche – Valle d'Ayas):

● 957 Colle superiore di Cime Blanche, 2982 m

Wichtiger Übergang zwischen Breuil (Valtournanche) und St. Jacques (Valle d'Ayas). Guter, markierter Wanderweg auf beiden Seiten mit schöner Aussicht, besonders auf die Matterhorn-S-Seite.
Schönes Skitourengebiet, wobei jedoch von Breuil die Lifte weit hinaufreichen, von der Testa Grigia kann direkt zum Joch abgefahren werden.

● 958 Von Westen (Breuil)

3 Std., **BW 1** (960 Hm); Mark. Nr. 16.

Von der Talstation der Testa-Grigia-Bahnen folgt man wenige Min. dem Fahrweg nach Bardoney parallel unter der Seilbahn und steigt

dann in SO-Richtung über Almgelände zum S-Ende des Lago Goillet (2516 m, 1½ St.d) auf. Der Weg führt nun unter der N-Flanke des Gran Sometta über Rasen, zuletzt auch Geröll zum Paß.
Wenig unterhalb des Passes mündet von N der Valtournanche-Höhenweg von der Mittelstation der Testa-Grigia-Bahn ein (1½ Std.).

● 959 Von Osten (St. Jacques)

4 Std., **BW 1** (1300 Hm); Mark. Nr. 6.

Vom Parkplatz über die Brücke auf die westl. Bachseite, dann in nördl. Richtung über Blanchard nach Fiery (Abzweig Nr. 6c zum Mariano-Biwak). In NW-Richtung talein hoch über dem Talgrund, anfangs noch im Wald, dann über Rasen zur Alpe Mase (2400 m, 2 Std.). Der Weg führt weiter auf die Gran Sometta zu und biegt unter ihr nach N durch ein Tälchen (Geröll und Rasen, Lift) zum Paß.

● 961 Colle inferiore di Cime Blanche, 2896 m

Ohne Namen in der Landeskarte. Übergang von Paquier-Valtournanche nach St. Jacques. Weg Nr. 20 von Valtournanche-Losanche über Ollia (2202 m, Seilbahnstation), zu Fuß 3½ Std. (1400 Hm).
Von Osten wird der Paß vom obersten Stück des R 959 (Colle superiore di Cime Blanche) erreicht (3¼ Std. von St. Jacques (1200 Hm). Schönes Skigelände, W-Seite mit Liften erschlossen.

● 963 Col de Nana, 2775 m

Ohne Namen in der Landeskarte. Südl. des Tournalin, im N des Bec de Nana gelegen. Günstiger Übergang von Paquier-Valtournanche bzw. Buisson und Chamois nach St. Jacques. Oberhalb von Chamois haben sich die Skilifte schon weit die Hänge hinaufgefressen.

● 965 Von Westen (Paquier-Valtournanche)

2 Std. von Cheneil, Albergo Panorama al Bich (R 871), **BW 1** (690 Hm); Alta Via della Valle d'Aosta, Mark. Nr. 24a.

Eine Fahrstraße führt von Paquier bis kurz unterhalb Cheneil (2105 m, zu Fuß 1¾ Std.). Man steigt weiter auf gutem Weg zur Alpe Champsec (2331 m) und über die Rasenhänge nach SO steil in die Grateinsattelung östl. der Pointe Falinere (2697 m, Colle di Cruox). Auf der anderen Seite nahezu eben in den obersten Talgrund (Vallone di Chamois) und schließlich kurz zum Col de Nana. Auch Skiroute.

● **966** **Von Westen (Buisson/Chamois)**

5 Std., **BW 2** (1650 Hm); 3 Std. von Chamois-Corgnolaz, Mark. Nr. 2 (1030 Hm). Fahrweg von Antey-St. Andrée.

Von Buisson (1108 m) steigt man auf steilem Weg über La Ville (1740 m) in ca. 2 Std. nach Chamois-Corgnolaz (1815 m, Lifte). Der Weiterweg folgt dem leicht gewundenen Talgrund über zwei Geländestufen bis zur Scharte. Auch Skiroute, wobei die beiden Stufen jeweils südl. des Talgrundes umgangen werden: Von Chamois auf etwa 1900 m über den Bach und durch die Schneise im Wald zu den Hütten von Cortiselles (2079 m). Kurz in die kleine Ebene, dann aber in O-Richtung auf den Absatz 2314 m, von wo man oberhalb der zweiten Stufe zum nächsten Talgrund quert; dann gerade zur Scharte.

● **967** **Von Osten (St. Jacques)**

3 Std., **BW 2** (1190 Hm); Mark. Nr. 4a.

Von St. Jacques geht man in SW-Richtung über die Forststraße (evtl. einige Kehren abschneidend) zur Oberen Alpe di Nana (2194 m). Bis zur Unteren Alpe Tournalin hat der Weg noch W-Richtung, biegt dann mit dem Tal nach N bis zur Oberen Alpe Tournalin (2534 m), wo er in einem Bogen zuletzt ziemlich steil wieder nach W durch eine kurze felsige Stufe in die Scharte aufsteigt.

● **970** **Colle di Joux, 1640 m**

Bewaldeter Straßenpaß von S. Vincent (Aostatal) nach Brusson im unteren Ayastal. Von der Paßhöhe führt ein kurzer Wanderweg zum südl. gelegenen Testa di Comagna.

Testa Grigia Kamm (Valle d'Ayas – Val di Gressoney):

● **972** **Colle di Bettaforca, 2672 m**

Wichtiger Einschnitt in dem von den Zwillingen nach S abstreichenden Seitenkamm, Übergang von St. Jacques (Valle d'Ayas) ins Gressoneytal. Sessellift von Gressoney-Stafal bis ins Joch, ebenso einige Lifte von St. Jacques. Anstiege siehe R 807, Q.-Sella Hütte.

● **974** **Passo del Rothorn, 2689 m**

Zwischen dem M. Bettaforca und dem M. Rothorn gelegen, von W reichen die Skilifte von Champoluc weit hinauf; zu Fuß von der

Station Crest auf Weglein Nr. 10 über die Alpe Saler in den oberen Talgrund Contenery und zur Scharte (2 Std.).
Auf der O-Seite von der Mittelstation Alpe Bettaforca durch das Tälchen, oben an kleinen Seelein vorbei, zur Scharte (1 Std., Nr. 8a). Beides sind auch leichte Skirouten.

● 976 Colle di Pinter, 2777 m

Zwischen Monte Pinter (Testa Grigia) und Corno Vitello gelegener Paß, er verbindet die beiden Talschaften von Champoluc (Valle d'Ayas) und Gressoney.
Schönes und bislang recht ruhiges, aber bereits alpines Wandergelände. Während die Gressoney-Seite wegen der großen Steilheit der Flanken nur Ski-extrem ermöglicht, bietet die Ayas-Seite sehr günstige Skitourenmöglichkeiten; wie nahezu leider überall in den Alpen, fressen sich jedoch auch hier die Liftanlagen unaufhaltsam in die ehemals den wenigen, überwiegend italienischen Tourengehern vorbehaltene Region.
3–3½ Std. von Champoluc, BW 1 (1210 Hm). Markierter Wanderweg Nr. 11, die Gondelbahn nach Crest (1976 m) verkürzt den Anstieg um ca. 1¼ Std.
3½ Std. von Gressoney, BW 1 (1240 Hm). Steiler Weg (Nr. 9) von der Siedlung Castel. Anstieg siehe R 877, Latelin-Biwak.

● 978 Passo di Valnera, 2676 m

Verbindung von Brusson (Ayastal) mit Gressoney-St. Jean (Listal), nördl. der Punta Valnera gelegen. Besonders auf der Ayas-Seite sehr schönes Wander- und Skitourengebiet, einige Lifte bei Estoul (Ende der Fahrstraße).

● 979 Von Westen (Brusson, Ayastal)

3½ Std., **BW 1** (1340 Hm); Mark. Nr. 5/5a.

Man verläßt den Fahrweg nach Estoul ca. 200 m bevor dieser über den Messouere-Bach führt und steigt auf dem breiten Weg über die Alpe Lavassey (1998 m) zur Alpe Palasina (Rif. Arp, R 880, 2406 m). Der Weiterweg führt danach eben in den Talboden und dann nach O, südlich unter der Punta Valfredda vorbei zum Paß.
Auch **von Estoul** wird die Alpe Palasina in 1¾ Std. über Fenilietta und Chanlossere (Lifte) erreicht (gesamt 2½ Std. zum Paß). Im Winter auch Skiroute.

● **980 Von Osten (Gressoney-St. Jean)**

3½ Std., **BW 2** (1290 Hm).

Am nördl. Ortsende beginnt der steile Anstieg, der über die Valnera-Alpen direkt zum Paß führt (Weg Nr. 5).

● **982 Colle Palasina, 2668 m**

Zwischen der Corno Vitello und der den westl. Nebenast bildenden Corno Bussola, von Champolluc nach Brusson, beide im Ayastal. Gute, markierte Wanderwege.

● **983 Von Nordwesten (Champoluc)**

3 Std., **BW 1** (1060 Hm); Mark. Nr. 14.

Von der Ortsmitte geht man auf dem Sträßchen nach S bis über die Brücke des Baches aus dem Valle di Mascognaz. Recht steil geht es durch den Wald zur gleichnamigen Almsiedlung (1822 m) und weiter, zuletzt auf der anderen (nördl.) Bachseite zur Alpe Chavannes (2011 m). Der Weg führt weiter hinauf bis in den obersten Talgrund, um dann nach S über eine Steilstufe zum Paß anzusteigen. Auch Skiroute, lawinenbedroht aus den steilen Talflanken, auch am Schlußhang in den Paß.

● **984 Von Süden (Brusson)**

3½ Std., **BW 1** (1330 Hm); 2½ Std. von Estoul; Mark. Nr .4.

Von der Alpe Palasina (R 979) erreicht man in ca. 30 Min. in NW-Richtung auf dem guten Steig an den Seelein vorbei den Paß.

● **986 Colle della Ranzola, 2170 m**

Niedrigster Paß und direktester Übergang zwischen dem Ayas- und Gressoney-Tal. Gute Saumpfade.

● **987 Von Westen (Brusson)**

2¼ Std., **BW 1** (830 Hm); 1 Std. von Estoul.

Auf direktem Weg erreicht man, einige Kehren der Fahrstraße abkürzend, in 1¼ Std. Estoul (1850 m). In nur geringer Steigung führt der Weg, bereits oberhalb der Waldgrenze, in östlicher Richtung hinauf zum Paß.

● 988 Von Osten (Gressoney-St. Jean)

2 Std., **BW 1** (800 Hm), Weg Nr. 3.

Von Gressoney-St. Jean hält man sich zunächst talauswärts über Grasmatten zum Castello Savoia (1440 m, am Ende der Fahrstraße). Ein Pfad führt im weiteren Verlauf sehr steil durch den Wald zur Alpe Bojonel (1927 m), quert dann in den Talgrund des Biel-Baches zur Alpe Ranzola (1991 m), von wo man direkt über Rasen zum Paß ansteigen kann.
Vom Ortsteil Bosmatten führt ein Sessellift nach Weissmatten (ca. 2030 m), wo man kurz zu der Alpe Pra Bianco ansteigt und dann um einen Sporn herum und durch ein Seitentälchen nahezu eben zum Paß quert (1 Std.).
Schließlich führt ein weiterer Weg direkt **von Bosmatten** auf der S-Seite des Taleinschnittes, durch den der Torrente Biel fließt, anfangs noch durch Wald und erst ganz zuletzt über Rasen zum Paß hinauf.

● 990 Passo di Frudera, 2271 m

Begrünter Sattel im N des Mont Nery mit schönen Seen auf seiner W-Seite.

● 991 Von Westen (Graines)

3 Std., **BW 2**.

Von der Siedlung Graines (hierher führt eine kleine Straße von Arcesa) auf gutem Weg durch den Talgrund des Graines-Baches bis zur Alpe Frudiera (1847 m). Weiter zum Lago Frudiera (2039 m) und von seinem S-Ende nach links an einem weiteren See vorbei zum Paß hinauf.

● 992 Von Osten (Gressoney-St. Jean)

1¾ Std. vom Lift Weissmatten, Weg Nr. 1a.

Der Weg quert unter der Weissmatten-Spitze nach S in ein Kar im N des Mont Taf, zu dem man bis etwa 2400 m auf seinem NO-Rücken aufsteigt, um dann auf einem Band nach S zum SO-Grat zu queren und jenseits schließlich zum Paß abzusteigen.
Ein weiterer Anstieg (Nr. 1) führt **von Eisterhus** im Gressoneytal (1259 m) ins Forca-Tal und durch dieses zum Paß (3 Std.).

Corno-Bianco-Kamm (Val di Gressoney – Valsesia):

● 994 Colle d'Olen, 2881 m

Wichtiger, schon seit altersher häufig benutzter Übergang direkt südlich des Monte Rosa zwischen den Talschaften von Gressoney und Alagna-Valsesia.
Wenige Meter ostseitig unter der Paßhöhe befindet sich die Vigevanohütte. Von Westen (Gressoney) führt der Sessellift bis nahe an den Colle, auch der O-Anstieg von Alagna kann mit Lifthilfe verkürzt werden.
Zustiege siehe R 826, Vigevano-Hütte

● 996 Colle Valdobbia, 2480 m

Schon seit langer Zeit vielbenutzter Übergang zwischen Gressoney (Listal) und Riva-Valdobbia (Valsesia). Auf dem Paß steht das Ospizio Sottile.
Zustiege siehe dort (R 892).

● 1000 Colle della Mologna Grande, 2364 m
Passo del Macagno, 2495 m

Diese Pässe liegen östl. oberhalb Gaby im Bereich des Mont Cossarello und der Punta Tre Vescovi; sie ermöglichen die Übergänge zwischen dem Gressoneytal, dem Valsesia und dem nach Biella führenden Cervotal (Piedicavallo).
Der Colle della Mologna Grande ist in ca. 15 Min. von der Rivetti-Hütte (R 898) zu erreichen.

● 1001 Von Norden (S. Antonio)

4 Std. zum Passo del Macagno, von dort in ca. 1 Std. zum Colle della Mologna Grande, Weg Nr. 5.

Route: Man folgt wie bei R 894 dem Saumweg über der Schlucht des Vognabaches über die Hütten von Peccia nach Montata, wo man den Abzweig zum Colle Valdobbia rechts liegen läßt. Immer dem Tal in südl. Richtung folgend steigt man im weiteren Verlauf über die Alpe Camino (2016 m) und Alpe Macagno (2188 m), zuletzt am Lago Nero vorbei zum Paß.
Jenseits knapp 150 Hm absteigen und fast eben zum Colle Lazoney (2395 m), um dann unter der Punta Lazoney und der Punta Tre Vescovi nach SO zum Colle della Mologna Grande zu queren.

● **1002 Von Westen (Gaby)**

3 Std. von Niel (Fahrstraße von Gaby) zum Passo del Macagno, 2½ Std. zum Colle della Mologna Grande, Markierungsnummer 12.

Fußwege führen in den Talgrund und von dort nach Norden hinauf zum Colle Lazoney oder nach O zum Verbindungsweg zum Colle della Mologna Grande.

Tagliaferro-Kamm:

● **1004 Colle Mud, 2324 m**
Vielbegangener Übergang zwischen Alagna-Pedemonte und Rima (GTA, Walserweg). Wenig westl. des Passes befindet sich die Feriolihütte, R 901, 3 Std. von Pedemonte zum Paß; Mark. Nr. 8.

● **1005 Von Rima**

2½ Std., **BW 2** (910 Hm), Mark. Nr. 98.

Vom Ort westlich über den Bach und schräg links durch Wald steil in das Valmontasca. Gerade hinauf über die Alpe Vorco (2075 m) zum Col.

● **1007 Bocchetta della Moanda, 2422 m**
Im Süden des Tagliaferro gelegene Scharte, markiert, als Übergang selten benutzt zwischen Alagna (Nr. 9) und Rima (Nr. 318). Siehe R 1180 (Monte Tagliaferro).

Punta Grober-/Loccie-Kamm (Valsesia – Valle Anzasca):

● **1009 Colle delle Loccie, 3334 m**
Zwischen Signalkuppe und Punta Grober, am Beginn des Signalgrates gelegen, hochalpiner Übergang von Alagna nach Macugnaga. Etwa 1 km weiter am Grat zur Signalkuppe befindet sich das Resegotti-Biwak. Die Zustiege sind dort beschrieben (R 842).

● **1011 Colle del Turlo, 2738 m**
Bekannter und vielbegangener Übergang von Alagna nach Macugnaga (Walserweg), insbesondere auf der Alagnaseite bieten sich gute Einblicke in die SO-Seite des Monte Rosa.

● 1012 Von Alagna

4 Std., **BW 2** (1290 Hm) vom Ende bei Acqua Bianca, Nr. 7a.

Durch Wald und über freie Stellen in Kehren zur Alpe Faller (1984 m). Weiter in NO-Richtung ansteigend bis in den Sattel.

● 1013 Von Macugnaga-Quarazza

4–5 Std., **BW 2** (1430 Hm). Auf weiten Strecken Steinplattenweg.

Der gute Weg führt nur mäßig steigend im Grund des Quarazzatales nach La Piana (1613 m). Nun mehr nach O wendend in steilen Serpentinen zur Alpe Schena, wo der Weg zur Querung nach SW zum Lanti-Biwak ansetzt. Gerade nach S im schrofigen Gelände steigt der Weg an, um dann nach W ausholend in den Paß zu führen.

● 1015 Colle del Thermo, 2351 m

Direktester Übergang von Rima nach Carcaforo, Etappe des GTA und Variante des Walserweges. Von Rima auf Weg Nr. 92 in NO-Richtung steil in Kehren zur Alpe Chiaffera und zum Paß (3 Std., **BW 2**, 940 Hm). Von Carcaforo verläßt man den Weg zur Massero-Hütte (R 907) schon nach wenigen Metern; auf der Mark. 112 über die Alpe Trasinera und AlpeThermo zum Paß (3½ Std., **BW 2**, 1050 Hm).

● 1017 Colle d'Egua, 2239 m, Colle Baranca, 1818 m

Über diese Scharten ist Carcaforo mit dem Mastallone-Tal (S. Maria/Fobello/Rimella) bzw. mit dem unteren Anzascatal verbunden. Der GTA und die Variante des Walserweges führen über den Colle d'Egua und am Colle Baranca vorbei; von letzterem ist ein Abstieg ins Anzascatal möglich. Sehr ruhig gebliebenes Wanderrevier.
Von Carcaforo über die Buffalora-Hütte (R) und die Alpe Sellette auf gutem Weg Nr.122 zum Col (3 Std., **BW 2**, 930 Hm).
Von S. Maria (1094 m, 3,5 km oberhalb von Fobello) geht man talein zur Alpe Campo und folgt dann dem Weg in NW-Richtung in das Seitental der Baranca-Alpe. Oberhalb der Alm überwindet der Weg in westl. Richtung die Felsbarriere unter dem Lago di Baranco an dessen Abfluß, um dann über dem O-Ufer zum nahen Colle Baranca zu leiten (2 Std.; hierher auch von Bannino-Anzia im Anzascatal über So di dentro am Olocchia-Bach entlang, 2½ Std. von So). Der Weiterweg Nr. 158 führt in einem Bogen nördl. des Lago-Baranca-Hauptzuflusses zum Colle d'Egua (45 Min.).

4.3 Gipfel

● 1020 Breithorn, 4164 m

Von den vielen Breithörnern der Alpen ist das »Zermatter Breithorn« wohl das bekannteste (und auch das höchste), das seinen Namen sehr zu Recht trägt: Immerhin bildet es eine gut 2,5 km lange, in O-W-Richtung verlaufende Gratschneide. Der höchste Punkt ist der W-Gipfel, es schließen sich der Mittelgipfel (4159 m), die Breithorn-Zwillinge (O-Gipfel, 4135 m und Gendarm, 4105 m) und über dem Schwarztor die Roccia Nera (Schwarzflue, 4075 m) an. Die trennenden Scharten senken sich kaum tiefer als 100 Hm und tragen so zu dem bekannten Bild der Geschlossenheit dieses Massivs bei. Während von S die Schneefelder fast überall bis zum Grat hinaufreichen, bildet seine N-Seite eine gewaltige, von zerrissenen Gletschern charakterisierte Wandflucht.

Auf der einfachsten Route vom Breithornplateau zum W-Gipfel pilgern wahre Karawanen zu diesem mühelosesten 4000er der Alpen, sind doch von der Klein-Matterhorn-Station nur noch 360 Hm in meist breit ausgetretener Spur zurückzulegen! Obwohl dies wie ein besserer »Spaziergang« anmutet, fordert die große Höhe bei untrainierten Aspiranten doch erheblichen Tribut, sodaß an dieser Stelle noch einmal auf die Bedeutung ausreichender Akklimatisation hingewiesen werden soll (im Sommer 1991 erfror in Sichtweite der Klein-Matterhorn-Station eine ganze Gruppe im orkanartigen Sturm wegen Erschöpfung: kein Nebel, aber arktische Temperaturen).

● 1021 Südflanke vom Breithornpaß

> Ca. 45 Min., **G 2** (340 Hm). Reiner Gletscheraufstieg, der trotz der üblichen Massenbegehungen nicht ohne entsprechende Ausrüstung (Seil, Pickel, Steigeisen, Kompaß!) angegangen werden darf. Auf den weiten Gletscherflächen ist die Orientierung bei Nebel ohne Spuren äußerst schwierig (auch die tiefste »Autobahn« hier oben ist schon nach wenigen Minuten Sturmwind völlig verschwunden!). Abb. S. 277.

Über die leichten, sich nur mäßig aufsteilenden Schneehänge steigt man auf normalerweise breiter Spur zum Gipfel, der obere Bergschrund wird meist links umgangen, sodaß man über den obersten W-Rücken zum höchsten Punkt gelangt; gelegentlich hält man sich auch besser rechts, um den Gipfel von O zu erreichen. Skiroute.

Das Breithorn vom Kleinen Matterhorn; rechts hinten Liskamm und Castor. Der Normalanstieg führt über die vergletscherte Südflanke (rechts).

● 1022 Nordflanke (»Triftjigrat«)

III (Stellen am Originalausstieg, Eis um 55°), 6–7 Std. von der Gandegghütte, **G 5** (ca. 1320 Hm). Großartige Bergfahrt, abgesehen von der Kletterei am Originalausstieg praktisch reine Eisroute in einer ungeheuer wilden Landschaft. Abb. S. 236/237.

Übersicht: Der Triftjigrat senkt sich zunächst nicht sehr ausgeprägt vom Hauptgipfel mit Felsen zum Triftjiplateau (3750 m). In genauer N-Richtung zieht er dann als weitgehend überfirnter Gratrücken in mehreren Stufen zum Triftjisattel (ca. 3240 m, unmittelbar südl. von P. 3250,6 m), wo die Route den Grat von W her erreicht. Unterhalb des Sattels läuft der Grat in die Insel »Triftji« zwischen Breithorn- und Triftji-Gletscher aus, bevor diese in den Gornergletscher münden.
Route: Von der Gandegghütte steigt man auf dem Pfad zum Unteren Theodulgletscher ab, überquert ihn zum oberen Ende der gegenüberliegenden Felsinsel P. 2982 m und quert auch den Triftjigletscher etwa auf gleicher Höhe oberhalb einer Spaltenzone an den Fuß einer Felswand, die vom P. 3335 m herunterzieht (Eisschlaggefahr). Unterhalb dieser steigt man weiter in O-Richtung in die Firnmulde, die zum Triftjisattel hinaufführt (1¾ Std.; die Querungen können bei starker Ausaperung sehr schwierig werden, sodaß es dann besser ist, noch unterhalb der erwähnten Spaltenzone des Triftjigletschers hindurchzugehen und die erwähnte Mulde zum Triftjisattel von ganz unten zu begehen, 2¼ Std.).
Vom Sattel steigt man nach S über den Felskamm oder im Schnee rechts darunter) empor zu einer ersten Schulter (hierher auch ohne Berühren des Triftjisattels über ein sehr steiles Schneefeld). Nach dieser kurzen Verflachung steigt der Schneegrat wieder steiler an (45–50°), bis unter die nächste Gletscherschulter, deren Abbruchkante an der günstigsten Stelle (üblicherweise ganz im O) im Eis erklettert wird. Der Weiterweg hält sich immer an die östl. Seite des Gletschers, direkt über dessen Abbrüchen zum Breithorngletscher, wodurch sich die großen Schründe zur Rechten gut – zuletzt über eine Steilstufe (bis 55°) – bis zum Triftjiplateau umgehen lassen. Hier trennen sich nun die Originalroute und die bei guten Verhältnissen meist leichtere, gelegentlich gefährliche Alternative ohne weitere Felsberührung.
Originalausstieg: Man steigt vom Plateau in SW-Richtung quer unter den Séracs mit zunehmender Steilheit zu den Felsrippen, die mit kleinen Unterbrechungen vom Hauptgipfel herunterkommen. Über die dritte Rippe (westl. der Séracs) klettert man über günstig geschich-

teten Fels empor, ein steiler Firngrat verbindet diese darauf mit der obersten Felszone, die direkt oder leichter auf einer Rippe etwas weiter links zum steilen Gipfelschneehang erklettert wird. Der Ausstieg zum Gipfel ist üblicherweise nicht überwächtet.
Alternativ-Ausstieg: Man ersteigt vom Plateau die Rampe in Richtung Mittelgipfel (SO) bis zu ihrem äußersten Ende, wo man einen Durchschlupf nach rechts durch die hier am wenigsten hohe Séraczone sucht (gelegentlich sehr schwierig; Eisschlaggefahr). Darüber leiten weniger steile Schneehänge zum Joch zwischen den Gipfeln (4076 m) und über den O-Grat zum Hauptgipfel.

● 1023 Ostgrat (Überschreitung vom Schwarztor)

III (im Aufstieg zum Mittelgipfel), 7–8 Std., **G 5** (ca. 700 Hm mit Zwischenabstiegen von ca. 250 Hm). Abb. S. 236/237, 286/287.

Großartige, jedoch sehr lange, kombinierte Tour; bis auf einige kurze Stellen und den Felsaufstieg zum Mittelgipfel bewegt man sich auf einem Firngrat. Üblicherweise wird der Grat in der beschriebenen Richtung von O nach W begangen, da dann die steilsten Firnpassagen noch bei nicht durchweichtem Schnee zurückgelegt werden können (günstige Stützpunkte: Rossi-Volante-Biwak (Schwarztor-Nähe) und Guide-Ayas-Hütte). Bei Schlechtwettereinbrüchen kann die Tour fast überall nach S über steile Gletscherhänge zur Breithornpaß-Schwarztor-Route R 919 abgebrochen werden.
Route: Vom Schwarztor steigt man in W-Richtung direkt unter der felsigen S-Flanke an die wenig ausgeprägte SW-Firnkante (evtl. Steileis; vom Biwak nach wenigen Metern über den Fels aufwärts) und folgt dieser in zunehmend steilerem Schnee (bis 45°) zum Grat (Wächten nach N!), wo man nach wenigen Metern nach rechts auf den Roccia-Nera-Gipfel gelangt (2 Std.).
Man steigt nun auf dem fast waagerechten, oft stark verwächteten Firngrat über einige kleinere Erhebungen, erst zuletzt steiler mit einigen leichten Felsen ansteigend zum Gendarm (45 Min.).
Über die Felsen der S-Seite steigt man in den Firnsattel zwischen den Zwillingen ab und gewinnt über den ebenfalls oft stark nach N überwächteten Firngrat den Ostgipfel (45 Min.).

Folgende Doppelseite:
Castor und Pollux vom Allalinhorn. Vom Pollux zieht schräg nach rechts der Nordgrat hinab, links der Zwillings-, rechts der Schwärzegletscher.

Wieder führen einige nicht schwierige Felsen auf den weiteren Firngrat, der zum Sattel 4022 m hinabzieht. Nach wenigen Min. erreicht man die Felsen des Mittelgipfels, die in drei größeren Aufschwüngen hinaufführen (Schlüsselstelle). Der erste Absatz wird meist nicht direkt erklettert (IV), sondern nach einer halben SL Querung auf der S-Seite über eine kurze Verschneidung umgangen (III). Auch der zweite Absatz wird über die S-Seite zum Fuß des dritten Aufschwunges umgangen, der dann direkt über die Kante erklettert wird (III). Ab hier bewegt man sich wieder im Firn, der in wenigen Min. nur mehr leicht ansteigend, jedoch recht schmal zum Mittelgipfel führt (2–3 Std.). Der letzte Abschnitt führt über den unschwierigen Firngrat zum letzten Sattel (4076 m) hinab und jenseits über den leichten Rücken zum Hauptgipfel (1 Std.).

● 1024 Weitere Anstiege

Südflanke: Nahezu an allen Stellen über z.T. steilen Schnee zu begehen (= Notabstiege bei der Überschreitung).
Nordnordwestflanke zum Hauptgipfel: Sehr schwierige Route, stark Eisschlaggefährdet!
Nordgrat des O-Gipfels (Klein Triftjigrat): Großartige, sehr schwierige Route. Viele sehr steile Schneepassagen, oft Blankeis und dann heikel, auch die (kürzeren) Felsstücke sind oft vereist. Zeiten vom Chli Triftjisattel (3498 m) zwischen 4 und 8 Std. je nach den Verhältnissen, G 9.
Nordostwand der Breithornzwillinge: Hier führen interssante, sehr schwere kombinierte Routen über die zwei Pfeiler. Jeweils anhaltend schwere Kletterei mit Stellen bis V, ca. 10 Std., G 11.

● 1030 Pollux, 4092 m

Der kleinere der Zwillinge (Castor und Pollux) wird gerne zusammen mit dem Castor erstiegen. Die interessanteste Route ist die über den langen N-Grat, die kürzeste die W-Flanke vom Schwarztor (bei guten Verhältnissen), der Normalanstieg führt über den SW-Grat). Auch im Frühjahr, gelegentlich wird die W-Flanke mit Ski befahren.

● 1031 Südwestgrat

III (kurze Stelle), 1½ Std., **G 4** (360 Hm). Abb. S. 286/287.

Vom Schwarztor steigt man unter der W-Flanke des Pollux schräg zum Fuß des SW-Grates aufwärts. Über einen Schneehang betritt man den Felsteil des Grates. Er ist zuerst unschwierig, mit einigem Schutt, wird dann aber steiler und führt zu einem Kamin. Ein Drahtseil hilft über diese Stelle hinweg, dann erklettert man über Bänder den oberen Felsteil bis zum Schneegrat und über diesen den höchsten Punkt.

● 1032 Westflanke

1 Std., **G 4**. Der Steilhang ist häufig vereist. Abb. S. 286/287.

Vom Schwarztor steigt man schräg nach SO zur W-Flanke, über deren steilen Schneehang man zwischen den Felsen des SW-Grates und der Felsnase über dem Schwarztor gerade emporsteigt. Die Besteigung beendet man über die verfirnte oberste Gipfelkuppe.
Interessante Skiabfahrt für gute Fahrer bei entsprechend sicheren Verhältnissen.

● 1033 Nordgrat

1½ Std. vom Schwarztor, **G 5** (360 Hm); 5–6 Std. von der Monte-Rosa-Hütte, G 6 (ca. 1500 Hm). Sehr schöner Anstieg über den langen Gratrücken, praktisch durchgängig im Schnee mit Stellen bis zu knapp 50°, gelegentlich unangenehm vereist. Schwierige Bergschründe. Abb. S. 236/237.

Von der Monte-Rosa-Hütte steigt man auf dem Hüttenweg kurz zum Grenzgletscher und überquert ihn leicht fallend an den NO-Fuß der Schwärze, dem breiten Ende des N-Grates. Über Moränengeröll, einige Rasenflecken und Schneereste steigt man, vorbei am kleinen See P. 2778 m, zu dem westl. Gletscherlappen, der von P. 3306 m herabkommt. Der Anstieg führt über diesen Hang, zuletzt wenig unterhalb des P. 3306 m in den Schneesattel 3282 m, womit die eigentliche Gratkante erreicht ist. Der nun folgende Steilhang zu P. 3659,7 m ist oft vereist mit schwierigen Schründen; dann kurz in den nächsten Sattel und auf dem leichten Firngrat bis an den Gipfelaufbau (hierher auch in 15 Min. Querung über das Firnfeld vom Schwarztor).
Der Bergschrund kann erhebliche Probleme bereiten, dann führt der steile Schneehang direkt zum Gipfel.

Folgende Doppelseite:
Monte Rosa und Liskamm vom Gornergrat, dazwischen liegt der Grenzgletscher, der sich unten mit dem Gornergletscher vereinigt.

Breithorn
Monte Rosa
L
Roccia Nera
W.-
Schwarztor
R1023
R1023
R1033
R1031
R804
R1032
R.-Volante
Biwak
R924
R804
R804
Variante
R919/924

m m
Castor
tgipfel
R1037
R1036
R 919/925
Guide-
Ayas-H.
R 1038
R 801
Rif.
Mezzalama

● 1035 Castor, 4228 m

Der größere Zwillingsbruder des Pollux wird häufiger als dieser bestiegen, besonders als reizvolle Überschreitung (Klein Matterhorn/Guide-Ayas-Hütte zur Q.-Sella-Hütte). Gerne mit Ski besucht.

● 1036 Westflanke vom Zwillingsjoch

1 Std., **G 3** (390 Hm); 3½ – 4 Std. vom Klein Matterhorn. Der übliche Anstieg führt über die mäßig steile W-Flanke und benutzt nur den obersten NW-Grat. Der Schlußanstieg zum Grat über dem Bergschrund ist auf ca. 20 m sehr steil. Vom Gipfel muß man ca. 3 Std. bis zur Sation Klein Matterhorn rechnen. Abb. S. 286/287.

Vom Zwillingsjoch südl. schräg in die W-Flanke und über diese so direkt wie möglich (einige Querspalten) zum obersten NW-Grat empor; der oberste Bergschrund kann Schwierigkeiten bereiten, darüber steigt man steil die letzten 20 m zum Grat auf und über diesen etwas ausgesetzt zum Gipfel. Falls der Bergschrund direkt unter dem Grat zu problematisch ist, kann man aus dem obersten Gletscherbecken auch schräg nach links (N) über eine kurze Felszone zum Vorgipfel 4205 m aufsteigen, dann unschwierig zum Hauptgipfel.

● 1037 Südostgrat vom Felikjoch

45 Min., **G 2** (160 Hm). Abb. S. 290/291.

Direkt über den unschwierigen, nur kurz vor dem Gipfel evtl. nach NO überwächteten Firngrat zum höchsten Punkt.

● 1038 Südwestgrat

V (längere Passagen III und IV, sonst auch leichter), 5 Std., **G 9** (550 Hm) für den Felsgrat. Schwierige Gletschertraversierung von der Mezzalama-Hütte zum Einstieg (leichter und schneller von der Q.-Sella-Hütte im Abstieg), überwiegend sehr guter Fels zwischen 3450 und 3992 m, darüber leichter Schneegrat. Abb. S. 286/287.

Zustieg: Von der Mezzalama-Hütte steigt man zum Verra-Gletscher ab und überquert ihn nach O aufwärts zu dem Plateau unter dem

Vorherige Doppelseite:
Die Südwestseite der Monte-Rosa-Gruppe von der Gobba di Rollin.

Zusammenfluß des Castor- und Verragletschers. Rechts der Felsinsel im Castor-Gletscher (unterste Fortsetzung des SW-Sporns) sucht man sich den Weg durch die Bruchzone dieses Gletschers, um oberhalb der Insel zum Sporn nach links zu queren, den man auf etwa 3450 m, 100 m rechts der Kante, betritt (2–3 Std.).
Hierher auch leichter von der Q.-Sella-Hütte, indem man auf etwa 3900 m vom Felikjoch-Anstieg (R 929, oberhalb der Punta Perazzi) nach W abbiegt und über den Castor-Gletscher zum Sporn absteigt (1½ – 2 Std.).
Route: Man erklettert den Grat direkt an der Kante über die streckenweise sehr schwierigen Felsen. Am oberen Aufschwung hält man sich leicht rechts. Darauf kommt man an den überwiegend aus Schnee bestehenden Grat, den man bis zum Gipfel verfolgt.

● 1040 Liskamm, 4527 m

Der Liskamm bildet eine gewaltige Massenerhebung und stellt besonders vom Gornergrat oder der Monte-Rosa-Hütte ein grandioses Schaustück mit seiner fast 1000 m hohen, eisgepanzerten NO-Wand dar. Ein gut 1 Kilometer langer Gipfelgrat zwischen dem Westgipfel (4479 m) und dem etwas höheren Ostgipfel bildet den Abschluß dieser Wand.
Die S-Seite wird durch eine von einem schmalen Hängegletscher unterbrochene, bis zu 500 m hohe Felsflanke gebildet; sie fußt auf dem Lisgletscher, der mit zwei stark zerrissenen Zungen bis weit in das Gressoneytal hinabreicht. Insbesondere die Überschreitung vom Lis- zum Felikjoch ist eine große, klassische Tour, technisch nicht besonders schwierig, jedoch wegen der oft starken Verwächtung eher gefährlich. Von Joch zu Joch muß man auch unter günstigen Verhältnissen mit 4–5 Std. rechnen, wesentlich längere Zeiten sind keine Seltenheit. Wegen der Wächten müssen oft lange Strecken tief in der steilen NO-Flanke zurückgelegt werden.
Außer über die zwei Hauptgrate wird der O-Gipfel gelegentlich auch über seinen WSW- und S-Grat erreicht. Die Anstiege durch die NO-Wand sind allesamt sehr schwierig und dem Eisschlag ausgesetzt (nur die Route der Erstbegeher über die feine Felsrippe zum O-Gipfel ist etwas sicherer).

Folgende Doppelseite: *Castor, Liskamm und Monte Rosa von der Testa Grigia, dem großartigen Aussichtsgipfel zwischen Gressoney- und Ayastal.*

Castor
Liskamm
Felikjoch
West-
Ostgipfel
R1042
R1037
R 1043
R929
R932
Q.-Sella-H.
808
Gressoneytal

Dufourspitze
Signalkuppe
Lisjoch
Balmenhorn
R 1093
R 933
R 1096
R 937
R 1097
Punta Indren
Gnifettihütte
R 817
Alpe Gabiet

● 1041 Ostgrat zum Ostgipfel vom Lisjoch

1½ – 2 Std., **G 4** (380 Hm). Der Grat besteht fast ausschließlich aus Schnee und zieht über zwei Steilstufen (bis 45°) zum höchsten Punkt hinauf. Bei guten Firnverhältnissen ist der Grat auf weiten Stücken oft noch gefährlich nach S überwächtet und zwingt zu tiefem Ausweichen in die steile N-Seite. Die Verwächtung ist dann im späteren Sommer meist viel geringer, dafür sorgt dann Vereisung oft für reichlich Spannung.

Vom Joch wendet man sich nach W und steigt über den zunehmend steileren Grat zu dem mit P. 4335 m kotierten, über eine Strecke von mehreren 100 m fast waagerecht verlaufenden Gratabschnitt. Wegen der hier besonders gefährlichen Wächten muß man sich oft tief in der steilen N-Wand halten, was auch meist für den darauffolgenden Steilaufschwung gilt. Ab der Vereinigung mit dem S-Grat gelangt man über den jetzt mit einigen Felsen versetzten Gratfirst zum nahen Gipfel.

● 1042 Überschreitung zum Westgipfel

II (kurze Stellen), 1 – 2 Std., **G 5** (1 km Gratlänge). Der Grat ist üblicherweise schneebedeckt (Wächten nach S) bis auf den Abschnitt, wo die schräg durch die NO-Wand verlaufende Felsbarriere mündet. Abb. S. 236/237.

Man folgt dem anfänglich noch schmalen Grat, dann dem breiten und leichten Gratrücken bis zum tiefsten Sattel zwischen den beiden Gipfeln (4417 m). Daraufhin wird der Grat wieder schärfer und steigt leicht (oft nach S überwächtet) zu den meist verschneiten Felsen an. Über diese etwas ausgesetzt in zwei kleinen Aufschwüngen, zuletzt über ein kurzes Firngratstück zum W-Gipfel.

● 1043 Südwestgrat zum Westgipfel vom Felikjoch

2 Std., **G 4** (420 Hm). Üblicher Anstieg von der Q.-Sella-Hütte (4 Std.). S. 236/237, 286/287.

Vom Joch zuerst nur leicht steigend auf dem breiten Rücken nach NO auf den Liskamm zu, die mit 4201 m kotierte Firnkuppe wird dabei überschritten. Dann auf dem nun etwas schärferen Gratabschnitt zum breiten, steiler werdenden Gipfelhang, entweder auf der Kante oder etwas auf dessen SO-Seite. Nun gerade aufwärts im Schnee/Eis zunehmend steiler bis zum Vorgipfel 4447 m (bei Vereisung, meist zum Ende des Sommers, recht anspruchsvoll!) und in wenigen Min. unschwierig zum W-Gipfel.

● 1044 Südgrat zum Ostgipfel

II (Stellen), 4–5 Std. von der Gnifettihütte, **G 5** (960 Hm). Interessanter Alternativanstieg zum O-Grat. Abb. S. 290/291.

Von der Gnifetti- oder Q.-Sella-Hütte erreicht man auf R 931 in knapp 2½ bzw. 3 Std. den sog. Passo del Naso im Lisgletscher südl. des Liskamms. Über den breiten Schneerücken steigt man nach N zur Schneekuppe (4272 m) und jenseits auf dem mit einigen Felsen durchsetzten Schneegrat kurz in den Colle della Fronte hinab. Der Grat wird nun schmäler und rein felsig; man klettert möglichst immer an der Kante bis zum Gipfelgrat (O-Grat) hinauf und auf diesem in ca. 15 Min. mit einigen leichteren Felsabschnitten zum O-Gipfel.

● 1045 Weitere Anstiege

Nordostwand: Mehrere sehr schwierige Routen wurden durch diese Wand eröffnet, wobei nur die Orginallinie über die feine Felsrippe zum O-Gipfel relativ sicher vor Eisschlag ist. Die Anstiege zum W-Gipfel sind deutlich anspruchsvoller und auch gefährlicher.
W- und NW-Flanke: Wilde, von Eis- und Felsbastionen unterbrochene Seite des Massivs, durch die schwierige, nur ganz selten begangene Routen führen, oft kaum überwindbare Schründe.

● 1050 Monte Rosa

Dieses gewaltige Massiv bildet den Kulminationspunkt der Walliser Alpen. Der Grenzkamm verläuft hier in N-S-Richtung und bildet 10 über 4000 m hohe Gipfelpunkte, deren höchster die Dufourspitze mit 4634 m ist – sie ist der höchste Punkt der Walliser Alpen und steht etwas westl. vom Grenzkamm abgesetzt auf Schweizer Gebiet. Die einzelnen Gipfel sind durch nicht allzu tiefe Scharten getrennt und bieten sich daher zu großzügigen Überschreitungen geradezu an, zumal auf der Signalkuppe mit der Cap. Margherita ein nahezu idealer Zwischenstützpunkt besteht. Die Gesamtüberschreitung benützt über weite Strecken nicht zu schwierige Firngrate, doch muß man auch mit Felspassagen (an der Dufourspitze bis III) sicher zurechtkommen.
Vom Grenzkamm fließen nach W und S gewaltige Gletscher in nur mäßiger Steilheit ab und ermöglichen damit die üblichen technisch

leichten Normalanstiege (schlechte Sicht und verwehte Spuren in den Spaltenlabyrinten machen die »leichten« Touren hier aber blitzartig zu schwierigen, mitunter kritischen Unternehmungen) in allerdings fast arktisch anmutender, großartiger Umgebung.
Nach O bricht eine berühmt-berüchtigte Wandflucht in Ausmaßen ab, für die es in den ganzen Alpen keinen Vergleich gibt – auf einer Breite von etwa 3 km hat diese Wand eine Höhe von 2 – 2,5 km und ist im Schnitt 45° steil! Die Anstiege in dieser Wand zählen zu den ganz großen klassischen Unternehmungen, sie sind allerdings einer erheblichen Eisschlag- und Lawinengefahr ausgesetzt.
Von der Monte-Rosa-Hütte oder der Gnifetti- bzw. Mantova-Hütte geben die Normalanstiege auch hervorragende Skitouren mit den längsten Abfahrten in den Alpen ab.
Alle diese Unternehmungen dürfen jedoch nur bei allerbester körperlicher Verfassung und nach ausreichender Akklimatisation angegangen werden, die Länge der Anstiege, die absolute Höhe und das hier oft besonders ausgeprägte Extremklima (mal stechende Sonnenhitze, kurz darauf orkanartige Schneestürme mit Gefriertruhentemperaturen, blitzschnell einfallende Nebel und andere Häßlichkeiten) verlangen immer eine besondere Leistungsfähigkeit mit ausreichenden Reserven bei allen Teilnehmern. Hier oben fällt jeder Niederschlag als Schnee!

● 1051 Nordend, 4609 m

Nördlichster Monte-Rosa-Gipfel. Wegen der etwas höheren Dufourspitze wird dieser schöne Gipfel zu Unrecht recht selten aufgesucht. Ungeheurer Tiefblick nach Macugnaga und in die O-Wand.
Der Gipfel gibt auch ein sehr interessantes Skiziel von der Monte-Rosa-Hütte ab.

● 1052 Südgrat vom Silbersattel (Monte-Rosa-Hütte)

II (kurze Stellen im Gipfelbereich), 1 Std., **G 3** (90 Hm). 6–8 Std. (1810 Hm). Abb. S. 236/237, 296/297, 301.

Üblicher Anstieg, zum größten Teil unschwieriger Schneegrat, Wächten nach O. Im obersten Gletscherbereich unter der Dufourspitze sind eine Reihe großer Schründe zu überwinden, oft ohne Spuren.
Zustieg zum Silbersattel: Von der Hütte steigt man auf dem Moränenkamm etwa 1 Std. aufwärts, wo man sich nach links schräg über einen Geröll- und Schneehang mit einigen Felsen zum Oberen Plattje

hält. Darüber betritt man den Monte-Rosa-Gletscher auf einer Firnzunge (ca. 3300 m). In OSO-Richtung wird diese zu einer manchmal schwierigen Spaltenzone erstiegen, über die man in eine Mulde im W der kleinen Felsinsel unter P. 3827 gelangt. Man ersteigt diese Mulde nach SO und sucht sich im oberen Teil den günstigsten Weg zwischen den Spalten in der Verlängerung dieser Felsen und einer Séraczone zur Rechten (»Scholle«). Weiter in SO-Richtung aufwärts zum obersten Gletscherbecken zwischen Nordend und Dufourspitze. Je nach den Verhältnissen steigt man unter dem Dufourspitze-W-Grat auf dem zerschrundeten Gletscher so direkt als es die oftmals gewaltigen Querspalten erlauben zum Silbersattel; oder man hält mehr auf das NW-Bollwerk des Nordend-Gipfels zu, um eher aus der Fallinie des Nordend heraus zwischen den großen Spaltenzonen nach rechts zum Sattel aufzusteigen (5–7 Std.).

Gipfelanstieg: Man folgt dem (manchmal verwächteten) Grat leicht auf der W-Seite bleibend; zuletzt über wenige nicht schwierige Felsen zum höchsten Punkt.

Dies ist auch die sehr interssante Skiroute zum Nordend (Skidepot am Bergschrund oder im Silbersattel; 7–8 Std. von der Monte-Rosa-Hütte); bis Zermatt hinab bietet sie eine der längsten Skiabfahrten der Alpen.

● 1053 Nordwest-Bollwerk von der Monte-Rosa-Hütte

II, ca. 6–7 Std., **G 6** (1810 Hm). Abb. S. 236/237, 301.

Übersicht: Vom Nordend-Gipfel zieht ein schmales Gletscherfeld nach NW hinab, es liegt an allen Seiten auf Felswänden auf. Neben der im folgenden beschriebenen und am wenigsten schwierigen Route, die den Hochfirn erst an dessen zweitem Drittel erreicht, kann man das gesamte Bollwerk auch ab dem Fußpunkt 3197 m über P. 3787,4 m ersteigen (Stellen III in allgemein gutem Fels, 7 Std., G 7); oder man erklettert den Morshead-Sporn, der bei P. 4209 m in den obersten Monte-Rosa-Gletscher eintaucht (kurze Stelle IV im obersten Steilaufschwung, sonst II und leichter, G 8).

Route: Auf dem üblichen Dufourspitze-Anstiegsweg (R 1061) steigt man von der Monte-Rosa-Hütte bis über das obere Plattje auf ca.

Folgende Doppelseite:
Die Ostwand des Monte Rosa vom Pizzo Bianco.

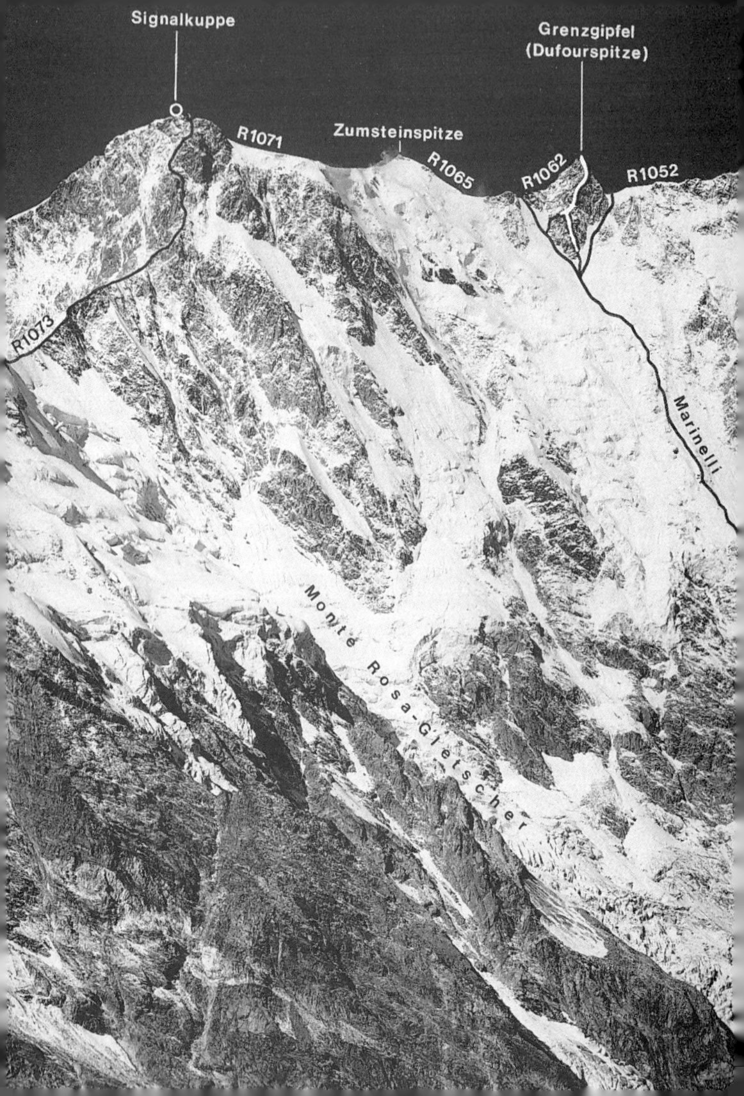

Signalkuppe
Grenzgipfel
(Dufourspitze)
R1071
Zumsteinspitze
R1065
R1062
R1052
R1073
Marinelli
Monte Rosa-Gletscher

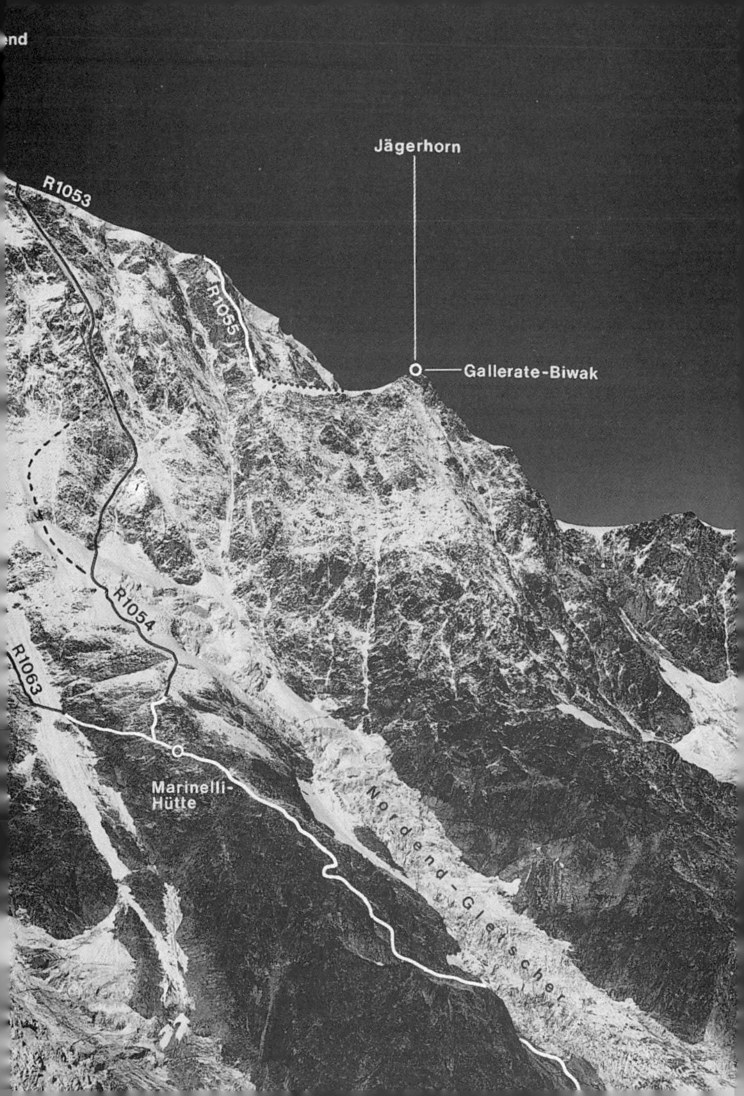

end
Jägerhorn
R1053
R1055
Gallerate-Biwak
R1054
R1063
Marinelli-Hütte
Nordend-Gletscher

3550 m, wo man in östl. Richtung auf das Bollwerk zusteigt und die rötlichen Felsen über einen Schneehang bei P. 3696 m erreicht. Die Kletterei über Platten und Bänder ist nicht allzu schwierig und führt in ca. 1½ Std. auf das obere Gletscherfeld, das man wenig unterhalb von P. 4071 m betritt. Ohne weitere Schwierigkeiten erreicht man in 1½ Std. über den nicht steilen Hochgletscher den höchsten Punkt.

● 1054 Ostwand, Brioschi-Route

III, 8–12 Std. von der Marinellihütte, **G 10**, die Schlüsselstelle ist eine kurze, je nach den Verhältnissen nahezu senkrechte Stelle im Eis nahe am Ausstieg auf den Gipfelfirn. Abb. S. 296/297.

Durch die ganze Wandflucht des Monte Rosa sind mittlerweile eine Vielzahl mehr oder weniger bedeutender Routen begangen worden, fast alle haben jedoch den Direktanstieg zur Dufourspitze zum Ziel. Die Nordend-Route ist etwas weniger dem Stein- und Eisschlag ausgesetzt und bietet eine interessante, jedoch etwas schwierigere Alternative zur Dufourspitze-Route.
Route: Nach wenigen Metern zum Marinelli-Couloir steigt man über Felsen und ein Couloir nach rechts auf den Marinelli-Rücken, der hier vom Nordend-Gletscher überfirnt wird. Über ihn weiter aufwärts zum Fuß des Felssporns, der hier am weitesten vom Gipfel herunterreicht. Man erreicht dessen Scheitel nach rechts und erklettert dann etwas links (südl.) haltend die wenig ausgeprägten Kante, die sich zunehmend in der Flanke verliert. Über einen Abbruch wird nach rechts ein steiles Schneefeld betreten, über dessen südl. Rand man auf einer feinen Schneerippe bis unter den letzten Steilaufschwung des Gipfels ansteigt. Eine oft senkrechte Rinne (Schnee oder Eis) und ein Couloir führen wenig nördl. des höchsten Punktes auf das Gipfelschneefeld.

● 1055 Weiterer Anstieg

Nordostgrat, S-Caterina-Grat: V (einige Stellen, längere Passagen IV), 6 Std. vom Jägerjoch, G 10. Sehr anspruchsvolle Kletterroute über ca. 300 Hm vom Jägerjoch zum NW-Bollwerk. Bis auf eine kurze, äußerst luftige Gratstelle im obersten Abschnitt hält man sich fast durchwegs in der N-Seite des Grates. Abb. S. 296/297.

● 1060 Dufourspitze, 4633 m

Höchster Gipfel des Monte-Rosa-Massivs, sein felsiger Kamm zweigt vom Grenzkamm am Grenzgipfel (4618 m) nach W ab. Über die westl. Verlängerung dieses Grates zum »Sattel« (4359 m) führt der leichteste Anstieg mit Ausgangspunkt Monte-Rosa-Hütte (II). Von den italienischen Hütten Cap. Margherita bzw. Gnifetti wird üblicherweise der Grenzgipfel überschritten (III). Dort endet auch die klassische Durchsteigung der Ostwand von Macugnaga.

● 1061 Westgrat vom »Sattel« (von der Monte-Rosa-Hütte)

II (kurze Stellen am Gipfelgrat), 6–7 Std., **G 4** (1850 Hm); lange Tour, überwiegend im Schnee. Bis auf etwa 4000 m gleiche Route wie zum Nordend (Silbersattel). Sehr den Höhenstürmen ausgesetzt. Abb. S. 236/237, 301.

Von der Hütte steigt man auf dem Moränenkamm etwa 1 Std. aufwärts, wo man sich nach links schräg über einen Geröll- und Schneehang mit einigen Felsen zum Oberen Plattje hält. Hier betritt man den Monte-Rosa-Gletscher auf einer Firnzunge (ca. 3240 m). In OSO-Richtung wird diese zu einer größeren Spaltenzone erstiegen, über die man in eine Mulde westl. der kleinen Felsinsel unter P. 3827 gelangt (gelegentlich mühsam, Kreuzspalten). Man ersteigt diese Mulde nach SO und sucht sich im oberen Teil den günstigsten Weg zwischen den Spalten in der Verlängerung der Felsen und einer Seraczone zur Rechten (»Scholle«). Auf etwa 4000 m wendet man sich dann mehr nach S und ersteigt den Firnhang »Satteltole« zum »Sattel« (4359 m, 4–5 Std.).
Man folgt nun dem Grat, der anfangs verfirnt ist und erst in der Nähe des Gratpunktes 4499 m aus Fels besteht. Nach einem kleinen Schneesattel verschmälert sich der Grat und wird am Gipfel wieder felsig. Ein kurzes nordseitiges Couloir leitet auf einen Aufschwung, nach einer kleinen Scharte führt ein Kamin zum Gipfel (1–2 Std.).
Im Frühjahr auch gerne als Skitour unternommen; Skidepot am Sattel (4359 m); bei guter Schneeauflage ist die Kletterei am Gipfelgrat nicht unbedingt schwieriger als bei aperen Felsen.

● 1062 Südostgrat über den Grenzgipfel

Grenzgipfel wird der Vereinigungspunkt des Gipfelgrates mit dem Grenzkamm (4596 m) genannt. Abb. S. 296/297, 301.

Zustiege: Vom Grenzsattel: Man erklettert den anfänglich wenig steilen Grat über Schnee mit einigen Felspassagen und hält sich mit Vorteil etwas auf der S chweizer (westl.) Seite. Der Grat steilt sich

zunehmend auf; er wird über seine nicht allzu festen Felsen ziemlich entlang der Gratkante erklettert (**II**, 1 Std., **G 5**, 150 Hm).
Vom Silbersattel: Über das Schneefeld auf der Schweizer Seite des Grates steigt man auf, im obersten Teil über abschüssige Felsen zum Vereinigungspunkt (**II**, 30 Min., **G 5**, 80 Hm).
Route: In hübscher Kletterei folgt man der aus einigen Zacken (»falscher Grenzgipfel«, 4618 m; alter O-Gipfel) bestehenden Gratkante in gutem Fels bis zum höchsten Punkt (Stellen **III**, 45 Min., **G 5**). Umgekehrt zur Signalkuppe über die Zumsteinspitze 3 Std.

● 1063 Ostwand von der Marinellihütte

IV (Stellen, sonst III am Gipfel-Felssporn, Eis bis 55°, 8–12 Std., **G 9** (1600 Hm). Diese klassische Route wechselt in ihren Schwierigkeiten sehr stark, sie ist jedoch immer dem Eis-/Steinschlag und Lawinen ausgesetzt und damit objektiv gefährlich. Nur frühester Aufbruch nach kalter Nacht und sehr zügiges Steigen kann die Gefährdung etwas verringern; reichliche, verfestigte Firnauflage erleichtert den Anstieg. Abb. S. 296/297.

Von der Hütte auf Wegspuren in ca. 15 Min. auf dem felsigen Rücken leicht ansteigend zum Marinellicouloir, das man nach links (südl.) über einer Felsinsel so rasch wie möglich überschreiten muß (unter »normalen« Verhältnissen 15–30 Min. für die Durchquerung, hier sammeln sich alle Lawinen und Steingeschosse aus dem oberen O-Wandbereich zwischen Zumsteinspitze und Nordend, vor allen natürlich nach Sonnenaufgang!). Nun über den sog. Imsengrücken aufwärts, der mit seinen vier kurzen Aufschwüngen wenigstens kurzzeitig etwas Schutz vor Lawinen bieten kann. Auf ca. 3650 m gehen die Felsen im Eis unter, durch die darüberliegenden Séracs muß man sich den besten Weg suchen, oft zwischen dem Marinellicouloir und der Séraczone. Über den Séracs auf dem Schneehang etwas linkshaltend (südl.) aufwärts zu den Felsen des Hauptgrates, zuletzt bis zu 55° steil und sehr dem Steinschlag ausgesetzt. Die Felsen des Sporns (nach wenigen Metern Burgener-Gedenktafel) sind zuerst sehr steil, aber fest. Im Fels III mit Stellen IV, einige H vorhanden; wenn die Felsen vereist sind (oder die Zeit drängt), kann der Sporn auch im sehr steilen Schnee südl. oder nördl. umgangen werden.

Nordend und Dufourspitze vom Gornergrat.

Nordend
Dufourspitze
Silbersattel
Sattel
R 1052
R1062
R1061
53
x
P4200
R1061
R1052
Monte Rosa Gletscher
R1052/1061
3696
R1053
Monte Rosa Hütte
R941
Monte Rosa Hütte

● 1065 Zumsteinspitze, 4563 m

Diese Erhebung befindet sich im Gratverlauf zwischen der Dufourspitze und der Signalkuppe und wird daher bei Besteigungen der Dufourspitze von der Cap. Margherita aus öfter überschritten. Vom Colle Gnifetti ohne Schwierigkeiten, aber mit Vorsicht vor den nach O weit hinausragenden Wächten in ca. 30 Min. besteigbar (110 Hm). Auf der Nordseite besteht der schmale Grat vom Grenzsattel ebenfalls vollständig aus Schnee (bis auf eine kurze Unterbrechungsstelle auf halber Höhe durch leichte Felsen), er wird bis zum Gipfel an seiner Kante verfolgt (40 Min., 110 Hm). Abb. S. 296/297.

● 1070 Signalkuppe (Punta Gnifetti), 4554 m

Nach der Dufourspitze bedeutendster Monte-Rosa-Gipfel, Standort der Capanna Margherita, der höchstgelegenen Hütte der Alpen. Vielbesuchter Berg, da vor allem der Anstieg von Italien (Gnifettihütte) nicht schwierig und auch nur mäßig lang ist. Im Winter stellt die Signalkuppe den höchsten, für »Normalbürger« mit Ski erreichbaren Gipfel in den Alpen dar, insbesondere auf der langen Nordroute von der Monte-Rosa-Hütte in atemberaubend wilder Gletscherlandschaft. Im späten Sommer kann der spaltenreiche Grenzgletscher dagegen bei aufgeweichten Schneebrücken einige Mühen bereiten.

● 1071 Von der Monte-Rosa-Hütte über den Colle Gnifetti

6–7 Std., **G 3** (1770 Hm). Der Grenzgletscher ist besonders in seinem mittleren Bereich stark zerschrundet, bei schlechter Sicht und nach Neuschnee problematische Routenfindung. Die Spaltenverhältnisse machen auch andere Routen als die unten beschriebene nötig. Im Frühjahr mit Ski meist einfacher. Abb. S. 284/285.

Von der Hütte steigt man auf dem Moränensteig in Richtung Oberes Plattje, um noch unterhalb von P. 3109 m leicht auf den Gletscher zu queren. Man hält sich auf diesem eher auf seiner orogr. rechten Seite, etwa in Richtung auf P. 3472 m zu, am Fußpunkt der Felsinsel unterhalb der Satteltole (Dufourspitze-W-Grat). Unterhalb dieser Felsen steigt man weiter zu P. 3699 m und gelangt durch die Gletschermulde unter dem Beginn des felsigen W-Grates der Dufourspitze (P. 3753 m) hindurch und über eine weitere Steilstufe links von gewaltigen Spalten zu einer nächsten Mulde (etwa 3950 m); im S befindet sich nun das Lisjoch. Man geht in östl. Richtung aufwärts in das Gletscherbecken unter der Parrotspitze, wo man weiter nach NO schwenkt und unter dem W-Hang der Signalkuppe bis nahe dem Colle Gnifetti steigt. Zuletzt direkt über den nicht mehr steilen Hang zum Gipfel. Dies ist auch die Skiroute, im unteren Teil hält man sich dabei gerne auch weiter in der Gletschermitte, jedoch muß hier immer mit großen Eislawinen aus der Liskamm-NO-Wand gerechnet werden.

● 1072 Von der Gnifettihütte über das Lisjoch

4 Std., **G 2** (950 Hm). Im Sommer und Frühjahr ziehen auf dieser Route oft Hundertschaften zum Berg. Dennoch darf man nur mit kompletter Gletscherausrüstung unterwegs sein, in die Spalten an der Route würden ganze Züge hineinpassen! Abb. S. 290/291.

Von der Hütte steigt man auf dem nur mäßig spaltigen Gletscher unter dem Fuß der Pyramide Vincent vorbei (links große Brüche) in ziemlich genau nördl. Richtung auf, oben hält man sich leicht nach rechts etwa 100 Hm höher als das Lisjoch, um zwischen der Schneekuppe 4252 m und der Ludwigshöhe durchzugehen. Leicht ansteigend quert man im NW der Parrotspitze auf die Signalkuppe zu, die man westl. umgeht, und über den Colle Gnifetti zum Gipfel aufsteigt. Skitour.

● 1073 Ostgrat (Cresta Signal) vom Resegotti-Biwak

IV (Stellen, III und Schneegratstücke), 6–7 Std., **G 6** (ca. 930 Hm). Großer und klassischer Gratanstieg. Abb. S. 296/297.

Vom Biwak steigt man zuerst leicht über den z.T. überfirnten Kamm zum Passo Signal (3769 m, 1 Std.). Über Firn und blockige Felsen, dabei den Schwierigkeiten auf der S-Seite ausweichend, gelangt man bis zu einem ersten Steilaufschwung, einer Art Turm. Dieser kann nördl. oder südl. umgangen werden, um direkt oberhalb an einer Einsenkung den Grat erneut zu betreten (45 Min.). Nach einem kurzen, weniger steilen Stück gelangt man an den zweiten Aufschwung, der über schwierige, aber feste Felszähne entlang der Kante über Risse und eine Verschneidung erklettert wird (2 Std., vom ersten Aufschwung her kann dieses Stück über die jedoch manchmal vereiste N-Seite umgangen werden). Der nun folgende dritte, höchste und fast senkrechte Aufschwung wird auf Bändern nach einer kurz in der S-Seite absteigenden Querung (1 SL) und direktem Aufstieg zum Grat umgangen. Schließlich steigt man über den Grat zum »Signal«, einem letzten Turm, der überklettert oder umgangen werden kann und gelangt in wenigen Min. zum höchsten Punkt.

● 1074 Südwestgrat vom Seserjoch

II (kurze Stelle), 45 Min., **G 3** (260 Hm).

Man folgt dem anfangs breiten und wenig steilen Firnrücken bis zu der felsigen Zone im mittleren Bereich. Über diese ohne Schwierigkeiten empor, nur der kurze Aufschwung am oberen Ende verlangt etwas Kletterei. Dann nur leicht steigend über Firn zum Gipfel.

● 1075 Weitere Anstiege

Südostseite: Verschiedene Routen wurden durch diese felsige Steilflanke eröffnet, die jedoch stein- und eisschlaggefährdet sind.
Nordostseite: Auch hier existieren sehr schwierige, aber objektiv gefährliche und sehr lange Routen.

● 1080 Parrotspitze, 4432 m

Nahezu völlig überfirnte Gratschneide im Grenzkamm, die gut auf den Anstiegen zur Signalkuppe mitgenommen werden kann. **Vom Seserjoch** steigt man auf dem Schneerücken westl. der Felsinsel zum NO-Grat und über diesen unschwierig zum Gipfel (30 Min., **G 2**, 150 Hm). **Vom Piodejoch** an der Ludwigshöhe (4283 m, o.N. LK) steigt man über den Firnrücken in NO-Richtung zum W-Grat an, um über die Firnschneide den höchsten Punkt zu erreichen (30 Min., **G 2**, 160 Hm; 2½ – 3 Std. von der Gnifettihütte). Dies ist auch der Skianstieg. Auch durch die teilweise vergletscherte SO-Flanke führen einige Routen, von denen jedoch nur der **OSO-Sporn vom Valsesia-Biwak** empfohlen wird (**III** und steiles Eis, 5–7 Std., **G 6** (1120 Hm).

● 1082 Ludwigshöhe, 4341 m

Von diesem Gipfel zweigt ein Seitenast nach S ab, der einige der weniger bedeutende Monte-Rosa-Gipfel trägt und daran anschließend mit dem Weißhornkamm (Corno Bianco) das Gressoneytal vom Valsesia trennt. Der Gipfel ist bis auf die mit einer Felsflanke nach Valsesia abfallende O-Seite überfirnt. Die Normalanstiege von NO (Piodejoch), NW (Lisjoch) und S (Zurbriggenjoch) sind alle leicht und erfordern jeweils nur wenige Minuten Anstieg über die Schneehänge (2¼ Std. von der Gnifettihütte). Auch Skirouten.

● 1084 Corno Nero (Schwarzhorn), 4321 m

Kleiner Gipfel auf dem von der Ludwigshöhe nach S führenden Seitenast, wie die Ludwigshöhe nach O mit einer Felsflanke nach

Valsesia abstürzend, ein kleiner Felskopf bildet den von W aus dem Firn ragenden Gipfel.

● 1085 Von Süden (Vincentjoch)

I, 45 Min., **G 3**.

Vom Joch (zwischen Pyramide Vincent und Corno Nero), das vom S-seitigen Lisjochanstieg (R 1072) auf halber Strecke über schwach geneigte Firnfelder nach O in 1¾ Std. von der Gnifettihütte erreicht werden kann, steigt man über einen steilen Schneehang zu den Gipfelfelsen. Über diese erklettert man wenig schwierig, aber etwas brüchig den Vorgipfel und über den kurzen, scharfen Schneegrat den höchsten Punkt.

● 1086 Von Norden (Zurbriggenjoch)

Vom Joch (zwischen Corno Nero und Ludwigshöhe), das vom südseitigen Lisjochanstieg (R 1072) im obersten Abschnitt über schwach geneigte Firnfelder in 2 Std. von der Gnifettihütte erreicht werden kann, steigt man über eine steile Schneerinne zum Grat zwischen südl. Vor- und Hauptgipfel und über den Grat zum höchsten Punkt.

● 1088 Balmenhorn, 4167 m

Eigentlich unbedeutender felsiger Gipfelpunkt südwestl. des Corno Nero im Lisgletscher. Der höchste Punkt mit großer Christusstatue kann leicht im Lisjochaufstieg von der Gnifettihütte (R 1072) erreicht werden (ca. 2 Std.). Das kleine Biv. Giordani steht wenige Meter unter dem Gipfel, zu dem man auf der O-Seite mit Hilfe eines dicken Taus über die letzten Felsen aufsteigt.

● 1090 Pyramide Vincent, 4215 m

»Hausgipfel« der Gnifettihütte mit beeindruckender Aussicht. Seine Besteigung läßt sich sehr günstig mit weiteren Monte-Rosa-Gipfeln verbinden.

● 1091 Südwestgrat von der Gnifettihütte

I, 2 Std., **G 3** (600 Hm). Abb. S. 290/291.

Man steigt von der Hütte in NO-Richtung zum breiten Grat, dem man über Firn und unschwierige Felsen zum wieder überfirnten Gipfel folgt.

● 1092 Nordwestflanke von der Lisjochroute

2 Std. von der Gnifettihütte, **G 2** (60 Hm). Üblicher Anstieg.

Von der Lisjochroute (R 1072) zweigt man auf etwa halber Höhe (etwa 4000 m) nach rechts zum Colle Vincent (zwischen Pyramide Vincent und Corno Nero) ab. Der Firnanstieg zum Gipfel kann über die Flanke an beliebiger Stelle oder erst vom Joch aus über den N-Gratrücken ohne Schwierigkeiten erfolgen. Auch Skiroute.

● 1093 Südostgrat von der Punta Giordani

II, 1 Std., **G 3**. Abb. S. 290/291.

Über den anfangs verfirnten, später felsigen Grat zum Gipfel; Wächten nach rechts (N).

● 1095 Punta Giordani, 4046 m

Als eigenständiger Gipfel wird dieser Gratpunkt wohl nur deswegen gehandelt, weil er die 4000 m-Marke übersteigt, eigentlich stellt er nur eine Gratschulter der Pyramide Vincent dar. Er kann damit unproblematisch in die »4000er Sammelrunde« integriert werden.

● 1096 Südwestflanke von der Gnifettihütte

2 Std., **G 2** (430 Hm). Abb. S. 290/291.

Von der Hütte quert man den Garstelet-Gletscher zum SW-Grat der Pyramide Vincent, dem man bis auf gut 3800 m folgt, um hier auf Steigspuren auf einer Art Band nach rechts zum Indrengletscher zu queren. Ohne Schwierigkeiten über diesen zum Gipfel. **Von der Mantova-Hütte** geht man am Hüttenzustiegsweg zum Indren-Gletscher zurück, dem man bis zum Gipfel folgt (2¾ Std.). Skiroute.

● 1097 Südflanke und Südostgrat von der Station Punta Indren

I, 2 Std., **G 3** (780 Hm). Abb. S. 290/291.

Von der Station folgt man etwa 15 Min. dem leichten Felsgrat, der nach N zur Punta Giordani hinaufzieht, und steigt dann nach rechts kurz zum Borsgletscher ab. Dieser wird nach NO aufwärts gequert, sodaß man den SO-Grat an beliebiger Stelle betritt. Dabei kann man bereits die Punta Vittoria (3435 m) mitnehmen, die Cresta del Soldato (ca. 3580 m, ohne Namen in der Landeskarte) überschreiten oder erst darüber den Grat betreten. Die Felsen sind gut gestuft und über den gesamten Grat leicht zu erklettern.

● 1100 Jägerhorn, 3969 m

Kleiner, doppelteiliger Felsgipfel ganz im Schatten des Nordend; auf dem Gipfel steht das Gallarate-Biwak. Obwohl die letzten Meter zum Gipfel schwierig zu ersteigen sind, bietet der Anstieg zumindest bis zum Jägerjoch namentlich im Frühjahr eine sehr schöne Skitour.

● 1101 Vom Jägerjoch

III (kurze Stelle, sonst leichter), 5 Std., **G 5** (1180 Hm).

Vom Joch (R 941) über den Firn nach N an die Felsen, die man zum Vorgipfel erklettert (II). Abklettern in die fast 15 m tiefe Scharte und jenseits an einer Stelle schwierig (III, evtl. Schulterstand) zum höchsten Punkt.

● 1102 Weitere Anstiege

Nordostgrat: Sehr anspruchsvolle Kletterroute (bis V+, 12 Std., G 12) vom Belloni-Biwak.
Ostrücken (Jägerrücken): Vom Belloni-Biwak wird der Jägerrükken oberhalb der Séracs des Kleinen Fillargletschers erreicht. Firn- und leichte Felspartien führen bis ca. 100 m unter den Gipfel; da der Schlußanstieg sehr schwierig ist, wird meist nach links ins Jägerjoch ausgewichen (6 Std., **G 6**).

● 1105 Fillarhorn, 3676 m, Cima Brioschi, 3642 m, Torre di Castelfranco, 3636 m

Diese Erhebungen des Weissgrates bilden den obersten Abschluß des Gornergletschers gegen die O-Abstürze nach Macugnaga. Alle ragen nur unbedeutend aus den mit leichtem Gefälle nach W abstreichenden Firnfeldern und sind ohne Schwierigkeiten vom Gornergrat/Stockhorn bzw. der Monte-Rosa-Hütte zu erreichen. Allerdings ernsthafte Orientierungsprobleme bei einfallendem Nebel, wenn die alten Spuren verweht sind (große Spaltenzonen)!
Schöne Skiziele, insbesondere in Verbindung mit dem Monte-Rosa-Hüttenzugang über das Stockhorn.
Etwa 1½ – 2 Std. von der Station Stockhorn über das Stockhorn und den Stockhornpaß, 4–5 Std. von der Monte-Rosa-Hütte (**G 2**).

● **1107** **Cima di Jazzi, 3804 m**

Höchster Gipfel des Weissgrates, ragt jedoch ebenfalls nur wenig aus dem Kamm heraus. Schöne Rundsicht.

Von der Station Stockhorn über den Stockhornpaß in ca. 2½ Std. über die weiten Gletscherflächen zu erreichen, auf den letzten Metern über die NW-Seite.

Etwa 5½ Std. von der Flue (R 945) zum neuen Weisstor, 5 Std. von der Monte-Rosa-Hütte. Die weiten Flächen des Findelngletschers bieten schöne lange Skiabfahrten nach Zermatt.

● **1109** **Neue Weisstorspitze, 3636 m**

Flacher Gratgipfel, der mit kurzen Felsen zum Neuen Weisstor, dem einzig einfacheren Übergang von Zermatt nach Macugnaga, abfällt. Vom Neuen Weisstor umgeht man die Felsen west- und nordseitig, um über Firn zum höchsten Punkt aufzusteigen (30 Min.).

● **1111** **Schwarzberghorn, 3689 m**

Kleiner Felsspitz an der Vereinigung der drei Kämme, die das Gletscherbecken von Findeln und Mattmark und das Macugnaga-Tal trennen. Der alte Schwarzberg-Weisstor-Übergang führt über den Gipfel, die Zustiege sind bei R 947 beschrieben.

● **1113** **Roffelhörner, 3563 m**

Unbedeutende Erhebungen (W-Gipfel: 3563 m, O-Gipfel: 3478 m) am Grenzgrat zwischen Schwarzberggletscher und dem Macugnaga-Tal. Auf dem W-Gipfel steht das Luino-Biwak. Von der Schweizer Seite reichen die Firnfelder praktisch bis zum Grat (am leichtesten sind die Punkte jeweils von W über die Roffelpässe O und W über den Firngrat zu erreichen), auf der S-Seite wurden einige Kletteranstiege in recht gutem Fels eröffnet.

Von der E.-Sella-Hütte kann man auf dem Roffelgletscher ohne Schwierigkeiten bis unter die S-Seite der Roffelhörner gelangen; die einfachste Durchstiegsmöglichkeit ergibt sich über ein Band, das in der Mitte zwischen dem S-Sporn des W-Roffelhornes und der Fallinie unter der tiefsten Einschartung des O-Roffelpasses durch die Felsflanke führt: zuerst nach links (W) dann nach rechts und zuletzt wieder nach links an den Grenzgrat (1½ – 2 Std.).

Schöne Skiziele von Mattmark (Anstiege wie zum Schwarzberg-Weisstor (R 945), im obersten Bereich beliebig nach S zum Grenzgrat (4½ – 5 Std. von Mattmark).

● 1115 Faderhorn, 2475 m

Felsiger Gratabsatz hoch über Macugnaga-Pecetto mit höchst informativer Rundsicht, insbesondere auf die Monte-Rosa-O-Wand, sehr lohnend.
Ein Fußpfad führt von der Alpe Hinterbalmo (R 862) über das Rasengelände zu dem kreuzgeschmücktem Aussichtspunkt (3 Std., **BW 2** (1050 Hm) von Macugnaga-Pecetto).

● 1117 Seewjinenhorn, 3205 m

Auf der N-Seite reichen die Firnfelder bis an den waagerechten Gipfelgrat heran und ermöglichen leichte Anstiege vom Grünbergsattel (4 Std. von Mattmark: Auf R 948 zum Schwarzberggletscher, diesen auf ca. 2900 m an das O-Ufer queren und zum Grünbergsattel; fast ebene Querung zur Seewjinenlücke und zum Gipfel). Skiroute.
Der S-Sporn bietet schöne Kletterei in festem Fels (Stellen III), jedoch langer Zustieg zum Spornbeginn auf 2765 m (auffälliges Felsenfenster).

● 1119 Monte Moro, 2984 m

Wenig bedeutender Gipfel westl. des Monte-Moro-Passes. Von der Paßhöhe in etwa 40 Min. über den felsigen Grenzgrat (nach Überschreiten eines vorgelagerten Felsbuckels) zum Gipfel.

Tournalin-Seitenkamm:

● 1121 Monte Roisetta, 3334 m

Nördl. Nachbargipfel des Grand Tournalin mit schöner Aussicht; lohnendes Skiziel.

● 1122 Südseite aus dem Valtournanche

4 Std., 1240 Hm von Cheneil; Normalanstieg, Mark. Nr. 23.

Von Cheneil (15 Min. von der Straße von Pâquier) entweder nordseitig des Baches auf kleinem Pfad Nr. 23 direkt oder südseitig auf gutem Weg Nr. 24 (Col de Nana/Tournalin) über die Alpe Champsec und wie auf einer gleichmäßigen Rampe zwischen Felsstufen in weitem Bogen zur Alpe Lezan (2684 m). Weiter direkt über die von einigen Schrofenzonen unterbrochene SW-Flanke zum Gipfel.
Die Skiroute folgt der Route 24, steile Hangquerung im N der Becca Trecaré (Lawinengefahr).

● 1123 Südostseite aus dem Ayastal

5 Std., (1730 Hm). Mark. Nr. 4.

Route: Von St. Jacques steigt man auf R 967 des Col di Nana (Mark. Nr. 4a) bis zur Oberen Tournalin-Alpe (2534 m 2½ Std.). Nun nach N abzweigen in die Mulde westl. des Palon di Nana bis zum Sattel (ca. 2810 m zwischen Tournalin und **Monte Croce, 2894 m**; letzterer kann leicht in 15–20 Min. mitgenommen werden, stellt wegen seiner bereits überraschend schönen Aussicht ebenfalls ein lohnendes Gipfelziel dar). Querung westl. oberhalb des kleinen Lago Verde (2723 m), dann über die nicht allzu steile SO-Flanke unterhalb des Grand Tournalin bis zum Gipfel.

● 1124 Nordgrat vom Colletto di Roisetta

III– (Stellen), 1¾ Std., **G 3** (530 Hm). Schöner Gratanstieg.

Der Colletto (2826 m) wird auf Weg 6a vom obersten Abschnitt der Zustiege zu den Cime-Blanche-Cols (R 959) erreicht (4 Std.). Von der Bergstation Ollia der Cime-Blanche-Bahnen (von Valtournanche) auf Pfad Nr. 21 in westl. Richtung zum Colletto (1½ Std.). Für den Gipfelanstieg bleibt man immer an der Gratkante, rechts weniger steil und teilweise bewachsen, links steile Felsflanke.

● 1127 Monte Croce, 2894 m

Lohnender Aussichtpunkt über dem Ayastal. Auf dem Fahrweg von St. Jacques zur Alpe Sapien, 1963 m (einige Kehren abkürzend), und weiter westl. im steilen Zickzack in die Scharte zwischen Palon di Nana und Monte Croce. Jenseits kurz zum kleinen Seelein und über die SW-Flanke zum Gipfel (3 – 3½ Std., **BW 2**, 1200 Hm).

● 1130 Grand Tournalin 3397 m

Höchster Gipfel dieses Seitenkammes mit interessanter Aussicht auf die SO-Seite der Matterhorngruppe und zum Paradiso.

● 1131 Westseite und Südgrat vom Valtournanche

I (kurze Stellen), 4 Std., **G 1** (1280 Hm) von Cheneil. Mark. 24.

Von Cheneil (15 Min. vom Ende der Fahrstraße von Valtournanche, R 871) erreicht man auf dem breiten Weg (Col di Nana) in ca. 30 Min. in südöstl. Richtung die Alpe Champsec. Nun nach O wie auf einer gleichmäßigen Rampe zwischen Felsstufen in einem großen Bogen zur Almfläche im W der Tournaline. Nach rechts über die alten Moränenhänge auf gutem Pfad durch das Geröllkar nach O bis zur Einschartung zwischen Grand und Petit Tournalin (ca. 3070 m, Col de Tournalin). Auf dem S-Grat über unschwierige Felsen zum S-Gipfel; der Übergang zum etwas höheren N-Gipfel ist recht gefährlich wegen steilem Bruch (III im Abstieg zur Scharte). Die Einschartung 3070 m kann man auch von O über die Alpe Tournalin über viel Geröll und einige leichte Felsstufen erreichen; Fahrweg von St. Jacques zur Alpe Nana alta, 2194 m (5 Std. von St. Jacques).

● 1133 Petit Tournalin, 3207 m

Südl. Nachbar des Grand Tournalin, vom Col de Tournalin über den schönen Blockgrat mit Stellen II in 30 Min. ersteigbar.
Auch vom Col de Nana auf Pfad (Mark. Nr. 3d) etwas mühsam über viel Geröll in 1½ Std. zum Gipfel.

● 1135 Bec de Nana, 3010 m

Südl. des Grand Tournalin, netter Skigipfel aus dem Liftgebiet von Chamois (Valtournanche). Aus der Umgebung des Col de Nana (2775 m, R 963) über den NW-Hang ohne Schwierigkeiten zu erreichen (30 Min.; von Chamois-Corgnolaz in 3½ Std. durch das Vallone di Chamois, wo man schon 100 Hm vor dem Col in den NW-Hang abbiegen kann; 2½ Std. von Cheneil über den Colle di Croux). Auch von Magneaz (1704 m) im Ayastal kann über die Alpe Vascoccia (Alp- fahrweg) auf Route 3a die Bec erstiegen werden (4 Std., **BW 2**, 1300 Hm).

● 1137 Becca Trecaré, 3033 m

Vom Col de Nana auf Pfad 3c unschwierig über die SO-Flanke in 45 Min. ersteigbar.

● 1139 Monte Tantané, 2734 m

Im Sommer als Aussichtsberg deutlich hinter dem Monte Zerbion zurückstehend, bietet dieser Berg z.T. steile Skirouten von drei Seiten: Von Promiod (1492 m) am Sträßlein entlang zur Alpe Revard (ca. 2030 m), dann gerade über die SW-Seite zum Gipfel – der etwas mühsame Sommeranstieg führt über den schwach ausgeprägten SW-Rücken zur Linken. Von Antagnod (Ayastal) ersteigt man die steilen O-Hänge zum Colle Tantané (2683 m) und erreicht den Gipfel über den kurzen Gratrücken. Eine im oberen Bereich steile Route führt schließlich von Chamois über die Alpen Les Corts (2180 m) und Champlong (2317 m) zum Col Tantané.

● 1141 Monte Zerbion, 2722 m

Besonders lohnender Aussichtsberg über dem Knie des Aostatals, zu Recht sehr beliebtes Ausflugsziel. Riesige Madonnenstatue auf dem Gipfel.

● 1142 Von Osten (Antagnod-Barmasc)

2½ Std., **BW 2** (830 Hm). Wanderwege Nr. 2.

Von Barmasc (Parkplatz am Ende der Straße von Antagnod) folgt man dem breiten Weg in W-Richtung durch den Wald, oberhalb der Waldgrenze nimmt der Weg mehr eine SW-Richtung ein und führt, zuletzt in etwas steileren Serpentinen zum Colle Portola (2410 m). Weiter auf den Wegspuren knapp westl. der Gratkante (steile Abbrüche nach O) in südl. Richtung, einen Vorgipfel auf der gleichen Seite umgehend, zum Gipfel.
Skiroute bei sicheren Verhältnissen.

● 1143 Westgrat

3 Std., **BW 2** (1000 Hm) von Chenez; hierher auf einem Fahrsträßchen von Antey-St.-André im unteren Valtournanche über Promiod oder über die südseitigen Hänge von Nissod (Ende einer Straße von Châtillon bzw. St. Vincent).

Von Chenez steigt man nach N zum W-Grat, den man bei P. 1993 m betritt und problemlos bis zum Gipfel verfolgt. Von Promiod kann man auch dem Fahrweg nach NO durch das Tälchen nach Salère folgen und zum Colle Portola aufsteigen (Nr. 4), um dann wie oben (R 1142) zum Gipfel zu gelangen. Dies ist auch die Skiroute.

Testa-Grigia-Seitenkamm:

● 1145 Monte Bettaforca, 2971 m

Wenig bedeutender Gipfel südl. über dem gleichnamigen Col mit der Seilbahnstation. Aus dem Liftgebiet Champoluc/St. Jacques kann man über die südwestl. Böden eine abwechslungsreiche Skitour machen: Vom obersten Lift von St. Jacques-Frachey quert man direkt in die SW-Mulde, wohin man auch durch Abfahrt vom Sarezza-Lift (Champoluc) gelangt; gerade zum Gipfel aufsteigen.

● 1147 Testa Grigia (Grauhaupt), 3315 m

Höchster Gipfel dieses Kammes zwischen dem Ayas- und Gressoney-Tal. Dies ist einer der ganz großen erwanderbaren Aussichtsberge auf der italienischen Seite der Walliser Alpen, besonders imposant sind die Blicke auf die Südabdachung zwischen Monte Rosa und Breithorn, aber auch zum Paradiso und Mont Blanc. Durch die Nähe der schönen und hochgelegenen Biwakhütte am Monte Pinter (R 877) kann die besonders von Gressoney her recht lange Tour in angenehmere Etappen unterteilt werden.

● 1148 Südgrat vom Bivacco Latelin am Monte Pinter

I (wenige Meter), 45 Min., **G 1** (190 Hm), Mark. Nr. 6.

Von der Biwakhütte quert man auf Wegspuren westl. unter dem Gipfel des Monte Pinter in die flache Einsattelung (Einmündung des Direktanstiegs von Gressoney, Weg Nr. 10). Nun über den breiten Grat mit einer kurzen Stufe (die auch östl. über schrofiges Blockwerk umgangen werden kann) zum Gipfel.

● 1150 Monte Pinter, 3132 m

Südl. Nachbar der Testa Grigia, Standort des Latelin-Biwaks. Anstiege siehe dort (R 877).

● 1152 Corno Vitello, 3057 m, Corno Bussola, 3024 m, Punta Valfredda, 2944 m, Punta Valnera, 2754 m

Ruhige Gipfel im Bereich der Alpe Palasina (Rif. Arp, R 880) nördl. von Estoul.
Corno Vitello ist in 1½ Std. unschwierig auf Weg Nr. 5b am Lago Valfredda vorbei und über den SW-Rücken ersteigbar (**BW 2**, 650 Hm).
Corno Bussola wird in etwa 2 Std. auf Pfad Nr. 3c an den Seen Battaglia, Pocia und Lungo vorbei erstiegen; die Felsen des Gipfelaufbaus überwindet man nach einer Traversierung in der S-Flanke etwa 100 m unterhalb des Gipfels vorbei, um dann über den obersten SW-Grat zum höchsten Punkt zu gelangen (Pfadspuren).
Punta Valfredda läßt sich in 45 Min. auf Mark. Nr. 5 vom Passo di Valnera (R 978) erreichen (**BW 2**, 1½ Std. von der Alpe Palasino).

Die Punta Valnera wird von Estoul über die Alpe Murassa und das Hochtal des Lago Estoul in etwa 3 Std. erreicht (1150 Hm, **BW 2**). Reichhaltiges Skitourengebiet.

● 1154 Mont Nery (Becca Frudiera), 3076 m

Großer, überwiegend felsiger Berg, mit dem sich (zusammen mit der benachbarten Becca di Vlou) der Testa-Grigia-Kamm im S nochmals hoch aufwirft. Seine isolierte Lage ermöglicht eine besonders informative Rundsicht, neben dem Walliser Hauptkamm von S auch über das Aostatal zur Paradisogruppe. Sehr lange Anstiege, die durch keine Stützpunkte verkürzt werden können. Nachfolgend der Normalweg, für weitere Routen den CAI-Führer befragen.

● 1155 Von Süden (Colle di Chasten)

II (Stellen am Gipfelgrat), 2 Std., **G 1** (530 Hm); 6–7 Std. (2040 bzw. 2120 Hm) von Challand-St.-Anselme (Ayastal) bzw. Issime (Gressoneytal). Normalweg.

Zustieg zum Col: Von Challand St. Anselme, Ortsteil Tollegnaz, nach S in das Vallone di Chasten und durch dieses aufwärts (schöne alte Steinbrücke Pont Chevalier) über die Alpen Grun (1501 m) und Pra Baluard (1712 m) zur Almfläche unter der Becca di Vlou. Hier mehr nach S haltend über die Merendiù-Alpen (bassa 1915 m, alta 2184 m) und schräg in O-Richtung zum Col.
Von Issime, Ortsteil Cugna, in das Vallone Stolen und über die Alpen Ronc (1304 m), Stolen (1746 m) und Balma Lunga (2350 m) direkt zum Col. Etwa 4½ Std. auf beiden Seiten vom Tal zum Col.
Gipfelanstieg: Vom Col wenige Meter nach O absteigen und auf Wegspuren nordwärts ansteigen, um über plattigen Fels den Grat nach links auf etwa 2650 m zu erreichen (hierher auch weglos beim O-Anstieg direkt von den tieferliegenden Almen). Nun über den Gratrücken zur Verbindung mit dem W-Grat (ca. 2900 m) und über den Gipfelgrat (Stellen II) zum höchsten Punkt.

● 1157 Monte Weiss Weib, 2517 m

Interessanter Aussichtspunkt, der östl. Ausläufer des Monte Nery. Guter Überblick über das Gressoneytal bis in die Piemontische Tiefebene und auf die Monte-Rosa-Gruppe.
Von Issime, Ortsteil Cugna, in das Vallone Stolen und hier bis zur gleichnamigen Alp (Anstieg zum Colle Chasten, R 1155). Nun nach

N über die Alpen Brunni und Grubi in den Sattel westl. des Monte Weiss Weib und über den Kamm zum Gipfel (5 Std., **BW 3**, 1560 Hm). Zum Sattel auch von N von Pointe Trèntaz steil über die Alpen Giaz und Teglie, oben steiler Schutt; mühsam, besser im Abstieg.

● 1159 Becca di Vlou, 3032 m

Mit den Nachbarn Becca Torché (3016 m) und Monte Voghel (2925 m) bildet der Berg schöne Pyramiden, überwiegend fester Gneis. Lange Zustiege. Im Folgenden wieder nur der Normalanstieg, für weitere Routen den CAI-Führer konsultieren.

● 1160 Von Süden

Von Issime auf Fahrweg nach S. Margherita (ca. 1350 m) und über die Alpen Zeuin, Lamatta, Vleukie zur Alpe Munes (3½ Std.). Nach N steil zu den Alpe Vlou superiore, 2363 m und durch das Tälchen zwischen den S-Spornen der Vlou und Torché zum Grat aufsteigen (ca. 2900 m). Über den Grat (guter Fels, Stellen **II**, und Blöcke) zum Gipfel (3 Std., **G 1**, 6–7 Std. von Issime, ca. 1700 Hm).

● 1162 Croix Corma, 1958 m

Südlichster Gipfel des Kammes zwischen Ayas- und Gressoneytal, hoch über dem unteren Aostatal, hervorragende Aussicht.
Leicht vom Ende der Fahrstraße von Pont St. Martin nach Fey, 1135 m auf Wegen über die Alpe Pesse zum Col di Finestra (1671 m) und den N-Rücken erreichbar (3 Std., **BW 2**).

Corno-Bianco-Seitenkamm:

● 1164 Corno Rosso, 3023 m

Felsgipfel mit schöner Aussicht auf die Monte-Rosa-S-Seite, südl. des Colle d'Olen (R 994) gelegen; in etwa 30 Min. vom Col über den N-Grat mit kurzen Klettereinlagen (I und II) ersteigbar.

● 1166 Punta Straling, 3115 m

Wegen langer Zustiege einsamer Gipfel mit schöner Rundsicht (Monte Rosa – Matterhorn). Im N-Grat vom Passo Zube (2874 m, Mark. Weg Nr. 3b von Alagna) finden sich ein paar schöne Kletterstellen (bis **IV**, fester Fels, 2 Std.), der SW-Grat vom Passo della Coppa (2916 m, 5 Std. von Alagna über das Valle d'Otro, Mark. Weg Nr. 3d) weist Blockwerk mit einigen leichten Felsen (II) auf (1 Std.).

● 1168 Corno Bianco, 3320 m

Der höchste Gipfel dieses Seitengrates bildet schon fast ein eigenes Massiv zwischen dem Valsesia im O und dem Gressoneytal im W, der höchste Punkt ist allerdings etwas nach O abgesetzt.
Lange, in jedem Fall nicht ganz leichte Anstiege können durch drei Biwakunterkünfte etwas gezähmt werden. Hauptsächlich wird der S-Anstieg aus dem Val Vogna (Riva Valdobbia) gemacht, wobei das Rissuolo-Biwak Zwischenstützpunkt sein kann, gelegentlich auch die Routen von O und SO, von Alagna immer mehr als 2000 Hm! Der N-Grat vom Passo della Uomo Storta weist nur stückweise guten Fels auf, gleiches gilt für die Wände.

● 1170 Südseite von der Alpe Rissuolo

II (Stellen und I mit Eisenkette, überwiegend Gehgelände), 4 Std., **G 2** (1060 Hm). Wegspuren und einige Markierungen (Nr. 2).

Vom Biwak westl. im Graben aufwärts zum Lago Bianco (2332 m), um diesen nördl. herum und dann in N-Richtung über den Hang mit einigen Felsbrocken zum Lago Nero (2672 m, 1¼ Std.). Nun nach N über eine steile Geröllhalde an die Felsen – vom Gipfel zieht sich eine Rippe in südl. Richtung in den Kessel hinab; ostseitig schließt sich eine Felsbarriere mit gelblicher Färbung und dunklen Strukturen an. Die Route zieht aus dem Winkel zwischen Rippe und Barriere nach links aufwärts über eine steile Wand (Kette, sonst III) zum sog. Passo d'Artemisia. Damit erreicht man ein Schuttfeld, über das man schräg links aufwärts zu einer Felsrinne steigt und durch diese bis knapp unter den SO-Grat aufsteigt (I). Die Felswand zum Grat wird links umgangen (II), dann folgt man dem Grat selbst bis zum Gipfel.
Vom Ospizio Sottile am Colle Valdobbia in 2½ Std. über die Pässe Valdobbia (2635 m) und Alpetto (2774 m, westseitige Umgehung der Creste Rosso, Mark. 1B) zum Lago Nero (5 Std. zum Gipfel).

● 1171 Von Osten (Valle d'Otra und Laghi Tailly)

II (kurze Stellen im oberen Teil), 7–8 Std., **G 2** (2150 Hm von Alagna). Streckenweise markiert. Als Zwischenstützpunkt kann nur das Ravelli-Biwak bei 1 Std. Mehraufwand dienen.

Von Alagna auf dem Weg (3a) ins Oltu-Tal und im Talgrund bis nahe der Alpe Farinetti (1634 m, also nicht zu den schönen Walsersiedlungen rechts oben). Steil in SW-Richtung am Tailly-Bach aufwärts zur

Alpe Tailly und zum oberen Lago di Tailly (2422 m, 4 Std.). Die Wegspuren leiten weiter in SW-Richtung auf eine Felsbarriere zu, die das obere Puio-Becken mit Gletscherrest abschließt (Hier mündet auch der Weg vom Ravelli-Biwak über den Colleto di Tailly, 1½ Std., Mark. 3e). Über eine 20-m-Wand mit gutem Fels (II; Metallkabel der Erstbegeher) in das obere Becken und steil aufwärts (Wegspuren), schließlich mehr linkshaltend zur Bocchetta di Puio (3100 m, o.N. LK), wo man ins obere Fornotal blickt. Nach einer kurzen Querung in der S-Seite über eine Rinne (II, 20 m, guter Fels) zur Bocchetta del Forni (3140 m) auf, womit man sich über dem Lago Nero befindet. Erneute Querung in die S-Seite (guter Fels, Markierungen, Nr. 11) zur S-Route (R 1170) und auf dieser zum Grat und Gipfel.
Aus dem Forno-Tal (San Antonio – Piane – Alpe Pissole (2072 m) – Le Pisse (2220 m)) trifft ein steiler und mühsamer Anstieg (Geröll), teilweise markiert (Nr. 11), zwischen den Scharten Puio und Forni auf diese Route (7 Std.).

● 1173 Corno Valdobbia, 2755 m

Im Norden des Colle Valdobbia (Ospedale Sottile) gelegen, schöne Aussicht; 1 Std. vom Col über den steilen, gelegentlich etwas ausgesetzten Grat.
Ab der Verbindungslinie Gabi (Gressoneytal) – Rassa/Piode (Valsesia) fächert der Bergkamm stark auf und geht fließend in die Bielleschen Berge über, zu weitläufig für eine ausführliche Beschreibung in diesen Führer. Viele Wandermöglichkeiten über die oben oft begrasten Berge, einige hochreichende Fahrwege, bescheidene Pistengebiete bei Pila (Valsesia), Bielmonte (Strada Panoramica, an klaren Tagen Blick über die Poebene mit Mailand und Turin bis zum Monte Viso und zum Apennin) und Oropa (jeweils von Biella).
Im Folgenden seien nur zwei der bedeutendsten Gipfel beschrieben, die meisten anderen lassen sich auf guten Wegen erreichen.

● 1175 Punta Tre Vescovi, 2501 m

An diesem Berg führt der GTA (Piedocavallo – Val Vogna) nahe vorbei, die Rivetti-Hütte bietet zudem hochgelege Unterkunft. Der Gipfel ist von der Hütte über den nahen Colle della Mologna Grande (2364 m) und die W-Flanke auf einem Pfad in 45 Min. zu erreichen. Der Direktanstieg von Niel (1535 m oberhalb Gabi, Gressoneytal) über die Alpen Sctóvela (1757 m), Grétie (2207 m) und Zúckie (2268 m) auf teilweise kleinen Pfaden benötigt etwa 3½ Std.

● 1177 Monte Mars, 2600 m

Bis auf seine N-Seite recht felsiger Berg im O von Fontainemore (unteres Gressoneytal), schöne Rundsicht.
Über den NO-Grat vom Colle Chardon (2221 m) in 45 Min. auf einem Pfad erreichbar. Der Col kann von der Station der Oropa-Bahnen (Albergo Savoia, ca. 1900 m) in etwa 1 Std. durch S-seitige Umgehung des Monte Rosso erreicht werden. Vom Lago Vargno (ca. 1680 m, Ende eines Fahrweges von Fontainemore) Aufstieg zum Lago Barma (2022 m) und nach S zum nahen Col (1½ Std.).

Punta Grober-/Tagliaferro-Seitenkamm:

● 1179 Monte Tagliaferro, 2964 m

Höchster Gipfel im Kamm zwischen Alagna und Rima, eine große Felspyramide mit ungemein interessantem Panorama (Monte-Rosa-SO-Seite). Leider ist der Fels meist schlecht, der lange Aufstieg ist nur bei entsprechendem Wetter zu empfehlen, dann aber von großer Klasse – man muß nur den Wolken zuvorkommen !

● 1180 Südgrat vom Passo del Gatto/Bocchetta della Moande

I (Stellen), 5 Std. von Rima (1560 Hm), 6 Std. von Alagna-Pedemonte (1720 Hm), **G 2**. Teilweise Markierungen, im oberen Teil nur Wegspuren.

Zustieg: In Rima folgt man dem GTA zum Colle Mud (Nr. 98) etwa 200 Hm und zweigt dann S-Richtung auf Weg Nr. 318 (WW) über die Scarpia-Alpen (sotto 1703 m, sopra 1920 m) zum Passo del Vallarola (2332 m, 3 Std.) ab. Hier quert man den Kessel nach W und steigt zum Passo del Gatto (2730 m, ohne Namen in der Landeskarte, zwischen Tagliaferro und Dosso Grinner, 1 Std., z.T. Mark. Nr. 100).
Von Alagna-Pedemonte auf Weg (Nr. 9) über die Alpen Wittwosmą zur Alpe Campo (superiore 1923 m, aus dem Jahre 1578! 2 Std., idealer Biwakplatz). Der Steig führt mit einigen Markierungen weiter talein steil nach Moanda (2422 m, 1¾ Std.). Mit einer Querung westl. des Dosso Grinner auf steilen Gras-/Erdbändern und einigen kurzen Felsstufen (I) in 1 Std. zum Passo del Gatto; bei guten Verhältnissen hierher auch direkt vom Kessel oberhalb der Alpe Campo durch die Rinne, oben ihren grasigen südl. Begrenzungsrücken.
Gipfelaufstieg: Vom Passo del Gatto auf spärlichen Wegspuren (Felsen und Geröll) über den Rücken zum höchsten Punkt (45 Min.).

● 1182 Cima Carnera, 2741 m, Cima delle Croci, 2500 m, Cima Sajonchè, 2344 m, Monte Ventolaro, 1835 m

Diese teilweise bis weit hinauf mit dichtem Wald-Buschwerk bedeckten Berge im SO des Tagliaferro werden nur sehr selten besucht. Die Wege zu den hochgelegenen Alpen sind teilweise spärlich markiert, gelegentlich schon überwuchert und kaum zu finden. Ein hochinteressantes Gebiet für den mit Pfadfinder-Gespür gewappneten, alpin erfahrenen Bergsteiger – hier kann man wirklich noch fernab der Masse unterwegs sein, Erlebnisse die man auf der Alpennordseite in dieser Art nicht mehr finden kann.

Neben der »normalen« Ausrüstung braucht man hier die Karten LK und Kompass/IGC (alle 1:50 000), ausreichend Kondition, immer genug Zeitreserven für Wegsuche – und dazu die Einstellung, möglicherweise auch ohne Gipfelerfolg zufrieden sein zu können, auch der scheinbar mit allen Wassern gewaschene Bergsteiger kann hier leicht ordentliche Überraschungen erleben!

● 1184 Punta Grober (Punta delle Loccie), 3947 m

Erster Gipfel in dem vom Monte Rosa nach O abstreichenden Gratkamm, der S-Begrenzung des Macugnaga-Tales (Valle Anzasca). Sicher die schönste Aussicht auf die Monte-Rosa-O-Wand, wenn man vor den Nebeln oben sein kann! Der Gipfel ist in 45 Min. vom Colle delle Loccie über den schneeigen Grat (Wächten!) zu erreichen, etwa 2 Std. vom Resegotti-Biwak, **G 4**.

Auch der nordseitige Steilgletscher kann auf interessanter Route begangen werden, bisweilen schwierige Schründe. Die felsige S-Seite wurde auf mehreren Kletterrouten durchstiegen (bis IV+, meist guter Fels; siehe CAI-Führer).

● 1185 Nordgrat

6 Std., **G 6** (1430 Hm) von der Zamboni-Zappa-Hütte. Großartige und abwechslungsreiche Tour bei herrlichen Einblicken in die Monte-Rosa-O-Wand. Der Grat ist fast völlig verfirnt, Zustieg vom nördl. Locciegletscher evtl. auch felsig (Steinschlaggefahr).

Von der Hütte folgt man den Wegspuren zum Rif. Paradiso am Lago delle Loccie und erreicht den nördl. Locciegletscher über den Moränenkamm bei P. 2343 m. Hier steigt man nach SO auf das von der Gletscherflanke des NO-Grates herabkommende Couloir zu (Canalino Pisati). Durch dieses aufsteigen, im oberen Teil, wo es in eine Steilflanke übergeht, mehr nach links haltend, so daß man auf etwa 3100 m den hier breiten Grat erreicht (4 Std.). Auf dem Grat übersteigt man die Kuppe 3334 m, einen eleganten Schneegrat und erreicht den Gipfel schließlich über den Schneerücken (2 Std.).

● 1187 Pizzo Bianco, 3215 m

Mächtiger Felsberg im O des Monte Rosa, berühmt wegen seiner großen Aussicht auf die O-Wand des Monte Rosa. Auf dem Normalweg zu empfehlen, wenn man Chancen hat, den (oft erschreckend früh) aufziehenden Nebeln zuvorzukommen, dann hat man aber die sicher intressantesten Blicke in den Kessel von Macugnaga.

● 1188 Westflanke und Nordgrat

4 Std., **G 2** (1150 Hm) von der Zamboni-Zappa-Hütte. Normalanstieg auf annehmbaren Pfad, unten gelb markiert, oben Steinmänner, oben einige Schneefelder.

Von der Hütte geht man auf dem Weg über die Pedriola-Alm nach Süden, um an deren Ende nach Osten auf das Schuttfeld abzubiegen, das unter der Punta Battisti bis zum N-Grat des Pizzo Bianco hinaufzieht (WW). Man erreicht diesen an der breiten Flanke unter dem N-Gipfel auf etwa 3000 m, zuletzt recht steil, kurze Schrofen und Schutt (2½ Std., oben oft auch Schneereste). Man quert ansteigend durch die oberste O-Flanke zum Sattel zwischen N- und Hauptgipfel und kurz über den blockigen N-Grat (oder den Schnee zur Linken) zum höchsten Punkt.

Der ab dem Colle del Turlo ostwärts fortlaufende Gratkamm als S-Begrenzung über dem Valle Anzasca (Gipfelhöhen 2000 m über dem Tal!) und über den alten Walsersiedlungen in den Seitentälern des unteren Valsesia (Rima, Carcoforo und Fobello/Rimella) ist ein Gebiet der großen Paßübergänge (GTA, Walserwege), die Gipfelrouten haben hier nicht die große Bedeutung. Informationen über Gipfeltouren sind sehr spärlich und konnten für diesen Führer nicht für halbwegs verlässliche Beschreibungen herangezogen werden. Südseitig sind große Teile im Naturpark Valsesia integriert.
Eine gute Karte und vor allem offene Augen fürs Gelände werden dem entdeckungsfreudigen Bergsteiger interessante Touren ermöglichen, fernab jeglicher »die 100 schönsten «- Beeinflussung.

5. Matterhorngruppe

Mit dem Dent d'Hérens zweigt ein großer Seitenkamm vom Hauptkamm der Walliser Alpen nach Südwesten ab, er wird begrenzt vom Valtournanche und Valpelline bis zu deren Mündung ins Aostatal; Dent d'Hérens und Matterhorn bilden zusammen diese mächtige Untergruppe.
Während alle Welt das Matterhorn kennt, ist der Dent d'Hérens ein fast vergessener Viertausender, darüber hinaus auch nur mit recht langen Zustiegen zu erreichen, was ihm seine Einsamkeit garantiert. Wie bei diesen beiden Bergen, dominiert auch im Seitenkamm der schroffe Felsaufbau, nur zwischen Jumeaux und der Luseney sind noch größere Gletscher anzutreffen. Selten verirrt sich jemand zu Gipfeltouren hierher, oft sind es auch keine ganz leichten Unternehmungen. Damit ist dies ein Paradies für jeden, der wirklich ursprünglichen Alpinismus erleben will. Der einzige etwas stärker besuchte Bereich befindet sich im Verlauf des Alta Via della Valle d'Aosta (Valtournanche – Barmasse-Hütte (Cignana) – Cian-Biwak – Fenêtre de Cian – Cuney-Hütte – Col de Vessona – Oyace, Valpelline), doch auch hier wird nur der berggewohnte Wanderer auf seine Kosten kommen; das von S in die Gruppe reichende Valle di St. Barthélemy wartet mit netten Wander-Möglichkeiten auf. Für die meisten Gipfelanstiege ist dann schon der erfahrene Bergsteiger gefragt, insbesondere wegen der oft nicht unproblematischen Orientierung: Die sonst so verläßliche Landeskarte der Schweiz stellt wohl auch hier das Gelände sehr genau dar, die Aktualisierung der Wege, Straßen, Bahnen und Siedlungen ist aber überfällig, man sollte daher die Blätter der schneller nachgeführten Kompasskarte oder des Instituto Geografico Centrale sowie der regionalen Verkehrsämter mitverwenden.
Im ganzen Gebiet gibt es bis auf die Cignana-Seilbahn keine Aufstiegshilfen, außer den Talstraßen existieren auch nur wenige offene Fahrwege, so daß man meist recht ansehnliche Höhenunterschiede überwinden darf; in dem hochalpinen N-Teil zwischen Dent d' Hérens und Luseney ermöglichen einige hochgelegene Biwakschachteln etwas erträglichere Tagesetappen.
Der Skitourengeher findet besonders im Bereich des obersten Valpelline einige sehr anspruchsvolle und lange Routen, auch der Dent d'Hérens kann bis zu seinem Gipfelaufbau als Skitour angegangen werden.

5.1 Hütten

● 1200 Hörnlihütte, 3260 m, Hotel Belvédère, 3260 m
SAC, Sektion Monte Rosa, Martigny, bzw. Burgergemeinde Zermatt. Die Hütten stehen am NO-Grat des Matterhorns, dem Hörnligrat. KS 618.490 / 92.320.
50 Plätze bzw. 10 Plätze, beide Häuser sind voll bewirtschaftet von Mitte Juni bis Mitte September; WR mit 15 Plätzen in der Hörnlihütte immer offen. Tel. 0 28/67 27 69 bzw. 67 22 64.
Die Hütten dienen als Unterkunft für Matterhornbesteiger, meist über den Hörnligrat.

● 1201 Von Schwarzsee

2 Std., **BW 2** (690 Hm); 4½ Std. von Zermatt. Schöner und lohnender Anstieg, auch als reine Tageswanderung zu empfehlen.

Am Schwarzsee vorbei führt der Weg an das Hirli. Dessen südseitige Felsen werden in Kehren überwunden, dann folgt der Weg dem Gratrücken mit vielen Serpentinen zur schon lange sichtbaren Hütte.

● 1203 Solvayhütte, 4003 m
SAC, Zentralkomitee, Bern. Diese Biwakhütte steht wenige Meter oberhalb der Unteren Moseleyplatte am Matterhorn-Hörnligrat. KS 617.380 / 91.930. 10 Plätze, immer offen. Kein Brennmaterial, kein Wasser. Die Hütte darf nur in Notfällen zum Übernachten benutzt werden (Übernachtungstaxe ist auf der Hörnlihütte zu entrichten); Notfunk-Telefon. Aufstieg von der Hörnlihütte siehe R 1341.

● 1204 Hotel Schwarzsee, 2584 m
Privat. In aussichtsreicher Lage im Osten des Matterhorns gelegen, Seilbahnstation. KS 621.050/93.900. 43 Plätze. Tel. 0 28/67 22 19.
Gute und bezeichnete Wanderwege führen von Zermatt zu den Stationen Furi (1864 m, ¾ Std.) und Schwarzsee (2½ Std.). Hierher auch über Zmutt und die Stafelalp (insgesamt 3 Std.).

● 1205 Bivacco O. Bossi, 3323 m (am Breuiljoch)
CAI, Sektion Gallarate. Am Beginn des Furggengrates gelegen. KS 617.860 / 91.120. 9 Plätze, immer offen. Halbtonne mit Blechverkleidung.
Stützpunkt in erster Linie für den Furggengrat des Matterhorns.

● 1206 Von Breuil

3½ Std., **G 2** (1330 Hm).

Von Breuil auf Weg Nr. 14 in NO-Richtung am Pistengelände entlang bis zur südlichen Moräne des Forcagletschers (2½ Std.; hierher auch von der Abruzzen-Hütte durch fast ebene Querung unter der Matterhorn-S-Seite (45Min.). In einem leichten Bogen geht man das Gletscherbecken zum Fußpunkt 3085 m der vom Furgggrat herabziehenden kurzen Felsrippe aus. Dahinter wendet er sich nach rechts und steigt über steilen Schnee und Felsen zum Joch.

● 1207 Von der Hörnlihütte

¾ – 1 Std., **G 2**.

Von der Hütte steigt man in südwestl. Richtung auf das oberste Furgg-Gletscherbecken unter der Matterhorn-O-Flanke ab. Man quert dieses auf einer Höhe von etwa 3230 m zwischen zwei Bruchzonen hindurch und steigt dann schräg zum Joch über ein Schneefeld oder die südl. davon befindlichen Felsen auf.

● 1210 Rifugio Duca degli Abruzzi (Orionde), 2802 m
Privat (A. Maquignaz, Breuil). Die Hütte steht südseitig des Matterhorns unter dem S-Sporn der Testa del Leone. KS 615.900 / 89.730. 40 Plätze. Die Hütte mit Hotelbetrieb ist geöffnet von Anfang Juli bis Ende Sept., kein WR. Mehrstöckiges Steinhaus. Tel. 01 66/94 91 45. Mit ihrer wunderschönen Lage hoch über dem Talschluß des Valtournanche an der oberen Vegetationsgrenze dient sie als Zwischenstation oder auch Ausgangspunkt für die Matterhorn-S-Anstiege, vor allem den Liongrat, der dann aber eine sehr lange Tour ist.
Der Wirt bietet Taxidienst von Breuil zur Hütte an (Hotel Punta Maquignaz).

● 1211 Von Breuil

2¼ Std., **BW 1** (800 Hm). Breiter Saumweg Nr. 13, Taxidienst.

Vom nördl. Ortsende von Breuil führt der Fahrweg mit vielen Kehren schräg über die nordwestl. Talflanke allgemein auf das Matterhorn zu. Die Hütten von Batze (2172 m) bleiben links liegen, während man an denen von Crot de Palet (2268 m) und L'Eura (2544 m) vorbeikommt.

● 1212 Von der Seilbahnstation Plan Maison

1¾ Std., **BW 2** (insges. ca. 300 Hm).

Von der Station über den Vieille Bach und nördl. aufwärts zur Seitenmoräne des Forca-Gletschers. Auf kümmerlichen Spuren über die steilen Moränen queren und in W-Richtung zur Hütte.

● 1215 Rifugio Luigi Amadeo di Savoia, 3835 m
Rifugio Carrel, 3835 m

CAI, Sektion Torino und Società Guide del Cervino, Breuil. Diese beiden Hütten stehen nahe beieinander auf dem SW-Grat (Liongrat) des Matterhorns. KS 616.230 / 91.310.
40 und 16 Plätze, immer offen, nicht bewartet. Holzhütten mit Blechdach. Info beim Ufficio Guide Breuil-Cervinia, Tel. 01 66/94 81 69. Auf das Vorhandensein von Brennstoff sollte man sich nicht verlassen. Die kleinen Hütten dienen als wichtiger und hochgelegener Stützpunkt bei den Matterhornbesteigungen auf dem italienischen »Normalweg«.
Obwohl dieser Anstieg wesentlich weniger stark frequentiert wird als der Hörnligrat, geht es auch hier aufgrund der geringen Größe der Hütten im Hochsommer oft recht eng zu. Daß dieser Grat in unserem Sprachkreis viel weniger bekannt ist, sollte nicht darüber wegtäuschen, daß dieser Anstieg eben für Italien die natürlichste Route ist.

● 1216 Von Breuil

6–7 Std., **G 4** (1850 Hm); 4–5 Std. vom Rif. Abruzzi (1050 Hm). Anspruchsvoller Anstieg mit einigen, z.T. seilgesicherten Kletterpassagen und kurzen Gletscherstücken. Siehe R 1342.

● 1218 Bivacco Benedetti, 3479 m
(am Colle Tournanche)

CAI, Sektion Milano. Das kleine Biwak steht auf dem Colle Tournanche, wenige Meter westl. der tiefsten Stelle an einem auffälligen Felsspitz. KS 615.130 / 91.020. 3 Plätze, immer offen. Halbtonne mit Blechverkleidung. Stützpunkt für den großartigen Ostgrat des Dent d'Hérens, als Gesamtüberschreitung mit dem Matterhorn eine der ganz großen Touren in dieser Region. Der N-Zugang zum Biwak stellt bereits eine recht anspruchsvolle kombinierte Tour dar, während der S-Anstieg über den zwischen dem Leone- und dem Chérillon-Gletscher liegenden Sporn noch verhältnismäßig einfach ist.

● 1219 Südanstieg vom Rif. Abruzzi

2 Std., **G 3** (680 Hm).

Übersicht: Der Sporn zwischen Leone- und Chérillongletscher mündet ca. 150 m westl. des Joches in den Grenzkamm. Man erreicht ihn durch eine breite Karmulde im S von P. 3322 m, die selbst durch ein Couloir mit dem Leone-Gletscher verbunden ist.
Route: Von der Hütte folgt man dem Pfad, auf dem man an dem Seelein vorbei in wenigen Min. das Carrel-Kreuz (2920 m) erreicht. Hier zweigt nach rechts der Steig zum Liongrat ab, während man nach links den Leone-Gletscher betritt. Auf seinem O-Ufer steigt man ca. 100 Hm aufwärts und quert ihn dann nach W auf das Couloir zu, das in die Karmulde führt (ein zweites Couloir zieht links (südl.) in eine Einschartung). Man steigt gut 40 m in dem rechten Couloir empor, wendet sich dann mehr nach rechts und erreicht die Karmulde. Durch diese steigt man, ab der Mitte wieder zunehmend linkshaltend, zur Kante des Sporns empor. Der Weiteranstieg auf dem Grat ist ohne Schwierigkeiten, evtl. wird bei einigen Passagen kurz nach O ausgewichen. Der Schlußanstieg führt über einen Firnrücken bis zum Grenzgrat, über den man kurz zum Biwak nach O absteigt.

● 1220 Nordanstieg von der Schönbielhütte

3–5 Std., **G 6** (ca. 950 Hm).

Übersicht: Ca. 400 m westl. vom Joch führt eine mäßig ausgeprägte Rippe, oben im Firn und am Sockel mit einigen Felsen, in den Tiefenmattengletscher und schließt damit dessen oberes Becken im Westen des Matterhorns. Dieses Becken erreicht man vom Zmuttgletscher über seinen nördlichsten Seitenarm, der am Fuß des Zmuttgrates zwischen P. 2882,8 m und P. 2974 m eingelagert ist. Der Schlußanstieg folgt der Rippe.
Route: Von der Hütte führt ein kleiner Pfad in SW-Richtung zum Zmuttgletscher hinab. Man überquert diesen unterhalb von P. 2624 m des Stockji in einem Bogen auf den o.g. kleinen Seitenarm des Tiefenmattengletschers zu. Über diesen empor zum Sattelti, östl. von P. 2974 m, dann quert man unter den Felsen des Zmuttgrates bis in das Gletscherbecken unter der Matterhorn-W-Flanke. Man quert dieses nach SW auf die Felsrippe bei P. 3078 m, über die man aufsteigt, bis man bald in Schnee steil den Grenzgrat westl. der Schneekuppe 3547 m erreicht. Nach O zum Biwak absteigen.

● 1222 Bivacco Giorgio-Renzo Novella, 3526 m
Società Guide del Cervino, Breuil. Auf dem O-Grat des Dent d'Hérens gelegen am Felszahn der Punta Maria Cristina. 9 Plätze, immer offen. Halbtonne mit Blechverkleidung. Bedeutung als Zwischenetappe am O-Grat des Dent d'Hérens. Anstieg siehe R 1355.

● 1224 Bivacco Camillotto Pellissier, 3310 m
Società Guide del Cervino. Das schwer zugängliche Biwak befindet sich auf dem Südgrat-Sporn des Dent d'Hérens (»Cresta Albertini«) in wildester Hochgebirgsumgebung. KS 613.500 / 89.630. 4 Plätze, immer offen. Halbtonne mit Blechverkleidung. Stützpunkt für den Cresta Albertini des Dent d'Hérens und Touren im Murailles-Kamm.

● 1225 Von Breuil
Stellen **IV**, 5–6 Std. von Breuil, siehe R 1357 (Dent d'Hérens).

● 1227 Bivacco Umberto Balestreri, 3142 m
CAAI, Gruppo Occidentale (Torino). Das Biwak steht auf dem Ostgrat der Punta des Cors in aussichtsreicher Lage hoch über Breuil. KS 613.270 / 88.460. 4 Plätze, immer offen. Halbtonne mit Blechverkleidung. Stützpunkt für die selten gemachten und steinschlaggefährdeten O-Anstiege der Punta des Cors.

● 1228 Von Breuil

4 Std., **G 2** (1150 Hm). Wegspuren.

Von Breuil den Fahrweg bzw. Saumpfad über die westl. Rasenhänge zu den Hütten von Cors (2252 m, 1 Std.). In gleicher Richtung über die Hänge weiter, bis der Pfad auf knapp 2500 m nach N abbiegt und über Bänder zwischen den Felsabbrüchen schräg zum O-Grat der Punta des Cors ansteigt, zuletzt evtl. auch auf Schneefeldern. Weiter knapp südl. unterhalb des Grates weiter bis zum Biwak.

● 1230 Rifugio Giovanni Bobba (Jumeaux), 2770 m
CAI, Sektion Torino. Die Hütte steht östlich der Punta Budden, auf einer begrasten Rippe am Fuß der felsigen Ostflanke des Murailles-Kammes. KS 612.440 / 86.950. 16 Plätze, immer offen, nicht bewartet. Hübscher Holzbau.
Großartiger Aussichtsplatz über dem obersten Valtournanche. Stützpunkt für den Ostanstieg zur Becca di Guin.

● 1231 Von Breuil

2½ Std, **BW 2** (770 Hm). Markierter Weg Nr. 11.

Von Breuil dem Fahrweg bzw. Saumpfad über die westl. Rasenhänge bis kurz unter die Hütten Mgne.d.Cors (2252 m, 1 Std.). Nach links durch den Talgrund des Maberge-Bachs auf die südl. gelegene Geländerippe. Über diese Rippe steigt man ca. 200 Hm gerade aufwärts, bis man schräg nach links aufwärts das nächste breite Grabensystem auf dessen südseitige Begrenzungsrippe queren kann, um dann auf dieser Rippe zum Rifugio aufzusteigen.
Auch von Avouil (1967 m, 1 km vor Breuil) kann man die Hütte in etwa 1½ Std. über die Alpe Montagne Bayettes (2288 m) erreichen.

● 1233 Bivacco Tête des Roèses, ca. 3110 m

CAAI, Gruppo Occidentale, Torino. Das Biwak steht wenig westl. unterhalb des Tête des Roèses genannten Felszipfels, der den unteren Glacier des Grandes Murailles in zwei Teile trennt. KS 610.530 / 88.670. 15 Plätze, Halbtonne mit Blechverkleidung; immer offen. Ausgangspunkt für Dent d'Hérens und den Murailles-Kamm.

● 1234 Von der Staumauer des Lago di Place Moulin

5 Std., **G 2** (1160 Hm). Der alte Anstieg über den nördl. Murailles-Gletscherarm ist wegen Spalten kaum noch begehbar.

Man folgt dem Hüttenweg der Aostahütte (R 1237) bis zu den Hütten von Deré la Vieille. Hier zweigt man nach rechts (O) ab und gelangt auf Wegspuren zur Alm Bellatzà (ca. 2470 m, 2 Std.). Über die Rasenhänge und Bänder quert man nun in N-Richtung unter dem W-Grat der Punta Budden und dem Murailles-Gletscher leicht ansteigend hindurch bis zur Felsinsel Tête des Roèses. Über die Geröllfelder steigt man weiterhin in gleicher Richtung schräg an, überquert einen Gletscherabfluß und erreicht den alten, mit einigen Steinmännern markierten Pfad kurz unterhalb eines schwach ausgeprägten Couloirs, auf dessen südl. Begrenzungsrippe man zum Biwak emporsteigt.

● 1236 Rifugio Aosta, 2781 m

CAI, Sektion Aosta. Die Hütte steht im obersten Valpelline westl. der Tête de Valpelline. KS 609.520 / 90.900. Neubau; 26 Plätze, bewirtschaftet im Juli und August, WR 16 Plätze, Tel. 0165/730006. Die Hütte ist Stützpunkt für den Dent-d'Hérens-Normalweg und die nur wenig bekannten Gipfel des hier nach S abzweigenden Kammes. Über den Col de la Division besteht eine Verbindung zu den Haute-Route-Hütten auf der Schweizer Seite. Stützpunkt für interessante und anspruchsvolle Skitourenunternehmungen.

● 1237 Von der Staumauer des Lago di Place Moulin

4½ Std., **BW 3** (820 Hm). Fahrweg (für priv. Kfz gesperrt) bis zur Sommersiedlung Prarayer, dann Fußweg; zuletzt Wegspuren.

Von der Staumauerkrone folgt man dem Fahrweg am NW-Ufer des Sees bis zu dessen oberem Ende, wo sich das Hotel Prarayer befindet. Noch gut einen Kilometer hält man sich weiter taleinwärts auf der gleichen Seite des Torrente Buthier, dann überquert man ihn auf einer Brücke zu seiner O-Seite und steigt auf der anderen Talseite bis nahe zu den Hütten von Deré la Vieille (2230 m, 2 Std.). Der Weg führt weiter taleinwärts in der Nähe des Flusses zu P. 2250 m (Steinmann). Entweder überquert man hier den Bach auf einem Steg und geht auf der W-Seite des Tales weiter, bis man den geröllbedeckten untersten Teil des Tsa-de-Tsan-Gletscher zu dessen östl. Seitenmoräne überquert und steigt über diese und die Geröllfelder unter dem Seitengletscher südwestl. der Tête de Valpelline zur Hütte. Alternativ kann man auch die Geröllfelder auf der O-Seite weiter bis zur östl. Seitenmoräne des Tsa-de-Tsan-Gletschers benutzen. Auch Skiroute.

● 1239 Rifugio Prarayer, 2005 m

Privat; bei der Almsiedlung am Oberende des Place-Moulin-Stausees. 50 Plätze, im Sommer geöffnet; WR mit 5 Plätzen. Info beim Wirt in Bionnaz, Tel. 01 65/73 00 40. 1¼ Std. ab Staumauer.

● 1240 Bivacco Perelli, 3848 m

Società Guide Cervino. Die Biwakhütte steht auf dem Colle des Grandes Murailles, direkt südl. unter dem Dent d'Hérens. KS ca. 612.750 / 90.260. 9 Plätze, immer offen. Halbtonne mit Blechverkleidung. Stützpunkt für Dent d'Hérens und Murailles-Kammes.

● 1241 Von der Aostahütte

3½ – 4 Std., **G 3** (1040 Hm). Gletschertour, interessante Skiroute.

Von der Hütte steigt man in wenigen Min. nach SO zu der großen, nördl. Seitenmoräne des Murailles-Gletscher ab und folgt dann deren

Kamm bis zum Gletscher. Weiter in O-Richtung steigt man über das Firnbecken zum Gletscherbruch, der sich unterhalb von P. 3337 m am S-Gratsporn der Tête de Valpelline befindet. Diesen Abbruch überwindet man gewöhnlich über eine Art Rampe von rechts nach links, sodaß man in der Nähe des felsigen Sporns die oberen Gletscherfelder betritt, die südl. unter dem Tiefenmattenjoch vorbei auf die S-Seite des Dent d'Hérens führen. Etwa unter dem SSW-Grat des Dent biegt man schließlich nach SO ab und erreicht in wenigen Min. das Biwak. Dies ist auch der lohnende Skiaufstieg.

● 1242 Vom Tête-des-Roéses-Biwak

3 – 3½ Std., **G 3** (ca. 720 Hm). Sehr spaltenreich.

Vom Biwak zum Gletscher, den man zwischen zwei Bruchzonen anfangs ohne Höhengewinn auf etwa 3150 m nach NO quert; in gleicher Richtung ersteigt man nach gut 1 km die Firnhänge zum nördl. Teil des Muraillesgletschers, wo man auf etwa 3450 m unter dem Tiefenmattenjoch auf R 1241 trifft (1 – 1½ Std.). Nach O abbiegen auf die südl. unter dem Dent d'Hérens gelegenen Firnhänge. Etwa unter dem SSW-Grat des Dent biegt man schließlich nach SO ab und erreicht in wenigen Min. das Biwak. Auch Skiroute.

● 1245 Bivacco Paoluccio, 3582 m (am Col Budden)

Società Guide del Cervino, Breuil. Das Biwak steht auf dem Col Budden auf dem vom Dent d'Hérens nach S abzweigenden Seitenkamm zwischen dem Valtournanche und dem Valpelline. KS 611.920 / 87.360. 9 Plätze, immer offen. Halbtonne mit Blechverkleidung. Hochgelegener Stützpunkt in der Muraillesgruppe.

● 1246 Von der Staumauer des Lago di Place Moulin

6–7 Std., **G 4** (1630 Hm). Anspruchsvolle Hochtour.

Man folgt dem Hüttenweg der Aostahütte (R 1237) bis zu den Hütten von Deré la Vieille. Hier zweigt man nach rechts (O) ab und gelangt auf Wegspuren zur Alm Bellatzà (ca. 2470 m, 2 Std.). Über Rasenhänge steigt man nun in N-Richtung auf, um noch vor Erreichen des untersten Zipfels des Grandes-Murailles-Gletscher wieder nach O auf dem blockigen Rücken zum P. 2907 m (Petit Tête de Bellatsà, ohne Namen in der Landeskarte) anzusteigen. Man folgt dem Rücken weiter bis auf ca. 3150 m, wo man nach links leicht auf das obere

Gletscherbecken übertreten kann. Über die zuletzt ziemlich steilen Schneefelder in das Joch. Skiroute. Vom Tête-des-Roèses-Biwak kann man das oberste Firnbecken in einer ansteigenden Traversierung des Muraillesgletscher leicht erreichen; man geht dabei zwischen zwei Brüchen auf einer kleinen Gletscherterrasse direkt unter dem P. 3266 m am W-Grat der Becca di Guin vorbei (1½ Std.).

● 1248 Bivacco Laura Florio, ca. 3311 m (am Col du Créton)

Società Guide del Cervino, Breuil. Das Biwak steht auf dem Col du Créton am Mont Blanc du Créton. KS ca. 611.400 / 850.380.
9 Plätze, immer offen. Halbtonne mit Blechverkleidung. Hochgelegener Stützpunkt im Bereich der Château-des-Dames-Gruppe.

● 1249 Westanstieg (von der Staumauer des Lago di Place Moulin)

5–6 Std., **G 4** (1350 Hm). Hochtour mit einer steilen Passage.

Man folgt dem Hüttenweg der Aostahütte (R 1237) bis zu den Hütten von Deré la Vieille. Hier zweigt man nach rechts (O) ab und gelangt auf Wegspuren zur Alm Bellatzá (ca. 2470 m, 2 Std.). Hier biegt man nach S ab und quert horizontal zur Seitenmoräne des Damesgletschers oberhalb von P. 2511 m. Über die Moräne steigt man bis zu ihrem oberen Ende auf und weiter in SO-Richtung auf dem unschwierigen Gletscherbecken zu der Steilstufe. Der Bergschrund wird meist auf der linken Seite unter den Felsen des Tour du Créton überwunden, dann steigt man wieder mehr rechts haltend auf den Château des Dames zu. Sobald der Gletscher wieder flacher wird, geht man in östl. Richtung unter dem Mont Blanc du Créton zum Col mit dem Biwak hinüber. Großartige Skiroute, nur bei sehr sicheren Verhältnissen.

● 1250 Ostanstieg über den Col des Dames

5 Std., **G 3** (1360 Hm) von Breuil.

Etwa 1 km südl. von Breuil geht ein Fahrweg über den Fluß zum Rif. Avuil (1967 m). Der gute Weg steigt durch den Lärchenwald schräg zu den Hütten Montagne Bayettes (2288 m) an. In einem großen Bogen geht man das Vallon de Vofrède (Vaufrède) leicht ansteigend bis unter den gleichnamigen schmalen Gletscher aus. Über dessen Moräne erreicht man den Gletscher und steigt zum P. 3130 m (Colle di Vofrède, R 1296, ohne Namen in der Landeskarte) auf. Von hier quert man in nördl. Richtung unter dem SO-Grat des Château des Dames bis unter den Col des Dames, der wegen großer Wächten auf dieser Seite meist nicht begangen werden kann; man benutzt eine Rinne eines Felssporns etwas südl. der tiefsten Einschartung. Mit einer einfachen Firnquerung nach NO unter dem Mont Blanc du Créton zum Biwak. Auch Skiroute, früher Aufbruch nötig, Lawinengefahr aus der Créton-Flanke. Vgl. auch R 1368, Château des Dames.

● 1252 Bivacco Duccio Manenti (Sari), 2740 m

CAI, Sektion Torino. Das Biwak steht am kleinen Lago Balanselmo im Kessel zwischen Château des Dames, Punta Fontanella und Punta Cian hoch über dem Cignana-Stausee und dem Valtournanche. KS 610.090 / 83.000. 4 Lager, immer offen. Halbtonne mit Blechverkleidung. Das Biwak erschließt interessante, wenig besuchte Gipfel.

● 1253 Von Paquier/Valtournanche

4 Std., **BW 2** (1250 Hm); 2 Std. vom Rif. Barmasse am Lago di Cignana. Bez. Wanderweg Nr. 6.

Vom Rif. Barmasse geht man in wenigen Min. über die Staumauer an den O-Zipfel des Sees, wo der Weg von Valtournanche einmündet. Am nördl. Ufer führt der gute Weg bis unter die Alpe di Cignana, steigt in einem großen Bogen in den Rasenhängen unter dem Mont Rous in die nächsthöhere Karmulde, aus der man an zwei kleinen Seen vorbei in W-Richtung das Biwak erreicht.

● 1255 Rifugio Barmasse, 2169 m

Privat. Die Hütte liegt am Lago di Cignana über Paquier/Valtournanche. KS 612.020 / 80.500.
24 Plätze, bewirtschaftet von Mitte Juni bis Mitte September; kein WR. Zweistöckiger Steinbau. Ausgangpunkt für schöne Wanderungen und interessante Hochtouren zwischen Château des Dames und Punta Cian; Stützpunkt auf dem Alta Via della Valle d'Aosta.

● 1256 Von Paquier/Valtournanche

2 Std., **BW 1** (680 Hm). Schrägaufzug, Weg Nr. 4.

Von der Staßenkehre unter Paquier führt eine Fahrstraße nach Valmartin (ca. 1500 m). Der gute Fußweg leitet dann zuerst in einigen

Kehren, darauf in steigender Querung an der Mittelstation des Schrägaufzuges vorbei in den Bachgrund und zieht dann über die Alpe Palu an den O-Zipfel des Stausees. Kurz unter der Staumauer, entlang des Schrägaufzuges in wenigen Minuten zur Hütte.

● 1258 Bivacco Rivolta, 2906 m (am Col de Fort)
Società Guide del Cervino, Breuil. Auf dem Col de Fort im O-Grat der Punta Cian gelegen. KS 609.380 / 80.670. 12 Lager, immer offen.

● 1259 Von Torgnon

5 Std., **BW 3** (1420 Hm), Weg Nr. 12.

Von Torgnon ist die Fahrstraße bis Septumian offen, dann folgt man dem Fahrweg im Talgrund bis zu dessen Ende bei Château (2084 m), wobei einzelne Kehren vom Wanderweg abgekürzt werden. In gleicher Richtung geht es zunächst noch im Tal weiter, dann steigt der Weg steiler nach Grand Drayère (2350 m) an. Nach links (W) geht es zum Cian Biwak (R 1263), in nördl. Richtung erreicht man über Rasen und Schrofen steil und anstrengend das Biwak auf dem Col de Fort.

● 1260 Vom Lago di Cignana
Vom Rifugio Barmasse am See entlang nach N zur Cignana-Alp und auf Weg Nr. 5 durch das Tal zum Roisettagletscher (Punta Tzan) und zum Biwak (3 Std., **BW 3**, 750 Hm).

● 1262 Bivacco Tzan (Cian), 2482 m
Sci Club Torgnon. Das Biwak steht im S des kleinen Lago di Cian im obersten Talboden des Torrente Torgnon. KS ca. 608.600 / 79.000. 9 Plätze, immer offen. Halbtonne mit Blechverkleidung. Stützpunkt für herrliche Hochtouren und für den Alta Via della Valle d'Aosta.

● 1263 Von Torgnon

4½ Std., **BW 2** (1000 Hm), Weg Nr. 8.

Von Torgnon ist die Fahrstraße bis Septumian offen, dann folgt man dem Fahrweg im Talgrund bis zu dessen Ende bei Château (2084 m), wobei einzelne Kehren vom Wanderweg abgekürzt werden. In gleicher Richtung geht es zunächst noch im Tal weiter, dann steigt der Weg steiler nach Grand Drayere (2350 m) an. Geradeaus gelangt man zum Rivolta-Biwak (R 1258), man hält sich aber nach links nur mehr leicht ansteigend in W-Richtung etwa 1 km auf das Fenêtre de Cian (R 1313) zu, wo ein Abzweig nach S um den Lago di Cian herum zum Biwak leitet. Ein aussichtsreicher und markierter Weg führt aus dem Tal des Torgnon-Baches bei Brusoney zu den Almen auf der O-Seite der Cima Bianca und quert von der Crot de Labies (2353 m) zum Biwak (vgl. Anstiege zur Cima Bianca, R 1390), Weg Nr. 9a.

● 1265 Bivacco Franco Nebbia, 2574 m

CAI, Sektion Torino. Das Biwak steht im obersten Valle de St. Barthélemy am Lago Luseney, im O der Becca di Luseney, dem mit Abstand höchsten Gipfel dieses Kammabschnittes. KS 605.660 / 79.050. 6 Plätze, immer offen. Halbtonne mit Blechverkleidung. Stützpunkt für Luseney und deren benachbarte Gipfel, auch Zwischenunterkunft bei der Traversierung dieser Gruppe.

● 1266 Von Praz (Valle di St. Barthélemy)

3½ Std., **BW 2** (840 Hm).

Vom Ende der öffentlichen Straße in Praz (1737 m) über Vallorsière (1900 m) auf einem Fahrweg in den wunderschönen Talgrund des Torrente de St. Barthélemy, dem er bis zu dessen obersten Talkessel folgt (Alpe Crottes, 2389 m, Wegweiser). Nun auf Wegspuren in westl. Richtung über den grasbewachsenen Hang aufwärts zur kleinen Ebene mit dem Lago Luseney; das Biwak steht an dessen O-Seite.

● 1268 Rifugio di Cuney, ca. 2650 m

Hüttenanbau an die kleine Bergkapelle, verwaltet vom CAI, Sektion St. Barthélemy. Im Karkessel östl. unter der Becca del Merlo und dem Monte Pisonet gelegen. KS 603.570 / 76.660. 26 Plätze, bewirtschaftet im Juli und August, im September an Wochenenden, WR 15 Plätze. Zwischenstation auf dem Alta Via della Valle d'Aosta.

● 1269 Von Praz (Valle di St. Barthélemy)

3 Std., **BW 2** (910 Hm).

Vom Ende der öffentlichen Straße in Praz (ca. 1740 m) führt der Fahrweg über Vallorsière (1900 m) in den Talgrund des Torrente de St. Barthélemy, dem er bis zur Alpe Ollière (2007 m) folgt. Man geht über die Brücke und steigt auf markiertem Weg durch den Wald, weiter oben überwindet der Weg eine kleine Felsstufe und zieht dann über Rasengelände nach W an der Alpe Rêche (2385 m) vorbei zum Karkessel unter der Becca del Merlo. Die Kapelle mit der Unterkunft steht auf dem vordersten Absatz bei den letzten Rasenflecken.

● 1270 Von Lignan über den Col de Fontaney (Col du Salvé)

3½ Std., **BW 3** (1050 Hm). Ausgesetzte Passage unter der Becca Fontaney.

Von Lignan in N-Richtung über Almgelände und die Alpe Fontaney (2079 m) an der O-Seite des Champorcher-Rückens zum Col de Fontaney (2568 m). Nach kurzer Strecke über die Rasen an die O-Flanke der Becca Fontaney, wo der Weg recht schmal und etwas ausgesetzt bis in die Karmulde mit dem Rif. Cuney quert.

● 1273 Bivacco Umberto Rosaire – Marco Clermont, ca. 2700 m

Im Besitz der Comune di Quart; neu errichtetes schmuckes Biwak nahe dem Col Vessona. 12 Plätze, immer offen. Holz- und Steinbau. Guter Stützpunkt auf dem Alta Via della Valle d'Aosta und für die Besteigung des Monte Faroma. 3 Std. von Lignan; siehe R 1325.

5.2 Pässe

● 1280 Furggjoch, 3271 m, Breuiljoch, 3323 m

Zwei nahe beieinanderliegende Pässe am Fuße des Südostgrates des Matterhorns (Furggengrat), hochalpiner Übergang von Breuil nach Zermatt. Auf dem Breuiljoch steht das Bossi-Biwak, beide Pässe können leicht überschritten werden, wenn man z.B. nach einer Matterhorn-Überschreitung rasch wieder jeweils zum Ausgangspunkt zurückkehren will. Zustiegsbeschreibungen unter R 1205.

● 1282 Colle Tournanche, 3479 m

Tiefste Einschartung in dem über 4 km langen Verbindungsgrat vom Matterhorn zum Dent d'Hérens. Wenige Meter westlich des Passes steht das Bivacco Benedetti. Der N-Zugang stellt eine anspruchsvolle kombinierte Tour dar, während der S-Anstieg über den zwischen dem Leone- und dem Chérillon-Gletscher liegenden Sporn verhältnismässig einfach ist. Zustiegsbeschreibungen siehe R 1218.

● 1284 Tiefenmattenjoch, 3565 m

Zwischen Dent d'Hérens und Tête de Valpelline, schwieriger und meist nur als Zustieg zum Dent d'Herens benutzter Übergang zwischen Zermatt (Schönbielhütte) und dem Valpelline (Aostahütte).

● 1285 Von Norden (Schönbielhütte)

4–6 Std., **G 5** (sehr von den Verhältnissen abhängig, ca. 1000 Hm).

Übersicht: Das Joch besteht aus drei Einsattelungen: Die östlichste, tiefste Scharte, am Beginn des Dent-d'Hérens-Westgrates weist einen kleinen Schartenturm auf, eine nordseitig schneebedeckte Felsnase trennt sie von der mittleren Scharte, dann folgt ein Gratstück, das zu der westl. und mit 3565 m kotierten breiten Depression am Fuß der Tête de Valpelline führt. Vom Joch senkt sich eine ca. 150 m hohe teilweise felsdurchsetzte Steileisflanke auf das oberste Becken des Tiefenmattengletschers; dieser fließt dann mit zwei Brüchen bis zur Vereinigung mit dem Zmuttgletscher. Beide Bruchzonen werden nördl. überwunden. Wegen Lawinen aus der NW-Flanke des Dent d'Hérens sollte man entsprechenden Abstand halten, daher wird auch das Joch schwieriger, aber sicherer an der Valpelline-Seite erstiegen.
Route: Von der Hütte steigt man auf dem kleinen Steig südwestl. zum Gletscher ab, überquert ihn zum O-Fuß des Stockji, wo man auf der Moräne (Spuren) zu P. 2789 m ansteigt (1½ Std.). Hier läßt man die Route zum Col de Valpelline rechts und überwindet den unteren Bruch an dessen N-Ufer nahe der Felsen unter P. 3096 m. In SW-Richtung geht man über den hier flacheren Gletscher zum zweiten Bruch, den man wieder an seiner nördl. Seite unter den Felsen der Valpelline ersteigt; nur wenn dieser zu stark zerschrundet ist, sollte man auf einem Band durch die Felswand rechts ausweichen (Steinschlag), der manchmal leichtere Durchschlupf am Fuß des Dent d'Hérens ist jedoch den Lawinen ausgesetzt. Leichte Schneefelder führen oberhalb des Bruches an den Bergschrund unter dem Joch. Zur östlichsten und tiefsten Scharte führt ein sehr den Lawinen und Steinschlag aus der Dent-d'Hérens-Flanke ausgesetztes Steileiscouloir, der Bergschrund ist hier dafür meist einfacher zu überwinden. Sicherer ist die Ersteigung der breiten, westl. Einsattelung an der Valpelline-Seite des Joches, hier kann der meist breite Schrund Schwierigkeiten bereiten, ein sehr steiler Schneehang führt zu einer Eisnase in Fallinie des Valpelline-Gratansatzes und über den darüberliegenden etwas weniger steilen Hang zum Joch.

● 1286 Von Süden (Aostahütte/Roèses-Biwak)

2½ Std., **G 3** (800 Hm) von der Aostahütte, 2 Std. (ca. 450 Hm) vom Roèses-Biwak.

Von der Aostahütte steigt man in wenigen Min. nach SO zu der großen, nördl. Seitenmoräne des Muraillesgletscher ab und folgt dann deren Kamm bis zum Gletscher. Weiter in O-Richtung ersteigt man das Firnbecken zum Gletscherbruch, der sich unterhalb von P. 3337 m am S-Gratsporn der Tête de Valpelline befindet. Diesen Abbruch überwindet man gewöhnlich über eine Art Gletscherrampe von rechts nach links, sodaß man in der Nähe des felsigen Sporns die oberen Gletscherfelder betritt und schräg nach NO unter das Joch gelangt. Hierher vom Roèses-Biwak in spaltenreicher Gletschertraverse zwischen den zwei Bruchzonen des Muraillesgletscher.
Für den Aufstieg zum Dent d'Hérens (gesamter W-Grat, R 1352) steigt man durch ein Fels- bzw. Schneecouloir in die östlichste Scharte (für einen Übergang nach Schönbiel ersteigt man die westl. Begrenzung dieses Couloirs zum »Jochgrat«, dem man dann nach W in die breite Einsattelung folgt, wo die sicherere N-Route heraufführt).

● 1290 Col des Grandes Murailles, 3827 m

Südlich des Dent d'Hérens, hier setzt der bedeutende, aber touristisch sehr ruhig gebliebene Seitenkamm an, der das Valtournanche vom Valpelline trennt; kein Übergang. Auf dem Col steht das Perelli-Biwak. Anstiegsbeschreibung siehe R 1240.

● 1292 Col Budden, 3582 m

Zwischen Becca di Guin und der Punta Budden gelegen, kein Übergang; auf dem Col steht das Paoluccio-Biwak, R 1245.

● 1294 Col du Créton, 3311 m
Col des Dames, ca. 3320 m

Beide Cols schließen den Mont Blanc du Créton nord- bzw. südseitig ein. Auf dem Col du Créton steht das Florio-Biwak, s. R 1248; Querverbindung auf dem Gletscherfeld unter dem Créton-Gipfel in 20 Min. zum Col des Dames. Keine gebräuchlichen Übergänge.

● 1296 Colle di Vofrède (Vaufrède), 3130 m

Zwischen Château des Dames und dem Mont Rous (ohne Namen in der Landeskarte). Vom Manenti-Biwak auf dem alten Weg nördl.

aufwärts zum Gran Lago, 2845 m (kommt man von der Barmasse-Hütte am Lago di Cignana, muß man nicht bis zum Biwak aufsteigen, sondern geht in dem Tälchen westl. des Mont Rous bis an dessen Ende aufwärts (Geröll), wo man einen Durchschlupf durch eine felsige Zone nach links zum See findet. Vom O-Ende des Sees über das steile, nach oben verengende Kar mühsam über Geröll oder Schneereste zum Col (1½ Std., G 2, 400 Hm; 3 – 3½ Std. von der Barmasse-Hütte). Die O-Seite des Cols wird beim Anstieg zum Florio-Biwak (auf dem Col du Créton) von Breuil (R 1250) fast betreten (ca. 4 Std.). Interessante Skiroute nur bei guten Verhältnissen.

● 1298 Col Bellatsà, 3047 m

Zwischen dem Château des Dames und dem Mont Dragone.
Vom Manenti-Biwak auf dem alten Weg in N-Richtung aufwärts und ostseitig um den Gran Lago (2845 m) herum. Nun in NW-Richtung etwas ermüdend über Geröll an den Felsriegel im N des Sees, der durch eine Rinne überstiegen wird; darüber nur noch leicht ansteigend zum Col (1½ Std., **G 2**, 310 Hm).
Vom Colle di Vofrède muß man nicht bis zum Gran Lago absteigen (R 1296), sondern man kann nach wenigen Metern rechts (W) oberhalb der Felszone auf Geröllbändern zum Col Bellatsà queren (30 Min.).

● 1299 Von Nordwesten (Lago di Place Moulin)

4½ – 5 Std., **G 3** (1100 Hm).

● 1300 Von der Staumauer des Lago di Place Moulin

4 Std., **BW 3** (820 Hm). Fahrweg (für priv. Kfz gesperrt) bis zur Sommersiedlung Prarayer, dann Fußweg; zuletzt Wegspuren.

Vom Hotel Prarayer (R 1239) hält man sich noch gut einen Kilometer weiter taleinwärts auf der gleichen Seite des Buthier-Baches, dann überquert man ihn auf einer Brücke auf seine O-Seite und steigt auf der anderen Talseite bis nahe zu den Hütten von Deré la Vieille (2230 m, 2 Std.). Hier zweigt man nach rechts (O) ab und gelangt auf Wegspuren zur Alm Bellatzá (ca. 2470 m, 2 Std.). Man biegt nach S ab und quert horizontal zur Seitenmoräne des Damesgletscher oberhalb von P. 2511 m. Nun quert man über Geröll unter dem Gletscher nach S, passiert den Fuß des NW-Sockels des Château des Dames zum Bellatsàgletscher. Ohne größere Schwierigkeiten gerade über den Gletscher zum Col aufsteigen (Vorsicht vor Steinschlag aus den Flanken). Auch hochalpine, steile Skitour von Prarayer.

● 1305 Col de Valcournera, 3066 m

Kürzester, aber recht alpiner Übergang vom Valtournanche ins Valpelline (Prarayer), zwischen der Punta de Fontanella und der Cima di Balanselmo (Cian-Gruppe).

Vom Manenti-Biwak auf dem alten Weg in N-Richtung aufwärts zum Lago del Dragone. Nach W über die Wasserfassung an seinem Abfluß und zuerst auf dem Geröllkamm, dann meist über Schneereste zum Col empor (1¼ Std., 330 Hm).

● 1306 Von Westen (Lago di Place Moulin)

4 – 4½ Std., **G 2** (1100 Hm). Die Wegspuren im oberen Abschnitt sind kaum zu finden, daher meist mühsam über viel Geröll.

Vom Hotel Prarayer (R 1239) geht man noch etwa 200 m weiter talein und verläßt dann den Aosta-Hüttenweg nach rechts, überquert den Buthier-Bach auf einer Brücke und geht wieder ein Stück talauswärts bis zum Lärchenwald am Eingang zur Combe de Valcournera. Noch vor Überqueren des Abflusses steigt man auf kleinem Weg steil im Wald aufwärts zur verfallenen Alpe Valcournera. Weiter auf der O-Seite des Baches bleibend talein, bald weniger steil zur Alpe Chardonney (2364 m) vor den Moränen des vom Dôme de Cian herabkommenden Steilgletschers, der Talgrund wird hier oft bis spät ins Jahr von Lawinenresten bedeckt. Kurz vor der Alm zweigt man nach links (O) ab, es folgt ein mühsamer Steilanstieg über Geröll, durchsetzt mit schrofigen Fels- und steilen Grasstücken. Im letzten Abschnitt erleichtern oft Altschneefelder den Aufstieg zum Col.

● 1308 Col de Fort, 2906 m

Im O des Dôme de Cian gelegen; er verbindet den oberen Cian-Talgrund mit dem Cignana-Tal. Auf dem Paß steht das Rivolta-Biwak (R 1258).

● 1310 Col Chavacour, 2978 m

Zwischen dem gleichnamigen Gipfel (Cian-Gruppe) und dem Monte Redessau gelegener Übergang von Prarayer nach Torgnon. Interessante Skiroute, vor allem auf der N-Seite.

Beim N-Aufstieg folgt man vom **Hotel Prarayer** (R 1239) noch etwa 200 m weiter talein dem Aosta-Hüttenweg und verläßt ihn dann nach rechts, überquert den Buthier-Bach auf einer Brücke und geht wieder ein Stück talauswärts bis zum Lärchenwald am Eingang zur Combe de Valcournera. Noch vor Überqueren des Abflusses steigt man auf kleinem Weg steil im Wald aufwärts zur verfallenen Alpe Valcournera. Weiter auf der O-Seite des Baches bleibend talein, bald weniger steil zur Alpe Chardonney (2364 m, 2 Std.). Nun zum Moränenkamm auf der westl. Talseite und auf diesem aufwärts, dann quert man kurz nach links in den schmalen Graben (Abfluß des Chavacourgletscher). Steil hinauf und zum Gletscher, über den man ohne Schwierigkeiten zum Paß aufsteigt (4½ Std, **G 2** (1000 Hm). Sehr interessante Skiroute, nur bei sicheren Verhältnissen!
Vom Cian-Biwak etwa 1 km über die Ebene auf das Fenêtre Cian zu (R 1312), dann nach rechts ab in das schuttgefüllte Seitental, durch das man mühsam in einem schwachen Bogen den Col erreicht (knapp 1 Std.).
Vom Fenêtre Cian quert man horizontal in dieses Seitental (40 Min. zum Col). Auch mit Ski.

● 1312 Fenêtre de Cian (Tzan), 2734 m

Oberster und öfters benutzter Übergang als Verbindung des Barthélemy-Tales mit dem Cian-Biwak (Torgnon), zwischen dem Monte Redessau und der Cima Bianca. Teilstück des Alta Via della Valle d'Aosta, markiert.

● 1313 Von Osten (Cian-Biwak)

45 Min., **BW 2** (ca. 300 Hm), gut 5 Std. von Torgnon, Weg Nr. 11.

Vom Biwak (R 1262) geht man über der W-Seite des Lago deCian zum Talanstiegsweg zurück, man hält sich hier nach links (W) und folgt dem Weg zu einem höheren Almboden, wo von N das Tälchen vom Col Chavacour einmündet. weiter in ziemlich westl. Richtung über einen grasbewachsenen Hang zur Einschartung.

● 1314 Von Westen (Barthélemy-Tal)

3¾ Std., **BW 2** (1000 Hm) von Praz; 1 Std. vom Nebbia-Biwak.

Von Praz über Ollière im oberen Barthélemy-Tal auf dem guten Weg talein bis zur Wegteilung bei der Alpe Crottes (2389 m, Wegweiser):

Links wenig deutliche Pfadspuren zum Nebbia-Biwak, nach rechts steigt man auf gutem Pfad, zuletzt steil, in Kehren über den grasbewachsenen Hang zum Fenêtre.

● 1317 Col Fenêtre, 2182 m

Übergang aus dem mittleren Valtournanche (Torgnon) ins Barthélemy-Tal. **Von Torgnon** auf der Fahrstraße zum Ortsteil Septumian und weiter zur Alpe Chantorné (1881 m). In einem großen Rechtsbogen unten durch den Wald, dann nach links (W) und oben in freiem Gelände zur Scharte (ca. 1½ Std. von Septumian, **BW 2**).

Von Praz zur Brücke über den Barthélemy-Bach kurz absteigen und auf dem Fußweg an der Prèlesalp vorbei Richtung Alpe Praz Crou, auf halben Weg dorthin beim Überqueren einer Wasserleitung rechts durch den Wald direkt, zuletzt steil zur Scharte (1½ Std., **BW 2**).

● 1319 Col Lioournea (Livournea), 2858 m

Zwischen Monte Redessau und der Luseneygruppe, vor dem Bau des Place-Moulin-Stausees oft benutzter Übergang vom oberen Valpelline ins Barthélemy-Tal.

Von Prarayer über den Buthier-Bach und am SO-Ufer des Stausees, vorbei am Ausgang der Combe de Valcournera, zu den unteren Hütten der Alpe Montsarvin (verfallen). Ansteigend quert man die NW-Flanke des Monte Arpette in das Lioourneatal, das unterhalb des Sees 2374 m erreicht wird. Auf Wegspuren in S-Richtung in den Talgrund und steil (Schneereste und gut umgehbare Felsstufen) zur Einschartung (4 Std., **BW 3**, ca. 900 Hm).

Vom Nebbia-Biwak in 45 Min. in nördl. Richtung über die Alpe Luseney über einen zuletzt steinigen Hang zu erreichen.

● 1321 Col Montagnaya, 2899 m

Übergang im S der Luseney-Gruppe, vom obersten Barthélemy-Tal ins Valpelline.

● 1322 Von Osten (Nebbia-Biwak)

2 Std., **G 2** (550 Hm). Nur Wegspuren, landschaftlich großartig, jedoch mühsamer Schlußanstieg.

Vom Biwak in SW-Richtung um den O-Gratfuß der Becca d'Arbière herum zum P. 2783 m aufsteigen, dann Abstieg in den Geröllkessel unter der Arbière-SO-Wand (2560 m) und schließlich mühsam durch die steile Rinne westl. zum Col. Ein nicht markierter, steiler Direktaufstieg von der Alpe Praterier im Barthelemy-Tal (2060 m) trifft im Geröllkessel bei 2560 m auf die oben genannte Route (4 Std. von Praz).

● 1323 Von Westen (Valpelline)

4 Std., **G 1** (1300 Hm).

Von den Hütten Pouillaye folgt man dem markierten Weg in südl. Richtung in die Combe de Montagnaya zur Alpe Ardamun (2014 m, 1¼ Std.). Weiter taleinwärts zur Alpe l'Aquelou (2188 m), wo der Weg nach O abzweigt und in das Seitenhochtal nach L'Avoley (2364 m) ansteigt (1 Std.). Im weiteren Verlauf beschädigen Lawinen und Überschwemmungen den Pfad immer wieder. Die Spuren steigen in allgemein östl. Richtung zu einem obersten Karboden (2605 m) an und leiten schließlich durch ein kleines Nebentälchen links eines Felsabsatzes zum Paß.

● 1325 Col de Vessona, 2783 m, Col de Chaleby, 2683 m

Wichtige Übergänge zwischen dem Barthélemey-Tal (Lignan bzw. Rif. Cuney) und dem Valpelline (Oyace), im NO des Monte Faroma gelegen; Teiletappe des Alta Via della Valle d'Aosta. An der O-Seite nahe des Col de Vessona befindet sich das neue Rosaire-Biwak (R 1273). Die ganze Region bietet hervorragendes Skitourengelände.

● 1326 Von Osten (Cuney-Hütte)

2½ Std., **BW 3** (ca. 400 Hm); ausgesetzte Passagen unter der O-Flanke der Becca Fontaney.

Von der Hütte steigt man kurz nach O auf die Rippe ab, die das Hochtal im SO begrenzt. Auf ihrer SO-Seite quert der Pfad ausgesetzt direkt unter den Felsen des Fontaney-O-Sporns nach S in das Rasengelände unter dem Col de Chaleby (2683 m) und Fontaney (2568 m). Kurz nach W zu ersterem aufsteigen (1¼ Std.).
Jenseits steigt man z.T. auf undeutlichen Wegspuren über Wiesen nach Plan Piscina südl. unter dem Monte Pisonet ab (2544 m, Einmündung des Direktaufstiegs von Lignan durch das Chaleby-Tal, 2½ Std.). Nun in westl. Richtung ansteigend auf eine Geröllterrasse, welche die direkte Querung zum Col de Vessona erlaubt.

● 1327 Von Nordwesten (Oyace)

4–5 Std., **G 1** (1430 Hm); oben Wegspuren, oft unter Altschnee.

Vom Ortsteil Close in Oyace (1430 m, Wegweiser) geht man in östl. Richtung über die Wiesen, dann in den Wald, bis der Weg zum Steilufer des Buthier-Baches in Serpentinen zum Fluß absteigt (schöne Erosionsformen). Nach wenigen Metern ostwärts über eine uralte Brücke, 1359 m, jenseits nach einer Verzweigung über Le Cliou (1529 m) in die Combe de Vessona, in deren Talgrund man an der Alm Le Vieille (1930 m) vorbei ansteigt. Unterhalb der Almfläche L'Ardamun (2206 m) durchquert der gute Weg eine Felsbarriere von links nach rechts ansteigend. Von dieser Alpe meist weglos östl. aufwärts (Rasen, dann Schutt- und Schneefelder), bis man ab 2650 m schräg nach S in den breiten Col de Vessona aufwärts queren kann.

● 1330 Col de St. Barthélemy, 2645 m

Paßübergang vom Barthélemy-Tal ins Valpelline, tiefster Einschnitt zwischen dem Monte Faroma und der Becca di Viou.

● 1331 Von Südosten (Trois Villes)

Ca. 4 Std., **BW 2** (1220 Hm)

Vom Ortsteil Fonteil führt ein guter Fahrweg in nördl. Richtung an den Hütten Doyan, La Pesse und Rossin vorbei in die Combe Deché zur Alpe Seyvaz (2181 m) im Kessel unter Monte Faroma und Tsaat a l'Etsena. Über eine kurze Steilstufe in gleicher Richtung zur Alpe Valchourda (2392 m, 3½ Std.). Hier auf dem Weg nach links (W) an auffällig hellen Kalkfelsformationen vorbei, steiler zum Paß (¾ Std.). Von der Alpe Valchourda kann man nach O in 30 Min. den **Col Léché** am S-Fuß des Monte Faroma erreichen; dorthin auch von Lignan über das Chaleby-Tal (O) und die gleichnamige Alp in ca. 3 Std.
Auf Pfadspuren kann auch unter der SO-Flanke des Monte Faroma von der Alpe Léché zur Alpe Champanement gequert werden (ca. 40 Min.), Fortsetzung zum Col de Vessona bzw. Chaleby, R 1325.

● 1332 Von Nordwesten (Oyace)

4 – 4½ Std., **BW 3** (ca. 1400 Hm).

Vom Ortsteil Vernosse (Vasinal) folgt man dem Fahrweg zum Buthier-Bach, überquert diesen auf einer Brücke und steigt jenseits im steilen Wald zur Alpe Verdona (1617 m, 1 Std.) auf. Bei der Alpe Brouille (1887 m) wird die Waldgrenze erreicht, der gut markierte Weg leitet vorerst noch im SW-Hang der Becca di Nona, dann auf die andere Talseite unter der Bec Morion zur Alpe La Tsa (2317 m, 2 Std.). Weiter in S-Richtung in den obersten Karboden, dann nach SO haltend in das östl. Hochkar mit dem Paß.

● 1335 Colle di Viou, 2698 m

Im SO der Becca di Viou, ohne Namen in der Landeskarte; wird bei deren Normalanstieg betreten (R 1419).

● 1337 Colle di Vameà, 2590 m, Col de l'Arpeyssaou, 2494 m, Colle di Fouillou, 2437 m

Diese drei Cols verbinden die obersten Talböden der vier nach NW ins Valpelline abstreichenden Hochtäler der Faroma-Viou-Gruppe: Comba di Vessona, Verdona, Verdzignola und Arpisson. Für Freunde ausgedehnter, absolut ruhiger Wandertouren; die Wegspuren sind teilweise kaum noch zu finden, das Gelände ist aber unschwierig und ausreichend übersichtlich. Die Anstiegszeiten von den Hochalmen in den Talgründen zu den Cols liegen zwischen 30 Min. und 1 Std.

5.3 Gipfel

● 1340 Matterhorn, 4477 m

Der vermutlich bekannteste Berg der Welt, das Wahrzeichen nicht nur von Zermatt und dem Wallis, sondern der ganzen Schweiz. Nur ganz wenige Gipfel haben eine so klare Pyramidenform, noch dazu, wenn die Idealperspektive von einem leicht erreichbaren Tal zu bewundern ist. Durch seinen sehr regelmäßigen Aufbau werden die vier annähernd nach den Himmelsrichtungen ausgerichteten Wände von vier steilen Felsgraten eingeschlossen. Der etwa 100 m lange Gipfelgrat verläuft in O-W-Richtung, der höchste Punkt ist der O-Gipfel (Schweizergipfel, Endpunkt des Schweizer- oder Hörnligrates); auf dem nur wenig niedereren W-Gipfel (Italienergipfel, Endpunkt des Italiener- oder Liongrates) befindet sich ein Kreuz, die Landesgrenze verläuft über den Lion- und den Furggengrat. Sowohl der Hörnli-, als auch der Liongrat weisen eine auffallende Schulter auf (die beide auf dem Wechsel der Gesteinsschichten basieren); die

allgemeine Schichtung fällt leicht nach NO, mit dem Resultat, daß z.B. am Hörnligrat auf den meist abwärtsgeneigten Platten im Bereich der Trasse der meiste Schutt abgeräumt ist (was nicht für das Gelände abseits der Route gilt), am Liongrat wildgeformte Türme in labilem Gleichgewicht den Grat zieren (der meiste Kleinschutt ist jedoch auch hier von den Begehern schon in die Tiefe befördert worden).
Die allermeisten Besteigungen erfolgen von der Schweizer Seite über den am wenigsten schwierigen NO-Grat (Hörnligrat), gefolgt vom Anstieg über den SW-Grat (Liongrat, Cresta del Leone, etwas anspruchsvoller). Der Anstieg über den NW-Grat (Zmuttgrat) ist schon reichlich schwieriger und auch länger, während der SO-Grat (Furggengrat) eine sehr anspruchvolle Route darstellt. Selbstverständlich wurden alle Wände auf vielen Routen durchstiegen, die allgemeinen Schwierigkeiten der Routen nehmen von der Ostwand über die Süd- und West- bis zur legendären Nordwand zu, alles sehr schwere und wegen Stein- und Eisschlaggefahr nicht ungefährliche Routen. Detaillierte Anstiegsbeschreibungen für die Wandrouten und über den Furggengrat wurden in diesen Band nicht aufgenommen, hier sei auf die SAC- und den CAI-Führer (letzterer nur in italienisch) verwiesen, auf den Fotos sind jedoch die wichtigtsten Routen eingetragen.
Vorab jedoch noch einige Fakten, die allzu sorglose oder vom Ergeiz getriebene Gipfelaspiranten etwas nachdenklich stimmen mögen: Etwa 3000–4000 Bergsteiger erreichen zur Zeit in günstigen Sommern den Gipfel, mindestens noch einmal soviele müssen wegen Überforderung oder Schlechtwetter vor Erreichen des Gipfels umkehren. Wer sich klarmacht, daß sich all das innerhalb von etwa nur 3 Monaten abspielt, wird sich bei Schönwetterperioden über die drangvolle Enge in den Unterkünften sowie am Hörnli- und Liongrat keine falschen Vorstellungen machen. Anders als bei Gletscher- oder Skitouren kann auf diesen Routen fast nirgends »mehrspurig« auf- oder abgestiegen werden, entsprechende Stauungen und damit nervende Zeitverzögerungen auch für schnelle Seilschaften sind die Regel.
Dazu ist in dem nicht sehr übersichtlichen Gelände vor allem bei frühem Aufbruch die günstigste Route nur schwer zu finden, sodaß häufig mehrere Seilschaften hintereinander unfreiwillige Ausflüge in großartiges Bruchgelände machen! Daß die ortsansässigen Führer nicht gerade begeistert sind, neben ihren zahlenden Gästen auch noch

Matterhorn, Dent d'Hérens und Tête de Valpelline vom Unterrothorn.

die ganzen Anhänger als »Schwarzfahrer« hinaufzuziehen, sollte niemanden allzusehr verwundern. Man mag über das Auftreten einiger Zermatter Führer gegenüber den »Führerlosen« durchaus geteilter Meinung sein, an diesem Berg hat an ihrem Seil nicht nur der Gelegenheitsalpinist erhebliche Vorteile: Da wird es keine lebensgefährlichen Verhauer ins Gelände geben und man wird den Gipfel auch mit wesentlich größerer Wahrscheinlichkeit und Sicherheit erreichen; mit entsprechenden Grundkenntnissen, Trittsicherheit und ausreichender Kondition (alle anderen haben hier wirklich nichts zu suchen!) wird es auch mit Bergführer keine Hetztour geben!
Bisher haben etwa 500 Menschen an diesem Berg ihr Leben gelassen, und pro Jahr wird diese schreckliche Bilanz jeweils um etwa 10 neue Namen länger, ganz zu schweigen von den unzähligen Verletzten und »Gerade-noch-mal-Davongekommenen«! Es ist ein gefährlicher Irrtum, zu glauben, daß es hier nur blutige Anfänger treffen könnte! Zu viele gute und auch bekannte Alpinisten sind schon am Normalweg verunglückt, wobei dann als Hauptursachen neben ungünstigen Verhältnissen (Vereisung) und Wetterumschlag (die Touren sind eben lang) immer wieder besonders das Problem der Routenfindung und der nachlassenden Konzentration beim Abstieg in Erscheinung tritt.
Natürlich, die Führertarife reißen in die Urlaubskasse schon ein ganz ordentliches Loch; doch für die Erfüllung unserer Träume geben wir doch meist noch viel mehr Geld aus – nebenbei bemerkt: selbst die Lehrling-Stunde in der Kfz-Werkstatt kostet mehr als die Führerstunde, und dies bei sicher nicht geringerer Qualifikation, aber wesentlich größerer Verantwortung und persönlichem Einsatz des Bergführers!

● 1341 Nordostgrat (Hörnligrat)

III– (einige Stellen, viel II und »extremes Gehgelände«), 5–6 Std. von der Hörnlihütte, **G 5** (1220 Hm). Normalanstieg von der Schweizer Seite, der am wenigsten schwierige Anstieg auf's Horn. Die Route bewegt sich bis zur Schulter überwiegend in der etwas weniger steilen O-Flanke. Steinschlaggefahr durch vorausgehende Seilschaften. An der meist verschneiten Schulter oft Steigeisen nötig. Mit Stangen und Fixseilen wurden die schwersten Stellen entschärft. Abb. S. 348/349.

Von der Hörnlihütte geht man kurz am Gratrücken zum ersten Aufschwung, der schräg von rechts unten nach links oben überwunden wird. Auf der darüber befindlichen schrägen Geröllfläche quert man

nur wenig ansteigend zu einem ersten Couloir. Man überschreitet es und gelangt schräg ansteigend an das untere Ende einer weiteren Rinne, durch die man gut 25 m aufsteigt und dann nach links bis in die Nähe des dritten, größten Couloirs quert. Über die Rippe zwischen diesen beiden Rinnen steigt man nun zum Grat hinauf (1 Std.).
Man klettert über den Felsgrat gut 100 Hm hinauf, bis man über dem dritten Couloir ist. Hier zieht ein Band in gelblichem Fels schräg in der O-Wand aufwärts, man folgt ihm bis an sein Ende und klettert dann gerade in Richtung Grat empor. Etwa 20–30 m unterhalb des Gratfirstes nach links auf die Felsrippe, die wieder den Weiteranstieg in Richtung Grat ermöglicht. 50 m unter dem Grat hält man sich erneut nach links und trifft auf die Reste einer alten Hütte an einem dunklen Felsturm (1 Std.).
Auf den folgenden gut 200 Hm bis zur Solvayhütte hält man sich wieder in der SO-Flanke, aber kaum 50 m vom Grat mit seinen turmartigen Aufschwüngen entfernt. Der markante Turm, etwas über der Mitte dieses Abschnitts, läuft mit einer schwachen Rippe in die SO-Flanke aus. Die Passage von der alten Hütte zu dieser Rippe heißt »Fülegg«, von hier ist die Solvayhütte zu sehen. Die steinige Mulde dahinter nennt man »Im Gebiss«; etwa an ihrem Rand zu den Gratfelsen steigt man aufwärts und gelangt so zur »Unteren Moseleyplatte«, dem gut 50 m hohen plattigen Fels direkt unterhalb der Hütte. Man erklettert diese an ihrer rechten Seite (III–, Eisenstifte) auf den Fuß des auffälligen Hüttengendarms zu, um schließlich schräg aufwärts von O zur Solvayhütte zusteigen (1 Std.).
Der Steilaufschwung oberhalb der Hütte wird von links erstiegen (»Obere Moseleyplatte, III–), dann kommt man wieder auf den Grat zurück, dem man direkt oder knapp südl. davon bis zur Schulter folgt, ein Steilaufschwung am obersten Drittel (Unterer roter Turm) wird wieder links umgangen. An der Schulter ist der Grat oft schneebedeckt, Steigeisen sind dann kein Luxus (Eisenstangen zur Sicherung). Der Gipfelgrat beginnt mit einer gut 30 m hohen schwierigen Felsstufe, die von rechts (nordseitig) zu erklettern ist (Fixseil). Nun wieder direkt an der Gratkante empor, den Aufstieg erleichtern hier ebenfalls einige Seile, bis man am oberen Dach einen regelrechten Pfad vorfindet (meist im Schnee), über den man zum höchsten Punkt gelangt.

Folgende Doppelseite:
Das Matterhorn vom Kleinen Matterhorn (Anschluß nach links S. 361).

MATTERHORN
Roter
Turm
Pic Tyndall
R1341
Schulter
Ob.
Moseleyplatte
Solvayhütte
Unt.
Moseleyplatte
Alte Hütte
R1344
Im Gebiss
Fülegg
R1344
R1207

Dent Blanche
Gelbliches Band
Couloirs
III.
II.
I.
Gratverlauf
Hörnlihütte
R1201

● 1342 Südwestgrat (Liongrat)

II (Stellen) und leichter, mehrere Fixseile, ca. 5 Std., **G 6** (650 Hm) vom Rif. Savoia/Carrel; 9–10 Std. (1680 Hm) vom Rif. Duca degli Abruzzi. Normalanstieg von der italienischen Seite, trotz zahlreicher Fixseile anspruchsvoller als der Hörnligrat, landschaftlich reizvoll, aber anstrengend. Abb. S. 352/353, 361.

Wenn es auch im Hochsommer hier keinen derartigen Andrang wie am Hörnligrat gibt, kann es auf den exponiert gelegenen Rif. Savoia und Carrel wegen der viel geringeren Kapazitäten doch recht eng zugehen. Auf diesem Grat wurde die Erstbesteigung des Matterhorns von Whymper und Carrel mehrfach versucht, beim späteren Wettlauf verlor hier Carrel nur um wenige 100 m gegenüber der am Hörnligrat erfolgreichen Whymper-Partie – heute kaum noch vorstellbar, daß Carrel nach Erkennen seiner »Niederlage« seinen Aufstiegsversuch abbrach und erst 3 Tage später erfolgreich vollendete!
Übersicht: Gegenüber dem Hörnligrat weist der Liongrat eine viel ausgeprägtere Schulter auf (Pic Tyndall, 4240 m), dann zieht der Grat in gleichmäßiger Steilheit zum Colle del Leone hinab; der rundliche Testa del Leone bildet die Verbindung zum Colle Tournanche, der Grat setzt sich dann weiter zum Dent d'Hérens fort. Die Anstiegsroute gewinnt den Grat am Colle del Leone – heute nicht mehr direkt durch das steinschlaggefährdete Südcouloir, sondern über den Südsporn des Testa del Leone und ein Schuttband. Der Gratanstieg über die Hütten führt bis zum Pic Tyndall über größere Strecken in der S-Flanke, dann überwiegend am Grat oder in dessen unmittelbarer Nähe.
Route (Hüttenaufstieg): Vom Rif. degli Abruzzi geht man auf dem guten Weg in allgemein nördl. Richtung auf den S-Sporn des Testa del Leone zu und kommt dabei am Carrelkreuz (Croce di Carrel, 2920 m) vorbei. Die Spuren führen über Geröllfelder, evtl. einige Schneereste gerade auf den breiten Spornauslauf. Während das Schuttband schräg rechts zum Cervino-Gletscher unter dem Colle del Leone zieht, weist der Sporn einen Felsaufschwung auf, der nahe seines unteren Endes durch eine Rinne erstiegen wird; auf dem felsigen Grat gelangt man wenig schwierig an das Schneefeld in der Südflanke (Wegspuren). An seinem östl. Randbereich möglichst rasch aufwärts (Steinschlaggefahr) bis zum obersten Gipfelaufbau der Testa del Leone. Ein quer verlaufendes, steiles Schuttband leitet nach rechts zum **Colle del Leone**, bei Vereisung evtl. unangenehme Querung einiger Rinnen (2½ – 3 Std.). Nun in der S-Flanke des Liongra-

tes über steiles Geröll zu den ersten, mit Seilen versehenen Platten. Im weiteren Verlauf wechseln Felsstufen und Plattenzonen; nach einem querverlaufenden Fixseil kommt die oft vereiste Seilerplatte, darauf ein 10 m-Kamin (Seil) bis zum Grat. Weitere seilgesicherte Platten führen am Grat zu den Rif. Savoia und Carrel (1½ – 2 Std.).
Gipfelaufstieg: Nur wenige Meter oberhalb der Hütten leitet ein Fixseil am Fuß des ersten Aufschwungs (Großer Turm) in der S-Seite schräg aufwärts. Auf plattigem Fels umgeht man damit den Gendarm, stiegt durch ein Felsenfenster und darauf wieder direkt zum Grat oberhalb des Turms. Der nun folgende türmereiche Gratabschnitt (Hahnenkamm, Crête du Croq) wird auf Bändern einige Meter in der S-Seite umgangen; an einem kleineren Aufschwung folgt man einem Band (Mauvais Pas, Fixseil) in die S-Seite zu einem Schneeflecken (Linceul, Leichentuch; durch eine kleine Felsrippe bei wenig Schnee in einen kleinen W- und einen größeren O-Teil getrennt). Am oberen Rand des W-Teils aufwärts und den plattigen Fels in der Verlängerung der o.g. Rippe gerade aufwärts zum Tyndallseil (30 m), das oberhalb des letzten kleinen Gratturms des Hahnenkamms wieder zum Grat führt. Nun auf dem Grat bis zur »Cravate«, einem weit in die S-Flanke reichenden Schuttband (bei Schneebedeckung gut vom Tal aus zu erkennen). Auch der letzte Anstieg bis zum Pic Tyndall erfolgt am Grat, evtl. Schwierigkeiten wenig in der N-Seite ausweichend (4240 m, 2 –3 Std.). Der Grat verläuft nun auf gut 200 m fast horizontal und wird zunehmend schmäler, man folgt ihm bis zur schmalen Scharte vor dem Gipfelaufbau (Enjambée, 45 Min.).
Etwa 6 m absteigen und jenseits über den wieder breiteren Kamm bzw. wenig südl. davon leichter aufwärts bis zu einer kleinen Plattform, dem Col Felicité (darüber richtet sich der Gipfelkopf steil auf). Die Felsstufe darüber wird von links angegangen, dann kommt man wieder auf die S-Seite des Grates. Mehrere Seile, darunter die Echelle Jordan (10 m-Strickleiter) erleichtern nun fast durchgehend die Ersteigung der Aufschwünge und Platten; 20 m über der Echelle Jordan quert man unter einem Felsabsatz nach links zum Grat zurück, auf dem man mit einigen Seilen (etwa 50 m) zu den letzten leichten, geröllbedeckten Felsen zum italienischen Gipfel (4476 m) und über den Verbindungsgrat zum höchsten Punkt steigt (1½ – 2 Std.).

Folgende Doppelseite:
Die Westseite des Matterhorns von der Tête Blanche.

Matterhorn
R 1342
Galerie Carrel
Zmuttzähne
R 1343

Pic Tyndall
nbée
Hahnenkamm
Gr.Turm
Rif Savoia/
Carrel
Col del
Leone

● 1343 Nordwestgrat (Zmuttgrat)

IV– (Stellen, kombiniert, im Eis bis über 50° am Zustieg zum Grat), 8–9 Std., **G 9** (1280 Hm) von der Hörnlihütte; 8–11 Std. (ca. 1950 Hm) von der Schönbielhütte. Großer und langer, empfehlenswerter Matterhornanstieg, erheblich anspruchsvoller als der Hörnli- und Liongrat. Bei schlechten Verhältnissen (leider recht häufig!) ist der Anstieg im oberen Abschnitt (W-Wand) wesentlich schwieriger und heikel. Abb. S. 352/353, 357.

Übersicht: Der Zmuttgrat ist im oberen Teil weniger ausgeprägt als die anderen Grate, im Bereich der Zmuttnase (4100–4200 m) weist er einen Steilabbruch auf, hier mündet die überdimensionale Rinne aus der westl. Nordwand an den Grat. Darunter nimmt die Steilheit ab, einige Grattürme (Zmuttzähne) bilden die Verbindung zum Firngrat, bis dieser mit Felsen in breiten Abbrüchen zum Zmuttgletscher hinabzieht. Der Schneegrat ist vom Matterhorngletscher am Fuße der N-Wand mit einer Steilschneeflanke verbunden.
Zugang von der Hörnlihütte: Auf dem Hörnligratanstieg, noch vor dessen erstem Aufschwung, quert man ohne Schwierigkeiten nach rechts auf den Matterhorngletscher. Man muß nun versuchen, von diesem Gletscherteil auf die darüberliegende Gletscherterrasse zu gelangen, die von einer Felsrippe getrennt ist; diese verschwindet bei P. 3113 m in den Séracs des Gletschers. Gewöhnlich erfolgt dies gleich in Fallinie des O-Zipfels der Terrasse über brüchige Felsen und einen bis zu 58° steilen Schneehang (3 SL); alternativ muß man sich seinen Weg unterhalb von P. 3113 m durch die Bruchzone suchen. Das Gletscherplateau unter der N-Wand wird nun nach W gequert und der steile Schneehang zum Zmuttgrat an seiner günstigsten Stelle erstiegen, das Zurückschmelzen der Gletscher hat auch diesen Bereich gegen Ende des Sommers schwieriger gemacht (2–3 Std.).
Zugang von der Schönbielhütte: Ein kleiner Pfad führt in SW-Richtung zum Zmuttgletscher hinab (150 Hm). Man überquert diesen unterhalb von P. 2624 m am Stockji in einem Bogen auf den kleinen Seitenarm de Tiefenmattengletschers zu, der am Fuß des Zmuttgrates zwischen P. 2882,2 und 2974 m eingelagert ist. Über diesen empor zum Sattelti, östl. von P. 2974 m, dann quert man unter den Felsen des Zmuttgrates nach S noch unter P. 2998 m vorbei (dies ist die am tiefsten hinabreichende Felsrippe), und steigt in der dahinter (südl.) gelegenen Schneebucht empor. Am oberen Ende rechtshaltend schräg über Felsstufen und Geröll aufwärts, über eine 50 m Stufe an einer

von Wasser durchflossenen Rinne auf das darüber befindliche Schuttplateau, das man wieder nach links über einige Platten bis zum sog. Wassercouloir ersteigt. An dessen linken Randfelsen empor und über die darüberliegenden Geröll- dann Schneehänge (bei Vereisung an den Felsen links) schräg links zum Firnteil des Zmuttgrates (4 Std.).
Route: Auf dem Schneegrat steigt man zum Beginn der Felsen, den Zmuttzähnen. Der Erste und größte, P. 3895 m, wird überklettert, der Zweite westl. zu einer Klemmblockscharte umgangen. Nun wieder auf der Gratschneide (oder wenig rechts daneben) über eine weißliche Einschartung und darauf direkt am Kamm (nicht wie früher üblich in der oft vereisten O-Seite) über nicht allzu schwierige Felsen zu einer kleinen Schulter, wo die Galerie Carrel sichtbar wird, ein Verbindungsband zwischen oberstem Lion- und Zmuttgrat. Weiter am Grat aufwärts bis zu der überhängenden Abbruchstelle (3 Std., oft fälschlich als Zmuttnase bezeichnet, die sich aber in der N-Wand links befindet). Man verläßt den Grat auf einem oft verschneiten Band nach rechts in die Tiefenmattenseite, an dessen Ende man gerade über Felsrippen und Platten zur Galerie Carrel emporsteigt. Auf der Galerie wieder zum Grat zurück (bei Vereisung heikel, dann besser über eine steile Schneerinne weiter aufwärts zu rötlichen Felsen, um weiter oben zum Grat nach links herauszuqueren), der restliche Grat bis zum Gipfel bietet keine größeren Schwierigkeiten mehr (2–3 Std.).

● 1344 Südostgrat (Furggengrat)
Der mit Abstand schwierigste Gratanstieg auf's Matterhorn, interessante, sehr schwere Kletterei bietet aber nur der oberste Teil. Mehrere Routenführungen zwischen IV und VI, nicht überall guter Fels (G 10 – 11, 8–12 Std. vom Einstieg), SAC-Führer. Abb. S. 348/349.

● 1345 Nordwand, Schmid-Route
Klassische Nordwandroute. Auch wenn die Felsschwierigkeiten mit IV nicht außergewöhnlich sind, sind die Probleme dieser Wand die oft schlechten Verhältnisse, die Brüchigkeit der Felsen mit der Steinschlaggefahr (auch vom Hörnligrat) und die Länge der Tour (G 10).

● 1346 Nordwand, Zmuttnase
Die wohl schwierigste Route am Matterhorn, ungünstige Felsschichtung, auf gut 400 Hm praktisch senkrecht; VI+, auf 400 m anhaltend V–VI, bei freier Begehung noch deutlich schwieriger (G 16). Detaillierte Beschreibungen im SAC-Führer.

● 1350 Dent d'Hérens, 4171 m

Dieser westliche Nachbar des Matterhorns steht ganz in dessen Schatten und wird völlig zu Unrecht nur sehr selten besucht. Wer einen Viertausender einmal in großer Abgeschiedenheit besteigen will, findet hier ein wirklich interessantes und anspruchsvolles Betätigungsfeld.

● 1351 Südwestflanke und oberster Westgrat

II (Stellen am Gipfelgrat, überwiegend Gletschertour), 4–5 Std., **G 4** (1400 Hm) von der Aostahütte; 4 – 4½ Std. vom Roèses-Biwak. Wegen der Abgelegenheit der Stützpunkte verhältnismäßig wenig begangen, der Zugang von der Schweiz über das Tiefenmattenjoch ist schwierig und lang. Interessante Skitour bis zum felsigen Gipfelaufbau (ca. 3900 m). Abb. S. 357.

Route: Von der Aostahütte steigt man in wenigen Min. nach SO zu der großen, nördl. Seitenmoräne des Muraillesgletscher ab und folgt dann deren Kamm bis zum Gletscher. Weiter in O-Richtung ersteigt man das Firnbecken zum Gletscherbruch, der sich unterhalb von P. 3337 m am S-Gratsporn der Tête de Valpelline befindet. Diesen Abbruch überwindet man gewöhnlich über eine Art Gletscherrampe von rechts nach links, sodaß man in der Nähe des felsigen Sporns die oberen Gletscherfelder betritt und schräg nach NO unter das Tiefenmattenjoch gelangt (hierher vom Roèses-Biwak in einer spaltenreichen Gletschertraverse zwischen den zwei Bruchzonen des Muraillesgletscher).
Nun in östl. Richtung aufwärts (einige große Spalten), zwischen P. 3660 m und der südl. davon gelegenen Bruchzone über einen Steilhang zum höchsten Schneefeld in der obersten SW-Flanke des Gipfelaufbaus (3 Std.). Vom oberen Rand dieses Firnfelds ersteigt man die felsige Zone schräg nach links zum oberen W-Grat (leichte, aber wenig feste Felsen, oben Firn). Nun über den Schnee- und Blockgratkamm unschwierig zum Vereinigungspunkt mit dem NW-Grat (Vorgipfel) und über die mäßig steile, aber ausgesetzte Gratschneide (Stellen II) zum höchsten Punkt.
Mit Ski bis zu den Felsen der SW-Flanke (3800 m), ab hier zu Fuß weiter.

Dent d'Hérens und Matterhorn von L'Evêque.

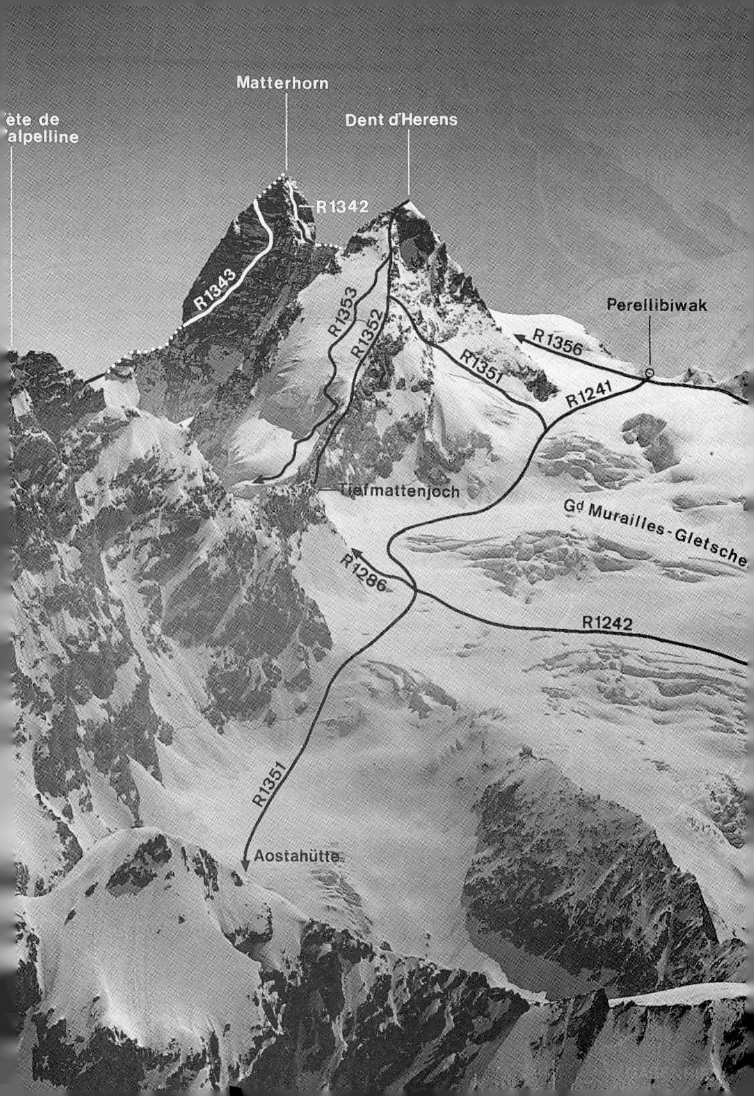
Matterhorn
ête de
alpelline
Dent d'Herens
R1342
R1343
R1353
R1352
Perellibiwak
R1356
R1351
R1241
Tiefmattenjoch
Gd Murailles-Gletsche
R1286
R1242
R1351
Aostahütte

● 1352 Gesamter Westgrat vom Tiefenmattenjoch

III+ (Stellen im untersten Abschnitt) 2–3 Std., **G 5** (620 Hm). Interessante Alternative zum Normalanstieg, lange Hochtour in großartiger Umgebung. Anstiege zum Tiefenmattenjoch von Schönbiel und der Aostahütte s. R 1284. Abb. S. 357.

Man folgt dem Grenzgrat, der unten ausgesetzt und mit kleinen Türmen (einige Stellen III) besetzt ist. Ab etwa 3700 m reicht der schmale WNW-Gletscher an den Grat, so daß man ohne Schwierigkeiten zur Einmündung des Normalweges von S aufsteigt. Nun unschwierig zum Vorgipfel und mäßig steil zum Gipfel.

● 1353 Westnordwestflanke

6–7 Std., bis **45°** steil, **G 6** (sehr von den Gletscherverhältnissen abhängig, 1620 Hm) von der Schönbielhütte. Die gesamte Flanke wird von einem schmalen Steilgletscher bedeckt, über den der gesamte Aufstieg führt. Insbesondere der untere Teil wird von einer großen Bruchzone eingenommen, daher wird man meist nur im Frühsommer bei ausreichender Schneeauflage gute Verhältnisse antreffen, Vorsicht vor Lawinen. Zugang s. R 1284. Abb S. 357.

● 1354 Nordwand

Diese Steilwand über dem hinteren Zmuttgletscher ist überwiegend eisbedeckt, auch wenn der Gletscherrückgang zunehmend mehr Fels zutage treten läßt. Auffallend ist im oberen Teil eine Gletscherterrasse, die schräg von der O-Gratschulter zum Becken unter dem Tiefenmattenjoch hinabzieht. Über diese »Finch«-Terrasse (nach dem Erstbegeher) führt eine nicht ungefährliche, aber interessante und nur mäßig schwierige Route zum obersten O-Grat. Berühmt ist die Welzenbach-Allwein-Route direkt über den Sporn in der Nordflanke (G 13, 1300 Hm, im Fels bis IV); problematisch ist meist die Erkletterung des oft senkrechten Eisabbruches unter der Finchterrasse, die plattigen und eigentlich nur mäßig schwierigen Felsen der Gipfelwand (60°) sind jedoch oft schnee- oder eisbedeckt und dann heikel.

Vorherige Doppelseite: *Stimmungsvoller Sonnenaufgang am Dent d'Hérens nach nächtlichem Gewitter, davor Tête de Valpelline und Tête Blanche.*

Rechte Seite: *Der türmereiche Ostgrat des Dent d'Hérens.*

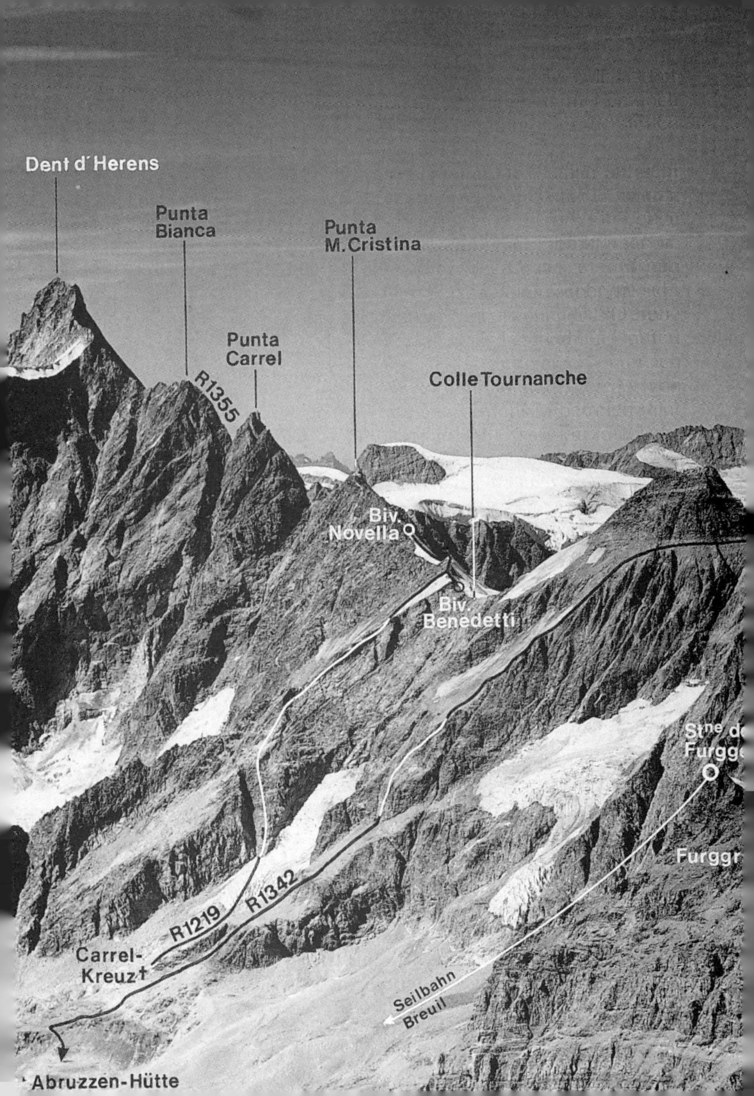

Dent d´Herens
Punta Bianca
Punta M. Cristina
Punta Carrel
R1355
Colle Tournanche
Biv. Novella
Biv. Benedetti
Stne d
Furgg
Furggr
R1219
R1342
Carrel-Kreuz
Seilbahn Breuil
Abruzzen-Hütte

● 1355 Ostgrat

Einer der ganz großen Grate in den Walliser Alpen, über 2 km lang mit mehreren großen Türmen besetzt. Die Unternehmung kann nur dem routinierten Bergsteiger empfohlen werden, da sie über ausgesetzte Gratschneiden unterschiedlichster Felsqualitäten mit eingelagerten Schnee- und Eispassagen führt. IV (mehrere Stellen, sonst meist II und leichter, gelegentlich brüchig) etwa 10 Std. vom Colle Tournanche, G 9. Abb. S. 361.

● 1356 Oberster Ostgrat vom Col des Grandes Murailles

III (Stellen) 2½ Std., **G 5** (320 Hm). Die Route erreicht auf der Schulter (ca. 4040 m) den O-Grat, dessen schwierige Stellen weiter unten damit nicht mehr bewältigt werden müssen.

Vom Perelli-Biwak quert man das Firnfeld in NO-Richtung, zuletzt über leichte Felsen zur Schulter im O-Grat (4040 m), wo auch der Murailles-Kamm nach S abzweigt. Der Grat besteht zunächst aus wenig schwierigen Felsen bis zu einem kleinen Turm (P. 4075 m) und steigt dann bis vor den Steilaufschwung des charakteristischen Horns (ca. 4148 m) auf. Dies wird auf Bändern südseitig umgangen, danach erreicht man den Grat wieder über eine Rinne. Leicht zum Gipfel.

● 1357 Südgrat zur Ost-Schulter (Cresta Albertini)

IV+ (mehrere Stellen, oft III und II), 5–6 Std. vom Pellisier-Biwak, **G 9** (980 Hm); 10–12 Std. von Breuil (2180 Hm). Interessante, aber lange und anspruchsvolle Tour in recht gutem Fels und einsamer Umgebung. Das Biwak ermöglicht eine günstige Unterteilung in zwei etwa gleichlange und gleichschwierige Etappen.

Von Breuil verläßt man den Anstieg zur Abruzzen-Hütte (R 1211) oberhalb der Hütten Crot de Palet und erreicht auf Pfadspuren die Moränenfelder unter dem Chérillongletscher; über Schutt und Schnee zum Spornfuß, Einstieg etwa 80 m rechts über ein Schneefeld. Kurz aufwärts, auf einem Band nach links einem Überhang ausweichen, dann folgt man soweit möglich der Kante in meist gutem Fels, kurz vor dem Biwak benutzt man mit Vorteil den Gletscher (Stellen IV+, 5–6 Std.). Über dem Biwak kann man noch ein Stück weit den Gletscher benutzen, dann folgt man dem Felsgrat meist an seiner Schneide bis zur Schneeschulter (3957 m); nun über den obersten O-Grat (R 1356) zum Gipfel (Stellen IV, 5–6 Std.).

● 1360 Grandes und Petites Murailles, 3805 – 3903 m

Mit diesen Gipfeln zweigt der Seitenkamm vom Dent d'Hérens nach S ab, er trennt das Valtournanche vom Valpelline. Die Murailles bilden auf der O-Seite eine fast geschlossene Felswand. Als erster Gipfel erhebt sich die Schneide der Punta Margherita (3903 m), dann schließt sich nach S die Punta des Cors (3852 m), Punta Ester und Punta Lioy an, bevor mit den Jumeaux (Punta Giordano, 3872 m, und Punta Sella, 3878 m) sowie mit der Becca di Guin (3805 m) der Anschluß an den Col Budden erfolgt.

Allgemein werden diese Gipfel selten aufgesucht, zu empfehlen sind der N-Grat zur **Punta Margherita** vom Col des Grandes Murailles (Stellen II, 2½ Std., im oberen schwierigen Teil sind die Felsen recht gut) sowie die **Becca di Guin** vom Col Budden (Stellen II und Schnee, 1½ Std.); nicht allzu schwer und empfehlenswert ist der ausgesetzte Grat von der Becca di Guin bis zur **Punta Giordano**, wogegen die Gesamtüberschreitung des Kammes der Murailles (unzuverlässiges Gestein mit Passagen bis III+) dem »Normal«-Alpinisten wohl kaum anzuraten ist, auch der O-Grat der Punta des Cors vom Balestreri-Biwak besteht aus wenig festem Fels.

● 1362 Becca di Guin, 3805 m

Schöner, nicht oft besuchter Gipfel, die Kotierung 3757 m in der Landeskarte kann nicht stimmen.

Vom Col Budden in 45 Min. über ein steiles Schneefeld und einige Felsen zum Vorgipfel, 3760 m, und weiter über den Blockgrat zum höchsten Punkt.

Vom Rif. Bobba ersteigt man den felsigen Sporn über Geröll, leichte Platten und Stufen auf den Col Budden zu bis zum großen Band auf etwa 3300 m. Auf diesem nach rechts (NO) bis zu der dieses Band unterbrechenden Rippe, die vom Gipfel herunterkommt. Über diese Rippe auf gutem Fels aufwärts bis zu einer oberen Terrasse (Cravatta). Aufsteigend quert man auf dieser wieder nach links unter dem Gipfel durch, bis man schließlich über eine Rinne den Gipfelgrat zwischen Vorgipfel, 3760 m, und dem Hauptgipfel erreicht (II, 4 Std.)

● 1364 Punta Budden, 3630 m

Mit seinem W-Gratrücken schließt dieser Gipfel den Muraillesgletscher nach S ab. Durch das Paoluccio-Biwak auf dem Col Budden wird der Besuch etwas erleichtert (45 Min.), auch hochalpine, interessante Skitour.

● 1366 Mont Blanc du Créton, 3406 m

Vom Col du Créton mit dem Laura-Biwak unschwierig über Schnee oder Fels in ca. 20 Min. ersteigbar, ebenfalls von SW vom Col des Dames.

● 1368 Château des Dames, 3488 m

Schön geformter Gipfel, nordseitig reicht der gleichnamige, steile Gletscher weit hinauf. Da er im näheren Umkreis der höchste ist, bietet er eine besonders informative Aussicht. Die Felsen sind allgemein schlecht.
Hochalpine Skitour sowohl von Prarayer (Valpelline) als auch aus dem Valtournanche.

● 1369 Ostgrat vom Col des Dames

Knapp 30 Min., **G 2** (140 Hm); etwa 1 Std. vom Florio-Biwak, 6–7 Std. vom Place-Moulin-Stausee.

Vom Col über den Schneehang auf den Grat, dem man über seine leichten Felsen bis zum Gipfel folgt.
Kommt man von Valtournanche, kann man den von hier schwierig ersteigbaren Col über den O-Sporn des Château des Dames umgehen. Man steigt aus dem Bereich des Col de Vaufrède über den Schnee in Richtung Col des Dames, bis man zum SO-Sporn durch eine steile, erdige und schottrige Felsrinne (II) oberhalb der Gendarmen »Castelletto Whymper« aufsteigen kann. Weniger schwierig über den Nebengrat zum N-Grat und über diesen zum Gipfel.

● 1371 Punta di Fontanella, 3384 m

Bis auf kleine Gletscherreste aus Fels aufgebauter Berg im N des Dôme de Cian. Der Normalaufstieg führt über den SO-Grat vom Col de Valcournea; ziemlich guter Fels mit Stellen II, schöner Anstieg. Der Vorbau bis zum eigentlichen Gipfelgrat wird östl. umgangen, dann folgt man der Gratkante, lediglich nahe dem Gipfel nach dem letzten Gendarm weicht man kurz nach links aus, um den Gipfelgrat über eine Rinne wieder zu betreten (1¼ Std.; auf der Kante direkt: III–).

● 1373 Monte Rous, 3224 m

Ziemlich leicht erreichbarer, großräumiger Aussichtsgipfel hoch über dem Valtournanche. Ohne Schwierigkeiten über den N-Rücken in ca.

30 Min. vom Colle di Vofrède zu ersteigen, 3½ – 4 Std. von der Barmasse-Hütte.

● 1375 Dôme de Cian, 3351 m

Bedeutender, auf seiner NW-Seite von einem Steilgletscher bedeckter Gipfel, die O-Seite wird von schroffen Felswänden gebildet, die sich nach N zu den Balanselmo-Spitzen fortsetzen. Nach S schließen sich die Felsspitzen der Punta di Cian an, getrennt durch den Colle di Cian (ca. 3200 m). Im S und O befinden sich die Biwaks Cian und Rivolta, während auf der Nordseite kein Zwischenstützpunkt existiert.
Der Berg bietet eine hochalpine und lange Skitour vom Place-Moulin-Stausee durch das Valcournera.

● 1376 Westflanke vom Col Chavacour und oberster Südgrat

1½ Std., **G 3** (380 Hm), ca. 6 Std. von Prarayer, 2½ Std. vom Cian-Biwak. Normalanstieg und alpine Skiroute, nur bei sicheren Verhältnissen, die Hänge sind auf lange Strecken steil und oft lawinengefährdet.

Vom Col quert man das Schneefeld unter der N-Flanke der Pointe Chavacour ansteigend nach NO zu einer geröllbedeckten Moränenrippe. Über diese hinweg zum steilen Gipfelschneefeld, über das man gerade zum höchsten Punkt aufsteigt.

● 1378 Punta Cian, 3320 m

Interessante Felsspitzen mit schönen Anstiegen in allgemein festem Gneis. Der Normalweg führt über den N-Grat vom Colle di Cian (in 1½ Std. vom Rivolta-Biwak am Col de Fort über den Roisettagletscher zu erreichen), schön ist auch der O-Grat vom Col de Fort,.

● 1379 Nordgrat vom Colle di Cian

II (Stellen), 45 Min., **G 3**. Normalanstieg, verhältnismäßig häufig begangen, dadurch weitgehend von losem Gestein freigeräumt.

Vom Col quert man die Felszähne nach S horizontal auf ihrer W-Seite bis zum eigentlichen Gipfelaufbau. Auch der weitere Routenverlauf wird durch Begehungsspuren vorgegeben: Nahe der Gratkante mit kurzen Umgehungen beiderseits der Kante, im obersten Drittel vermittelt eine diagonal durch die W-Seite verlaufende kleine Rinne den Schlußanstieg im festen Fels.

● 1380 Ostgrat vom Col de Fort (Reygrat)

III+ (Stellen im oberen Teil), 1½ - 2 Std., **G 4**. Vor allem im oberen Teil herrlicher, fester Fels, für diese Region häufig begangen.

Vom Col ersteigt man den ersten Aufschwung des Grates überwiegend auf der Kante bis zum ersten Absatz (ca. 3180 m, Stellen II). Das nächste Gratstück ist leichter, ein Gendarm wird südseitig in die Einschartung vor dem zweiten Aufschwung umgangen. Auf diesem sehr steilen Abschnitt finden sich die schönsten Kletterstellen (bis III+), im ersten Teil hält man sich etwas links (südl.), im mittleren Bereich rechts (nördl.) der Kante, über die man dann zum oberen Ende dieses Aufschwungs gelangt.
Wieder folgt ein leichteres, ziemlich waagerechtes Stück vor dem Gipfelturm, der über verwitterte Felsen und einen großen Kamin erklettert wird (II+).

● 1385 Monte Redessau, 3253 m

Zusammen mit seinem nördl. Nachbarn, der Pointe Chanoux, bildet dieser Berg eine auffallende Felsmauer; der Monte Redessau selbst bildet zwei nahezu gleichhohe Gipfelpunkte (NW: 3253 m, in der LK kotiert; SO: 3237 m).
Wenig besucht wie alle Berge in dieser urtümlich gebliebenen Gegend, weist er aber eine interessante Überschreitung bei großartigem Panorama auf.

● 1386 Nordwestgipfel (3253 m) über den Südwestgrat

II (kurze Stellen), ca. 2½ Std., **G 3** (680 Hm) vom Nebbia-Biwak.

Vom Biwak steigt man zunächst auf den Wegspuren in Richtung Col Lioournea, zweigt aber gut 100 Hm darunter nach rechts (NO) in das schottergefüllte Kar unter dem Monte Redessau ab. Man ersteigt dieses Kar parallel zum SW-Grat, bis man diesen an einer Scharte (Col du Redessau, ca. 3050 m) vor seinem durchgehend felsigen Gipfelteil nach links erreichen kann (1½ Std.).
Nun über die Gratkante leicht emporsteigen, ein erster Steilaufschwung wird in gutem Fels (II) direkt erklettert. Daraufhin wieder in leichtem Fels bis zu einem zweiten Aufschwung, der rechts umgangen wird; oberhalb davon wieder am Grat zum Gipfel (knapp 1 Std.).

● 1387 Übergang zum Südostgipfel

II und I (Stellen), 1 Std., **G 2**; landschaftlich großartig, teilweise enorm luftig, aber mit ziemlich gutem Fels.

Knapp unter dem Gratfirst verlaufen in der SW-Flanke charakteristische Bänder und ermöglichen einen sehr leichten Übergang zwischen den Gipfeln.
Die Kletterei über den Gratfirst ist wenig schwierig und sehr ausgesetzt, der Aufschwung eines Turmes nach 2/3 Gratlänge wird auf der NO-Seite umgangen, der folgende Turm auf der SW-Seite, wenige Meter vor dem SO-Gipfel erreicht man wieder den Grat und beendet somit den Übergang.

● 1388 Südostgipfel (3237 m) über die Südwestflanke

I (Stellen), 2 Std., **G 2** (670 Hm).

Man steigt auf Wegspuren über die Luseney-Alm in den Kessel unter dem Redessau, in dessen Schotterkar man zu der Felsbarriere unter dem Gipfelaufbau aufsteigt. Diese ist leicht zu überwinden, sie weist drei querverlaufende, sehr lange Risse von 1–2 m Breite auf. Der Gipfel wird zuletzt über die letzten Meter des NW-Grates betreten.

● 1390 Cima Bianca, 3009 m

Dieser Berg hat seinen Namen von seinen weißen Felszonen, einige der in den Walliser Alpen seltenen Kalkformationen. Auf seiner O-Seite finden sich sogar Karsthöhlen (Grotte de Loup). Der kreuzgeschmückte Gipfel bietet eine außergewöhnliche Rundsicht. Die beidseitigen Flanken sind von Almstraßen erschlossen, zur Freude der Bergradler, zum Ärgernis der zu Fuß gehenden Bergsteiger.
Der Normalweg führt über die Alpe Erbion (2522 m) in der O-Flanke des Berges, die von Torgnon (über die Alpe Crôt de Labies, 2353 m) oder vom Cian-Biwak auf markierten Wegen erreicht wird (ca. 3 Std. vom Ortsteil Septumian, 20 Min. vom Cian-Biwak). Von der Alpe schräg nach SW auf den O-Rücken ansteigen, dem man zum Vorgipfel folgt und über den Hauptgrat den höchsten Punkt erreicht (1 Std.).

● 1392 Becca d'Aver, 2469 m

Großartiger Wander- und Aussichtsgipfel am S-Ende des Bergkammes zwischen dem Barthélemy-Tal und Valtournanche. Leicht von Torgnon zu erreichen.

Vom Ortsteil Septumian nach W in die Nähe der Alm Chantorné (1881 m), man steigt in Serpentinen direkt auf den Gipfel zu, den man nach Erreichen des SO-Grates vom Weg abzweigend gerade ersteigt, oder bequemer nach der S-Flanken-Querung über den weniger steilen SW-Rücken (2½ Std).
Vom Col Fenêtre (R 1317) kann der Berg auch über den N-Rücken leicht in 1½ Std. erreicht werden.

● 1394 Becca de Luseney, 3504 m

Herausragender Gipfel der südl. Walliser Alpen, höchster Berg in weitem Umkreis. Drei Seiten werden von steilen, felsigen Flanken gebildet, in der NO-Flanke liegt der kleine Luseneygletscher als charakteristisches, weithin sichtbares Zeichen. Trotz seiner großen Höhe ist dieser Berg nahezu unbekannt, er bietet lange und alpine Anstiege. Nur das Nebbia-Biwak steht als Zwischenstützpunkt zur Verfügung, mit Zugang aus dem Barthélemy-Tal. Ein langer Aufstieg führt aus dem Valpelline über die Combe de Arbière und das Gipfelgletscherfeld.

● 1395 Nordostgrat vom Colle di Luseney

I, 1½ Std., **G 4** (340 Hm). Normalanstieg, bei guten Verhältnissen nicht schwierig. Die kurzen felsigen Stufen im Schlußanstieg bestehen aus wenig festem Gestein, das Gelände ist nicht sehr angenehm zu begehen.

Zustieg: Vom Nebbia-Biwak geht man in NW-Richtung am See vorbei auf den Abfluß vom darüberliegenden Karboden zu, etwa 80 m links (südl.) von diesem leitet eine schwache Spur zu diesem hinauf. In gleicher Richtung durch die Schuttwüste auf die Scharte zu, am letzten Stück meist auf Schneeresten in einer Steilrinne; die Felsen in den Flanken sind auch hier brüchig (2½ Std., G 2, 600 Hm).
Von Ferrera im oberen Valpelline (1691 m) geht man auf dem Fahrweg zu den Hütten Pouillaye am Buthier-Bach hinab und folgt dem markierten Weg ins Montagnaye-Tal. Kurz nachdem dieser Weg in das Tal selbst führt (ca. 1880 m) zweigt nach links (O) ein markierter Pfad ab, der nördlich unter der Bec de Rayes Planes in das östl. Nachbartal, die Combe d'Arbière führt (die in wenigen Minunten vom Weg erreichbare Kuppe 2144 m bietet schöne Übersicht!). Man geht in den Talgrund und jenseits auf Wegspuren an den alten Hütten Pra de Dieu (2277 m) vorbei in O-Richtung in die steile Karrinne des

Mont Dzalou. Auf ca. 2600 m verläßt man diese nach S und gewinnt steil und unter Umgehung einiger Felsstufen den Luseney-Gletscher (ca. 3000 m). Über diesen weniger steil zur Scharte (4–5 Std., G 3, 1580 Hm).
Dies ist auch der hochalpine Skiaufstieg, hier kann man auch den Umweg unter der Bec de Rayes Planes sparen, indem man nach der ersten Kehre nach Pouillaye durch den steilen Wald mit kleinen Felsbänken (Wegspuren) direkt in die Schlucht der Combe d'Arbière (Wasserfassung) steigt; entweder auf den Lawinenresten im Schluchtgrund meist zu Fuß oder nach deren Überquerung an die O-Seite zur Einmündung des o.g. Weges aufsteigen.
Route: Vom Col steigt man auf dem Schneefeld aufwärts, umgeht dabei den untersten felsigen Aufschwung auf der rechten Seite (N); über eine Rinne aus wenig festen Fels und Schuttbelag steigt man mühsam, aber ohne große Schwierigkeiten auf den Grat, ein Aufschwung wird links (O) über eine schuttbedeckte Flanke zum Vorgipfel (3389 m) umgangen (bei guten Schneeverhältnissen wird man mit großem Vorteil die Schneefelder so hoch wie möglich benutzen und dabei erst direkt unter dem Vorgipfel zum Grat aufsteigen). Über den Gratkamm oder leicht an dessen S-Seite zum höchsten Punkt aufsteigen.
Dies ist auch die Skiroute, die Ski bleiben je nach Verhältnissen mehr oder weniger hoch in der Flanke zurück.
Die anderen Grate und die Felsflanken haben wegen der unzuverlässigen Felsbeschaffenheit keine Bedeutung.

● 1397 Mont Dzalou, 3007 m

Nördl. der Luseney gelegener Gipfel mit großartiger Aussicht. Der Berg ist nicht sehr schwierig, aber recht mühsam ersteigbar: Man steigt wie am Zustieg zur Becca de Luseney (R 1395) von Pouillaye im obersten Valpelline an der Alpe Pra de Dieu (2277 m) vorbei durch das in seiner SW-Flanke hinaufziehende Schuttkar. Man ersteigt dies Kar jedoch bis zu seinem Ursprung im Col du Mont Dzalou, ca. 2896 m (3½ Std.). Nun über den aus viel Schutt und einigen zerborstenen Felsen bestehenden S-Gratrücken (kurze Stellen I, eher mühsam) zum Gipfel (30 Min.).

● 1399 Bec de Rayes Planes, 2435 m

Nördl. Endpunkt des Bec-Bovard-Kammes, einer der wenigen Gipfel, die hier auch dem gemäßigten Bergsteiger zugänglich sind. Schöne

Aussicht ins obere Valpelline. Der Anstieg führt von der Alpe Ardamun (2014 m, R 1323) weitgehend ohne Wegspuren schräg über die W-Flanke im Wechsel über Schutt und bewachsenes Gelände zum Gipfel (2½ Std., **G 1**, 820 Hm). Die Gratfortsetzung zur Bec Bovard verlangt Kletterei im zumindest II. Grad in recht zerrüttetem Fels.

● 1401 Becca del Merlo, 3234 m

Bedeutender Felsgipfel im Hintergrund über der Combe de Montagnaya ohne leichten Zustieg, auch von der Cuney-Hütte eine imposante Felsgestalt.

● 1402 Nordostgrat von der Cuney-Hütte

III, ca. 3½ Std., **G 4** (ca. 600 Hm); Normalanstieg.

Übersicht: Der höchste Punkt erhebt sich im knapp 1 km langen, in ziemlich genauer NO-SW-Richtung verlaufenden Abschnitt. Der NO-Grat senkt sich zu einer Schulter, um dann zunehmend steiler in eine Scharte hinabzuziehen; hier mündet eine Rinne von SO (Cuney) an den Grat. Jenseits erhebt sich ein Felsspitz (3050 m), wo sich der Hauptgrat stärker in O-Richtung wendet und von N ein kurzer Seitengrat aus der obersten Combe de Montagnaya mündet.
Route: Von der Hütte ersteigt man die Rasen- und Schotterfelder auf die o.g. Rinne zu. Die Rinne etwa zur Hälfte hinauf (Steinschlaggefahr), dann mehr rechts haltend zum Felsspitz 3050 m. In die Scharte absteigen (dabei leicht auf der NW-Seite bleiben), dann klettert man auf der SO-Seite der Kante steil, aber nicht allzu schwierig zur Schulter empor. Der weitere Gratverlauf wird nun schmal, teilweise sogar sehr exponiert und weist einige Stellen III in gutem Fels auf; man folgt weitgehend der Kante bzw. weicht bei Bedarf wenig auf die NO-Seite aus.
Detaillierte Beschreibung weiterer Routen im CAI-Führer.

● 1403 Cima Franco Nebbia, 3205 m

Dieser schöne Felsgipfel (ohne Namen in der Landeskarte) stellt den Abzweig des mächtigen nordseitigen Seitenkammes (Aquelou – Invergnaou) dar. Vom Verbindungsgrat zum Monte Pisonet ohne Schwierigkeiten zum Gipfelturm zu erklettern.

● 1405 Monte Pisonet, 3205 m

Erhebung mit umfassender Aussicht, nicht allzu schwierig ersteigbar.

● 1406 Von Nordosten (Cuney-Hütte)

I (Stellen), 2 Std., **G 2** (550 Hm).

Von der Hütte steigt man in westlicher Richtung über Rasen- und Trümmergelände aufwärts und hält dabei auf den Verbindungsgrat zur Cima Franko Nebbia im N zu. Den Grat erreicht man zuletzt über leichte Felsschrofen, nach Möglichkeit wird man Altschneefelder benutzen, die unter der O-Wand der Cima Franco Nebbia oft weit herabreichen. Über den N-Grat mit einige leichten Felsaufschwüngen zum nahen Gipfel.

● 1408 Becca Fontaney, 2971 m

Leicht erreichbarer Gipfel im Bereich der Cuney-Hütte mit schöner Aussicht.

● 1409 Von Norden (Cuney-Hütte)

I (kurze Stellen), 1½ Std., **G 1** (320 Hm).

Von der Hütte ersteigt man in SW-Richtung das mit Schutt und einigen Schrofen vesehene Kar zu der breiten Scharte zwischen dem Mont Pisonet und der Becca Fontaney. Über den Grat mit großen Blöcken und einigen weniger stabilen Platten klettert man leicht zum breiten Gipfel.

● 1411 Monte Faroma, 3073 m

Dieser auffallende Gipfel bildet eine breite Felsmauer auf der Südost-Seite zum Barthélemy-Tal hin. Aufgrund seiner freien Lage ist er ein ganz vorzüglicher, überaus lohnender Aussichtsgipfel, der sich bei einer Begehung des Alta Via della Valle d'Aosta problemlos ersteigen läßt.

● 1412 Nordostgrat vom Col de Vessona

I, 1½ Std., **G 3** (300 Hm), leichtester Zustieg. 4 Std. von der Cuney-Hütte, etwa 6 Std. von Oyace.

Vom Col folgt man dem anfangs noch breiten, schuttbedeckten Rücken, im oberen Abschnitt wird der Grat schließlich schmäler und besteht aus großen Gneisblöcken. Kurze, etwas schwierigere Kletterstellen können in der Folge auf der Südost-Seite gut umgangen werden.

● 1414 Gran Pays, 2726 m

Begrünter Berg im S des Monte Faroma. In 30 Min. über den N-Rücken vom Col Léché (R 1331, Col de St. Barthélemy) erreichbar. Das Gelände bietet ein interessantes Skitourengelände mit Aufstieg von Lignan über die Alpe Fonlin und die im SO des Gipfels gelegene Karmulde (4 Std., 1100 Hm); Abfahrt auch in die NO-Mulde über die Alpe Léché nach Lignan zurück (nur bei sicheren Verhältnissen).

● 1416 Becca di Avuille, 2623 m

Südlichster Gipfelpunkt des Gran-Pays-Seitenkammes; sehr schöne Aussicht. Unschwierig vom Gran Pays über den Verbindungsgrat zu erreichen (45 Min.); die Einsattelung zwischen beiden kann auch von O oder W (Chaleby- oder Dechétal) betreten werden.

● 1418 Becca di Viou, 2856 m

Großartiger Aussichtsgipfel am westl. Ende der langen Luseney-Kette, hoch über Aosta.

● 1419 Südostgrat vom Colle di Viou

30 Min., **G 1** (160 Hm); man folgt dem zuerst begrasten, dann blockigen Gratrücken ohne Schwierigkeiten.

Zustiege zum Colle di Viou: Von Valpelline geht man bei der Kirche und am Campingplatz vorbei ostwärts bis zum Buthier-Bach. Über die Brücke und steil in Serpentinen aufwärts, bis man bei P. 1224 m auf den Fahrweg (von der Buthier-Brücke P. 999 m) trifft, auf dem man zur Alphütte Les Grangettes (1417 m) aufsteigt. Weiter auf dem Fahrweg zur Alpe Arpisson (1882 m) und Alpe Fouillou (2092 m). In südöstl. Richtung am Bach weiter talein, der Steilaufschwung wird rechts (westl.) in Serpentinen erstiegen, dann quert der Weg wieder zum Bach und folgt dem Graben zum kleinen Lac di Arpisson (2480 m). Nun in SW-Richtung zum bereits sichtbaren Paß (5–6 Std., G 1, 1740 Hm).

Von Blavy (1471 m, Fahrstraße von Aosta über St. Christophe) folgt man dem Weg über die Alpe Varbre (1674 m) zur Alpe de Viou (2062 m, 1½ Std., hierher auch auf einem kleinen Fahrweg). Der Weiterweg führt zunächst in SO-Richtung zur Hochalm, dann in weitgehend nördl. Richtung durch die obere Waldgrenze, dann über Almen und schließlich felsdurchsetztes Gelände gut markiert zur Paßhöhe (ca. 2 Std.; insgesamt knapp 4 Std., BW 3, 1290 Hm).

6. Weisshorngruppe

In dieser Untergruppe zwischen Matter- und Zinaltal stehen die wohl anspruchsvollsten Gipfel der Walliser Alpen. Die Gratanstiege auf Obergabelhorn, Zinalrothorn und Weisshorn zählen zum Feinsten im weiten Umkreis; bei entsprechendem Können dürfen sie unbedingt empfohlen werden, die Felsqualitäten sind überwiegend gut, stellenweise hervorragend. Als Krönung kann die Überschreitung des gesamten Hauptkammes bezeichnet werden: Obergabelhorn (Überschreitung Arbengrat – Wellenkuppe) – Rothornhütte – Zinalrothorn (Überschreitung SW-/N-Grat) – Momingspitzen/Schalihorn – Schalibiwak – Weisshorn (Überschreitung Schaligrat/N-Grat zum Bishorn oder O-Grat nach Randa).

Für so bekannte 4000er geht es hier dennoch verhältnismäßig ruhig zu, wirkliche Genießer werden aber auch Gipfel wie Trifthorn, Brunegghorn oder Diablons nicht verschmähen. Die Bergwanderer finden im N-Teil (Augstbord – Ginals bzw. Bella Tola) ihr Revier; diese Ecke zeichnet sich durch besonders schöne Aussicht auf die hohen Walliser Gipfel, aber auch über das Rhônetal hinweg auf die Berner Alpen aus; das ruhige Turtmanntal wird ganz sicher jeden Besucher mit heute recht selten gewordenen Eindrücken belohnen. Mit dem Mettelhorn wartet schließlich eine besondere Spezialität auf den Bergwanderer: 1800 Hm über Zermatt – ohne Lift, aber mit dem Berghaus Trift als Stützpunkt –; von hier hat man einen der interessantesten Ausblicke auf die umgebende Runde der bekanntesten Berge der Alpen; der Anstiegsschweiß verhindert zuverlässig einen Menschenauflauf, wie er am gegenüberliegenden Oberrothorn durch die nahe Bahn an jedem schönen Tag im Sommer auftritt. Der wirklich geübte Bergwanderer darf sich auch von der Turtmannhütte an das Barrhorn wagen, mit 3610 m der vielleicht höchste »Wandergipfel« der Alpen, ein exzellenter Aussichtsberg! Aber auch die Hüttenanstiege bieten großartige Wege und Aussichten, hervorzuheben ist hier die Tracuithütte über dem Zinaltal.

Im Winter kehrt im zentralen Abschnitt Ruhe ein; hochalpines Skitourengeläne findet sich am Zinalgletscherkessel (Mountethütte), bei der Tracuithütte (Bishorn) und der Turtmannhütte (Bishorn, Brunegghorn, Barrhörner), dazu gibt es auch in den N-Abschnitten (Ginalstal und Region Bella Tola) einige Tourenziele, meist in der Nähe der Pistengebiete.

6.1 Hütten

● 1430 Turtmannhütte (Cabane Tourtemagne), 2519 m

CAS, Sektion Prévotoise, Reconvilier. Die Hütte steht auf Rasenflecken westl. unter dem Äußeren Barrhorn hoch über der Zunge des Turtmanngletschers. Zweistöckiger Natursteinbau. KS 620.150 / 112.100. 50 Schlafplätze. Voll bewirtschaftet von Anfang Juli bis Mitte September sowie zur Skitourenzeit (Ostern/Pfingsten und teilweise an den Wochenenden). In den Zeiten der Nichtbewirtschaftung ist die Hütte offen. Tel. 0 28/42 14 55. Schön gelegene und vorbildlich bewirtschaftete kleine Hütte, in der es meist noch recht ruhig zugeht. Sie ist Ausgangspunkt für alle Gipfel in der Umrahmung des Turtmanngletschers, Barrhörner, Brunegghorn und Bishorn werden auch im Winter häufiger besucht.

● 1431 Von Gruben/Vorderes Sänntum

1¾ Std., **BW 1** (620 Hm).

Vom Vorderen Sänntum, ca. 3 km südl. von Gruben (Parkmöglichkeit, nur Taxi, kein Linienbus im Turtmanntal), folgt man dem nun für private Fahrzeuge gesperrten Fahrweg über die Brücke und gelangt westl. über dem Turtmannbach zum kleinen Stausee. An dessen W-Ufer weiter, über den Damm zwischen See und Vorspeicher nach O und in Kehren zur Talstation des Materialliftes. Der gute Wanderweg führt nun in südl. Richtung parallel unterhalb der Materialbahn aufwärts, man umgeht auf die S-Seite den Felssockel, auf dem die Hütte steht, und erreicht in wenigen Minuten die Hütte.
Der Skiaufstieg folgt bis über den Stausee dem Sommerweg, dann geht man aber im Talgrund weiter auf den Bruneggletscher zu, um auf etwa 2300 m steil von SW zur Hütte aufzusteigen. Das Turtmanntal ist ab Oberems im Winter nicht bewohnt, die Straße erst spät im Frühjahr frei (Oberems – Vord. Sänntum etwa 2½ Std., bis Hütte 4 Std.). Leichterer Zugang von St. Luc (Val d'Anniviers): mit Liften in die Nähe des Meidpasses und über diesen nach Gruben abfahren.

● 1433 Topalihütte, 2674 m

SAC, Sektion Genevoise. Die Hütte steht östl. unter den Barrhörnern auf dem vom Distelberg ins Mattertal abstreichenden Gratrücken. Zweistöckiger Natursteinbau. KS 624.970 / 111.760.

20 Plätze, in der Saison an Wochenenden bewartet, immer offen; Tel. 028/56 13 23 (Tal), 56 21 72 (Hütte). Gesamtes Kücheninventar vorhanden (Holzherd). Wasserstelle ca. 5 Min. unterhalb der Hütte am Anstiegsweg (Markierung). Stützpunkt für Barrhörner, Schölli- und Brunegghorn.

● 1434 Von St. Niklaus, Schwidernu

4 – 4½ Std., **BW 1** (1520 Hm). Gut markiert; Abzweigungen führen nur zu Alphütten oder verlieren sich bald. Von Talnähe bis Walkerschmatt gibt es keine Wasserstelle, hier verläuft der Weg über bald 1000 Hm anhaltend enorm steil.

Von der Kirche in Schwidernu (Wegweiser) gerade westl. aufwärts und über einen Wall, dann leicht links in den Auslauf einer Schlucht. Im Zickzack bis zur Schlucht aufwärts, wo man diese auf ca. 1500 m auf einem etwas ausgesetzten Band nach rechts (nördl.) durch einige Felspassagen verläßt und im Wald steil nach Bode (1905 m) gelangt. Weiter steil nach Walkerschmatt (2139 m, 3 Std.). Ab hier führt der Weg nicht mehr so steil über die freien Rasenhänge in einen kleinen Graben und über einen Rücken zu den Moränenfeldern des unteren Stelligletschers bei Scheidchrommo. Über den Gletscherabfluß und schließlich in Serpentinen südwärts zur Hütte hinauf.

● 1436 Cabane de l'Illhorn, 2130 m, Cabane de la Bella Tola, 2346 m, Cabane Tignousa, 2180 m

Hütten im Liftgebiet Chandolin/St. Luc; Stützpunkt für Bella Tola oder Illhorn. Sommer und Winter bewirtschaftet; Tel.: 0 27/65 11 78 (Illhornhütte), 65 15 37 (Bella-Tola-Hütte), 65 13 60 (Tignousa).

● 1438 Hotel Weisshorn, 2337 m

Privat, über St. Luc in aussichtsreicher Lage über der Waldgrenze an den Pointes de Nava. KS 613.820 / 117.440. 50 Plätze, bewirtschaftet im Winter und Sommer. Tel. 0 27/65 11 06. Ausgangspunkt für Wanderungen und Skitouren im Bereich Toúno und Bella Tola.

● 1439 Von St. Luc

2 Std., **BW 1** (680 Hm).

Mehrere gute Wege führen von St. Luc oder dem Skigebiet Tignousa zum Haus. Der beste Fußweg geht fast eben in den Talgrund des

Moulins-Baches und führt dann schräg nach SW durch den Forêt de Lâche (Höhenweg nach Zinal). Bei der Alpe Gillou (1823 m) zweigt er nach O ab und führt in Kehren über Almlichtungen zum Hotel.
Von der **Station Tignousa** der Bahnen von St. Luc führt ein Höhenweg nahezu eben bis in den Toûno-Talboden und steigt dann in W-Richtung zum Hotel an (1 ¼ Std., auch Winterroute, wobei durch Lifthilfe ein Teil der Querung mit Abfahrten überwunden wird.

● 1441 Cabane de Tracuit, 3256 m

CAS, Sektion Chaussy, Aigle. Die Hütte liegt ca. 300 m im SO des Col de Tracuit. Der Turtmanngletscher reicht im O bis an den Hüttenplatz heran, wogegen auf der SW-Seite eine steile Schrofen- und Schotterflanke in den oberen Talboden von Combautanna hinabzieht. KS 618.620 / 108.780.
110 Plätze. Voll bewirtschaftet von Juli bis Mitte Oktober, zur Skitourenzeit zwischen Ostern und Pfingsten nur an den Wochenenden. Die Hütte ist in den übrigen Zeiten offen. Tel. 0 27/65 15 00. Trotz der Länge der Zustiege wird die Hütte stark besucht. Sie bietet hervorragende Aussicht auf die Berge des oberen Zinaltales, ganz besonders eindrucksvoll zeigt sich das Zinalrothorn von dieser Seite. Ausgangspunkt für Bishorn, Weisshorn-N-Grat und Diablons.

● 1442 Von Zinal (direkter Anstieg)

4½ Std., **BW 1** (1580 Hm). Kürzester Zugang zur Hütte.

Vom südl. Ende von Zinal (Wegweiser) führt der gute, bezeichnete Weg über Dobert nach Le Chiesso (2061 m). Die Steilstufe unter dem Almgelände Combautanna wird nach nordseitigem Ausholen in einer S-Querung in flacheres Gelände überwunden. Von Combautanna (2578 m, 2¾ Std.) führt der gleichmäßig steigende Weg südl. unter den Diablon bis unter den Col de Tracuit, der jedoch nicht an seiner tiefsten Stelle, sondern etwas rechts (südöstl.) über eine Geröllrippe erreicht wird. In wenigen Min. nahezu eben südostwärts zur Hütte.

● 1443 Von Zinal (über den Pas du Chasseur)

5 Std., **BW 2** (1630 Hm). Etwas länger als die oben beschriebene Route , aber interessanter und mit lohnenden Ausblicken.

Vom Parkplatz am Südende von Zinal geht man auf dem Fahrweg am ostseitigen Ufer des Talbaches Navisence nach S; etwa 500 m nach der Brücke über den Bach am Ende der Schwemmebene steigt man nach O den licht bewaldeten Hang auf. Bei ca. 2000 m quert man etwas ausgesetzt eine Fels-/Schrofenwand nach S (Pas du Chasseur) und erreicht auf ca. 2200 m die Alpe Ar Pitetta, auf der die Anstiegsvariante von Chiesso (s. R. 1444) von S her einmündet. Nun hält man sich auf gutem Weg nach N, bei Louchelet (2248 m) am Abzweig zur Ar-Pitetta-Hütte vorbei und erreicht den Roc de la Vache (2581,4 m, 3 Std.). Mit ca. 50 m Höhenverlust steigt man nach Combautanna ab und trifft jenseits in wenigen Min. auf R 1442.

● 1444 Von Zinal (über Le Chiesso)

5½ Std., **BW 1** (1630 Hm). Einfachere Variante zu R 1443.

Vom Parkplatz am Südende von Zinal (Brücke) geht man ost- oder westseitig am Talbach Navisence bis ans S-Ende der Schwemmebene, dort (Brücke; Abzweig zum Pas du Chasseur) folgt man dem Fahrweg am westseitigen Ufer der Navisence nach S über der Schlucht zur Alphütte Le Vichiesso (1862 m, Abzweig des Mountet-Hüttenweges über Petit Mountet nach rechts). Weiter auf dem Fahrweg und schräg in den Talgrund zum Abfluß des Zinalgletschers, den man auf einer Brücke überquert; hierauf gelangt man zum Abzweig des neuen Hüttenweges zur Mountethütte. Nach links überquert man den Mominggletscher-Abfluß auf einer weiteren Brücke (1907 m) und steigt auf einem guten Pfad nach Le Chiesso (2082 m) und nach L'Ar Pitetta auf. Nach ca. 500 m in nördl. Richtung trifft man auf den oben beschriebenen Weg vom Pas du Chasseur. Dies ist auch die Skiroute von Zinal, da die vorher beschriebenen Varianten stark lawinengefährdet sind. Früher Aufbruch ist sehr zu empfehlen.

● 1445 Von der Turtmannhütte

I (kurze Stelle), 3½ Std., **G 2** (ca. 800 Hm).

Von der Hütte folgt man einem ausgeprägten Weg leicht steigend in SO-Richtung an den S-Ausläufer der Barrwand. Ein auffälliges Couloir (Gässi) erlaubt den markierten Durchstieg auf deutlichen Steigspuren aus dem Couloirgrund heraus nach rechts, also über seine orogr. linken Begrenzungsfelsen zu den darüber liegenden Moränenfeldern (I; am Ausstieg befindet sich ein großer Steinmann). Der Weiterweg über die Spaltenzonen kann von hier aus gut beurteilt werden. Der Anstieg zum Schöllijoch führt nun geradeaus weiter, während man sich nach rechts hält und die Moränenflanke leicht abwärts quert, um über glattgeschliffene Felsrücken den Brunegggletscher auf ca. 2650 m zu betreten. Man quert den Gletscher in SW-Richtung und betritt die Felsinsel (Adlerflue) bei ca. 2800 m. Hier führen Wegspuren auf ein Felsband und aufwärts zu P. 2913,4 m. Jenseits steigt man auf den westl. Arm des Brunegggletschers ab und quert diesen zum flachen Teil des Turtmanngletschers auf 2800 m. An dessen linker Seite unter der Flanke der Diablons anfänglich noch steiler, auf dem letzten Kilometer flach zur Tracuithütte. Dies ist auch die Skiroute, wobei jedoch die Felsen der Adlerflue oben herum über den Brunegggletscher umgangen werden (kurzes Steilstück).

● 1446 Von der Ar-Pitetta-Hütte über den Col de Milon (2990 m)

3 Std., **G 1** (insgesamt 750 Hm Aufstieg). Teilweise weglos.

Von der Ar-Pitetta-Hütte quert man die Rasen- und Moränenfelder zu dem großen Moränenrücken, der vom Col de Milon südl. hinabzieht; über diesen in 40 Min. in den Col. Jenseits über Trümmerfelder und Schneereste nördl. bis auf ca. 2700 m in die Mulde von Combautanna hinab. Nun über die Hänge zum Hüttenanstieg (R 1442) empor, den man etwa am P. 2931 m (Gendarm rouge) erreicht.

● 1450 Cabane d'Ar Pitetta (Arpitettaz), 2786 m

CAS, Sektion La Dole, Nyon. Die Hütte steht auf einer Rasenterrasse unter dem Weisshorngletscher, südl. der Tête de Milon. KS 618.610 / 105.510. 23 Schlafplätze. Von Juli bis Mitte Sept. durchgehend bewartet, bis Oktober an Wochenenden. Bei Nichtbewirtschaftung ist die Hütte offen. Ausgangspunkt für die Besteigung der Tête de Milon und des Weisshorns, im Frühjahr bei guten Verhältnissen mit Ski über den stark zerrissenen Mominggletscher auch zur Zinalschulter. Verbindung zur Tracuithütte über den Col de Milon.

● 1451 Von Zinal

3¾ – 4 Std., **BW 1** (1150 Hm).

Man folgt dem Anstieg zur Tracuithütte (R 1444) bis zur Ar-Pitetta-Alpe (Louchelet, 2248 m, 2½ Std.). Hier zweigt man rechts (nach O) ab und steigt auf dem guten Weg über die Rasenfelder der S-Flanke der Pointe d'Ar Pitetta zur Hütte.

● 1453 Cabane du Mountet, 2886 m

CAS, Sektion des Diablerets, Lausanne. Die Hütte steht in großartiger Umgebung rechts oberhalb des Glacier de Zinal auf Mountet, dem untersten Ausläufer des Blanc-de-Moming-SW-Grates. Mehrstöckiger Natursteinbau. KS 616.630 / 100.960.
105 Schlafplätze. Voll bewirtschaftet von Juli bis Ende Sept.; in der übrigen Zeit stehen ca. 50 Schlafplätze zur Verfügung. Tel. 01 27/65 14 31. Die Hütte dient als Ausgangspunkt für alle Gipfel des oberen Zinalgletscherkessels, insbesondere für Besso, Zinalrothorn, Trifthorn und Obergabelhorn; mit Ski können Pointe de Zinal, Mont Durand, Trifthorn und Zinalrothorn-N-Schulter als sehr lohnende Touren bestiegen werden.

● 1454 Von Zinal (Ostweg)

4½ Std., **BW 2** (1250 Hm auf ca. 9 Kilometer). Aussichtsreicher Höhenweg östlich über dem Zinalgletscher.

Vom Parkplatz am Südende von Zinal geht man über die Brücke und folgt dem Fahrweg am westseitigen Ufer der Navisence nach S bis zum Beginn der Steigung. Man bleibt auf dem Fahrweg, der über die Schlucht zur Alphütte Le Vichiesso (1862 m) ansteigt. Kurz darauf zweigt nach rechts der neu angelegte Mountet-Hüttenweg ab (R 1455). Man steigt auf dem Fahrweg nach links in den Talgrund ab. Der Abfluß des Zinalgletschers wird auf einer Brücke überquert, worauf man zum Abzweig zur Tracuit- bzw. Ar-Pitetta-Hütte gelangt (ca. 1½ Std.). Man nimmt den rechten Weg und steigt in SO-Richtung in Serpentinen den Hang von Moming an. Hoch über den Abbrüchen zum Zinalgletscher quert man über Rasen- und Schotterhänge die gesamte W-Flanke des Besso, wobei einige Runsen ausgegangen werden müssen. Der Besso-SW-Grat wird über die felsige Zone unterhalb von P. 3052 m umgangen, dann führt der Weg in SO-Richtung über Blockfelder zur Hütte hinauf.

● 1455 Von Zinal (Westweg)

4½ Std., **BW 2** (ca. 1350 Hm auf ca. 9 Kilometer). Neu angelegter aussichtsreicher Höhenweg westlich über dem Zinalgletscher.

Vom Parkplatz am Südende von Zinal geht man über die Brücke und folgt dem Fahrweg am westseitigen Ufer der Navisence nach S bis zum Beginn der Steigung. Man bleibt auf dem Fahrweg, der über die

Schlucht zur Alphütte Le Vichiesso (1862 m) ansteigt. Hier verläßt man den Weg in den Talgrund und steigt zur Petit-Mountet-Hütte an (2 Std.). Ab hier führt der neu angelegte Weg (der alte wurde durch Muren zerstört) aufwärts in die Hänge der Pigne de la Le, um eine felsige Zone auf etwa 2550 m zu queren; dann senkt sich der Weg wieder und erreicht in Fallinie der Bouquetins-O-Rippe den Zinalgletscher über der Bruchzone. In SO-Richtung wird der Gletscher gequert und an seinem orogr. rechten Ufer weiter aufgestiegen, um ihn in der Nähe seiner nächsten Bruchzone bei P. 2652 m zu verlassen und über den W-Hang zur Hütte aufzusteigen.
Der Skiaufstieg erfolgt über den ganzen Zinalgletscher (Vorsicht vor Lawinen aus den Flanken bei Sonneneinwirkung).

● 1460 Cabane Petit Mountet, 2142 m

Privat, N. Melly, Ayer; in aussichtsreicher Lage über der Zinalgletscherzunge am Fuße der Pigne de la Le gelegen. KS 615.060 / 104.550. Bewirtschaftet von Juli bis Mitte Oktober, Tel. 0 27/65 13 80 (privat 65 10 89). Zwischenstützpunkt am neuen Mountet-Hüttenweg und am Höhenweg von Sorebois. Zugang 2 Std. von Zinal, R 1455.

● 1462 Weisshornhütte, 2932 m

SAC, Sektion Basel. Die Hütte steht auf den Hängen des Hohlichts im SO des Weisshorns, hoch über dem Schalibach. Holzbau auf Mauersockel, erweitert durch Anbau. KS 623.590 / 103.880.
30 Plätze, bewirtschaftet Mitte Juli bis Anfang September, ansonsten ist die Hütte offen. Tel. 0 28/67 12 62. Die herrlich gelegene Unterkunft dient für die Besteigung des Weisshorns und als Ziel für Tagesgäste.

● 1463 Von Randa

4½ Std., **BW 1** (1530 Hm). Guter, markierter Weg. SO-Exposition, Nachmittag jedoch weitgehend im Schatten. Abb S. 410/411.

Vom Parkhaus am Bahnhof geht man über die Brücke der Mattervispa zum Schotterwerk (Wegweiser, Feuerstelle). An der Siedlung Eien vorbei steigt der Weg nun steil in Kehren an und führt oberhalb der Felswand bis kurz vor Rötiboden (1970 m, 1½ Std.). Man folgt hier der Abzweigung nach W und geht in vielen Serpentinen durch lichten Wald und schließlich über Matten nach Jatz (2246,4 m, 1 Std.). In einer ansteigenden Querung über den Hang in 2 Std. zur Hütte.

● 1465 Schalijoch-Biwak, 3765 m

SAC, Sektion Basel. Das 1963 erbaute Biwak in Hüttenform steht ca. 20 m nordöstl. über dem Schalijoch, KS 620.950 / 104.650.
8 Plätze, immer offen. Stützpunkt für den Schaligrat am Weisshorn, das Schalihorn wird meist nur im Zuge des Anstiegs von der Rothornhütte überschritten, was auch den besten Zustieg darstellt. Die Direktanstiege zum Joch sind alle stark den Lawinen und dem Steinschlag ausgesetzt (starker Gletscherrückgang in den letzten Jahren)!

● 1466 Von der Rothornhütte über das Schalihorn

III–, 8–9 Std., **G 5**. Sicherster Zustieg.

Die Route setzt sich zusammen aus: Schalihorn-SSW-Grat im Aufstieg (II, 4½ – 5 Std., G 4; R 1641), Übergang zum N-Gipfel, Abstieg über den N-Grat (III–, 3–4 Std., G 5, teilweise brüchig; R 1642).

● 1467 Von der Weisshornhütte/Randa direkt

4–5 Std., **G 6** (800 Hm).

Zerklüfteter Gletscher, kaum begehbar, Eis- und Steinschlaggefahr.

● 1470 Berghaus Trift, 2337 m

Privat; oberhalb der Triftschlucht, inmitten eines schönen und aussichtsreichen Wandergebietes. KS 621.860 / 97.650.
17 Betten, 12 Lager, bewirtschaftet von Anfang Juli bis Ende September durch eine junge Mannschaft, die hervorragende Speisen mit Produkten aus eigener Herstellung (Milchprodukte, Gemüse und Salate) bereitet. Tel. 0 77/28 18 14 (Funk). Ausgangspunkt für die Wanderungen über Höhbalmen nach Zmutt oder zum Mettelhorn. Die Anstiege auf Zinalrothorn und Obergabelhorn sind von hier aus 2 Std. länger als von der weiter oben gelegenen Rothornhütte.

● 1471 Von Zermatt

2 Std., **BW 1** (630 Hm).

Mehrere Wege führen von Zermatt an den Beginn der Triftschlucht. Am besten ist es, den Weg vom Dorfzentrum am Wegweiser zu nehmen, der über die Wiesen nach Bodmen und nordseitig des Triftbaches zur Triftschlucht führt. Nun steigt der Weg kurz in die Schlucht und führt über die Brücke an die S-Seite; in vielen Kehren zum Hotel Edelweiss (Alterhaupt, 1961 m). Der gute Steig führt darauf wieder an den Triftbach, überquert ihn bei einer Wasserfassung und steigt auf der N-Seite des Baches zum Haus.

● 1473 Rothornhütte, 3198 m

SAC, Sektion Oberaargau, Langenthal. Die Hütte steht am Fuße des Eseltschuggen, dem Ausläufer des Zinalrothorn-SO-Grates, am linken Ufer des Triftgletschers. Mehrstöckiger Natursteinbau. KS 620.025 / 099.700.

100 Plätze, WR mit 20 Plätzen. Voll bewirtschaftet von Mitte Juli bis Mitte Sept. Tel. 0 28/67 20 43. Die Hütte ist ein idealer Ausgangspunkt für die Besteigung von Zinalrothorn, Trifthorn sowie für das Obergabelhorn über die Wellenkuppe.

● 1474 Von Zermatt

4½ Std., **BW 1** (1580 Hm).

Auf R 1471 erreicht man in ca. 2 Std. das Berghaus Trift (2337 m). Weiter am Triftbach aufwärts kommt man zum Vieliboden und darüber zu den Moränenfeldern des Triftgletschers. Der Weg zieht nun auf die linke (nördl.) Seitenmoräne, auf der er, zuletzt in vielen Kehren bis zur Hütte führt (2½ Std. von Trift).

● 1476 Schönbielhütte, 2694 m

SAC, Sektion Monte Rosa, Montreux. Die Hütte steht auf einer kleinen Terrasse 150 Hm nördl. oberhalb des Zmuttgletschers, im S des Schönbielhorns. Mehrstöckiger Natursteinbau. KS 614.740 / 94.510.

80 Plätze, voll bewirtschaftet von Mitte März bis Mitte September, in der übrigen Zeit stehen ca. 20 Plätze in der offenen Hütte zur Verfügung. Tel. 0 28/67 13 54. In einer ungemein wilden Umgebung bietet die Hütte Unterkunft für die Besteigungen aller Gipfel im Rund des Zmuttgletschers, einige davon sind allerdings sehr anspruchsvolle Touren, wie z. B. der Zmuttgrat am Matterhorn und die Dent-d' Hérens-Anstiege; früher wurde auch der Dent Blanche fast ausschließlich von hier aus angegangen, seit der Erbauung der Dent-Blanche-Hütte allerdings wird der Zugang zum S-Grat über die Wandflue-O-Seite nur noch selten gemacht.

Hervorragendes Skitourengelände, gerne benutzter Stützpunkt auf der Haute Route beim Übergang des Col de Valpelline.

● 1477 Von Zermatt

3½ Std., **BW 2** (1090 Hm).

Vom Bahnhof durchquert man Zermatt in südl. Richtung und folgt am Ortsende dem Fahrweg nach Zmutt (1 Std.); etwas weniger stark frequentiert und aussichtsreicher kann man auch auf dem etwas höher verlaufenden Weg über Herbrigg nach Zmutt gehen. Von hier steigt man kurz zum kleinen Stausee auf und folgt dem Weg an seiner N-Seite gemächlich ansteigend über Kalbermatten zur großen Schuttebene unter der Zunge des Zmuttgletschers. Im S des Obergabelhorns erreicht man bei dem Abfluß des Arbengletschers den Moränenkamm, dem der Weg über Hohe Bielen bis kurz unter die Hütte folgt; in wenigen Kehren zu ihr empor.
Auch **von der Station Furi** der Klein-Matterhorn-/Schwarzsee-Bahnen kann man den oben beschriebenen Weg entweder über die Stauseemauer oder an der Stafelalp vorbei schließlich bei der Schotterebene unter dem Zmuttgletscher erreichen (knapp 3 Std. bis zur Hütte).
Im Winter nimmt man den Weg von Furi über Stafelalp zum Zmuttgletscher, auf dem man unter der Hütte hindurch aufsteigt und diese von W über das unterste Stück des Schönbielgletschers erreicht.

● 1479 Arben-Biwak, 3224 m

SAC, Sektion Zermatt. Die Biwakhütte befindet sich südl. unter dem Obergabelhorn auf einem Felssporn, der aus der S-Wand in den Arbengletscher herunterreicht. Steinbau in Hüttenform. KS 617.530 / 97.780.
15 Plätze, Gaskocher; nicht bewirtschaftet. Hervorragende Lage gegenüber der Matterhorn-N-Wand. Ausgangspunkt für die südl. Anstiege zum Obergabelhorn (Arbengrat, S-Wand und Gabelhorngrat).

● 1480 Von Zermatt

4 Std., **G 2** (1630 Hm). Gletscherbegehung. Abb. S. 436/437.

Man folgt R 1477 bis hinter die Überquerung des Arbenbaches. Hier zweigt rechts (N) ein anfangs breiter Weg ab und führt in mehreren Kehren auf die große Moräne (Arbengandegge), auf deren Kamm man zu den Schuttfeldern unter dem Arbengletscher emporsteigt. Steinmänner weisen den Weg zu dem spaltenreichen Gletscher, über den zum Felssporn und über Schrofen zum Biwak angestiegen wird.

6.2 Pässe

Augstbord-/Barrhorn-Seitenkamm:

● 1490 Moosalp, 2048 m

Aussichtsreiche, weite Einsattelung zwischen Törbel (S-Seite) und Bürchen (N-Seite); Whs., mit Pkw und Linienbus erreichbar. Hochmoorgelände mit malerischen Einzelbäumen, Ausgangspunkt für die Wanderungen in der Augstbordregion. Skigebiet, auch Skitouren.

● 1492 Augstbordpaß, 2894 m

Zwischen Schwarzhorn und Steintalhorn, leichter Übergang von Gruben nach Embd (vom Turtmann- ins Mattertal). Der Paß dient auch als Zugang zum Schwarzhorn, einem beliebten Aussichtsberg.

● 1493 Von Westen (Gruben)

3 Std., **BW 2** (1070 Hm). Bezeichneter Wanderweg.

Man steigt von Gruben in O-Richtung auf dem Weg durch den Wald nach Grüobu Mittelstafel (2167 m), über die Almhänge zur Oberstafel (2369 m) und im Grüobtälli aufwärts, zuletzt über Geröll zur Paßhöhe.

● 1494 Von Osten (Embd)

5 Std., **BW 2** (1500 Hm).

Von Embd auf gutem Weg nach Criz (1618 m), hoch über der Schlucht des von Augstbord kommenden Embdbaches. Weiter in den Talgrund vor Unnerbächji (1622 m) und nordseitig etwa 120 Hm aufwärts (schlechter Pfad). Hoch über Unnerbächji in den Talgrund queren, wo man auf den besseren Weg trifft, der ebenfalls von Embd kommt, aber viel weiter über Läger in das Augstbordtal führt (Zenegger Wasserweg). Wenig höher kommt man an Augstbordstafel vorbei, und, immer in W-Richtung ansteigend, über die Geröllfelder des Innertälli, zuletzt auch über Schnee zur Paßhöhe.

● 1495 Von der Moosalp (Zenegger Wasserweg)

3½ Std., **BW 2** (850 Hm). Aussichtsreicher Höhenweg.

Vom Restaurant an der Moosalp auf dem breiten Weg in südl. Richtung mit nur minimaler Steigung über der in Rohren verlegten

Wasserleitung um den O-Rücken des Augstbordhorns (Mällich); da man sich hier an der Baumgrenze bewegt, hat man besonders schönen Vordergrund für die herrlichen Fernblicke. Nach Querung des Grabens oberhalb von Embd erreicht man die Alp Läger. Auf schwachen Spuren steigt der Pfad in das nächste Seitental und quert über Schrofen ins Augstbordtal. Weiter im Talgrund wie in R 1495 zum Paß.

● 1500 Jungpaß, 2990 m, Jungtaljoch, 3220 m, Wasujoch, 3224 m, Wasulicke, 3114 m, Brändjijoch, 3279 m

Scharten im Bereich von Stelli-, Rot- und Wasuhorn; selten besucht. Interessante Skitouren aus dem Turtmanntal (Hunger-, Brändji- und Pipjitälli, Turtmannhütte), seltener aus dem Jungtal (St. Niklaus).

● 1501 Von Westen zum Jungpaß (Turtmanntal)

3½ Std., **G 1** (1100 Hm)

Etwa 500 m südl. der Abzweigung nach Blüomatt auf gutem Weg nach Brändji-Mittelstafel und steil zu den Hungerli-Alpen. Weiter östl. im Hungerlitälli und über Geröll (Schneereste) zum Paß. Auch Skiroute, den unteren Waldgürtel überwindet man durch eine Schneise gegenüber Blüomatt und quert dann zu den Hungerli-Alpen.

● 1502 Von Nordwesten zum Jungtal- und Brändjijoch (Turtmanntal)

5 Std., **G 2** (1500 Hm) von Gruben/Blüomatt.

Etwa 500 m südl. der Abzweigung nach Blüomatt steigt man auf gutem Weg nach Brändji-Mittelstafel und dann steil zu den Hungerli-Alpen. Bei Hungerli-Mittelstafel (2235 m) an der Waldgrenze quert man auf einem Fahrweg in S-Richtung nach Brändji-Oberstafel (2297 m), wo ein Pfad ins Brändjitälli links abzweigt. Man folgt diesem ein Stück, ohne in den Talgrund selbst abzusteigen, und hält sich dann links in das Seitental, das Verlorene Tälli (Wegspuren), über das man den Brändjigletscher und in SO-Richtung die wenig markante Einsattelung Jungtaljoch oder geradeaus das Brändjijoch gewinnt. Mit Ski erreicht man das Brändjitälli über die steilen Schafalpen, die vor dem Turtmannstausee vom Talgrund nach O hinaufziehen (von Vord. Sänntum über den Steilhang nach Holustei); auf etwa 2350 m quert man einen Almweg vom Stausee, dann weiter wie im Sommer. Nur bei sichersten Verhältnissen.

● 1503 Von Westen zum Jungtal- und Brändjijoch (Turtmannhütte)

3 Std., **G 2** (ca. 800 Hm). Die Route trifft auf dem Brändjigletscher unter dem Joch mit dem Aufstieg von Gruben (R 1502) zusammen.

Von der Turtmannhütte über Rasen, später Geröllfelder nordöstl. in das Pipjitälli und zur die Seitenmoräne des Pipjigletschers, den man auf auf ca. 2800 m betritt. Nun auf dem gegenüberliegenden Hang der Längi Egga über Rasen und Geröll in die kleine Einschartung östl. von P. 2997 m, um auf der N-Seite über Geröll kurz in das obere Brändjital abzusteigen. So hoch wie möglich quert man in den hintersten Talgrund, über den kleinen Holesteigletscher und steigt dann über den darüber ansetzenden Geröllhang zum Brändjigletscher auf. Eine kurze Querung führt zum Jungtaljoch; nach SO aufwärts gelangt man ins Brändjijoch. Auch Skiroute.

● 1504 Von Osten zu allen Jöchern (Jungtal, St. Niklaus)

5–6 Std., **G 2** (1860–2100 Hm), 3–4 Std. von Jungu. Die Anstiege trennen sich erst unterhalb des Rothorn-NO-Sporns.

Von St. Niklaus führt ein Pfad in der Nähe vom Bahnhof kurz nach W, dann nordwärts unter die Felswände und in das Jungtal. Auf der anderen Seite des Tales in einigen Kehren zur Almsiedlung Jungu (1955 m, 2 Std., Seilbahn von St. Niklaus). Weiter, anfangs hoch über dem Talgrund, zur Alm Jungtal (2387 m, 1 Std.). Auf einer alten Moräne führen Wegspuren weiter in den Talgrund Galkigi Flue und zu den Moränenfeldern des Junggletschers, wo sich die Routen trennen. **Jungpaß:** Gerade über die Geröllhänge in den oberen Kessel (Rinderalpji), dann über Geröll und Firn nach W in das Joch. **Jungtaljoch, Wasujoch und Wasulicke:** Über die Moränenkämme auf den Junggletscher und gerade nach S zur Wasulicke oder am NW-Rand (evtl. auf dem Felssporn den Bruch umgehend) zum Jungtaljoch oder Wasujoch. Auch Skirouten bei sehr sicheren Verhältnissen.

● 1505 Von Südosten zu Brändjijoch, Wasujoch und Wasulicke (von der Topalihütte)

2 – 2½ Std., **G 2**.

Von der Topalihütte quert man auf schwachen Pfadspuren in westl. Richtung auf die Moräne des Unteren Stelligletschers. Dieser folgt man etwas, bis man auf den Gletscher absteigen kann; in einer schrägen Aufwärtsquerung überschreitet man den Gletscher in NW-Richtung auf die Geröllhänge, die westl. von P. 3055 m von der Kante des Oberen Stelligletschers hinabziehen.

Zum Brändji- und Wasujoch: Gerade den Gletscher aufwärts zum Brändjijoch oder auf etwa 3050 m nach N abbiegend zum Wasujoch.

Zur Wasulicke: Über Geröll und Rasenflecken in NO-Richtung unterhalb des Gletschers querend auf den Wasuhorn-SO-Grat zu, den man bei einem kleinen Sattel direkt westl. von P. 2970 m überschreitet. Über die Geröllhänge steigt man in NW-Richtung in das Joch.

● 1510 Barrjoch, 3269 m

Zwischen den Stelli- und den Barrhörnern. Wegen der erheblichen Stein- und Eisschlaggefahr bestehen auf beiden Seiten keine Übergänge.

Auch die angrenzenden Gipfelgrate sehen zwar interessant aus, gehören aber wegen ihrem sehr schlechten Fels nicht eben unter die Top Ten der Walliser Alpen.

● 1512 Schöllijoch, 3343 m

Bester Übergang von der Topali- zur Turtmannhütte, zwischen den Barrhörnern und dem Schöllihorn gelegen. Bei richtiger Spurwahl besteht auf den kleinen Gletschern beiderseits des Jochs praktisch keine Spaltengefahr, doch ist meist ein Pickel für das Steilstück auf der O-Seite des Joches unentbehrlich, manchmal sind Steigeisen und evtl. Seilsicherung nötig!

● 1513 Von Osten (Topalihütte)

2 Std., **G 2** (ca. 700 Hm). Bei Vereisung kann der 80 m-Steilhang unter dem Joch Probleme bereiten.

Bis zum Schölligletscher ist diese Route mit dem Anstieg zum Bruneggjoch identisch: Von der Topalihütte quert man nach S auf einem Steig in die Chella, ein gewaltiges Schuttkar. Über einen wenig erfreulichen Geröllhang (evtl. Erleichterung durch einige Altschneefelder) steigt man zur Einsattelung P. 3020 m an (einige Steinmänner), die den Übergang in das obere Kar des Schölligletschers ermöglicht. Auf Steigspuren und Geröll quert man absteigend zum Gletscher und steigt diesen gerade aufwärts, zum Schluß sehr steil direkt ins Joch.

● 1514 Von Westen (Turtmannhütte)

2½ Std., **G 1** (830 Hm). Der Aufstieg von der Turtmannhütte zum Schöllijoch ist über weite Strecken identisch mit dem Zustieg zum Bruneggjoch .

Von der Hütte folgt man einem ausgeprägten Weg leicht steigend in SO-Richtung an den S-Ausläufer der Barrwand. Ein auffälliges kleines Couloir (Gässi) erlaubt den nicht schwierigen Durchstieg auf deutlichen Steigspuren mit Markierungen aus dem Grund des Couloirs über dessen orogr. linke Begrenzungsfelsen zu den darüberliegenden Moränenfeldern. Am Ausstieg befindet sich ein großer Steinmann, hier zweigt die Route zur Tracuithütte über den Gletscher rechts ab.
Man folgt jedoch der Seitenmoräne in Richtung Schöllijoch. Oben verliert sich diese in Schrofen und einigen Felsen, man benutzt hier das nördl. Ufer des Firnfeldes, das unter dem Joch liegt. Zuletzt über leichte Felsen und Schrofen in das Joch.
Auch Skiroute.

● 1516 Bruneggjoch, 3365 m

Zwischen Schöllihorn und Brunegghorn. Das Joch wird bei den Normalanstiegen zum Brunegghorn von der Turtmann- und der Topalihütte berührt bzw. überschritten.

● 1517 Von der Turtmannhütte

3 Std., **G 2** (850 Hm).

Von der Hütte folgt man einem ausgeprägten Weg leicht steigend in SO-Richtung an den S-Ausläufer der Barrwand. Ein auffälliges kleines Couloir (Gässi) erlaubt den nicht schwierigen Durchstieg auf deutlichen Steigspuren mit Markierungen aus dem Grund des Couloirs über dessen orogr. linke Begrenzungsfelsen zu den darüberliegenden Moränenfeldern. Am Ausstieg befindet sich ein großer Steinmann, hier zweigt die Route zur Tracuithütte rechts ab.
Man folgt jedoch der Seitenmoräne in Richtung Schöllijoch. Etwa auf 2900 m quert man dann auf ein Schneefeld nach rechts und betritt bei P. 2941 m das rechte Ufer des Brunegggletschers. Im weiteren Verlauf steigt man nun unter der SW-Flanke des Schöllihorns zum Joch an (Spalten!).
Dies ist auch die Skiroute.

● 1518 Von der Topalihütte

3 Std., **G 3** (ca. 750 Hm). Interessante Route, der Bruch des Abberggletschers unter dem Joch kann erhebliche Schwierigkeiten bereiten. Manchmal ist er kaum passierbar, dann bietet sich die Ausweichroute über das Schöllijoch (R 1513) mit Traversierung der Schöllihorn-SW-Flanke an. Abb. S. 401.

Von der Topalihütte quert man nach S auf einem Steig in die Chella, ein geröllgefülltes Schuttkar. Über einen mühsamen Geröllhang (evtl. Erleichterung durch einige Altschneefelder) steigt man zur Einsattelung P. 3020 m an (einige Steinmänner), die den Übergang in das obere Kar des Schölligletschers ermöglicht. Auf Steigspuren und Geröll quert man absteigend unter der Gletscherzunge durch, am Felsfuß des NO-Grates des Schöllihorns vorbei zum Abberggletscher. Man steigt nun am linken Ufer des Gletschers (NW) zum Bruch an, den man nahe der Felsen des Schöllihorns zu überwinden versucht, nur als allerletzte Möglichkeit sollten die brüchigen Felsen am Gletscherrand (Steinschlag) benutzt werden. Schließlich führt ein flacher Schneehang in das Joch.

Diablons-Seitenkamm:

● 1520 Pas de'l Illsee, 2545 m

Im S des Illhorns, er verbindet die Ill- und Meretschealp (Oberems) mit Chandolin, wo Lifte bis Sattelnähe reichen und sich ein überreiches Alm- und Pistenstraßennetz befindet (Fahrrad geeignet).
Der Oberemser Anstieg ist beim Illhorn (R 1602) beschrieben.

● 1522 Pas de Boeuf, 2817 m, Meidpaß, 2790 m

Übergänge im S der Bella Tola, die W-Seite ist leider arg mit Almstraßen und Liften (damit geeignet fürs Fahrrad) erschlossen, dafür findet man auf der Turtmannseite ein absolut ruhiges Wanderparadies.

● 1523 Von St. Luc

Zur weiten Almfläche Montagne de Roua im SW der Bella Tola führen eine Vielzahl von Wegen und Straßen sowie eine Seilbahn nach Tignousa (2180 m). Zum **Pas de Boeuf** wählt man einen der guten Wege auf die Bella Tola zu, unter deren SW-Seite man dann zum Paß ansteigt; **zum Meidpaß** quert man von Tignousa zum Chalet

Blanc und steigt dann über den seenreichen S-Teil der Roua-Alpe direkt zum Paß, auch weiter oben kann man problemlos auf Pfaden vom Pas-de-Boeuf-Anstieg herüberqueren (3 Std. von St. Luc, **BW 1**, 1140 Hm, 2 Std. von Tignousa, jeweils zu den Pässen).
Von der Bergstation der Lifte kann man mit Ski in 30 Min. zu beiden Pässen gelangen.

● 1524 Vom Turtmanntal

Von Gruben führt ein Weg zur Oberen Meide-Alp (2334 m, auch Fahrstraße aus dem Turtmanntal) und durch das Meidtälli am schönen Meidsee (2661 m) vorbei unfehlbar zum Meidpaß (3 Std., **BW 2**, 970 Hm). Auch Skiroute bei sicheren Verhältnissen.
Zum Pas de Boeuf kann man von der o.g. Route über den Borterpaß (2838 m) an der Meidspitz rasch gelangen (3½ Std., **BW 3**).
Weiter gibt es schöne, lange Wege von Gruben über die Alpen westl. oberhalb des Turtmanntales (Rotigu, Simmigu und Grindji) ins untere Bortertälli bei Zer Pleschu (2186 m); hierher auch von Oberems auf gutem Weg zur Gasalpji (1833 m) und über Vorsass.
Nun im Talboden über die verschiedenen Stufen auf wenig begangenem Pfad zum Paß (4–5 Std., **BW 3**).

● 1526 Col du Vijivi, 2914 m

Im S der Tutmannspitze, allenfalls als Skitour begangen, der Schnee hält sich hier lang.
Aus dem Toûno-Talgrund nach O direkt am Lac de Toûno vorbei ins Joch (2 Std. vom Hotel Weisshorn).
Abfahrten sind bei entsprechendem Schnee (SO-Seite) auch ins Turtmanntal möglich.

● 1528 Forcletta (Furggilti), 2874 m

Zwischen L'Omèn Roso und Hirsihorn (Pointe de la Forcletta). Günstigster Übergang zwischen Gruben (Turtmann) und Ayer (Zinaltal).

● 1529 Von Westen (Ayer)

3½ Std., **BW 2** (1400 Hm).

Ein guter Weg führt von Ayer über Le Chapec, Nava Secca (2146 m) und Bella Le (2457 m) und leitet dann über die Almhänge von Montagne de Nava zuletzt wieder etwas steiler zur Scharte.

Den kleinen Umweg über Bella Le kann man sich sparen, wenn man von Le Chapec gleich im Talgrund bleibt und über Navetta (2107 m) bei Tsahelet (2523 m) auf die o.g. Route trifft (weniger aussichtsreich).
Dies ist auch die Skiroute; wegen des Waldgürtels oberhalb von Ayer startet man aber besser vom Hotel Weisshorn mit Ausgangspunkt St. Luc. Man steigt dann durch den breiten Talboden Tsa du Toûno nach Südosten zum Sattel Bella Vouarda (2621 m) und quert dann die obersten Hänge der Almen Montagne de Nava in gleicher Richtung bis unter den Paß, zu dem man wie oben aufsteigt (3½ Std., 6 Std. von St. Luc).

● 1530 Von Osten (Gruben)

3 Std., **BW 1** (980 Hm).

Gut einen Kilometer südlich von Gruben bei Blüomatt zweigt von der Talstraße ein Fahrweg über Masstafel nach Chalte Berg (2488 m) ab, der dazugehörige Fußweg aber kürzt einige der zahlreichen Serpentinen ab. Ein Wanderweg führt weiter in das Blüomatt-Tälli und gerade zum Paß.
Auch mit Ski, bei guten Verhältnissen.

● 1535 Col des Arpettes, 3005 m, Frilijoch, 3011 m

Zwischen Diablons, Frilihorn und L'Omèn Roso im Kamm zwischen Turtmann- und Zinaltal gelegen, selten begangen. Schönes Skigelände.
Von der Turtmannhütte ist der Col des Arpettes nach Abstieg und Überquerung des Gletscherabflusses direkt über das Wängertälli erreichbar (steil und anstrengend, 3 Std.).
Von Mottec (Zinaltal) steigt man auf dem Weg durch den Wald zu den Hütten von Barneuza (1875 m) und weiter zur gleichnamigen Hochalm (La Remointse, 2414 m; der ganze Hang zwischen Ayer und St. Luc ist von einem ungemein dichten Straßennetz durchsetzt). Zum Col des Arpettes im Haupttal weiter in SO-Richtung zum Paß (4 Std.), nach links (O) gelangt man durch ein Nebental unter L'Omen Roso zum Frilijoch (3¾ Std., **G 1** (1460 Hm).

● 1537 Col de Tracuit, 3250 m

Zwischen der Tête de Milon und den Diablons, Lage der Tracuithütte, Beschreibung siehe dort (R 1441).

● 1539 Col de Milon, 2990 m

Zwischen Tête de Milon und Pointe d'Ar Pitetta (Crête de Milon). Siehe R 1446, Anstieg zur Tracuithütte von der Ar-Pitetta-Hütte.

Hauptkamm:

● 1541 Bisjoch, 3534 m

Zwischen Bruneggghorn und Bishorn. Das Joch selbst wird praktisch nur bei der selten durchgeführten Tour von der Turtmannhütte zum Bishorn über dessen O-Grat betreten, der Normalanstieg zum Bruneggghorn führt über die höhere Scharte 3649 m im O.

● 1542 Von der Turtmannhütte

> 3½ Std., **G 3** (1030 Hm). Der Turtmanngletscher, über den diese Route führt, hat im oberen Teil einige, oft gefährlich überdeckte Spalten!

Vom Normalanstieg zum Bruneggghorn geht man, wenn es die Verhältnisse erlauben, direkt über den Steilhang (großer Schrund) ins Joch; meist wird man aber den kleinen Umweg über die etwas höher in Richtung Bruneggghorn gelegene Scharte nehmen müssen, um über den P. 3671 m zum Bisjoch zu gelangen.
Auch Skiroute.

● 1544 Weisshornjoch, 4058 m

Zwischen Bishorn und Weisshorn, am Beginn dessen Weisshorn-N-Grates (Beschreibung siehe dort, R 1632).

● 1546 Schalijoch, 3750 m

Zwischen Weisshorn und Schalihorn, kein Übergang; wenig oberhalb in den Felsen des Weisshorn-SW-Grates steht das Schalijoch-Biwak (siehe R 1465).

● 1548 Hohlichtpaß, 3731 m, Col de Moming, 3777 m, Oberes Äschjoch, 3627 m, Unteres Äschjoch, 3562 m

Die Äschjöcher verbinden den Mettelhorn-Gratzweig mit dem Zinalrothorn, sie werden mit dem dazwischenliegenden Äschhorn beim Zustieg zum Hohlichtpaß und zum Col de Moming von der Rothornhütte betreten.

Col de Moming und Hohlichtpaß liegen zwischen dem Schalihorn und den Pointes de Moming. Während der Col de Moming im Sommer allenfalls bei der Moming-Überschreitung (Zinalrothorn – Weisshorn, R 1645) betreten wird, dient der Hohlichtpaß auch als Zugang zum Schalihorn und damit als beste Möglichkeit zum Erreichen des Schalijoch-Biwaks (R 1641).
Sehr selten verirren sich Skiläufer hierher: Von der Ar-Pitetta-Hütte kann der Momingpaß im Frühsommer über die chaotischen Bruchzonen des Mominggletschers erreicht werden, meist kommt man noch am besten entlang des Besso-N-Grates durch; zweifellos kann hier der Gebietskenner faszinierende Riesenabfahrten bei besten Verhältnissen ins Schalital machen (Ski extrem).

● 1550 Höhbalmstafel, 2609 m

Nur eine Verflachung des nach Zermatt auslaufenden O-Rückens vom Untergabelhorn. Eine leichte Wanderung mit großartigen Ausblicken, vor allem auf die Matterhorn-N-Wand und den Dent d'Hérens, vom Trift-Hotel zur Schönbielhütte. Von Trift steigt man in etwa 1 Std. auf gutem Weg zur Höhbalmstafel auf.
Wie auf einem Aussichtsbalkon weiter in SW-Richtung auf dem Almgelände mit schönster Aussicht nach Schwarzläger, wo der Weg langsam wieder hinabführt zur Einmündung des Arbenbaches vom Obergabelhorn in die Schotterebene des Zmuttgletschers; hier trifft man auf den Schönbielhütten-Zustieg (1 Std., R 1477). Gesamtzeiten Zermatt – Trift – Höhbalmen – Zmutt – Zermatt 5–6 Std.

● 1552 Ober-Rothornjoch, 3835 m

Zwischen dem Zinalrothorn und der Pointe du Mountet. Siehe R 1649 Zinalrothorn-SW-Grat.

● 1554 Col du Mountet, 3658 m, Triftjoch, 3527 m

Beiderseits des Trifthorns im Kamm vom Zinalrothorn zum Obergabelhorn (Wellenkuppe). Keine direkten Übergänge von der Zermatter zur Zinalseite (schwierig, Steinschlaggefahr), jedoch als Zustiege zum Trifthorn, mit dessen Überschreitung man dann den Übergang von der Mountet- zur Rothornhütte durchführen kann (R 1670).

● 1556 Arbenjoch, 3570 m

Zwischen Obergabelhorn und dem Mont Durand. Siehe Arbengrat-Anstieg zum Obergabelhorn (R 1682).

● 1558 Col Durand, 3451 m

Wichtiger Gletscherpaß zwischen Zermatt und Zinal, von der Schönbielhütte zur Mountethütte in großartiger Umgebung. Die Spaltenzonen erfordern einige Vorsicht. Zugang zur Pointe de Zinal im W und dem Mont Durand im O, über den letzteren gelangt man auch zum Beginn des Arbengrates am Obergabelhorn.

● 1559 Von Süden (Schönbielhütte)

3 Std., **G 2** (600 Hm).

Übersicht: Der Hohwänggletscher bildet in seinem oberen Bereich ein größeres Becken, das im obersten Drittel eine Stufe von knapp 100 Hm aufweist. Mit einer zerschrundeten Zunge bricht der Gletscher weiter unten nach S ins Zmuttal ab. Über den Sattel zwischen Schönbielhorn und Gemsspitze wird dieser Bruch umgangen, der obere Gletscher bietet keine Schwierigkeiten.
Route: Nach wenigen Schritten in westl. Richtung leiten Steigspuren in die Chumme, eine Geröllhalde, die in den Sattel zwischen Schönbielhorn und Gemsspitz führt (3209 m, 1½ Std.). Jenseits führt ein Pfad in N-Richtung kurz absteigend und dann horizontal über Schuttfelder auf das Gletscherbecken direkt oberhalb der Zunge (P. 3150 m). Der weitere Aufstieg folgt dem W-Ufer des Gletschers, über die kurze Steilstufe bei P. 3312 m mit einigen großen Spalten, und führt schließlich direkt zum Paß.
Direktabstieg nach Zermatt: An der W-Seite der zerschrundeten Gletscherzunge direkt über Geröllfelder, Fels und Rasen zur Seitenmoräne des Zmuttgletschers nach Hoch-Bielen.

● 1560 Von Norden (Mountethütte)

3 Std., **G 3** (650 Hm).

Auf dem Fußpfad quert man in S-Richtung von der Hütte zur Moräne und steigt dann auf dem Gletscher ab. In einem großen Bogen umgeht man östl. die Spaltenzone am Fuß des Roc Noir auf ca. 2800 m. Ab ca. 2850 m steigt man weiter unter der O-Flanke des Roc Noir an und erreicht an dessen S-Ende das obere Gletscherbecken über eine Firnrippe zwischen den beiderseitigen großen Bruchzonen. Man hält sich nun direkt auf den Paß zu, den man über einen letzten steilen Hang erreicht (oft breiter Bergschrund und vereist).
Dies ist auch die Skiroute.

6.3 Gipfel

Brunegghorn- Augstbordkamm:

● 1570 Ergischhorn, 2533 m, Signalhorn, 2910 m, Altstafelhorn, 2839 m, Ginalshorn, 3026 m

Diese bis weit hinauf begrasten Gipfel an der W-Seite des Ginalstales bieten einfaches Wandergelände mit schöner Aussicht, ganz besonders aber auch hübsche Skimöglichkeiten; die Lifte von Eischoll führen bis ans Ergischhorn und die von Unterbäch weit ins Ginals hinauf, ebenso ein Fahrweg (ca. 2450 m). Die W-Seite (Turtmanntal) ist dagegen nur von einigen Almen erschlossen und sehr ruhig geblieben. Alle Gipfel sind damit unschwierig zu erreichen, auch der Verbindungsgrat ist problemlos zu begehen. Gelegentlich undeutlich bezeichnete Wege führen bis weit in die Almregion hinauf. Die Routen bieten dem erfahrenen Bergwanderer mit guten Wanderkarten keinerlei Schwierigkeiten.

Einige wichtige Anstiege und Zeiten:

Ergischhorn von Ergisch (1131 m) über Alpetjini (1856,3 m): 4 Std.

Ergischhorn von Eischoll (1260 m) über Sengg (1622 m, Fahrweg, 1 Std.) und das Sängtelli: 3½ Std. (1270 Hm).

Signalhorn von Eischoll (1260 m) über Sengg (1622 m, Fahrweg, 1 Std.), Eischollalp (2058 m, 1¼ Std.) und Ergischalphorn (2849,3 m): 5 Std. (1650 Hm).

Signalhorn von Eischoll (1260 m) über Unteres Sänntum (Ginals-Lifte, 1993 m, Fahrweg, 2 Std.): 5 Std. (1580 Hm).

Signalhorn von Unterbäch (1221 m) über Brand (Seilbahn, 1589 m, 45 Min.) und Unteres Sänntum (Ginals-Lifte, 1993 m, Fahrweg, 1¼ Std.): 5 Std., 1620 Hm.

Altstafelhorn/Ginalshorn von Pletschu (1807 m, Turtmanntal) über Chummetji: 3½ Std., 1030 / 1230 Hm).

Ergischhorn – Altstafelhorn (1¼ Std.) – Ginalshorn (40 Min).

Ginalshorn von Pletschu (1807 m, Turtmanntal) über Niggelinglücke (2840 m) und Schwarze Blatte (2975 m): 3½ Std. (1290 m).

Mit Ski können praktisch alle Flanken ins Ginals oder Richtung Eischoll befahren werden; die Bahnen zur Eischollalp und zum Seefeld (Ginals) verkürzen die Anstiege erheblich (z. B. Seefeld/Ginals – Ginalshorn: 2 Std., Eischollalp – Ergischhorn: 1¼ Std.). Abfahrten ins Turtmanntal werden üblicherweise nur vom Ginalshorn Richtung SW nach Pletschu durchgeführt.

● 1572 Augstbordhorn, 2972 m

Empfehlenswerter Aussichtspunkt. Besonders in Verbindung mit dem Weg über den ONO-Rücken des March **von der Moosalp** gut zu erreichen (2½ Std., **BW 2**, ca. 1000 Hm). Auch aus dem obersten **Ginalstal** (Seefeld, 2546 m, Fahrweg) direkt über Rasen und Schotter unschwierig besteigbar (4 Std. von Unterbäch-Brand).
Im Winter führen die Lifte weit im Törbeltälli hinauf (2550 m), über die nahe Scharte zwischen Augstbordhorn und March kann dann der Gipfel leicht erreicht werden. Interessante Abfahrten ins Ginalstal (Lifte bis zum Seefeld, 2546 m).

● 1574 Dreizehntenhorn, 3052 m

Auch dieser Gipfel ist ohne Schwierigkeiten zu besteigen, allerdings sind die Wege deutlich weiter als zum Augstbordhorn – dadurch ist man hier aber auch meist alleine unterwegs; das benachbarte Schwarzhorn verdeckt jedoch einen Teil des Panoramas.
Von Embd auf R 1494 ins Augstbordtal und auf ca. 2500 m nach rechts abzweigen in das Rots Tälli und über Schotterfelder zur Rots-Tälli-Lücke (2937 m) hinauf, von wo aus man den Gipfel über den SW-Grat ohne Schwierigkeiten erreicht (6 Std., **G 1**, 1700 Hm).
Von Gruben-Pletschu (1807 m) über das Niggelingtälli in die Niggeling-Lücke und über den NW-Grat, bzw. über die Rots-Tälli-Lücke und den SW-Grat auf den Gipfel (jeweils ca. 4 Std., **G 1**, 1240 Hm).
Aus dem Ginalstal führt ein Fahrweg über das Sänntum zum Seefeld (2546 m, 2¾ Std.), von hier auf den obersten O-Grat und zum höchsten Punkt (4 Std., **BW 2**, 1470 Hm von Unterbäch-Brand).
Das Niggelingtälli bietet im Frühjahr eine Skiroute vom Turtmanntal zum Dreizehntenhorn, mit Schlußaufstieg jenseits der Niggeling-Lücke über die oberste N-Flanke (4–5 Std.).
Auch vom Ginalstal steigt man mit Ski von der Bergstation der Liftanlagen in SW-Richtung am Borterhorn vorbei auf die Niggeling-Lücke zu und erreicht den Gipfel über seine N-Flanke.
Alternativ kann man auch am Grosse See (2546 m) vorbei in einem O-Bogen eine schräge Rampe erreichen, die unter dem Augstbordgrat entlang in eine Scharte im O des Gipfels führt; über den Grat unschwierig zum höchsten Punkt.

Vorherige Doppelseite: *Blick vom Gornergrat auf die Weisshorngruppe. Von links: Obergabelhorn, Zinalrothorn, Weiss- und Brunegghorn.*

● 1576 Schwarzhorn, 3201 m

Dieser Gipfel überragt die nähere Umgebung mit seiner spitzen Pyramide und bietet damit in dieser Region die umfassendste Rundsicht. Über die Rots-Tälli-Lücke läßt sich der Gipfel mit dem Dreizehntenhorn verbinden (1 Std. vom Dreizehntenhorn, **G 1**; Schutthänge am NO-Grat). Vom Augstbordpaß (R 1492) führen Wegspuren über den S- und SW-Grat, zuletzt über leichte Felsen auf den Gipfel (¾ Std., **G 1**, 210 Hm; 4 Std. von Gruben, 6 Std. von Embd).
Eine Skiroute führt von Gruben steil in das Grüobtälli, von dessen oberstem Bereich man über die SW-Flanke zum Gipfel aufsteigt (5 Std.). Die Augstbordtal-Anstiege (Embd) sind lawinenbedroht.

● 1578 Furggwanghorn, 3161 m

Ausgedehnte Schotterfelder charakterisieren auch diesen Gipfel. Über den Südgrat vom Jungpaß gelangt man in ¾ Std. (180 Hm) ohne Schwierigkeiten zum Gipfel. Der Nordwestrücken von Gruben über die Almhütten von Gigi-Oberstafel (2316 m, 1½ Std.) zieht mit mühsamen Geröllhängen zum Gigihorli (2731,7 m, schöner Aussichtspunkt) und folgt dem breiten Rücken bis zum Gipfel (4 Std.).

● 1580 Stellihörner, 3409 m

Wegen der allgemein sehr schlechten Felsqualität wird der aus zwei Spitzen bestehende Berg (Äusseres, 3405 m, und Inneres Stellihorn, 3409,5 m) kaum besucht. Steile Felswände nach O und W.

● 1582 Wasuhorn, 3343 m

Im Seitengrat Stellihorngruppe – St. Niklaus gelegen. Langer, aber unschwieriger Zustieg aus den Jungtal, von der Topalihütte dagegen gut und schnell zu erreichen. Vom Wasujoch (R 1504) über den Schnee und einige Schuttschrofen der W-Flanke zum Gipfel (20 Min., 6–7 Std. von St. Niklaus). Einsame Skitour durch das Jungtal und über den gleichnamigen Gletscher zur Wasulücke und zum Gipfel, nur bei sichersten Verhältnissen im unteren Jungtal.

● 1584 Inneres Barrhorn, 3583 m, Äusseres Barrhorn, 3610 m

Herrliche Aussichtsgipfel, deren Anstiege wegen der Schotterfelder im Gipfelbereich etwas mühsam sind. Allerdings gibt es in den gesamten Alpen wohl keinen weiteren Berg von ähnlicher Höhe und vergleichbarem Panorama, der auch dem »normalen Bergwanderer«

zugänglich ist! Dennoch ist es in diesem Bereich der Walliser Alpen trotz der Nähe zu den bekannten Modebergen sehr ruhig geblieben. Anspruchsvoller, aber lohnender Skiberg von der Turtmannhütte.

● 1585 Südgrat und Westflanke vom Schöllijoch

1¼ – 1½ Std., **G 1** (380 Hm zum Äusseren Barrhorn).

Vom Joch folgt man den Steigspuren in den gewaltigen Schotterfeldern; man hält sich immer knapp unterhalb der Gratkante in der Westflanke. Dabei wird das Innere Barrhorn überschritten (oder westl. umgangen, Steigspuren, Schrofen) und nach einem Abstieg von ca. 100 Hm leicht in der W-Flanke zum Gipfel aufgestiegen.
Wer von der Turtmannhütte kommt, muß nicht bis ins Schöllijoch aufsteigen, sondern kann mühsam ab 3100 m über die ganze W-Flanke des Inneren Barrhorns diagonal über einige Schrofen und viel Schutt in die Scharte zwischen den beiden Gipfeln ansteigen; günstige Route für den Abstieg. Auch Skiabfahrt bei sicheren Verhältnissen.

● 1586 Westflanke von der Turtmannhütte

3 Std., **G 2** (1100 Hm).

Man folgt R 1517 des Bruneggjochs bis oberhalb des Gässi und steigt über Schotterfelder und wenige Schrofen in nördl. Richtung auf den vom Äusseren Barrhorn nach W abstreichenden Kamm zu P. 3057 m. Ohne irgendwelche Schwierigkeiten über den Rücken, der sich oben in der Schotterfeldern der W-Flanke verliert.
Dies ist auch die Skiroute, die lawinensichere Verhältnisse erfordert. Nur bei allerbesten Verhältnissen kann man beim Abstieg vom Gratrücken das Schneecouloir benutzen, das von ca. 3200 m nach NW in das Pipjitälli hinabzieht; in letzter Zeit sind hier jedoch einige Spalten, apere Schrofen und oft Blankeis freigeworden (Ski-Steilabfahrt).

● 1588 Schöllihorn, 3499 m

Von der Turtmann- und Topalihütte leicht erreichbarer Aussichtsberg. Schöne, oben sehr steile Skitour vom Brunegggletscher aus. Vom Schölli-, wie auch vom Bruneggjoch jeweils auf Steigspuren im Schotter zum breiten Gipfel (je 30 Min.).

Brunegghorn und Abberggletscher beim Anstieg von der Topalihütte.

● 1590 Bruneggorn, 3833 m

Interessanter Gipfel, der mit seiner eindrucksvollen Eiswand aus dem unteren Mattertal dem sonst so dominierenden Weisshorn die Schau stiehlt. Im Gegensatz dazu steht die breite, brüchige Felsmauer auf der SO-Seite; der Randa-Bergsturz 1991 kam aus ihrem Sockel. Der Gipfel wird nicht allzu häufig besucht, bietet jedoch eine grandiose Rundsicht und teilweise interessante Passagen (z. B. Abberg-Eisbruch von der Topalihütte). Frühjahrsskitour.

● 1591 Südwestgrat (oberer Teil) vom Bruneggjoch

1½ – 2 Std., **G 2** (470 Hm). Normalweg, Spaltengefahr.

Vom Bruneggjoch steigt man etwas westl. des felsdurchsetzten NW-Kammes auf den Firnfeldern in nahezu genauer S-Richtung zum Firnsattel östl. von P. 3671 m im SW-Grat an (das Bisjoch bleibt also rechts unten liegen); zu späterer Jahreszeit ist hier ein breiterer Bergschrund. Vom Sattel (bzw. bei guten Verhältnissen auch schon beliebig früher) biegt man nach links ab und steigt über Schnee und wenig Schotter immer westl. der Grathöhe bleibend (Wächten!) über die oberste Westflanke zum Gipfel auf. Dies ist auch die Skiroute.

● 1592 Nordwestgrat vom Bruneggjoch

II, 1½ – 2 Std., **G 4** (470 Hm). Günstig im Frühsommer.

Man folgt vom Joch dem anfangs felsigen, aber breiten Kamm, der in geringer Steilheit und ohne Schwierigkeiten an den Firngrat stößt. Der Grat steilt sich nun auf und wird von drei Felsstufen unterbrochen. Sie werden in leichter Kletterei jeweils von rechts her erstiegen.

● 1593 Nordostgrat von der Topalihütte

4–5 Std., **G 8** (Hm). Sicher interessantester Anstieg auf das Bruneggorn. Im obersten Teil muß man sich wegen der Wächten meist in der steilen N-Wand halten. Oft wird der Grat vom obersten Plateau des Abberggletschers betreten, man kann jedoch auch unterhalb des Bruches in das Joch zwischen Schwarzhorn und Bruneggorn queren (P. 3111 m) und den anfangs felsigen Grat unschwierig zum oberen steilen Abschnitt benutzen. Abb. S. 401.

Man folgt von der Topalihütte R 1518 des Bruneggjochs bis oberhalb der großen Bruchzone. Nun quert man leicht ansteigend oberhalb der kleinen Felsinsel P. 3419 m vorbei zum Grat, den man bis zum Gipfel in zunehmend steiler werdendem Firn verfolgt (Wächten).

● 1594 Weiterer Anstieg

Nordwand: Schöne, bis zu 57° steile Eiswand, G 10. Abb. S. 401.

Diablons-Kamm:

● 1600 Gorwetschgrat, 2025 m

Besonders lohnender Aussichtsgipfel, der gewaltige Tiefblick in den wilden Illgraben beeindruckt hier ganz besonders. Von Chandolin führt ein für den privaten Verkehr gesperrtes Fahrsträßchen am W-Hang des Illhorns, dann an der Oberkante des Illgrabens vorbei mit enormen Tiefblicken bis in die Nähe des höchsten Punktes (1½ Std.).

● 1602 Illhorn, 2716 m

Sehr schöner Aussichtsberg, der auf breitem Fuß- bzw. Fahrweg über das leider arg verunstaltete Pistengelände von Chandolin in ca. 2 Std. zu erwandern ist.
Abwechslungsreicher, aber viel länger steigt man von Oberems (1341,5 m) auf gutem Weg zur Unteren (1891,3 m) und Oberen Meretschialp (2286 m). Darauf hält man sich in W-Richtung zum Sattel Parilet (2552 m) und steigt jenseits etwa 200 Hm zum Illsee ab. Von dessen W-Seite erreicht man den Gipfel auf dem Weg über den Pas de l'Illsee oder direkt über die SO-Seite (5 Std.).

● 1604 Emshorn, 2633 m, Brunnethorn, 2952 m

Mit diesen Gipfelpunkten sinkt der NO-Grat der Bella Tola in Richtung Oberems. Beides sind schöne und sehr ruhig gebliebene Aussichtspunkte. Das Emshorn ist auf markiertem Weg vom Ende des Almweges Oberems – Griebjini-Oberstafel (der Fußweg kürzt die Kehren ab, 2 Std.) in etwa 1 Std. bequem zu erreichen (3 Std. von Oberems, 1300 Hm). Zum Brunnethorn folgt man dem breiten Gratrücken über große Blöcke, am gegen Ende zu etwas schärferen Grat mit leichter Kletterei (45 Min.).
Weiter sind nahezu weglose Anstiege aus dem Bortertal ohne Schwierigkeiten möglich, eher für den Abstieg geeignet (schöne Rundtour). Auch der weitere Grat zur Bella Tola bietet nur an wenigen kurzen Stellen kleine Klettereinlagen, eher muß man sich hier mit großen »Wackelblöcken« auseinandersetzen.

● 1606 Bella Tola, 3025 m

Bekannter Aussichtsberg, der durch die Seilbahnen von St. Luc im Val d'Anniviers ohne allzu große Mühe und auf guten Wegen erreicht werden kann. Die ausgedehnten Almflächen auf der W-Seite des Kammes unter der Bella Tola bis hin zum Illhorn haben mit den Siedlungen St. Luc und Chandolin hochgelegene Ausgangspunkte für schöne Wandermöglichkeiten, sie sind aber leider auch mit reichlich Almstraßen und Pistenbauten bestens erschlossen.
Skilifte führen in dieser Region weit hinauf (bis etwa 2700 m), während es auf der NO-Seite (Oberems) noch ruhig geblieben ist.

● 1607 Westseite von St. Luc/Chandolin

Von St. Luc führt ein Saumweg mit einigen Abkürzungssteigen zum Chalet Blanc (2179 m). Der Weg führt über die oberen Almflächen in die Mulde westl. unter der Bella Tola, auf die der Weg zuletzt über ein Geröllfeld im Zickzack hinaufführt (3½ Std., 1350 Hm).
Von der Sesselliftstation **Tignousa** erreicht man die Almmulde auf dem bezeichneten Weg in O-Richtung ansteigend (2¼ Std., 840 Hm). Vom **Pas du Boeuf** über den S-Rücken in 20 Min. zum Gipfel. **Von Chandolin** quert man südl. ansteigend zur Station Tignousa und trifft damit auf die o.g. Route; alternativ kann man auf guten Wegen östl. zum Lac Noir im Wintertälli aufsteigen, um dann über viel Geröll den N-Grat des Rothorns zu erreichen (hierher auch von Oberems über die Meretschialp). Mit einigen Umgehungen von Felsgratstücken gelangt man wenig schwierig zu diesem Gipfel (2998,1 m), von dem man über den Verbindungsgrat zur Bella Tola hinübergeht (4 Std. von Chandolin, 6 Std. von Oberems).

● 1609 Meidspitz (Corne du Boeuf), 2935 m, Le Toûno, 3017 m, Turtmannspitze (Pointe de Tourtemagne), 3079 m, Meidhorn, 2875 m, Burgihorn (Le Boudri), 3070 m, Hirsihorn (Pointe de la Forcletta), 3076 m, L'Omèn Roso, 3031 m, Frilihorn, 3123 m

Der gesamte Kamm erhebt sich mit großen Geröllfeldern aus dem beiderseitigen Almgelände. Das Gebiet stellt ein ruhiges Wandergelände dar mit allerdings teilweise mühsamen Gipfelanstiegen, aber grundsätzlich unschwierig. Alle Gipfel sind schöne Aussichtspunkte. Fahrweg vom Turtmanntal zur Meide-Alp, von hier in ca. 1½ Std. über das Augsttälli und die oberste SW-Flanke zum Meidhorn.
Günstiges Skigelände vom Hotel Weisshorn oberhalb von St. Luc:

Le Toûno kann vom Lac du Toûno (R 1526 zum Col de Vijivi) über seine steile S-Seite erstiegen werden (2½ Std. vom Hotel Weisshorn). Die Turtmannspitze erreicht man nach nordseitiger Umgehung des Toûno am Lac de Combavert vorbei über die steile NW-Flanke (3 Std. vom Hotel Weisshorn, 5 Std. von St. Luc). L'Omen Roso besteigt man vom westseitigen Forcletta-Anstieg über die oberste NW-Flanke (4 Std. vom Hotel Weisshorn, 6 Std. von Ayer).

● 1611 Les Diablons, 3606 m

Drei ziemlich selten besuchte Gipfel, deren mittlerer der höchste ist.

● 1612 Südwestgrat des Südgipfels von Zinal

I, 5–6 Std., **G 3** (1950 Hm). Leichtester Anstieg, vom Tal her sehr lang, der Grat ist auch in 30 Min. von der Tracuithütte erreichbar.

Auf R 1442 bis zum Roten Gendarmen, einem Felsturm am Beginn des Grates (P. 2931 m). Man kann den Turm westl. umgehen und erreicht damit den Grat darüber, über den man über Felsen und Geröll leicht bis zum S-Gipfel aufsteigt. Der Übergang zum Hauptgipfel verläuft anfangs auf dem Schneegrat, später in unschwieriger Kletterei über den mit einigen Türmchen besetzten Grat.

● 1613 Ostflanke von der Tracuithütte

I, 2½ Std., **G 3** (400 Hm); ca. 5 – 5½ Std. von der Turtmannhütte.

Von der Tracuithütte über den ebenen Turtmanngletscher auf der Route zur Turtmannhütte bis in Fallinie des S-Gipfels hinab (P. 3213 m), wo sich schräg links aufwärts nach einer kurzen Geröllpassage ein kleiner Gletscher zum Grat zwischen dem S- und dem Mittelgipfel hinaufzieht. Über diesen möglichst gerade empor zum tiefsten Punkt des Verbindungsgrates. Ab hier folgt man dem mit Türmchen besetzten Grat in leichter Kletterei zum Hauptgipfel.

● 1614 Nordwestgrat von Zinal

II (Stellen), 6–7 Std., **G 4** (1660 Hm). Sehr lange, aber interessante Tour, mit dem Abstieg zur Tracuithütte ergibt sich eine schöne Überschreitung des Massivs.

Vom Ortsteil Zinal-Perrec folgt man dem Weg in NO-Richtung anfangs im Wald, weiter oben über Weidegelände zur Almfläche

Lirec (Alphütte 2172 m, 1 Std.). In weiterhin nordöstl. Richtung steigt man über das Almgelände, später über Geröll und zuletzt Schrofen zum Grat, den man etwa bei P. 3143 m betritt (2½ Std.). Der folgende Kamm ist breit und bietet keine Schwierigkeiten auf dem Weg über P. 3374 m zum Firndom 3443 m (1 Std.). Nach einem kurzen Abstieg auf den Schneesattel vor einem Vorgipfel, der bei gutem Schnee ostseitig sehr steil umgangen werden kann. Sonst sucht man sich zwischen der Eisflanke und dem Felsgrat den besten Kletterweg über die nicht schwierigen Felsen zum Hauptgipgel (1½ Std.).

● 1620 Tête de Milon, 3693 m

Dieser Gipfel ragt als kleine, dreiseitige Pyramide aus dem Gratverlauf vom Weisshorn zur Tracuithütte nur wenig heraus; er sendet einen Nebengrat zur Pointe d'Ar Pitetta und bildet auf beiden Seiten dieses Grates steile Felsflanken, während der Turtmanngletscher bis auf den Gipfel reicht. Von der Tracuithütte im Firn links des NW-Grates zum Gipfel (1¼ Std., **G 2**, 450 Hm). Der Südwestgrat vom Col de Milon (Crête de Milon) bietet Kletterei – **IV** (Stellen), sonst III und leichter, 2½ – 3 Std., **G 6** (710 Hm) –, bis zum steilen Aufschwung hält man sich dabei auf der N-Seite der bis dahin leichten Gratkante. Dann über den Grat in schöner Kletterei zum Gipfel.

● 1622 Pointe d'Ar Pitetta, 3132 m

Netter Aussichtgipfel mit allerdings etwas langweiligem Zustieg. Vom Roc de la Vache (R 1443, Zugang zur Tracuithütte) folgt man dem Kamm über Rasen, Schotter und einige leichte, aber wenig feste Felsen (1¾ Std., **G 2** (560 Hm). Auch die W-Seite kann über ermüdende Schuttfelder erstiegen werden.

Hauptkamm:

● 1624 Bishorn, 4158 m

Vielbesuchter, doppelgipfeliger Viertausender in der Verlängerung des Weisshorn-Nordgrates. Seine große Beliebtheit resultiert wohl aus dem Zusammentreffen von einer ganzen Reihe von günstigen Aspekten: Da ist einmal natürlich die magische 4000 m-Grenze, dazu ein unproblematischer und verhältnismäßig kurzer Gletscheranstieg von der hochgelegenen Tracuithütte und nicht zuletzt der großartige Blick insbesondere auf den Weisshorn-Nordgrat. Aus der Ferne wirkt das Bishorn jedoch eher wie ein Ausläufer dieses Grates und nicht als eigenständiger Gipfel. Der höchste Punkt ist der schneeige W-Gipfel, der O-Gipfel besteht aus einigen Felsen und ist nur wenig niedriger. Im Frühjahr kann man mit Ski bis fast zum höchsten Punkt ansteigen. Von den Begehern des Weisshorn-Nordgrates wird das Bishorn meist beim Zustieg zum Weisshornjoch überschritten. Außer dem Normalweg über die NW-Flanke wird es nur ziemlich selten über andere Routen wie z. B. den O-Grat oder die NO-Wand bestiegen.

● 1625 Nordwestflanke von der Tracuithütte

2½ Std., **G 2** (930 Hm). Normalroute und leichtester Anstieg. Der fast reine Gletscherweg führt über allgemein unschwierige Gletscherhänge. Da jedoch einige Spalten überschritten werden müssen, sollte man auch bei scheinbar guter Spur nur richtig angeseilt unterwegs sein (auch wenn man gerade hier immer wieder Leute seilfrei gehen sieht; Berichte von Spalteneinbrüchen sind nicht gerade selten und sollten zu denken geben!).

Von der Hütte quert man in wenigen Min. auf die auffällige Gletscherrippe und hält sich dann östl. in den Sattel (P. 3549 m) zwischen Bishorn und Stierberg (Wächten!). Ab hier über die mittelsteilen Firnhänge in den Sattel zwischen den beiden Bishorn-Gipfeln und schließlich über einen kurzen, steilen Grat nach W zum höchsten Punkt oder auf der anderen Seite über einige Felsen auf den O-Gipfel.

● 1626 Südwestgrat zum Weisshornjoch

¼ Std., **G 2** (100 Hm).

Bester Zugang über den Schneegrat für den Weisshorn-Nord-Grat.

● 1627 Ostgrat vom Bisjoch

Stellen **II**, 3 Std., **G 5** (650 Hm, vollständiger Grat); I, 3½ Std., G 4 (690 Hm über den SO-Sporn aus dem Bisgletscher).

Übersicht: Der O-Grat teilt sich am P. 3939 m und bildet eine dreieckige Felsflanke. Nordseitig schließt diese an die NO-Wand an, während auf der anderen Seite (S) die wesentlich zahmere Flanke vom Bisgletscher hinaufzieht. Der direkte Anstieg folgt dem ausgesetzten ONO-Grat in steilem Firn und einigen Felspartien, die Flanke südl. des SO-Sporns vom Bisgletscher ermöglicht eine leichtere Umgehung bis zum oberen Gratabschnitt.

Route: Direkter O-Grat: Man folgt dem anfangs verfirnten Grat, der mit zunehmender Höhe steiler und felsig wird. Kurz vor P. 3939 m wieder über Schnee zum Verbindungsgrat; anfangs fast eben und dann wieder steiler zu den Felsen des O-Gipfels. Man überklettert diesen leicht und gelangt nach W zum Hauptgipfel.
Südseitige Umgehung: Vom Bisjoch kurz auf den Bisgletscher hinab und leicht absteigend zu P. 3461 m am Fußpunkt des SO-Sporns. Kurz vorher über Firn und einige leichte Felsen auf den Firnhang, der ohne Schwierigkeiten zu P. 3939 m führt.

● 1628 Weiterer Anstieg:
Ostnordostwand: Großartige Eiswand mit einigen mächtigen Seracabbrüchen. An die 60° steil, gelegentlich auch steilere Passagen. Verhältnismäßig geringe Eisschlaggefahr; etwa G 10. Durchstiegsmöglichkeiten den jeweiligen Verhältnissen entsprechend.

● 1630 Weisshorn, 4505 m

Mit dem Matterhorn teilt sich das Weisshorn den Titel des schönsten Berges der Alpen; drei scharfe Grate bilden hier eine regelmäßig geformte Pyramide. Sicher am eindrucksvollsten zeigt sich dieser Berg von N und O mit seiner vergletscherten NO-Flanke, die SO- und W-Flanke besteht jeweils weitgehend aus Fels, sie fußen aber auf teilweise enorm zerrissenen Gletschern. Alle Anstiegsrouten sind lange, kombinierte Touren, die nur von wirklich erfahrenen, an die Höhe akklimatisierten und in kombiniertem Gelände sicheren Bergsteigern versucht werden sollten, sonst vervielfachen sich die Anstiegszeiten. Wegen immer wechselnder Verhältnisse müssen einige Reserven vorhanden sein, niemand sollte hier mit Vorsatz die Grenze seiner persönlichen Leistungsfähigkeit austesten!
Die Route über den O-Grat (Stellen III, steiler Schneegrat) ist die gebräuchlichste und stellt auch den besten und schnellsten Abstiegsweg dar. Etwas anspruchsvoller ist der Anstieg über den sehr schönen N-Grat (Stellen III+), schließlich bietet der SW-Grat (Schaligrat) eine großartige Kletterroute im IV-ten Schwierigkeitsgrat und ermöglicht zusammen mit einer der beiden anderen Grate eine der schönsten Walliser Gratüberschreitungen. Bei einem Gipfel mit derart schönen Gratanstiegen kann keine Route durch die stein- und eisschlaggefährdeten Flanken empfohlen werden. Lediglich die sogenannte Young-Rippe vom N-Grat am Grand Gendarm nach W hinab ist relativ sicher, man findet noch einige Stifte der alten Seilversicherungen.

● 1631 Ostgrat von der Weisshornhütte

III (Stellen, sonst II und I; im Schnee bis 45°), 6–7 Std., **G 5** (1580 Hm). Kombiniert; Zustieg über Gletscher, Geröll und eine etwas brüchige Felsflanke, dann ein Felsgrat und ein zunehmend steiler werdender Firngrat. Sehr empfehlenswert. Abb. S. 410/411.

Übersicht: Der oberste, schneeige O-Grat fällt anfangs steil und ziemlich breit, dann etwas flacher und dafür schmäler zum Felsgrat ab, der auf etwa halber Gratstrecke beginnt und mit vielen Türmen versetzt über den P. 3916 m und P. 3782 m in den Schneesattel 3468 m hinunterzieht. Die Anstiegsroute erreicht den Grat am P. 3916 m, dem sog. Frühstücksplatz, über die mittlere Rippe der südostseitigen steilen Schrofen-, Fels- und Schotterflanke. Hier führt fast durchgehend ein ausgetretener Pfad hinauf; alle anderen Variationen sind schwieriger oder sehr steinschlaggefährdet, auch die über den ganzen Grat vom Sattel 3468 m. Es ist besser, morgens auf die Dämmerung zu warten, um den richtigen Einstieg zu finden, als im Dunkeln herumzuirren und sich und andere damit zu gefährden.
Zustieg: Ein guter Pfad führt von der Hütte in NW-Richtung ansteigend zum östlichsten Arm des Schaligletschers, auch Fluhgletscher genannt. Man quert diesen Gletscherarm fast eben nach W an die Rinne nördl. von P. 3145 m auf der gegenüberliegenden Felsrippe, die vom P. 3916 m am Weisshorn-O-Grat in den Schaligletscher herunterzieht. Man erklettert die Rinne über Felsstufen (II) etwa zur Hälfte um dann auf gutem Pfad nach links (S) um den P. 3145 m herum zu den darüberliegenden Schnee- und Schotterfeldern zu gelangen (im Frühsommer bei Schnee auch direkt hinauf). Man folgt in N-Richtung dem oberen Rand dieser Felskante auf Firn bzw. Geröll und Blöcken mit kurzen Felsunterbrechungen (II) zu einem Schneefeld, über das man leicht linkshaltend die Felsen unterhalb von P. 3916 m erreicht; nach S bricht dieses Firnfeld mit breiter Rinne zum Schaligletscher ab. Der Beginn des weitgehend ausgetretenen und mit Steinmännern markierten Pfades befindet sich auf der Rippe links über der erwähnten Rinne, etwa auf der Höhe, wo das Aufstiegs-Schnee-/Schuttfeld an die Felsen stößt. Ein Steinmann markiert die Stelle, ist aber bei Dunkelheit kaum zu erkennen (die scheinbar deutlichen Spuren in die andere Richtung, nach rechts aufwärts, führen in ungünstiges, nicht ungefährliches Gelände). Bei aperem Fels quert man vom Schuttfeld einige Meter nach links zu einer kurzen Rinne, über die man keine 10 Meter hinauf zu einem Band nach links

Die Weisshorn-Südostseite vom Platthorn, links das Schalihorn.

klettert (II), hier steht der Steinmann. Weiter immer auf dieser Rippe bis zum Grat am P. 3916 m (Stellen II, Wegspuren, Steinmänner), ein Ausweichen in die Flanken ist nicht nötig (3½ Std.).

Route: Der ausgesetzte Felsgrat wird nahezu durchgehend auf seinem Gratfirst erstiegen, nur der letzte »Spitze Gendarm« wird nördl. umgangen. Die Felsen des Grates sind fest und bieten schöne Kletterei

(Stellen III, sonst leichter, 1 Std. bei guten Verhältnissen; die Felsstufe am ersten Turm (Lochmatterturm, Tafel) wurde durch zwei Ringe auch für kleinere Leute ersteigbar gemacht, auch eine südliche Umgehung ist möglich, früher war meist Steigbaum oder Seilwurf nötig). Nach dem letzen Gendarm beginnt der Schneegrat, der im unteren Teil schmal und manchmal verwächtet ist und weiter oben breiter und deutlich steiler wird. Der Schrund auf halbem Wege muß gegebenenfalls in der steilen NO-Flanke umgangen werden, bei Vereisung am obersten Gratstück kann man auch die Felsen der SO-Flanke direkt unterhalb der Gratkante bis zum Gipfel benutzen (1¾ Std., bis 45°).

● 1632 Nordgrat vom Weisshornjoch

III+ (Stellen), 5–6 Std., **G 6** (460 Hm); 7–8 Std. von der Tracuithütte. Großartiger Gratanstieg, die Schlüsselstelle liegt in der Erkletterung des Grand Gendarm, bis 45°. Abb. S. 414/415.

Übersicht: Vom höchsten Punkt zieht der wellige, nur von wenigen Felsen unterbrochene Firngrat in mäßiger Steilheit nördlich hinab, bis auf etwa halber Gratlänge ein mächtiger Gendarm (P. 4331 m) den Beginn des Felsteils markiert. Nach dessen Steilabbruch senkt sich der Grat mit mehreren Zacken und geht nach ca. ¼ Gratlänge wieder in Firn über, zuletzt, bis zum Weisshornjoch, mit einigen leichten Felsen. Dieses Joch kann von der Tracuithütte direkt über steiles Eis erreicht werden, viel günstiger ist jedoch die wenig längere Überschreitung des Bishorns. An zwei Stellen seilt man auch beim Anstieg günstigerweise kurz ab (sonst III). Die ganzen Schwierigkeiten des Anstiegs konzentrieren sich auf den felsigen Gratteil mit der Überkletterung des Gendarmen, eine Umgehung des Gendarmen auf der O-Seite über griffarme, schwierige Platten ist zwar möglich, aber die Überschreitung ist fast immer besser. Im Firnteil besteht allgemein nur an wenigen Stellen Wächtengefahr.

Zustieg zum Weisshornjoch: Am günstigsten ist der 15-minütige Abstieg vom Bishorngipfel über den leichten Schneegrat (3 Std. von der Tracuithütte, R 1624). Bei guten Verhältnissen kann das Joch auch direkt über die steilen Hänge des Turtmanngletschers (auf 3800 – 3900 m große Schründe) in 2–3 Std. erreicht werden.

Route: Über den Firngrat mit kurzen und unschwierigen Felsstücken steigt man am Signal 4108,9 m vorbei zum Felskopf 4203 m, an dem der Felsgrat beginnt (½ Std.). Nach wenigen Metern trifft man auf zwei aufeinanderfolgende kurze senkrechte Abbrüche, über die man abseilt oder schwierig (III) abklettert. Der folgende Gratabschnitt besteht aus losen, aber nicht sehr schwierigen Felsen bis zum senkrechten Steilaufschwung am Fuß des Grand Gendarm (hier beginnt die nicht empfehlenswerte Umgehungsmöglichkeit auf der O-Seite des Grates über schwierige Platten). Auch zur Überkletterung des Gendarmen quert man ca. 5 m in die O-Flanke und erreicht damit eine kaminartige Verschneidung, über die man in schwieriger Kletterei (III+) auf den Grat oberhalb des Steilaufschwunges gelangt. Ab hier

Auf dem obersten Abschnitt des Nordgrates am Weisshorn.

Das Weisshorn vom Bishorn: Links der Ost-, rechts der Nordgrat.

folgt man in wieder einfacherem Gelände dem Gratfirst, nur der Gipfel des Gendarms wird wieder auf der O-Seite leicht umgangen. Der Grat selbst wird direkt am Beginn des Firngrats, etwa in halber

Höhe zwischen Gendarm und dem kleinen Schneesattel betreten (3 – 3½ Std.). Über ein kurzes, breites Gratstück kommt man nochmals an einige Felszacken, die überstiegen werden; danach zieht sich der wellige Grat fast durchgängig mit Schnee bis zum Gipfel, nur kurze Stellen sind schmal und gelegentlich überwächtet (1 – 1½ Std.).

● 1633 Südwestgrat (Schaligrat) vom Schalijoch-Biwak

IV (Stellen), III und leichter, 5–7 Std., **G 8** (750 Hm). Empfehlenswerte, zum Teil sehr luftige Klettertour in gutem Fels, bei guten Verhältnissen ist der Anstieg praktisch eisfrei. Durch das Schalijochbiwak wurde diese Route »klassisch« und wird nun öfter begangen. Abb. S. 410/411.

Übersicht: Der Grat besteht aus einer Vielzahl von kleinen Türmen, die teilweise umgangen werden können. Für gute Kletterer ist jedoch die weitestgehende Überkletterung aller Gendarmen sehr empfehlenswert (dann Stellen V), der Zeitaufwand erhöht sich dann natürlich entsprechend. Nach ca. ¾ seiner Länge verliert sich der Grat in der SO-Flanke, ein mächtiges Couloir mündet hier von Westen; dessen jenseitiger Begrenzungskamm führt hier in Nordost-Richtung zu P. 4350 m und bildet die sehr steile Fortsetzung des Grates bis zum Gipfel.
Route: Vom Biwak umgeht man nach einem kurzen Stück auf einem Schneegrat die ersten Felsen auf der O-Seite, um den Grat direkt hinter einem kleinen spitzen Turm in einer Scharte wieder zu betreten. Ab hier folgt man dem Gratfirst so direkt wie möglich (eventuelle Umgehungen in der O-Seite) bis sich der Grat an dem erwähnten Couloir in der Flanke verliert. Man traversiert nach links am oberen Rand des Couloirs zum gegenüberliegenden Grat (P. 4350 m), den man wieder so nahe wie möglich an der Kante bis zum Gipfel verfolgt, dabei wird ein großer, roter Turm über seine O-Seite erklettert.

● 1634 Weiterer Anstieg

Young-Grat (Westrippe): IV (Stellen, sonst III und II), 8–9 Std. von der Ar-Pitetta-Hütte; alte Reste der Sicherungen dienen zur Orientierung, an der Rippe selbst allgemein fester Fels.

● 1640 Schalihorn, 3974 m

Dieser Fast-Viertausender wird nur selten besucht, und wäre nicht seine Überschreitung die beste Möglichkeit, um zum Schalijoch-Biwak zu gelangen, würde wohl über Jahre hin keiner hierher kommen. Der einfachste Zustieg führt vom Hohlichtpaß über einen steilen Schneehang, nur zuletzt über einige Felsen, während der türmereiche N-Grat und der Übergang vom N-Gipfel komplett felsig ist, aber etwas brüchiges Gestein aufweist. W-Flanke und SO-Grat bieten keine guten Anstiege.

● 1641 Südwestgrat vom Hohlichtpaß

II (kurze Stelle), 1 Std., **G 4** (240 Hm); 4–5 Std. von der Rothornhütte über das Untere und Obere Äschjoch. Abb. S. 420/421.

Zustieg: Von der Hütte nach NO leicht zum Rothorngletscher und bis ins Untere Äschjoch (3562 m, 1 Std.). Nun nach W über den leichten Grat zum Oberen Äschhorn (3669 m) und jenseits in den Sattel des Oberen Äschjochs (3627 m, 30 Min.). Man steigt ins oberste Firnbecken des Hohlichtgletschers ab und überquert diesen im Bogen, um an der Nördl. Momingspitze steil (Spalten) Richtung Schalihorn zum Hohlichtpaß aufzusteigen (3–4 Std., G 4, 820 Hm).
Route: Man folgt dem steilen, aber recht breiten Schneerücken zu den obersten leichten Felsen, über die der S-Gipfel betreten wird.

● 1642 Nordgrat vom Schalijoch

III–, 4 Std., **G 5** (ca. 230 Hm), gleicher Zeitbedarf im Abstieg; 8–10 Std. von der Rothornhütte zum Schalijoch. Am Grat teilweise brüchig, Wächten an den Firnstücken. Abb. S. 410/411.

Im allgemeinen folgt man dem gesamten Gratfirst, evtl. Schwierigkeiten an den Felszacken können beiderseits umgangen werden, der erste Felskopf läßt sich leichter in der O-Seite umgehen.

● 1645 Pointes de Moming, 3963 m

Sehr selten besuchte Gipfel (N: 3863 m, S: 3963 m) im Gratverlauf zwischen Zinalrothorn und Schalihorn; und wenn doch ab und zu einer heraufkommt, macht er das fast immer im Zuge der großartigen Überschreitung vom Zinalrothorn bis zum Weisshorn.
Bei ganz hervorragenden Verhältnissen kann man den zwischen den beiden Gipfeln gelegenen Col de Moming im Frühjahr auch mit Ski von der Ar-Pitetta-Hütte begehen (vgl. R 1548). Im Folgenden wird nur die Traversierung in kurzen Zügen beschrieben.
Von der Schulter im Zinalrothorn-N-Grat (L'Epaule, 4017 m) quert man über das Gletscherdreieck absteigend an den SW-Grat der Südl. Momingspitze, wobei die Schneekuppe des P. 3893 m nördl. umgangen wird. Ein leichter Schneekamm führt an den obersten Felsgrat, dessen Steilaufschwung nach einer kleinen Scharte nordwestl. umgangen wird, sodaß man dann über die unschwierigen Felsen bis zum höchsten Punkt gelangt (1½ Std. von der Schulter, **G 5**; 4½ Std. von der Mountethütte).

Der jenseitige Abstieg über den NO-Grat zum Col de Moming hält sich ausnahmslos an der Gratkante über ziemlich schwierige Felsen (**III**, ca. 1½ Std., **G 6**). Über wenig schwierige Felsen steigt man in ca. 30 Min. auf dem SW-Grat zur Nördl. Momingspitze auf, um schließlich über die etwas schwierigeren Felsen (**III**) des NO-Grates in den Hohlichtpaß abzusteigen (45 Min., **G 5**). Abb. S. 420/421.

● 1647 Zinalrothorn, 4221 m

Der Gipfelaufbau dieses Berges besteht ausschließlich aus Fels. Da die Qualität der Felsen an den drei Graten ausgezeichnet ist, hat das Zinalrothorn den Ruf des schönsten Kletter-Viertausenders im Wallis. Die hochgelegene Rothornhütte ermöglicht einen verhältnismäßig kurzen Zustieg über die einfachste Route, den SO-Grat, der auch den besten Abstieg darstellt. Größeren Klettergenuß bietet der SW-Grat (Rothorngrat), der wohl der schönste Anstieg zum Gipfel ist. Auch der teilweise enorm schneidige N-Grat besteht aus bestem Fels und ist ein sehr empfehlenswerter Anstieg, zumindest wenn die Felsen trocken sind, sonst werden einige Passagen rasch sehr heikel; er beginnt an der sog. Schulter (L'Epaule, 4017 m), die auch den anspruchsvollen Wintergipfel darstellt. Die Routen über die Flanken sind stark dem Steinschlag ausgesetzt. Liebhaber großer Eiswände finden in der N-Wand zur Schulter schöne Touren mit recht verzwicktem Zugang über den zerrissenen Mominggletscher.

● 1648 Südostgrat von der Rothornhütte

III– (eine Stelle, sonst II und leichter), ca. 4 Std., **G 4–5** (1030 m). Normalanstieg und bester Abstieg. Die Felsen sind im allgemeinen fest, im Couloir unter der Gabel befindet sich jedoch noch immer einiges loses Gestein, daher Vorsicht in diesem Bereich bei vielen Partien, besonders auch im Abstieg. Abb. S. 420/421.

Übersicht: Streng genommen führt dieser Anstieg nur zu einem kurzen Stück über den SO-Grat selbst, nämlich von P. 3786 m an (wo der Rücken des Eseltschuggen nach S abfällt und der SO-Grat in O-Richtung zum Äschhorn abbiegt) bis zum Beginn des steilen Felsaufschwungs (über den dann der »echte« SO-Grat, der Kanzelgrat, als sehr schwere Kletterroute zum Vorgipfel führt). Diesen Teil umgeht man durch ein großes Couloir in der S-Seite; dieses mündet bei der Gabel in den SW-Grat, über den die Tour bis zum Vorgipfel und in wenigen Min. zum höchsten Punkt fortgesetzt wird. Bei vielen

Zwischen Randa und Täsch taucht plötzlich das Zinalrothorn mit seiner wilden Ostwand auf; eine Durchsteigung dieser steinschlaggefährdeten Felsmauer zählt noch immer zu den ganz verwegenen Touren in den Walliser Alpen.

Kühn und einem Zahn gleichend erhebt sich das Zinalrothorn, wenn man es von Süden oder Südosten – wie hier vom Schwarzsee – aus betrachtet. Deutlich ist der Normalanstieg von der Rothornhütte über den Südostgrat

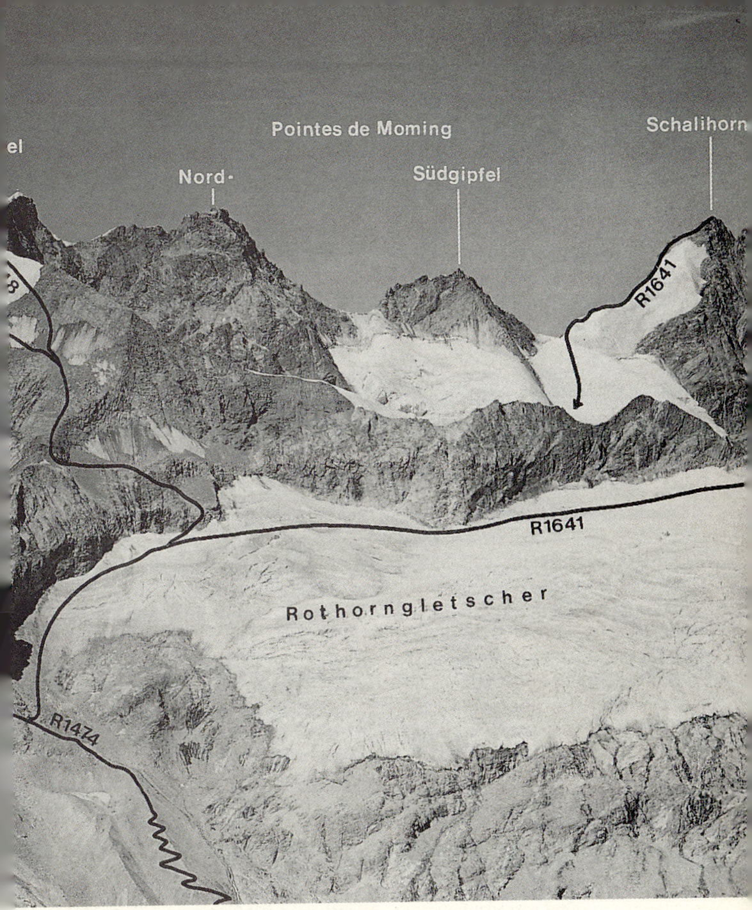

und die Gabel auszumachen. Von links her zieht aus dem Oberrothornjoch der Rothorngrat, einer der feinsten Klettergrate oberhalb Zermatt, zum Gipfel. Rechts die wenig besuchten Pointes de Moming und das Schalihorn.

Seilschaften herrscht im Couloir unter der Gabel Steinschlaggefahr, man hält sich daher möglichst an die westl. Begrenzungsfelsen.
Route: Von der Hütte steigt man auf der O-Seite des Eseltschuggen zum kleinen Rothorngletscher und folgt dessen W-Rand unter den Felsen bis auf eine Höhe von ca. 3500 m, wo der untere Absatz der Felsstufe nach links in einer kurzen, leichten Kletterei überwunden wird (Steigspuren). Über ein Schneefeld steigt man in W-Richtung weiter aufwärts, bis eine zweite Stufe ebenfalls unschwierig überklettert wird. Nun wendet man sich wieder in nördl. Richtung und steigt über einen Schneehang direkt zu P. 3786 m. Man folgt dem für eine kurze Strecke felsigen Grat, der bald als Firngrat – scharf und oft überwächtet – über eine Kuppe (P. 3912 m) hinweg zum Beginn der Felsen führt (2½ Std.; bei gutem Firn auch südwestl. unter dem P. 3786 m schräg zum Grat hinauf). Man ersteigt nun die ersten beiden kleinen Absätze (rechts erhebt sich ein aufallender senkrechter Aufschwung, Beginn des Kanzelgrates) und quert leicht steigend in das Couloir der S-Flanke. Wegen schlechter Sicherungsmöglichkeiten kann diese an sich nicht schwierige Querung bei Vereisung heikel sein. Über gutgestuften Fels klettert man wenig westl. über dem Couloirgrund in die Gabel, einer Scharte neben einem auffälligen Gendarmen im oberen SW-Grat (II+, 30 – 40 Min.).
Gut 40 m wird nun der SW-Grat selbst erklettert, bis dieser sich aufsteilt. Man quert hier nach links, steigt an einem Felszacken vorbei und kommt leicht absteigend zur sogenannten Binerplatte. Ein schräger Riß ermöglicht deren Traversierung (5 m, III–), dann steigt man über eine gelegentlich vereiste Rippe wieder zum Grat empor, umgeht noch einen Felsturm auf der NW-Seite und kommt zum Vorgipfel, der Kanzel. Ihr höchster Punkt wird ostseitig interessant auf einem enorm ausgesetzten Band umgangen, durch hervorragende Griffe an der Oberkante dieses Turms ist dies relativ leicht. Kurz absteigend und über unschwierige Blöcke in wenigen Min. zum Gipfel (45 Min.).

● 1649 Südwestgrat (Rothorngrat) vom Oberrothornjoch

IV (kurze Stelle, III+ und leichter), 3½ – 4 Std., **G 6** (ca. 400 Hm), etwa 7 Std. von der Rothornhütte. Einer der schönsten Klettergrate in der Gegend um Zermatt. Ausgezeichneter Gneis; nach Schlechtwetterperioden rasch wieder schneefrei. Abb. S. 420/421, 432/433.

Übersicht: Der SW-Grat nimmt seinen Anfang im südl. Vorgipfel und zieht in gleichmäßigem Bogen zunehmend südl. zum Oberrot-

Prächtiges, abendliches Farbenspiel am Zinalrothorn, das hoch über den wild-zerrissenen Mominggletscher aufragt. Standort des Fotografen ist die Tracuithütte.

hornjoch (3835 m). Die Route folgt nahezu vollständig der Gratkante über die vielen Grattürme, welche fast alle überklettert werden können.

Zustieg zum Oberrothornjoch von O: Von der Rothornhütte steigt man auf der O-Seite des Eseltschuggen zum kleinen Rothorngletscher und folgt dessen W-Rand unter den Felsen bis auf eine Höhe von ca. 3500 m, wo der untere Absatz der Felsstufe in einer kurzen, leichten Kletterei überwunden wird (Steigspuren). Über ein Schneefeld steigt man in W-Richtung weiter aufwärts, bis eine zweite Stufe ebenfalls unschwierig überklettert wird (bis hierher gleicher Anstieg wie am Normalweg). Hier quert man nun die Schneefelder in W-Richtung an P. 3761 m vorbei und steigt über eine Geröllstufe auf das oberste Becken des Triftgletschers, oberhalb dessen großer Bruchzone auf ca. 3650 m. In einem leichten Bogen gelangt man unter das Joch, das man über eine Schneerinne ersteigt (3 Std., G 4; falls die Querung in das oberste Gletscherbecken wegen Vereisung ungünstig ist, kann man mit ca. ½ Std. zeitlichem Mehraufwand von weiter oben, oberhalb des Gratbuckels P. 3912 m in das Becken absteigen).

Zustieg zum Oberrothornjoch von W: Von der Mountet-Hütte steigt man zur Moräne auf und folgt ihr ca. 50 Hm, wo man leicht auf den Mountetgletscher queren kann (ca. 2950 m). In ziemlich genau östl. Richtung steigt man über den recht zerrissenen Gletscher an, zwischen einzelnen Verflachungen sind immer wieder große Spaltensysteme zu umgehen. Im oberen Teil kommt man nördl. der von der Pointe du Mountet nach W herabziehenden Felsrippe vorbei und gelangt damit in Fallinie des Jochs an ein Couloir. Über dessen etwas brüchige, nördl. Begrenzungsfelsen steigt man in Jochhöhe, in das man zuletzt nach rechts hinein quert (II, 3 Std., G 5, 950 Hm).

Route: Der Anstieg verläuft nahezu ausschließlich an der Gratschneide, praktisch alle Türme können überklettert werden. Nach einer ersten Stufe gelangt man auf ein zuweilen verwächtetes Firngratstück. Von den folgenden Gendarmen wird der zweite in seiner Gipfelnähe auf der Mountetseite umgangen und der Grat über einen Kamin (III+) wieder erreicht. Man folgt wieder der Gratkante in sehr schöner Kletterei (III+ und IV, etwas einfacher ist die westseitige Umgehung dieses Gratstückes, III–), bis man zu dem auffallenden Gendarmen kommt, der als sogenannte Gabel die Einmündung der SO-Grat-Route über das Couloir von S markiert. Mit einer Querung auf einem Band in der O-Seite des Gabel-Gendarmen erreicht man die Normalroute über den SO-Grat (R 1648).

● 1650 Nordgrat von der Mountethütte

III+ oder IV (einige Stellen, sonst II–III), etwa 5 Std., **G 6** (1350 Hm). Interessante, im obersten Teil luftige Tour, man findet dort herrliche Kletterei in sehr festem Gneis. Empfehlenswert, bei Vereisung jedoch heikle Stellen. Man sollte diese Tour daher nach Schlechtwetterperioden nicht zu bald angehen. Abb. S. 432/433.

Übersicht: Der N-Grat ist nur auf seinen obersten 500 Metern Länge felsig. Besonders die obere Hälfte ist enorm scharf und weist hier einige sehr interessante Kletterpassagen auf. Bei der Schulter (L'Epaule, 4017 m) sinkt er nach W mit einem scharfen, weitgehend verfirnten Grat (Areté du Blanc) zur Blanc de Moming ab, während der eigentliche Hauptkamm aus dem Firn oberhalb der Epaule zu den Momingspitzen und weiter zum Schali- und Weisshorn abzweigt. Der Areté de Blanc wird ohne größere Schwierigkeiten von der Mountethütte über den oberen Mountetgletscher bei P. 3733 m erreicht.

Route: Von der Hütte zur Moräne hinauf, bis sie unterhalb La Forcle (3188 m) in den Firnfeldern des Mountetgletschers (südl. unterhalb des Blanc de Moming) verschwindet. In ziemlich genau östl. Richtung steigt man am rechten Gletscherufer, südl. unter der Areté du Blanc auf, bis man etwa bei P. 3733 nach 2/3 Länge des Grates recht gut auf die Gratkante gelangen kann. Über diesen verfirnten Gratteil steigt man bis zur Schulter (L'Epaule, 4017 m, 3 Std.).

Nur ganz am Anfang besteht der hier folgende, leichte Grat aus wenig festen Felsen. Der erste Gendarm wird östl. umgangen, ab hier ist dann der Grat durchwegs sehr schmal und ausgesetzt, besteht aber aus guten Felsen. Das nächste Gratstück, La Rasoir (Rasiermesser) genannt, vermittelt den ersten, deutlichen Eindruck vom Charakter des N-Grates. Wenn auch diese Stelle westl. umgangen werden kann, sollte sie besser an ihrer Oberkante hangelnd traversiert werden (III). Ein weiteres Hindernis, ein Gendarm mit dem Namen Sphinx, wird bei guten Verhältnissen auf der W-Seite auf einem Band umgangen; bei Vereisung ist diese Stelle sehr heikel, dann ist die Überkletterung (IV) vorzuziehen. Hierauf folgen gut 30 m eines sehr scharfen Gratstückes (Bourrique = Schindermähre), die früher rittlings (Name!), heute aber besser an der Kante hangelnd, zuerst auf der O-Seite und dann auf der W-Seite der Schneide überwunden wird. Ein weiterer, ca. 40 m hoher Gendarm (Bosse) wird direkt erklettert (III), was bei Neuschnee sehr schwierig sein kann. Das letzte Stück führt in leichterer Kletterei (II) in gut 15 Min. über den Grat zum höchsten Punkt.

● 1651 Weiterer Anstieg

Vollständiger Südostgrat (Kanzelgrat): Bis V, 4–5 Std. vom Einstieg am großen Couloir, G 10. Variante zur Normalroute mit sehr schwieriger Kletterei in allgemein festem Fels.

● 1655 Blanc de Moming, 3663 m

Als eigenständiger Gipfel unbedeutend, wird er öfters zusammen mit dem Besso erstiegen. Der höchste Punkt ist der normalerweise apere N-Gipfel, der S-Gipfel besteht aus einer überfirnten Schneekuppe.

● 1656 Südwestgrat von der Mountethütte

II, 2½ Std., **G 4** (780 Hm). Übliche Route. Abb. S. 432/433.

Von der Hütte steigt man auf den Kamm der nördl. Seitenmoräne des Mountetgletschers und auf Wegspuren bis zur Forcle (3188 m), der Einsattelung nordöstl. des Mammouth. Ab hier führt ein Schotterfeld an die schrofige Flanke unterhalb der Schneeschulter des W-Sporns. Einige Steinmänner markieren den Aufstieg durch diese Flanke auf Bändern und Stufen. Ab der Schneeschulter erklettert man unschwierig von W den Grat und über diesen den Firngipfel. In wenigen Min. über den fast ebenen Firnkamm zum N-Gipfel.

● 1657 Nordwestgrat vom Besso

II, 2 Std., **G 5**.

Siehe R 1663, SO-Grat des Besso.

● 1658 Ostgrat (Areté du Blanc)

Nicht schwieriger Schnee- und Blockgrat zur Zinalrothorn-N-Schulter (L'Epaule, 4017 m) (1½ – 2 Std., G 6).

● 1660 Besso, 3667 m

Dieser Berg erscheint besonders von Zinal wie ein dunkler, steiler Zacken, in starkem Kontrast zu den überwiegend schneebedeckten Gipfeln in seiner Umgebung. Wegen seiner recht guten Felsbeschaffenheit ist er ein beliebter Klettergipfel mit phantastischer Rundsicht. Der einfachste Anstieg erfolgt über die S-Flanke und den obersten SO-Grat; viel schönere Kletterei in mittlerer Schwierigkeit (III) bietet der SW-Grat, während der N-Grat eine sehr lange, ernste und schwierige Route darstellt.

● 1661 Südflanke von der Mountethütte

II (Stellen), 4 Std., **G 3** (780 Hm). Leichtester Anstieg, jedoch etwas Steinschlaggefahr; die Routen über den SW- oder den vollständigen SO-Grat sind schöner und nur wenig schwieriger.

Übersicht: Die 400 m hohe S-Flanke wird im untersten Teil von einem breiten, horizontalen Band durchzogen. Dieses wird z.T. bei diesem Anstieg benutzt und bildet auch einen Zugang zum SW-Grat. Parallel zum SW-Grat verläuft von links unten nach rechts hinauf ein Bändersystem durch die ganze Flanke bis fast zum SO-Grat. Die Route folgt dieser Linie auf den SO-Grat und über diesen zum Gipfel.
Route: Von der Hütte quert man in NW-Richtung fast horizontal zum untersten Gratausläufer des Blanc de Moming, Le Mammouth genannt. Über Geröllfelder und Schneereste hält man sich nun auf den Besso zu und berührt dabei zuletzt den kleinen Bessogletscher. Die Schotter- und Schneefelder reichen etwas links der Gipfelfallinie am weitesten hinauf. Man steigt fast bis zu diesem höchsten Punkt, bis wenig vorher ein Couloir schräg nach links aufwärts zieht. Durch dieses auf nicht schwierigen Felsen aufwärts, bis man fast unter der Höhe des großen Bandes nach rechts auf dieses aufsteigen kann. Der weitere Aufstieg erfolgt über die Stufen in dieser Rinne, wobei man sich mit Vorteil an der Seite unter dem SW-Grat hält (Steinschlag) und damit den SO-Grat bei einer Art Schulter betritt. Der oberste Teil des SO-Grates wird weitgehend über die Rinnen und Bänder der O-Seite knapp unter der Gratkante bestiegen (etwas brüchig).
Im Abstieg gelangt man über die Bänder und Rinnen der O-Flanke an den SO-Grat bei der Schulter, bei der ein Steinmann den Einstieg in die S-Flanke markiert. Der Abstieg im Couloir erfolgt durch Queren der Bänder bis unter den SW-Grat, wo man auf die darunterliegenden Bänder absteigt und diesen möglichst weit nach W folgt.

● 1662 Südwestgrat von der Mountethütte

III, 4½ Std., **G 6** (780 Hm). Sehr empfehlenswerter Anstieg in ausgezeichnetem Gneis. Mit dem Abstieg über den SO-Grat (R 1663) ist dies wohl die schönste Tour an diesem Berg.

Übersicht: Vom Gipfel weg bricht der Grat sehr steil ab zu einem etwas flacheren Gratstück, das mit einigen Gendarmen besetzt zu einem zweiten Abbruch führt. Auch in seinem weiteren Verlauf besteht der Grat aus einer Reihe von Türmchen und sinkt ziemlich

gleichmäßig in eine Scharte, etwa 150 m nordöstl. von P. 3217 m hinab. Üblicherweise erreicht man den SW-Grat in Höhe des Bandes (S-Flanke), auf gut halber Strecke zwischen der Scharte und dem großen Aufschwung. Als eine etwas schwierigere Variante kann der Grat auch ab der Scharte vollständig begangen werden.
Route: Von der Hütte quert man in NW-Richtung fast horizontal zum untersten Gratausläufer des Blanc de Moming, Le Mammouth genannt. Über Geröllfelder und Schneereste hält man sich nun auf den Besso zu und berührt dabei zuletzt den kleinen Bessogletscher. Die Schotter- und Schneefelder reichen etwas links der Gipfelfallinie am weitesten hinauf. Man steigt fast bis zu dessen höchstem Punkt, bis vorher ein Couloir schräg nach links aufwärts zieht. Durch dieses in nicht schwierigen Felsen aufwärts; der SW-Grat wird auf einem fast waagrechten Abschnitt erreicht, der sich etwa auf Höhe der großen o.g. Schotterterrasse der SW-Wand befindet. Die Kletterei benützt möglichst die Gratkante bis zum Gipfelaufschwung (der mittlere Gratabsatz kann auch im S umgangen werden). Der leichteste Schlußaufstieg führt über die oberste S-Wand an den SO-Grat und über diesen zum Gipfel; die Direkterkletterung des Gipfelaufschwungs bietet dagegen schöne Kletterei in festem Fels (IV+).

● 1663 Südostgrat vom Blanc de Moming

II, 2 Std. (auch in Gegenrichtung), **G 5**.

Vom normalerweise aperen Felsgipfel des Blanc de Moming betritt man den feinen Schneekamm, der bald an den türmereichen Felsgrat schließt. Diese Türme können alle überklettert werden (Stellen III) oder etwas leichter in der NO-Seite umgangen werden. Die Felsen sind am Gratfirst jedoch fester. Vom tiefsten Punkt des Verbindungsgrates (P. 3519 m) steigt man über den leichten Felsgrat an, ab der Schulter (Einmündung der S-Flanken-Route, R 1661, Steinmann) leicht auf der NO-Seite des Grates (Bänder und Rinnen) haltend.

● 1665 Mettelhorn, 3406 m

Einer der schönsten Aussichtsberge in der Umgebung von Zermatt, der auch für den erfahrenen Bergwanderer gut ersteigbar ist. Neben dem begeisternden Panorama auf Mischabelgruppe und Monte Rosa ist der Blick auf das gegenüberliegende Weisshorn mit seiner SO-Seite und dem wild-zerrissenen Hohlichtgletscher besonders eindrucksvoll. An schönen Sommertagen ist man hier zwar nicht ganz allein unterwegs, der lange Zustieg verhindert aber verläßlich ähnlich große Menschenaufläufe wie am gegenüberliegenden Oberrothorn.

● 1666 Vom Berghaus Trift

3 – 3½ Std., **BW 3** (1140 Hm), 5–6 Std. von Zermatt. Bis auf die kurze Gletscherpassage nördl. unter dem Platthorn ist dieser Anstieg ein guter, markierter Wanderweg. Auf dem Gletscher Spalten!

Von Trift folgt man nur kurz dem Weg zur Rothornhütte (Vielibach, 2455,9 m) und zweigt dann nach rechts ab, um in vielen Kehren über das Mattengelände zur Triftchumme aufzusteigen. Der Weg quert diese spärlich bewachsene Fläche in N-Richtung und steigt dann über Geröllfelder zum Sattel zwischen Platthorn und Furgghorn (Furggji, 3166 m, bleibt etwas links unterhalb liegen). Leicht ansteigend gelangt man im Firn des obersten Seitenarms des Hohlichtgletschers in O-Richtung an die schuttige W-Flanke des Mettelhorns und auf Steigspuren zum höchsten Punkt.
Vom Furggji kann man alternativ ohne Schnee-Berührung auch das Platthorn (3345 m) in 20 Min. auf Wegspuren ersteigen, fast gleichwertige Rundsicht.
Beim Direktanstieg von Zermatt (1800 Hm!) bietet sich statt dem Weg über Trift als Aufstieg der gute, aussichtsreichere Steig über Kühberg an, der gleich hinter dem Bahnhof beginnt und an der Triftchumme in den o.g. Weg mündet (5–6 Std.).

● 1668 Pointe du Mountet, 3877 m

Unbedeutende Erhebung im SW-Grat des Zinalrothorns. Schöne Kletterei am N-Grat vom Oberrothornjoch (III), wenig schwierige Gratbegehung vom Col du Mountet über den Vorgipfel (P. 3790 m, II).

● 1670 Trifthorn, 3728 m

Formschöner Gipfel im Gratverlauf zwischen Obergabelhorn und Zinalrothorn. Er bietet mit seinem felsigen S-Grat eine nicht zu schwierige Kletterroute in gutem Fels, auf der N-Seite eine feine Schneeflanke. Über letzteren erfolgt auch die großartige Skibesteigung von der Mountethütte. Bei dem leichtesten Übergang von der Rothorn- zur Mountethütte überschreitet man den Gipfel von Süd nach Nord.

● 1671 Südgrat vom Triftjoch, 3527 m

III–, 1¾ Std., **G 5** (330 Hm); etwa 3 Std. von der Rothornhütte. Schöne Kletterroute in festem Fels, allerdings sind die Flanken brüchig; daher bleibt man fast ausnahmslos auf der Kante.

Zustieg: Von der Rothornhütte steigt man auf dem Triftgletscher in einem Bogen unter seinem vom Rothorn kommenden Bruch vorbei bis unterhalb des Triftjoches. Über ein schräges Couloir, oben an dessen nördl. Begrenzungsfelsen gelangt man ins Joch.
Route: Vom Joch klettert man auf der steilen Felskante zu einer Gratschulter auf etwa halber Gratlänge. Diese wird über einen Kamin in der W-Flanke erstiegen, anschließend hält man sich wieder streng an die Gratkante bis zum Gipfel. Von der Rothornhütte kann auch als Abkürzung durch die Felsen der SO-Flanke schräg links aufwärts vom Gletscher zur o.g. Schulter angestiegen werden (Steinschlaggefahr).

● 1672 Nordostgrat von der Mountet-Hütte über den Col du Mountet

3 Std., **G 3** (850 Hm).

Von der Hütte geht man auf Wegspuren nach SO zum Moränenkamm und ersteigt diesen noch etwa 30 Hm, bis man gut nach O zum Mountetgletscher queren kann (ca. 2950 m). Den stark zerrissenen Gletscher ersteigt man zwischen den Bruchzonen auf die Felsinsel unter der Pointe du Mountet zu. Man biegt dann nach SO in die Gletschermulde und ersteigt den Col du Mountet über eine steile Eisrampe an der Trifthornseite. Ein leichter, ziemlich breiter Schneegrat führt zum Gipfel.
Dies ist auch eine besonders empfehlenswerte Skiroute (das letzte Stück meist zu Fuß).

● 1675 Wellenkuppe, 3903 m

Ein im Gipfelbereich überfirnter Berg im Gratverlauf vom Zinalrothorn zum Obergabelhorn. Er wird selten als eigenes Ziel bestiegen, sondern üblicherweise auf dem Normalweg zum Obergabelhorn von der Rothornhütte überschritten. Ansonsten kann allenfalls noch die schwierige Kletterroute über den S-Sporn – bei allerdings recht langem Zustieg – empfohlen werden, die NW-Flanke bietet eine harte Eistour, je nach Routenführung bis etwa 55° steil.

● 1676 Ostgrat von der Rothornhütte

II, 3 Std., G 4 (730 Hm).

Von der Rothornhütte steigt man auf dem Triftgletscher in einem großen Bogen unter den Felsen des Trifthorns zu einer auffallenden Firnschulter im ONO-Grat der Wellenkuppe auf ca. 3650 m an. Damit erreicht man die O-Flanke an einem Band, das diese horizontal durchquert und zwei auffällige Gesteinsschichten voneinander trennt. Der hier ansetzende Felsgrat wird an seinem ersten Steilaufschwung auf der S-Seite (links) umgangen. Die darauffolgende Rinne (Schnee) wird noch nach links gequert, wonach man über leichte Felsen zum Grat oberhalb des Aufschwungs emporklettert. Ab hier folgt man dem Felsgrat, bis ein Felsköpfel wiederum links umgangen wird. Direkt dahinter betritt man wieder den Grat selbst, dessen letzter Aufschwung (gut 2 SL) direkt zum Beginn des Schneegrates erklettert wird. In wenigen Min. über Firn zum höchsten Punkt.

● 1677 Westrücken

Siehe Obergabelhorn-NO-Grat (R 1681)

● 1678 Weitere Anstiege

Nordwestflanke: Mehrere Routen wurden begangen, die allesamt sehr schwere Eistouren sind, bis ca. 55° steil. Abb. S. 432/433.
Nordgrat vom Triftjoch: Schwierige Route direkt über den Kamm, z.T. wenig feste Felsen; ca. 3 Std., G 7.
Südsporn: III, 3 Std. für den Sporn (G 8); Zustieg 1½ – 2 Std. von der Rothornhütte.

● 1680 Obergabelhorn, 4062 m

Dieser Berg hat nach allen vier Himmelsrichtungen sehr steile Flanken, wobei die N-Seite als prächtige Eiswand das Schaustück von Mountet bildet. Als Gegenstück hierzu ist die S-Wand rein felsig und kann als einziger von den Walliser Fels-Wandanstiegen auf einen Viertausender empfohlen werden. Noch schöner, weil sicherer vor Eis- und Steinschlag sind natürlich die Routen über die vier Grate, insbesondere über den SW-Grat (Arbengrat) mit seiner herrlichen

Folgende Doppelseite:
Der Gletscherkessel von Mountet von der Pigne de la Lé.

Zinalrothorn
R1650
R1649
R1656
R1649
R1672

ifthorn
Wellenkuppe
Obergabelhorn
R1682
R1681
R1684
R1678
R1685
R1671
Col Durand
R1560
Mountethütte
R1661
R1454
R1455

Kletterei, oder der NO-Grat als kombinierte Route von der Wellenkuppe. Auch der SO-Grat bietet nicht allzu schwierige, schöne Kletterei, wogegen der NW-Grat erst in seinem oberen schneeigen Teil eine prächtige Route bildet. Durch die Lage vis á vis des Matterhorns bietet die gesamte S-Seite und natürlich erst recht der Gipfel des Obergabelhorns eine phantastische Schau in die Matterhorn-N-Wand! Übliche Abstiegsrouten sind der NO- oder der SW-Grat.

● 1681 Ostnordostgrat von der Wellenkuppe

III– (eine Stelle am Gendarmen, am Gipfel II und I, sonst Firngrat mit bis zu 50° steilen Flanken), 2 Std., **G 5** (250 Hm); 4½ – 5 Std. von der Rothornhütte (ca. 980 Hm). Abb. S. 432/433.

In wenigen Min. steigt man von der Wellenkuppe über den unschwierigen Schneegrat ab, der anfangs breit ist und vor dem Grand Gendarm (3870 m) zunehmend schmäler wird (Wächtengefahr nach SO!). Vom tiefsten Punkt steigt man noch kurz über Schnee, dann oftmals verschneite (oder vereiste) Platten (III–) zum Fixseil, das über die obersten 20 m auf den höchsten Punkt des Gendarmen führt (30 Min.). Nahezu eben geht es über leichte Felsen und dann zunehmend steiler auf dem Schneegrat an den Gipfelaufbau des Obergabelhorns heran. Oft gibt es hier Wächten nach SO, sodaß man sich mehr in der obersten N-Wand bewegt. Die letzten 100 Hm führen über nicht schwierige Felsen hart am Grat auf der Mountetseite mit guten Griffen, zuoberst wieder an der Gratkante zum Gipfel (1 – 1½ Std.).

● 1682 Südwestgrat (Arbengrat) vom Arbenjoch

III+ (am großen Gendarm, sonst II und I), 2½ – 3 Std., **G 6** (gut 500 Hm). Herrliche und sehr empfehlenswerte Kletterroute in bestem Fels. Nach Schlechtwetterperioden wird der Grat rasch wieder weitgehend schneefrei. Abb. S. 432/433, 436/437.

Übersicht: Der Arbengrat zieht als reiner Felsgrat vom Gipfel in südwestl. Richtung in ziemlich gleichmäßiger Neigung hinab, bis zu einer Rückfallkuppe, an die von N die obersten Firnfelder des Durandgletschers reichen. Der überfirnte Grat führt dann wenig steil ins Arbenjoch hinab. Dieses Joch wird üblicherweise nicht direkt erstiegen, günstiger ist der Zugang über den Mont Durand. Die Route verläuft direkt über die Gratkante, im Felsteil oberhalb der Rückfallkuppe werden einige schwierigere Passagen auf der NW-Seite um-

gangen, wo dann bei schlechten Verhältnissen evtl. mit Schnee oder Vereisung zu rechnen ist.
Etwa in Gratmitte zwischen dem Gipfel und der Rückfallkuppe bildet eine rinnenartige Steilrampe eine gute Möglichkeit, über den westl. Teil der S-Wand vom Arbenbiwak den Grat zu erreichen. Dies ist auch eine vorteilhafte Abstiegsmöglichkeit direkt nach Zermatt – zumindest für den, der den Einstieg findet!
Zustieg: Siehe R 1695, Überschreitung WSW- zu NO-Grat.
Route: Vom Arbenjoch steigt man auf dem Firngrat unschwierig über die Rückfallkuppe (3656 m) zum Beginn des Felsgrates (15 Min.). Das unterste Drittel des Grates wird in leichter und schöner Kletterei in festem Fels erstiegen. Man passiert einen kleinen Schneesattel, an dem die direkte Route vom Arbenbiwak durch die S-Wand einmündet (30 Min.) und hält sich auch weiterhin möglichst an der Gratkante; kürzere schwierige Stellen können auf der NW- (Mountet-) Seite umgangen werden. Der auffallende Turm aus roten Felsen läßt sich sowohl auf dieser wie auch auf der S-Seite umgehen (30 Min.). Über den Grat geht es weiter bis zum großen Gendarm, der das oberste Gratdrittel markiert. Üblicherweise wird dieser auf der N-Seite umgangen, wozu man schräg links abwärts ca. 50 m weit in die NW-Flanke quert (Platten, bei Vereisung schwierig). Hier trifft man auf einen Kamm, der wieder zum Grat oberhalb des Gendarmen zurückführt (Überschreitung des Gendarmen: IV+, fester Fels). Über diesem klettert man weiter aufwärts, bis der letzte Aufschwung wieder über Platten in die NW-Flanke zwingt, um dann durch einen Kamin zum Vorgipfel und auf den höchsten Punkt emporzusteigen.

● 1683 Variante Südwestgrat (Arbengrat) vom Arbenbiwak

III, 4–5 Std., **G 6** (850 Hm); im Abstieg 3–4 Std.. Diese Route wurde früher fast nur im Abstieg begangen, da sie nach Zermatt viel Zeit erspart. Mit der Erbauung des Arbenbiwaks unter der S-Wand stellt sie nun auch einen vorteilhaften Zustieg zum Arbengrat dar. Abb. S. 436/437.

Übersicht: Etwa 100 Hm oberhalb des Arbenjochs setzt eine rinnenartige Steilrampe an, die in schräger Richtung durch den Westteil der

Folgende Doppelseite:
Die sonnige Südwand des Obergabelhorns mit ihren genußreichen Routen.

Gr. Gend
R1682
R1683

Obergabelhorn
Gabel
R 1681
R 1685
R 1685

S-Wand bis in die Nähe des auffälligen Firnbandes hinabzieht. Dieses Firnband bildet den Zustieg auch zu den anderen S-Wand-Routen.
Route: Vom Biwak steigt man über Blockwerk und Schrofen in nordwestl. Richtung zum Firnband. Über dieses weiter aufwärts, bis es durch eine üblicherweise schneefreie Zone unterbrochen ist (oberhalb davon bildet das Band noch ein größeres Firnfeld, welches nach rechts am höchsten die S-Wand hinaufreicht, und zieht dann – nicht mehr steigend und weniger ausgeprägt – in O-Richtung weiter, in der LK eingezeichnet). Direkt vor der Unterbrechungsstelle befindet sich in der Felsflanke zur Linken eine Rippe links neben einem tief eingeschnittenen Couloir. Über diese Rippe an den Fuß der rinnenartigen Steilrampe, über die man bis zum Arbengrat aufsteigt. Für den Abstieg ist das Auffinden dieser Rampe sehr wichtig, zu hoher oder tiefer Einstieg in die S-Wand führt in sehr schwieriges Gelände!

● 1684 Nordwestgrat von der Mountethütte

III+, im Schnee/Eis bis 50°, 5–6 Std., **G 6** (1170 Hm). Im obersten Drittel schöner Firngrat. Direktester Anstieg von der Mountethütte. Im Frühsommer bei gut verschneiten Bruchzonen im Obergabelhorngletscher kann der unterste Felsteil mit Vorteil im O umgangen werden. Abb. S. 432/433.

Übersicht: Der steile Firngrat bildet die obere Begrenzung der N-Wand, sitzt dann noch ein Stück auf beidseitigen Felsflanken auf und fällt schließlich mit einer steilen Eisflanke auf den unteren Obergabelhorngletscher hinab. Alle Anstiegsvarianten betreten den Grat selbst erst am P. 3690 m, dem Beginn des Schneegrates. Hierher gelangt man entweder von NW über die Felsflanke, indem man auf einem Band, über Rippen und ein Couloir aufsteigt, oder über die O-Seite vom oberen Obergabelhorngletscher über eine sehr steile Schneeflanke oder schließlich über die Felsen unter P. 3690 m. Dieses obere Gletscherbecken kann man bei guten Verhältnissen in den Seraczonen über den Gletscher erreichen, eine Variante schließlich umgeht diese Bruchzone, indem sie dem Band vom Einstieg der NW-Flanken-Route weiter folgt und die steile Eisflanke nördl. unter P. 3690 m in das obere Becken quert.
Zustieg zum Firngrat über die Felsflanke im NW unter P. 3690 m: Von der Mountethütte folgt man dem Weg nach S an den Moränenkamm und weiter nach O auf den Durandgletscher. Hier geht man in direkter S-Richtung zur kleinen Felsinsel bei P. 3089,6 m (Le Coeur,

das Herz) und wendet sich dann in östl. Richtung auf die Felsflanke zu. Eine kleine Rippe führt zu einem auffallenden Band, das in nördl. Richtung ansteigend den unteren Teil der Flanke quert. Etwa in der Mitte des Bandes biegt man wieder nach rechts ab und steigt über die nicht sehr festen Felsen einer kleinen Rippe gerade aufwärts, womit man in ein Couloir kommt – die Felsen im Couloir sind besser als an den Rändern. Man gelangt so auf ein weiteres Band, das auf den Schneegrat führt.

Zustieg zum Firngrat über die oberste Gletscherbucht des Obergabelhorngletschers: Für die nur bei reichlichem Schnee günstige Durchquerung des zerissenen Gletschers ist keine feste Route vorgegeben: Man muß die Verhältnisse schon von der Mountethütte aus abschätzen, wie man am besten zwischen den beiden Felsinseln am unteren Aufschwung des Gletschers durchkommt. Man kann nun versuchen, in der Nähe der steilen Kante an der ostseitigen Felsflanke zu P. 3690 m über Firn aufzusteigen oder man erklettert diese Felsen selbst.

Ist der Gletscherbruch nicht durchsteigbar, kann das obere Gletscherbecken auch auf der folgenden Route erreicht werden: Man steigt auf der Coeur-Route (s.o.) über die NW-Felsflanke bis zum unteren Band, das diese Flanke ansteigend durchquert. Das Band verfolgt man bis zu seinem Ende an die steile Schneeflanke, die von N an den NW-Grat reicht. Leicht ansteigend wird diese Flanke zum gegenüberliegenden oberen Gletscherbecken gequert; weiter wie vorne beschrieben.

Route: Über den anfangs nicht sehr steilen Schneerücken steigt man aufwärts, bis nach Überschreiten eines Bergschrundes ein aufsteilender Schneegrat zum Gipfel führt.

● 1685 Weitere Anstiege

Südostgrat: III+, 4 Std. vom Obergabeljoch, G 6. Interessante kombinierte Route, größtenteils Felsgrat (guter Fels) mit kurzen Abschnitten im Firn.

Südwand: Mehrere schöne Durchstiegsvarianten. Die einfachste (IV, G 7) endet am obersten Arbengrat; allgemein schöner Fels mit relativ geringer Steinschlaggefahr.

Nordwand: Großartige Eiswand mit einer Neigung von durchschnittlich 55°, oben deutlich steiler (450 Hm, 1250 von der Hütte).

Ostflanke: Früherer Normalanstieg bevor am Gendarmen des NO-Grates das Fixseil befestigt wurde. III, ca. 7 Std. vom Berghaus Trift, G 5 (1720 Hm).

● 1690 Untergabelhorn, 3391 m

Vom Obergabelhorn zieht der Grat in südöstl. Richtung über das Mittergabelhorn zum Untergabelhorn und läuft dann in das aussichtsreiche Hochalmgelände von Höhbalmen oberhalb von Zermatt aus.

● 1691 Von der Rothornhütte

3 Std., **G 4** (ca. 400 Hm).

Man überquert den Triftgletscher direkt oberhalb der Bruchzone in SW-Richtung an den Felssporn, der von der Wellenkuppe nach SO hinabzieht und steigt bis an dessen Fuß (ca. 200 Hm) ab, um den jenseitigen Gabelhorngletscher bei einer Terrasse zu betreten. Oberhalb der Seracs traversiert man auch diesen Gletscher nach S auf einen schmalen Seitengletscher zu, der vom Untergabeljoch unterhalb einer Felsrippe des Distelhorns (3466 m) hinabzieht. Über diesen steil empor in das Joch und den unschwierigen Felsgrat zum Gipfel.

● 1692 Weitere Anstiege

Südostgrat: Von Höhbalmen von SO zu P. 3298 m (Gabel) und über den Grat zum Gipfel (III, 4 Std. von Trift, G 6).

● 1695 Mont Durand (Arbenhorn), 3712 m

Oft nur beim Zugang zum Arbengrat bestiegen, als selbständiges Ziel selten aufgesucht. Jedoch schöne Skitour von Mountet.

● 1696 Westgrat vom Col Durand

1 Std., **G 3** (270 Hm).

Über den anfangs wenig steilen und breiten Rücken steigt man an einer ersten Geröllinsel (3521 m) vorbei zur zweiten Insel (3611 m). An deren oberem Ende folgt ein steiler Firnhang zum S-Grat, über den man rasch den höchsten Punkt betritt. Auch Skiroute.

● 1697 Nordostgrat vom Arbenjoch

45 Min., **G 3** (160 Hm). Abb. S. 432/433,

Der schneeige Grat führt schnell zum Felsgipfel P. 3678 m. Mit einem kurzen Abstieg betritt man den Schneekamm, über den der höchste Punkt erreicht wird, je nach den Verhältnissen können hier auch die Randfelsen der SO-Wand (links) benutzt werden.

7. Dent-Blanche-Gruppe

Parallel zum Weisshornkamm führt dieser mit dem Dent Blanche abzweigende Seitenast vom Hauptkamm zum mittleren Rhônetal; er wird vom Zinaltal (Val d'Anniviers) und vom Val d'Hérens eingeschlossen. Sicher ist der Dent Blanche hier der alpinistisch bedeutendste Berg, doch bieten gerade auch die Gipfel um den Moirygletscher wunderschöne Tourenziele. Im N findet man wieder ein herrliches Wandergebiet mit den Höhepunkten Sorebois, Sasseneire und dem sehr ruhigen Val de Réchy. Natürlich ist auch der Moirystausee eine Attraktion mit seiner 150 m hohen Staumauer (im Sommer mit PTT-Bus bis zur Mauerkrone, mit Pkw auch noch weiter auf schlechter Straße zum See-Ende). Mit den Seilbahnen werden hier zwar keine Hüttenzustiege, wohl aber eindrucksvolle Höhenwege erschlossen. Skitourengelände findet sich im Val de Réchy (erleichterter Zugang von den Liften von Vercorin und Grimentz) und im Bereich des Moirygletschers, dazu auch auf den W-Hängen zum Val d'Hérens, hier auch einige Lifte.

7.1 Hütten

● 1710 Cabane du Mont Noble, 2244 m

Privat. Im Westen des Mont Noble auf dem Almengelände Plan Tsalet gelegen, Liftgebiet von Nax über dem Taleingang des Val d'Hérens. KS 602.780 / 117.670. 30 Plätze, Schlüssel in Nax (Poststation). Schönes Wander- und Skigebiet, die Lifte reichen bis an die Hütte.

● 1711 Von Nax

2¾ Std., **BW 1** (980 Hm).

Ein Fahrweg führt von Mayens de Nax bis nach Le Chiesso (2068 m). Man kann auf einem guten Fußweg direkt von Nax über Chiesso und entlang eines Bächleins die Hütte erreichen.

● 1713 Cabane de Moiry, 2825 m

SAC, Sektion Montreux. Über dem östlichen Ufer des Glacier de Moiry in aussichtsreicher Lage unter den Aiguilles de la Lé gelegen.

KS 612.130 / 104.380. 92 Plätze, voll bewirtschaftet von Juli bis September, in der übrigen Zeit offen, Tel. 027/83 10 18. Ausgangspunkt für den Grand Cornier und alle Gipfel um den Moirygletscher, auf dem Gletscher Spaltengefahr. Schönes Skigelände.

● 1714 Von Grimentz (Moiry-Stausee)

1½ Std., **BW 1** (450 Hm vom S-Ende des Moiry-Stausees). Die Fahrstraße ist an der O-Seite des Stausees von der Staumauer (PTT-Endstation) als Schotterpiste bis zu dem kleinen See an der Gletscherzunge befahrbar; zu Fuß 45 Min. bis zum Straßenende.

Vom Straßenende (Wegweiser) leitet der gute, markierte Weg an die östl. Seitenmoräne des Moirygletschers, um dann in vielen Serpentinen über einen steilen Hang zur Hütte zu führen.

● 1715 Winterzugang

Die Steilhänge des Val de Moiry sind stark lawinengefährdet, sodaß ein Besuch der Hütte üblicherweise erst spät im Frühjahr möglich ist. Die Fahrstraße wird erst Mitte Juni vom Lawinenschnee geräumt. Man steigt durch den Talgrund bis an die Staumauer und über den W-Hang zur Mauerkrone (2½ Std. von Grimentz, das Tunnel an der O-Seite ist bis zur Schneeräumung versperrt). Ostseitig am See auf der Fahrstraße zum südl. See-Ende (1½ Std., etwas weniger bequem auf der W-Seite, dort jedoch Gefahr von Grundlawinen); dann zur Gletscherzunge und auf der W-Seite des Gletschers bis oberhalb der ersten Bruchzone (etwa 2700 m) aufsteigen (auch über das Moränentälchen der W-Seite bis hierher möglich). Nun über den Gletscher bis unter die Hütte queren und über die steilen SO-Hänge (Lawinengefahr) oder die oft teilweise aperen SW-Hänge (Schrofen, evtl. zu Fuß) zur Hütte (2½–3 Std.).
Der sicherste Zugang (oder Fluchtweg nach Schlechtwettereinbruch) führt über den Col du Tsaté (R 1753) von La Forclaz (Val d'Hérens).

● 1720 Bivouac Col de la Dent Blanche (Dent-Blanche-Biwak), 3540 m

SAC, Sektion Jaman, Vevey. Wenige Meter nördlich der tiefsten Einschartung zwischen Grand Cornier und Dent Blanche gelegen. KS 613.015 / 98.900. 15 Plätze, immer offen. Ausgangspunkt für den Südgrat des Grand Cornier sowie den Westgrat (Ferpèclegrat) und die schwierige Nordwand des Dent Blanche.

Das Moiry-Gletscherbecken vom Sasseneire-Aufstieg: Darüber ragen Dent Blanche und Grand Cornier mit Wolkenfahnen auf; nach links zieht der Gletscherkamm über die Bouquetins zur Pigne de la Lé ab.

● 1721 Von Westen (Ferpècle)

4½–5 Std., **G 3** (1720 Hm). Teilweise zerklüfteter Gletscher.

Von Ferpècle steigt man auf R 1726 der Dent-Blanche-Hütte über die Alpe Bricola bis zum P. 2512 m, wo man den Weg über Rasengelände nach O verläßt und an P. 2719 m vorbei die große rechte Seitenmoräne des Dent-Blanche-Gletschers ersteigt. An ihrem oberen Ende betritt man den Gletscher, der oft stark zerrissen ist und dann am günstigsten an seinem nördl. Rand unterhalb der vom S-Gipfel des Grand Cornier herabziehenden Felswand begangen werden kann. Zwischen 3300 und 3500 m ist der Gletscher recht steil und legt sich dann zum Joch zurück.

● 1722 Von Osten (Mountet)

3½–4 Std., **G 5** (ca. 800 Hm). Die Route über den zerrissenen Grand Cornier-Gletscher kann von der Mountethütte gut eingesehen werden.

Auf Wegspuren steigt man von der Hütte nach S zum Durandgletscher ab und quert diesen nach SW an den Fuß des Roc Noir. Hier betritt man eine Firnmulde am SO-Rand des Grand-Cornier-Gletschers und steigt parallel zum Roc auf den Fußpunkt 3000 m des Vier-Esels-Grates des Dent Blanche zu. Die große Spaltenbarriere des Gletschers kann man üblicherweise in der Nähe des unteren Felsteils dieses Grates zwischen Séracs und einigen Brüchen überwinden. Oberhalb verflacht der Gletscher und man geht direkt auf den Col zu, in den eine meist schneegefüllte Rinne durch die ca. 150 m hohe felsige Steilflanke hinaufzieht. Etwas linkshaltend erklettert man die brüchigen Felsen ins Joch.

● 1725 Cabane de la Dent Blanche (Cabane Rossier), 3507 m

SAC, Sektion Jaman, Vevey. Die Hütte steht am unteren Ende des kurzen Sporns, der von der Wandfluelücke nach W zieht und den Manzettes- vom Ferpèclegletscher trennt. KS 612.570 / 96.530.
40 Plätze, voll bewirtschaftet von Mitte Juli bis Mitte September, in der übrigen Zeit offen. Tel. 0 27/83 10 85. Günstiger Stützpunkt für den Dent Blanche über den S-Grat, informative Aussicht in der arktisch anmutenden Umgebung über den Ferpèclegletscher auf die Arollakette.

● **1726 Von Ferpècle**

5 Std., **G 1** (1700 Hm).

Man steigt von Salay nur kurz in östl. Richtung auf und folgt dann dem Weg, der oberhalb der Kraftwerksstraße zum Almgelände von Ferpècle führt und dabei den Rossesbach auf der Brücke P. 1984 m überquert (hierher auch vom Straßenende in Ferpècle (P. 1828 m); der gute Weg zieht dann schräg über das Rasengelände nach Bricola hinauf (1½ Std.). In gleichmäßiger Steigung über die Almwiesen Ruisseaux de Bricola zur rechten Seitenmoräne des Manzettesgletscher. Etwa 100 Hm steigt man auf dieser aufwärts, dann quert man den meist aperen Gletscher, teilweise über glattgeschliffene wenig geneigte Platten auf den Fuß des Roc Noir zu. Über grobes Blockwerk oder Schnee steigt man an diesem empor und über die darüberliegenden Firnfelder in gleicher Richtung bis zur Hütte.

7.2 Pässe

● **1740 Col de Cou, 2528 m**

Altbekannter Übergang von den Dörfern Nax – Vernamiège – Mase zum Almgelände L'Ar du Tsan im oberen Val de Réchy. Das Val de Réchy ist als Naturschutzgebiet ausgewiesen und wird damit hoffentlich von Skilift-Erschließungen verschont bleiben. Es bietet ein ruhiges und landschaftlich schönes Wander- und Skitourengebiet.

Von der Mont-Noble-Hütte südl. über Les Planards zur Alpe La Combe (2324 m), die man auch über die Fahrwege von Mase (offen bis in die Nähe der Alpe Louère) erreicht. Östl. zum Col (45 Min.).

Von der Almfläche L'Ar du Tsan (2184 m) steigt man in westl. Richtung auf gutem Weg in 45 Min. zum Col (**BW 1**).

Die Almfläche L'Ar du Tsan kann von Vercorin auf Forst- und Almstraßen (Liftstation Sigeroula) in 2½ Std. erreicht werden; schöner ist jedoch bei gleichem Zeitbedarf der Zustieg entlang der Wasserleitung Bisse-de-Vercorin (von Vercorin, Les Tsâblos) über La Lé (1660,7 m) und entlang des Réchebaches zur Almfläche.

● **1742 Pas de Lovégno, 2695 m**

Zwischen Becca de Lovégno und La Maya, Übergang von St. Martin zum obersten Réchytal. Auch großartiges Skitourengelände. Von **St.**

Martin geht man über die Almwiesen Pra Vouarbot zur Lovégno-Alm (2169 m, auch auf Fahrweg dorthin möglich) und weiter in O-Richtung auf Wegspuren über Rasen und etwas Geröll zum Paß (3 Std., **BW 2**, 1290 Hm). **Vom See Le Louché** (2567 m) im obersten Val de Réchy steigt man auf spärlichen Spuren in 20 Min. zum Paß. Le Louché kann von L'Ar du Tsan (R 1740) in 1 Std. erreicht werden, wobei die untere felsige Stufe ost- oder westseitig, die obere westseitig umgangen wird (3½ Std. von Vercorin).

● 1744 Pas de Lona, 2787 m

Bekannter Übergang vom Moirytal ins Val d'Hérens, südl. der Becs de Bosson. **W-Seite:** Von Eison führen Almstraßen zur Vieille-Alpe (2368 m, Montagne d'Eison). Weiter in O-Richtung über Almgelände aufwärts nach Plan Levri (2490 m) und zuletzt über Schutt zum Paß (2¾ Std., **BW 2**, 1120 Hm). Dies ist auch die Skiroute.
Ostseite: Von der Seilbahnstation Bendolla (zu Fuß von Grimentz in 1½ Std., 560 Hm auf guten markierten Wegen oder Almstraße) folgt man dem Fahrweg in SW-Richtung nach Le Crêts, 2336 m und auf die Pointe de Lona zu, unter deren Felssockel der Weg an den Ostgratrücken leitet. Auf der SO-Seite führt der Weg in das seenreiche Lona-Hochtal hinauf, wo er gemächlich ansteigend in allgemein westl. Richtung zum breiten Sattel führt (2 Std., **BW 1**, 680 Hm).
Im Winter quert man von der Bergstation der Bendolla-Lifte (2874 m, am Bec de Bosson) kurz aufsteigend zur Lücke 2974 m im Südgrat dieses Berges. Abfahrt nach S zum Pas de Lona.
Direktabfahrt durch das Lonatal zur Moirystraße nur bei sichersten Verhältnissen möglich (Lawinen am Steilhang unter der Sex de Marinda).

● 1746 Basset de Lona, 2792 m

Einsattelung zwischen Sex de Marinda und Diablons im Ostgrat der Sasseneire.
Ein Fahrweg führt vom Moiry-Stausee über die Alpage de Torrent um den Rücken des Motta Blantse herum in den Sattel (2 Std.) und jenseits in die Hochebene von Lona, wo er auf den Weg Bendolla – Pas de Lona trifft (2 Std. von Bendolla, R 1744).

● 1748 Col de Torrent, 2918 m

Landschaftlich sehr schöner Übergang zwischen dem Moirytal und dem Val d'Hérens. Interessante Skitouren.

● 1749 Südwestseite von Villa oberhalb Evolène

3¼ Std., **BW 2** (1180 Hm).

Von Villa (1742 m) steigt man auf gutem Weg in NO-Richtung zur großen Almfläche Le Cotter auf (ein Fahrweg leitet unter den Hütten von Cotter vorbei nach Le Prélet). Von der Alm führt der Weg in einem nach links ausholenden Bogen an Béplan (2486 m) vorbei, zuletzt in einigen Serpentinen zum Paß. Dies ist auch die Skiroute.

● 1750 Ostseite vom Moiry-Stausee

2 Std., **BW 2** (670 Hm).

Ein Fahrweg führt von der Staumauerkrone (2250 m) nach SO über die Almflächen der westl. Seeseite zur Alpage de Torrent. Der markierte Weg steigt nun zu den Lacs des Autannes (2686 m) an und leitet dann in zwei großen Kehren zum schon lange sichtbaren Paß. Schöne Skitour (6 Std. von Grimentz, wenn die Straße noch nicht bis zum Stausee offen ist!). Vorsicht vor Lawinen im Steilhang unter dem Paß.

● 1753 Col du Tsaté, 2868 m

Zwischen der Pointe de Bandon und der Serra Neire gelegen, Zugangsmöglichkeit vom Val d'Hérens (La Forclaz/La Sage) zur Moiryhütte; im Winter sicherster Hüttenzustieg.

● 1754 Westseite von La Forclaz

3 Std., **BW 3** (1140 Hm).

Von La Forclaz (1727 m) steigt man in allgemeiner NO-Richtung über die Almen nach Le Tsaté (2164 m) und weiter in mehr östl. Richtung zur Remointse du Tsaté (2480 m, 2 Std.; auch Fahrweg von La Forclaz). Der Anstieg führt durch das südl. der Pointe de Bandon gelegene Kar auf Rasen, zuletzt auch Geröll zum Paß. Skiroute.

● 1755 Ostseite von der Moiryhütte

1½ Std., **BW 3** (370 Hm nach 200 Hm Abstieg).

Von der Moiryhütte quert man den Gletscher zwischen den beiden Bruchzonen auf ca. 2700 m zum gegenüberliegenden Ufer. Etwa 200 Hm muß man nun auf der Seitenmoräne absteigen, bis man auf einem kleinen Pfad zur Almfläche La Bayenna mit dem Seelein

(2546 m) leicht ansteigen kann. Nun über Rasen und Geröll durch die Mulde zum Paß. Dies ist auch die Skiroute. Vom Parkplatz am Straßenende (Anstieg zur Moiryhütte) kann man auf einem Weglein nach Bayenna und weiter zum Paß aufsteigen (1¼ Std., 520 Hm).

● 1758 Col de la Couronne, 2987 m

Zwischen der Couronne de Bréona und der Pointe de Moiry gelegen, kürzester Übergang von der Moiryhütte nach Forclaz.
Von der Moiryhütte quert man den Gletscher zwischen den beiden Bruchzonen auf ca. 2700 m an das gegenüberliegende Ufer. Schräg in westl. Richtung, unter den Felsen der Pointe de Moiry vorbei durch die Geröllrinne (oft Altschnee) zum Paß (1¼ Std., **BW 3**, 300 Hm).
Von der Remointse de Bréona (2435 m, Fahrstraße von La Forclaz) über Gras und Geröll nach O auf die Scharte zu ansteigen, zu der man in einem leichten Linksbogen über Geröll und Schofen zum Col aufsteigt (3½ Std., **G 1**, 1250 Hm von La Forclaz).

● 1760 Col de Sorebois, 2835 m

Wanderübergang von Zinal nach Moiry mit großartiger Aussicht. Von der Seilbahnstation Sorebois (zu Fuß 2¼ Std. von Zinal) führt ein breiter Weg durch das Skigebiet zum Sattel (1¼ Std., **BW 1**), wenig südl. der Aussichtswarte Corne de Sorebois.
Von der Staumauer Moiry zieht ein ebenfalls breiter Weg in vielen Kehren nach NO auf den Corne zu, um zuletzt in O-Richtung in den Sattel zu führen (1½ Std., **BW 1**).

● 1762 Col du Pigne, 3141 m

Wichtige Scharte zwischen den Aiguilles und der Pigne de la Lé, wird beim Anstieg zu letzterer von der Moiryhütte berührt (R 1824).

● 1764 Col de la Dent Blanche, 3540 m

Zwischen Grand Cornier und Dent Blanche (Dent-Blanche-Biwak).

● 1766 Wandfluelücke, 3703 m

Am Beginn des eigentlichen Dent-Blanche-Südgrates gelegener Schneesattel, in dessen nächster Nähe der Normalanstieg von der Dent-Blanche-Hütte an den Grat mündet (R 1836). Früher wurde hier der Grat von der Schönbielhütte betreten, durch den Bau der wesentlich günstiger gelegenen Dent-Blanche-Hütte hat der Anstieg von dieser Seite an Bedeutung verloren.

● 1767 **Von der Schönbielhütte**

II (kurze Stellen, sonst I und leichter), 3½ Std., **G 2** (1010 Hm). In der Wand unübersichtlich, bei Dunkelheit nicht leicht zu finden.

Von der Hütte folgt man dem Moränenweg am Schönbielgletscher bis zu seinem oberen Ende bei P. 3042,1 m. Man betritt den Gletscher und steigt aufwärts, bis man nach links an die Wandflue queren kann (auf etwa 3150 m). In den Felsen links eines Couloirs (Eisschlaggefahr von den Séracs des oberen Hängegletschers!) aufwärts zu einer Geröllterrasse, auf der man nach links an die Felsen eines abgeschliffenen Kammes queren kann, über den man ohne größere Schwierigkeiten zu dem Hängegletscher aufsteigt (P. 3656 m). Auf dem Schnee schließlich weiter zur Einsattelung.

● **1769** **Col de Zinal, 3491 m**

Zwischen dem Dent Blanche und der Pointe de Zinal gelegen. Kaum begangen, da der Ostgrat (Viereselsgrat) zum Dent Blanche normalerweise vom Durandgletscher und nur selten über den vom Col de Zinal kommenden Sporn erstiegen wird. Auf der NO-Seite kurze, aber steile Eisflanke, die Felsen auf der SW-Seite vom obersten Becken des Schönbielgletschers sind nicht fest.

7.3 Gipfel

Umrahmung des Val de Réchy, Westseite:

● **1780** **Mont Noble, 2654 m**

Sehr schöner und ohne allzu große Mühen ersteigbarer Aussichtsberg. Günstig von der Mont-Noble-Hütte in ca. 1 Std. auf Wegspuren über den Sattel Bachet (2421 m) und den NW-Rücken zu erreichen, in gleicher Zeit auch auf gutem Weg von der Hütte nach S auf den Rücken Tête des Planards und über die S-Seite zum Gipfel.
Direktaufstieg von Mase über Mayen de Praz und die Almfläche La Louére zu den Hütten La Combe (2324 m, wie Anstiege zum Col de Cou, R 1740; auch vom Col auf dem breiten Gratrücken in 30 Min. zum Gipfel), dann über die S-Flanke zum Gipfel (3–3½ Std., **BW 1**). Schönes Skigelände, Lifte von Nax bis in Hüttennähe. Tourenabfahrten nach Mase oder über Bachet / Col de Cou ins Val de Réchy.

● 1782 Mont Gautier, 2696 m, Pointe de Masserey, 2841 m, Becca de Lovégno, 2820 m, La Maya, 2915 m, Pointes de Tsavolire, 3026 m

Mit Ausnahme von La Maya mit seinem Gipfelturm, der nur mit kurzer Kletterei (N- oder S-Grat, O-Seite) ersteigbar ist, sind die Erhebungen dieses Kammes leicht, aber meist weglos über Rasen und Schutt von allen Seiten ersteigbar. Ganz hervorragendes, mittelschwieriges Skigelände. Einige Skirouten:
St. Martin – **Becca de Lovégno** (W-Rücken): 4½ Std.; St. Martin – Pas de Lovégno – oberstes Val de Réchy – **Pointes de Tsavolire** (NW-Flanke): 5 Std.; Mont-Noble-Hütte – Col de Cou – oberstes Val de Réchy – **Pointes de Tsavolire** (NW-Flanke): 3½ Std.; Grimentz – Bendolla-Lifte bis Bergstation Becs de Bosson – Abfahrt ins oberste Val de Réchy – **Pointes de Tsavolire** (NW-Flanke): 1½ Std.; Vercorin – Crêt du Midi-Seilbahn – Querung nach L'Ar du Tsan (Val de Réchy) – **Pointes de Tsavolire** (NW-Flanke): 3½ Std.

Umrahmung des Val de Réchy, Ostseite:

● 1784 Crêt du Midi, 2331 m, La Brinta, 2659 m

Schöne Aussichtspunkte durch ihre zum Rhônetal vorgeschobene Lage, Lifte von Vercorin zur Crêt du Midi; guter Zugang ins Val de Réchy, ein Tal, das vor touristischer Erschließung geschützt werden soll. Der Bereich von La Brinta bietet einige schöne Skitouren nach O (Almen von Orzival oberhalb von Pinsec) und W (Val de Réchy). Crêt du Midi wird von Vercorin auf gutem Weg über Mayens de Mathis, die Alpe Sigeroula (1861 m) und Les Planards (2083 m) erreicht (teilweise Fahrweg), zur La Brinta weiter über den breiten Kamm (oder westl. unter dem Crêt vorbei über die Alpe Arzechons, 2235 m) an den Fuß des Gipfelturms, der dann ohne Schwierigkeiten zu ersteigen ist (3½ Std., **G 1**).
Vom Crêt du Midi kann man im Winter bei sicheren Verhältnissen mit einer Querung der W-Flanke von La Brinta gut das Almgelände von L'Ar d'Tsan im Val de Réchy erreichen, Ausgangspunkt für die Touren auf die umliegenden Gipfel.

● 1786 Roc d'Orzival 2852 m

Netter Aussichtsberg über Grimentz, nur der östl. Gipfelpunkt weist größere Felsen auf. Leicht über den SW-Rücken vom Col du Tsan zu erreichen: Von der Seilbahnstation Bendolla geht man nach N über

den Marais-Bach und folgt seinem nördl. Uferbereich auf gutem Weg nach Le Marais. Entweder direkt und nördl. am P. 2624 m vorbei, oder mit einem kleinen Umweg entlang der Skilifte auf dessen S-Seite zum oberen Almboden und gerade nach N zum Gipfel (von Grimentz ca. 3 Std., von der Station Bendolla 1½ Std., **BW** 3).
Von L'Ar du Tsan im Val de Rêchy ersteigt man weglos direkt die Rasen- und Geröllhänge nach O zum Gipfel (1½ Std.).

● 1788 Becs de Bosson, 3148 m

Vereinigung der beiden Gratkämme, die das Val de Réchy (Tsan-Alpen) umschließen, umfassende Aussicht. Der Gipfel besteht aus mehreren Felszähnen, deren höchster (mit Signal) ohne Schwierigkeiten ersteigbar ist. Die Skilifte von Grimentz reichen nahe an den Gipfel, Seilbahn im Sommer bis Bendolla (2130 m).

● 1789 Über den Ostgrat von Bendolla

3¼ Std. (1030 Hm) von Grimentz 4½ Std., **G** 1 (1600 Hm).

Von Bendolla geht man auf dem Fahrweg im SW-Richtung nach Les Crêts (2336 m) und weiter auf die Pointe de Lona zu, die darauf ostseitig auf gutem Steig ins seenreiche Lona-Hochtal umgangen wird; an der Hütte von Lona (2669 m, 3 Std.) steigt man in N-Richtung über Rasen- und Geröllhänge zum P. 2955 m des Ostgrates auf. Hier findet man eine Wegspur, die im Geröll und Felsen an den Fuß der Gipfel-Felszähne führt. Der östl. Gipfelturm wird auf seiner S-Seite umgangen, aus der darauf erreichten Scharte steigt man leicht über die Ostseite zum höchsten Punkt auf.

Umrahmung des Moirytales, Westseite:

● 1791 Sasseneire, 3254 m

Aussichtsberg zwischen Val d'Hérens und Val de Moiry mit felsigem Gipfelaufbau. Der Nordgrat vom Pas de Lona ist wegen schlechter Felsen nicht zu empfehlen, Normalaufstieg über den Südgrat.

● 1792 Südgrat vom Col de Torrent

45 Min., **G 1** (350 Hm).

Man folgt am besten direkt dem Gratrücken, im unteren Teil über eine kleinen Stufe (I, 3 m absteigen; auch auf der W-Seite im Schotter umgehbar), sonst Pfadspuren im schuttbedeckten Gelände. Anspruchsvoller Skigipfel: Zustieg z.B. von der Bergstation der Becs-de-Bosson-Lifte (Grimentz-Bendolla) und mit einer Querung nach S unter dem Bec zur Scharte; Abfahrt zum Pas de Lona, dann Aufstieg zum Basset de Levron (2899 m) und Querung zum Col de Torrent (2918 m), zuletzt zu Fuß über den S-Grat (3 Std., Vorsicht vor Wächten); Steilabfahrten nach NO in das Lonatal oder nach SW nach Villa nur für sichere Abfahrer und bei besten Verhältnissen.

● 1794 Sex de Marinda, 2906 m

Aussichtsberg über Grimentz, vom Moiry-Stausee über die Alpage Torrent (2481 m) zur Basset de Lona (2792 m, R 1796, Fahrweg) und über den SW-Hang zum Gipfel (2¾ Std, **BW 2**, 660 Hm).

● 1796 Pointe du Prélet, 3000 m, Pointe du Tsaté, 3077 m, Pointe du Bandon, 3074 m, Serra Neire, 2986 m

Diese Gipfel zwischen Sasseneire und Couronne de Bréona haben nur geringe touristische Bedeutung, Individualisten werden die Berge auf allgemein nicht allzu schwierigen, manchmal eintönigen Anstiegen erreichen, direkt, oder über die dazwischenliegenden Cols.
Die Pointe de Prélet gelegentlich vom Col de Torrent über den schuttbedeckten Gratkamm, weniger lohnend als der gegenüber stehende Sasseneire (1 Std., BW 3).
Die Pointe de Tsaté von der Remointse du Tsaté (2480 m, von La Forclaz, 2 Std.) über den Lac du Tsaté und die S-Flanke (1½ Std.).
Lohnende Skitourenziele aus dem Val d'Hèrens: Pointe de Prélet über die freien SW-Hänge von La Villa (4 Std., 1300 Hm, viele Variationen möglich). Pointe de Tsate 4–5 Std. von La Forclaz, 1350 Hm; von der Tsaté-Bergstation (2205 m, 2½–3 Std., 870 Hm).

● 1798 Couronne de Bréona, 3159 m

Dieser Berg bildet eine gezackte Felsschneide aus recht festem Fels. Interessant ist vor allem seine Überschreitung SO-/NW-Grat.

● 1799 Südostgrat vom Col de la Couronne

III+, 1½ Std., **G 6**, 3 Std. von der Moiryhütte. Schöne Kletterei.

Von der Scharte aus wird der als selbständige Spitze aufragende Gendarm in ausgezeichneter und ausgesetzter Kletterei über die Kante erklettert. Kurz westseitig absteigend und über plattigen Fels an den Grat zurück, dem man bis in die Scharte folgt (dieser Teil kann auf Grasbändern westseitig ungangen werden). Aus dieser Scharte ca. 10 m nach W absteigen, bis man über Bänder schräg unterhalb der kleinen Grattürme aufwärts steigen kann, schließlich wird der Gipfel direkt über Platten mit bestem Fels erklettert.

● 1800 Nordwestgrat vom Col de Bréona

III, 1½ Std., **G 5**; 3 Std. von der Moiryhütte. Man folgt der Gratkante; der untere Abschnitt ist wenig schwierig, besteht jedoch aus schlechtem Fels. Weiter oben wird der Fels fester.

Zustieg zum Col de Bréona (2915 m): Von der Moiryhütte: Nach der Gletscherüberquerung folgt eine Querung unter der Couronne bis unter den Paß, zu dem man steil aufsteigt (1½ Std., **G 1**).
Von der Remointse de Bréona (2435 m; Fahrstraße von La Forclaz) in NO-Richtung zum Paß (3½ Std., **BW 3**; auch Skiroute).

● 1803 Pointe de Moiry, 3303 m, Tsa de l'Ano, 3367 m

Zwei felsige Gipfel an der W-Seite des Moirygletschers, wenig besucht. Der Tsa de l'Ano wird vom Col de Mourti über den kurzen SO-Grat erstiegen. Dazu geht man von der Moiryhütte nach SW zum Gletscher hinab und quert ihn horizontal an den Fuß des Ostgrates der Pointe de Moiry. Da der südwestliche Seitenarm des Gletschers durch eine Bruchzone im Sommer kaum passierbar ist, muß man zum O-Grat der Pointe de Moiry aufsteigen, kurz nördlich seiner Felsen über Geröll hinauf, bis ein Band nach links an den Grat leitet. Über eine glatte Platte aufwärts und schließlich nach links zum oberen Gletscherarm. Gerade zum Joch, das man über eine Rippe aus verwitterten Felsen unschwierig erreicht (von Ferpècle siehe Pointe-de-Mourti-SW-Grat, R 1808). Vom Joch über den kurzen, felsigen Gratrücken zum Gipfel (2¾ Std., **G 2**). Zur Pointe de Moiry verläßt man die obige Route am Ende der Platte, wo man über leichte Felsen und Geröll in der SO-Flanke zum Gipfel aufsteigt (**II**, 2½ Std., **G 2**). Der Verbindungsgrat zwischen beiden Gipfeln bietet interessante Kletterei bis IV; direkt an Gratkante oder einzelne Passagen umgehen, ca. 2 Std., im Gipfelbereich der Tsa de l'Ano sehr guter Fels.
Der W-Grat zur Tsa de l'Ano wird ohne Schwierigkeiten von Ferpècle (Salay) in 4–5 Std. überwiegend weglos, begangen (**G 1**, 1600 Hm).

● 1805 Pointes de Mourti, 3563 m (Ost) und 3529 m (West)
Doppelgipfeliger Berg mit eisüberwallter N-Flanke zum Moirytal. Auf der S-Seite (Ferpècle) reichen Wände mit sehr gutem Fels auf die beiden, ca. 400 m entfernten Gipfelpunkte hinauf.

● 1806 Ostgipfel – Nordostgrat

3 Std., **G 6** (750 Hm). Normalweg von Moiry. Abb. S. 454/455.

Von der Hütte steigt man nach SW auf den Gletscher ab und überquert diesen in südsüdöstl. Richtung auf den Fuß des NO-Grates zu. Der Aufstieg folgt dem Grat mit seinen zahlreichen Zacken bis zum Turm 3274 m, der südöstl. umgangen wird; hierher auch leichter durch Gletschertraversierung vom Pigne-de-la-Lé-Anstieg (R 1823) oberhalb des Bruches. Weiter über den felsigen Grat bis zum Eisfeld, das den Gipfel überdeckt. Entweder über die Felsen links oder über den Schnee zum Gipfel.

● 1807 Übergang zum Westgipfel
Man folgt dem meist schneebedeckten Verbindungsgrat (evtl. auch den südl. Randfelsen), die letzten Meter zum W-Gipfel bestehen aus nicht schwierigen Felsen (30 Min., **G 2**).

● 1808 Westgipfel – Südwestgrat

4–5 Std., **G 2** (1770 Hm).

Von Salay (Ferpécle) zuerst an der N-Seite des Mourti-Baches aufwärts, dann über Rasen und Geröll zum kleinen Mourtigletscher, über den man den oberen SW-Grat erreicht. Über diesen unschwierig zum Gipfel.

Ausblick von der Moiryhütte auf die Nordflanke der Pointes de Mourti und den Dent des Rosses. Die Route durch die eisüberwallte Flanke auf den Ostgipfel unterliegt im unteren Teil der Abschmelzung (Steinschlaggefahr).

Auf dem Gletscher kann man auch in gerader Richtung auf den Col de Mourti gelangen.

● 1809 Weitere Routen

Ostgipfel – Westwand: Bis IV+ in der 300 m hohen Wand mit bestem Fels, langer Zustieg; 6–7 Std. von Ferpécle, G 8.
Westgipfel – Südwand: Einige Stellen IV+ in der 350 m hohen Wand mit gutem Fels; 6–7 Std. von Ferpécle, G 8.
Ostgipfel – Nordwand: Der untere, sehr steile Teil ist mittlerweile stark ausgeapert und damit schwieriger, etwas Steinschlaggefahr; nach oben nimmt die Steilheit stark ab.
Übergang zum Dent des Rosses: 1½ Std., fester Fels, G 6.

● 1815 Pointe de Bricola, 3657 m, Dent des Rosses, 3613 m

Beide, etwa 500 m auseinanderliegenden Gipfel ragen nur wenig aus dem obersten Becken des Moirygletschers heraus und sind von dieser Seite auch am schnellsten zugänglich. Skiziele von der Moiryhütte.
Die **Pointe de Bricola** wird in 15 Min. vom obersten Moirygletscher (R 1829) über den firnigen O-Rücken erreicht (3 Std. von Moiry).
Auch von der Alpe Bricola kann man den Gipfel erreichen: Auf dem Moränenrücken zum Gletscher und steil über das in der Bricola-S-Wand schräg aufwärts verlaufende Couloir zum Col de Bricola.
Zum **Dent des Rosses** über den Schneehang, der südl. des Gipfels auf den Verbindungsgrat der beiden Gipfel führt (3 Std. von der Moiryhütte); am NW-Grat vom Col des Rosses (steiler Schnee-/Eishang vom obersten Moirygletscher) kurze Kletterei in bestem Fels (1 Std.).
Für den Übergang zwischen den beiden Gipfeln benötigt man ca. 1 Std.; der Grat ist am Dent des Rosses breit, drei Felszacken werden ostseitig umgangen, dann verschmälert sich der Kamm und ist öfters überwächtet. Zuletzt über einen Schneehang zur Pointe de Bricola.

Umrahmung des Moirytales, Ostseite:

● 1817 Corne de Sorebois, 2895 m

Großartiger Aussichtsberg, mit Skiliften von Zinal über Sorebois erschlossen. Vom Col de Sorebois in wenigen Min. über den Rücken auf Wegspuren zu erreichen (ca. 1½ Std. von der Seilbahnstation Sorebois, von der breite und markierte Wanderwege zum Col führen; 3¾ Std. von Zinal).

● 1819 Garde de Bordon, 3310 m

Ein massiger Berg, der weitestgehend aus Schiefer aufgebaut ist (ab den südl. von ihm gelegenen Aig. de la Lé besteht der Kamm aus Gneis) und eine vorzügliche Aussicht bietet.
Seine Besteigung erfolgt vom Col de Sorebois über den NO-Rücken, dieser kann vom Liftgebiet Sorebois auch an einigen Scharten weiter oben betreten werden. Wegspuren bis auf ganz kurze und unschwierige Felsunterbrechungen (2 Std. vom Col, **G 1**).

● 1821 Aiguilles de la Lé, 3179 – 3190 m

Im Osten der Moiryhütte gelegene türmereiche Gratschneide.
Interessant ist einzig die Traversierung der Aiguilles, insbesondere ab dem Col du Gardien (nördl. des P. 3180 m) bis zum Col de la Lé (detaillierte Beschreibung im SAC-Führer).
Zum P. 3180 m auch von der Moiryhütte über Geröll und leichte Felsen (Kreuzgrat) und Schnee (1 Std.).

● 1823 Pigne de la Lé, 3396 m

Aussichtsreicher »Hausberg« der Moiryhütte hoch über dem Zinalgletscher. Er ist durch den Col du Pigne von den Aig. de la Lé getrennt.

● 1824 Nordgrat vom Col du Pigne

I, 45 Min., **G 2** (250 Hm); von der Moiryhütte 1¾ Std.

Vom Col du Pigne steigt man über den Schneehang auf und gelangt bald zum felsigen Grat, der unschwierig zum Gipfel führt.
Zustiege zum Col: Von der Moiryhütte: Auf dem Pfad nach SO aufwärts, unter den Felsen der südl. Gipfel der Aig. de la Lé zu der firngefüllten Mulde unterhalb des Passes, zu dem man ohne Schwierigkeiten aufsteigt. 45 Min., **G 1** (320 Hm).
Von Zinal: Vom Parkplatz am Südende von Zinal geht man über die Brücke der Navisence und folgt dem Fahrweg am westseitigen Ufer nach S zum Beginn der Schlucht. Man bleibt auf dem Fahrweg, der über der Schlucht zur Alphütte Le Vichiesso (1862 m) ansteigt. Hier zweigt man von dem Talweg (Mountethütte, Ar-Pitettahütte) nach rechts ab und steigt steil durch Lärchenwald nach Grand Chiesso auf der Almfläche La Lé auf (hierher auch auf dem neuen Singline-Höhenweg von der Station Sorebois, wodurch der Gesamtanstieg dann um etwa 45 Min. kürzer wird). Gerade aufwärts und unterhalb der Felsen der Aig. de la Lé nach links haltend über Geröll, oben einige

Schneereste, zum Col; zuletzt erschwert gelegentlich eine steile Schneewand den Ausstieg (4 Std., **G 3**, 1490 Hm).
Interessante Skiabfahrt bei sicheren Verhältnissen.

● 1825 Südwestseite von der Moiryhütte

1¾–2 Std., **G 1** (570 Hm).

Von der Hütte in SO-Richtung durch das Geröllgelände zum Gletscher, den man unterhalb des Col de la Pigne betritt. Man hält sich nach S unter dem Fuß der Felsen der Pigne de la Lé aufwärts und erreicht die weiten Firnfelder bei den Bouquetins. Hier wendet man sich zurück nach NO und ersteigt den mäßig steilen Hang zum Sattel 3283 m im S des Gipfels, weiter ohne Schwierigkeiten über Schnee und Geröll zum höchsten Punkt. Dies ist auch die schöne Skiroute.

● 1828 Grand Cornier, 3961 m

Dieser Nachbargipfel des Dent Blanche wird aus drei in gleichen Winkeln stehenden Graten aufgebaut. Jeder Grat seinerseits gabelt sich im oberen Bereich und trägt zu dem massigen Aussehen bei.
Der Großteil der Besteigungen erfolgt über den NW-Grat und den darunter liegenden Moirygletscher, mit Ausgangspunkt an der gleichnamigen Hütte. Die Aufstiege über den anspruchsvolleren O-Grat (unten felsig, oben Schneegrat) und den schönen SW-Grat (reiner Felsgrat vom Dent-Blanche-Biwak) werden viel seltener ausgeführt.

● 1829 Nordwestgrat

II (am Gipfelgrat), 4 Std. von der Moiryhütte, **G 6** (ca. 1150 Hm).
Bis zum Vorgipfel ist der Anstieg eine nicht schwierige Gletschertour (jedoch spaltenreich) mit nur kurzer und leichter Felspartie. Der Übergang zum 350 m entfernten und 100 m höheren Hauptgipfel führt über einen schmalen und türmereichen Felsgrat mit interessanten Kletterstellen. Der Vorgipfel, 3843 m, bildet normalerweise das Ziel der Skibesteigungen. Abb. S. 443.

Ein guter Steig führt von der Hütte in SO-Richtung durch das Geröllgelände zum Gletscher, den man unterhalb des Col de la Pigne betritt. Man hält sich nun auf den Fuß der Felsen der Pigne de la Lé zu, steigt unter diesen entlang aufwärts und erreicht die Firnfelder am O-Ufer des Gletschers bei den Bouquetins. Weiter in S-Richtung und immer unterhalb des Kammes der Bouquetins kommt man zu dem dreiecki-

Dent Blanche und Grand Cornier vom Anstieg zum Trifthorn. Unten im Gletscher der Roc Noir, von dem der Viereselsgrat zum Dent Blanche zieht. Vom Grand Cornier zieht links der Südwestgrat zum Dent-Blanche-Biwak ab.

gen Schneehang, der zum Vorgipfel, 3843 m, hinaufzieht. Bei gutem Schnee gerade hinauf, ansonsten und besonders bei aperen Felsen erreicht man den Vorgipfel besser über seinen W-Sporn. Dieser besteht aus verwitterten Felsen, ist aber ohne Schwierigkeiten zu ersteigen (3 Std.). Der nun folgende Grat mit seinen vielen Türmen wird normalerweise direkt auf dem First überstiegen und weist an einigen Stellen schöne Kletterei auf; lediglich kurz vor dem Gipfel wird ein Gendarm östl. umgangen (1 Std.).

● 1830 Südwestgrat

III+, 3–4 Std. vom Dent-Blanche-Biwak, **G 7** (ca. 430 Hm). Interessante und empfehlenswerte Route in meist bestem Fels.

Vom Biwak im Col ersteigt man den breiten Gratrücken über P. 3592 m (meist Schnee) und klettert dann unschwierig auf dem Grat zum Vereinigungspunkt, 3733 m, mit dem W-Sporn. Der nun folgende nicht sehr steile Grat ist schmal und wird fast durchgehend auf seiner Kante in sehr gutem Fels erklettert. Am viertletzten Turm (er ist fast so hoch wie der Gipfel) klettert man knapp 5 m nach O ab und kommt über ein Band zum Grat zurück, dem man zum Gipfel folgt.

● 1831 Ostgrat (Südostsporn)

III (einige Stellen, sonst leichter und kombiniert), 6–7 Std., **G 6** (ca. 1350 Hm). Die Variante über den NO-Sporn ist länger und weist an einigen Stellen weniger festen Fels auf. Die Route der Erstersteiger benutzt eine Firnrinne vom obersten Boden des Grand-Cornier-Gletschers auf den obersten verfirnten Gratteil; sie verläuft fast ganz im Schnee und kann bei entsprechenden Verhältnissen empfohlen werden. Abb. S. 459.

Übersicht: Der Ostgrat zieht zunächst in mäßiger Steilheit, nach einem kurzen Felsstück zuerst als scharfer, dann breiter werdender Firngrat zum Verzweigungspunkt 3623 m hinab. Der NO-Sporn wird noch bis gut 3200 m nordseitig von Schnee berührt und fällt dann steil zu P. 2681 m ab. Der SO-Sporn besteht nur im obersten Abschnitt aus Schnee und zieht dann mit Fels zu P. 3165 m hinab. Dieser Punkt bildet nahezu die höchste Ecke des Schneefeldes, das im unteren Bereich zwischen den beiden Spornen eingelagert ist; es wird als Verlägerung des SO-Sporns durch eine nach N geschwungene Felsbank vom Cornier-Gletscher abgetrennt.

Route: Von der Mountethütte steigt man auf dem alten Hüttenweg zum Zinalgletscher ab und überquert ihn nach SW zu der Felsbank (unterste Verlängerung des SO-Sporns). Die glatten Felsen werden nördl. von P. 2827,2 m zum darüberliegenden Gletscherfeld überklettert, sodann wird an dessen S-Rand bis zu seinem höchsten Punkt, oberhalb P. 3165, aufgestiegen. Über steile Felsen erklettert man den SO-Sporn von rechts her (NO) und folgt ihm dann in leichter Kletterei an festem Fels, zuletzt über Schnee zum Vereinigungspunkt, 3623 m. Nun über den Firnrücken, der ab 3700 m schmäler wird, zu den letzten Gipfelfelsen, die leicht zum höchsten Punkt leiten. Vorsicht vor Wächten nach S (links), evtl. benutzt man die Felsen südl. unter dem Wächtenkamm.

● 1835 Dent Blanche, 4356 m

»Weißer Zahn« ist eigentlich für diesen Berg kein sonderlich passender Name: Wie ein überdimensionaler Zahn überragt er zwar tatsächlich alle näheren Nachbarn, doch ein weißes Aussehen hat er nun wirklich allenfalls nach Neuschneefällen, da der Berg allseitig aus steilen Felsflanken aufgebaut ist – man vermutet daher eine Namensverwechslung mit dem Dent d'Hérens: dieser sieht wenigstens von Norden her durchaus wie ein weißer Zahn aus und hat dafür im Gegensatz zum Dent Blanche keine direkte Verbindung zum Val d'Hérens.
Seine Grate sind nach den vier Himmelsrichtungen ausgerichtet und stellen die Hauptanstiegsrouten dar, seine besondere Symmetrie resultiert aus der fast gleichen Steilheit und Länge des O- und W-Grates, der N-Grat ist der steilste, während über den S-Grat mit der geringsten Neigung auch der leichteste Anstieg verläuft. Auch die dazwischenliegenden Steilflanken wurden auf mehreren, allerdings erheblich eis- und steinschlaggefährdeten Routen durchstiegen.
Für den Südgrat steht mit der Dent-Blanche-Hütte ein sehr günstiger Stützpunkt zur Verfügung, während schon die Zustiege zum West- und Ostgrat recht lang sind; der sehr schwierige Nordgrat wird vom Dent-Blanche-Biwak angegangen.
Die zentrale Lage dieses Gipfels in den Walliser Alpen garantiert bei entsprechendem Wetter ein besonders umfassendes Panorama.

Folgende Doppelseite:
Der Dent Blanche und seine Westseite von der Bertolhütte.

Dent Blanche
III.
R1838
3801
ca. 3660
R1838
R1838

endarme
I.
P.1836
P.3907
P.3882
Wandfluelücke
Dent
Blanche-H.
Ferpècle

● 1836 Südgrat (Wandfluegrat)

III (eine Stelle, II und meist leichter), etwa 4 Std., **G 5** (850 Hm) von der Dent-Blanche-Hütte. Klassische und am meisten begangene Route, auch sicherste Abstiegsroute, jedoch bei Vereisung stellenweise heikel bis gefährlich. An der Wandfluelücke mündet der Zustieg von der Schönbielhütte ein (R 1767), er wird wegen seiner Länge und der etwas mühsamen Wegfindung nur noch selten begangen. Abb. S. 462/463.

Übersicht: Vom Gipfel fällt der Südgrat ziemlich geradlinig auf 1 km Länge zur überfirnten Kuppe (3907 m), danach senkt er sich zur Wandfluelücke (3703 m). Der gewöhnliche Aufstieg folgt bis auf drei Ausnahmen an drei Steilaufschwüngen in den obersten 400 Hm genau dem Gratfirst: Diese Stufen werden oft als Gendarmen bezeichnet, jedoch nur der unterste verdient diese Bezeichnung wirklich – von der Seite betrachtet scheint hier unterhalb ein halbmondförmiges Gratstück zu fehlen. Dieser erste und der dritte Aufschwung werden auf der W-Seite, der mittlere wird östl. umgangen (alle Aufschwünge können auch direkt erklettert werden, dann Stellen IV).
Route: Von der Dent-Blanche-Hütte steigt man auf dem blockigen Felsgrat (kurze Stellen II) und dem daran anschließenden Firnrücken zum Beginn des Südgrates an der Wandfluelücke (3703 m, 30–40 Min.). Nun nach N an den ebenfalls aus Blöcken bestehenden Hauptgrat, über den man ohne Schwierigkeiten zum Firn (P. 3882 m) ansteigt; die Firnkuppe 3907 m wird westl. im Schnee umgangen (Vorsicht vor Wächten nach O!). Dann folgt ein unschwieriger Blockgrat zum Fuß des ersten Aufschwunges. Dieser kann an seiner Kante von W her in schönem Fels direkt erklettert werden (IV, einige H; empfehlenswert, aber ausgesetzt), wird aber üblicherweise westlich umgangen: Dazu quert man nach links schräg aufwärts in die Flanke und erreicht über eine breite Rinne eine Art Absatz auf einer Rippe in dieser Flanke, der talseitig von einem Turm überragt wird. Hier nimmt man wieder Richtung auf den Hauptgrat, der über plattigen und gerölldurchsetzten Fels unmittelbar oberhalb des Aufschwunges wieder betreten wird (II, 3 Eisenstangen in jeweils gut 20 m Abstand als Sicherung und Orientierungshilfe, wichtig für den Abstieg). Nur wenige Meter bleibt man auf dem Grat, dann wird der nächste, kleinere Aufschwung auf Bändern in der O-Seite (Wegspuren; Geröll und lose Blöcke) umgangen. Der dritte und letzte Aufschwung wird wieder westseitig traversiert: Dazu quert man leicht ansteigend in die

W-Flanke bis unter eine kleine, nahezu senkrechte Felswand, um links von dieser über abschüssige Platten und einen Riß (III, bei Vereisung heikel) wieder zum Grat zurückzuklettern. Der restliche Anstieg auf dem nun breiteren Gratfirst ist dann wenig schwierig (I), der früher meist überfirnte Gipfel ist im Hochsommer nun meist aper.
Zustieg zur Wandfluelücke von der Schönbielhütte: II (kurze Stellen, sonst I und leichter), 3½ Std., G 4 (1010 Hm); bis zum Gipfel 8 Std. (1660 Hm); in der Wand recht unübersichtlich, bei Dunkelheit nicht leicht zu finden.
Von der Hütte folgt man dem Moränenweg am Schönbielgletscher bis zu seinem oberen Ende bei P. 3042,1 m. Man betritt den Gletscher und steigt aufwärts, bis man nach links an die Wandflue queren kann (auf etwa 3150 m). In den Felsen links eines Couloirs (Eisschlaggefahr von den Séracs des oberen Hängegletschers!) aufwärts zu einer Geröllterrasse, auf der man nach links an die Felsen eines abgeschliffenen Kammes queren kann, über den man ohne größere Schwierigkeiten zu dem Hängegletscher aufsteigt (P. 3656 m). Auf dem Schnee schließlich weiter zur Einsattelung.

● 1837 Ostgrat (Viereselsgrat, Arête des Quatre Anes)

III (längere Strecken), 8–10 Std., **G 8** (1550 Hm). Sehr lange und schwierige Tour, großer, klassischer Anstieg. Abb. S. 469.

Übersicht: Der Ostgrat teilt sich auf einer Höhe von ca. 4040 m in zwei Äste; während der SO-Arm zum Col de Zinal absinkt, führt der eigentliche Viereselsgrat als ONO-Grat in den Zinalkessel auf den Roc Noir, einer darin eingelagerten Felsinsel, zu. Vom Gletscher bis zu einem großen gelblichen Turm ist der Anstieg leicht. Der Steilaufschwung des gelben Turms bildet die Schlüsselpassage und ist sehr oft verschneit oder vereist. Der oberste Gratabschnitt ab dem Vereinigungspunkt ist dann wieder leichter, wegen der Wächten dafür eher gefährlich.
Zustieg: Von der Mountethütte folgt man auf dem Col-Durand-Anstieg (R 1548) dem Fußpfad nach S zur Moräne und zum Gletscher. In einem großen Bogen umgeht man östl. die Spaltenzone am Fuß des Roc Noir auf ca. 2800 m. Unter der O-Flanke dieses Felsens, an dessen S-Ende und über eine Firnrippe zwischen beiderseits großen Brüchen auf die obere Gletscherebene. Hier wendet man sich nach rechts und quert auf den Grat zu, den man über leichte Felsen bei P. 3280,5 m erreicht (2 Std.).

Route: Der Aufstieg folgt nahezu vollständig der Gratkante. Die Felsen des unteren Teils bis zum großen gelben Turm sind leicht zu erklettern, eine nordseitige Umgehung über die oft vereisten Platten ist weniger zu empfehlen. Der große Turm wird zuerst ebenfalls an seiner Kante erklettert, etwa auf halber Höhe quert man auf einem Band in die N-Seite und steigt durch einen Kamin in die Scharte hinter dem Turm. Ein weiterer Felskopf wird wieder überklettert, dann steigt man zum Vereinigungspunkt mit dem SO-Ast (ca. 4040 m, 4 Std.) empor. Ab hier ist der Grat viel weniger steil, aber sehr ausgesetzt (die zahlreichen kleinen Türmchen können beidseitig umgangen werden, in seinem letzten Teil ist der Grat gelegentlich gefährlich nach S überwächtet (2–3 Std.).

● 1838 Westgrat (Ferpèclegrat)

IV+ (Stellen), sonst oft III und leichter, 6–7 Std. von der Dent-Blanche-Hütte, **G 9** (ca. 1050 Hm). Große, selten begangene Route in allgemein gutem Fels. Abb. S. 462/463.

Übersicht: Etwa 100 m nördl. des Gipfels beginnt der W-Grat und fällt in gleichmäßig großer Steilheit zum Dent-Blanche-Gletscher ab (die Rocs Rouges bilden seine weitere Verlängerung in Richtung Alpe Bricola). Auf knapp 3600 m reicht ein horizontales Schuttband in der S-Seite an die Gratkante. Man kann den Anstieg schon von hier beginnen, was aber die Schwierigkeiten und den Zeitbedarf deutlich erhöht (V, zusätzlich 1½ Std.). Üblicherweise wird daher der Grat erst oberhalb des darauf folgenden Aufschwunges betreten.
Zustieg: Von der Dent-Blanche-Hütte quert man den Manzettes-Gletscher nach NO zu der von P. 3882 m des S-Grates herabziehenden Felsflanke. Diese wird in ihrem unteren linken Teil von einem Geröllband horizontal geteilt; zu diesem durch eine flache Rinne in Schnee und Schutt hinauf. Nun entweder auf diesem Band nach links leicht absteigend bis ca. 3450 m und hier in das nördl. gelegene Gletscherbecken, oder man durchsteigt auch noch den oberen Teil der Flanke zu P. 3613,6 m und steigt auf dem Gletscher zu dem Becken am Fuß der SW-Wand ab (Spalten). Auf ca. 3550 m überschreitet man den Bergschrund zu dem Geröllband, das schräg nach links aufwärts zum W-Grat führt, den man unterhalb (ca. 3660 m) oder oberhalb (3801 m) des großen Aufschwunges erreicht (2 – 2½ Std.).
Vom Dent-Blanche-Biwak steigt man am Gletscher bis zum Fußpunkt 3270 m des Grates ab und trifft nach jenseitigem Aufstieg

auf die o.g. Route am Fuß der SW-Wand (1 1–½ Std.). Bei besten Verhältnissen ist auch ein Direkt-Anstieg vom Gletscher zum Ansatz des o.g. Bandes durch die NW-Flanke möglich.
Route: Der Aufstieg erfolgt nahezu ausschließlich über die Gratkante, nur ein etwa in der Mitte befindlicher fast senkrechter Aufschwung wird südseitig (rechts) umgangen (über seine Kante: V). Die Schwierigkeiten nehmen im obersten Teil ab (4–5 Std.).

● 1839 Nordgrat

Eine der ganz großen und schwierigen Unternehmungen, von den Anforderungen her etwa zwischen den Routen in der Matterhorn-N-Wand (Schmid-Route und Zmuttnase) einzuordnen (längere Strecken bis V, heikles Gelände und Steinschlaggefahr). 12–15 Std., 950 Hm, Beschreibung im SAC-Führer.

● 1842 Wandfluehorn, 3589 m

Südlichster Eckpunkt des S-Grates der Dent Blanche, von W reicht der Ferpèclegletscher mit flachen Firnfeldern an den Gipfelgrat, O- und S-seitig bricht eine große Felsflucht nach Schönbiel ab.
Durch die S-Wand führen einige moderne, sehr schwierige Kletteranstiege in insgesamt recht gutem Fels (bis V, 500 m Wandhöhe), Beschreibungen siehe SAC-Führer.

● 1844 Pointe de Zinal, 3789 m

Schöner Gipfel im SO der Dent Blanche mit sehr umfassender Rundsicht und interessantem Anstieg (S-Grat).

● 1845 Nordostgrat vom Col Durand

1½ Std., **G 3** (240 Hm).

Man folgt dem Schneerücken, der leicht geschwungen an den felsigen Gipfelaufbau führt. Etwas links in der O-Flanke können die Felsen wenig schwierig zum höchsten Punkt erstiegen werden.

● 1846 Südgrat von der Schönbielhütte

II (Stellen, meist leichter), 4–5 Std., **G 6** (1100 Hm) von der Hütte. Interessante und empfehlenswerte Route.

Zustieg zum Grat (zum Col Durand): Nach wenigen Minuten in westl. Richtung leiten Steigspuren in die Chumme, eine Geröllhalde,

Der Talschluß von Arolla vom Sasseneire.

die in den Sattel zwischen Schönbielhorn und Gemsspitz führt (1½ Std., 3209 m). Jenseits führt ein Pfad in N-Richtung kurz absteigend und dann horizontal über Schuttfelder auf das Gletscherbecken direkt oberhalb der Zunge (P. 3250 m). Auf dem Gletscher steigt man weiter bis in Höhe der tiefsten Einsattelung nördl. des Turmes 3358 m zwischen Schönbielhorn und Pointe de Zinal auf und gelangt nach links über das Firnfeld dorthin (2 Std.).
Route: Man folgt dem teils felsigen, teils überfirnten Grat bis zum Gipfel. Die Felsen bis zum Vorgipfel (P. 3778,1 m) sind leicht. Die folgenden zwei Türme werden überklettert, wobei man vom ersten ca. 4 m, vom zweiten ca 20 m (in einem Kamin) abseilend absteigt. Nun leicht über den Schlußgrat zum höchsten Punkt.

● 1850 Schönbielhorn, 3472 m

Sehr interessanter Aussichtsgipfel, der leicht über den Verbindungsgrat vom Gemsspitz (von der Scharte 3209 m; siehe R 1846, Pointe de Zinal) zu ersteigen ist (1 Std. von der Scharte, 2½ Std. von der Schönbielhütte).
Auch über den leichten SW-Grat kann der Gipfel in 2 Std. von der Hütte erstiegen werden, etwa 300 m vor dem höchsten Punkt vereinigt sich dieser mit dem Anstieg von der Scharte 3209 m.
Von der Scharte 3209 m kann auch der **Gemsspitz** (3182,4 m) leicht über den N-Grat bestiegen werden.

8. Berge rund um Arolla

Unter diesem Namen sind hier die Kämme zwischen Dent Blanche und Grand Combin zusammengefaßt, also zwischen dem Val d'Hérens und Val de Bagnes. Die Gruppe besteht aus mehreren, in verschiedene Richtungen verzweigten Kämmen, ohne daß dabei ein Hauptkamm besonders in Erscheinung tritt. So finden sich die höchsten Gipfel La Ruinette und Mont Blanc de Cheilon nicht im Grenzkamm, sondern im Bereich des Val de Dix/Bagnes. Die Arolla-Berge stellen mit ihren weiten Gletscherflächen den Durchzugsbereich der Haute Route dar, besonders im März/April sind hier die wichtigsten Hütten oft rappelvoll – man findet hier überall ideales Skitourengelände, vor allem auch abseits der Haute Route. Wer erst im Mai/Juni kommt, hat nicht nur immer noch weit hinunter ausreichend Schnee, sondern auch die Berge und Hütten (!) fast für sich allein – er muß dann eben wie früher üblich seine ganze Verpflegung mitschleppen! Aber auch im Sommer kann man hier ganz großartige Touren unternehmen. Man sollte daher die Vorbemerkungen zu den Gipfeltouren und die LK gut studieren, dann wird man vielleicht ein größeres Bergglück mit nach Hause nehmen als von so manchem 4000er. Noch etwas: Keine Angst vor dem Französisch – ich hatte nicht selten den Eindruck, daß man hier mit besonders großer Freundlichkeit und Offenheit dem Gast begegnet und immer bemüht ist, die Sprachschwierigkeiten zu überwinden.
Das ganze Gebiet ist hochreichend erschlossen, PTT-Busse fahren im Sommer fast überall bis an das oberste Straßenende (Mauvoisin, Dixence, Arolla, Place Moulin). Dann gibt es noch einige Skierschließungen, aber sonst ist es hier meist wirklich ruhig! Nicht nur der Hoch- und Skitourengeher, auch der Wanderer kann hier in hochalpines Gelände vorstoßen, doch fast am Eindrucksvollsten ist immer wieder die Schau aus dem Bereich der Waldgrenze.

8.1 Hütten

● 1860 Cabane de la Tsa, 2607 m
Société des Guides du Val d'Herens, Evolène. Die Hütte steht über Arolla auf einer wenig ausgeprägten Rippe in den Hängen westl. unter

der Aig. de la Tsa. Langer, einstöckiger Hüttenbau. KS 605.050 / 097.640. 60 Plätze (WR 20 Plätze, offen). Voll bewirtschaftet von Juli bis September. Tel. 027 831868. Ausgangspunkt u.a. für sehr schöne und schwere Kletterrouten an den W-Seiten der Tsa-Gruppe.

● 1861 Von Arolla

2 Std., **BW 1** (650 Hm). Wanderweg.

Vom Parkplatz am S-Ende von Arolla steigt man kurz zur Borgne d'Arolla ab, und steigt jenseits in O-Richtung durch den lichten Baumbestand aufwärts. Auf ca. 2150 m schwenkt der Weg nach NO, überschreitet den Torrent de la Rousette und gewinnt über die Rasenhänge La Tsa und eine alte Moräne die Hütte.

● 1863 Cabane de Bertol, 3311 m

CAS, Sektion Neuchâtel (Neuenburg). Die abenteuerlich ausgesetzt gelegene Hütte auf den Felsen über dem Col de Bertol ist ein beliebtes Fotomotiv. Die unregelmäßigen Außenwände sind den Felsen angepaßt. KS 606.890 / 94.960.
80 Plätze, in Zeiten der Nichtbewirtschaftung stehen 30 Plätze zur Verfügung. Volle Bewirtschaftung Mitte März bis Pfingsten und von Juli bis September. Tel. 027 831929. Ausgangspunkt für die Gipfel im Kamm vom Dents de Perroc bis zu den Bouquetins sowie Tête Blanche und Tête de Valpelline. Die herausragende Lage der Hütte garantiert bei entsprechendem Wetter eine außergewöhnlich umfassende Aussicht nach Osten und Westen. Die Hütte wird auch im Winter viel besucht, z. B. als Abstecher bei der Haute Route.

● 1864 Von Arolla

4 Std. **G 2** (1340 Hm). Gletscherbegehung, zuletzt ziemlich steil.

Vom Parkplatz am S-Ende von Arolla auf der für priv. Pkw gesperrten Fahrstraße ca. 2 km taleinwärts bis zur Brücke am Straßenende in der Nähe der Gletscherzunge (WW). Der Weg steigt über dem rechten Gletscherufer in SO-Richtung an, überschreitet dabei den Bertol-Gletscherabfluß und kommt zu den Resten von Bauten für die Wasserfassungen. Hier Wegteilung: rechts zweigt der Anstieg zu den Zielen am Arollagletscher (Bouquetins-Biwak) ab, während es zur Bertolhütte in O-Richtung in steilen Serpentinen zu den Plans de Bertol hinaufgeht (2664 m, 2 Std.), wo die die Hütte bereits sichtbar

ist. In nordöstlicher Richtung steigt man schräg über Rasen und Geröllhänge, schließlich über die Moräne zum Bertol-Gletscher auf. Der weitere Anstieg erfolgt zwischen der Felsinsel, die den Gletscher in seiner Mitte teilt, und dessen S-Ufer unter den Felsen der Crête du Plan – wegen Steinschlaggefahr hält man sich jedoch nicht zu nahe an den Felsen. Man betritt eine weiter oben gelegene Felsinsel (Wegspuren) und erreicht nach Überwinden des Bergschrundes über einen Steilhang den Col de Bertol (3269 m). Drahtseile, Leitern und eine Eisentreppe führen zu der nördl. über dem Paß gelegenen Hütte.
Skiaufstieg: Auf der Straße von Arolla taleinwärts zum Gletscher und über die rechte oder linke Moräne auf dessen Zunge. Weiter auf dem Gletscher aufwärts, unter dem Mont Collon nach O über eine steilere Passage auf den Haut Glacier d'Arolla (Eisschlaggefahr aus der Collon-N-Wand). Auf der nächsten Verflachung verläßt man ihn nach N (Reste alter Wasserbauten) und steigt über zwei steilere Stufen zu den Plans de Bertol, wo man die Sommerroute einschlägt. Nur bei sehr sicheren Verhältnissen oder nach Ausaperung im unteren Teil kann man komplett dem Sommerweg folgen.

● 1865 Von Ferpècle

Etwa 6 Std., **G 3** (ca. 1500 Hm). Langer, hochalpiner Zugang, der Mont-Miné-Gletscher ist über weite Strecken arg zerschrundet.

Vom Ende der Fahrstraße (Fahrverbot ab ca. 500 m südl. von Salay) über das Moränengelände zur Gletscherzunge, auf deren W-Seite man bis auf ca. 2380 m in S-Richtung ansteigt. Man verläßt hier den Gletscher nach W über einen steilen Moränenkamm und quert über Geröll oberhalb eines Felsbandes nach S zum Gletscher. Über den meist stark zerschrundeten Gletscherarm zwischen diesem Felsband und einer darüberliegenden Felswand hält man sich in genauer S-Richtung aufwärts, unter den Felsausläufern der Pointe de Bertol vorbei und schließlich ab ca. 3100 m in westlicher Richtung zur nun sichtbaren Hütte. Bei zu starker Ausaperung kann auch der Umweg oberhalb der oberen Felswand oder sogar über den Col de la Tsa nötig sein. Skiabfahrt nur für Könner.

● 1870 Refuge des Bouquetins, 2980 m

SAC, Sektion Val des Joux, Le Sentier. Die 1975 eröffnete Unterkunft (mehr Hütte als Biwak) steht über dem rechten Ufer des Haut Glacier d'Arolla im W der Bouquetins über dem Zusammenfluß der beiden

oberen Arme dieses Gletschers. Achteckiger Hüttenbau mit sehr praktischer Inneneinrichtung. KS 607.120 / 091.040.
18 Schlafplätze, nicht bewartet und immer offen. Geschirr, Ofen, Holz und Decken sind vorhanden. SOS-Telefon. Die Hütte ist ein geeigneter Stützpunkt für die Besteigung aller Gipfel in der Umrahmung des Arolla-Gletschers, sowie der Tête Blanche und der Tête de Valpelline. Die meisten Gipfel sind auch im Winter mit Ski erreichbar, die Hütte wird daher gerne auch als Zwischenstützpunkt auf der Haute Route genutzt.

● 1871 Von Arolla

3½ Std., **BW 1** (1010 Hm bei 8,5 Ekm). Abb. S. 496/497.

Vom Parkplatz am S-Ende von Arolla folgt man der Fahrstraße ca. 2 km taleinwärts bis zur Brücke nahe der Gletscherzunge (Wasserfassung, WW). Der Weg steigt über dem rechten Gletscherufer (Bas Glacier d'Arolla) in SO-Richtung an, überschreitet dabei den Bertol-Gletscherabfluß und kommt zu den Resten von Bauten für die Wasserfassungen. Hier Wegteilung: Zur Bertolhütte gehts links ab, während dieser Weg nur leicht ansteigend über dem Gletscher die orogr. rechte Seitenmoräne des Haut Glacier d'Arolla erreicht, auf der man bis unterhalb der Hütte, zuletzt über Geröll und Schneereste aufsteigt. Bei guten Verhältnissen kann der Gletscher in fast seiner ganzen Länge begangen werden. Dies ist auch der Winterzugang.

● 1873 Rifugio del Col Collon, 2818 m
Rifugio Alessandro Nacamuli, 2828 m

CAI, Sektion Torino. Die Hütten liegen nahe beieinander südöstl. unter den Pointes d'Oren, zwischen La Singla und L'Evêque. KS 604.830 / 88.570. 25 bzw. 50 Plätze, bewirtschaftet im Juli und August, WR 24 Plätze. Tel. 0165/73 00 47. Ausgangspunkt für La Singla, L'Evêque, Mt. Brulé u.a.m. Gut geeignete Zwischenunterkunft an der Haute Route (auch mit Ski), da die Hütten nur gut 250 Hm südseitig des Col Collon (R 1945) liegen.

● 1874 Vom Staudamm Lago di Place Moulin (Valpelline)

4 Std., **BW 2** (850 Hm).

Vom Parkplatz am Albergo al Lago an der Staudammkrone folgt man dem Fahrweg am N-Ufer des Stausees zur Sommersiedlung Prarayer

(2005 m, 1 Std.) Von hier steigt man in westl. Richtung zur Hütte Pra Mondzon (2088 m), wo man in die wilde Comba d'Oren eintritt; man überquert den Oren-Bach (Brücke) und steigt an seinem rechten Ufer bis kurz vor La Garda (2211 m), wo man wieder auf die andere Uferseite wechselt. Weiter am Bach über Geröll aufwärts an den Moränen des Glacier d'Oren Sud vorbei in eine kleine Ebene (Plan du Gan, ca. 2450 m). Am N-Ende dieser Ebene überquert man den Abfluß einer steilen Schlucht und steigt in steilen Serpentinen über felsdurchsetzte Rasenhänge zum oberen Geröllkessel (Steinmann, im Abstieg nicht leicht zu finden). Der Bach wird überschritten und man erreicht in leichter Steigung, zuletzt in einem Bogen nach W die Hütten. Im Winter folgt man vom Plan du Gan nicht dem Sommerweg, sondern steigt gerade weiter in Richtung Pointes d'Oren, um oberhalb von P. 2550 m nach rechts steil die Hütte zu erreichen.

● 1875 Rifugio Aosta, 2781 m

Siehe R 1236 (Matterhorngruppe).

● 1877 Cabane des Vignettes, 3160 m

SAC, Sektion Monte Rosa, Martigny. In exponierter Lage am Col des Vignettes in der O-Flanke der Pigne d'Arolla. Mehrstöckiger Natursteinbau, an die Felsen gebaut. KS 602.860 / 93.130.
127 Plätze, voll bewirtschaftet von Mitte März bis Mitte Sept., im Juni nur zeitweise. In der übrigen Zeit ist die Hütte offen. Tel. 027 831322. Die Hütte ist ein idealer Stützpunkt für die Pigne d'Arolla, aber auch für die anderen Gipfel im Bereich des Collon- und Otemma-Gletschers. Besonders gerne auch in der Skitourenzeit besucht, u.a. als Zwischenstation auf der Haute Route.

● 1878 Von Arolla

3½ Std., **G 1** (1200 Hm). Gletscherbegehung. Abb. S. 468.

Von den obersten Chalets von Arolla (ca. 2120 m) führt ein Weg durch den Wald in das Mattengelände Tsijiore Nouve und weiter auf dem Moränenkamm zwischen dem Tsijiore-Nouve- und dem Pièce-Gletscher zu P. 2204 m. Hierher auch auf Fahrweg von der Talstation der Kraftwerks-Seilbahn (1986 m). Der Weiterweg führt steil über den Moränenkamm und dann unter der Gletscherzunge des Pièce-Gletscher vorbei zu einer felsigen Stufe an dessen O-Ufer (ca. 2600 m). Mit guten Markierungen über diese Felsen, dann am O-Ufer des

Gletschers, ab ca. 2900 m über die Gletschermitte direkt zum Col und nach links zur Hütte an den Felsen. Im Frühjahr kann man den Pièce-Gletscher von unten an mit Ski begehen.

● 1880 Cabane des Dix, 2928 m

SAC, Sektion Monte Rosa. Das Haus steht westl. über dem Cheilon-Gletscher im O der La Luette, wenig südl. der kleinen Felsnase Tête Noire. Großer, mehrstöckiger Natursteinbau in freier Lage. KS 598.380 / 95.500.

146 Plätze, voll bewirtschaftet von Mitte März bis Mitte Sept., im Juni nur zeitweise; in der übrigen Zeit ist die Hütte offen. Tel. 027 811523. Großartiger Hüttenplatz direkt gegenüber der N-Wand des Mont Blanc de Cheilon. Weitreichendes Tourengebiet vom Pleureur über Ruinette und Cheilon bis zur Pigne d'Arolla.

Hervorragendes Skitourengebiet, durch den erleichterten Zugang über die Liftanlagen von Arolla jedoch im Frühjahr stark besucht.

● 1881 Vom Dix-Stausee (Val d'Hérémence)

3 Std. von der Staumauerkrone, **BW 1** (ca. 570 Hm).

Eine Seilbahn führt vom Parkplatz Le Chargeur (2141 m) zur Mauerkrone (2365 m), zu Fuß in ca. 40 Min. (Fußweg). Von der Mauerkrone folgt man dem Fahrweg am O-Ufer des Stausees entlang bis an sein S-Ende (P. 2386 m). Ein Fußweg leitet über den »Pas du Chat« um den NW-Ausläufer der Luette herum und hoch über der Gletscherzunge auf der linken Seitenmoräne zum Felskopf Tête Noire, den man noch umgeht; gleich danach westwärts kurz zur Hütte hinauf.

Kein Winterzugang, da lawinengefährdet, die Galerien sind nicht passierbar; Auch nicht über den Stausee abfahren, da die Mauer nicht zu übersteigen ist, außerdem ist das Eis wegen des üblichen Absenkens des Wasserspiegels sehr unsicher!

● 1882 Von Arolla

3 Std., **G 1** (ca. 1000 Hm). Die Fahrstraße führt bis zu den obersten Chalets von Arolla (ca. 2120 m), Privatstraße bis zur Alm La Remointse (2409 m). Die Lifte führen im Winter bis ca. 2450 m, dazu Schneewieselfahrten bis unter den Pas de Chèvres (2855 m).

Von Arolla führt ein Fahrweg über das Liftgebiet nach Remointse (45 Min.) und weiter als Wanderweg gut markiert in O-Richtung zum

Pas du Chèvres, der niedrigsten Einsattelung im Kamm zwischen Mont Rouges und den Pointes de Tsena Refien (1 Std.). Jenseits steigt man über zwei senkrechte Leitern ca. 30 m an einer Felswand ab und quert dann auf Wegspuren und Geröll nach S auf den Cheilon-Gletscher, den man in SW-Richtung auf den Tête Noire zu überschreitet und jenseits wieder knapp 100 Hm auf dem Weg vom Dix-Stausee zur Hütte aufsteigt (45 Min.). Dies ist auch der übliche Winterzugang (3 Std. von Arolla, 1 Std. vom Ende der Ratrakkurse).

● 1883 Von der Prafleuri-Hütte über den Col des Roux

3½ Std. **BW 2**.

Dieser Abschnitt der Wander-Haute-Route Verbier–Arolla führt über den Col des Roux zu den Almen von La Barma (R 2000, 1 Std.) und trifft dort auf den Weg über dem Dixstausee Auch mit Ski.

● 1885 Refuge-Igloo des Pantalons Blancs, 3280 m

SAC, Sektion Monte Rosa. Die Unterkünfte (mehr Hütten als Biwak, Zwiebel- bzw. Hausdachform) stehen am NO-Rücken der Pointe du Crêt auf einer kleinen Felsinsel zwischen dem kleinen Pantalons-Gletscher im S und dem Ecoulaies-Gletscher im N (Richtung Lac des Dix). KS 594.550 / 98.750.
18 Plätze, unbewartet, immer offen. Ausgangspunkt für die Gipfel von Rosablanche bis Le Pleureur.
Auch im Winter gelegentlich aufgesucht; der Direktaufstieg von der Dix-Staumauer ist in der Regel nicht möglich, Zugang über die Dix- oder Prafleuri-Hütte.

● 1886 Vom Dix-Stausee (Val d'Hérémence)

4 Std., **G 1** (ca. 920 Hm). Gletscherbegehung.

Von der Staumauerkrone (Seilbahn oder 40 Min. zu Fuß von Le Chargeur) geht man auf dem Fahrweg am W-Ufer bis zur Alm La Barma (2458 m, einige Tunnels). In westl. Richtung auf Wegspuren zum Ecoulaies-Gletscherabfluß, dem man nun folgt, vorbei an P. 2648 m über viel Geröll, um das westl. Ufer des Gletschers zu erreichen. Ohne Schwierigkeiten über dessen orogr. linke Seite empor, die Spaltenzone zwischen 2940 und 3000 m wird über die Gletschermitte umgangen. Unter dem Col du Crêt wendet man sich nach SO und erreicht über Firn das Biwak.

● 1888 Cabane de Prafleuri, 2662 m

Privat (Cyrille Theytaz, Hérémence). Im NO der Rosablanche in der Combe de Prafleuri gelegen. Tel. 027 811156 (Tal). KS 595.400 / 102.400. 56 Plätze, im Sommer gelegentlich einfach bewartet, sonst immer offen. Münzautomaten für Herd und Licht (Kleingeld mitnehmen). Ausgangspunkt für die Gruppe der Rosablanche und Le Parrain. Stützpunkt auf der Haute-Route-Etappe Mont-Fort- zur Dix-Hütte. Der Winterzugang vom Dixtal ist sehr lawinengefährdet.

● 1889 Vom Dix-Stausee (Val d'Hérémence)

45 Min., **BW 1** (240 Hm), 1½ Std. von Le Chargeur.

Ein guter, und markierter Weg führt von der Staumauerkrone leicht ansteigend unter der NW-Seite des Mont Blava zur Hütte.

● 1891 Cabane du Mont Fort, 2457 m

SAC, Sektion Jaman, Vevey. Im Liftgebiet Mont Gelé oberhalb der Alp La Chaux. KS 587.810 / 103.557. 100 Plätze, voll bewirtschaftet Mitte März bis Mitte Mai und August bis Mitte Sept., in der übrigen Zeit bei größeren Gruppen nach Vereinbarung, sonst steht ein WR mit 12 Plätzen offen. Tel. 026/38 13 84. Schönes Wander- und Skigebiet, Liftgebiet »4 Täler«. Ausgangspunkt für die Haute-Route-Variante Verbier – Zermatt, Sentier des Chamois zum Lac de Louvie.

● 1892 Von Verbier

Mit der Mont Gelé-Seilbahn nach Les Ruinettes (2195 m, auch Fahrstraße, zu Fuß 1½ Std.) und in 1 Std. anfangs auf Fahr-, dann Fußweg zur Hütte leicht steigend queren; oder von der Bergstation Les Attelas (2733 m) auf Fußweg in ca. 30 Min. zur Hütte absteigen.
Mit dem Bus von der Station Les Ruinettes zur Alpe La Chaux (ca. 2240 m) und in 30 Min. auf einem Fahr- und Fußweg zur Hütte.

● 1893 Von Sarreyer

Auf dem Fahrweg (private Kfz gestattet) nach La Chaux und wie oben zur Hütte (zu Fuß von Sarreyer auf dem die Kehren etwas abkürzenden Weg über Les Siés und Les Clerondes, 3½ Std.).

● 1895 Refuge du Glacier du Tortin, 2993 m

Ski Club Nendaz; im Skigebiet am Mont Fort gelegen am Ende des Gletscher-Skiliftes. KS 590160 / 103720.

50 Plätze, immer offen und gut eingerichtet. Auskunft über das Office du Tourisme, Haute Nendaz Tel. 027 881444. Evtl. Stützpunkt auf der Haute Route Verbier – Zermatt.

● 1896 Bouquetinshütte, 2207 m

Privat, im SW des Lac de Louvie oberhalb von Fionnay gelegen. KS 589.200 / 99.400. 30 Plätze, bewirtschaftet von Juli bis September. Auf gutem, aber steilem Weg von Fionnay in 1½ Std. in N-Richtung zu erreichen, zuerst im Bereich des Kraftwerkliftes, dann nach links ins Louvietal ziehend und durch dieses zur Hütte.

● 1898 Refuge de St.Laurent, 2485 m

Skiclub Arpettaz, Basse Nendaz. Die Hütte steht im obersten Val de Nendaz über dem Stausee Lac de Cleuson. KS 591.780 / 105.180. Ca. 30 Plätze, nicht bewirtschaftet, immer offen. Gut eingerichtet mit Küche, u.a. Solarstrom für Beleuchtung. Schönes Wandergelände und hervorragendes Skitourengebiet (Rosablanche – Le Métailler).

● 1899 Von Siviez («Super Nendaz«)

2¾ Std., **BW 1** (750 Hm); von der Staumauerkrone 1¼ Std., (290 Hm). Von Siviez führt eine befahrbare Straße zur Staumauerkrone, sie ist jedoch in einem sehr schlechten Zustand.

Der Aufstieg folgt der Fahrstraße bis zur Staumauerkrone (1½ Std.). Ein Fahrweg führt an der O-Seite des Sees bis zur Wasserfassung und steigt zur Alm La Gouille an. Auf einer Brücke wird der Bach gequert und in einigen Kehren die Hütte erreicht.
Auch Winterzugang bei sicheren Verhältnissen; die Kehren der Straße unter Staumauer können jedoch im Direktaufstieg bis P. 2121 m abgekürzt werden.

● 1901 Cabane des Aiguilles Rouges, 2810 m

CAAG (Club Alpin Académique de Genève). Die Hütte steht östl. unter den Aig.Rouges d'Arolla. Versetzt aneinandergebautes Doppelhaus in Natursteinbauweise. KS 601.450 / 100.530.
80 Plätze, voll bewirtschaftet von Anfang Juli bis Mitte Sept., in der übrigen Zeit steht ein WR mit 15 Plätzen offen. Tel. 027 831649. Ausgangspunkt für die Anstiege auf die Aig.Rouges, die Pointe de Vouasson und den Mont de l'Etoile. Schöne Skitourenmöglichkeiten im späten Frühjahr.

● 1902 Aus dem Arolla-Tal (La Gouille bzw. Satarma)

3 Std., **BW 2** (ca. 1000 Hm).

Von den beiden Siedlungen in W-Richtung zum Lac Bleu (2090 m). Weiter über die Almhänge Louché zur Hütte Remointse du Sex Blanc (2417 m) und in Serpentinen zu den obersten Wiesen von Les Crosayes. Der felsige Sporn, auf dem die Hütte steht, wird in einem Bogen rechts umgangen, so daß man diese von NW erreicht. Dies ist auch der Winterzustieg bei sicheren Verhältnissen. Bei der Abfahrt kann man unterhalb der Hüttenfelsen auf ca. 2600 m steil nach S auf die andere (rechte) Talseite queren und dort bis Satarma abfahren.

● 1903 Von Arolla

2½ Std., **BW 2** (ca. 700 Hm). Die Fahrstraße führt bis zu den obersten Chalets von Arolla (ca. 2120 m), eine sehr schlechte Privatstraße weiter bis zur Alm Remointse de Pra Gra (2479 m).

Man folgt von Arolla der Straße zu den obersten Chalets, wo ein Fußweg kurz durch den Zirbenbestand, dann über freies Almgelände, zuletzt etwas steiler zu den obersten Hütten von Pra Gra (Remointse, 2479 m, Ende des Fahrweges) führt. Weiter auf den Wiesenrücken und in den Talgrund Les Ignes (ca. 2700 m), dann quert man durch Schotter- und Rasenfelder am Moränenkamm in N-Richtung unter den Aig. Rouges- Gletschern zur Hütte (kurze gesicherte Felsstufe).

● 1905 Bivouac de l'Aiguillette á la Singla, 3179 m

SAC, Sektion Chasseron, Fleurier. An der Aiguillette, einem Felssporn im N-Grat der Bec de la Sasse über dem Otemma-Gletscher gelegen. KS 601.200 / 87.750. 14 Plätze, nicht bewartet, immer offen. Stützpunkt für die Touren im Grenzkamm La Singla – Bec d'Epicoune. Interessante Skiziele (Aouille Tseuque, Grand Blanchen).

● 1906 Von der Chanrion-Hütte

3 Std. (1000 Hm bei 140 Hm Abstieg); 5½ Std., **G 2** (ca. 1480 Hm) von Mauvoisin; Gletscherbegehung.

Auf dem Chanrionhütten-Zufahrtsweg (R 1922) nach S bis La Paume (2337 m, ca. 15 Min.) hinab. Ein Fahrweg führt von hier zur Wasserfassung am Otemma-Gletscher (2357 m, 30 Min.; von Mauvoisin ca. 3½ Std.). Ein schlechter, aber markierter Pfad führt an die Geröllfelder und die Gletscherzunge. Man ersteigt den flachen Gletscher bis unter den Felszahn L'Aiguillette, ab hier steiler auf der orogr. rechten Seite des Aiguillette-Gletschers (Spalten) zur Biwakhütte. Dies ist auch die Skiroute von Chanrion, keine Abfahrt nach Mauvoisin.

● 1907 Von der Vignettes-Hütte

2½ Std., **G 2** (etwa 270 Hm Ab- und Wiederaufstieg auf ca. 6 km).

Von der Vignettes-Hütte quert man unter der O-Flanke der Pigne d'Arolla zum Col de Chermontane (30 Min.) und steigt über den Otemma-Gletscher ab bis zur Einmündung des Blanchen-Gletschers; über dessen orogr. rechte Seite unter dem NW-Sporn von La Singla steigt man bis über den Bruch zur Rechten an, um dann nur mehr leicht aufwärts zum Biwak zu queren. Natürlich kann man auch auf dem Otemmagletscher bis zum Abzweig der R 1906 auf den Aiguillette-Gletscher absteigen (etwas länger). Dies ist auch die Skiroute.

● 1910 Bivacco della Sassa, 2973 m

CAAI (Club Alpino Accademico Italiano), Milano. Die unauffällige Biwak-Halbtonne liegt in der obersten Combe de Sassa, am rechten Ufer des gleichnamigen kleinen Gletschers. KS 602.080 / 86.120. 12 Plätze, immer offen. Ausgangspunkt für die (bei uns kaum bekannten) Gipfel in der Umrahmung der Combe, über den nahen Col du Blanchen (R 1957, o. N. LK) Abstechermöglichkeit auf der Haute Route.

● 1911 Von Chamen (Valpelline)

3¾ Std., **BW 2** (1260 Hm). Z.T. markiert.

Von der Alpe Chamen an der Straße zum Lago di Place Moulin folgt man dem Fahrweg nach N in die Combe du Grand Chamen, wo man nach 45 Min. die gleichnahmige Alpe (2018 m) erreicht. Weiter nach La Crotta (2188 m), und wenig später nach rechts (NO) in die Combe de Sassa, in deren Talgrund man ansteigt bis zum Moränenrücken, der in der Mitte des Talschlusses zum Biwak hinaufzieht. Über diesen steigt man auf, den Felsvorsprung wenig unterhalb des Biwaks umgeht man links über Trümmer und zuletzt Rasen. Auch Winteranstieg.

● 1913 Rifugio di Crête Sèche, 2383 m

CAI, Sektion Aosta. Die Hütte steht südl. des Mont de Crête Sèche, auf der S-Seite der M.Gelé-Gruppe. Zweistöckiger, länglicher Steinbau. KS 596.910 / 81.180. 90 Plätze, bewirtschaftet im Frühjahr und von Ende Juni bis Mitte September, WR mit ca. 12 Plätzen immer offen; Tel. 0165 730030. Ausgangspunkt für die Gipfel zwischen Mont Gelé und Bec d'Epicoune. Die Hütte ersetzt das höher gelegene Spartaro-Biwak. Interessantes, anspruchsvolles Skitourengebiet.

● 1914 Von Dzovenno (Valpelline)

2½ Std., **BW 1** (810 Hm). Bez. Weg.

Ein Fahrweg führt von Dzovenno nach Ruz und noch ein Stück unter die Casa Primo. Man folgt dann dem Weg zur Almhütte Berrié im östl. Nachbartal (Combe de Vert Tzan, 2192 m, 1½ Std.). Nun in westl. Richtung unter dem S-Ausläufer des Mont de Crête Sèche vorbei, steigt man schließlich zur Hütte an. Mit Ski kann man direkt über die Almwiesen und den lichten Wald oberhalb der Casa Primo (1853 m) zur Hütte ansteigen, sonst folgt man dem Sommerweg.

● 1916 Bivacco Spartaro, 2550 m

40 Min. oberhalb der Crête-Sèche-Hütte , 9 Plätze, immer offen.

● 1918 Bivacco Regondi, 2590 m

CAI, Sektion Desio. Nördl. des kleinen Lago di Leiton am Monte Morion-Kamm gelegen (südl. Seitenkamm des Mont Gelé, Ollomont-Tal). Halbtonne mit Blechverkleidung. KS 592.550 / 80.530.
6 Plätze, immer offen. Ausgangspunkt für den Mont Gelé von SW.

● 1919 Von Glacier (Val d'Ollomont)

3 Std., **BW 1** (ca 1000 Hm).

Man steigt von Glacier kurz in S-Richtung zur Almhütte (1592 m), um dann entlang des Grabens nach NO nach Le Piazze (2149 m) und zur Piano di Breuil aufzusteigen – hierher auch geringfügig länger von Glacier auf gutem Weg nach Cheval Blanc (Conca di By, 2009 m) und über die Hütten von Balme (2128 m). Die Ebene wird an ihr S-Ende durchquert, wo man einen Zickzack-Weg findet, der zum Lago dell'Incliousa (2420 m) und weiter zum Biwak führt. Auch Winterzustieg bei sicheren Verhältnissen.
Von der A.Thoules (2378 m; von Champillon oberhalb Doùes auf langer (14 km), aber nur wenig ansteigenden Almstraße hoch über dem Ollomont-Tal entlang, Fahrrad-geeignet; 45 Min. Abstieg vom

Fenêtre Durand) zuerst weglos nach SO, dann auf dem gut sichtbaren Steig durch das Fels-/Schrofenband auf die Schotterebene unter dem Gelè-Gletscher, wo man am Lago Beùseya vorbei zum Biwak aufsteigt (1 Std.).
Von Ollomont erreicht man das Biwak in 3½ Std. über den Colle Cornet, 2354 m: Der Pfad führt vom Ort (WW Col Breuson) in NO-Richtung in vielen Kehren zu der Berrio-Alm, dann nur mehr Wegspuren in gleicher Richtung zum Col. Leicht ansteigend nach O zum Incliousa-See und weiter auf dem Weg von Glacier zum Biwak.

● 1921 Cabane de Chanrion, 2462 m

SAC, Sektion Genevoise. Die Hütte steht auf dem kuppenreichen Gelände des Mont Durand westl. unter der Pointe d'Otemma. Mehrstöckiger Natursteinbau. KS 595.510 / 87.500.
100 Schlafplätze. Voll bewirtschaftet von April bis Mitte Mai sowie von Juli bis September, in der übrigen Zeit ist die Hütte offen. Tel. 026 381209. Sehr gut eingerichtet, u.a. Solarstrom für Beleuchtung. Die Hütte ist ein klassischer Stützpunkt auf der Haute Route, bietet aber auch interessante, bei uns nur wenig bekannte und sicher nicht überlaufene Gipfel (Ruinette, Epicoune,..).
Auch im Winter gut besucht, der Talzustieg bzw. die Abfahrt nach Mauvousin ist erst im späten Frühjahr möglich (Lawinengefahr). Im Falle eines Wetterumschwunges führt der sicherste Fluchtweg über das Fenêtre Durand nach Ollomont (Valpelline, R 1972).

● 1922 Von Mauvoisin (Fahrweg am W-Ufer)

3½ Std., **BW 1** (ca. 740 Hm); breiter Fahrweg, der für den allgemeinen Verkehr gesperrt ist, längere und z.T. unbeleuchtete Tunnels in Staumauer-Nähe (evtl. Fahrrad). Abb. S. 532/533.

Vom Parkplatz Mauvoisin unterhalb der Staumauerkrone (Restaurant) steigt man in ca. 15 Min. zur Mauer und folgt dem Fahrweg durch die gut 700 m langen Tunnels am W-Ufer des Stausees. Der Weg führt über das Almgelände Ecurie de la Lia (2115 m) zum südl. Stausee-Ende und weiter zur Brücke Le Lancet (2040 m). Jenseits steigt der Fahrweg in Kehren an; auf 2213 m Wegteilung: Der Fahrweg führt in einem Umweg um den Mt. Durand nach La Barme und zur Hütte. Der Fußweg überwindet die Stufe in weiteren Zickzacks nach Tsè des Videttes und führt nur mehr wenig steigend zur Hütte. Im Winter stark lawinengefährdet, erst spät im Frühjahr zu begehen.

● **1923 Von Mauvoisin (O-Uferweg)**

3–3½ Std., **BW 2** (ca. 780 Hm). Landschaftlich schöne Variante zur W-Uferstraße, nur zu Beginn zum Fahrweg ausgebaut.

Vom Parkplatz Mauvoisin unterhalb der Staumauerkrone (Restaurant) steigt man in 15 Min. zur Mauer und über diese ans O-Ufer. Nach einigen Galerien führt der Fahrweg in Kehren zur Almfläche Le Giètro und ab hier als Fußweg mit geringer Steigung zum Lac de Tsofeiret (2572 m). Wenig südl. steigt der Weg ca. 100 Hm zum Abfluß des Brenay-Gletschers hinab (Brücke), führt jenseits auf die Moräne und über die Hochfläche Tsè des Videttes zur nahen Hütte.

8.2 Pässe

Grenzkamm (Col d'Hérens/Valpelline – Fenêtre Durand):

● **1930 Col d'Hèrens, 3462 m**

Dieser Paß bildet den Anschluß der Dent-Blanche-Gruppe an den Grenzkamm, er wird wegen einer Felswand im SO kaum begangen (dies geschieht über den nahen Col de la Tête Blanche).

● **1932 Col de la Tête Blanche, 3590 m**

Beidseitig überfirnte Verflachung im von der Tête Blanche zum Col d'Hérens ziehenden Rücken. Auf der Route zum Col de Valpelline (R 1935) kurz vor diesem Col in wenigen Min. nach rechts (N) leicht erreichbar (4–5 Std. von Schönbiel, **G 2**, ca. 900 Hm).
Von der Bertolhütte folgt man R 2042 zur Tête Blanche, deren obersten Teil man nördl. über Schneefelder zum Col umgeht (2 Std., **G 2**).
Von der Dent Blanche-Hütte quert man die weiten Schneefelder des Plateau d'Hérens in SW-Richtung am Wandfluehorn vorbei, nur zuletzt etwas ansteigend zum Col (1–1¼ Std, **G 2**).
Die Routen werden auch gerne mit Ski begangen.

● **1934 Col de Valpelline, 3568 m**

Wichtiger und vielbegangener Übergang (Haute Route), zwischen der Tête Blanche und der Tête de Valpelline, meist gut gespurt, problematische Orientierung bei Nebel. Oft mit Ski begangen.

● **1935 Von Osten (Schönbielhütte)**

4–5 Std., **G 3** (ca. 900 Hm).

Übersicht: Zwischen der Stockji genannten Felsinsel (3091,8 m) und dem Wandfluehorn weist der Stockjigletscher eine große Bruchzone auf; diese wird über Stockji umgangen. Der obere Gletscherteil wird dann mehr auf seiner N-Seite zu den Cols (Valpelline, Tête Blanche oder Hérens) begangen.
Route: Von der Schönbielhütte auf dem Steiglein südwestl. zum Gletscher hinab, man überquert ihn zum O-Fuß des Stockji, wo man auf der Moräne zu P. 2789 m ansteigt (1½ Std., Spuren). Schräg rechts aufwärts über Geröll und einige Schneeflecken zu der schwachen Einschartung (3041 m) westl. des Stockji. Hier betritt man den Gletscher, quert ihn auf seine N-Seite (auf die S-Wand des Wandfluehorns zu) und steigt dann in SW-Richtung über das Gletscherbecken zum Col auf, einige große Spalten können hier zu Umwegen zwingen. Im Winter läßt man bei der Moräne am Stockji den Sommerweg rechts liegen und steigt am N-Ufer des Tiefenmattengletscher bis zum Plateau auf 2960 m auf. Hier nach N über den steilen Hang zum Stockjigletscher, den man an seine nördl. Seite überquert und entlang dieser unter den Cols d'Hérens und Tête Blanche vorbei zum Col de Valpelline aufsteigt.

● **1936 Von Westen (Col du Mont Brulé)**

2 Std. **G 2**, 4 km.

Vom Col du Mt. Brulé steigt man im Schnee zum oberen Tsa de Tsan-Gletscher ab und geht dann in einem großen Bogen unter den Felsen des Bouquetins und der Tête Blanche entlang ansteigend zum Gletschersattel.

● **1937 Von der Aosta-Hütte**

II, 2½ Std., **G 3** (800 Hm).

Von der Hütte gelangt man auf Wegspuren in nördlicher Richtung in das große Couloir im W-Rücken der Tête de Valpelline. Durch dieses steigt man aufwärts, auf ca. 3260 m nach links haltend über Felsen zum Col des la Division (3314 m, 1½ Std.). Wenig absteigend und dann auf den oberen Feldern des Tsa de Tsan-Gletschers in NO-Richtung zum Paß.

● 1940 Col du Mont Brulé, 3213 m

Tiefste Einschartung zwischen den Bouquetins und dem Mont Brulé. Wichtiger Übergang im Verlauf der Haute Route, er verbindet den Haut Glacier d'Arolla mit dem Haut Glacier de Tsa de Tsan.

● 1941 Von Westen (Bouquetins-Biwak)

45 Min., **G 2** (240 Hm), 1¼ Std. vom Col Collon, 1½ Std. vom Col de l'Evêque.

Von der Hütte quert man das obere Gletscherbecken zuerst in O-, dann unter der Pointe de la Grande Arête (Bouquetins) in SO-Richtung unter die nur wenig auffallende Scharte (diese darf nicht mit dem Col de Tsa de Tsan verwechselt werden, der am Beginn des Brulé-SO-Grates liegt und keinen Übergang ermöglicht, da er ostseitig mit steiler Felswand abbricht!). Über Geröll, im Frühsommer oft auch Schnee/Eis, gerade zum Paß. Auch Skiroute, mögliche Lawinengefahr am Steilhang unter dem Paß, meist zu Fuß.

● 1942 Von Osten (Col de Valpelline)

1½ Std., **G 2** (450 Hm Abstieg, 100 Hm Anstieg auf knapp 4 km).

Man steigt in westl. Richtung über den wenig steilen Tsa de Tsan-Gletscher ab und hält sich dabei in einem weiten Bogen unter den Felsen der Tête Blanche und Bouquetins entlang, um schließlich hinter dem O-Sporn der Pte.de la Grande Arête (Bouquetins) auf einem Schneefeld schräg zum Paß aufzusteigen. Skiroute.

● 1945 Col Collon, 3090 m

Dieser Paß verbindet den Arolla-Gletscher mit der Comba d'Oren (Col-Collon-Hütte) und wird bei allen Anstiegen auf die umliegenden Gipfel betreten. Auf der Haute Route kommt man in unmittelbarer Nähe nördl. daran vorbei (20 Min. vom Col de l'Evêque).

● 1946 Von Norden (Bouquetins-Biwak/Arolla)

1 Std., **G 2** vom Biwak; 3½ Std. von Arolla, 1½ Std. vom Col du Mt. Brulé.

Von der Hütte auf den Gletscher und südwestl. unter La Vierge, dem Felszahn im W des Mt.Brulé, herum zum Paß. Von Arolla kommend steigt man direkt über das obere Gletscherbecken zum Paß. Skiroute.

● **1947 Von Süden (Col Collon-Hütte)**

1 Std., **G 1** (260 Hm).

Von der Hütte über die Moränenfelder nach NO, auf 3050 m links zwischen einigen Schrofen zum Firnfeld bis zum Paß. Auch Skiroute.

● **1950 Col de l'Evêque, 3392 m**

Bei der Haute Route oft begangen (Abstecher zu den Pointes d'Oren).

● **1951 Von Nordwesten (Vignetteshütte)**

2–2½ Std., **G 2** (100 Hm Abstieg, ca. 350 Aufstieg).

Von der Hütte steigt man unter der O-Flanke der Pigne d'Arolla zum Col de Chermotane ab (R 1990) und in südöstl. Richtung unter dem Petit Mont Collon vorbei in das oberste Gletscherbecken. Man hält nun auf die Pointes d'Oren zu und umgeht damit den felsigen P. 3465 m, der dem SW-Grat der L'Evêque vorgelagert ist, auf seiner W-Seite (Spalten). Dann nach O kurz in den Col.
Auch **vom Col du Petit Mont Collon** in ca. 20 Min. unschwierig bei geringer Steigung unter den Pointes d'Oren hinüberqueren (4½–5 Std. von Chanrion). Beliebte Skiroute.

● **1952 Von Osten (Bouquetins-Biwak)**

1¾–2 Std., **G 2** (ca. 400 Hm); 2½ Std. vom C.d.Mt.Brulé.

Von der Hütte steigt man zum Gletscher ab und quert ihn in SW-Richtung unter La Vierge, dem Felszahn im W des Mt. Brulé, hindurch zum Col Collon. In westl. Richtung weiter aufwärts auf dem Schuttrücken zu P. 3263,7 m, um die Spaltenzone zwischen 3200 und 3300 m südlich zu umgehen. Darauf wieder auf den Gletscher und zuletzt flach zum breiten Col. Dies ist auch die Skiroute. Abb. S. 507.

● **1955 Col du Petit Mont Collon, 3292 m**

Diese Einsattelung trennt den Petit Mont Collon vom Grenzkamm, der hier von den Pointes d'Oren gebildet wird. Sie wird auf der Haute Route zur Abkürzung statt dem Col de Chermotane benutzt, sofern man nicht die Vignetteshütte aufsucht.
Der Col ist in 15 Min. vom Col de l'Evêque in absteigender Querung unter den Pointes d'Oren zu erreichen (2 Std. von der Vignetteshütte).
Beim W-Anstieg von Chanrion verläßt man den Col de Chermotane-

Zustieg (R 1992) zwischen Singla und Petit Mt. Collon nach O und steigt über das Firnfeld des Glacier du Petit Mt. Collon zum Col auf (4½ Std., 2 Std. vom Singla-Biwak).

● 1957 Col Est du Blanchen (Ost-Col), 3550 m
Wenig ausgeprägter Sattel (o.N. LK) im S des Singla-Kammes, zwischen der Grande und der Petit Blanchen. Der Col wird bei der Blanchen/Singla-Überschreitung betreten; außerdem ist dies der beste Übergang vom Otemma-Gletscher (Singla-Biwak) in die Combe de Sassa (Sassa-Biwak). Beschreibung unter R 2076, Gd. Blanchen.

● 1959 Col d'Chardoney, 3185 m
Dieser Col verbindet den Epicoune-Gletscher mit der Combe de Crête Sèche (mit der gleichnamigen Hütte), er liegt nordwestl. der Bec du Chardoney und trennt damit die Tourme des Boucs ab, die von hier in wenigen Minuten über einen Schotterhang mitbestiegen werden können.

● 1960 Von Nordosten (Chanrionhütte)

3½ Std., **G 2** (880 Hm).

Vom oberen Epicoune-Gletscherbecken (Bec d'Epicoune, R 2088), in SW-Richtung nur mehr wenig ansteigend den Col. Dies ist auch die Skiroute.

● 1961 Von Südwesten (Crête-Sèche-Hütte)

2½ Std., **G 1** (800 Hm).

Von der Hütte folgt man dem Weg talein am Spatarobiwak vorbei, bis von links das Couloir vom Abfluß des kleinen Arolettegletschers mündet (Abzweig des Mont-Gelé-Anstiegs). Weiter über Geröll- und Schneefelder in N-Richtung unterhalb der W-Wand des Mont Berlon und am Col de Crête Sèche vorbei, dann flacher in NO-Richtung zum Col.
Dieser Anstieg wird auch als Skitour begangen.

● 1965 Col de Crête Sèche, 2899,1 m
Dieser schon seit alters her benutzte Paß bildet den schnellsten Übergang von Chanrion ins obere Valpelline. In den firnfreien Abschnitten ist der Weg auf beiden Seiten markiert.

● 1966 Von Norden (Chanrionhütte)

3 Std., **G 1** (ca. 700 Hm).

Von der Chanrionhütte steigt man auf dem Fahrweg bis zur Wasserfassung des Otemmagletschers ab (2357 m, R 1992, 30 Min.). Eine Brücke führt über den Abfluß (Abzweig zur Epicoune), auf dem markierten Steig geht man nun zum Crête-Sèche-Gletscher, auf dessen orogr. linker Seitenmoräne man bis ca. 2700 m in Richtung Mont Gelé ansteigt. Dann wendet man sich nach links (SO) und überquert den Gletscher auf den Col zu, den man über Geröll und Schrofen erreicht. Auch Skiroute.

● 1967 Von Süden (Crête Sèche-Hütte)

1½ Std., **G 1** (520 Hm).

Von der Hütte folgt man dem Weg talein am ehemaligen Spatarobiwak vorbei, bis von links das Couloir vom Abfluß des kleinen Arolettegletschers mündet (Abzweig des Mont-Gelé-Anstiegs). Man steigt nun in gerader N-Richtung, vorbei an P. 2751 m über die steilen Geröllhalden mit Wegspuren zum Col, der Pfad zum Col de Chardoney (R 1961) bleibt rechts liegen. Dieser Anstieg wird auch als Skiroute begangen.

● 1970 Col de Breuson, 2492 m

Im S des Monte Berrio ermöglicht dieser Sattel eine schöne und ruhige Höhenwanderung von Ollomont nach Oyace, Teil des Aostatal-HW.
Von Ollomont steigt man auf dem Pfad (WW) in vielen Kehren in NO-Richtung zu den Berrio-Almen (1932 m), wo man in mehr südl. Richtung leicht ansteigend quert und zuletzt steil zum Col aufsteigt (3 Std., **BW 3**, 1150 Hm).
Jenseits einige Kehren absteigen, dann Querung zur Beuson-Alp (2195 m, Steilabstiege nach Valpelline möglich). Nach Oyace führt der Weg oberhalb gewaltiger Runsen vorbei und dann rasch zum Ort (Close, WW) hinab (2 Std., auch in umgekehrter Richtung).

● 1972 Fenêtre de Durand, 2797 m

Altbekannter und vielbenutzter Übergang aus dem Val de Bagnes ins Val d'Ollomont (und ins Aostatal). Der Weg ist beiderseits gut markiert und wird auch viel mit Ski begangen («Fluchtmöglichkeit« bei Schlechtwetter von Chanrion).

● 1973 Von Nordosten (Chanrionhütte)

2½ Std., **BW 2** (280 Hm Abstieg, dann 620 Hm Aufstieg).

Von der Hütte steigt man auf dem Hüttenweg nach S bis La Barme ab, wo der Weg über die Brücke des vom Otemmagletscher kommenden Baches abzweigt (WW). Er steigt zur Alm Grand Chermotane an und führt dann über Rasen und schließlich die Seitenmoräne des Fenêtre-Gletschers bis zum Paß. Dies ist auch die Skiroute.

● 1974 Von Südwesten (Glacier, Val d'Ollomont)

3–3½ Std., **BW 2** (1250 Hm).

Man steigt von Glacier kurz in S-Richtung zur Almhütte (1592 m), um dann entlang des Grabens nach NO nach Le Piazze (2149 m) und zur Piano di Breuil aufzusteigen. Man durchquert diese Ebene in gleicher Richtung und steigt am Acqua Bianca zur Alpe Thoules (2378 m) auf (hierher auch über den Fahrweg von Doùes, Alp Champillon um den ganzen Kessel der Conca di By herum (Fahrrad), zu letzterer auch von Glacier über Les Crottes, 1733 m). Der gute Weg führt nun über Almgelände, zuletzt Geröllfelder zum Paß.
Skiabfahrt nach SW: Vom Fenêtre folgt man dem Sommerweg bis zur Ebene Piano di Breuil und kann dann entweder über die Hänge nördl. des Acqua Bianca-Abflusses über Alm Balme, Les Martinets nach Glacier oder direkt über Le Piazze (2149 m) nach SW in den Talgrund absteigen. Im untersten Bereich Lawinengefahr.

Bouquetins – Tsa – Veisivi-Kamm:

● 1976 Col de la Tsa, 3308 m
Nördl. der Pointe de Bertol; üblicherweise beim Anstieg von der Bertolhütte zur Aig.de la Tsa begangen. Als Übergang hat er wegen der auf dem benachbarten Col de Bertol gelegenen Hütte keine Bedeutung, kann jedoch bei einem direkten Anstieg von Arolla zur Aig.de la Tsa oder auf dem Rückweg als Abkürzung benutzt werden. Von Arolla am Weg zur Bertolhütte (R 1864) zum Bertol-Gletscher und über die Gletschermulde, zuletzt steil zum Joch (4 Std., **G 2**).

● 1978 Col de Bertol, 3279 m
Etwa 50 m nördl. über dem Paß in den Felsen der Clocher de Bertol steht die Bertolhütte (R 1863).

Vouasson – Pigne d'Arolla – Les Portons-Gruppe:

● 1980 Col de la Meina (Méribé) 2702 m

Zwischen dem Pic d'Artsinol und der Pointe de Vouasson gelegen, Übergang von Evolène in oberste Dix-Tal. Skipisten auf der O-Seite. Ein Wanderweg führt von La Meina in SW-Richtung in 1½ Std zum Paß. Von Pralong im Dix-Tal erreicht man in ca. 3 Std über die Alpe Noveli, zuletzt weglos den Übergang.

● 1982 Pas de Chèvres, 2855 m
Col du Riedmatten, 2919 m

Wichtige Übergänge von Arolla zur Dix-Hütte. Die Lifte von Arolla und ein Schneewieseltransport verkürzen die Zustiege im Frühjahr erheblich. Der Col du Riedmatten hat nach dem Bau der Leitern in der W-Wand des etwas niedrigeren Pas de Chèvres nur noch geringe Bedeutung. Zustiege s. R 1882, Dix-Hütte.

● 1984 Col de la Serpentine, 3547 m

Dieser Col trennt den Mont Blanc de Cheilon von La Serpentine und wird allgemein nur im Zusammenhang mit einer Besteigung des Cheilon über den O-Grat betreten. Die Zustiege geben hervorragende Skitouren ab.
Vom Pigne d'Arolla-Anstieg (R 2146) steigt man ab dem Col de Tsijiore Nouve in 15 Min. über den Firnrücken in SW-Richtung zu dem breiten Gletschersattel hinauf (ca. 2¼ Std. von der Dix-Hütte).
Vom Col du Brenay (R 1987) umgeht man die Serpentine N-seitig über der Abbruchkante des Tsijiore Nouve-Gletschers bei P. 3592 m vorbei (20 Min.).

● 1985 Von Südwesten (Chanrion-Hütte)

5 Std., **G 3** (1090 Hm). Abb. S. 532/533.

Von der Chanrion-Hütte nimmt man den Weg in N-Richtung zur linken Seitenmoräne des Brenay-Gletschers, folgt dieser bis zum Gletscher. Nun auf dem flachen Gletscher aufwärts bis zur Vereinigung des Brenay- mit dem Serpentine-Gletschers. Die Seraczone zwischen ca. 3100 und 3300 m läßt sich allgemein verhältnismäßig leicht auf der Seite der Serpentine (östl.) überwinden. Dann über die darüber liegenden flacheren Firnfelder zum Col.
Dieser Anstieg wird auch als Skiroute begangen.

● 1987 Col du Brenay, 3639 m

Diese weite Gletschereinsattelung verbindet die Serpentine mit der Pigne d'Arolla und wird beim Normalweg zur letzteren von der Dixhütte betreten (R 2146).

● 1988 Von Südwesten (Chanrion-Hütte)

5 Std., **G 3** (1200 Hm). Abb. S. 532/533.

Von der Chanrionhütte folgt man R 1985des Col de la Serpentine bis zum Zusammenfluß der beiden Gletscher. Die Séracs du Brenay werden am günstigsten auf der Seite der Serpentine (westl.) überwunden, im darüberliegenden immer noch spaltenreichen Gletscherbereich hält man sich eher in Gletschermitte und steigt dann zum Col auf. Auch Skiroute.

● 1990 Col de Chermotane, 3053 m

Breiter Gletschersattel zwischen dem Grenzkamm und der Pigne d'Arolla, die Orientierung bei Nebel kann hier sehr problematisch werden. Während der südwestl. abfließende Otemma-Gletscher ohne Probleme zu begehen ist (aber sehr lang), bricht auf der anderen Seite der Collon-Gletscher mit kaum begehbaren Séraczonen in Richtung Arolla ab. Wenig nördl. steht die Vignetteshütte.

● 1991 Von der Vignettes-Hütte

30–40 Min., **G 1**. Meist gespurter Gletscherweg.

Von der Hütte quert man unter der O-Flanke der Pigne d'Arolla höhengleich nach S, um jenseits von P. 3162 m leicht absteigend den weiten Gletschersattel zu erreichen. Dieser Anstieg wird auch als Skiroute begangen.

● 1992 Von Südwesten (Chanrion)

4 Std., **G 1** (720 Hm). Langer Gletscherweg, vielbegangener Abschnitt der Haute Route. Abb. S. 532/533.

Von der Hütte steigt man auf dem Fahrweg zur Fassung des Otemma-Gletschers ab (30 Min.). Über das Moränengelände (anfangs noch Wegspuren), dann über den flachen Gletscher steigt man gerade zum Sattel auf.
Dieser Anstieg wird auch bei der Ski-Haute-Route häufig begangen.

Rosablanche – Pleureur – Cheilon-Gruppe:

● 1995 Col de Prafleuri, 2965 m

Wichtiger Übergang zwischen dem Nendaz- und dem obersten Dixtal; von der St.Laurent- zur Prafleuri-Hütte. Der Paß wird auch häufig mit Ski benutzt.

● 1996 Von der Prafleuri-Hütte

1 Std., **BW 2** (300 Hm).

Von der Hütte nimmt man den markierten Pfad, der in NW-Richtung durch den schottergefüllten Talgrund auf die gegenüberliegenden Hänge führt, über die man dann anfangs auf Rasen, dann über Geröll zum Hochtal Le Letio d'Allèves und von hier nach W zum Col ansteigt. Auch Skiroute.

● 1997 Von der St.Laurent-Hütte

1¾ Std., **BW 3** (580 Hm nach 100 Hm Abstieg).

Von der Hütte steigt man auf dem Hüttenweg ab, bis man auf Pfadspuren in den Schwemmgrund Plan de la Chaux (2397 m) abzweigen kann. Die Spuren führen zur nächsthöheren, südöstl. gelegenen Ebene (Grands Plans, 2480 m), von der man in gleicher Richtung am Gletscherabfluß entlang über Geröllfelder, zu Zeiten auch Schnee, zum Col gelangt.
Auch Skiroute; sicherer und weniger anstrengend ist es, wenn man ab P. 2480 m nach S durch den Bachgrund nach Grands Bandons und zu den Seen (zugeschneit) und an den Grand-Désert-Gletscher aufsteigt. Hier nach links und unter dem Mt.Calme durch zum Paß.

● 2000 Col des Roux, 2804 m

Scharte in dem südl. der Prafleurihütte gelegenen, vom Rosablanche nach NO abstreichenden Gratkamm, stellt die Verbindung dieser Hütte mit La Barma am Dix-Stausee her (»Wander-Haute-Route«, etwa 3½ Std. von der Prafleuri- zur Dixhütte).
Ein Steig führt in 30 Min. von der Prafleurihütte nach S zum Col.
Von La Barma am Dix-Stausee auf gut markiertem Weg zur Alphütte 2575 m. Der Weg steigt über Rasen schräg an und führt weiter oben durch eine Blockhalde und schließlich direkt zum Col (1 Std.). Auch Winterverbindung Prafleuri-/Dix-Hütte.

● 2002 Col de Mont Gelé, 2804 m

Südöstl. des Mont Gelé gelegen, Übergang von der Mont-Fort-Hütte nach Nendaz. Von der Mont-Fort-Hütte über Rasen, zuletzt Geröll zum Paß (1 Std., **BW 2**, markiert).
Von Tortin (Talstation der Mont-Fort-Bahnen) geht man auf dem Fahrweg nördl. zur alten Moräne, der man nach S folgt und um den NO-Rücken des Mont Gelé herum zum See Louettes Econdoue (2483 m) ansteigt. Der markierte Pfad wendet sich nach W und führt über Geröllfelder zum Paß (2¼ Std., **BW 2**).

● 2004 Col de Gentianes, 2870 m

Nordwestl. des Mont Fort, Station der Mont-Fort-Bahnen von Super Nendaz; von der Mont-Fort-Hütte auf gutem Weg 1¼ Std, **BW 1**. Wie R 2002 zum See Louettes Econdoue (2483 m) ansteigt. Nun zum Tortin-Gletscher und über diesen zum Col. Abstieg vom Gipfel des Mont Fort über den Gletscher (Spalten) in ca. 45 Min., in Gegenrichtung 1¼ Std.).

● 2006 Col de Chaux, 2940 m

Diese Einschartung zwischen dem Mont Fort und der Bec des Rosses wird oft beim Anstieg zur Rosablanche von der Mont-Fort-Hütte bzw. dem Liftgebiet von Nendaz überschritten.

● 2007 Von der Mont-Fort-Hütte

1½ Std., **BW 1** (500 Hm).

Man folgt dem Saumpfad, der zum Col des Gentianes führt, bis dieser auf 2700 m nach links abzweigt. In gerader SO-Richtung weiter und über den kleinen Chaux-Gletscher zum Col. Beliebte Skiroute, z.B. aus dem Pistengebiet durch Abfahrt vom Col des Gentianes.

● 2008 Von Osten

1¼ Std. vom Col de Moming, 3 Std. ab Bouquetinshütte, **BW 2** (740 Hm).

Vom Col de Moming etwa 150 Hm nach W hinab, dann nach N zum kleinen Mont-Fort-See am Fuß des Petit Mont Fort (2764 m; hierher auch von der Bouquetinshütte aufwärts durch das Tal, 2 Std.). Weiter westl. im Kar zwischen Mont Fort und Becca d'Aget zum Col (45 Min.)

● 2010 Haute Route Verbier – Arolla

Gerne begangene Wander-Haute Route; sie setzt sich aus den folgenden Abschnitten zusammen: Aufstieg Mont-Fort-Hütte – Col de Chaux – Col de Louvie – Col de Prafleuri – Prafleurihütte – Col des Roux – Dixhütte – Pas de Chèvres – Abstieg nach Arolla. Mit alpiner Ausrüstung kann auch Rosablanche (R 2181) mitbestiegen werden, was im Winter sehr gerne gemacht wird.

● 2012 Col de Louvie, 2921 m
Col de Moming, 3003 m, Col de Cleuson, 3018 m

Zwischen Mont Fort und Rosablanche gelegene Hochpässe. Sie werden oft, insbesondere bei einer Skibesteigung der Rosablanche oder im Zuge der Haute Route Verbier – Arolla überschritten.

● 2013 Von Nordosten (St.Laurent-Hütte)

1½–2 Std., **G 1** (440 bzw. 520 Hm). Am C. de Moming Gletscher.

Von der Hütte zum Lac du Grand Désert (30 Min.); dann im Talgrund zum Grand-Désert-Gletscher; an dessen W-Seite direkt zum Col de Louvie oder unter der Tête de Moming zum Col de Moming und schließlich weiter zum Col de Cleuson (siehe auch R 2181, Rosablanche).

● 2014 Von Südwesten (Col de Chaux)

45 Min., **G 1**; 2½–3 Std. von der Bouqetinshütte, 4½ Std. von Fionnay. Siehe R 2185, Rosablanche-Anstieg von der Mont-Fort-Hütte.

● 2016 Col de Severeu, 3111 m
Col de Chamois, 3116 m

Zwischen Rosablanche und Pointe de Vasevey. 4–4½ Std. von Fionnay (kurze Gletscherbegehung), ebensolange von La Barma am Dix-Stausee (weglos). Der Col de Severeu hat im Winter gelegentlich Bedeutung als schnellste Verbindung Mont-Fort – Dixhütte; die Route führt dann hoch über Fionnay über die Cols Chaux, Rionde und Severeu, wo dann zum Dix-Stausee abgefahren wird.

● 2018 Col du Vasevay, 3225 m

Zwischen der Vasevey und der La Sale/Pleureur, wird beim Zugang zur La Sale vom Pantalons-Biwak betreten (R 2203, 40 Min., **G 2**). Großartige, anspruchsvolle Skiabfahrten.

● 2019 Von Westen (Mauvoisin-Straße)

4–5 Std., **BW 2** (1600 Hm). Steil und ermüdend.

Von der Brücke über den Merdenson-Bach (WW) an dessen Ufer bis 1950 m hinauf; links auf Rasenbändern zur Alm Le Vasero und weiter zur Ecurie du Vasevay (2155 m). Über Matten und Schotter nordöstl. in den Kessel von Grands Reuses, wo man direkt durch eine Geröllrinne zum Col ansteigt. Bei der Skiabfahrt muß der Durchschlupf von Le Vasero (ob. P. 1997,3 m) zum Merdenson-Bach gefunden werden.

● 2021 Col de Cheilon, 3243 m

Zwischen La Luette und dem Mont Blanc de Cheilon, vielbegangen beim Normalanstieg zu letzterem und im Übergang von der Dix- zur Chanrionhütte (3½–4 Std.). Die Überquerung des flachen Giétro-Gletschers zum Col du Mont Rouge unter der Ruinette entlang dauert 30–40 Min. (**G 1**). Von der Mauvoisin-Staumauerkrone sehr anstrengend und teilweise weglos zum Giétro-Gletscherabfluß und bis unter einen Felsriegel, der links über steile, begraste Hänge umgangen wird. Über das rechte Gletscherufer zum Col (3½–4 Std., **G 2**, 1280 Hm).

● 2022 Von Nordosten (Dix-Hütte)

1¼ Std., **G 1** (310 Hm). Leichte Gletscherbegehung.

Man geht zuerst auf dem Moränenkamm in SW-Richtung, hinter P. 2986 m dann auf den Gletscher und über diesen zum breiten Col, zuletzt meist eher von rechts (N). Viel mit Ski begangen.

● 2024 Col du Mont Rouge, 3325 m

Westl. der Ruinette, allgemein nur im Übergang von der Chanrion- zur Dixhütte begangen. Die Überquerung des flachen Giétro-Gletscher zum Col de Cheilon unter der Ruinette entlang nimmt 30–40 Min. in Anspruch (**G 1**). Vom Col de Lire Rose quert man über Geröll in N-Richtung zum Karkessel des ehemaligen Lire Rose-Gletscher und steigt über einen Schotterhang zum Col (45 Min., mühsam).

● 2026 Col de Lire Rose, 3115 m

Einschartung im unteren SW-Grat der Ruinette; wichtige Station im Ruinette-Normalweg und im Übergang von der Chanrion- zur Dixhütte (4–4½ Std. von Hütte zu Hütte, **G 2**, 670 Hm, s. R 2216). Der Abstieg vom Col du Mont Rouge dauert 30 Min. Abb. S. 532/533.

8.3 Gipfel

Haupt- und Grenzkamm:

● 2040 Tête de Valpelline, 3802 m

Bekannter und gut besuchter Aussichtsberg, besonders wegen der großartigen Blicke auf die Steilflanke der Dent d'Hérens. Der Gipfel wird von einer nach NO nur wenig geneigten Firnfläche gebildet, er bricht nach S und O mit steilen Felswänden ab. Er wird daher gerne bei der Haute Route vom Col de Valpelline in ca. 1 Std. »mitgenommen«: Der Schneehang bietet keinerlei Schwierigkeiten (**G 1**, 240 Hm). Der SO-Grat vom Tiefenmattenjoch weist schlechte Felsen auf. Sehr beliebter Skigipfel. Abb. S. 496/497.

● 2042 Tête Blanche, 3724 m

Wie bei der nahen Tête de Valpelline führen auch hier die Firnfelder der nördl. gelegenen Gletscher bis zum höchsten Punkt, nach S bricht er mit einer Felswand ab. Vom Col de Valpelline steigt man unter den Felsen der O-Flanke in wenigen Min. zum nahen Col de la Tête Blanche, wendet sich nach links (SW) und erreicht über die unschwierigen Firnfelder den Gipfel; ¾ Std., **G 1** (170 Hm). Auch mit Ski.

● 2043 Von der Bertolhütte

2½ Std., **G 1** (450 Hm). Leichter Gletscherweg, häufig gespurt.

Von der Hütte umgeht man die Dents de Bertol auf dem obersten Becken des Mont-Miné-Gletschers bis in die Nähe des Col des Bouquetins, dann wendet man sich mehr nach O und steigt nördl. der Tête de Chavannes durch die Firnmulde zum Gipfel. Schöne Skiroute.

● 2045 Dents de Bertol, 3547 m

Diese zwei Gipfel sind den Bouquetins nördl. vorgelagert und können aus der Scharte (3416 m) leicht über Firn (S-Gipfel) bzw. leichte Felsen (N-Gipfel) in 1½–2 Std. (**G 2**) erreicht werden. Die Scharte wird dabei von O über den Mont-Miné-Gletscher problemlos von der Bertolhütte erreicht (evtl. jedoch größerer Bergschrund). Skianstieg.

Folgende Doppelseite: *Bouquetins und Tête de Valpelline vom l'Evêque; hinten Dent Blanche (links) und Matterhorn (rechts).*

Dent Blanche
Bouquetins
Nord-
Haupt-
R2049
R2049
Arolla
R 1871

Matterhorn
dgipfel
Tete de Valpelline
Col de Valpelline
R2040
R1936
R2049
Ref. de
Bouquetins
R1941
Haut Glacier d' Arolla
R1946

Eine verwegen steile Gletscherabfahrt führt nach W über den schmalen und spaltenreichen Gletscherarm hinab. Man gelangt in das Hochkar westl. unter dem Gipfel, von wo man in der Nähe des Gletscherbaches steil über den Moränenhang zum Arollagletscher abfährt und hier auf den Bouquetin-Biwak-Aufstieg trifft.

● 2047 Bouquetins, 3838 m

In N-S-Richtung verlaufendes Felsmassiv, das mit einer Mauerflucht nach W zum Arollagletscher abbricht, auf der O-Seite wird dieser abweisende Eindruck nur durch einen bis zum Grat reichenden Steilgletscherarm etwas gemildert. Der am wenigsten schwierige Anstieg führt über diesen Firn und eine Rippe zum Verbindungsgrat zwischen Haupt- und Nordgipfel, alle anderen Flankenanstiege sind wegen unzuverlässigem Fels nicht zu empfehlen. Die Überschreitung des gesamten Gipfelgrates ist jedoch eine ganz große Unternehmung, die nur gut eingespielte Seilschaften ohne Biwak schaffen.

● 2048 Ostflanke von der Bertolhütte

II (Stellen), 3½–4 Std., **G 6** (620 Hm).

Von der Hütte auf den Mont-Miné-Gletscher hinab und an seinem linken Ufer unter den Dents de Bertol und den Bouquetins-N-Gipfel in die Nähe des Col des Bouquetins. Kurz vorher zieht ein steiles Firnfeld südwestl. bis zum Gipfelgrat. An dessen südl. Seite knapp 200 Hm hinauf bis es nach W umbiegt. Nun auf der Rippe, die gerade zu P. 3823 m emporzieht, hinauf und zuletzt knapp unter P. 3823 m nach links zum Hauptgipfel. Bei gutem Firn kann über das Firnfeld der Grat und über diesen der Gipfel erreicht werden (schwieriger).

● 2049 Gesamtüberschreitung von Süd nach Nord

V (1 Stelle, IV und leichter), 10–12 Std. vom Bouquetins-Biwak zur Bertolhütte, **G 9**. Sehr lange, hochalpine Klettertour, die nur sehr routinierten Bergsteigern empfohlen wird. Die Kletterei führt fast ausnahmslos über die Gratkante, wobei eine große Anzahl von Türmen überklettert werden muß. Günstigerweise sollte die Tour von S nach N unternommen werden, da dann die größten Schwierigkeiten nicht erst am Ende der Tour überwunden werden müssen.

Vom Col de Mont Brulé über den Felsgrat zur Pointe de la Arête und in die dahinter liegende Scharte. Der folgende steile Aufschwung wird

westl. umgangen, danach klettert man über die horizontale Gratkante mit vielen kleineren Gendarmen bis zu einem großen Turm, der überklettert wird (V, einige H, schwierigste Einzelstelle der Überschreitung). In die Scharte dahinter absteigen und weiter über den türmereichen Grat, erst der Gipfelaufbau der Pointe Barnes (3612 m) wird wieder über einen Kamin von W umgangen (4 Std. vom Col).
Weiter über den Grat in ca. 1 Std. zum Petit Bouquetin (3670 m), wobei die Erkletterung eines steilen, 12 m hohen Absatzes im mittleren Bereich die schwierigste Stelle (V) diese Abschnittes darstellt, andere schwierige Passagen können westl. umgangen werden.
Die Kletterei führt weiter auf der Gratkante mit zahlreichen Türmchen und Zacken bis zur Wand des Mittel- bzw. Hauptgipfels (3838 m), deren Ersteigung über ein Band in die O-Seite und einige Kamine bis kurz unter den Gipfel erfolgt (3 Std.).
Man klettert nun knapp östl. unter P. 3823,9 m vorbei in die große Scharte (3675 m, »Col des Dents des Bouquetins«) ab und hält sich dabei meist leicht in der O-Flanke des Grates. Schließlich wieder auf den Grat zum N-Gipfel (3779 m, 1½ Std.). Der Abstieg über den N-Grat erfolgt anfangs in ausgezeichnetem Fels auf der Kante, ab ca. 3600 m östl. unterhalb der Felsen und schließlich über einen Steilhang in das Firnbecken unter den Dents de Bertol. Von hier auf dem Mont Miné-Gletscher zur Bertolhütte.

● 2051 Mont Brulé (Mont Braoulé), 3585 m

Dieser Gipfel beherrscht mit seiner eisüberwallten N-Flanke das oberste Becken des Arollagletschers, er ist damit das Schaustück vom Bouquetins-Biwak. Trotz schöner Aussicht wird er selten besucht.

● 2052 Westgrat vom Col Collon

1½ Std., **G 2** (500 Hm). Übliche Route, empfehlenswert.

Vom Col steigt man über den steilen Firnhang, dann über den Grat zum Vorgipfel (3498,3 m) und weiter über den leichten, aber manchmal vereisten Grat zum höchsten Punkt. Mit Ski bis zum westl. Vorgipfel, gelegenlich auch bis zum Hauptgipfel möglich.

***Folgende Doppelseite:** Der schöne Aussichtsgipfel der Pointe de Vouasson – leicht erreichbar von der Aiguilles-Rouges-Hütte –, links daneben die Kletterzacken der Aiguilles Rouges d'Arolla; hinten der Grand Combin.*

Gd. Combin
Aig. Rouges d'Arolla
P
Dar
R2140
R2140
R2140
R2132
Skiroute

te de
nneire
Pointe de Vouasson
R2132
R2133
Palanche de la
Creta
route

● 2053 Weitere Anstiege

Nordwand über den Sporn von P. 3498,3 m: Beste und vor Eisschlag sicherste Route durch diese Wand, ein kurzer, gelegentlich senkrechter Eisaufschwung bildet die Schlüsselstelle, G 8.

Nordostgrat: II (Stellen) aber schlechter Fels, 2 Std. vom Col de Tsa de Tsan.

● 2055 Becca Vannetta, 3361 m

Hoch über der Comba d'Oren (O-Seite), selten besucht, schöne Aussicht. Vom Col Collon quert man in S-Richtung, zuerst absteigend (von der Collon-Hütte kommt man hierher schon 500 m vor dem Col), dann in der W-Flanke bis zum Gipfel ansteigend (1½ Std, G 1). Auch Skiroute.

● 2057 Mont Collon, 3637 m

Ein wuchtiger Felsklotz, beherrscht den Talschluß von Arolla. Der Gipfel wird von einer Schneekuppe gebildet, die ringsherum auf Felswänden aufliegt. Zahllose, z.T. sehr schwierige Kletterrouten und kombinierte Touren führen durch diese Wände, die über 1000 m hohe N-Wand gilt als ein Ziel für Bergsteiger schärfster Richtung. Da der Fels jedoch nicht sonderlich fest ist, besteht in allen Wänden erhebliche Stein- und Eisschlaggefahr.

● 2058 Westgrat von der Vignetteshütte

III (Stellen, II und leichter), 3½–4 Std., **G 4** (ca. 600 Hm, vorher 100 Hm Abstieg zum Col de Chermotane). Üblicher und leichtester Anstieg. Die Route ist wegen der stellenweise etwas brüchigen Felsen nicht immer einfach zu verfolgen.

Von der Hütte in ca. 30 Min. bei 100 m Abstieg unter der O-Flanke der Pigne d'Arolla nach S zum Col de Chermotane (R 1991).
Vom Col steigt man in O-Richtung über den Mont Collon-Gletscher auf den Gipfel zu, dessen unteren W-Grat man von SW in einem Bogen um die Spaltenzone östl. P. 3201 m über Schnee erreicht. Man hält sich im festen Fels auf der Gratkante bis zu dem Steilaufschwung, den man auf seiner S-Seite über Bänder, einen dazwischen liegenden Kamin und gestuften Fels wieder zum Grat zurück umgeht (Stellen III, etwas brüchig; im Abstieg evtl. abseilen). Danach wieder leichter über den Grat zum Gipfelschneefeld, das man nach O zum höchsten Punkt traversiert.

Der Mont Collon von Pra Gra, den Almen oberhalb von Arolla. Flankiert wird dieser wuchtige Talabschluß des Arollatales von den weiter hinten stehenden Mont Brule (links) und L'Evêque (rechts).

● **2059 Weitere Anstiege**
Südgrat: III; 3 Std., G 6 (ca. 360 Hm vom Col Nord de la Mitre, 3429 m). Schöne Tour über den wilden Grat mit mehreren Gendarmen, an den leichteren Stellen jedoch teilweise etwas brüchig.
Nordwand: Zahlreiche sehr schwierige Eis- und Felsrouten.
Ostseite: Mehrere Routen, wobei die »Voie du Soleil Levant« (SO-Sporn zum höchsten Punkt) herrliche Kletterei in zumeist festem Fels bietet (V, 1 Stelle, meist III–IV+, 8–10 Std. vom Bouquetins-Biwak, G 11).

● **2061 L'Evêque, 3716 m**
Großer doppelgipfliger Berg, mit dem Mt.Collon durch einen wilden Felsgrat (Mitre de l'Evêque) verbunden. Ein schmaler Gletscherarm reicht von N bis fast zum Gipfel (Normalweg), alle anderen Seiten brechen mit steilen Felswänden auf die umliegenden Gletscher ab. Bei entsprechenden Schneeverhältnissen ein rassiger Skigipfel.

● **2062 Nordflanke von der Vignetteshütte**

3–3½ Std., **G 3** (670 Hm nach einem 100 m-Abstieg von der Hütte). Nahezu reiner Gletscheranstieg mit kurzem felsigen, aber unschwierigen Gipfelaufbau. Abb. S. 503.

Von der Hütte geht man in ca. 30 Min. bei 100 m Abstieg zum Col de Chermotane (R 1991). Unter der N-Flanke des Petite Mont Collon überquert man den Mont Collon-Gletscher bis unter den S-Grat des Mont Collon (Le Chancelier). Hier wendet man sich nach rechts (S) und steigt über den zunehmend steiler werdenden Gletscherarm in die Scharte, 3528 m, zwischen den Gipfel und dem Mitre de l'Evêque (Spalten, oft große Wächte in der Scharte nach O). Unterhalb des NO-Grates steigt man über den manchmal vereisten Hang in die Einsattelung zwischen den beiden Gipfeln und über die leichten Felsen in wenigen Min. nach links zum höchsten Punkt.

● **2063 Weitere Anstiege**
Südwestgrat: IV (Stellen am Aufschwung im mittleren Gratabschnit, sonst II und leichter), 2½ Std. vom Col de l'Evêque, G 7 (480 Hm). Schöne und ausgesetzte Kletterei in allgemein festem Fels.
Ostpfeiler: Über die zwei parallelen, wenig ausgeprägten Pfeiler führen zwei anhaltend schwere Kletterrouten (bis V+, 6–8 Std., G 10 (540 Hm), guter Fels. Abb. S. 507

● 2065 Petit Mont Collon, 3555 m

Interessanter Gipfel inmitten einer arktisch anmutenden Gletscherlandschaft, er ermöglicht einen schönen Überblick über dieses Gebiet und kann von der Vignetteshütte verhältnismäßig rasch erreicht werden. Der O-Gipfel ist wenig höher als der W-Gipfel, durch dessen N-Wand eine klassische, zunehmend ausapernde Eisroute führt.

● 2066 Südflanke von der Vignetteshütte

I, 2½–3 Std., **G 4** (500 Hm).

Von der Hütte geht man in ca. 30 Min. bei 100 m Abstieg unter der O-Flanke der Pigne d'Arolla nach S zum Col de Chermotane. Vom Col steigt man nach S unter der W-Wand vorbei, um über Schneefelder zum Fußpunkt 3242 m des SW-Grates anzusteigen. Ab hier in O-Richtung auf den kleinen Gletscher unter der S-Flanke, den man bis in Falllinie unter der tiefsten Stelle des Verbindungsgrates vom O- zum W-Gipfel quert. Man hält sich dazu zunächst leicht rechts und gewinnt einen kleinen Sporn, um dann gerade über die leichten Felsen zum Grateinschnitt hinaufzusteigen. Von hier über den schmalen, teils felsigen, teils überfirnten Grat entweder nach links zum W-Gipfel oder rechts zum O-Gipfel. Übergang W–O-Gipfel 30 Min.

● 2067 Nordostgrat von der Vignetteshütte

II (Stellen), 3–4 Std., **G 6** (500 Hm). Schöner Anstieg, besonders im Frühsommer, wenn noch Schnee am Grat liegt. Abb. S. 469.

Von der Vignetteshütte zum Col de Chermotane und unter der N-Wand vorbei zum Gratbeginn, den man bis zum Gipfel folgt.

● 2068 Weitere Anstiege

Nordwand des W-Gipfels: Bei ausreichender Schneeauflage schöne Steilfirntour, bis **58°** steil bei knapp 350 Hm (**G 9**).
Südwestgrat des W-Gipfels: II und leichter, 2½ Std., **G 4** (300 Hm).

● 2070 Pointes d'Oren, 3525 m

Gratkamm mit wenig ausgeprägten Gipfeln zwischen L'Evêque und La Singla. Der höchste Punkt erhebt sich nur etwa 130 m über den bei der Haute Route üblicherweise benutzten Col de l'Evêque und kann so als kurzer Abstecher über den einfachen Schneehang leicht »mitgenommen« werden (20 Min.). Schöne Sicht nach S in die wilde

Comba d'Oren. Gerne auch mit Ski besucht. In ca. 30 Min. vom Col de Petit Mont Collon über einen einfachen Firnhang zum Mittelgipfel (3487 m) ansteigen und über den leichten Firngrat nach O in ca. 15 Min. zum höchsten Punkt (Wächten!).

● 2072 La Singla, 3714 m

Gewaltiger, in N-S-Richtung verlaufender Felskamm, der mit unzähligen Türmchen besetzt ist. Die Gesamtüberschreitung des Kammes ist eine hochalpine, schwierige und lange Tour, weist überwiegend recht guten Fels auf und kann erfahrenen Bergsteigern als große Unternehmung durchaus empfohlen werden. Die felsige W- und O-Flanke wurde auf mehreren Routen durchstiegen, die aber wegen der schlechten Felsqualität kaum zu empfehlen sind.

● 2073 Überschreitung von Süden (Grande Blanchen) nach Norden

IV+ und IV (Stellen, überwiegend II–III), ca. 7 Std., **G 9**. Die klettertechnischen Hauptschwierigkeiten konzentrieren sich auf den Abschnitt zwischen Süd- (3691 m) und Mittelgipfel (3704 m). An der Gratkante ist der Fels recht fest, bei den wenigen Umgehungen muß man auf brüchiges Gelände gefaßt sein.

Einige der schwierigsten Stellen werden in dieser S-N- Richtung im Aufstieg erklettert, die jeweiligen Abstiege sind meist deutlich zahmer. In umgekehrter Richtung einige Abseilstellen. Die Route führt nahezu durchgehend über die Gratkante mit ihren mehr als 30 Türmen, dabei sind die folgenden Umgehungen üblich:
– Aus der tiefsten Einschartung vor dem S-Gipfel: In die O-Flanke zu einem Gendarm, der aus dieser Flanke zum Grat zieht.
– Spitzer Gendarm am Fuß des Mittelgipfels: In der W-Flanke.
– Breiter Gendarm im Abstieg vom Mittelgipfel zum tiefsten Punkt vor dem N-Gipfel: Auf der O-Seite.
Weitere Umgehungen sind durchaus möglich, aber nur bei entsprechenden Verhältnissen sinnvoll.

● 2074 Abstieg vom Nordgipfel

2–3 Std. zum Singlabiwak, **G 5**. Abb. S. 532/533.

Vom Gipfel klettert man wenig schwierig über die festen Felsen des N-Grates bis zum Verzweigungpunkt ab. Man folgt dann dem anfangs

L'Evêque vom Bouquetins-Biwak, links der Col de l'Evêque. Die Felsen des Mitre de l'Evêque erscheinen nur aus dieser Perspektive höher als der Hauptgipfel von L'Evêque selbst.

firnigen Gratast nach NW, dann über Felsen, bis auf ca. 3500 m ein Abstieg in die W-Flanke auf das Firnfeld möglich ist. Über dieses in SW-Richtung abwärts und in das Couloir, das nördl. von P. 3092 m in den Blanchen-Gletscher mündet (dieses ist oft vereist, man verwendet dann die Felsen an seinem N-Rand). Ebene Querung über den Gletscher zum Biwak. Auch über den felsigen NO-Grat kann zum Col d'Oren abgeklettert werden, der Fels ist jedoch nicht gerade fest.

● 2076 Grande Blanchen, 3678 m

S-Punkt des Singla-Kammes, interessante Aussicht, leicht erreichbar.

● 2077 Vom Col Est du Blanchen

I, 30 Min., **G 3** (ca. 120 Hm); 2 Std. vom Singla-Biwak.

Zustiege zum Col: Vom Singla-Biwak steigt man zum Gletscher ab und folgt diesem in einem leichten Rechtsbogen unter der Boette durch zum Col, der zuletzt über einen kurzen Geröllhang betreten wird (1½ Std., **G 2** (400 Hm); der Blanchen-Gletscher weist einige größere Querspalten auf).
Vom Sassabiwak steigt man am rechten (nördl.) Rand des Sassa-Gletschers in O-Richtung bis kurz vor den Col de Sassa (3256 m, o.N.LK, zwischen Gd.Blanchen und Becca des Lacs) auf und biegt dann nach links ab, um über den Schnee- und Geröllhang, zuletzt einige leichte Felsen zum Col aufzusteigen (1½ Std., **G 2** (580 Hm)).
Route: Man folgt dem scharfen Blockgrat meist auf der Schneide, evtl. auch wenig links (nordwestl.) darunter.

● 2078 Westflanke und oberster Nordgrat

III (Stellen) und leichter, 2½ Std. vom Singla-Biwak, **G 5**. Schöner und fester Fels am Grat.

Der Grat wird über ein Schneecouloir und leichte Felsen von W wenig südl. des tiefsten Punktes im Verbindungsgrat zur Singla betreten. Evtl. Schwierigkeiten auf der W-Seite umgehen.

● 2080 Becca des Lacs, 3470 m, Aiguille Rouge des Lacs, 3460 m, Bec Bovét, 3443 m, Becca Chatelé, 3205 m

Nebengruppe mit schönen Felsgipfeln, die von der Singla nach S gegen das Valpelline vorstößt und schöne Blicke in diese Region eröffnet. Sehr einsame Gruppe, deren Grate allgemein guten Fels aufweisen, während man die Flanken wegen der Brüchigkeit und Steinschlaggefahr besser meiden sollte. Nur recht vereinzelt Pfade und Wegspuren in tieferen Lagen, meist nur von Hirten, alpine Markierungen fehlen. Die formschöne Becca des Lacs ist vom Col de Sassa (45 Min vom Sassa-Biwak) in knapp 1 Std. leicht ersteigbar. Die Anstiege über die Grate der Aig. Rouge und Aig.Blanche sind sehr lang, zumeist auch ziemlich schwierig, bieten aber auf den Graten selbst schöne Kletterei (Infos im SAC- und CAI-Führer). Dies gilt auch für die Bec Bovét und Becca Chatelé, wobei letztere auch von Chamen (Valpelline) direkt in 4–5 Std. über die S-Flanke und den obersten SO-Grat wenig schwierig bestiegen werden kann.

● 2082 Petit Blanchen, 3592 m, Pointe de Boette, 3541 m, Bec de la Sassa, 3496 m, Becque Labié, 3463 m

Abschnitt des Grenzkammes von der Singla zum Col d'Otemma. Die Gipfel sind vom Singla-Biwak rasch zu erreichen. Die Petite Blanchen ist in wenigen Min. vom östl. Col de Blanchen (R 2077) über Firn (schönes Skiziel), oder über seinen W-Grat vom westl. Col de Blanchen in 45 Min. in leichter Kletterei erreichbar.
Die Überschreitung der Pointe de Boette zur Bec de la Sassa kann in Schnee und unschwierigen Felsen in ca. 1½ Std. erfolgen. Der schmale und türmereiche Grat zwischen letzterem und der Becque Labié erfordert ca. 1 Std., wenig schwierig (II) bei Umgehung einiger Passagen in der W-Flanke.
Die Becque Labié wird vom Col d'Otemma (in ca. 30 Min. vom Singlabiwak ohne Schwierigkeiten über das flache Gletscherbecken zum Col; auf der italienischen (S-)Seite befindet sich eine fast 100 m hohe Felsbarriere) in 45 Min. unschwierig über den W-Rücken erstiegen (mit Ski möglich). Gesamtüberschreitung vom Col O du Blanchen bis zum Col d'Otemma: 3½–4 Std.

● 2084 Aouille Tseuque, 3554 m

Schöner Gipfel im Grenzkamm, der vom Singlabiwak ohne größere Schwierigkeiten rasch ersteigbar ist. Ein Firnrücken zieht vom Gipfel nördl. hinab und bildet die natürliche Anstiegslinie. Großartige Aussicht. Der höchste Punkt ist der N-Gipfel, der ansetzende SW-Grat vom Col de l'Aouille bietet in seinem mittleren Teil anregende, nicht allzu schwierige Kletterei, er ist jedoch eine sehr lange Tour.

● 2085 Von Nordosten (Singla-Biwak)

1¾ Std., **G 2** (370 Hm).

Vom Biwak quert man den Aiguillettegletscher nach SW und steigt über den Steilfirnhang zum P. 3363 m im N-Rücken (Übergang des Firnrückens in den unteren Felsabschnitt). Nun weniger steil über den breiten Firnrücken zum höchsten Punkt.
Dies ist auch eine empfehlenswerte Skiroute, wobei die Ski normalerweise über das Steilstück hinauf getragen werden, was dann vom Gipfel weg eine rassige Steilabfahrt für sehr sichere Skifahrer bei entsprechenden Verhältnissen ermöglicht.

● 2087 Bec d'Epicoune, 3528 m

Dies ist der wohl eleganteste Gipfel im Grenzkamm, der vor allem von Chanrion aus durch den feinen Firngrat besticht. Zu Unrecht ist er im deutschsprachigen Raum nahezu unbekannt und wird trotz schöner Routen nicht allzu häufig bestiegen. Großartige Aussicht. Bei entsprechenden Verhältnissen gibt der Berg auch ein sehr anspruchsvolles Frühjahrsziel ab.

● 2088 Nordgrat (Chanrionhütte bzw. Singla-Biwak)

I, 4–5 Std. von der Chanrionhütte, **G 4** (1340 Hm nach 150 Hm Abstieg); **II** (Stellen) und I, 3½–4 Std. vom Singla-Biwak, **G 4** (540 Hm nach 180 Hm Abstieg). Der formschöne Firngrat ist eine Miniaturausgabe des Biancogrates auf den Piz Bernina!

Übersicht: Der Firngrat kann von W (Chanrion) an drei Stellen betreten werden: An den Scharten 3191 m (nördl. oder »untere«), 3185 m (südl. oder »obere«, zwischen denen ein türmereiches Gratstück liegt) oder über einen schrofigen Sporn direkt zu Beginn des Firngrates (leichtester Zugang), den man ansonsten von der oberen Scharte 3185 m über den mit einigen Gendarmen besetzten Felsgrat erreicht. Von O (Singla-Biwak) wird der Grat an der Scharte 3185 m betreten.
Zustieg von der Chanrionhütte: Man folgt dem Fahrweg zum Abfluß des Otemmagletschers, P. 2357 m, überquert ihn auf der Brücke und steigt über die Schotterfelder zum Epicoune-Gletscher. Ist dieser gut verschneit, kann man an seinem rechten (westl.) Ufer

Blick vom Mont Avril zur Bec d'Epicoune, hinten das Monte-Rosa-Massiv.

Bec d' Epicoune
Monte Rosa
R 2089
R2088
P. 3185
Glacier
Col de Chardoney
R 1960
d' Epicoune
R 2088 (Var.)

über eine recht zerschrundete Zone bis auf ca. 3000 m ansteigen, um dann in NO-Richtung oberhalb dieser Spaltenzone zu einem der beiden Cols (kurze Kletterei, I, 3–3½ Std.) oder über den Sporn über Schrofen und Schotter direkt zum Firngrat (3½–4 Std.) aufzusteigen. Ist der Gletscher zu stark zerrissen, muß man an seiner O-Seite über die Schotter- und Schrofenhänge des Jardin des Chamois und den oberen Gletscherrand zur obigen Route aufsteigen.
Zustieg vom Singla-Biwak: Man quert leicht absteigend den Aiguillette-Gletscher unter dem N-Fuß der Aouille Tseuque herum, um dann auf dem Auoillegletscher schräg oberhalb der Petite Aouille in das obere Becken anzusteigen, wo man in W-Richtung die »obere« Scharte 3185 m ohne Schwierigkeiten erreichen kann (1½ Std.).
Route: Zwischen den Scharten 3191 m und 3185 m bietet der Felsgrat schöne Kletterei über die zahlreichen Türme (einige Stellen III, ca. 45 Min.). Von der oberen Scharte (3185 m) ersteigt man den mit weiteren Türmen besetzten Grat, wobei diese bis auf einen überklettert werden (II) bis zum Firngrat (45 Min.). Wenige Meter vorher mündet von rechts (W) der Sporn mit dem leichtesten Gratzustieg. Der Grat führt leicht geschwungen in zunehmender Steilheit über 200 Hm zu den gestuften, 30 m hohen Gipfelfelsen. Bei trockenem Fels können sie leicht (I) erklettert werden, jedoch ist bei Vereisung Vorsicht geboten (45 Min.–1 Std.). Mit Ski bis unter die Gratscharten.

● 2089 Südgrat aus der Combe de Vert Tzan von Dzovenno (Valpelline)

II+ (kurze Stelle am leichten Gipfelgrat), sonst überwiegend wegloses Geh- und Schrofengelände, 6 Std., **G 2** (1950 Hm). Lange und anstrengende, aber abwechslungsreiche und interessante Route; von der Crête-Sèche-Hütte kann der Zustieg um knapp 1 Std. verkürzt werden.

Von Dzovenno folgt man R 1914 zur Crête-Sèche-Hütte bis zur Almhütte Berrié (2192 m, 1½ Std., im Abstieg von der Hütte dorthin in ca. 20 Min.). Über die Schotterfelder führt der oft unterbrochene Pfad weiter talein zur Alpe Chardoney (P. 2526 m, 45 Min.), daraufhin erreicht man die felsige Zone unter dem Chardoneygletscher. Die unschwierigen Felsen erlauben fast überall ein Durchkommen, doch ist es auf der rechten Seite am günstigsten, um die orogr. linke Gletscherzunge zu erreichen. Über den Gletscher (einige Spalten) weiter aufwärts zu dem ca. 40 m hohen Felsriegel, der den verfirnten

Vorgipfel der Epicoune (Becca Rayette) abtrennt. Ein meist schneegefülltes Couloir ermöglicht den leichten Durchschlupf zum Verbindungsgrat zum Monte Cervo (2 Std.) Man folgt dann dem Firngrat zum felsigen Gipfelaufbau, der anfangs als leichter Blockgrat, zuletzt steiler mit guten Felsen zum höchsten Punkt führt; ein kurzer Vorsprung kann dabei an seiner rechten Seite erklettert (2 m II+) oder links (westl.) über einen kleinen Kamin umgangen werden.

● 2091 Bec du Chardoney, 3447 m

Dieser Gipfel im Grenzkamm ist nicht allzu auffällig und wird von der Schweiz her nur wenig besucht, guter Stützpunkt in Italien ist die Crête-Sèche-Hütte. An den Graten findet sich schöner, fester Fels.

● 2092 Südwestgrat vom Col Berlon

II und leichter, 2 Std., **G 3** (450 Hm); 4½–5 Std. von der Crête-Sèche-Hütte. Schöne und nicht schwierige Route über einen Blockgrat mit festem Fels, oben im Schnee.

Zustieg zum Col Berlon: Von der Crête-Sèche-Hütte talein am ehemaligen Spatarobiwak vorbei, bis von links das Couloir vom Abfluß des kleinen Arolettegletschers mündet (Abzweig des Mont-Gelé-Anstiegs). Nun über die Geröll- und Schneefelder nördl. unterhalb der W-Wand des Mont Berlon hinauf, um dann direkt dahinter nach rechts (O) flacher zum Col zu gehen (2½ Std., **G 1** (630 Hm).
Route: Man folgt im wesentlichen der Gratkante, der Absatz im obersten Drittel wird rechts umgangen, wobei man dann bis kurz vor den Vorgipfel, 3282 m, auf dieser Seite bleibt. Über Schotterfelder und Schnee weniger steil zum W-Gipfel (3407 m) und in 10 Min. im Schnee zum höchsten Punkt, dem O-Gipfel.

● 2093 Weitere Anstiege

Südgrat zum Vorgipfel: Stellen IV, 4 Std., G 8; schöne Kletterei.
Nordwestgrat: III, 1½ Std. vom Col du Chardoney, guter Fels.
Nordostgrat: III (Stellen), 2 Std. vom Col de la Rayette.

● 2095 Mont Gelé, 3518 m

Interessanter Gipfel mit zwei völlig verschiedenen Seiten: Während von S ein Gletscher in nur mäßiger Neigung bis zu den Gipfelfelsen reicht, brechen auf der N-Seite schroffe Felswände ab. Entsprechend ist der Anstieg von S problemlos, während die direkten Anstiege von der Schweizer Seite schwierig sind; dabei sind die Felsen nicht allzu verläßlich, so daß auch von der Chanrionhütte aus meist über eines der Jöcher der S-Anstieg erreicht wird. Schöner Skigipfel.

● 2096 Von Südwesten (vom Regondi-Biwak)

3½ Std., **G 2** (1000 Hm). Einfachster, etwas eintöniger Anstieg.

Vom Biwak steigt man kurz nach NO zum Lago Beùseya (2513 m) ab und an seinem N-Ufer entlang. Nun in O-Richtung über die Schotterfelder aufwärts zum hier schotterbedeckten Glacier du Mont Gelé, über den man (mit Abstand zu den steinschlaggefährlichen Wänden des Mont Morion) nun in N-Richtung direkt bis zum Gipfel ansteigt. Zwischen 3100 und 3300 m größere Spalten. Skiroute.

● 2097 Von Südosten (vom Col d'Ayace, Chanrion- bzw. Crête- Sèche-Hütte)

1 Std., **G 2**, unschwieriger Gletscherweg; 3½ Std. von der Crête-Sèche-Hütte, 4 Std. von der Chanrionhütte.

Zustieg zum Col d'Ayace von der Chanrionhütte: Man steigt auf dem Fahrweg bis zur Wasserfassung des Otemmagletschers ab (2357 m, 30 Min.). Eine Brücke führt über den Abfluß, auf dem markierten Steig zum Crête-Sèche-Gletscher, auf dessen orogr. linker Seitenmoräne man bis ca. 2700 m in Richtung Mont Gelé ansteigt. Nun nach SW über die Geröllflanke zum Col (3½ Std., **G 2** (840 Hm).
Zustieg von der Crête-Sèche-Hütte: Man folgt dem Weg talein am Spataro-Biwak vorbei, bis von links das Couloir vom Abfluß des kleinen Arolettegletschers mündet. Wenn dieses Couloir schneebedeckt ist, steigt man durch dieses direkt zum oberen Gletscher, ansonsten nimmt man die Geröll- und Blockflanke des rechten Ufers. Auf dem Gletscher problemlos zum Col (2 Std., **G 2** (660 Hm).)
Route: Vom Col d'Ayace quert man die Firnfelder des Arolettegletschers in südwestl. Richtung zum Col du Mont Gelé (3144m, 15 Min.). Von diesem Col hält man nördl. über ein steiles Schneefeld auf den Mont de la Balme (südöstl. Vorgipfel des Mont Gelé) zu, den man aber rechts liegen läßt und in NW-Richtung zum Gipfel aufsteigt.

● 2098 Weitere Anstiege

Nordwestgrat vom Fenêtre de Durand: III (einige Stellen), II und leichter, 4 Std., G 5 (720 Hm). Landschaftlich sehr schöne Tour,

insgesamt ziemlich guter Fels in den schwierigen Passagen, ansonsten einigermaßen brüchig. Eventuelle Umgehungen in der Nordwestflanke.
Südwestcouloir: Bei guter Firnauflage günstiger und schneller Abstiegsweg zum Regondi-Biwak/Ollomont, nur kurze Felspassage bei P. 3163 m (II).

● 2100 Pointe d'Ayace, 3019 m

Kleine Erhebung im NO-Grat des Mont Gelé mit recht schöner Rundsicht. Ohne größere Schwierigkeiten über den felsbedeckten NO-Rücken in 3 Std. von Chanrion erreichbar. Der untere Teil kann auch etwas leichter, aber mühsamer durch eine geröllgefüllte breite Rinne von O umgangen werden.

Veisivi – Tsa – Bertol – Seitenkamm:

● 2102 Petite Dent de Veisivi, 3183 m

Nördlichster Gipfel in dem von den Bouquetins abstreichenden Seitengrat zwischen dem Arolla- und dem Ferpècletal; der Petit Dent de Veisivi steht recht abweisend über Les Haudères, jedoch bieten seine Grate großartige Kletterrouten mit allerdings recht langen Zu- und Abstiegen.

● 2103 Südwestgrat von Satarma

III (Stellen), II und leichter, ca. 4½–5 Std., **G 4** (1380 Hm), Schöner, fester Fels auf den ca. 150 Hm des Gipfelgrates; leichteste Route, günstig auch für den Abstieg.

Von Satarma folgt man kurz dem Fahrweg nach La Gouille, um dann in O-Richtung steil und in vielen Serpentinen zur Alm Tsarmine aufzusteigen (2325 m, 1 Std.). Der Weg führt weiter zu den Felsen des SW-Grats und unter diesen nach O zum **Col de Tsarmine**, am SO-Grat (3051 m). Man steigt jedoch nicht bis zu diesem auf, sondern zweigt auf ca. 2900 m, wo der Weg weniger steil wird, nach N in ein rasendurchsetztes Couloir ab, über das man zum SW-Grat in einen Sattel oberhalb einer auffälligen Felsspitze gelangt (3 Std.).
Die anregende Kletterei folgt anfangs der steilen Gratkante in festem Fels, erst der letzte Steilaufschwung wird rechts (S) umgangen, wobei man durch ein Couloir nahe dem Gipfel wieder zum Grat zurückgelangt und über diesen die Besteigung beendet (1½ Std.).

● 2104 Südostgrat (Tsarminegrat)

IV (eine Stelle, sonst III und leichter), 3 Std. vom Col de Tsarmine, **G 5**. Sehr schöne Kletterei in festem Fels. Gute Sicherungsmöglichkeiten. Empfehlenswert, jedoch lange Unternehmung vom Tal bzw. der Hütte aus.

Wie in R 2103 zum Col de Tsarmine (ca. 3 Std.). Prinzipiell kann durchgehend auf der Gratkante über alle fünf Türme geklettert werden, was am schönsten ist. Die Ersteigung des dritten Gendarmen etwa in Gratmitte ist schwierig (IV), er kann in der NO-Seite (rechts) umgangen werden (III). Schließlich wird auch der Gipfelaufbau (fünfter Turm) nach der obersten Scharte über die O-Flanke bestiegen.

● 2106 Grande Dent de Veisivi, 3418 m

Mit einer beeindruckenden N-Wand über dem Tal von Ferpècle. Auch wenn er seinen kleinen Namensvetter um gut 200 m überragt und leichter zu ersteigen ist, bietet er keine so schönen Anstiege wie jener.

● 2107 Nordwestrücken

II (eine Stelle, I und meist Gehgelände), 4½ Std. von Satarma, **G 3** (1610 Hm).

Wie bei R 2103 in 3 Std. zum Col de Tsarmine (3051 m). Nun über den Schneerücken aufwärts bis zu den Felsen des obersten Grates. Man erklettert diese westl. unterhalb der Kante, quert dabei noch unter dem höchsten Punkt hindurch, um über einen Kamin den S-Grat kurz vor dem Gipfel und darüber diesen selbst zu erreichen (1½ Std.).

● 2109 Dent de Perroc, 3675 m, Pointe des Genevois, 3677 m, Pointe de Tsalion, 3512 m, Dent de Tsalion, 3589 m

Der schroffe Felskamm setzt sich von den Veisivi nach S mit nicht allzu ausgeprägten Gipfeln fort, die ganze Gruppe bis zur Aig. de la Tsa macht eher den Eindruck einer gewaltigen Mauer. Zunehmend werden von der günstig im W gelegenen Tsa-Hütte anspruchsvolle Kletterrouten in größtenteils ausgezeichnetem Fels eröffnet, besonders an der Pointe de Tsalion. Die Dents de Perroc können als interessante und lange Tour bis über den Veisivi überschritten werden. Die Anstiege von Ferpecle werden selten ausgeführt. Dieser Gratkamm läßt sich von der Tsa-Hütte am günstigsten an der **Pointe**

de Tsalion erreichen (**II**, 3 Std., **G 3**): Dazu steigt man in O-Richtung auf dem Rücken, auf dem die Hütte steht bis unter die W-Wand der Tsalion. Hier biegt man nach N ab, um auf einem Geröllband, vorbei an P. 3016 m zu der verfirnten Mulde nordwestl. unter der Pointe de Tsalion zu gelangen. Über schräg ansteigende Schneefelder steigt man dann nach SO gerade zum Gipfel der Pointe des Genevois auf.

● 2110 Südgrat zur Pointe des Genevois über den Dent de Tsalion von der Bertolhütte

II (Stellen), 4 Std., **G 5**.

Von der Hütte folgt man R 2116 der Aig. de la Tsa bis kurz unter deren Gipfelaufbau (1¾ Std.). Nun weiter in N-Richtung über Schnee zum felsigen Gipfelkopf des Dent de Tsalion und zu ihm hinauf (II, ½ Std., G 3). Jenseits zuerst steil und ausgesetzt hinab, dann wieder gemütlicher zur Pointe de Tsalion (1 Std.); von hier folgt man dem Felskamm in ca. 1½ Std. bis zum Gipfel der Pointe des Genevois.

● 2111 W-Grat zum Dent de Tsalion von der Tsa-Hütte

III+, 3½–4 Std., **G 6** (990 Hm). Vielleicht die schönste mittelschwere Kletterroute im Arollatal. Abb. S. 518/519.

Von der Tsa-Hütte steigt man in SO-Richtung über die Moräne zum Gratfuß (ca. 2950 m, 45 Min.). So direkt wie möglich über die Kante bis zum Gipfel, in den Flanken herrscht Steinschlaggefahr.

● 2112 Weitere Anstiege

Übergang vom Pointe des Genevois zum N-Gipfel Blanche de Perroc (3651 m; IV, Stellen und III, 1½ Std., G 8) und weiter zum **Veisivi** (IV, Stellen und III, 3 Std., G 6): Großartige hochalpine Kletterroute über den mit Gendarmen gespickten Grat, nur im obersten Abstieg vom N-Gipfel trifft man auf Schnee (Wächtengefahr).
Westgrat zum Dent de Perroc (Mittelgipfel): III und leichter, 3 Std. von der Tsa-Hütte, G 6 (1050 Hm). Der Grat wird ab dem P. 3046 m meist direkt verfolgt, nur an zwei Stellen (am Aufschwung in Gratmitte) werden kurze Ausweichungen in die S-Flanke nötig, guter Fels.

Folgende Doppelseite:
Der Felskamm der Aiguille de la Tsa oberhalb von Arolla.

Dent de Tsalion
Aig. de la Tsa
R2110
R2111

Pointes de Douves Blanches
Nord-
Südgipfel
R2121
R2120

Kletterrouten zur Pointe de Tsalion von Westen: Schwierigkeitsbereich IV–V, bester Fels. Weiter Informationen im SAC-Führer.

● 2115 Aiguille de la Tsa, 3668 m

Auffällige Felsnadel im Kamm zwischen Arolla und Ferpècle. Der Normalanstieg führt in gutem Fels über die ca. 80 m hohe O-Flanke, die W-Seite ist dagegen recht steinschlaggefährdet.

● 2116 Ostseite von der Bertolhütte

III (eine Stelle, sonst II am Gipfelaufbau), 2½ Std., **G 5** (400 Hm).

Zustieg: Von der Bertolhütte quert man in NO-Richtung auf den obersten Firnfeldern des Mont-Miné-Gletschers unter der Pointe de Bertol durch, bis man über Schnee und einige Felsen in die flache Einschartung im O-Grat der Pointe de Bertol zwischen ihr und dem P. 3372,7 m steigen kann. Jenseits mit gut 50 m Höhenverlust auf den Aiguillegletscher, auf dem man in N-Richtung unter den Douves Blanches entlang bis unter die O-Seite der Aiguille ansteigt (1¾ Std.).
Route: Am NO-Fuß in bestem Fels 10 m aufwärts, um dann schräg links aufwärts den früheren Besteigungsspuren mit guten Griffen und Tritten zu folgen. Man kommt an eine glatte Platte, die überklettert wird (III); dann durch einige kleinere Kamine schließlich zum Gipfel.

● 2118 Pointes des Douves Blanches, 3664 m

Als eigenständige Gipfel (S: 3641 m, N: 3664 m) kann man diese Graterhebungen nicht bezeichnen, sie senden aber auf die Arolla-Seite zwei schöne Klettergrate hinab, die vor allem in Verbindung mit einer Überschreitung zur Aig. de la Tsa äußerst empfehlenswert sind.

● 2119 Von Südosten (Bertolhütte)

II (Stellen, sonst I und leichter), 1½ Std., **G 2** (ca. 400 Hm). Normalweg und leichteste Route.

Von der Bertolhütte quert man in NO-Richtung auf den obersten Firnfeldern des Mont-Miné-Gletschers unter der Pointe de Bertol durch, bis man über Schnee und Felsen in die Einschartung im O-Grat der Pointe de Bertol zwischen ihr und dem P. 3372,7 m steigen kann. Jenseits mit 50 m Höhenverlust auf den Aiguillegletscher, auf dem man in NW-Richtung zum Col de la Tsa quert, um über den breiten Grat (unschwierige Blöcke und Schnee) zum S-Gipfel anzusteigen.

Zum N-Gipfel kann man noch unter dem S-Gipfel auf dem Gletscher queren, um dann ohne Schwierigkeiten in der O-Flanke auf Schnee und einigen Blöcken aufzusteigen. Der Gratübergang zwischen den Gipfeln ist wegen der lockeren Felsen nicht empfehlenswert (II).

● 2120 Westgrat des Nordgipfels (Tsa-Hütte)

II (wenige Stellen), 4 Std., **G 3** (1080 Hm). Abb. S. 518/519.

Von der Tsa-Hütte quert man über Rasen und Schuttfelder den Kessel unter der Aig. de la Tsa in S-Richtung, um dann zuletzt etwas steiler in die kleine Scharte östl. von La Maya (ca. 2940 m, Ausläufer des W-Grates) aufzusteigen. Über den Gratrücken auf kurzen Felsrippen und Schnee- bzw. Schotterstücken steigt man in O-Richtung am P. 3264 m vorbei zum obersten Teil des Douves-Blanches-Gletschers, über den man rasch den obersten W-Grat des N-Gipfels erreicht. Auch dieser Grat wird an seiner Kante erklettert, dabei kann man schwierigeren Passagen leicht auf der S-Seite ausweichen.

● 2121 Südwestgrat zum Südgipfel

V (eine Stelle, einige Passagen IV und III, sonst leichter), 5–7 Std. für den Grat, **G 8**. Sehr lange und anstrengende Klettertour in bestem Fels. Für eine leistungstarke Seilschaft sehr zu empfehlen (ca. 8–10 Std. von Arolla). Einige Haken an den schwierigsten Stellen. Der Gesamtgrat hat eine Länge von über 2 km, er wird vom Plan de Bertol (R 1864) kommend bei P. 2891,3 m betreten (2½ Std., trigonometrisches Signal).

Die Route folgt ausnahmslos der Gratkante, man überschreitet dabei eine Reihe von Türmen, an deren Aufschwüngen sich jeweils die schwierigsten Felspassagen befinden.
Die wichtigsten Stationen:
- Roter Kegel (P. 3107 m), II–III
- La Ouille (P. 3242 m), IV+, senkrechter Aufschwung (H)
- Hahnenkamm (Crête de Coq), III
- Roter, vierkantiger Gendarm mit Gipfelblock (Tour rouge), IV
- dahinter Abseilstelle
- senkrechter grauer Aufschwung (Tour grise), V (H)
- kegelförmiger Turm, III
- blockiger und meist schneebedeckter Schlußgrat zum Gipfel.

(Ausführlichere Beschreibung im SAC-Führer)

● 2125 Pointe de Bertol, 3499 m

Kleiner Felsgipfel nördl. der Bertolhütte. Über den O-Grat ab der Einsattelung zwischen dem Gipfel und P. 3372,1 m (R 2116, Aig. de la Tsa) kurz über Schnee, dann Fels (II) zum Gipfel (45 Min.–1 Std.).

Aiguilles Rouges – Pigne d'Arolla – Otemmakamm:

● 2127 Sex Pey, 2369 m
Pointe de Mandelon, 2559 m

Begraste Bergkuppen über dem Waldgürtel, schönes Wandergelände. Von Mandelon (Fahrstraße von Leteygeon im Dixtal über Maqué Blanc) kann man in ca. 1–1½ Std. über den W-Rücken hinaufsteigen. Auch Skiaufstieg aus dem Dixtal, 3½ Std von Leteygeon (1559 m).

● 2129 Pic d'Artsinol, 2997 m

Dieser nette Aussichtsberg ist auf seiner O-Seite durch einige Skilifte erschlossen, die jedoch nicht bis zum höchsten Punkt reichen. Man kann ohne Schwierigkeiten über die Rasenhänge auf seiner SO-Seite hinaufsteigen, indem man von La Meina in SW-Richtung bis ca. 200 m unter den Col de la Meina (R 1980) aufsteigt und dann nach rechts über Rasen und Geröll abbiegt (2 Std.).
Skirouten: Vom Skigebiet von Evolène, Lana (Station La Meina, 2121 m) entlang des Sommerweges zum Col de la Meina und auf dem S-Grat zum Gipfel (3 Std.). Direktabfahrten nach O durch die Steilrinne in das Pistengelände zur Station Nuova. Von Pralong (Dixtal) steil durch Wald zur Alpe Noveli (2084 m) und östl. zum Sattel 2801 m im S-Grat und über diesen zum Gipfel (4 Std.).

● 2131 Pointe de Vouasson, 3489 m
Pointe de Darbonneire, 3422 m

Schöne Aussichtsgipfel, die von der Aig.-Rouges-Hütte schnell und problemlos erreicht werden können. Der kleine Vouasson-Gletscher reicht von NO bis auf die Gipfel. Im Frühjahr lohnende Skirouten.

● 2132 Von Südosten (Aig.-Rouges-Hütte)

2 Std., **G 2** (480 bzw. 410 Hm). Abb. S. 500/501.

Von der Hütte steigt man in W-Richtung über die Moränenfelder zum Oberen Aig.-Rouges-Gletscher, über den man anfangs in gleicher Richtung, ab ca. 3200 m mehr nach NW auf die Pointe de Darbonneire

zusteigt. Der einfachste Zustieg zur Vouasson erfolgt mit einer ostseitigen Umgehung der Darbonneire über den obersten Vouasson-Gletscher und seine nordseitige Schneeflanke bzw. den Firnhang in NW-Richtung zum höchsten Punkt. Dies ist auch die Skiroute.
Vom Aig.-Rouges-Gletscher kann man auch leicht den Col Sud de Darbonneire (3338 m) erreichen und in wenigen Min. über den S-Grat zur Darbonneire ansteigen, von dort in wenigen Min. zur o.g. Route.

● 2133 Von Nordosten (La Meina)

4½ Std., **G 2** (1360 bzw. 1290 Hm). Abb. S. 500/501.

Von der Staion La Meina quert man die Rasenhänge nach S zum Merdessonbach, wechselt auf ca. 2200 m auf dessen rechtes Ufer und steigt über die steilen Schotterhänge zum östl. Arm des Vouassongletschers auf. Nun ersteigt man den Gletscher auf seiner orogr. rechten Seite unter dem Mont de'l Etoile hindurch direkt zur Darbonneire oder in einem leichten Rechtsbogen zur Vouasson. Großartige Skiabfahrt bis zum Pistengelände. Dagegen ist die Abfahrt nach NW über den Merdérégletscher nur etwas bei besten Verhältnissen.

● 2135 Palanche de la Cretta, 2926 m

Aussichtsreicher Wander- und Skigipfel, der von der Straße nach Arolla bei Les Farquès oder La Coûta über die ostseitigen Rasenhänge (La Cretta) in ca. 3½–4 Std. zu erwandern ist. Abb. S. 500/501.

● 2137 Mont de l'Etoile, 3370 m

Schöner Aussichtsberg, im Sommer jedoch nicht allzu reizvoll zu besteigen. Wie die Pointe de Vouasson für den Skibergsteiger interessant. Der Gipfel ist von der Aig.-Rouges-Hütte in gut 2 Std. ohne Schwierigkeiten über die Moränenfelder seiner S-Seite und den kurzen SW-Rücken erreichbar. Auch Skiroute. Großartige O-Abfahrt steil nach La Coûta und zur Arollastraße, nur bei sicheren Verhältnissen. Auch vom Sattel 3258 m zwischen dem Gipfel und der Darbonneire ebenfalls nach SO und O abfahren, um bei La Coûta auf die obige Route zu treffen. Schließlich auch N-Abfahrt über den Vouassongletscher ins Pistengebiet nach La Meina (Evolène).

● 2139 Aiguilles Rouges d'Arolla, 3646 m

Auffallender, sehr scharfer Felskamm zwischen dem Lac des Dix und dem Arollatal. Es werden im allgemeinen drei Gipfel unterschieden, wobei jedoch der Haupt- oder Mittelgipfel nur durch eine kleine Scharte vom N-Gipfel (3594 m) getrennt ist; dafür ist der Grat zum S-Gipfel (3584 m) umso markanter, er sinkt zuerst ca 200 m in den S-Col hinab, um dann mit vielen Gendarmen gespickt wie ein Hahnenkamm wieder über 130 m zum S-Gipfel anzusteigen. Als einzige wirklich lohnende Unternehmung an diesem Berg kann die Gesamtüberschreitung angeführt werden, da der Fels in den beiden Flanken – wie so oft – etwas unzuverlässig ist, natürlich wurden auch hier schon eine Reihe von schweren Routen begangen.

● 2140 Überschreitung von Nord nach Süd

IV+ (1 Stelle, mehrere Passagen III, sonst oft II und leichter), insgesamt 10 Std., **G 6**. Klassische Klettertour in gutem Fels, die Schwierigkeiten konzentrieren sich neben einer Stelle im N-Grat des Hauptgipfels am türmereichen Abschnitt vom S-Col zum S-Gipfel. Abb. S. 500/501.

In ziemlich genauer W-Richtung steigt man von der Aig.-Rouges-Hütte über die Moränen zum Oberen Aig.-Rouges-Gletscher und über die Firnfelder in gleicher Richtung bis in die Scharte nördl. des N-Gipfels (ca. 3430 m). Nun knapp in der O-Seite des Grates über nicht allzu feste Felsen zum N-Gipfel (2½ Std., G 4).
Der leichte Abstieg in den N-Col erfolgt am Grat mit sehr gutem Fels (hierher auch direkt vom Gletscher durch ein Couloir, etwas Steinschlaggefahr, knapp 2 Std. von der Hütte); man überklettert dann ausgesetzt einen Turm und gewinnt den nun folgenden Steilaufschwung zum Hauptgipfel zuerst entlang einer Rinne auf der W-Seite, dann im obersten Viertel nach einer kurzen ostseitigen Umgehung direkt an der Kante (kurze Stelle IV, 1½–2 Std.).
Der jenseitige Abstieg beginnt mit einem kurzen Kamin, dann folgt man unschwierig dem Kamm auf dessen O-Seite bis in den S-Col (½ Std.); dieser Teil ist jedoch öfters verschneit oder vereist.
Ab dem S-Col (ca. 3460 m) beginnt der interessanteste Abschnitt der Tour über die insgesamt 15 Türme zum S-Gipfel. Statt einer Aufzählung aller Kletterstellen soll im Folgenden nur der prinzipielle Verlauf angedeutet werden. Üblicherweise werden fast alle Türme überklettert:
- Turm 3: IV+
- Turm 6: kurzer Überhang IV+, Schlüsselstelle
- Ersteigung von Turm 8, 9, 10 und 12 jeweils über die O-Seite

Nur die Türme 2+4 werden üblicherweise ostseitig, der Turm 5 westseitig umgangen (2½ Std).
Der Abstieg zum Col Slingsby (P. 3498 m, ohne Namen in der Landeskarte) erfolgt über den Grat, wobei einige Gendarmen überklettert bzw. umgangen werden (30 Min). Nun folgt man in der W-Flanke dem Grat, unterhalb von P. 3486 m vorbei und steigt zum kleinen Sattel 3264 m ab (30 Min.). Von hier nach O zum kleinen Gletscher hinab, unter dem Unteren Aig.-Rouges-Gletscher hindurch und über die Geröllfelder fast waagerecht zur Hütte zurück (1½ Std.).

● 2142 La Cassorte, 3301 m, La Roussette, 3262 m, Mont Dolin, 2974 m

Nördlich der Übergänge Pas de Chèvres und Col de Riedmatten bildet der Gratverlauf einige Erhebungen mit kurzen Verzweigungen nach Osten, die mit ihren Felsgipfeln nur wenig aus den sie umgebenden Schotterfeldern herausragen. Lediglich nordseitig bilden sie eine größere Felswand zum kleinen Ignesgletscher hin. Da die Anstiege wegen dem verwitterten Zustand der Flanken etwas ermüdend sind, werden diese an sich schönen Aussichtspunkte doch recht selten besucht. Das Pistengebiet von Arolla reicht bereits weit an die Gipfel heran.
Der Mont Dolin ist über die begraste, aber steile S-Flanke unproblematisch zu besteigen; 2½ Std. von Arolla, 1¼ Std. von Remointse, BW 2. Der kurze, aber teilweise scharfe N-Grat von La Forcla weist einige Stellen II auf.
La Roussette kann leicht, aber etwas mühsam über sehr viel Geröll aus der Mulde Les Fontanesses durch ein Schuttcouloir zum obersten S-Grat erstiegen werden.
Von der Forcla, 2889 m, die man über Rasen und Geröll ganz leicht von Arolla in 2½ Std. erreichen kann, wird man dem S-Grat leicht zum Mont Gitsa (3114 m) folgen, der anschließende Gratabschnitt bietet abwechlungsreiche Kletterei (Stellen II) über einige Türme (1½ Std.).
La Cassorte läßt sich von der Roussette über den Verbindungsgrat (Stellen II im Abstieg zum tiefsten Punkt) in ca. 1½ Std. erreichen, zu diesen Gratpunkt kann man auch über die großen Geröllfelder von S aus der Mulde Les Fontanesses ansteigen.
Der blockige NW-Grat vom Col des Ignes kann in ½ Std., der S-Grat von den Monts Rouges in ebenfalls 30 Min. mit einigen hübschen Kletterstellen erstiegen werden.

● 2144 Pigne d'Arolla, 3796 m

Dies ist der bekannteste und wohl auch meistbesuchte Gipfel der ganzen Gruppe. Die hochgelegene Vignetteshütte ermöglicht einen unschwierigen und für einen Berg dieser Höhe ungewohnt kurzen Anstieg von O auf den überfirnten Gipfel, auf der W-Seite bietet sich ein ebenfalls nicht schwieriger Gletscherweg von der Dixhütte an; beide Schlußanstiege werden auch auf dem langen Weg von der Chanrionhütte über den Otemma- bzw. Brenay-Gletscher benutzt.
Aufgrund seiner zentralen Lage im Gebiet zwischen Combin und Dent Blanche bietet der Pigne einen sehr informativen Überblick über diese Region, ein Paradies für den Skitourenläufer (Haute Route).
Der Berg bildet nahezu das Idealbild eines Skigipfels und wird daher auch im Frühjahr stark besucht (Heliskiing-Landeplatz!).

● 2145 Von Osten (Vignetteshütte)

2 Std., **G 2** (650 Hm); 6 Std. von der Chanrionhütte. Abb. S. 468, 528/529.

Von der Vignetteshütte in wenigen Schritten zum Col des Vignettes. Bei guten Verhältnissen in der Bruchzone oberhalb des Cols steigt man hier in SW-Richtung schräg aufwärts, um zwischen einer Felsinsel links und der stark zerschrundeten Zone rechts durchzugehen. Nun weniger steil in gerader Richtung zum Gipfel nach W aufsteigen. Der höchste Punkt wird aus der flachen Einsattelung südl. des Gipfels über den S-Hang erreicht. Falls die Bruchzone über dem Col des Vignettes zu stark zerschrundet ist, kann man auch einfacher und weniger steil nach S zum Col de Chermotane etwa 50 Hm absteigen (hierher auch von Chanrion) und von hier in gerader Richtung zwischen zwei Felsinseln zur vorbeschriebenen Route ansteigen.
Dies ist auch die vielbegangene Skiroute. Bei der Abfahrt darf man sich bei schlechter Sicht nicht zu weit links (nördl.) halten, um nicht in die Séracs über der Hütte zu kommen.

● 2146 Von Westen (Dixhütte)

3½ Std., **G 2** (ca. 950 Hm); 30 Min. vom Col de Brenay, 1 Std. vom Col de Serpentine, 5½ Std. von der Chanrionhütte.

Zustieg zum Col de Brenay: Von der Dixhütte steigt man auf dem Aufstiegsweg kurz zum Cheilongletscher ab, überquert ihn nach SO zum Tsena-Réfien-Gletscher, den man in einer südförmigen Schleife

unterhalb der W-Flanke der Pointes de Tsena Réfien zum flachen Col de Tsijiore Nouve (3423 m) ersteigt (2 Std.).
Vom Col de Tsijiore Nouve quert man unter dem N-Abhang der Serpentine, überwindet dazu eine kurze Steilstelle (einige Spalten) und gelangt eben zum Col (30 Min.).
Route: Vom Col de Brenay steigt man über das flache Firnfeld in die Einsattelung südl. des Gipfels und über den kurzen S-Hang zum höchsten Punkt auf. Dies ist auch die überaus häufig begangene Skiroute.
Skiabfahrten:
Wie Aufstiege zu den Hütten (Dix, Vignettes bzw. Chanrion). Will man zur Chanrionhütte über den Brenaygletscher, bietet sich eine interessante Alternative an, insbesondere bei schwierig passierbarer Bruchzone: Abfahrt auf dem Brenaygletscher bis in die Mulde auf 3300 m. Ohne größere Mühen nach S zum Col Nord des Portons (3369 m, 20 Min.) hinauf. Nach rechts (W) haltend jenseits um den Porton Nord herum zum namenlosen Sattel 3391 m, nördl. der Pointes des Portons und leicht fallend nach SW in den Schneesattel zwischen P. 3363 m und P. 3321 m am Col de la Petite Lire, der südl. liegen bleibt. Nun in westl. Richtung in die Mulde nördl. der Portons, der Grande Lire und der Pointe Otemma zum Abfluß des Otemmagletschers abfahren. Meist guter Schnee, bei schlechter Sicht aber schwer zu finden.

● 2147 Nordwand

III, 4–5 Std. von der Vignetteshütte, **G 7**. Schwierige, aber interessante Route, überwiegend im Eis, doch zunehmend ausapernd. Abb. S. 468, 528/529.

Man steigt von der Hütte auf dem linken Ufer des Piècegletschers bis ca. 2850 m ab, wo man nach rechts (W) durch eine Schneerinne auf den breiten Kamm der Louettes Econdovè gelangt. Unschwierig über Blockwerk und Schnee zum Beginn der N-Wand oberhalb von P. 3295 m. Nun direkt zum Gipfel ansteigen, die Wand besteht im unteren Teil aus Schnee, weiter oben aus Felsen (Stellen III), ihre Steilheit nimmt nach oben zu.

Folgende Doppelseite:
Blick von der Bertolhütte auf Pigne d'Arolla und Montblanc de Cheilon.

Col de Chermotane
Pig
R 2145
Vignettes-
H.
R1991
Mont Collon-Gletscher
Arolla

d'Arolla
Mont Blanc de Cheilon
La Luette
R2147
R2212
R2206
Pas de Chèvre
R1878
R1864

● 2150 La Serpentine, 3795 m

Zwischen Pigne d'Arolla und Mont Blanc de Cheilon gelegene überfirnte Gipfelkuppe mit felsiger W-Seite. Von O (vom Col du Brenay) in 30 Min. über den breiten Gletscherrücken zum Gipfel (150 Hm). Über den verfirnten, unschwierige Felsen aufweisenden NW-Grat vom Col de la Serpentine in 45 Min. zum höchsten Punkt (250 Hm).

● 2152 Pointes de Brenay, 3711 m, Porton Nord, 3503 m, Pointe d'Porton, 3512 m

Wenig besuchter Gipfelkamm, der vom Pigne d'Arolla nach SW, zwischen dem Brenay- und dem Otemmagletscher abstreicht. Die Aussicht ist sehr informativ und die Touren all denen zu empfehlen, die einmal wirklich abseits breiter Trampelpfade zu trotzdem hohen Gipfeln unterwegs sein wollen. Die Gipfel der Pointes de Brenay (3715 – 3678 m), des Porton Nord (3503 m) und der Pointe d'Porton (3512,5 m) lassen sich ohne größere Schwierigkeiten aus dem Bereich des Col Nord des Portons bzw. dem Col de la Petite Lire über Schnee und Blockwerk besteigen.

Der Col Nord des Portons (3369 m) kann folgendermaßen erreicht werden:

– vom Brenaygletscher oberhalb der Séracs (ca. 3300 m) über den kleinen Seitengletscher (4 Std. von der Chanrionhütte)

– vom obersten Otemmagletscher auf ca. 3000 m schräg unter der S-Wand der Pointes de Brenay zum kleinen Gletscher, in NW-Richtung über eine kleine felsige Stufe zum oberen Steilfirn und zum Col (2 Std. von der Vignetteshütte)

– vom Singla-Biwak über P. 2853 m und P. 3145 m in der S-Flanke der Pointe des Portons mühsam über viel Geröll (2 Std.)

– von der Chanrionhütte ab dem Otemmagletscher-Abfluß in O-Richtung unter den N-Wänden der Pointe d'Otemma und den Portons entlang über Geröll und Schnee zum Sattel nördl. des Col de la Petite Lire und in gleicher Richtung weiter zum namenlosen Sattel (3391 m) nördl. der Pointes d'Portons; jenseits südl. um den Porton Nord herum zum Col (4 Std.).

Diese Routen können auch mit Ski begangen werden (vgl. R 2146).

● 2154 Pointe d'Otemma, 3403 m

Als äußerster Gipfel im Kamm zwischen Otemma- und Brenaygletscher eine Aussichtswarte ersten Ranges; »Hüttengipfel« der Chanrionhütte.

● 2155 Westgrat von der Chanrionhütte

II (Stellen) und I, 3 Std., **G 3** (940 Hm). Direkter und günstiger Anstieg in überwiegend festem Fels. Abb. S. 532/533.

Von der Hütte folgt man dem Fußweg zum Brenaygletscher auf 500 m, bis er den Fahrweg kreuzt. Über Rasen und Geröll nach O zum Gratbeginn. Nun immer auf der Gratschneide bis zum Gipfel.

● 2156 Südgrat von der Chanrionhütte

II (Stellen), 5 Std, **G 3** (ca. 1000 Hm). Abb. S. 532/533.

Von der Hütte hält man nach O über Rasen und Geröll auf den Gipfel zu und gewinnt auf ca. 2600 m einen Pfad, der über steile Wiesen und Schrofen rechts (SO) nach Les Tsantons d'Otemma, P. 2720 m führt. Auf diesem Rücken, vorbei an P. 2874 m zum Gratbeginn; man folgt dem Kamm über seine zwei Erhebungen in zuverlässigem Fels bis zum Gipfel. Der Anstieg verkürzt sich um ca. 1 Std., wenn man den Grat erst an der zweiten Scharte südl. des Gipfels (P. 3182 m) über ein großes Couloir von W ohne größere Schwierigkeiten betritt.

Métailler-Seitenkamm:

● 2160 Mont Loére, 2575 m

Von Super Nendaz sowie von Veysonnaz und Hérémence (Thyon 2000) ist der gesamte nördliche Abschnitt dieses Seitenkammes mit Skiliften erschlossen. Oberhalb der Waldgrenze aussichtsreiche Wanderungen von den Bergstationen. Das ideale Skigelände oberhalb 2000 m sitzt im O und W auf sehr steilen Waldflanken auf, so daß normale Abfahrten im Pistengelände zu den erwähnten Orten führen.

● 2162 Bec de la Montau, 2921 m
Les Louèrettes, 3068 m

Aufgrund ihrer reichlichen Geröllumgebung ist die Louèrettes im Sommer nicht besonders interessant, die Montau bietet wegen größeren Rasenfeldern schon eher auch dem Bergwanderer ein aussichtsreiches Ziel. Im Winter ist die Louèrettes ein hervorragendes Skiziel.

Folgende Doppelseite:
Blick vom Mont Avril auf den zentralen Teil der Arolla-Berge.

La Ruinette
Montblanc de Cheilon
La Serpentine
Pigne d'Arolla
Pointe
R2216
R 2212
R1988
R1985
R2024
R2155
Gl. d'Breney
R1923
Chanrion-Hütte
R 1992

Dent Blanche
Otemma
Bouquetins
Matterhorn
R2073
R 2074
Singla-Biwak
R 2156
R1907
Gl. d' Otemma
R1992
R 1992
R 1992

Louèrettes: Von Westen (Super Nendaz) über Plan di Arjes (2015 m; auch in leicht fallender Höhenwanderung entlang der alten Wasserleitung von der Bergstation Combartseline, 2204 m, erreichbar) und La Tsa (2254 m) in die Mulde von Les Troutses. Nun gerade in SO-Richtung über viel Geröll zum Paß, 2913 m, und zum Gipfel (4 Std., 1340 Hm).
Montau von W: Man hält sich kurz oberhalb von La Tsa (siehe oben) nach links über den SW-Hang zum Vorgipfel, 2855 m, und den Verbindungsgrat zum Gipfel (3½ Std.).
Montau von O (Alp Orchèra): 1½ Std. aus dem Dixtal, Fahrweg mit Fußweg-Abkürzungen; man kann über das Almgelände zum schwach ausgeprägten O-Grat und über diesen unschwierig zum Gipfel des Montau aufsteigen (2 Std.).
Louèrettes von O: Über die großen Geröllfelder der Combe de la Rosette kann man mühsam zum Col, 2913 m, nördl. der Louèrettes und über deren N-Grat zum höchsten Punkt steigen (2½–3 Std).
Skirouten:
Der Aufstieg zur Louèrettes über das Kar Les Troutses ist der übliche Zugang von Super Nendaz.
Die O-Abfahrten zur Alpe Orchèra über die Combe de la Rosette (oder nach Gratabstieg zum Col d'Orchèra) über den Orchèragletscher bieten oft gute Schneeverhältnisse. Von Orchèra schräg nach NO halten und über Le Louché und Couta ins Dixtal hinab.

● 2164 Le Métailler, 3212 m

Dieser Gipfel ragt als höchster Punkt dieses ansonsten nur wenig eingescharteten Nebengrates deutlich heraus und bietet damit schöne Rundsicht. Der ganze Kamm mit seinen Nebenästen ermöglicht eine Vielzahl schöner Skitouren, im Sommer müssen jedoch längere Geröllpassagen begangen werden, was die Touren dann etwas mühsam und ziemlich einsam macht.

● 2165 Von Westen

3¼ Std. von der St.-Laurent-Hütte bzw. 3¾ Std. von der Cleuson-Staumauer, **G 1** (900 Hm nach 170 Hm Abstieg von der Hütte bzw. 1030 Hm von der Staumauer).

Von La Gouille, das in ca. 40 Min. auf der Almstraße von der Cleuson-Staumauer oder in 15 Min. Abstieg von der St.-Laurent-Hütte erreicht wird, folgt man dem anfangs guten Fußweg in NO-Rich-

tung durch die Rasenhänge zur Alp Les Vatseneires (2470 m). Die Wegspuren führen noch weiter bis unter die Felsnase P. 2766 m, wo man nun weitgehend weglos nach NO über Geröll und Rasen zum NW-Rücken (westl. von P. 2957 m) ansteigt. Über diesen unschwierig auf Schnee und Geröll zum Hauptgrat und diesem nach SO folgend zum höchsten Punkt.
Alternativ kann man von der Felsnase P. 2766 m auch in SO-Richtung über Geröll, vorbei an dem kleinen See (2877 m) zum SSW-Grat aufsteigen und über diesen in leichter Kletterei den Gipfel erreichen.
Interessante Skirouten.

● 2166 Von Osten (von Le Chargeur bzw. Orchèra)

Jeweils ca. 4 Std., **G 2** (1200 bzw. 1100 Hm). Der Gipfel ist unschwierig entweder aus der Combe d'Allèves oder über den kleinen, aber spaltenreichen Métailgletscher von NO besteigbar.

Von Le Chargeur führt ein Pfad in NW-Richtung leicht ab- und dann wieder ansteigend zur Alm Allèves (2215 m) und verbindet diese über die Alpe de Métail mit der Alm Orchèra (2098 m).
Von Allèves nach W über Almen und Geröll durch die Combe d'Allèves bis unter den Gipfelaufbau (Schneeflecken), wo man entweder über den O- oder den SW-Grat zum Gipfel aufsteigt.
Von der Alpe d'Métail steigt man in W-Richtung zum Gletscher und auf dessen rechter (östl.) Seite zum obersten O-Grat, über den man die Besteigung beendet.
Auch recht einsame Skirouten. Bei besten Verhältnissen vom Gipfel über eine Steilrinne nach NO zum Mètailgletscher und über diesen in die Mulde Les Cornets und zur Alpe de Mètail. Weiter über die Waldschneise am Lawinengraben entlang zur Straße nach Pralong oder nach SO zum Almweg von der Allèvesalm.

● 2167 Von Süden (Prafleurihütte)

Ca. 3 Std., **G 2** (800 Hm).

Von der Hütte steigt man auf bezeichnetem Weg in ca. 1 Std. zum Col de Prafleuri (2965 m, R 1996) auf. Jenseits ca. 60 m hinab und nach N zum Fenêtre d'Allèves queren (20 Min., hierher auch von der St.-Laurent-Hütte in ca. 1¾ Std.). Auf der O-Seite des Fenêtre wieder ca. 150 Hm Abstieg und unter dem Mont Rosets hindurch bis zum S-Grat des Métailler ansteigen und über diesen zum Gipfel.

● **2168 Weitere Skirouten**
Von Super Nendaz über Plan di Arjes und Cherve in die Crouye Grandze zum obersten NW-Rücken (4 Std., Lawinengefahr bei der Alpe Cherve, Zeitersparnis bei Benutzung des Combartseline-Liftes etwa 1 Std.). Von der St.-Laurent-Hütte über die SW-Hänge von Les Rosets und den S-Grat zum Gipfel.

Pierre Avoi – Mont Fort-Seitenkamm:

● **2170 Pierre Avoi, 2472 m**
Dieser kleine Felsgipfel ragt aus dem begrasten Rücken über Martigny/Saxon auffällig heraus. Äußerst lohnender Aussichtsberg mit einigen Kletterrouten und Klettergarten an den Türmen im SW des Gipfelturmes. Die Normalanstiege vom Pas du Lin und Verbier/Savoleyres sind bestens markiert. Von der Bergstation Savoleyres (von Verbier bzw. Mayens de Riddes) in 40 Min. auf dem aussichtsreichen Kamm zum Gipfelblock. Von hier an einigen Sicherungen über die wenigen Meter zum Gipfel (**BW 2**).

● **2171 Von Westen (Pas du Lin)**

2½ Std., **BW 2** (820 Hm).

Vom Pas du Lin folgt man dem Fahrweg nach O an der Wasserfassung vorbei unter Les Blisiers durch zur Crête de L'Aroley (wilder Felskessel ins Val de Bagnes). Der Weg führt bis unter den Gipfelaufbau und über den Grashang auf den Kamm im SW des Gipfelblocks, den man in wenigen Min. erreicht; schließlich über die kurzen Versicherungen von SO zum Gipfel.

● **2172 Weitere Anstiege**
In der S-Wand (Höhe bis 70 m) und NW-Wand (ca. 170 m hoch) wurden eine Reihe sportlicher Kletterrouten eingerichtet, der Fels ist allgemein gut; an den südwestl. gelegen Türmen (Clochetons de la Pierre Avoi) gibt ebenfalls es schöne Sportkletterrouten, farbig markiert zwischen II–IV und V–VI (Lit: SAC-Führer, Band II).

● **2175 Dent de Nendaz, 2463 m,**
Mont Gond, 2666 m
Diese Aussichtsgipfel liegen im Seitenkamm nördl. des Mont Gelé zwischen den Tälern von Isérables und Nendaz. Der Kamm ist

weitgehend durch Skilifte erschlossen. Von der Bergstation Nendaz-Tracouet steigt man in ca. 45 Min. auf gutem Weg zum Dent de Nendaz; der aussichtsreiche Übergang zum Mont Gond über den begrasten Rücken nimmt 1 ¼. Std. in Anspruch. Von Siviez (2034 m) oberhalb von Super Nendaz rechnet man ca. 1 ½ Std. zum Mont Gond (Alm-Ziehweg zum Verbindungsgrat, Abkürzungen möglich).
Am Dent de Nendaz werden in den nächsten Jahren unterirdische Bauten für ein neues Druckstollensystem vom Lac des Dix entstehen.

● 2177 Mont Gelé, 3023 m

Durch die Seilbahnen von Verbier und Super Nendaz voll erschlossener Gipfel mit hervorragender Aussicht. Alpinistisch nicht mehr interessant.

● 2179 Mont Fort, 3308 m

Auch auf diesen Gipfel führt eine Seilbahn (von Super Nendaz bzw. Verbier) mit kleinem Gletscherskizirkus.
Der früher übliche leichte Normalanstieg führt über den Tortingletscher (ca. 2 Std. vom Col des Gentianes). Heute geht hier die Abfahrtspiste drüber.
Alpinistisch nur noch als Standpunkt für Rosablanche-Skibesteigungen interessant (Abfahrt nach S zur Route von der Mont-Fort-Hütte.

Rosablanche – Cheilon – Ruinettekamm:

● 2181 Rosablanche, 3336 m

Neben den durch die Seilbahnen erschlossenen Mont Gelé und Mont Fort ist dies wohl der bekannteste und auch meistbesuchte Gipfel der Seitenkette. Die Aussicht ist beindruckend.
Klassischer Skigipfel mit herrlichen Abfahrten (Heliskiing!).

● 2182 Von der Prafleurihütte (Nordosten)

2½ Std., **G 2** (710 Hm). Kürzester Zugang, gute Skiroute.

Von der Hütte geht man auf dem markierten Weg bis kurz unter den Col de Prafleuri (R 1996) und biegt hier nach SW ab, um am orogr. linken Ufer des Prafleurigletschers unter dem Mont Calme vorbei gerade zum Gipfel aufzusteigen.
Dies ist auch die gebräuchliche und überaus beliebte Skiroute auf die Rosablanche.

● 2183 Von der St.-Laurent-Hütte (Norden)

3½ Std., **G 2** (ca. 850 Hm). Die Route führt über längere Geröllpassagen und ist daher im Sommer etwas mühsam, mit Ski jedoch empfehlenswert.

Von der Hütte folgt man den Wegspuren in S-Richtung zum Lac du Grand Désert (2642 m) und weiter über Geröllfelder zum gleichnamigen Gletscher. In einem leichten Linksbogen steigt man auf diesem an (Spaltenzonen) und kommt dabei unter den Cols Louvie, Momin und Cleuson (R 2012) vorbei. Der unschwierige Gipfelanstieg erfolgt über den W-Grat oder die NW-Firnflanke.
Auch Skiroute; wer nicht wieder zur Hütte zurückkehren muß, kann vom Gletscherende in SO-Richtung über Grands Bandons direkt in den Talgrund zum Cleuson-Stausee abfahren.

● 2184 Von Fionnay (von Südwesten)

5–6 Std., **G 2** (1850 Hm), ca. 1 Std. vom Col de Cleuson. Anstrengende Tour, hochalpine und interessante Skiabfahrt bei sicheren Verhältnissen.

Ein Pfad führt vom oberen Stausee von Fionnay in nordöstl. Richtung steil in vielen Serpentinen über die Alp Severeu (2116 m) und Le Da (2365 m) in den ca. 2900 m hoch gelegenen obersten Talkessel. Entweder in den Col de Cleuson und wie bei R 2183 über den W-Grat oder über die fast endlosen Geröllfelder direkt zum Gipfel.
Großartige Skiabfahrt, nur bei besten Verhältnissen für sehr sichere Skitourenfahrer. Die Schlucht unterhalb von der Alpe Severeu ist sehr eng und nur ganz selten befahrbar (sonst zu Fuß), Lawinengefahr; sobald als möglich nach W herausqueren (La Heu) und nach Fionnay hinab.

● 2185 Von der Mont-Fort-Hütte

4–4½ Std., **G 1** (1060 Hm). Gerne mit Ski begangen.

Nach SO zum Chauxgletscher und über diesen zum Col de Chaux (2940 m) aufsteigen (R 2007). Jenseits südl. um den Mont Fort (Einmündung der Skiabfahrt vom Mont Fort) und am kleinen See (2764 m) vorbei zum Col de Momin (3003 m). Weiter über den obersten Désertgletscher zur NW-Flanke der Rosablanche und über diese zum Gipfel. Dies ist auch die Skiroute.

● 2187 Mont Blava, 2931 m

Netter und von der Prafleurihütte rasch erreichbarer Aussichtsgipfel im NO der Rosablanche.
Von der Hütte steigt man auf einem Weg in etwa 30 Minuten zum Col des Roux (2804 m, R 2000) und folgt dann dem begrasten Kamm in NO-Richtung zum Gipfel, der erste Felskopf wird an seiner S-Seite umgangen.

● 2189 Le Parrain, 3259 m

Dieser kleine Gipfel liegt ca. 300 m westl. des Hauptkammes. Bei sicheren Verhältnissen eine großartige Skitour mit langer Abfahrt.

● 2190 Vom Col du Crêt (Ostseite, vom Lac des Dix)

30 Min., **G 2** (120 Hm); 45 Min. vom Pantalons-Blancs-Biwak, gut 4 Std. vom Dix-Stausee.

Über den anfangs flachen, dann nur kurz etwas steileren Grat zum Verzweigungspunkt (ca. 3190 m) und nach W über Schnee, Geröll und einige Felsen zum höchsten Punkt.

● 2191 Von Fionnay (W-Seite)

5–6 Std., **G 2** (1780 Hm).

Auf R 2184 (Rosablanche) zur Hütte von Severeu (2116 m) und ab hier dem Weg zur Tête du Sarclau (R 2195) bis ca. 2450 m folgen. Weiter in O-Richtung in die kleine Einschartung nördl. unterhalb Le Tourbesse (ca. 2910 m). Nun entweder zum Grat und über diesen oder etwas unterhalb von ihm in den Schneefeldern, zuletzt über unschwierige Felsen zum Gipfel.
Skirouten:
Von der Mont-Fort-Hütte nach SO zum Chauxgletscher und über diesen zum Col de la Chaux (2940 m). Jenseits südl. um den Mont Fort und am kleinen See (2764 m) vorbei bis wenig unterhalb des Col de Momin. Nach S über die Crête in die oberste Combe de Momin und nach SO zum Col de la Rionde (3039 m). Querende Abfahrt zum Severeugletscher, den man nach S ansteigend quert und auf etwa 3080 m auf einem Band zum Parraingletscher verläßt. Über letzteren bis zum O-Grat nahe P. 3210 m und zu Fuß zum höchsten Punkt (4–5 Std.). Steilabfahrt über den Parraingletscher nach La Da und Severeu nach Fionnay, vgl. R 2184.

● 2195 Tête du Sarclau, 2656 m

Kleine Erhebung im Parrain-N-Grat mit recht netter Aussicht, die östl. des Gipfels gelegene Scharte (ca. 2620 m) ist auch für Wanderer erreichbar.
Zu dieser Scharte gelangt man von N, von der Hütte von Severeu (R 2184, Rosablanche) oder von S, von Ecurie du Crêt (2298 m, R 2199) in je 1 Std. auf einem Steig (je 2½–3 Std. von Fionnay).
Von der Scharte klettert man wenig schwierig über den 300 m langen und stellenweise schmalen Grat zum Gipfelpunkt (20 Min.).
Von Severeu kann man auch direkt auf dem NW-Rücken über Rasen und leichte Felsabsätze zum Gipfel ansteigen.

● 2197 Pointe de Vasevay, 3356 m, Pointe des Chamois, 3384 m, Pointe du Crêt, 3323 m

In diesem Bereich überwiegt der verfirnte Anteil, vor allem im NO reichen die Gletscher bis auf die Gipfelkuppen. Das Pantalons-Blancs-Biwak (R 1885) befindet sich nur 10 Min. unterhalb der Pointe du Crêt, von der man völlig unschwierig im Schnee in 15 Min. zur Pointe des Chamois und in weiteren 10 Min. zur Pointe de Vasevay gehen kann.
Schöne Skigipfel.

● 2198 Südgrat zur Pointe de Vasevay (Col de Vasevay)

30 Min., **G 2** (130 Hm).

Vom Col de Vasevay steigt man in N-Richtung zu der Felsstufe, die man unschwierig überklettert; oberhalb über die Geröllfelder in westl. Richtung zum höchsten Punkt.

● 2199 Westanstiege auf alle Gipfelpunkte (Fionnay)

5–6 Std., **G 2** (ca. 1900 Hm).

Von Fionnay folgt man dem Steig in O-Richtung in zahlreichen Serpentinen zu den Hütten Ecurie du Crêt (2298 m). Nun nach NO in den Talboden Plan des Lires (2573 m). Weiter in O-Richtung über die Geröllfelder zum Glacier du Crêt und über diesen zu der Felszone, die ihn in zwei Teile trennt. Man übersteigt diese unschwierig und gewinnt die Scharte 3333 m, aus der man in wenigen Min. nach N bzw. S die einzelnen Gipfelpunkte erreicht.
Hochalpine Skiroute bei sicheren Verhältnissen.

● **2201 Le Pleureur, 3703 m, La Sale, 3645 m**

Der Pleureur ist ein hoch über Mauvoisin aufragender, schroffer Gipfel, der mangels Stützpunkt nur auf recht langen und anstrengenden Anstiegen zu erreichen ist. Empfehlenswert ist vor allem die Überschreitung von La Luette zur La Sale und zum Col de Vasevay.

● **2202 Südostgrat vom Col de la Luette**

II, 1½ Std., **G 3** (340 Hm). Der Grat ist abwechselnd überfirnt und von Felszonen unterbrochen.

Zustieg zum Col de la Luette von N (spaltenreicher Gletscher mit ca. 200 m Steileisflanke unter dem Joch): Vom südlichsten Ende des Dix-Stausees (Brücke 2386 m) steigt man orogr. links des Baches auf der Moräne und den Rasenhängen unterhalb Plan de la Gouille zum Darreygletscher. Nun über diesen stark zerrissenen Gletscher allgemein südwestwärts zum Bergschrund und zuletzt die steile Firn- bzw. Eisflanke zum Joch (3368 m) empor (3½ Std., **G 6** (980 Hm).
Zustieg zum Col de la Luette von S: Ohne Schwierigkeiten über einen Schotter- oder Schneehang erreichbar (1½ Std. vom Col de Cheilon; 2½ Std. von der Dixhütte). Am Besten ist es aber, die Luette zu überschreiten, 3 Std. von der Dixhütte.
Route: Man folgt vom Col dem nicht allzu steilen Grat (auf den Firnstücken gelegentlich nach NO (rechts) ragende Wächten). Ein ca. 100 m hoher und steiler Felsaufschwung zwischen ca. 3500 und 3600 m wird in der SW-Flanke auf Bändern umgangen.

● **2203 Nordgrat über La Sale vom Col de Vasevay**

II (Stellen), 2½–3 Std., **G 3** (ca. 600 Hm insgesamt). Zusammen mit dem SO-Grat schöne Überschreitungsmöglichkeit, überwiegend im Schnee mit einigen kürzeren Felspassagen, der La-Sale-Gipfelaufbau kann ostseitig umgangen werden. Abb. S. 500/501.

Vom Col de Vasevay (R 2018) steigt man über Schneefelder am Gratrücken bis unter die Gipfelfelsen der La Sale. Diese können nordseitig über einen nicht schwierigen, etwa 20 m hohen Kamin bestiegen werden. Jenseits über den aus zerborstenen Felsen bestehenden Grat in die Einsattelung 3534 m und über den Firnhang zum Gipfel (Wächten nach W; die Gipfelfelsen von La Sale können ostseitig auf einer Art Terrasse mit schiefrigen Hängen, zuletzt im Schnee zu der Einsattelung umgangen werden).

● 2205 La Luette, 3548 m

Hüttengipfel der Dixhütte; günstige Akklimasitations- oder Ausweichtour bei weniger gutem Wetter. Schönes Skiziel.

● 2206 Von Osten

2½ Std., **G 2** (630 Hm) von der Dixhütte.

Von der Hütte steigt man über das leicht hügelige, begraste Gelände nach W zum Luettegletscher. Über diesen erreicht man den SO-Grat auf ca. 3450 m und folgt ihm unschwierig zum Gipfel.
Bei zu starker Zerschrundung des Gletschers umgeht man dessen untersten Teil südlich, indem man R 2021 des Col de Cheilon bis ca. 2950 m folgt und dann über Geröll zum oberen Gletscherfeld ansteigt. Bei guten Verhältnissen kann man auch über den Gletscher direkt zum Gipfel ansteigen.
Mit Ski mehr oder weniger direkt über den Luettegletscher zum Gipfel.

● 2207 Westgrat vom Col de la Luette

30 Min., **G 2** (180 Hm).

Unschwieriger, kurzer Firngratanstieg.

● 2210 Mont Blanc de Cheilon, 3869 m

Der zweithöchste Gipfel dieser Gruppe bildet eine elegante Pyramide von großer Symmetrie: Die markante, dreieckige N-Wand wird von zwei Steilflanken begrenzt, über deren Grate mit der S-Flanke die beiden Normalanstiege von O und W führen und damit eine großartige Überschreitungsmöglichkeit bieten. Wenn auch die bis zu 57° steile N-Wand bereits mit Ski befahren wurde, bleibt dieser Anstieg doch eher dem Extrembergsteiger vorbehalten. Die Schneekuppen an den beiden Normalwegen sind ein beliebtes Skiziel auch für Normalbergsteiger, der Gipfel selbst wird im Winter nicht so oft bestiegen.

● 2211 Südwestgrat (von der Dixhütte)

I, ca. 4 Std., **G 3** (950 Hm). Üblicher und leichtester Anstieg.

Übersicht: Am Schneedom (P. 3827 m) gabelt sich der SW-Grat in den gebogenen S-Arm zur La Ruinette und einen W-Sporn zum Col de Cheilon. Der Anstieg führt über die Gletscherrampe unter dem Verbindungsgrat zur Ruinette und über den Grat zum höchsten Punkt.

Route: Vom Col de Cheilon (R 2021) steigt man über den obersten Glacier du Giétro in S-Richtung leicht abwärts bis unter die N-Wand der Ruinette, nahe P. 3361 m, um hier nach links in einem Bogen über die Gletscherrampe zum Schneedom P. 3827 m (Vorgipfel, Skigipfel) anzusteigen.
Vom Vorgipfel steigt man in die flache Einsattelung P. 3785 m ab und folgt dem felsigen Grat zum Gipfel (I). Der Grat ist unten recht schmal, wird nach oben zu etwas breiter, dafür aber steiler.
Bei guten Verhältnissen kann man auch direkt über die steile Gletscherflanke von W zum Vorgipfel bzw. gleich in die Einsattelung P. 3785 m aufsteigen; auch vom Col du Cheilon kann man den unten felsigen Grat (Stellen II) – ab 3550 m steilen Schneehang – zum Vorgipfel oder der Einsattelung begehen.
Mit Ski bis zum Vorgipfel, 3827 m, und eventuell zu Fuß über den Grat zum höchsten Punkt. Abfahrt auf der Aufstiegsroute.

● 2212 Ostgrat (vom Col de la Serpentine)

II (Stellen), 2 Std., **G 4** (330 Hm); 4½ Std. von der Dixhütte. Der Grat ist bis zu P. 3827 m überfirnt und z.T. verwächtet, das oberste Stück bis zum Gipfel ist dann felsig und mit einigen Türmen besetzt.

Zustieg zum Col de la Serpentine: Von der Hütte steigt man auf dem Weg kurz zum Cheilongletscher ab, überquert ihn nach SO zum Tsena-Réfien-Gletscher, den man in einer S-förmigen Schleife unterhalb der W-Flanke der Pointes de Tsena Réfien zum flachen Col de Tsijiore Nouve aufsteigt (2 Std.); über den Firnrücken in SW-Richtung zum breiten Col de la Serpentine (ca. 2¼ Std. von der Dixhütte).
Route: Vom Col de la Serpentine steigt man auf dem Firngrat zu P. 3827 m unschwierig auf, zuletzt nahezu eben bis zum felsigen Teil. Ein erster Fels wird umgangen, dann über eine schöne Platte und einen spitzen Block abgeklettert (II). Die folgenden zwei Gendarmen werden entweder überklettert (II) oder in wenig festem Gelände südl. umgangen (weniger schön). Nach der kleinen Scharte folgt man dann dem aus festem Fels bestehenden Grat, zuletzt durch einen kleinen Kamin bis zum Gipfel.

● 2213 Weitere Anstiege

Nordnordwestgrat (Galletgrat), Nordnordostgrat (Jenkinsgrat): Ziemlich schwierige Gratanstiege (bis IV) beiderseits der N-Wand.

Nordwand: Mehrere sehr schwierige, kombinierte Durchstiegsmöglichkeiten mit Kletterei bis zum V. Grad und Eis mit einer Durchschnittsneigung von 57°. In den letzten Jahren stark ausgeapert.

● 2215 La Ruinette, 3875 m

Höchster Gipfel der Gruppe, die feine Gipfelpyramide ist jedoch aus keinem der umgebenden Täler zu sehen. Im Gegensatz zu anderen »Gruppenhöchsten« wird dieser Berg verhältnismäßig selten besucht. Der leichteste Anstieg führt über den obersten SW-Grat, alle anderen Routen über die Grate und Wände werden äußerst selten begangen.

● 2216 Südwestgrat (vom Col de la Lire Rose)

II (Stellen am Gipfelgrat), 3 Std., **G 3** (760 Hm); 5 Std. von der Chanrionhütte (1430 Hm). Abb. S. 532/533.

Zugang zum Col de Lire Rose: Von der Chanrionhütte folgt man dem bezeichneten Weg nach N zum Brenaygletscher, dessen Abfluß man auf einer Brücke überschreitet. Jenseits weiter auf dem guten Weg bis in den Sattel oberhalb des Lac de Tsofeiret (2572 m), wo der Mauvoisin-O-Ufer-Zugang zur Chanrionhütte (Wegweiser, R 1923) einmündet. Über den alten Moränenkamm steigt man in den Geröllkessel südl. unter dem Col, zu dem der Weg in Kehren emporführt (2¼ Std.).
Route: Vom Col schräg nach rechts (O) über den Block- und Felsrücken mit kurzen Kletterstellen (II, fest) zur Schulter, 3386 m, und auf den Ruinettegletscher. Auf dessen Firnfeldern umgeht man den P. 3470 m ostseitig und steigt dann zu einer schneeigen Einsattelung vor dem Beginn des felsigen SW-Grates unter der Schulter P. 3710 m auf. Der ausgesetzte Grat zum Gipfel besteht aus festem Fels mit guten Griffen und wird direkt auf der Schneide erklettert (einige Stellen II).

● 2217 Weitere Anstiege

Nordostgrat vom Mont Blanc de Cheilon: Lange und ziemlich schwierige Tour, kombiniert und ausgesetzt mit Stellen **IV**, 4–5 Std.; **Südostgrat:** Nicht besonders schwierige Tour, jedoch unzuverlässiger Fels.

Der Montblanc de Cheilon von der Dixhütte.

9. Combingruppe

Mit dieser westlichsten Untergruppe schließen die Walliser Alpen an die Mont-Blanc-Gruppe bzw. die Berge der dazwischenliegenden Golliat-Gruppe an, der Große St. Bernard ist hier die natürliche Begrenzung. Zu den Arollabergen wird die Gruppe durch das Val de Bagnes und das Fenêtre de Durand abgegrenzt. Wie nur selten in den Walliser Alpen, kulminiert hier alles im Grand Combin selbst, obwohl in seiner Nachbarschaft mit Petit Combin, Tournelon Blanc und Vélan noch weitere herrliche Gipfel stehen. Dies sind aber eben keine 4000er und werden daher – völlig zu Unrecht – ignoriert!
Grand Combin – man kennt ihn als Gebirge aus Eis und Schnee mit riesigen Gletscherströmen; wie anders zeigt er sich von S, aus dem Aostatal: Hier tritt das Eis in den Hintergrund, große Felsflanken bilden seinen Aufbau. Ganz ähnlich erscheint der Vélan, quasi der kleine Bruder des Combin: Auch hier große Gletscher nach N und Felsen auf der S-Seite. Da die Felsqualität nicht gerade berauschend ist, führen die üblichen Anstiege über die Gletscher, nur zum Teil über die Grate – in die Felsflanken verirrt sich nur selten jemand.
Die schösten Vélan-Blicke hat man von der Valsorey-Hütte in der steilen SW-Flanke des Combin, er selbst zeigt sich in voller Pracht vom Combin de Corbassière, von hier sind auch die N-Routen sehr schön einzusehen.
In der gesamten Gruppe findet man beste Skitourenmöglichkeiten, von den einfachen Aussichtsbergen im nördl. Kamm vom Six Blanc zum Mont Rogneux (Idealstützpunkt Brunethütte) zu den Gipfeln um den Corbassière-Gletscher; auf der S-Seite führt die anspruchsvollste Passage der Haute Route von Valsorey nach Chanrion vorbei, schließlich ist auch der Vélan ein hochinteressantes Skiziel. Leider sind zwei der wichtigsten Hütten derzeit nicht oder nur sehr eingeschränkt nutzbar: Vélanhütte niedergebrannt, Panossiére-Hütte von einer Lawine zerstört. Bei letzterer existiert ein Notbau, ansonsten ist z.Zt. nicht abzusehen, wann die Häuser wieder benutzbar sein werden.
Wandergelände findet sich im N-Kamm sowie im S im Bereich des Ollomont-Tales; dazu am Mauvoisin-Stausee und nicht zuletzt auch bei Bourg St. Pierre und am Grand St. Bernard. Die Pistenerschließung hält sich erfreulicherweise sehr in Grenzen, hochreichende Fahrwege verkürzen so manchen Anstieg – gelegentlich aber auch um den vielleicht reizvollsten Teil im Bereich der Waldgrenze!

9.1 Hütten

● 2230 Cabane Brunet, 2103 m

Privat, Burgergemeinde Bagnes. Die Hütte steht oberhalb Lourtier an der Waldgrenze auf der Almfläche La Ly nördl. des Petit Combin. Stein-/Holzbau. KS 587.270 / 97.660.
65 Plätze, ganzjährig bewirtschaftet. Tel. 077 284916.
Stützpunkt für den Petit Combin und die nördl. anschließenden Gipfel.
Großartiges Skitourengelände, günstig auch in Verbindung mit einem späteren Wechsel über den Col des Avouillons zur Panossièrehütte.

● 2231 Von Lourtier

Die Hütte ist auf einer kleinen Straße über Plèna Dzeu mit dem Auto erreichbar.
Zu Fuß auf steilem Waldweg über Plan Rosay, Tongne und La Cougne in 2½ Std., **BW 1** (1020 Hm). Dies ist auch der Winterzustieg (3 Std.).

● 2233 Cabane de Panossière, 2670 m

SAC, Sektion Genf. Die Hütte steht am östl. Ufer des Corbassière-Gletscher, unter dem Grand Tavé.
Für die 1988 von einer Lawine völlig zerstörte Hütte ist in der Nähe eine neue Hütte gebaut worden. Eröffnung ca. September 1996. KS 589.750 / 93.350.
100 Plätze, künftig bewirtschaftet von April bis Anfang Juni und von Juli bis Ende September. Als Winterraum steht das während der Bauzeit als Nothütte dienende Haus zur Verfügung, 32 Plätze, immer offen.
Die Hütte dient als Stützpunkt für alle Gipfel der zentralen Combingruppe, also den Combin selbst und die beiden, den Corbassière-Gletscher einschließenden Kämme zu Petit Combin bzw. Tournelon Blanc. Großartiges Skitourengelände.

● 2234 Von Fionnay

4 Std., **BW 2** (1180 Hm); bez. Weg.

Von Fionnay (WW) steigt man in SW-Richtung in Kehren durch die Gebüschbestandene N-Flanke der Becca de Corbassière und quert

dabei diese in westl. Richtung aufwärts zu den Alphütten von Corbassière (1959 m, 1½ Std.). Nun folgt der Weg in SO-Richtung dem Rücken der Corbassière-Almen, dann durch die steile W-Flanke der Becca zur kleinen Ebene Plan Goli (2312 m). Der Weg quert die Ebene auf der östl. Seite und steigt nach Überquerung eines Baches vom Col des Otanes in Kehren nach La Tsessette (2524,4 m) auf, um ca. 500 m weiter südl. auch auf den Moränenkamm und wenig später zur Hütte zu führen.
Auch Skizugang (5–6 Std.); Lawinengefahr im Steilstück über Fionnay sowie in der steilen Querung von den Corbassière-Almen zur Seitenmoräne bei Plan Goli; letztere kann man durch Abstieg/Abfahrt von den Corbassière-Almen zum Gletscherbach und Wiederaufstieg nach Plan Goli umgehen; der Weiterweg erfolgt dann immer auf dem Moränenkamm bis zur Hütte.

● 2235 Von der Brunethütte über den Col des Avouillons

3 Std., **G 1** (750 Hm), markierte Gletschertraverse. Im Winter weniger lawinengefährlicher Hüttenzugang als der Direktaufstieg von Fionnay. Dieser Zustieg bietet sich besonders dann an, wenn man schon von der Brunethütte einige Touren einplant.

Von der Brunethütte folgt man dem Fahrweg zur Almhütte Sery (2233 m) und quert dann mit leichtem Auf und Ab in südl. Richtung in den Talgrund nach Pron Sery (2234 m). Von hier steigt man auf dem Weg nach SO über Rasen in den Col des Avouillons (2647 m, 2 Std.). Jenseits am Zickzackweg steil im begrasten Hang zur Seitenmoräne, man erreicht sie bei einigen kleinen Seelein. Noch ca. 500 m auf dem Moränenkamm (WW), dann kann man den Corbassière-Gletscher auf einem weniger spaltenreichen Stück von etwa 2500 m auf 2600 m in östl. Richtung zur gegenüberliegenden Seitenmoräne zum Fionnay-Aufstieg überqueren, nach einem weiteren halben km erreicht man über diese die Hütte. Auch Skizustieg.

● 2236 Von der Brunethütte über La Maye

2½ Std., **G 1** (650 Hm), markierte Gletschertraverse. Alternative zum Übergang über den Col des Avouillons durch östl. Umgehung der Becca de Sery.

Von der Hütte steigt man auf dem bezeichneten Weg zur Wasserfassung des Sery-Baches ab (80 Hm) und jenseits wieder hinauf zur Alpe

La Maye (2106 m). Nun gleichmäßig ansteigend hoch über dem Corbassière-Abfluß zu dessen Seitenmoräne, der man unter der Becca de Sery entlang bis zur Einmündung des Avouillon-Weges folgt. Weiter wie oben beschrieben (R 2235).

● 2237 Von Mauvoisin über den Col des Otanes

4 Std., **BW 2** (1000 Hm). Schön und aussichtsreich.

Vom Gasthaus Mauvoisin (PTT-Station) auf der Kraftwerkstraße noch bis zur nächsthöheren Kurve, wo der Weg nach W abzweigt (WW). In kurzen Serpentinen über die folgende Steilstufe hinauf, von der obersten Kehre besonders schöne Aussicht ins Tal und auf den Stausee. Der Weg quert nun gleichmäßig ansteigend in den Karkessel Les Tsantons und führt nach Überschreiten mehrerer Bäche zur jenseits gelegenen Alpe Tseumette (2297 m). Über felsdurchsetzte Rasenhänge weiter in die nächste, vom Col des Otanes herabziehende Karmulde, auf deren gegenüberliegender Seite der Weg ziemlich gerade in SW-Richtung über Geröll und Altschneefelder zum Col hinaufzieht. Unter dem winzigen Otanes-Gletscher hindurch zu einer weiteren schwach ausgeprägten Einsattelung bei P. 2880 m (Aussichtsplatz über den Combin-Gletscherkessel), dann in einigen Kehren zur nahen Hütte absteigen. Keine übliche Skiroute; allenfalls bei besten Verhältnissen supersteile Direktabfahrt nach Bonatchesse.

● 2240 Cabane de Valsorey, 3030 m

SAC, Sektion Chaux des Fonds. Die Hütte steht auf einer kleinen felsigen Rippe in der steilen SW-Flanke des Grand Combin hoch über dem Valsorey mit hervorragender Aussicht auf den Mont Vélan. Zwei aneinandergebaute Häuser in Natursteinbau. KS 587.050 / 86.540.
60 Plätze, voll bewirtschaftet im April und Mai sowie von Juli bis September, im Juni nur an den Wochenenden; in der übrigen Zeit ist die Hütte offen. Tel. 026 49122. Die Hütte ist ein hochalpiner Zwischenstützpunkt auf der Haute Route, weiterhin für die W- und S-Anstiege auf den Combin.

● 2241 Von Bourg St. Pierre

4½ Std., **BW 2** (1400 Hm). Lang und anstrengend.

Vom Ort folgt man dem Fahrweg (WW) zur Alpe Cordonna, einige Kehren abkürzend (30 Min., für Pkw befahrbar bis in deren Nähe,

sehr wenig Parkraum). Nun auf dem Weg talein, immer auf der NO-Seite etwas über dem Talboden über Plan de Botse zur Alphütte Chalet d'Amont (2197 m), wobei die Abzweige zur Vélanhütte rechts liegen bleiben. Der Weg führt über eine kurze felsige Unterbrechung über den Moränenkämmen am früheren Zusammenfluß von Tseudet- und Valsorey-Gletscher zu den Almflächen Grands Plans (2501,8 m). Von hier in gerader NO-Richtung auf dem Pfad über den zunehmend steileren Hang mit vielen Serpentinen zur Hütte.
Dies ist auch der Winteranstieg, lediglich die Felsunterbrechung zwischen Chalet d'Amont und Grands Plans wird im Talgrund ausholend umgangen. Vorsicht vor Lawinengefahr am steilen Schlußhang.

● 2243 Cabane du Vélan, 2642 m

SAC, Sektion Genf. Die 1991 abgebrannte Hütte wurde wenig oberhalb, auf der westl. Seitenmoräne des Tseudet-Gletscher im N des Mont Vélan wieder aufgebaut. KS 585.010 / 85.060.
80 Plätze, voll bewirtschaftet von Anfang April bis Anfang Juni und von Juli bis Ende September. In der übrigen Zeit ist die Hütte offen. Tel. 026/87 13 13. Bester Stützpunkt für die Vélanbesteigungen, nur zur Skitourenzeit stärker besucht!

● 2244 Von Bourg St. Pierre

3½ Std., **BW 1** (950 Hm). Bez. Wanderweg. Auch Skianstieg.

Vom Ort folgt man dem Fahrweg (WW: Vélan, Valsorey) zur Alpe Cordonna (30 Min., für Pkw befahrbar bis in deren Nähe, sehr wenig Parkraum). Nun auf dem Weg talein, immer auf der NO-Seite etwas über dem Talboden über Plan de Botse bis kurz unterhalb der Alphütte Chalet d'Amont (2197 m, Abzweig zur Valsoreyhütte). Der Weg führt über den Bach zu den Almen Chaux de Jean Max (man kann auch schon gut 500 m früher – vor der kleinen Schlucht – über den Bach gehen und trifft wenig später auf diese Route). In einigen großen Kehren über den begrasten Hang zum Moränenkamm und auf diesem nach wenigen Metern zur Hütte.

● 2246 Bivouac Biagio Musso, 3664 m

Amici della Montagne della DC di Foglizzo. Die Biwakhütte steht auf der kleinen Erhebung (3664 m) am W-Rand des Plateau du Couloir im SW vom Gipfelaufbau des Combin de Valsorey. Obwohl

auf Schweizer Gebiet, wurde das Biwak von Italienern erstellt. Halbtonne mit Blechverkleidung. KS 588.090 / 86.790.
Ca. 10 Plätze, immer offen. Das Biwak kann als Notunterkunft auf der Haute Route dienen, natürlich auch für die Combin S-Anstiege.

● 2247 Von der Valsorey-Hütte

2–2½ Std., **G 3** (640 Hm). Die sehr steilen Hänge unter dem Plateau de Couloir sind oft vereist, die Felsen dazwischen sind leicht, aber brüchig. Im Winter oft wechselnde Verhältnisse, zwischen erheblicher Lawinengefahr und Vereisung; gelegentlich für die Überwindung des Wächtenkammes am Plateau auch Eisschrauben-Sicherung empfehlenswert! Abb. S. 570/571.

Von der Hütte ersteigt man die steiler werdenden Hänge in NO-Richtung zum Meitin-Gletscher. Über diesen weiter aufwärts bis auf ca. 3300 m, wo man den Col du Meitin-Aufstieg nach rechts verläßt und über sehr steile Hänge (Schutt, Schnee bzw. Eis und leichte, aber brüchige Felsen) schräg zum wächtenbewehrten Plateau-Abbruch aufsteigt. Meist kann man in der Nähe der Felsen zum Valsorey-Gipfel ganz gut durchkommen; dann gerade nach S an der Abbruchkante entlang zum Biwak.

● 2248 Von der Amiante-Hütte über den Col d'Amiante und den Col du Sonadon

2½ Std., **G 2** (ca. 800 Hm); in umgekehrter Richtung ca. 1¾ Std.

Von der Hütte steigt man über die Geröllfelder nach N auf, hält sich ab etwa 3100 m mehr nach links, zunehmend auf Schneefeldern auf die Grande Tête de By zu, bis man kurz unter dem Col d'Amiante wieder nach rechts zu diesem im Schnee ohne Schwierigkeiten aufsteigen kann (1 Std.). Jenseits muß man gute 60 Hm am Fuß der Felsen der Tête de By entlang absteigen (Einmündung der Route von Chanrion) und folgt auf einer Gletscherterrasse zwischen Bruchzonen in N-Richtung auf den vom Combin nach S herabziehenden Felssporn zu, um in dessen Nähe nach einer kurzen Spaltenzone nach NW über flache Firnhänge zum Col du Sonadon aufzusteigen (1 Std.). Nun geht man das Sonadon-Gletscherbecken in einem Bogen mit ausreichendem Abstand zur Combin-S-Flanke zur Felsinsel P. 3601 m aus. Kurz vor deren Erreichen steil zum Plateau de Couloir hinauf und nach W zum Biwak.

● 2249 Von der Chanrionhütte

5–6 Std., **G 2** (ca. 1500 Hm); in umgekehrter Richtung 3–4 Std. bei 200 Hm Gegenaufstieg. Der Mont Durand-Gletscher weist einige Spaltenzonen auf, die später im Jahr einen größeren Zeitbedarf bedeuten können.

Von der Hütte steigt man auf dem Hüttenfahrweg nach Süden Richtung La Barme ab und überquert den Abfluß des Otemmagletschers auf der Brücke P. 2182 m. Jenseits folgt man dem Fahrweg noch bis zur ersten Kehre (2208 m), verläßt hier den Fenêtre-Anstieg (R1973) und geht über Rasen und einige Geröllfelder auf der NW-Seite des Mont Avril über dem Durand-Gletscher aufwärts.
Der Gletscher wird auf etwa 2700 m betreten, man steigt auf seinem S-Ufer aufwärts nördl. unter dem Mont Avril vorbei (in gerader Richtung zum Col de By, R 2279) und mit leichtem Ausholen nach rechts in das flache Becken nördl. unter der Tête Blanche (ca. 3100 m). Die darüber befindliche Abbruchzone überwindet man auf ihrer S-Seite auf den Col d'Amiante zu, der hier in wenigen Min. über das flache Firnfeld erreicht werden kann.
Man folgt nun auf einer Gletscherterrasse zwischen Bruchzonen in N-Richtung auf den vom Combin nach S herabziehenden Felssporn zu, um in dessen Nähe nach einer kurzen Spaltenzone nach NW über flache Firnhänge zum Col du Sonadon aufzusteigen (1 Std.). Nun geht man das Sonadon-Gletscherbecken in einem Bogen mit ausreichendem Abstand zur Combin-S-Flanke zur Felsinsel P. 3601 m aus. Kurz vor deren Erreichen steil zum Plateau de Couloir hinauf und nach W zum Biwak.
Großartige Skiabfahrt im Zuge der Haute Route, es ist dabei jedoch wichtig, den Durandgletscher an der richtigen Stelle unter dem Mont Avril zu verlassen (2700 m), da er weiter unten nicht befahrbare Abbrüche aufweist!

● 2250 Capanna Amiante, 2979 m

CAI, Sektion Torino. Die Hütte steht in aussichtsreicher Lage hoch über der Conca di By (Ollomont-Tal) am Rande des Schotterkessels zwischen Tête Blanche und Tête de By. KS 589.600 / 84.300. Etwa 40 Plätze, bewirtschaftet im Juli und August, sonst steht ein offener WR mit 14 Plätzen zur Verfügung (alte Hütte). Tel. 0165 521020. Stützpunkt für die leicht erreichbaren Aussichtsberge Tête de By oder Tête Blanche, hochalpiner Übergang zur Valsoreyhütte oder nach

Chanrion, auch der Combin kann von hier angegangen werden, was aber eine sehr lange Tour ist.

● 2251 Von Glacier (Val d'Ollomont)

4 Std., **BW 2** (1430 Hm).

Von Glacier folgt man dem steilen Fahrweg, der in NO-Richtung zur Brücke über den By-Abfluß (1670 m) bei den Hütten Les Crottes hinaufzieht. An den Hütten vorbei und in nördl. Richtung in einigen Kehren zur Conca de By (Cheval Blanc, 2009 m, 1¼ Std.). Auf der O-Seite des Almbeckens zur Siedlung By (2048 m) und zum Fahrweg (WW; dieses Sträßlein zieht von Doùes nach Champillon hinauf und führt dann auf fast gleicher Höhe den ganzen Ollomont-Kessel bis zur Alpe Thoules entlang, gute Radl-Zufahrt).
Der Pfad steigt nun weiter an der Ostseite des Almgeländes schräg auf die Tête Blanche bzw. die davor liegende Punta Ratti zu, an deren Felssockel man vorbeigeht durch ein Nebenkar bis um den nächsten Rücken herum, an dessen oberen Ende die Hütte steht; der Weg führt im dahinterliegenden kleinen Tälchen nach NO zur nahen Hütte hinauf.

● 2253 Bivacco Savoie, 2668 m

Società Guide di Valpelline. Das Biwak steht am SO-Kamm der Trois Frères über der Conca de By. Blechverkleidete Holzhütte. KS 587.880 / 82.470.
6 Plätze, immer offen. Stützpunkt u.a. für den am wenigsten gefährlichen SO-Anstieg auf den Mont Vélan über den Col de Valsorey sowie die bei uns völlig unbekannten Gipfel des Grenzkammes zwischen Combin und Vèlan (Molaires und Aiguilles de Valsorey). Auskunft: Bar Glassier, Ollomont, Tel. 0165 73244.

● 2254 Von Glacier (Val d'Ollomont)

3 Std., **BW 3** (1120 Hm).

Von Glacier steigt man wie bei R 2251 in 1 Std. in die Conca de By (Cheval Blanc, 2009 m). Hier geht man nach W über die kleine Staumauer und steigt jenseits zu den Alphütten Porchère (2094 m) auf. Weiter auf Wegspuren am Rücken Dosso Boegno Bà aufwärts, wo die Spuren undeutlich werden, immer auf diesem Rücken zum Biwak.

9.2 Pässe

● 2260 Col de Lâne, 3037 m

Fast gletscherfreie Scharte zwischen Pointe de Boveire und Petit Combin, Übergang von der Brunethütte ins Val d'Entremont. Von O auch als Skiroute möglich, sehr steile Abfahrt nach W.

● 2261 Von Bourg St. Pierre/Liddes (Westseite)

Etwa 5 Std., **BW 2** (ca. 1660 Hm).

Eine Almstraße führt von Bourg St. Pierre zur Unteren Boveire-Alp (2230 m). Auch von Chardonne/Liddes kann man auf einem Fahrweg zur Alpe Le Coeur (2233 m, evtl. Fahrrad) oder zu Fuß von Palasui unterhalb der Bernard-Straße auf schönem Weg über Morion und La Dreudze in ca. 2 Std. gelangen, in einer ebenen 2 km Querung erreicht man die Boveire-Alp. Nun gemeinsam in Serpentinen zur oberen Alp und an der kleinen Pointe de Toules vorbei in NO-Richtung zum Col.

● 2262 Von der Brunethütte (Ostseite)

3 Std., **BW 2** (960 Hm).

Von der Hütte geht man auf dem Fahrweg talein über Sery nach Pindin. Der Weg führt östl. um den Hügel Les Capucins herum über Nicliri nach Grand Chermotane (2610 m, 1½ Std.). Der Weg führt auf den Moränenkamm und über diesen zu den kleinen Seen auf etwa 2800 m. Über das stark zurückgeschmolzene Gletscherfeld nach S zur Scharte (bei ungünstigen Verhältnissen Pickel oder Steigeisen).

● 2265 Col des Panossière, 3459 m
Col de Boveire, 3495 m

Beide Cols verbinden den Corbassièregletscher mit dem Boveiregletscher beiderseits des Combin de Boveire im Kamm zwischen den Maisons Blanches und dem Combin de Corbassière. **Von der Panossièrehütte** erreicht man die Cols von der Route zum Combin de Corbassière aus dem Bereich des Plateau des Maisons Blanches über wenig geneigte Gletscherfelder (jeweils 3½–4 Std., **G 1**, R 2322).
Vom Val d'Entremont (Liddes über Coeur, bzw. Bourg St. Pierre) geht man in ca. 2 bzw. 1½ Std. zur Unteren Boveire-Alpe (2230 m, siehe R 2261). Nun in O-Richtung über den Moränenrücken aufwärts zum Gletscher, dessen orogr. rechtem Ufer man anfangs folgt, dann

überquert man ihn auf den Col du Mérignier (3198 m) zu und steigt darauf über das orogr. linke Gletscherbecken entweder gerade hinauf zum Col de Boveire oder zuletzt wieder links (östl.) haltend zum Col de Panossière (jeweils gut 4 Std.). Großartige Skitour bei sicheren Verhältnissen von Bourg St. Pierre (6–7 Std.).

● 2267 Col du Meitin, 3611 m

In nächster Nähe zum Col des Maisons Blanches am direkten Beginn des Westgrates zum Combin de Valsorey gelegen; hochalpiner Übergang von der Valsoreyhütte zur Panossièrehütte, auch im Frühjahr mit Ski möglich, die S-Seite ist jedoch sehr steil.

● 2268 Von der Panossièrehütte

4 Std., **G 1** (960 Hm).

Man folgt der R 2338 des Normalanstieges zum Combin auf das Plateau des Maisons Blanches und quert im Firn unter der W-Flanke des Combin nur wenig steigend in die Scharte. Auch Skiroute.

● 2269 Von der Valsoreyhütte (Südseite)

1¾–2 Std., **G 1** (580 Hm). Abb. S. 570/571.

Von der Hütte steigt man in NO-Richtung über Geröll auf Pfadspuren zum kleinen Meitin-Gletscher und über diesen aufwärts bis an die Rinne, die vom Col du Meitin herabzieht (die Route zum Col du Sonadon zweigt rechts ab). An der westl. Seite der Rinne über einige leichte Felsen und Geröll aufwärts zum Col.
Im Winter schwierig bei Vereisung, andererseits unbedingt Lawinengefahr beachten (Neuschnee oder Sonneneinwirkung am Nachmittag)!

● 2270 Vom B.-Musso-Biwak

1 Std., **G 3**. Abb. S. 570/571

Obwohl fast höhengleich, muß man bei dieser steilen Querung immer etwa 100 Hm ab- und dann wieder aufsteigen (im Bereich des Zustiegs von der Valsoreyhütte). Die SW-Flanke ist hier oft vereist, andererseits Lawinengefahr nach Neuschnee oder bei erweichter Schneedecke (oft auch im Sommer!).
Wird auch öfters im Frühjahr begangen, meist Ski tragen.

● 2273 Col des Otanes, 2846 m

Übergang vom oberen Val de Bagnes (Mauvoisin) zum Corbassièregletscher (Panossièrehütte). Großartige Aussicht über die ganze Combin N-Seite. Anstiege siehe R 2237, Panossièrehütte.

● 2275 Col du Sonadon, 3504 m

Zwischen Grenzkamm (Vèlan – Mt.Avril) und Combin; die klassische Haute Route führt über ihn an der S-Wand des Combin vorbei. Die Anstiege sind bei R 2246 (B.-Musso-Biwak) beschrieben.

● 2277 Col d'Amiante, 3308 m

Östl. der Grande Tête de By gelegen; ermöglicht den einfachen Zugang von der Amiante-Hütte zum obersten Durandgletscherbecken und damit die Verbindung zum B.-Musso-Biwak (R 2248).

● 2279 Col de By, 3189 m

Zwischen Tête Blanche und Mt.Avril, kurzer Zugang von der Amiante-Hütte zum Mt.Durand-Gletscher, z.B. im Übergang nach Mauvoisin oder zur Chanrionhütte. Von der Amiante-Hütte auf dem Weg in O-Richtung über die Schotterfelder zum P. 3129 m an einer kurzen felsigen Unterbrechungsstelle im S der Tête Blanche. Weiter auf dem Pfad in den nahen Col (45 Min, **BW 2**, 210 Hm, Steinmänner).
Auf der NO-Seite reicht der Durandgletscher bis an das Joch heran, beim Anstieg von der Chanrionhütte zum B.-Musso-Biwak über den Col du Sonadon kommt man nahe am Col de By vorbei, Beschreibung siehe dort (R 2249; 3½–4 Std., **G 1**, 1010 Hm); der Gletscher kann im späteren Jahr oft stark zerschrundet sein.

● 2281 Col de Valsorey, 3106 m

Kaum benutzter, aber einziger halbwegs sicherer Übergang zwischen Vèlanhütte (Valsorey) und Savoie-Biwak (Conca di By/Ollomont).
Von der Vèlanhütte folgt man ca. 5 Min. der Moräne (Vèlan-Normalanstieg) und steigt dann auf den Gletscher ab. Man überquert den Tseudetgletscher und quert unter dem Mont de la Gouille hindurch zum Valsoreygletscher. Über diesen an den Fuß des Schneehanges unter dem Joch, zu dem man teilweise unter Benutzung einiger Felsen direkt aufsteigt (ca. 3–4 Std., **G 3**). Vom Savoie-Biwak quert man nach W zu dem Tälchen, das mit einem monotonen Geröllhang direkt zum Col hiaufzieht (1½ Std.). Der Aufstieg kann durch Schneereste erleichtert sein, jedoch im Joch öfters eine Wächte auf dieser Seite.

Ausblick vom Col des Otanes über den Corbassière-Gletscher hinweg auf den Grand Combin.

● 2283 Col d'Annibal, 2992 m

Am Beginn des W-Grates zum Vèlan gelegen, Übergang vom oberen Val d'Entremont (St-Bernard-Tunneleinfahrt) ins obere Seitenbecken (Val di Molline) des Val di Menouve (Etroubles/Aosta-Seite).

● 2284 Von Bourg St. Bernard (Tunneleinfahrt)

3½ Std., **G 1** (1080 Hm).

Vom Parkplatz in O-Richtung über die Almen Les Barreye zu den Moränenfeldern des kleinen Proz-Gletschers, wobei man den nördl. Moränenkamm, an P. 2795 m vorbei, benutzt. Man überquert den schuttbedeckten Gletscher nach S auf den Col zu. Auch Skiroute, steil.

● 2285 Von Etroubles

4½ Std., **G 1** (1450 Hm) von Bezet bei Prailles an der Straße Etroubles – Eternon.

Von Etroubles führt eine Fahrstraße nach Eternon; man verläßt diese auf einer Abzweigung über Prailles nach Bezet (1629 m) und folgt dem für priv. Pkw gesperrten Fahrweg ins Val Menouve bis unter die Einmündung des Val Molline bei L'Arvus (1983 m). Nun in dieses Seitental zur Alpe Montagna Molline (2424 m; 3 Std.; man kann auch dem Fahrweg weiter bis zur Alpe Chaz de Menouve, 2243 m, folgen und dann eben ins Val di Molline zum beschriebenen Aufstieg queren; schließlich kann man auch auf der O-Seite des Menouvetals über die Alpe Montagna Pointier (Abzweig zum Col Champillon, R 2293) zur Montagna Molline aufsteigen). Von der Alpe steigt man auf spärlichen Pfadspuren gerade nach N auf Rasen, später Geröll zunehmend steiler bis zum Col auf (1½ Std.). Bei sicheren Verhältnissen mit Ski.

● 2287 Cols de Menouve, 2775 (N) und 2758 m (S)

Diese nahe beieinanderliegenden Cols verbinden das obere Val d'Entremont (Bereich der St. Bernard-Tunneleinfahrt) mit dem Val di Menouve (Etroubles). Der nördl. Col wird vom Liftgebiet St. Bernard berührt. Auf der schweizerischen Seite wird der N-Col in ca. 2 Std. von der Tunneleinfahrt entlang der Lifttrasse erreicht, zum S-Col geht man von L'Hospitalet (2113 m an der alten St.Bernard-Straße) auf Pfadspuren direkt über Rasen, oben über die Geröllfelder in 1½ Std. zum Paß. Beide Cols werden auf der italienischen Seite (SO) von der Alpe Chaz Nuova (2426 m, Fahrsträßchen von Etroubles, zu Fuß von der Straße nach Eternon in 3 Std.) auf einem Weg (S-Col) bzw. auf Pfadspuren (N-Col) in 45 Min. betreten. Auch Skirouten.

● 2289 Cols de Barasson, 2681 m (E), 2635 m (W)

Zwischen der Pointe de Barasson und dem Mont Mort gelegen, dazwischen erhebt sich die Tête de Barasson. Von der St. Bernard-Straße können beide Cols von der Kehre 2276 m (Tunnelentlüftung) über die Combe de Barasson, zuletzt weglos über Geröll in etwa 1 Std. unschwierig erreicht werden. Auf der italienischen Seite gelangt man zum östl. Paß über die Montagna Cretou (2074 m, ca. 2 Std. von St-Rhémy über Pian Puiz oder St-Oyen auf Fahrsträßchen zu erreichen) direkt durch das obere Val Barasson auf spärlichen Pfadspuren in 1½ Std. Der westl. Paß kann von St. Rhémy über die Alpe Montagna Novailloz (1970 m) auf Pfadspuren, zuletzt einige Schrofen im steilen Schlußhang, in 3 Std. erreicht werden. Auch Skirouten.

● 2291 Col Champillon, 2708 m

Zwischen Mt.Chenaille und Crou de Blenche, Übergang vom Val d'Ollomont ins Val di Menouve, Teil des Alta Via della Valle d'Aosta.

● 2292 Von Ollomont

3½ Std., **BW 2** (1350 Hm), bez. Wanderweg.

Vom WW im Ortsteil Rey (1392 m) über die Brücke und jenseits steil durch den bewaldeten Rücken zur Alpe Champillon (2078 m, 2 Std.). In gleicher Richtung auf dem Weg über das offene Almgelände vorbei an der Alpe La Chaz (2297 m) in den Col (1½ Std.).

● 2293 Von Etroubles

3½ Std., **BW 2** (1080 Hm), bez. Wanderweg.

Von Etroubles führt eine Fahrstraße nach Eternon; man verläßt diese auf einer Abzweigung über Prailles nach Bezet (1629 m) und folgt dem für priv. Pkw gesperrten Fahrweg ca. 500 m ins Val Menouve, geht über die Brücke, 1614 m, auf die O-Seite des Menouve-Baches und weiter zur Alpe Montagna Pointier (1809 m, auch auf der Almstraße zur Alpe Chaz Nuova erreichbar, wenig oberhalb Abzweig zur Montagna Molline am Col d'Annibal-Anstieg, R 2285). Nun steiler zur oberen Alp (2053 m) und in einer SO-Querung aufsteigen in das Tälchen unter dem Col Champillon. In Serpentinen steil zum Col.

9.3 Gipfel

● 2300 Six Blanc, 2445 m

Nördlichster ausgeprägter Gipfel des Rogneux-Kammes, selbstredend mit sehr umfassender Aussicht. **Von Bruson** (1042 m, Val de Bagnes) führt eine Straße über die Sesselbahnstation La Cot (1489,6 m) zu den Almen Montagne du Six Blanc (2032 m, 2¼ Std.). Auf einem Weg zum begrasten NO-Rücken und über diesen zum Gipfel (1 Std.).
Auch **von Les Planards** (2082 m, 1½ Std. von Commeire oberhalb der St. Bernard-Straße) kann der Berg in 1 Std. über steile Rasenhänge erstiegen werden.
Im Winter Pistengelände (Nordostseite, Bruson) bis in Kammnähe. Auch die SW-Seite kann direkt mit Ski begangen werden, besser quert man aber bei Les Beux (unterhalb von Les Planards) die steilen Hänge im Wald nach O zu den Almen von Les Arpeilles, um von dort direkt nach N zum Gipfel aufzusteigen.

● 2302 Mont Brulé, 2568,7 m

Aussichtsreicher Wandergipfel, jedoch recht lange Anstiege.
Von Commeire (1454 m, oberhalb Orsières) führt eine Almstraße nach Les Planards (2082 m, 1½ Std.). Die Wege queren unter der S-Flanke des Six Blanc nur leicht ansteigend zur Scharte (Basset, 2365 m), von hier über den Grasrücken zum Gipfel (1½ Std).
Basset ist auch von den Almen Mille (2152 m, Fahrweg **von Bruson**, Val de Bagnes) gut erreichbar (1¼ Std. zum Gipfel). Schließlich kann der Berg auch über den SO-Rücken von der Scharte Oujets de Mille (vgl. R 2307) in 15 Min. erreicht werden (ca. 3 Std. von Liddes).

● 2304 Mont Rogneux, 3083,8 m

Breiter Aussichtsberg mit leichten Zugängen, besonders auch im Winter sehr beliebtes Skiziel.

● 2305 Ostgrat von der Brunethütte

3 Std., **BW 3** (990 Hm).

Von der Hütte auf dem Fahrweg über Sery und Pindin (2384 m) nach Gd.Chermotane (2610 m). Hier verläßt man den zum Col de Lâne (R 2262) führenden Weg und folgt auf Pfadspuren nach NW dem Bächlein zu einer höheren sumpfigen Rasenfläche mit dem kleinen See

Goli d'Ayet (2760 m). Über die Geröllhänge auf den O-Gratrücken, den man etwa bei P. 2921 m erreicht. Ohne besondere Schwierigkeiten erreicht man über den nicht sehr steilen Blockgrat den höchsten Punkt. Auch vielbegangene, lohnende Skiroute; bei guten Verhältnissen ist auch die Abfahrt in das NO-Kar möglich (Combe de la Becca Miedzo).

● 2306 Von Südwesten (Von Liddes/Chandonne)

Etwa 5 Std., **BW 3** (1630 Hm).

Eine Almstraße führt von Chandonne zur Alpe Erra d'en Haut (2265 m). Gute Fußwege (von Liddes und Chandonne) kürzen die großen Kehren der Straße in wunderschönem Bergwald und Almgelände ab (ca. 2½ Std.).
Von Erra d'en Haut steigt man nach O zum Plan Sevéreu (2493 m) und weiter über Rasengelände in das Geröllkar La Chaudière, durch das man, möglichst die Rasenflecken ausnützend, bis zum obersten W-Grat aufsteigt und über diesen die Besteigung beendet.
Dies ist auch eine interessante Skiroute.

● 2307 Über den Nordwestgrat vm Sattel Oujets de Mille

2 Std., **BW 3** (610 Hm); ca. 5 Std. von Chandonne, 6 Std. von Bruson.

Die Oujets de Mille genannte Scharte (2473 m) wird von Erra d'en Haut (s.o.) in 40 Min. auf einem guten Almweg erreicht; auf der N-Seite führt eine Almstraße von Bruson über Le Tseppi (1793 m) bis zu den Almen von Mille (2152 m), weiter über die Weiden zum Col.
Auf dem Pfad steigt man über den begrasten Rücken bis zum P. 2766 m auf. Weiter auf dem Rücken über Gras und Geröll zum P. 3032 m und schließlich über den letzten Teil des hier nach O verlaufenden Grates zum höchsten Punkt.

● 2310 Grand Aget, 3133 m

Dieser südl. Nachbargipfel kann als schöne Skitour von der Brunethütte besucht werden; man verläßt den Rogneux-Anstieg (R 2305) im obersten Gletscherbecken zu seinem obersten O-Grat, über den man leicht den Gipfel erreicht (3 Std.).

● **2312** **Pointe de Boveire, 3212,4 m**

Im Verbindungsgrat vom Petit Combin zum Mont Rogneux gelegen, viel Schutt, daher im Sommer nicht allzu interessant, jedoch schönes Skiziel.

Von der Cabane Brunet folgt man R 2262 des Col du Lâne bis in das oberste Becken unter dem Paß. Von hier über die im Sommer geröllbedeckte O-Flanke gerade zum Gipfel aufsteigen (4 Std., **G 1,** 1110 Hm). Im Winter nicht zu spät aufbrechen, da der Anstieg rein ostseitig ist.

● **2314** **Petit Combin, 3672 m**

Nördlicher Nachbar des Combin de Corbassière mit vergletscherter Steilflanke nach N. Er kann leicht bei einer Besteigung des Combin de Corbassière miterstiegen werden. Leider ist dies auch ein Landeplatz für Heliskiing.

● **2315** **Südseite von den Cols du Corbassière**

45 Min., **G 1** (120 Hm); gut 4 Std. von der Panossièrehütte, G 2 (1020 Hm).

Wie beim Anstieg zum Combin de Corbassière (R 2323) zu einem der Cols du Corbassière. Jenseits auf den obersten Follats-Gletscher und über die wenig steilen Firnfelder nach NW, den höchsten Punkt betritt man am einfachsten über den obersten W-Rücken.
Auch Skiroute.

● **2316** **Nordwestgrat vom westl. Col de Lâne**

III (kurze Stelle, sonst II und leichter), 3 Std. vom Col, **G 5** (650 m); 6 Std. von der Brunethütte.

Vom westl. Col de Lâne überklettert man den Felsgrat (III) zum östl. Col und folgt der Gratkante über wenig schwierige, aber gelegentlich nicht sehr feste Felsen, Blockwerk und oben Schnee zum Gipfel.

● **2317** **Nordflanke (Zentralpfeiler) von der Brunethütte**

II (kurze Stellen, Eis bis 40°), 5½ Std., **G 3** (1620 Hm).

Die breite N-Flanke wird von 4 Pfeilern gestützt, über die jeweils Routen führen, natürlich wurden auch die dazwischenliegenden Steilgletscher begangen (und im Winter mit Ski befahren!). Nur der

Zentralpfeiler führt direkt zum Gipfel und wird am meisten begangen, die Schwierigkeiten und abschnittsweise mäßige Felsqualität ist an allen Pfeilern jedoch etwa gleich (vgl. auch Nordostgrat, R 2318).
Auf R des Col de Lâne bis zum Moränenkamm auf etwa 2700 m, wo man direkt nach S zum Beginn des Zentralpfeilers geht. Über Schutt und kurze Felsstufen (Wegspuren) immer auf der Kante, teilweise ausgesetzt aufwärts; am obersten Felsabschnitt 100 Hm unangenehm steiler Schutt. Ab etwa 3200 m beginnt der schöne Schneeteil, als schwach ausgeprägte Rippe führt dieser gerade zum Gipfel.

● 2318 Nordostgrat von der Brunethütte

5½ Std., **G 3** (1620 Hm). Alternative zum Zentralpfeiler.

Von der Hütte folgt man dem Weg zum Col des Avouillons über die Hütte von Sery in den Talboden Plan Sery. Über die Hütte bei P. 2336 m kommt man zu der Moränenzone Les Plans; auf deren linker Seite steigt man aufwärts und gewinnt den vom P. 3130 m nach NW herabziehenden Sporn von O über eine Rinne oberhalb des untersten Felsabsatzes. Über den leichten, aber aus nicht festen Felsen bestehenden Sporn zu P. 3130 m auf dem NO-Grat (3½ Std.). Kurz über Felsen auf den Schneerücken, der zum P. 3365,3 m hinaufzieht; dieser felsige Absatz wird leicht überschritten und dann der Schneegrat bis zum Gipfel verfolgt.
Weiterhin kann man den NO-Grat auch erst bei P. 3365,3 m über den von dort nach NNW abstreichenden Sporn erreichen; Dieser ist bis 3103 m felsig, darüber besteht er aus Schnee (Stellen II, 5–6 Std., 1570 Hm von der Brunethütte). Der NO-Grat kann auch von der Panossièrehütte über ein meist schuttgefülltes Couloir von NO zu P. 3130 m erreicht werden (4–5 Std. bis zum Gipfel).

● 2320 Becca de Sery, 2863 m
Kleiner Aussichtsgipfel, in 30 Min. unschwierig vom Col des Avouillons über den S-Grat erreichbar, kann daher leicht beim Hüttenübergang Brunet– Panossière-Hütte miterstiegen werden.

● 2322 Combin de Corbassière, 3715,5 m
Ideal gelegener Aussichtsgipfel über dem Combinbecken mit schönen und leichten Anstiegen, auch begehrtes Skiziel. Für Combin-Aspiranten sehr geeignet, um die Routen und Verhältnisse zu studieren und sich dabei etwas einzulaufen.

● 2323 Südflanke und oberster Westgrat von der Pannossièrehütte

4 Std., **G 2** (1050 Hm). Leichtester Anstieg. Abb. S. 557.

Von der Panossièrehütte überquert man wie beim Combin-Normalanstieg den Corbassière-Gletscher in südl. Richtung an sein orogr. linkes Ufer, um die Spaltenzone zwischen 2800 und 2900 m am Fuß der Corbassière-Ostflanke zu umgehen. Weiter in SSW-Richtung aufwärts zu einem flacheren Gletschergelände südl. von P. 3155,5 m (Abzweig der Combinroute) über die Gletscherhänge nach NW, zuletzt steil und über einige leichte Felsen mit viel Schutt (im Frühsommer Schneeflanke) in eine der Scharten 3563 m (westl.) oder 3564 m (östl.; Cols de Corbassière, 3½ Std.); die östl. Scharte verkürzt den Anstieg etwas, hat aber den steileren Aufstieg, von der westl. Scharte muß man anschließend den P. 3604 m im Firn überqueren (15 Min.). Über den leichten Schnee- bzw. Schuttgrat erreicht man in 30 Min. den Gipfel.
Dies ist auch die vielbegangene Skiroute.

● 2324 Südgrat vom Corbassièregletscher

II (Stellen, meist leichter), 3½ Std., **G 2** (1050 Hm). Schöne Route in leichtem, festen Fels. Abb. S. 557.

Von der Panossièrehütte quert man den Corbassièregletscher in SW-Richtung auf den in der O-Flanke des Corbassière gelegenen Gletscherarm zu. An seiner S-Seite reicht er am weitesten hinab, dort in Fallinie von P. 3096 m ersteigt man die Geröllfelder zum Gletscher und weiter über ihn zur Einsattelung 3405 m im S-Grat (hierher auch über Blockwerk von der Normalroute aus dem Gletscherbecken im SW des Corbassière). Man folgt dem Grat mit seinen gutgestuften Felsen bis zum Gipfel.

● 2325 Über den Follatsgletscher

3½ Std., **G 2** (1050 Hm). Direkter und interessanter Aufstieg über den recht stark zerrissenen Gletscher.

Von der Panossièrehütte überquert man den Corbassièregletscher gerade zu seinem gegenüberliegenden Ufer, der Gletscher wird über die Geröllfelder am Fuß des NO-Grates erreicht. Die Route zwischen den Spaltenzonen kann von der Hütte gut eingesehen werden, oft läßt sich am S-Rand der leichteste Durchschlupf finden, gelegentlich kann aber auch direkt über die Gletschermitte angestiegen werden. Im obersten Teil geht man über die leicht geneigten Firnfelder nach S zum O-Col du Corbassière und über den W-Grat zum höchsten Punkt. Auch schöne und steile Skiabfahrt, selten gemacht.

● 2326 Nordostgrat

II, 4–5 Std. von der Panossièrehütte, **G 4**.

Direkt über den Grat, im unteren Teil weniger gute Felsen, weiter oben dann fester Fels und am obersten Drittel schöner Schneegrat.

● 2330 Combin de Boveire, 3663,1 m

In dieser großartigen Umgebung wirkt der Gipfel unbedeutend, doch hat man von ihm einen hervorragenden Einblick in die NW-Flanke des Grand Combin, gut geeignet zum Routenstudium. Der Gipfel wird auch im Winter öfters bestiegen (Skidepots in den Scharten).

● 2331 Nordgrat vom Col de Panossière

45 Min., **G 2** (210 Hm); 4 Std. von der Panossièrehütte.

Ohne größere Schwierigkeiten über Schnee und einzelne Felsen zum höchsten Punkt.

● 2332 Südwestgrat vom Col de Boveire

1 Std., **G 3** (160 Hm); 4 Std. von der Panossièrehütte.

Ein felsiger Grat führt wenig schwierig zum VG (3612 m) und weiter über den Schneegrat zum höchsten Punkt.

● 2335 Aiguilles du Meitin, 3641,6 m
Grande Aiguille, 3682 m
Le Moine, 3566,4 m, Petite Aiguille, 3517 m

Diese Kette teilweise scharfer Felsspitzen »Les Maisons Blanches« schließt das oberste Gletscherplateau nach W ab; von dieser Seite stehen sie als fast geschlossene Mauer da. Aufgrund ihrer relativen Abgelegenheit, insbesondere aber wegen des allgemein sehr brüchigen Aufbaus geben sie eher eine interessante Kulisse als empfehlenswerte Kletterziele ab. Nähere Anstiegsinformationen finden sich im ausführlichen SAC-Führer.

● 2337 Grand Combin, 4314 m

Dieser Gebirgsstock beherrscht mit seiner eisüberwallten N-Flanke das gesamte westliche Wallis, das Massiv ragt weit über alle seine Nachbarberge hinaus und fällt vor allem aus Norden als herrlicher »Eisberg« auf; zwischen Montblanc und Dent Blanche ist er der einzige 4000er.
Als Abschluß des großen Gipfeleisfeldes werden drei Gipfelpunkte unterschieden, es sind dies der Combin de Valsorey (4184,4 m) im O, der Combin de Grafeneire (4314 m) und der Combin de la Tsesette (4141 m) im W. Die S-Seite besteht aus steilen, nicht ungefährlichen Felswänden und bildet damit einen Kontrast zur NW-Eisflanke.
Der Berg ist ein recht begehrtes Ziel, allerdings sind die Anstiege nicht eben leicht und teilweise gefährlich. Insbesondere der frühere Normalanstieg von N über den berüchtigten »Corridor« hat immer wieder durch tragische Eisschlag-Unfälle für Schlagzeilen gesorgt; nun hat sich die zwar etwas schwierigere und steilere, aber doch sicherere Route über die NW-Flanke zum Gipfeleisfeld als üblicher Anstieg herauskristallisiert.
Von der im SW gelegenen Valsoreyhütte steigt man über den Col du Meitin entweder direkt über den felsigen W-Grat (bis III+) oder nach 150 Meter Höhenverlust über die NW-Flanke. Auch durch die O- und S-Seite gibt es einige Routen, bis auf den SO-Sporn sind sie wegen Stein- und Eisschlaggefahr nicht zu empfehlen, die Felsen sind am ganzen Berg allgemein nicht allzu gut.

● 2338 Nordwestflanke von der Panossiérehütte

Ca. 8 Std., **G 5** (1650 Hm). Nach einer großen Zahl von Eisschlag-Unfällen am Corridor ist dies der heutige Normalanstieg. Die fast 400 m hohe Eisflanke hat eine durchschnittliche Neigung von 35–40°, beim Übergang auf das Gipfeleisfeld muß man zwischen einigen Séracs (bis 50°) hindurchgehen. Abb. S. 568/569.

Von der Panossièrehütte überquert man den Corbassière-Gletscher in etwa südl. Richtung an sein orogr. linkes Ufer, um die Bruchzone zwischen 2800 m und 2900 m am Fuß der Ostflanke des Combin de Corbassière zu umgehen. Weiter in SW-Richtung aufwärts zu einem flacheren Gletschergelände südl. von P. 3155,5 m. Der folgende Bruch unter dem Plateau des Maisons Blanches wird üblicherweise links (nordseitig) überwunden (3 Std.). Über dieses flache Gletscherbecken wendet man sich nach SO und steigt direkt zur NW-Flanke

auf. In zunehmender Steilheit möglichst gerade aufwärts zu den Séracs unter dem Gipfelplateau (P. 3987 m), durch die man sich einen Durchschlupf (bis 50° steil) suchen muß. Schließlich über lange Schneefelder in mäßiger Steilheit, zuletzt über den obersten W-Grat zum höchsten Punkt.
Skidepot je nach Verhältnissen an der NW-Flanke unter den Séracs, gelegentlich wurden die Ski auch schon bis zum Gipfeleisfeld getragen.

● 2339 Corridor-Anstieg

Ehemaliger Normalanstieg, da technisch bis auf den kurzen, oft vereisten Steilhang an der Mur de la Côte weniger schwierig als die NW-Flanke. Im gesamten Bereich des Corridors (im Anstieg über 1½ Std.!) herrscht allerdings permanente Eisschlaggefahr, die auch tageszeitlich keine Ruhepausen einlegt, da der obere Gletscher unaufhaltsam über die Abbruchkante schiebt. Der Anstieg ist deshalb sommers wie winters als höchst gefährlich anzusehen. Trotz der höheren Schwierigkeiten sollte der erheblich sicherere Auf- und Abstieg durch die Nordwestflanke unbedingt vorgezogen werden. Abb. S. 568/569.

Wie bei R 2388 steigt man bis zum Plateau des Maisons Blanches (3 Std.), ab hier läßt man jedoch den NW-Flankenanstieg rechts und steigt so rasch als möglich über die mäßig steile Gletscherrampe, den sogenannten Corridor, unter den jederzeit absturzbereiten Séracs vom Gipfeleisfeld zu der 4090 m hohen Einschartung westl. des Combin de la Tsessette (der oberste Schrund nötigt meist zum Ausholen nach O in Richtung Tsessette-Gipfel). Die über der Scharte folgende Steilstufe (Mur de la Côte) ersteigt man schräg nach rechts aufwärts (oft vereist), dann folgt man dem häufig nach O überwächteten Gipfelgrat in südl. Richtung über die Aiguille de Croissant zum höchsten Punkt.
Diese Route kann bis zur Mur de la Côte auch mit Ski begangen werden; wegen der erheblichen Eisschlaggefahr kann sie auch im Frühjahr nicht empfohlen werden, zudem ist die Abfahrt durch die herumliegenden Eisbrocken selten ein Vergnügen!

Folgende Doppelseite:
Die Nordseite des Grand Combin vom Petit Combin.

Granc
Tsesette
Ai
Cro
P.4090

Combin
-de Grafeneire
nt
-de Valsorey
P.4132
R2338
R2340
Col du
Meitin
Le Corridor
R2339
Plateau du Déjeuner
Plateau des
Maisons Blanches
R2268

Gra
-de Valsorey
Combin du Meitin
R2340
Col des
Maisons Blanches
Col du
Meitin
B.Musso-Biwak
R2270
R2247
Valsorey-
Hütte

Combin
-de Grafeneire
R2340
Col du Sonadon
R2248

● 2340 Westgrat vom Col du Meitin

III+ (eine Stelle, die umgangen werden kann; sonst Stellen II und meist I), 4½ Std., **G 6** (750 Hm). Interessanter kombinierter Anstieg, objektiv sicher. Der Combin de Valsorey wird dabei überschritten. Der überwiegend felsige Grat schwingt sich in drei Aufschwüngen zum Valsorey-Gipfel, dann folgt ein einfacher Firngrat zum höchsten Punkt. Die Felsen sind etwas brüchig, jedoch oft schneebedeckt. Abb. S. 568/569, 570/571.

Vom Col ersteigt man den leichten Blockgrat bis zum Beginn der Felsen. Über den Felskamm (in den Flanken sind die Felsen schlechter) bis zu einem Überhang, der links (nördl.) auf einem schmalen Band und durch ein steiles Couloir umgangen wird. Diese Stelle kann auch etwas schwieriger (III+) nach einer Traverse über mehrere Meter auf der S-Seite zu einer charakteristischen Verschneidung umgangen werden. Wieder auf dem nun weniger steilen Grat zum zweiten Aufschwung, den man von der S-Seite an einem Couloir mit markanten weißlichen Felsen gut erklettert. Der Grat legt sich wieder zurück und wird von Schnee gebildet (obere Schulter genannt). Der letzte Aufschwung kann leicht über seine blockige S-Seite umgangen werden, interessanter folgt man aber den guten Felsen der Gratkante bis zum Combin de Valsorey. Schließlich im Schnee in die Einsattelung nach SO hinab und leicht steigend zum Gipfel (Wächten nach S!).

● 2341 Südostgrat zum Combin de Grafeneire

III– (kurze Stellen im obersten Stück, sonst meist leichtes, schuttbedecktes Gehgelände und scharfer Schneegrat), 6 Std., **G 5** (1380 Hm) von der Amiante-Hütte; 5 Std. (830 Hm) vom B.Musso-Biwak am Plateau du Couloir. Großer und nicht häufig gemachter Anstieg mit allerdings mühsamem, wenn auch unschwierigem Zustieg. Ein feiner Schneegrat mit Felsaufschwüngen bildet dann den schönen Schlußanstieg. Abb. S. 570/571.

Vom B.Musso-Biwak oder der Amiante-Hütte wie in R 2248 bzw. zum Col du Sonadon (30 Min. bzw. 1½ Std.). Über das Gletscherfeld steigt man in NO-Richtung auf den S-Sporn zu, der bei P. 3946 m

Vorherige Doppelseite:
Die Südseite des Grand Combin vom Mont Velan.

vom SO-Grat abzweigt und mit P. 3152 m im oberen Durandgletscher eintaucht. Über die große, schuttbedeckte Flanke an der Sporn-Westseite steigt man mühsam, aber ohne größere Schwierigkeiten zum eigentlichen Grat auf, den man auf ca. 4000 m erreicht; dieser Abschnitt ist im frühen Sommer meist noch schneebedeckt, was den Aufstieg erleichtern kann (ca. 2 Std). Auf der Gratkante wird ein Gendarm links umgangen, dann folgt man dem schmalen Schneefirst bis zum Felsaufschwung auf ca. 4200 m (45 Min.). Dieser wird über einen Kamin mit guten (falls nicht vereisten) Felsen erstiegen, der sich unmittelbar links seiner Kante auftut (III–). Weiter über den Felsgrat bis zu der großen Gipfelwächte, der letzte Durchstieg erfolgt meist nach einer ca. 30 m-Querung nach W und steilem Schneeaufstieg zum obersten W-Grat.

● 2342 Südostgrat zum Combin de la Tsessette (Boussine-Grat)

Landschaftlich zwar eine großartige Unternehmung, weist dieser Grat auf dem 200 m-Felsaufschwung kurz vor dem Gipfel leider sehr brüchigen Fels auf. Man muß mit 10 Std. von der Chanrionhütte bis zum Gipfel rechnen (Stellen **V**, **G 10**, knapp 2000 Hm).

Auf dem Sonadonpaß-Anstieg (R 2249) zum Durandgletscher, von dem man den SO-Fuß der Tour de Boussine erreicht (3098 m, 4½ Std.). Über den wenig schwierigen SO-Sporn (viel Geröll, oben auch einige Felsstufen) zur Tour de Boussine (3833 m, 2½ Std.). Nun auf dem schönen Schneegrat bis zum Gipfelaufschwung (ca. 3920 m, 1¼ Std.), der wegen seiner sehr schlechten Felsen nach einer SW-seitigen Traverse von etwa 200 m Länge über sehr schwierige Platten und Verschneidungen (3 SL IV–, 1 SL mit Stellen V) erstiegen wird.

● 2345 Grand Tavé, 3158,2 m

Schöner Aussichtspunkt über dem Corbassièregletscher, in etwa 45 Min. über den N-Rücken mit Geröll und einigen leichten Felsen vom Col des Otanes zu erreichen (1½ Std. von der Panossièrehütte).

● 2347 Tournelon Blanc, 3707 m

Schöner Gipfel, der mit einer Schneekalotte auf einem Felssockel aufsitzt. Auch interessantes Skiziel von der Panossièrehütte, bei sehr guten Verhältnissen kann über die SO-Flanke nach Chermotane (Chanrionhütte) abgefahren werden!

● 2348 Von der Panossièrehütte über den Col du Tournelon Blanc

4½ Std., **G 2** (1040 Hm).

Von der Hütte geht man auf dem O-Ufer des Corbassièregletschers aufwärts bis zum P. 3140 m, dem untersten Ende einer vom südl. Vorgipfel des Tournelon (3636 m) nach W in den Gletscher hinabziehenden Felsrippe. Nun biegt man nach O ab und ersteigt den von großen Spalten zerrissenen Gletscherhang zum Col du Tournelon Blanc (3538 m, 3½–4 Std.). Hier wendet man sich nach N und umgeht den Vorgipfel (3636 m) auf seiner O-Seite zum Gipfelaufbau des Tournelon Blanc. Über seine SO-Flanke (Schnee, Geröll und leichte Felsen) zum Gipfel (¾ Std.).
Auch Skiroute, die Zerissenheit erfordert unbedingt das Seil.

● 2349 Skiabfahrt über die Südostflanke nach Chermotane

Nur bei sicheren Verhältnissen, da z.T. sehr steiles Gelände; wegen der Schneeverhältnisse (SO-Seite) ist rechtzeitiger Aufbruch nötig.

Man fährt auf den obersten 200 m am SO-Grat entlang, dann nach rechts (S) auf den Gletscher, auf dessen O-Seite man unter den Felsen des SO-Grates bis zu seinem Ende abfährt. Nun Querung nach links zu einem Couloir, das in das Moränengelände (Courtil des Chamois) hinabführt. Man quert den Tsessettegletscher nach rechts (S) abwärts und fährt schließlich die steilen Hänge Tsè des Modzons schräg in den Talboden zur Brücke Le Lancet (2040 m) ab. Zur Chanrionhütte Aufstieg über den Sommerweg in ca. 1½ Std.

● 2351 Le Sonadon, 3578 m

Mit diesem Gipfel schließt sich das Combin-Massiv an den Grenzgrat (Vèlan – Mont Avril) an. Schöne Aussicht, insbesondere auf die Combin S-Seite. Völlig unschwierig vom Col du Sonadon über ein Schneefeld in 15 Min zu erreichen (45 Min. vom Musso-Biwak), oder von der Grande Tête de By in 15 Min.

● 2353 Grande Tête de By, 3587,8 m

Wie der Sonadon ein sehr schöner Aussichtsgipfel, der leicht über die N-seitigen Schneefelder erreicht werden kann. Man folgt dem O-Anstieg (R 2248) zum Col du Sonadon bis über die oberste Spaltenzone (ca. 3350 m) und steigt dann zum NW-Grat und über diesen zum Gipfel (2½ Std., **G 1**, 610 Hm von der Amiante-Hütte).

● 2355 Tête Blanche, 3418 m

Sehr leicht und schnell von der Amiante-Hütte erreichbarer Gipfel mit bemerkenswerter Rundsicht.

● 2356 Von der Amiante-Hütte

Man folgt dem Weg zum Col de By, der in östl. Richtung leicht über die Schotterfelder zu der kurzen Felsunterbrechung (P. 3129 m) ansteigt. Weiter auf dem mit Steinmännern markierten Weg bis in die Nähe des Cols, dann wendet man sich nach N und ersteigt auf Wegspuren die große Schotterflanke zum Gipfel (1½ Std., **G 1**, 450 Höhenmeter).

● 2358 Mont Avril, 3346,9 m

Leicht ersteigbarer Gipfel mit ausgezeichneter Aussicht auf die Combingruppe und die ganzen westl. Walliser Alpen. Auch im Winter als interessante Skitour über den steilen SO-Rücken gelegentlich besucht.

● 2359 Südostrücken vom Fenêtre Durand

1½ Std., **BW 3** (550 Hm).

Man folgt vom Paß den Wegspuren über die Schotterflanke, im mittleren Bereich durch eine kurze Schrofenzone und schließlich über kaum enden wollende Schuttfelder zum Gipfel (die Gipfelrundsicht lohnt aber diese Mühen!). Dieser Anstieg wird im Frühjahr auch als Skiroute benützt.

● 2361 Mont Vélan, 3731 m

Als kleineres Replikat des Gd.Combin steht dieser Bergstock ziemlich im Schatten seines großen Bruders, wohl nicht zuletzt auch wegen der fehlenden Hm zur 4000er-Grenze. Dies kann aber auch als glücklicher Umstand betrachtet werden, findet man doch in der ganzen Region noch angenehme Ruhe, und außer während der Skitourensaison am Normalanstieg noch das alpine Erlebnis in seiner uralten Form – solange die Vélanhütte noch nicht wieder benutzbar ist, wird der Berg weitgehend aus dem Tourenprogramm der meisten Bergsteiger verschwunden bleiben.

Große und stark zerklüftete Gletscher ziehen nach N in das Valsorey, die SO- und SW-Seite weist dagegen einen recht felsigen Aufbau auf. Von allen Seiten wurden Routen durch die Wände, Grate und Flanken gelegt, der SAC-Führer beschreibt 20 Routen mit noch mal ebensovielen Varianten! Ein Großteil davon wird jedoch wegen unzuverlässiger Felsen kaum je große Bedeutung erlangen. Dafür ist der Normalanstieg über den Tseudet- und Valsorey-Gletscher namentlich im Frühjahr die abwechslungsreichste Route. Steile und teilweise mühsame Anstiege führen von W und SW zum Gipfel, während die SO-Anstiege kaum zu empfehlen sind. Der Gipfel wird von einer breiten Schneekuppe gebildet.

● 2362 Normalanstieg über den Col de la Gouille

4½–5 Std., **G 2** (ca. 1250 Hm) von der Vélanhütte. Abwechslungsreicher Normalanstieg mit einer (gesicherten) Überschreitung eines Felsgrates und über stark zerrissene Gletscher. Verhältnismäßig viel begangene Skiroute im Frühjahr. Nachdem die Hütte zur Zeit nicht benutzt werden kann, wird man kaum um ein Biwak herumkommen. Abb. S. 579.

Übersicht: Zwei große Gletscherströme reichen vom Vélangipfel weit nach N in das Valsorey hinab: der Tseudet- und der Valsorey-Gletscher. Sie sind durch einen Felssporn, den Mont de la Gouille, voneinander getrennt. Da der östl. Valsoreygletscher im unteren Teil enorm zerschrundet ist, oben aber relativ harmlos zum Gipfel hinaufzieht, erreicht man diesen oberen Abschnitt vom nicht so spaltenreichen Tseudetgletscher über den Col de la Gouille.
Route: Von der Hütte folgt man dem Moränenweglein am Gletscher aufwärts, bis es sich im Blockwerk unter dem Point Vélan auf ca. 2800 m verliert. Hier quert man zum Tseudetgletscher (wenige Steinmänner) und überschreitet ihn nach O auf den Mont de la Gouille zu. Sein oberstes Becken unterhalb des gleichnamigen Cols erreicht man eher auf der linken (NO-)Seite bleibend. In den Felsen unter dem Col weist eine rote Markierung auf das Sicherungsseil hin durch das Zurückschmelzen des Eises muß man über dem Bergschrund die ersten 15–20 m steil über Schutt und z.T. lose Felsen zum Seil

Combin de Grafeneire (links) und Tsesette (rechts) vom Mont Avril; unten der verschneite Durandgletscher, der zum Col de Sonadon hinaufzieht.

hinaufsteigen. Entlang der Sicherung nach rechts aufwärts querend zur Scharte (3150 m, neben der Route viel lockere Felsen!). Jenseits leitet ein weiteres Seil steil hinunter zum Valsoreygletscher (die Sicherungen fallen in diesem Gelände kaum auf, man sollte sich daher den Übergang vom Eis zum Fels gut einprägen, besonders für den Rückweg bei vielleicht schlechterem Wetter wird man sonst die günstigste Route nur schwer finden; obwohl das Gelände nicht allzu schwierig ist, warten doch Tonnen an Schutt nur auf einen leisen Anstoß für eine Reise ins Tal). Nun nach S über den Gletscher aufwärts (Längsspalten!), den nächsthöheren Spaltenbereich kann man meist in der Gletschermitte recht gut überwinden. In der obersten Gletschermulde unter den Dents du Vélan wendet man sich schließlich nach NW und erreicht den höchsten Punkt über den obersten SSO-Grat. Auch Skiroute. Über den Col de la Gouille Ski tragen.

● 2363 Von Südwesten über den Vélangletscher

Eis bis **45°** (darüber hinaus Fels mit Stellen **II**) am Ausstieg zum Gipfelschneefeld, 5 Std., **G 4** (1310 Hm). Bis auf die letzten Meter unschwierige, aber recht lange Tour, eventuell Steinschlag bei warmen Wetter in der Schneerinne, hier auch einige Spalten.

Von der Alm Montagna Molline (2424 m, 3½ Std. von der Straße Etroubles – Eternon, R 2285, Col d'Annibal) überquert man den Bach nach O und ersteigt den gleichmäßigen Rücken, der in Richtung Col de Faceballa hinaufzieht, bis auf eine Höhe von ca. 2900 m, wo sich links (nördl.) ein kleiner Absatz in den Geröllfeldern befindet. Hier wendet man sich nach N und ersteigt über Geröll und Schrofen eine Geländestufe zum Becken des Vélangletschers. Mit dem nötigen Abstand zu den Felsen rechts über den Gletscher und durch die Steilrinne, die zuletzt mit einem 45° steilen Eiswändchen auf das Gipfelplateau des Vélan mündet (zwischen dem Gipfel und dem P. 3681 m am Ende des W-Grates). Die oft vorhandene Wächte wird man rechts umgehen. Bei schlechten Verhältnissen kann man auch über die nicht schwierigen (bis II), aber sehr brüchigen Felsen an einer der beiden Seiten aufsteigen.

Blick von der Valsoreyhütte auf den Mont Vélan. Der Col de la Gouille befindet sich auf dem zum Betrachter führenden Felsgrat, auf Höhe des oberen Endes des Valsoreygletschers (rechts).

● 2364 Westgrat vom Col d'Annibal

II (einige Stellen, oft auch leichter), 3½ Std., **G 3** (740 Hm). Auch hier sind die Felsen wenig fest.

Vom Col folgt man dem Grenzgrat über die nicht sehr schwierigen Felsen, einige Steilstufen können beidseitig, mit Vorteil jedoch eher auf der N-Seite umgangen werden. Nach dem Felskopf der Aig.du Déjeuner (3346 m) folgt ein kurzes Schneegratstück, dann klettert man über den anschließenden Felsgrat etwas schwieriger (Stellen II), aber auch mit etwas besserer Felsqualität zum P. 3681 m an der Gipfelkalotte, über deren Schneefeld man in wenigen Min. nach O den höchsten Punkt erreicht.

● 2367 Crou de Blenche, 2824 m

Netter Aussichtsgipfel am Ende des vom Vélan nach S abziehenden Seitenkammes. Von Champillon über den O-Rücken ohne größere Schwierigkeiten erreichbar (2½ Std., **BW 3**, 770 Hm).
Auch der südliche Nachbar Mont Saron (2681 m), der eine freie Sicht in das Grand St. Bernard-Tal bietet, kann von Champillon auf Wegspuren über die O-Flanke und den obersten SO-Grat ohne Schwierigkeiten in ca. 2¼ Std. erreicht werden.

● 2369 Petit Vèlan, 3210,5 m

Kleiner felsiger Gipfel am Vélan NW-Grat.
Kürzester, aber etwas langweiliger Zustieg über den unschwierigen, aus zerborstenen Felsen bestehenden NO-Grat in ca. 2 Std. von der Vèlanhütte.
Schöner ist der NW-Grat über den Croix de Tsousse (2830 m, 1¼ Std. von der Vèlanhütte über die Almfläche Chaux de Jean Max), er bietet in schöner Landschaft nette Kletterei (Stellen II und I, 1¼ Std., **G 2**, 800 Hm).
Der SO-Grat von Col de Tseudet bietet 15 Min. leichten Felsanstieg. Der Col wird von der Bernard-Straße (Tunneleingang) über den Col de Proz in knapp 4 Std., oder direkt von Bourg St. Pierre in 4½ Std. über Rasen, Geröll und Schnee, zuletzt steil, erreicht. Auch interessante, hochalpine Skitour.

● 2371 Pointes de Moline, 3060 m

In wenigen Min. völlig unschwierig über Schutt vom Col d'Annibal erreichbar.

● 2373 Pointe de Barasson, 2962 m

Auffälliger Berg in der Umgebung des St.Bernard-Passes.
Er ist nicht schwierig über die Blockgrate zu ersteigen (I und II, 1¾ bzw. 2½ Std., **BW 3**, von der N-Rampe der Paßstraße über den Col Est de Barasson (R 2289) bzw. Col Sud de Menouve (R 2281)).
Ein schöner Anstieg führt über den SO-Grat von der Montagne Cretou (2074 m, 1½ Std. von Eternon) in sehr festem Gneis-Blockwerk (2 Std., **G 1**).

● 2375 Mont Mort, 2866,6 m

Gerne besuchter Aussichtsberg über dem Grand St. Bernard. Sehr empfehlenswert bei kurzen Anstiegszeiten.
Der schnellste Zugang erfolgt vom Hospiz an der Paßhöhe über die mit großen Schuttfeldern bedeckte N-Flanke (unten einige Pfadspuren) und die letzten Meter am W-Grat (1 Std., **G 1** (400 Hm).
Schöner ist der Aufstieg über den ganzen Westgrat: dazu steigt man vom Hospiz auf Wegspuren nach S zu den Schotterfeldern, über die man nach SW den W-Grat erreicht. Ohne Schwierigkeiten zum Petit Mont Mort und weiter über den Grat in netter Kletterei zum höchsten Punkt (Stellen II und I, 1¼ Std., **G 1**, 400 Hm).

Stichwortverzeichnis

Die angeführten Zahlen beziehen sich ausschließlich auf die mit einem Randzahlenpunkt bezeichneten Stichworte, nicht auf die Seitenzahlen.

NOTIZEN

NOTIZEN

NOTIZEN

NOTIZEN

NOTIZEN

Blonay
Les Avants
Rossinières
Château-d' Oex
Gstaad
Montreux
Rochers de Naye
L' Etivaz
Lauenen
Feutersoey
Lenk
Gilbach
Engstligenalp
Giferhorn
Wildstrubel
Chillon
Villeneuve
Le Bouveret
Les Mosses
Col des Mosses
Gsteig
Iffigen
Noville
Rennaz
Le Sepey
Corbeyrier
Leysin
La Forclaz
Les Diablerets
Col du Pillon
Wildhorn
Lac de Tseuzier
Vouvry
Aigle
Torgon
Vionnaz
Illarsaz
Plambuit
Chesières
Ollon
Villars
Col d. l. Croix
Les Diablerets
Solalex
Gryonne
Pra Combera
Montana
Salgesch
Leuk
Inden
Crans
Sierre
Anzère
Botyre
Lens
Noës
Chippis
Chalais
Niouc
Beauregard
Chandolin
Grimisuat
St. Germain
Derborence
Gryon
Les Plans
Grd. Muveran
Collombey
Vionne
Monthey
Troistorrents
Les Giettes
Bex
Le Châtel
St. Maurice
Morcles
Chandolin
La Sene
Sion
Aven
Chamoson
Pont de la Morge
St. Léonard
Bramois
Granges
Vercorin
Daillet
Vex
Bar
Ardon
Morge
Lizerne
Vérossaz
Val d' Illiez
Champéry
Mex
Lavey
Evionnaz
Dents du Midi
Ovronnaz
Leytron
St. Pierre d. Cl.
Riddes
Saillon
Haute-Nendaz
Hérémence
St. Martin
Grimentz
St. Visso
V. d' Anniviers
Mâche
Dixence
Val d' Hérens
Saxon
Mayens de Riddes
Dorénaz
Fully
Rhône
Vernayaz
Charrat
Charrat-Vison
Levron
L. d. Salanfe
Les Marecottes
Trient
Finhaut
Martigny-Ville
Martigny-Bourg
Verbier
Le Châble
Pralong
Evolène
Lac de Moiry
Les Haudères
Ferpècle
L. d. Barberine
Chatelard
Les Valettes
Col d. l. Forclaz
Drance
Sembrancher
Sarreyer
Lourtier
Lac des Dix
Aig. Rouges
Satarma
Dent Blanche
V. de Bagnes
Fionnay
Arolla
Mt. Buet
Vallorcine
Champex
Orsières
Le Tour
Les Montets
Issert
Mt. Blanc d. Cheilon
Argentière
Aig. d' Argentière
Lac de Mauvoisin
V. Ferret
Praz-de-Fort
V. d' Entremont
Les Praz de Chamonix
Aig. Verte
Bourg-St. Pierre
Grand Combin
M. Dolent
Le Fouly
Chamonix
Les Bossons
Ferret
Aiguille du Midi
La Lechère
L. di Place Moulin
Les Grdes-Jorasses
Glacier
Col du Gd. St. Bernard
(Gr. St. Bernhard)
Bionaz
Bca. d. Luseney
Valpelline
Ollomont
Mt. Blanc
Mte. Bianco
Mt. Blanc
La Vachey
V. Ferret
St. Rhémy
Oyace
Étroubles
La Grde. Rochère
St. Léonard
Doues
Entrèves
N. Dame d. Guérison
Courmayeur
Allain
Roisan
Torgnon
Valtournenche
Buisson
Antey-St.
Val Veny
Pré-St. Didier
Morge
Lignan
Excenex
Sorreley
Trois Villes
Villefranche
Verrayes
Châtillon
Morgex
Châtelard
La Salle
Nus
Aosta
Chambave
Vetan
Fossaz
Sarre
St. Pierre
Brissogne
St. Marcel
Fenis
Barche
Dora Baltea
La Thuile
Usse
Berner Oberland
Berner Alpen
Walliser Alpen
Wallis
Valle d'Aosta